사례를 통해 본
다변량 분석의 이해

차석빈 · 김홍범 · 오흥철 · 윤지환 · 김우곤

백산출판사
BAEKSAN Publishing

서문

사회가 정보화됨에 따라 수많은 자료들이 날마다 쏟아져 나오고 있다. 이러한 자료들 중 경영 관련 의사결정자들이 필요로 하는 것은 단순한 원시자료가 아니라 의사결정을 위해 가공·분석 된 자료일 것이다. 이와 같이 의사결정에 도움을 되는 정보를 얻기 위해서는 우리는 보다 과학적 인 방법을 이해할 필요가 있으며, 이런 점에서 다변량 분석기법은 매우 유용한 도구가 되어 오고 있다.

하지만 과학적인 도구들의 이러한 유용성에도 불구하고 사람들에게 통계나 조사 분석이라는 용어는 친근하게 느껴지기보다는 공포의 대상으로 여겨지는 경향이 있다. 또한 독자들의 입장에 서 볼 때 시중에 나와 있는 조사방법론 혹은 다변량 분석기법과 관련된 책들은 대부분 간단한 이 론적 설명이거나 사례 중심적 혹은 통계패키지(SPSS, SAS 등) 매뉴얼 중심적이어서 다변량 분석 기법들에 대한 자세한 이론적 설명과 실제 응용사례를 동시에 제공하는데 있어 다소 아쉬움을 남기는 점이 없지 않다.

저자들은 이러한 독자들의 아쉬움을 마음에 담아 본서를 준비하게 되었다. 본서는 대학이나 대학원에서 조사방법론 수업을 듣거나 학위논문을 준비하고자 하는 일반경영 혹은 관광관련 석·박사과정 학생들을 대상으로 주요 다변량 분석기법들의 체계적인 이론 설명과 실제 응용사 례를 같이 엮어 독자들의 이해도를 높이고자 노력하였다. 이를 위해 본서는 다변량 분석기법을 각 분석기법별로 분석의 개념, 기본원리, 분석절차 및 이를 응용한 사례를 넣는 방식으로 제시하 였으며, 그 내용으로는 다중회귀분석, 다중판별분석, 다변량 분산분석, 정준상관분석, 요인분석, 군집분석, 컨조인트분석, 다차원척도분석, 구조방정식모형 등을 담고 있다.

본서를 준비하는 과정에서 많은 분들의 도움을 받았기에 이 분들에게 감사를 드리고자 한다. 먼저 이 책과 관련해 많은 관심과 조언을 해주신 주위 동료 교수님 여러분께 고마운 마음을 전한다. 또한 본서를 출판하는데 적극적인 지원을 해주신 백산출판사 진욱상 사장님 및 편집진에게 감사를 드린다. 끝으로 본서를 보면서 학문적 즐거움과 깊이를 느끼게 될 모든 사람들에게 이 책을 드리고자 한다.

2008년 6월
저자 일동

차례

제1장 다변량 분석의 개요

제2장 다중회귀분석

제5장 정준상관분석

제6장 요인분석

제7장 군집분석

제8장 컨조인트 분석

제9장 다차원척도법

제10장 구조방정식모형

CHAPTER 1

다변량 분석의 개요

 목 차

제1장 흐름도

다변량 분석의 개요

학 습 목 표

1. 다변량 분석의 개념
2. 다변량 분석기법의 종류
3. 다변량 분석기법의 분류기준
4. 측정척도
5. 다변량 분석과 해석을 위한 지침
6. 다변량 모형 개발의 구조적 접근

요 약

제1장

다변량 분석의 개요

학습목표

1. 다변량 분석의 개념을 알아본다.
2. 다변량 분석기법들에 대한 정의, 목적 및 예들을 살펴본다.
3. 다변량 분석기법의 분류기준을 공부한다.
4. 분석에 사용되는 측정척도를 살펴본다.
5. 다변량 분석과 해석을 위한 지침에 대해 알아본다.
6. 다변량 모형 개발의 구조적인 접근방식에 대해 살펴본다.

1. 다변량 분석의 개념

다변량 분석(multivariate analysis)을 정의하기란 그리 쉬운 일이 아닌데, 이는 사람들마다 다변량(multivariate)의 의미가 일관되게 사용되고 있지 않기 때문이다. 즉 어떤 사람들은 이 용어를 단순히 두 개 이상의 변수들 간의 관련성을 조사하는 의미로, 어떤 사람들은 다수의 변수들이 다변량 정규분포(multivariate normal distribution)를 이루고 있는 것으로 가정되는 경우에만 이 용어를 사용한다.

그러나 넓은 의미로 정의한다면 다변량 분석은 조사 중인 각 개인 혹은 각 대상물에 대한 다수의 측정치를 동시에 분석하는 모든 통계적 방법이라 볼 수 있다. 다시 말해 두 개의 변수 이상을 동시에 분석하는 것을 다변량 분석이라 볼 수 있다. 따라서 많은 다변량 분석기법은 일변량분석(univariate analysis : 한 개 변수의 분포에 관한 분석)과 이변량분석(bivariate analysis : 두 개의 변수를 분석하기 위해 사용되는 상관, 단순회귀분석 등)의 확장 형태라 할 수 있다.

2. 다변량 분석기법의 종류

최근 자료 분석에 있어 그 적용범위가 확대되고 있는 다변량 분석기법에는 다음과 같은 것들이 있으며, 후술할 장에서는 각 기법들이 구체적으로 논의될 것이다. 여기서는 각 다변량 분석기법에 대한 간단한 개념, 목적 및 예를 알아보기로 한다.

(1) 다중회귀분석

다중회귀분석(multiple regression)은 하나의 계량적(metric) 종속변수와 하나 이상의 계량적 독립변수 간에 관련성이 있다고 가정되는 연구문제에 적합한 분석기법으로, 다중회귀분석의 목적은 다수의 독립변수의 변화에 따른 종속변수의 변화를 예측하는 데 있다. 다중회귀분석을 통해 연구자는 ① 회귀모형의 적합도를 분석할 수 있고, ② 독립변수들이 종속변수를 설명하는 정도를 알 수 있고, ③ 종속변수에 대한 독립변수들의 상대적인 기여도를 파악할 수 있다. 다중회귀분석의 예로 월 외식경비(종속변수)는 가정의 소득, 가족의 수와 같은 독립변수들에 의해 예측될 수 있다.

(2) 다변량 분산분석과 다변량 공분산분석

다변량 분산분석(MANOVA)은 두 개 이상의 범주형(categorical) 종속변수와 다수의 계량적 독립변수간의 관련성을 동시에 알아볼 때 이용되는 통계적 방법으로 일변량 분산분석(ANOVA)의 확장된 형태이다. 다변량 공분산분석(MANCOVA)은 실험에서 통제되지 않은 독립변수들의 종속변수들에 대한 효과를 제거하기 위해 다변량 분산분석과 함께 이용되는 방법으로 그 절차는 이변량 부분상관(bivariate partial correlation)의 절차와 비슷하다. 다변량 분산분석은 두 개 이상의 계량적 종속변수에 대한 각 집단의 반응치의 분산에 대한 가설을 검증하는데 매우 유용하다.

다변량 분산분석의 예로는, 다수의 관광행동집단과 다수의 관광만족도 차원이 있을 때 각 관광행동집단의 다수의 관광만족도 차원을 비교 분석시 다변량 분산분석이 사용되는 경우를 들 수 있고, 다변량 공분산분석의 예로는, 호텔종업원 교육시 종업원의 학력을 통제한 상태에서 종업원의 이론시험성적과 실무성적이 두 가지의 교육방식(강의/참여학습)에 따라 차이가 있는지를 알고자 하는 경우가 될 수 있다.

(3) 정준상관분석

정준상관분석(cannonical correlation analysis)은 하나의 계량적 종속변수와 다수의 계량적 독립변수간의 관련성을 조사하는 다중회귀분석을 논리적으로 확대시킨 것이라 볼 수 있는데, 이 기법은 다수의 계량적 종속변수와 다수의 계량적 독립변수간의 상관관계를 알아보고자 할 때 쓰는 방법이다. 정준상관분석의 기본원리는 종속변수군과 독립변수군의 두 변수군(two sets of variables)간의 상관을 가장 크게 하는 각 변수군의 선형조합(linear combination)을 찾아내는 일이다. 다시 말해 종속변수군과 독립변수군간의 상관을 최대화하는 각 변수군의 가중치의 집합(a set of weights)을 찾아내는 것이다.

정준상관분석의 예로는, 다수의 외식동기 항목과 다수의 레스토랑 선택속성 변수들간의 관계 분석을 통해 고객의 외식동기가 레스토랑 선택에 미치는 영향을 분석하는 경우를 들 수 있다.

(4) 요인분석

요인분석(factor analysis)은 많은 수의 변수들간의 상호관련성을 분석하고, 이들 변수들을 어떤 공통 요인들(common factors)로 설명하고자 할 때 이용되는 기법이다. 즉 요인분석은 많은 수의 원래 변수들(original variables)을 이보다 적은 수의 요인으로 요약하기 위한 분석기법이다. 그래서 요인분석은 주로 검사나 측정도구의 개발과정에서 측정도구의 타당성을 파악하기 위한 방법으로 많이 사용되고 있다. 요인분석의 종류로는 연구자가 가설적인 요인을 설정하지 않고 얻어진 자료에 근거하여 경험적으로 요인의 구조를 파악하는 탐색적 요인분석(exploratory factor analysis)과 연구자가 사전에 요인의 구조를 가설적으로 설정하고 이를 검증하는 확인적 요인분석 (confirmatory factor analysis)이 있다.

요인분석의 예로는 관광객이 여행사를 선택하는 변수(속성)들이 많을 때, 이들 변수 모두를 개별적으로 분석하기보다는 좀 더 이해하기 쉬운 몇 개의 요인으로 축소하거나 요약할 때 요인분석을 실시한다.

(5) 군집분석

군집분석(cluster analysis)은 집단에 관한 사전정보가 전혀 없는 각 표본에 대하여 그 분류체계를 찾을 때, 다시 말해 각 표본을 표본들 간의 유사성(similarity)에 기초해 한 집단에 분류시키고자 할 때 사용되는 기법으로 판별분석과 달리 군집분석에서는 집단이 사전에 정의되어 있지 않다.

군집분석은 대개 다음과 같은 두 단계를 거치게 된다. 첫째로 몇 개의 집단이 존재하는가를 알아보기 위해 각 표본들 간의 유사성 혹은 연관성을 조사하며, 둘째로 첫 번째 단계에서 정의된 집단에 어떤 표본을 분류해 넣거나 혹은 그 소속을 예측하는 것이다. 두 번째 단계에는 군집기법에 의해 나타난 그룹들에 대해 판별분석을 적용하게 된다.

군집분석의 예로는 주제공원 운영자가 고객들로부터 각종 레저활동에 대한 관심도, 다양한 실·내외 시설에 대한 선호도 등을 조사하여 각종 주제시설의 세분시장을 발견하려는 경우를 들 수 있다.

(6) 다중판별분석

만일 종속변수가 남·녀와 같이 두 개의 범주로 나누어져 있거나, 혹은 상·중·하와 같이 두 개 이상의 범주로 나누어져 있을 경우, 즉 종속변수가 비계량적(nonmetric) 변수일 경우 다중판별분석(multiple discriminant analysis)이 이용된다. 다중회귀분석과 같이 독립변수는 계량적 변수로 이루어진다. 판별분석은 각 표본이 여러 개의 범주를 가진 종속변수에 기초한 여러 개의 집단으로 분류될 때 적합하다. 다중판별분석의 주목적은 집단 간의 차이를 판별하며, 어떤 사례가 여러 개의 계량적 독립변수에 기초하여 특정 집단에 속할 가능성을 예측하는 데 있다.

예를 들어, 어떤 호텔의 책임자가 최근 새롭게 만든 패키지상품이 고객들에게 호응을 얻을 것인가를 알아보는데 관심이 있다고 가정하자. 이때 종속변수는 새 상품에 대한 고객의 구매여부가 되며, 이 호텔은 고객들이 새 상품을 평가하는 척도로 가격, 호텔의 명성, 부대시설을 이용하고자 한다. 다중판별분석은 새 패키지 상품을 구매할 고객과 구매하지 않을 고객을 예측하는 것과 새 상품을 평가하는 어떤 척도가 구매자와 비구매자를 가장 잘 판별해 줄 수 있는가를 보여주게 된다. 예를 들어, 새 상품을 살 것이라는 반응이 가격척도 점수가 높은 것과 항상 관련이 있고 반면 새 상품을 사지 않을 것이라는 반응이 가격척도 점수가 낮은 것과 관련이 있다면, 가격은 구매자와 비구매자를 판별하는데 좋은 척도라는 결론을 내리게 된다.

(7) 다차원 척도법

다차원 척도법(multidimensional analysis)은 두 표본의 유사성을 다차원 공간(multidimensional space)상의 거리로 나타낼 때 사용된다. 예를 들어, A, B 두 표본이 다른 어떤 쌍(pair)에 비해 가장 유사성이 크다고 판정될 경우 다차원 공간에서의 이 두 표본 간의 거리는 다른 모든 쌍 간의 거리에 비해 짧게 나타나게 된다. 결과적으로 나타나는 지각도(perceptual map)는 모든 대상들의 상대적인 포지셔닝을 보여주지만 어떤 속성들이 각 대상의 위치를 잘 예측하는가를 평가하기 위해서는 추가적인 분석이 필요하다.

다차원 척도법의 예로는 특정 관광지를 대상으로 관광객의 지각에 대한 유사성 연구를 들 수 있다. 즉 응답자들이 경쟁관광지와 비교하여 자기 지역 관광상품에 대한 이미지를 어떻게 지각하는지를 알 수 있으며, 이를 통해 자기 지역의 차별화방안을 구체화할 수 있다.

(8) 구조방정식모형

LISREL이라고 간단하게 불리어지는 구조방정식모형(structural equation modeling)은 각 종속변수군의 개별적인 관계를 보는 기법이다. 가장 단순하게 볼 때 구조방정식모형은 동시에 추측된 일련의 개별적인 다중회귀식을 위한 적절하면서도 가장 효과적인 평가를 제공해준다. 구조방정식모형은 크게 구조모형(the structured model)과 측정모형(the measurement model)의 두 부분으로 나누어진다. 구조모형은 변수간의 인과관계를 예측하기 위해 여러 개의 회귀모형이 결합된 형태로 볼 수 있으며, 측정모형은 확인적 요인분석(confirmatory factor analysis)과 유사한 개념과 목적을 가지고 있다. 다시 말해 구조방정식모형은 마치 확인적 요인분석과 다중회귀분석을 동시에 수행하는 효과를 지닌다. 따라서 구조방정식모형은 연구자가 요인분석처럼 이론적인 요인의 구조를 파악하는 변수들간의 관계성을 검증하고자 할 때 매우 강력한 분석도구가 된다.

구조방정식모형의 예로는 기존 연구에서 결정변수로 주장되어온 점포 이미지 외에 고객만족 및 전환장벽과 이들의 선행변수를 도입하여 호텔고객 충성도의 결정요인에 관한 연구모형을 설정하고 이를 실증분석하는 경우를 들 수 있다.

(9) 컨조인트 분석

컨조인트 분석(conjoint analysis)은 대상을 평가하는데 세련됨을 가져온 새로운 종속기법이다. 가장 직접적으로 적용되는 곳은 새로운 제품이나 서비스 개발분야로 응답자들의 실제적인 의사결정 맥락을 유지하면서도 복잡한 제품들을 평가하게 해준다. 소비자들은 단지 제품수준의 조합인 몇몇 제품 프로파일을 평가하지만 시장조사연구자는 각 속성수준 뿐만 아니라 속성들의 중요성을 평가할 수 있다.

예를 들어, 어떤 레스토랑이 세 가지의 속성(가격, 서비스, 음식의 질)을 가지며, 각 속성은 세 가지의 가능한 수준(미흡, 중간, 우수)을 가지고 있다고 가정하자. 연구자는 모든 27(3×3×3)가지의 가능한 조합을 평가하는 대신 9가지 또는 그 이상의 부분조합을 가지고 소비자들이 응답한 27가지의 조합을 평가할 수 있으며, 연구자는 각 속성이 얼마나 중요한지 뿐만 아니라 각 수준의 중요성(미흡 대 중간 대 우수의 매력도)을 알 수 있다. 더구나 소비자의 평가가 완료되었을 때 컨조인트 분석결과는 레스토랑 디자인 모의장치에 이용될 수 있는데, 이러한 것은 소비자의 어떤 제품에 대한 수용성을 보여주고 최적 레스토랑의 디자인에 도움을 준다.

3. 다변량 분석기법의 분류기준

다변량 분석기법은 다음과 같은 세 가지의 기준에 의해 분류된다.

① 자료가 독립변수와 종속변수로 나누어져 있는가의 여부, 즉 독립변수와 종속변수를 구별할 수 있는 경우(independent method)와 그렇지 못한 경우(dependent method)가 그것이다.

② 자료가 독립변수와 종속변수로 나누어져 있을 경우 종속변수의 수, 즉 종속변수가 하나인 경우와 그 이상인 경우에 따라 다른 분석기법이 선택된다.

③ 변수의 측정수준, 즉 측정척도가 계량화가 가능한 계량적 변수인가, 아니면 비계량화된 범주형인가에 따라 다른 분석기법이 선택된다.

연구자가 다변량 분석기법을 적용할 때 먼저 고려해야 할 문제는 분석하고자 하는 자료가 독립변수와 종속변수로 나누어져 있는가 하는 것이다. 독립변수와 종속변수로 나누어져 있는 자료를 분석하는 통계적 방법을 종속기법(dependent method)이라 하고, 그렇지 않은 자료를 분석하는 것을 독립기법(independent method)이라 한다. 종속기법은 종속변수로 정의된 어떤 변수(들)가 독립변수에 의해 예측 혹은 설명되는 통계적 기법으로서 다중회귀분석이 예가 될 수 있다. 한편, 독립기법은 어떤 변수도 종속 혹은 독립변수로 정의되어 있지 않은 자료를 분석하는, 다시 말해 모든 변수를 동시에 분석하는 통계적 방법으로서 요인분석이 여기에 속하게 된다.

종속기법에 속하는 분석기법들은 다시 종속변수의 수와 변수의 측정수준에 의해 또 다시 분류된다. 즉 종속변수가 하나인가 혹은 그 이상인가, 그리고 변수가 어떤 관찰대상을 기술할 때 이용하는 속성이나 특성을 나타내거나 혹은 상, 중, 하와 같은 범주로 나누어진 자료인 비계량적 변수인가 또는 수집된 자료가 가진 특정 속성의 정도나 양을 나타내는 자료인 계량적 변수인가에 따라 적용되는 분석기법이 달라진다. 예를 들어, 종속변수가 단 하나이며 계량적 변수로 된 자료라면 다중상관분석과 다중회귀분석이 적합하며, 종속변수가 하나이면서 비계량적 변수일 경우는 다중판별분석이 적합하다. 한편, 종속변수가 2개 이상이고 계량적 변수로 된 자료일 경우 적합한 분석기법은 정준상관분석 혹은 다변량 분산분석이며, 종속변수가 2개 이상이며 비계량적 변수일 경우 적합한 분석기법은 더미변수를 이용한 정준상관분석이다.

독립기법에 속하는 방법들 역시 종속기법과 같이 변수의 측정수준에 따라 다시 분류될 수 있다. 일반적으로 계량적 변수일 경우 요인분석과 군집분석을 적용하는데, 비계량적 변수일지라도 더미변수로 변환시켜 이 두 분석기법을 이용할 수 있다. 다차원 척도법은 계량적 변수와 비계량적 변수 모두에 이용 가능하다.

따라서 어떠한 자료에 어떠한 다변량 분석기법을 적용해야 할 것인가를 결정할 때 위의 세 가지 기준들을 잘 살펴보아야 한다. 〈그림 1-1〉은 변수의 측정수준과 자료가 독립변수와 종속변수로 분류될 수 있는가에 따라 다변량 분석기법들을 분류한 것이다. 〈그림 1-2〉는 이 두 가지 기준을 모두 고려한 것으로 변수유형과 자료유형에 따라 적합한 분석기법을 선택하려 할 때 이용된다. 예를 들면, 독립변수가 계량적 변수이고 종속변수가 계량적 변수일 때 적합한 분석기법은 다중회귀분석 혹은 정준상관분석이 될 것이다. 이와 같이 독립변수 혹은 종속변수인가의 변수유형과 계량적 자료 혹은 비계량적 자료인가의 자료 유형을 식별하여 적합한 분석기법을 찾아낼 수 있다.

〈그림 1-1〉 다변량 분석방법의 분류

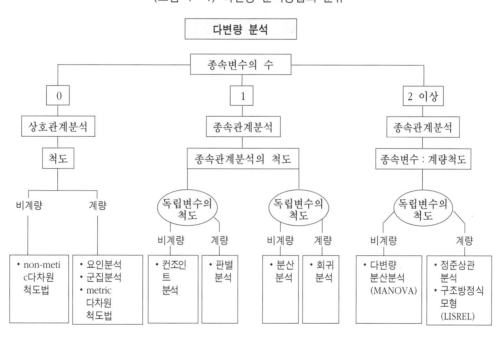

〈그림 1-2〉 변수유형과 자료유형에 따른 다변량 분석기법의 분류

		종속변수	
		계량적 변수	비계량적 변수
독립변수	계량적 변수	다중회귀분석 정준상관분석	다중판별분석 가변수를 이용한 정준상관분석
	비계량적 변수	다변량 분산분석	가변수를 이용한 정준상관분석

4. 측정척도

자료분석의 기본 성격은 하나 혹은 그 이상의 독립변수에 의한 종속변수의 변동(variation)을 분할(partitioning), 판정(identification) 및 측정(measurement)하는 것이다. 변동을 측정할 수 없는 경우에는 그것을 분할 또는 판정할 수 없으므로 그만큼 측정은 중요한 것이다. 측정은 자료분석에서 뿐만 아니라 적합한 분석기법을 선택할 때도 중요하다.

측정이란 '어떤 대상의 속성에 숫자를 부여하는 과정'으로 정의된다. 이러한 측정은 미터, 킬로그램, 개수 등 어떤 형태의 척도(scale)를 이용해 이루어진다. 척도화(scaling)란 거리와 무게를 재거나 상표선호도나 구매량을 측정하는 것처럼 대상의 특성을 숫자로 표현하기 위해 수량화하는 과정을 말하며, 척도를 이용하여 측정된 숫자는 측정대상의 속성을 충분히 반영할 수 있어야 한다. 척도의 선정은 조사자가 어떤 척도를 선택하느냐에 따라 수집된 숫자에 내재된 정보의 양이 달라지며, 나아가 적용 가능한 통계분석기법도 달라지기 때문에 매우 중요하다.

척도는 크게 명목척도(nominal scale), 서열척도(ordinal scale), 등간척도(interval scale) 및 비율척도(ratio scale)로 나누어지며, 어떤 척도를 사용하느냐에 따라 측정의 결과 얻어진 숫자들의 의미와 사용되는 통계기법이 달라진다.

(1) 명목척도

명목척도는 조사대상의 소속여부나 대상의 분류를 위해 숫자나 기호를 부여하는 척도이다. 즉 성별, 직업, 주민등록번호나 전화번호와 같이 단순히 분류를 위해 이름 대신 숫자를 부여하는 척도이다. 따라서 이 경우 조사대상에 할당된 수는 대상들 간의 구분 이외의 의미는 전혀 없으므로 네 가지 척도 중 내재된 정보량이 가장 적은 척도라 할 수 있다.

(2) 서열척도

서열척도는 측정대상들 간의 순위관계를 나타내 주는 척도로서, 측정대상의 특정한 속성으로 판단하여 측정대상 간에 많고 적음, 크고 작음 등의 순위를 부여하는 척도이다. 그러나 측정대상 간의 순위를 표시하는 수들은 한 측정대상이 다른 대상들보다 얼마만큼 더 선호되는지를 반영해 주지는 못한다. 예를 들면, 3개의 호텔에 대해 가장 선호하는 순서대로 1, 2, 3의 숫자를 부여했다면 이는 1이 2보다, 2가 3보다, 1이 3보다 더 선호되는 것을 의미하지만 선호의 정도는 알 수 없고 단지 순위만을 나타낼 뿐이다.

(3) 등간척도

등간척도는 속성에 대한 순위를 부여하되 순위 사이의 간격이 동일한 척도를 말한다. 다시 말해 등간척도에 의해 얻어진 측정치는 측정대상이 갖는 속성의 양적인 정도의 차이를 보여준다. 그러나 이때 해당속성이 전혀 없는 상태인 절대 영점(absolute 0)은 존재하지 않으며, 다만 임의적인 원점만 존재하게 되는데, 임의적인 원점을 기준으로 한 측정치간의 비율계산은 무의미하다. 예를 들면, 섭씨 30도는 섭씨 10도보다 3배 더 덥다고 말할 수 없다. 왜냐하면 섭씨 0도가 열이 전혀 없는 상태인 절대 영점이 아니라 편의에 의해 설정된 상대적 영점이기 때문이다. 즉 섭씨 30도는 화씨 86도이고, 섭씨 10도는 화씨 50도가 되어 섭씨 30도와 10도가 절대적으로 3배의 차이가 있다고 말할 수 없게 되는 것이다.

(4) 비율척도

비율척도는 명목, 서열, 등간척도의 조건을 모두 만족시키면서 이에 덧붙여 절대 영점(absolute 0)을 갖는 척도이다. 즉 측정값 6이 측정값 3의 2배임을 자신 있게 이야기할 수 있다면 비율척도라 할 수 있다. 비율척도는 일반적으로 매출액이나 광고비와 같은 직접 관찰할 수 있는 물리적 사건이나 현상을 측정하는데 사용된다.

〈표 1-1〉은 위에 설명한 네 종류의 척도별 특성과 각 척도의 적용 예를 보여준다.

〈표 1-1〉 척도별 자료의 특성 및 분석기법

척도	비교방법 (숫자 부여방법)	대표값의 측정	적용가능 분석기법	예
명목척도	집단분류	최빈값	빈도분석 비모수통계 교차분석	성별 분류 관광지 분류 관광시장 세분류
서열척도	순위비교	중앙값	서열상관관계 비모수통계	관광상품선호 순위 관광상품품질
등간척도	간격비교	산술평균	모수통계	온도, 관광광고 인지도
비율척도	절대적 크기 비교	조화평균 기하평균	모수통계	관광상품 구매확률 소득, 나이

5. 다변량 분석과 해석을 위한 지침

(1) 통계적인 유의성 및 실용적인 유의성 입증

많은 사람들은 다변량 분석결과의 통계적 유의성에 관심을 가지며, 결과의 해석에 대해서는 통계적으로 유의하든 유의하지 않던 잘 이해하지 못하는 경향이 있다. 그러므로 연구자는 결과의 통계적인 유의성(statistical significance) 뿐만 아니라 동시에 '그래서 그 통계적 유의성이 어쨌다는 것이냐?(so what?)'라는 결과의 실용적인 유의성(practical significance)에도 관심을 가져야 한다.

예를 들면, 회귀분석은 고객이 호텔의 신 패키지제품을 다음번에도 구매할 것인가를 0%에서 100% 사이의 확률로 측정되는 재구매 의사를 예측하기 위해 사용될 수 있다. 연구결과가 0.01 유의수준에서 유의한 것으로 나타나면 회사는 그 결과를 바탕으로 회사의 전략을 적절히 수정하게 되는데, 간혹 그러한 관계는 통계적으로는 유의하지만 통계적 결과의 예측력은 0.05 유의수준에서 ±20%만큼 변동할 정도로 형편없는 경우가 있다. 그렇게 되면 '통계적으로 유의한' 관계는 40%나 잘못될 가능성을 지니게 되어, 50 대 50으로 신 호텔제품을 재구매할 확률을 가진 고객은 10%에서 90% 사이의 재구매 가능성을 지니게 되는 것이다. 이는 연구결과의 실용적인 유의성을 구명하지 못하는 결과이다.

(2) 표본크기에 유의

통계력(statistical power)은 작고 큰 표본크기 모두에서 통계적 유의성을 이루는데 상당한 영향력을 보여주므로 분석에서 사용된 표본크기를 고려해 결과를 평가하여야 한다. 작은 표본크기에서는 다변량 분석기법의 복잡성으로 인해 통계적 테스트가 너무나 낮은 통계력을 보여 현실적으로 유의한 결과를 보여주지 못하거나 혹은 너무 쉽게 데이터가 '과다적합(overfit)'하여 결과의 일반화가 어렵지만 표본에 매우 잘 맞아 인위적으로 너무나 좋게 보일 수 있다. 표본크기가 큰 경우에서는 통계적 테스트를 너무 민감하게 만들 수 있다. 표본크기가 200을 넘어서면 연구자는 표본크기로 인한 통계력의 증가로 인한 실용적인 유의성을 확신하기 위해 모든 유의한 결과를 조사해봐야 한다.

표본크기는 또한 분석이 판별분석이나 다변량 분산분석과 같이 응답자 그룹과 관련될 때 영향을 미치게 된다. 그룹들 사이의 똑같지 않은 표본크기는 결과에 영향을 미치므로 추가적인 해석이나 분석을 요하게 된다.

(3) 데이터 분석

다변량 분석은 특성상 간단하게 나타내기 어려운 복잡한 관계를 보여주어 일변량(univariate)이나 이변량(bivariate)분석에서 행해지는 상관관계 산포도(scatterplot)나 평균 비교의 박스플롯(boxplot)과 같은 전형적인 관찰행위를 하지 않고 결과를 받아들이게 하는 경향이 있다. 그러나 이러한 경향은 극단치(outlier)의 영향, 가정의 위배, 무응답 데이터들이 여러 변수들에 걸쳐 섞여지는(compounded) 문제, 원래 모형의 비선형(nonlinear)과 상호(interactive)관계와 같은 문제들을 동반할 수 있다. 그러므로 연구자는 다변량 분석에서 데이터에 존재하는 기본적인 관계를 보다 잘 이해하기 위해 일변량방법과 이변량방법에서와 같은 일련의 진단기법을 가져야 한다.

(4) 모형의 간명성

다변량 분석기법들은 분석에서 복수의 변수들을 수용하기 위해 디자인되었으므로 다변량 분석기법들이 응용되기 전에 개념적인 모형개발을 대체하는데 쓰여져서는 안 된다. 중요한 예측변수(predictive variable)를 빠뜨리는 이른바 불포함 오류(specification error)를 피하는 것이 항상 더 중요하지만, 연구자는 또한 다변량 분석기법이 변수들을 무분별하게 넣고 관련된 변수들을 분류하게 하는 것을 막아야 한다. 관련이 없는 변수들은 대개 표본데이터를 맞추는데 있어 기법의 능력을 증가시켜 주지만, 데이터가 과다 적합되게 만들고 모집단에 대한 일반화 정도를 떨어뜨리게 되며, 관련이 적은 변수들은 관련된 변수들을 추정하는데 편향을 주지는 않지만 다중공선성(multicollinearity)으로 인해 변수의 효과를 설명하는 힘은 떨어지게 된다. 그러므로 개념적으로 적절치 못한 변수들을 넣는 것은 여러 가지 잠재적으로 좋지 못한 결과를 가져올 수 있다.

(5) 오류의 분석

다변량 분석기법의 통계적인 재능에도 불구하고 우리는 첫 번째 분석에서 최선의 예측을 하기가 어려운데, 이때 연구자가 할 수 있는 방법은 판별분석의 잘못된 분류나 군집분석의 극단치나 예측에 있어서의 오류를 찾아보는 것이다. 이때 유의할 점은 매 경우에 연구자는 예측에서의 오류를 획득된 결과의 타당성을 진단하는 시발점과 남겨진 미설명된 관계에 대한 시사점으로 사용하여야 하며, 측정의 실패 혹은 단지 제거해야 하는 어떤 것으로 사용하지 말아야 한다.

(6) 결과의 타당성 확보

복잡한 상호관계를 밝혀내 주는 다변량 분석의 능력은 연구결과가 표본에만 적절하고 모집단에게는 일반화가 어렵다는 사실을 뜻하므로 연구자는 유의한 모형을 추정하는 것 뿐만 아니라 모집단 전체를 대표할 수 있다는 사실을 추정하도록 노력해야 한다. 그래서 연구자들은 다음의 한 방법을 이용해 분석결과의 타당성을 높이는 노력을 해야 한다. ① 표본을 둘로 나누어서 한 표본은 모형을 추정하고, 다른 표본은 예측의 정확성을 추정하는데 사용한다. ② 결과가 다른 표본에도 적절한 것을 보이기 위해 또 다른 표본을 모은다.

6. 다변량 모형 개발의 구조적 접근

다변량 모형을 구조적으로 개발하기 위한 6단계 접근법은 〈그림 1-3〉과 같다.

〈그림 1-3〉 다변량 모형 개발의 구조적 접근방법

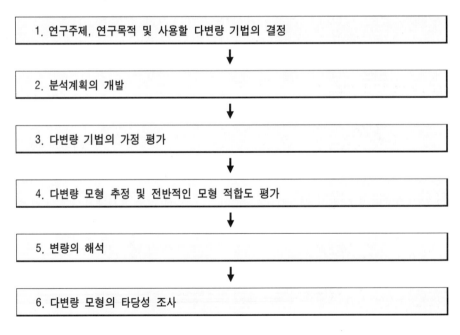

(1) 연구문제, 연구목적 및 사용할 다변량 기법의 결정

연구자는 학술적 연구든 혹은 응용적 연구든 먼저 연구문제와 연구목적 및 연구되는 근본적인 관계를 찾아냄으로써 그 연구문제를 개념적인 맥락에서 살펴보아야 한다. 개념모형은 복잡하고 세세한 것이기보다는 연구되는 관계에 대한 단순한 표현이어야 한다. 만일 종속관계(dependence relationship)가 연구목적으로 제안되면 연구자는 종속개념과 독립개념을 구체화할 필요가 있으며, 독립기법(interdependence technique)의 응용을 위한 것이라면 구조나 유사성의 차원들이 구체화되어야 한다.

(2) 분석계획의 개발

개념적 모형이 정의되면 각 기법에 대해 연구자는 그 기법의 목적 및 디자인과 관련된 일련의 사항들을 다루는 구체적인 분석계획을 개발해야 한다. 분석계획은 최소한의 혹은 적정한 표본크기에 대한 전반적인 고려에서부터 허용 가능한 혹은 요구되는 변수의 형태(계량적 혹은 비계량적)와 추정방법, 회귀분석에서 비선형 혹은 상호작용을 보여주는 특별한 변수공식 이용과 같은 구체적인 사항들에 이르기까지 다양하다.

(3) 다변량 기법의 가정 평가

자료가 수집되면 연구자는 막바로 다변량 분석모형을 추정할 것이 아니라 다변량 분석에서 요구되는 통계적 가정과 개념적 가정들을 평가해야 한다. 통계적 추론에 기반을 둔 기법의 경우 다변량 정규성(normality), 선형성(linearity), 오차의 독립성(independence of error terms)과 종속관계에서의 등분산성(equality of variance)이 평가되어져야 한다. 또한 각 기법은 모형 정립(formulation)과 관계형태(types of relationship)와 같은 사항들을 다루는 일련의 개념적 가정을 가지고 있다.

(4) 다변량 모형 추정 및 전반적인 모형 적합도 평가

가정이 충족되면 연구자는 다변량 모형을 추정하게 되며, 추정과정에서 연구자는 다변량 분산분석(MANOVA)에서의 공변량(covariate)의 사용과 같이 자료의 구체적인 특성에 맞는 혹은 요인회전이나 판별함수와 같은 자료에 대한 적합도를 최대화하는 방법을 여러 옵션 중에서 정해야 한다. 모형이 추정되면 그 모형이 유의수준과 같은 통계적인 기준에서 허용수준에 도달했는지,

제안된 관계가 도출되었는지, 실용적인 유의성을 이루었는지를 알아보기 위해 모형의 전반적인 적합도가 평가되어진다. 많은 경우에 모형은 좀 더 나은 전반적 적합도 수준이나 설명력을 갖기 위해 다시 상술되어진다.

어떤 수준의 전반적인 모형 적합도가 발견되든지 간에 연구자는 연구결과가 불안정할 수 있으므로 어떠한 하나의 혹은 일련의 관찰치들에 의해 연구분석 결과가 과도하게 영향을 받는지를 알아봐야 한다. 그렇게 함으로써 연구자는 결과들이 표본의 모든 관찰치에 합리적으로 잘 적용되어 '안정적(robust)'이라는 것을 확신할 수 있으며, 극단치와 군집분석 혹은 판별분석에서 매우 잘못 분류된 사례로 인한 너무나 다른 결과로부터 벗어날 수 있다.

(5) 변량의 해석

다변량 관계의 성격을 나타내주는 변량(variate)의 해석은 회귀가중치, 요인적재량 및 컨조인트 효용(utility)과 같은 변량에서의 각 변수에 대한 추정되는 계수(가중치) 또는 판별함수나 주성분(principal components)과 같은 잠재적인 비교 혹은 연상차원을 나타내는 복수의 변량을 살펴봄으로써 이루어진다. 변량해석은 변수나 모형 정립(formulation)을 위한 추가적인 설명을 가져오며, 이로 인해 모형은 다시 추정되고 재해석된다.

(6) 다변량 모형의 타당성 조사

결과를 받아들이기 전에 연구자는 마지막으로 그 결과에 대한 일반화의 가능성을 평가할 수 있는 일련의 진단분석법을 연구결과에 적용시켜봐야 한다. 진단분석들은 결과해석에 큰 도움을 주진 않지만, 그 결과가 자료를 가장 잘 기술하는 것이고 모집단에 일반화할 수 있다는 보증으로 보여질 수 있다.

요약

본 장은 다변량 분석에 대해 전반적인 시각을 제공하고 있다. 먼저 다변량 분석을 두 개 변수 이상을 동시에 분석하는 것으로 정의하였다. 다음으로 다변량 분석기법에 속하는 다중회귀분석, 다변량 분산분석 및 다변량 공분산분석, 정준상관분석, 요인분석, 군집분석, 다중판별분석, 다차원척도법, 구조방정식모형, 컨조인트분석 등의 개념, 목적 및 예들을 간단히 살펴보았다. 이러한 다변량 분석기법들은 독립변수와 종속변수의 구별 여부, 종속변수의 수, 변수의 측정수준 등의 3

가지 기준에 의해 분류될 수 있다.

또한 자료분석에서 뿐만 아니라 적합한 분석기법을 선택하는데 필요한 측정과 관련된 척도들을 알아보았다. 여기에는 명목척도, 서열척도, 등간척도, 비율척도 등 네 가지가 포함된다.

한편, 다변량 분석과 해석을 잘하기 위해서는 다음과 같은 사항을 고려해야 한다 : ① 통계적 유의성과 실용적 유의성을 동시에 입증하도록 한다. ② 모든 결과에 영향을 미치는 표본크기를 고려한다. ③ 데이터를 분석한다. ④ 모형의 간명성을 추구한다. ⑤ 오류를 살핀다. ⑥ 결과가 타당성을 가지도록 한다.

마지막으로 다변량 모형개발의 구조적 접근방식을 알아보았는데 여기에는 ① 연구문제, 연구목적 및 사용한 다변량 기법을 결정, ② 분석계획의 개발, ③ 다변량 기법의 가정 평가, ④ 다변량 모형의 추정 및 전반적인 모형 적합도 평가, ⑤ 변량의 해석, ⑥ 다변량 모형의 타당성 조사 등의 여섯 단계가 있다.

CHAPTER 2

다중회귀분석

 목 차

제2장 흐름도

다중회귀분석

학 습 목 표

| 개 요 | 개 념 | 기본원리 |

다중회귀분석의 절차

1. 다중회귀분석의 목적
2. 다중회귀분석의 연구설계
3. 다중회귀분석의 가정 검증
4. 회귀모형의 추정과 전체모형의 적합도
5. 다중회귀분석 결과의 해석
6. 다중회귀분석 결과의 타당성 검증

요 약

용어정리

관광학에서 다중회귀분석을 이용한 사례

제2장

다중회귀분석

1. 회귀분석이 어떤 연구문제를 분석할 때 적당한 통계도구인가를 알아본다.
2. 최소자승개념을 이용한 회귀분석을 통해 어떻게 예측하는가에 대해 이해한다.
3. 회귀분석의 중요한 가정을 이해하고, 가정에 대한 위배사항 발생시, 이를 해결하는 방법을 살펴본다.
4. 통계적이고 조작적인 관점에서 회귀분석의 결과에 대한 해석방법을 알아본다.
5. 단계적 회귀방법과 동시적 회귀방법 사이의 차이점에 대해 살펴본다.
6. 더미변수의 사용에 대해 공부한다.

1. 다중회귀분석의 개념 및 기본원리

(1) 다중회귀분석의 개요

이 장은 중요한 조사연구 문제, 특히 비즈니스상에서 문제를 해결하기 위해 사용되는 다중회귀분석이 무엇이며, 어떻게 사용되는지에 대해 중점을 두고 실례를 들어 설명하고자 한다. 회귀분석은 경영자가 직면하는 비즈니스 의사결정상의 가장 일반적인 문제에서부터 각 요인과의 관계와 같이 가장 구체적인 문제까지 다루기 때문에, 가장 널리 쓰이고 다양하게 응용되는 기법이다. 예를 들어, 회귀분석은 어떤 입력변수(소득수준, 투자율 등)를 기초로 국가경제를 예측하는 경제적 모형에서부터, 만약 시장에서 구체적인 마케팅 전략이 필요하다면, 구체적인 전략에 맞추어 회사의 성과를 예측하는 모형에까지 매우 광범위하게 비즈니스상의 문제를 예측하는데 사용된다. 회귀모형(regression models)은 종종 소비자가 어떻게 의사결정을 하고 또는 그들의 태도가 어떻게 형성되는지를 설명하는데 사용되기도 한다. 회귀분석의 또 다른 응용은 한 호텔의 종사원교육이 호텔의 서비스품질에 어떤 영향을 미치는지를 파악할 수 있다. 그리고 신상품에 대한 사업타당성이나 신규 주식의 기대수익률을 결정하는데 회귀분석이 사용되기도 한다.

회귀분석(regression analysis)은 한 개의 종속변수(dependent variable)와 한 개 또는 둘 이상의 독립변수(independent variable) 사이의 관계를 분석하는데 사용되는 통계적 기법이다. 이 장은 다양한 문제 유형에 대한 해답을 다중회귀분석을 통해 구할 수 있는지에 대한 적합성을 판단하기 위한 설명이 포함되어 있다. 그리고 통계 패키지의 조작뿐만 아니라 통계적 관점에서 응용한 결과를 해석하는 데 도움이 될 것이다.

(2) 다중회귀분석의 개념

회귀분석은 변수들 중 하나를 종속변수로, 나머지를 독립변수로 하여 이들 변수들이 서로 상관관계를 가질 때 독립변수가 변화함에 따라 종속변수가 어떻게 변화하는가를 규명하는 통계기법이다. 즉, 회귀분석은 다음과 같은 목적을 위해 사용되는 통계기법이다.

첫째, 회귀분석은 종속변수에 영향을 미치는 독립변수들을 파악할 수 있게 한다.

둘째, 독립변수와 종속변수간의 관계를 제시해 준다. 즉, 독립변수의 값이 한 단위 증가 또는 감소할 때 종속변수에 미치는 변화를 알 수 있다.

셋째, 회귀분석은 종속변수의 변화를 예측하는 데 이용될 수 있다. 예를 들어, 한 나라 국민의 해외여행 지출에 영향을 미칠 수 있는 가처분소득, 국내총생산(GDP), 국제행사, 환율 등과의 관계를 추정한 후, 일정한 시기가 지난 후 새로 수집된 자료를 토대로 매년 해외여행시 지출되는 경비를 예측할 수 있으며, 이를 기초로 관광수지를 예측할 수도 있을 것이다. 여기서 해외여행 지출의 원인이 되는 변수, 즉 가처분소득 등을 독립변수라 하고, 결과를 관측하는 변수, 즉 해외여행 지출을 종속변수라 한다. 이상과 같이 독립변수와 종속변수 사이의 관계를 분석하기 위해 사용되는 회귀모형과 분석과정의 흐름을 살펴본 후, 더미변수를 사용한 회귀변수의 특수한 형태를 차례로 설명하기로 한다.

(3) 다중회귀분석의 기본원리

회귀분석의 목적은 한 개 또는 그 이상의 독립변수로부터 한 개의 종속변수를 예측하는 데 있다. 단순회귀분석(simple regression analysis)은 한 개의 독립변수를 이용하여 종속변수를 설명하고 예측하는 회귀분석의 가장 단순한 형태이다. 또한 두 개 또는 그 이상의 독립변수를 포함한 분석일 경우는 다중회귀분석(multiple regression analysis)이라고 한다. 회귀분석의 기본적인 원리를 설명하기 위해, 1년 동안의 국내여행 횟수에 대한 8가구의 예는 아래의 〈표 2-1〉과 같다. 이 분석의 목적은 내년도의 국내여행 횟수에 영향을 미치는 요인을 결정하기 위한 연구이다. 이를 위해 가족 수, 가족 소득, 자동차 소유 수라는 3가지 잠재적인 요인을 8가구로부터 데이터를 수집하였다. 위의 회귀분석에서 종속변수(Y)는 국내여행 횟수의 수이고, 세 가지 독립변수(V_1, V_2, V_3)는 가족 수, 가족 소득 그리고 소유하고 있는 자동차의 수이다.

〈표 2-1〉 국내여행 횟수의 조사 결과

가구 ID	국내여행 횟수 (Y)	가족 수 (V_1)	가족 소득 (V_2)	자동차 소유 수 (V_3)
1	4	2	14	1
2	6	2	16	2
3	6	4	14	2
4	7	4	17	1
5	8	5	18	3
6	7	5	21	2
7	8	6	17	1
8	10	6	25	2

위의 예에 대한 논의는 독립변수와 종속변수 사이의 관계를 회귀분석이 어떻게 추정하는지를 설명하기 위해 세 부분으로 나누어 기술하고자 한다. 첫째, 오직 평균을 사용함으로써 독립변수 없이 기본적으로 예측하기 위한 분석, 둘째, 단순회귀분석에서 한 개의 독립변수만을 사용한 예측, 셋째, 다중회귀분석에서 여러 개의 독립변수를 사용한 예측으로 나누고자 한다.

1) 독립변수를 사용하지 않은 예측

회귀방정식을 추정하기 전에 우리는 회귀모형의 예측력을 비교하기에 앞서 기본적인 계산을 통해 시작할 수 있다. 기준선(baseline)은 어떤 독립변수의 사용없이 최적의 예측을 표현할 수 있어야만 한다. 예를 들면, 우리는 완벽한 예측값, 특정한 기대값 또는 평균, 중위수, 최빈값과 같은 중심경향을 측정하는 몇 가지 척도를 사용할 수 있다. 회귀에서 사용되는 기본적인 예측변수(predictor)는 몇 가지 적절한 특성을 가지는 종속변수의 간단한 평균(mean)값이다. 위의 〈표 2-1〉의 예를 보면, 국내여행 횟수에 대한 평균은 7이다. 우리가 기본적으로 예측할 수 있는 기준선은 '한 가족이 1년 동안의 국내여행 횟수를 예측한 수 7인 것이다.' 여기서 우리는 아래와 같은 회귀방정식으로 표현할 수 있다.

$$\text{국내여행의 예측수} = \text{국내여행의 평균수}$$
$$\text{or} \quad \hat{Y} = \bar{y}$$

　그러나 연구자는 반드시 '예측이 과연 정확한가?'라는 질문에 대답할 수 있어야 한다. 왜냐하면, 평균은 종속변수의 각 값을 정확하게 예측하지 못하기 때문에 연구자는 회귀모형과 기준선을 이용한 예측을 함께 사용하여 예측 정확성을 높이는 몇 가지 방법을 생각해야만 한다. 예측치의 정확성을 평가할 수 있는 전통적인 방법은 실제로 관찰된 종속변수와 예측기준선의 차이인 예측오차를 조사하는 것이다.

　예를 들어, 한 기준선에 의한 예측치는 7회 정도 국내여행을 하는 것으로 나타났지만, 연구자는 첫 번째 가구가 실제로 사용한 국내여행 횟수가 4회였으므로 3회만큼을 과다하게 예측한 셈이다. 아래의 〈표 2-2〉에 나타난 바와 같이 예측오차는 -3이 된다.

〈표 2-2〉 종속변수의 평균값을 사용한 예측

회귀변량(regression variate) : Y = y
예측 방정식(prediction equation) : Y = 7

가족 ID	국내여행 횟수(Y)	예측 기준선 a	예측 오차 b	예측 오차의 제곱
1	4	7	-3	9
2	6	7	-1	1
3	6	7	-1	1
4	7	7	0	0
5	8	7	+1	1
6	7	7	0	0
7	8	7	+1	1
8	10	7	+3	9
전체	56		0	22

a 국내여행 횟수 = 56÷8 = 7.
b 예측오차(prediction error : 예측값에서 종속변수의 수를 차감한 실제값)

　만약 각 가구에 대해 이러한 절차를 따른다면 어떤 가구는 매우 높거나 낮으며, 어떤 가구는 정확히 맞을지도 모른다. 하지만 이제까지 단순히 오차를 합하여 예측정확도의 유용한 척도로서 사용하려고 하여도 평균값으로부터 얻은 오차의 합은 항상 0이기 때문에 오차를 통한 방법을 사용하기는 곤란하다.

　그러므로 평균을 사용하여 종속변수를 예측하는 것이 정확하거나 또는 그렇지 않던 간에 오차의 간단한 합은 변화하지 않는다. 따라서 이러한 문제를 극복하기 위해 각 오차를 제곱한 다음 결과에 합산시켜야 한다. 오차제곱의 합(sum of squared errors : SSE)은 예측오차(prediction errors)의 합에 따라 변화될지 모르는 예측정확성의 척도를 제공한다.

　목표는 예측정확성(prediction accuracy)의 척도로써 가능한 가장 작은 오차제곱의 합(squared errors of sum)을 얻기 위한 것이다. 여기서 연구자는 다른 평균(mean)·중위수(median)·최빈값(mode)과 같은 중심경향값(central tendency), 다른 일차원 데이터값, 좀 더 복잡한 통계적 척도보다 더 작은 오차제곱의 합을 구할 수 있기 때문에 산술적 평균(arithmetic average, mean)을 선택할 수 있다. 그러므로 8가구의 조사를 위한 위의 기준 예측값으로서 평균값을 사용하는 것은 22라는 오차제곱의 합을 활용하여 국내여행 횟수에 대한 최적의 예측값을 구할 수 있는 것이다.

단순회귀분석과 다중회귀분석에서 연구자는 다른 독립변수의 사용없이 최적의 예측을 나타낼 수 있기 때문에 기준선을 사용하여 평균을 예측하는 기법을 비교목적으로 사용하고자 한다.

2) 한 개의 독립변수를 사용한 예측(단순회귀분석)

연구자는 항상 예측력을 향상시키는 데 관심을 가져야 한다. 앞에서 논의한 바와 같이 독립변수를 사용하지 않고 평균을 사용하여 최적의 예측변수를 구하는 방법에 대해 설명하였다. 그러나 8가구에 대한 국내여행 횟수에 대한 조사에서 독립변수로 사용될 수 있는 척도들의 정보를 수집하였다. 단순회귀분석에서 예측에 도움이 되는 이러한 독립변수들에 대한 내용을 결정해야 한다. 단순회귀는 예측오차제곱의 합을 최소화하는 법칙을 사용하여 데이터를 예측하기 위한 절차이다. 위의 가족 수를 독립변수로 사용하지 않고 예측한 분석에서 7이라는 평균값으로 사용된 국내여행 횟수를 예측할 수도 있다. 단순회귀에 대한 연구자의 목표는 기준예측값을 향상시키는 독립변수를 찾아내는 일이다.

가. 상관계수의 역할

조사정보를 사용함에 있어, 연구자는 예측오차를 줄임으로써 예측력을 향상시키는 시도를 할 수 있다. 국내여행 횟수에서 예측오차는 잠재적인 각 독립변수들과 연관되어져야만 한다. 상관계수(correlation coefficient, r)로 대표되는 연관의 개념은 두 개의 변수 사이의 관계를 기술하는 회귀분석의 기반이 된다. 만약 다른 변수를 변화함으로써 연관되는 한 개의 변수가 변화된다면 두 개의 변수는 상관관계가 있다고 말할 수 있다. 이런 방법으로 한 개의 변수가 변화하면 다른 변수가 어떻게 변화되는지 알 수 있다. 만약 V_1이 국내여행 횟수와 상관관계가 있다면 연구자는 아래와 같은 국내여행 횟수를 예측하기 위한 관계로 표현할 수 있다.

국내여행 횟수의 예측수 =
V_1의 단위 변화당 연관된 국내여행 횟수의 변화 × V_1의 값
or $\hat{Y} = b_1 \times V_1$

한 개의 독립변수 X_1과 관련된 절편의 포함여부에 따른 예측력의 변화는 〈표 2-3〉에 잘 나타나 있다. 만약 하나의 단위 변화에 의해 X_1이 증가할 때, 종속변수는 2만큼 증가하게 된다면 연구자는 독립변수의 각 값에 대해 예측을 할 수 있다.

예를 들어, X_1이 4의 값을 가질 때, 연구자는 8이라는 값을 예측할 수 있을 것이다. 그러므로 예측값은 항상 X_1의 두 배가 된다. 어쨌든, 상수값(constant value)이 부가됨으로써 예측오차가 줄어들게 되어 예측이 향상된다는 것을 발견할 수 있다. 각 예측에 대해 2라는 상수가 부가되는 형태로 변화하면 모든 케이스(part B)에서 완전한 예측이 주어지게 된다. 연구자는 회귀방정식을 추정할 때 항상 절편(intercept)을 포함하는 것이 유용하다.

〈표 2-3〉 회귀방정식에서 절편이 증가함에 따른 예측력의 향상

Part A : 절편(intercept)없이 예측(prediction)
예측 방정식 : $Y = 2X_1$

X_1의 값	종속변수	예측	예측 오차
1	4	2	2
2	6	4	2
3	8	6	2
4	10	8	2
5	12	10	2

Part B : 절편(intercept) 2.0을 사용한 예측
예측 방정식 : $Y = 2.0 + 2X_1$

X_1의 값	종속변수	예측	예측 오차
1	4	4	0
2	6	6	0
3	8	8	0
4	10	10	0
5	12	12	0

나. 단순회귀방정식(The Simple Regression Equation)

상관관계가 높을수록 관계가 더 높으며 또한 예측력이 높아지기 때문에 상관계수를 바탕으로 국내여행 횟수에 대한 조사에서 최상의 독립변수를 선택할 수 있다.

〈표 2-4〉 국내여행 횟수에 대한 상관행렬

변수	Y	V_1	V_2	V_3
Y(국내여행 횟수)	1.000			
V1(가족 수)	.866	1.000		
V2(가족 소득)	.829	.673	1.000	
V3(자동차 소유 수)	.342	.192	.301	1.000

위의 〈표 2−4〉에서 종속변수(Y)와 독립변수(V₁, V₂, V₃)사이의 상관계수 행렬을 나타내고 있다. 〈표 2−4〉의 첫째 열의 종속변수는 가족 수(V_1)와 가장 높은 상관관계를 가지므로 최초의 단순회귀를 위한 최상의 조건을 가지고 있다.

상관관계 행렬은 연구자가 다중회귀에서 매우 중요하게 여겨지는 독립변수 사이에서 상관관계를 포함하고 있다. 연구자는 8가구 표본에 대한 첫 번째 단순회귀방정식을 추정할 수 있으며, 이러한 방정식의 표현이 표본 데이터에 어떻게 잘 적합되는지 추정할 수 있다. 회귀모형은 아래와 같이 표현할 수 있다.

$$\text{국내여행 횟수} =$$
$$\text{상수} + \text{가족 수의 변화 단위당 연관된 국내여행 횟수의 변화} \times \text{가족 수}$$
$$\text{or } \hat{Y} = b_0 \times b_1 V_1$$

회귀방정식에서, 상수가 절편(b_0)이 되고, 계수(b_1)는 독립변수의 단위 변화 당 종속변수의 추정된 변화를 의미하는 회귀계수(regression coefficient)라고 일컫는다. 종속변수의 실제값과 예측값의 차이인 예측오차(prediction error)는 잔차(residual, e)라는 용어를 사용한다. 회귀분석은 각 변수가 유의적인가를 결정하기 위해 절편과 회귀계수의 통계적 시험을 거치게 된다. 연구자는 최소자승(least squares)이라고 알려진 수학적 절차를 사용하여 예측된 오차제곱의 합이 최소화되는 b_0값과 b_1값을 추정할 수 있다.

예를 들면, 가족 수에 대한 적절한 값은 상수(b_0)인 2.87과 회귀계수(b_1)인 0.97이 된다. 회귀식이 의미하는 바는 가족 수가 추가로 1명 증가할 때, 나머지 국내여행 횟수는 평균적으로 .97회 만큼 높아지게 된다는 것이다.

상수 2.87은 독립변수값의 범위 내에서 해석되어진다. 가족 수가 0이라는 것은 불가능하기 때문에 실제적으로 절편은 의미를 가지지는 않는다. 그러나 이것은 절편의 사용가치가 없다는 것은 아니다. 왜냐하면, 절편은 각각의 가능한 가족 수에 대한 국내여행 횟수의 예측에 첨가되어지기 때문이다. 따라서 절편과 회귀계수 사이의 변화는 매우 밀접하게 작용한다. 8가구에 대한 단순회귀식과 결과 예측 그리고 잔차는 다음의 〈표 2−5〉에 나타나 있다.

오차제곱의 합 또는 최소자승(least squares)과 같은 기준을 사용하기 때문에, 우리가 알고 있는 가족 수는 앞에서 토론된 기준선에 의한 예측과 단순회귀 예측을 비교함으로써 국내여행 횟수를 더 정확하게 예측하는데 도움을 준다는 것을 알 수 있다. 앞에서 제시된 독립변수를 사용하지 않고 평균(기준선)을 사용한 오차제곱의 합은 22인데, 한 개의 독립변수를 사용하여 얻은 오차제곱의 합은 다음의 표에 나타나 있듯이 5.50으로 줄어들게 된다.

〈표 2-5〉 독립변수(가족 수)를 사용한 단순회귀 결과

회귀변량(regression variate) : $Y = b_0 + b_1 V_1$

예측방정식(prediction equation) : $Y = 2.87 + .97 V_1$

가구 ID	국내여행 횟수	가족 수(V_1)	단순회귀 예측	예측오차	예측오차의 제곱
1	4	2	4.81	−.81	.66
2	6	2	4.81	1.19	1.42
3	6	4	6.75	−.75	.56
4	7	4	6.75	.25	.06
5	8	5	7.72	.28	.08
6	7	5	7.72	−.72	.52
7	8	6	8.69	−.69	.48
8	10	6	8.69	1.31	1.72
전체					5.50

다. 예측을 위한 신뢰구간 수립

연구자는 종속변수에 대해 완벽한 예측을 달성하지 못하기 때문에, 단일 점(point) 추정값에만 의존하기보다는 예측값의 범위를 추정하는 것이 바람직하다. 점추정(point estimate)은 종속변수의 최적추정값이며, 주어진 독립변수의 값에 대한 평균예측으로 나타낼 수 있다. 점추정값으로부터 연구자는 기대했던 예측오차의 척도를 바탕으로 한 예측값의 범위를 계산할 수 있다. 추정값의 표준오차(standard error of the estimate : SEE)는 예측오차의 표준편차(standard deviation)로 간단히 정의되어진다. 즉, 실제 관찰치가 회귀선으로부터 흩어져 있는 정도를 나타낸다. 임의의 표준편차에 더하거나 차감하여 얻어지는 변수값으로 신뢰구간을 설정할 수 있다. 예를 들어, 평균값에 1.96 × 표준편차를 가감하면 변수값의 95%를 포함하는 비교적 규모가 큰 표본의 범위를 구할 수 있다.

점추정을 사용한다면, 어떤 독립변수를 통해 높거나 낮은 예측범위를 달성하기 위해 표본크기와 신뢰구간에 의해 결정되는 추정값의 표준오차를 신뢰구간에 더하거나 뺄 수 있다. 추정값의 표준오차(SEE)는 아래와 같은 식을 통해 도출할 수 있다.

$$SEE = \sqrt{\frac{\sum(실제값-추정값)^2}{표본크기(n)-2}} = \sqrt{\frac{오차제곱합}{표본크기(n)-2}}$$

신뢰구간을 도출하기 위해 사용되는 표준오차의 값은 t값과 더불어 유의수준(α)과 표본크기(n)에 의해 결정된다. 신뢰구간은 마이너스(−) 예측값(SEE × t값)의 하한선(lower limit)과 플러

스(+) 예측값(SEE × t값)의 상한선(upper limit)으로 계산된다. 위에서 예로 들었던 단순회귀모형의 SEE값은 .957이다($\sqrt{\frac{5.5}{6}}$ =.957). 예측을 위한 신뢰구간은 t분포표에 제시되어 있는(+ 또는 −) 표준오차를 선택함으로써 결정되며 그리고 주어진 신뢰구간의 값과 표본크기의 값을 선택함으로써 결정할 수 있다.

예를 들어, 자유도가 6(표본수−계수의 수: 8−2)을 가지는 95% 신뢰구간의 t값은 2.447이다. 예측값에 부가된 총계는 .957 × 2.447 또는 2.34이다. 만약 연구자가 평균 가족 수(4.25)를 회귀식에 대입한다면 예측값은 6.99이다. 국내여행 횟수의 기대범위는 4.65(6.99−2.34)~9.33(6.99+2.34)이다.

라. 예측정확성 평가(Assessing prediction accuracy)

만약 오차제곱의 합(SSE)이 예측오차의 척도를 대표한다면, 회귀제곱의 합(sum of squares regression : SSR)이 예측 성공의 척도로 활용될 수 있을 것이다.

이와 더불어 두 가지 척도는 기준예측선과 같은 값인 총제곱합 또는 총변동(total sum of squares : TSS)과 동일해야만 한다. 연구자가 독립변수를 사용할 때 총제곱 합은 오차제곱의 합(the sum of squared errors)과 회귀제곱합인 독립변수에 의해 예측된 제곱합으로 분할되어질 수 있다. 즉, 이러한 관계는 아래와 같이 표현할 수 있다.

$$\sum_{i=1}^{n}(y_i-\bar{y})^2 = \sum_{i=1}^{n}(y_i-\hat{y})^2 + \sum_{i=1}^{n}(\hat{y}-\bar{y})^2$$

TSS(총변동) = SSE(오차제곱의 합) + SSR(회귀제곱의 합)
총변동 = 설명되지 못한 변동 + 설명된 변동

$\bar{y}$ = 전체관측치의 평균
y_i = 개별 관측치 i의 값
$\hat{y_i}$ = 개별 관측치 i의 예측값

연구자는 어떻게 하면 회귀변량이 표본 가족의 국내여행 횟수를 훌륭하게 기술할 수 있는지를 파악하기 위하여 최적의 총변동을 분할할 수 있다. 표본으로 사용한 가족들의 국내여행 평균 횟수는 어떤 한 가족이 소유하고 있는 수의 최적의 추정이 된다. 이것은 극단적으로 정확한 추정이 아니나 다른 변수를 사용하지 않고 예측 가능한 최상의 추정임을 알 수 있다. 평균값을 사용한 기준예측선은 예측에서 오차제곱의 합(제곱의 합 = 22)을 계산함으로서 측정되어진다. 현재 우리는 가족 수를 사용하여 회귀모형을 적합시켰으므로, 이 회귀모형은 평균값을 사용한 기준예측선보다 변동을 더 잘 설명할 수 있음을 알 수 있다. 즉, 오차제곱의 합이 현재 5.50이기 때문에 평균을 사용했을 때 오차제곱 22와 비교할 때 추정의 정확성이 향상되었다는 것을 알 수 있다. 이러한 오차의 감소를 통해 우리는 회귀모형의 예측력이 얼마나 향상되는지를 알 수 있다.

오차제곱의 합(기준선 예측) − 오차제곱의 합(단순회귀식) = 설명된 제곱합(단순회귀식)
= SSTotal or SST − SSError or SSE = SSRegression or SSR
= SST − SSE = SSR
= 22.0 − 5.5 = 16.5

그러므로 평균에서부터 가족 수를 사용한 단순회귀모형으로 변화시킴으로써 16.5라는 제곱오차를 설명할 수 있다. 이것은 평균값을 사용한 기준예측선과 비교할 때 75%($16.5 \div 22 = .75$)나 향상된 것이다. 예측정확도를 향상시키는 다른 방법은 총제곱합에서 회귀제곱의 합의 비율을 계산한 결정계수(coefficient of determination : R^2)이다.

$$결정계수(R^2) = \frac{회귀제곱합}{총제곱합(총변동)}$$

만약 가족 수를 사용한 회귀모형이 모든 가구의 국내여행 횟수를 완벽하게 예측한다면 결정계수(R^2)는 1.0이다. 만약 가족 수를 사용하여 예측한 결과가 국내여행 횟수를 설명하는데 전혀 도움이 되지 않는다면 결정계수(R^2)는 0이다. 회귀식이 한 개 이상의 독립변수를 포함한다면 결정계수값은 예측에 있어 전체 변수의 조합된 효과를 대표한다고 할 수 있다.

결정계수값은 간단히 실제값과 예측값의 상관계수의 제곱을 의미한다고 할 수 있다. 단순회귀모형에서 상관계수가 .866이므로 결정계수는 .75(.866 × .866)가 된다.

상관계수(r)는 종속변수와 독립변수 사이의 관계를 평가하는데 사용되어질 때 상관계수(+r, −r)의 부호는 회귀선의 경사정도를 표시한다. 어쨌든 관계의 정도(strength)는 항상 결정계수(R^2)로 대표된다. 위의 예에서 결정계수(R^2)는 .75인데, 이는 독립변수에 의해 설명되는 종속변수의 변량이 75%임을 나타내는 것이다. 종속변수의 변량을 논의할 때 연구자는 회귀분석이 한 개 이상의 독립변수를 사용하여 예측하는데 시도되는 총변동(총제곱합)을 언급하게 된다.

3) 다수의 독립변수를 사용한 예측(다중회귀분석)

이제까지 우리는 단순회귀식이 국내여행 횟수의 예측을 어떻게 향상시키는가에 대하여 설명하였다. 국내여행 횟수를 예측함에 있어 가족 수라는 데이터를 사용하는 것은 단순히 수학적 평균만을 가지고 분석하는 것보다 더 좋은 예측력을 가짐을 알 수 있었다. 이러한 결과는 앞으로 각 가정으로부터 수집된 부가적 데이터를 독립변수로 사용할 때 예측력을 향상시킬 수 있을 것인가 하는 의문이 생기게 된다. 만약 연구자가 가족 수 뿐만 아니라 가족 소득, 자동차 수와 같은 또 다른 변수를 사용할 때 예측력이 개선될 수 있을까?

가. 다중공선성의 영향

종속변수의 예측을 개선하기 위한 부가적인 독립변수의 역할은 종속변수의 상관계수 뿐만 아니라 회귀식에서 이미 사용한 독립변수 이외의 부가적인 독립변수의 상관계수와도 연관되어 있다. 공선성(collinearity)은 두 개의 독립변수 사이의 상관계수의 조합으로 측정된다. 다중공선성(multicollinearity)은 세 개 이상의 독립변수 사이의 상관관계라고 할 수 있다.

다중공선성의 영향은 다른 독립변수와 연관되는 강도에 따라 어떤 단일 독립변수의 예측력을 감소시킨다. 공선성이 증가될 때, 각 독립변수에 의해 설명된 분산은 감소하게 되며, 공유된 (shared) 예측력이 증가하게 된다.

이러한 공유예측력은 한 번만 계산할 수 있기 때문에 전체 예측력은 높은 다중공선성을 가진 독립변수가 회귀모형에 첨가됨에 따라 매우 적게 증가하게 된다. 주어진 독립변수의 수로부터 예측을 최대화시키기 위해서 연구자는 다른 독립변수와 낮은 다중공선성과 종속변수와는 높은 상관관계를 가지는 독립변수를 찾아내야만 한다.

나. 다중회귀방정식

국내여행 횟수의 예측력을 높이기 위해서 8가구로부터 수집된 부가적 데이터를 사용하게 된다. 회귀식에 포함시키기 위한 두 번째 독립변수는 종속변수와 가장 높은 상관관계를 가지는 가족의 소득(V_2)이다. 비록 V_2는 회귀식에서 이미 V_1과 적절한 상관관계를 가지고 있음에도 불구하고, V_3가 종속변수와의 매우 낮은 상관관계를 가지기 때문에 V_2는 여전히 두 번째로 최적의 변수가 된다.

아래는 두 개의 독립변수를 포함하는 다중회귀모형을 식으로 표현한 것이다.

$$\text{국내여행 횟수(Y)} = b_0 + b_1 V_1 + b_2 V_2 + e$$

b_0 = 가족 수와 소득의 상수
b_1 = 가족 수에서 단위당 변화와 연관된 국내여행 횟수의 변화
b_2 = 가족 소득에서 단위당 변화와 연관된 국내여행 횟수의 변화
V_1 = 가족 수
V_2 = 가족 소득

최소자승(the least squares)절차를 사용하여 추정할 때 두 개의 독립변수를 가지는 다중회귀모형은

V_1의 회귀계수 .63과 V_2의 회귀계수 .216 그리고 상수 .482를 가진다. Y를 예측하고 실제값으로부터 예측치를 차감함으로써 잔차를 발견할 수 있다. 아래의 〈표 2-6〉은 예측오차의 제곱을 보여주고 있다. 가족의 수와 소득을 포함한 다중회귀모형에 대한 오차제곱의 합은 3.04이다. 이것은 가족 수 하나만을 사용하여 예측할 때 〈표 2-5〉에 나타나 있는 단순회귀모형의 오차제곱의 합인 5.50과 비교할 때 향상된 것이다. 가족의 소득이 회귀분석에 부가될 때 결정계수(R^2)는 .86으로 증가하게 된다.

$$R^2(\text{가족 수 + 가족소득}) = \frac{22.0-3.04}{22.0} = \frac{18.96}{22.0} = .86$$

이것은 회귀분석에서 가족소득을 회귀모형에 추가시켰을 때 11%(.86-.75)나 예측력이 증가한다는 것을 의미하는데, 이는 가족소득변수 자체가 가지고 있는 추가적인 예측력이 존재하기 때문이다.

〈표 2-6〉 독립변수로 가족 수와 가족소득을 사용한 다중회귀결과

회귀변량(regression variate) : $Y = b_0 + b_1 V_1 + b_2 V_2$
예측방정식(prediction equation) : $Y = .482 + .63 V_1 + .216 V_2$

가구 ID	국내여행 횟수	가족 수(V_1)	가족소득(V_2)	다중회귀 예측	예측오차	예측오차 제곱
1	4	2	14	4.76	-.76	.58
2	6	2	16	5.20	.80	.64
3	6	4	14	6.03	-.03	.00
4	7	4	17	6.68	.32	.10
5	8	5	18	7.53	.47	.22
6	7	5	21	8.18	-1.18	1.39
7	8	6	17	7.95	.08	.00
8	10	6	25	9.67	.33	.11
전체						3.04

다. 세 번째 독립변수의 추가

예측률은 단순회귀식보다 다중회귀식에서 얻은 예측률이 더 향상된다는 것을 위의 사례를 통하여 확인하였다. 하지만 어떤 상황에서는 독립변수를 추가할 때에 효과가 더 떨어질 수 있다. 본 장의 사례에서, 자동차 소유 수(V_3)라는 독립변수를 다중회귀식에 추가시킬 수 있다. 만약 연구자가 세 가지 독립변수 모두를 회귀식에 포함시킨다면, 회귀식의 설명력이 조금 향상될 수는 있으나, 이전의 결정계수의 크기와 크게 다르게 나타나지 않는다. 즉, 결정계수(R^2)는 이전의 다중회귀모형에서 .01정도 증가했을 뿐이다. 그리고 자동차 소유 수(V_3)에 대한 회귀계수는 통계

적으로 유의적이지 않은 것으로 나타났다. 그러므로 연구자는 두 개의 독립변수(가족 수와 가족 소득)를 사용한 다중회귀모형에 의해 최상의 모형을 만들 수가 있으며, 세 번째 독립변수(자동차 소유 수)는 예측결정에 사용하지 않는 것이 더 현명하다고 판단할 수 있다.

2. 다중회귀분석의 절차

지금까지 단순회귀분석과 다중회귀분석을 사례와 더불어 알아보았다. 이제부터는 회귀분석의 모형구축 과정이 생성(creation), 추정(estimation), 해석(interpretation) 그리고 회귀분석의 타당성 (validation)에 영향을 주는 요인에 대한 분석을 위한 다변량 분석의 기본틀(framework)로 사용된다.

회귀분석의 첫 단계는 종속변수와 독립변수의 선택을 포함하여 회귀분석의 목적을 명확히 하는 것으로 시작된다. 두 번째 단계로는 회귀분석의 표본 크기와 변수변형(transformation)의 필요성을 고려한 연구설계를 설정한다. 연구설계를 설정한 후에는 회귀모형 형태를 갖추기 위한 단계로서 회귀분석의 적절성을 위해 개별 변수에 대한 가정을 테스트하게 된다. 만약에 가정이 만족되면 모형을 추정하게 된다. 일단 결과가 도출되면 전체적인 회귀모형이 회귀분석을 수행하기 위해 필요한 가정을 만족시키는지를 확인하고 또한 특정 관측치가 분석결과에 비정상적인 영향을 미치지 않도록 확인하기 위해 진단을 정확하게 수행하여야 한다. 다음 단계로서 회귀변수를 해석해야 하는데, 이는 종속변수 측정의 예측에서 어떤 독립변수가 중요한 역할을 하는지 설명하는 것을 말한다. 해석이 완료된 결과는 모집단(population)에 대하여 일반화(generalization)하는 데 타당성이 있어야 한다.

다음 〈그림 2-1〉은 다중회귀분석을 위한 모형구축 과정의 흐름을 1단계에서 6단계까지 그림으로 표현한 것이다. 이 그림은 다중회귀분석의 전체과정을 일목요연하게 파악할 수 있으며, 앞으로의 설명은 그림에 나타난 각 단계별로 다중회귀분석에 대해 논의하고자 한다.

(1) 다중회귀분석의 목적

일반적인 선형모형의 한 형태인 다중회귀분석은 한 개의 종속변수와 여러 개의 독립변수들간의 관계를 조사하는데 사용되는 다변량 기법중의 하나이다. 다중회귀분석의 출발은 연구하고자 하는 문제를 얼마나 잘 제시하는가에 있다. 따라서 연구자는 다중회귀분석의 적절한 응용을 위해 연구문제의 적합성, 통계적 관계의 구체화, 종속변수와 독립변수의 선택과 같은 세 가지 중요한 사항을 고려해야 한다.

〈그림 2-1〉 다중회귀분석의 6단계

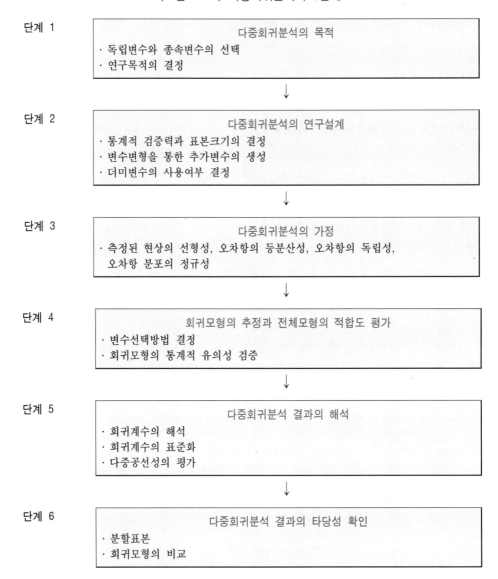

단계 1	**다중회귀분석의 목적** · 독립변수와 종속변수의 선택 · 연구목적의 결정

↓

단계 2	**다중회귀분석의 연구설계** · 통계적 검증력과 표본크기의 결정 · 변수변형을 통한 추가변수의 생성 · 더미변수의 사용여부 결정

↓

단계 3	**다중회귀분석의 가정** · 측정된 현상의 선형성, 오차항의 등분산성, 오차항의 독립성, 오차항 분포의 정규성

↓

단계 4	**회귀모형의 추정과 전체모형의 적합도 평가** · 변수선택방법 결정 · 회귀모형의 통계적 유의성 검증

↓

단계 5	**다중회귀분석 결과의 해석** · 회귀계수의 해석 · 회귀계수의 표준화 · 다중공선성의 평가

↓

단계 6	**다중회귀분석 결과의 타당성 확인** · 분할표본 · 회귀모형의 비교

1) 다중회귀분석에 적절한 연구문제 설정

다중회귀분석은 넓은 범위에서 예측(prediction)과 설명(explanation)이라는 두 가지 응용을 목적으로 사용된다. 따라서 다중회귀분석의 응용은 예측과 설명에 있어 상호 배타적(mutually exclusive)이지 않으며, 두 가지 연구문제 모두에 역점을 두고 있다.

가. 다중회귀분석의 예측

다중회귀분석의 근본적인 목적은 여러 개의 독립변수를 활용하여 종속변수를 예측하는데 있다. 이런 점에서 첫 번째 목적은 변량에서 대표되는 독립변수의 전체 예측력(overall prediction power)을 최대화시키는 데 있다. 독립변수의 선형결합은 종속변수 척도의 최적 예측변수형태를 취한다. 다중회귀분석은 여러 개의 독립변수들의 예측력을 평가하는 객관적인 수단을 제공한다. 이러한 목적에 중점을 둔 연구자는 최대한의 예측력을 달성하고자 한다. 다중회귀분석은 예측력을 증가시키기 위하여 변량을 수정해야 될지 모르는 독립변수의 형태와 구체화(specification)에 많은 옵션을 제공한다. 예측은 종종 해석의 중요성을 희생하면서 예측능력을 극대화하는데 초점을 맞추기도 한다. 그 예는 다변량회귀분석 중에서 시계열 분석(time series analysis)의 유일한 목적은 예측이며, 결과의 해석은 예측력을 증가시키는 의미로써 사용된다. 다른 상황에서 예측력의 정확성은 변량의 계속되는 해석이 포함되는 독립변수 선택의 타당성을 확인하는데 결정적인 역할을 한다. 예측력의 정확성에 대한 척도가 형성되고 예측력의 유의성과 관련한 통계적 테스트가 수행되어진다. 이 분석의 가장 중요한 목적이건 아니건 간에 회귀분석의 응용을 정당화하기 위하여 일반적으로 수용될 수 있는 수준의 예측정확성을 반드시 달성해야 한다. 연구자는 반드시 통계적 그리고 실제적 유의도 모두에 대해 확신해야만 한다.

다중회귀분석은 각 변량의 예측력을 확인하기 위한 두 개 이상의 독립변수의 집합을 비교하는 것이 두 번째 목적이다. 다중회귀분석에서 모형에 대한 타당성 있는 접근은 두 개 이상의 서로 다른 또는 경쟁모형에 대한 결과를 비교하는 방법으로 접근할 수 있다. 분석의 유형에 대한 핵심은 모형 사이에서 상대적인 예측력을 비교하는 것인데, 선택한 모형의 예측상황이 통계적으로 유의적으로 나타나야만 한다.

나. 다중회귀분석을 통한 설명

다중회귀분석은 독립변수의 변량의 형성에 의한 종속변수와 독립변수의 관계의 정도와 특징을 객관적으로 평가하는 수단을 제공한다. 종속변수의 집합적인 예측에 추가되는 독립변수는 변량과 그것의 예측에 개별적으로 공헌한다는 점을 고려해야 할 것이다. 변량의 해석은 이러한 독립변수의 중요성, 발견된 관계의 유형, 독립변수 사이의 상호 관련성과 같은 세 가지 방법에 의존하게 된다.

회귀변량의 가장 직접적인 해석은 종속변수 측정의 예측에서 각 독립변수의 상대적인 중요성을 결정하는 일이다. 모든 응용상황에서 독립변수의 선택은 종속변수에 이론적으로 관계가 있는 변수를 기반으로 한다. 회귀분석은 각각의 독립변수와 종속변수 간 관계의 크기와 관계의 방향(+ 또는 −)을 객관적으로 평가하는 방법을 제공한다. 다변량 분석기법과 회귀분석의 차이는 각 독립변수와 종속변수의 관계를 동시에 평가할 수 있다는 점이다.

동시적인 평가를 할 때 각 독립변수의 상대적인 중요성이 결정되어진다. 개별 변수의 중요성을 평가할 수 있게 할 뿐만 아니라 다중회귀분석은 독립변수와 종속변수 사이의 관계의 성격을 평가하는 수단을 연구자에게 제공한다. 가정된 관계는 독립변수와 종속변수 사이의 상관관계를 바탕으로 한 선형결합이다. 독립변수와 종속변수간의 관계가 비선형적일 경우, 변환 또는 추가된 독립변수는 다른 형태의 관계유형이 존재하는지를 평가하는데 이용하게 된다. 이러한 유연성은 연구자가 가정된 선형관계 이외에 관계의 본질적인 특징을 조사할 수 있게 한다.

그리고 다중회귀분석은 종속변수 측정의 예측에서 독립변수 사이의 관계에 대한 시사점을 제공한다. 이러한 상호관계는 두 가지 측면에서 매우 중요하다. 첫째, 독립변수 사이의 상관관계가 존재한다는 것은 몇 개의 독립변수는 예측력을 향상시키는데 불필요함을 의미한다. 그것은 불필요한 몇 개의 독립변수와 종속변수들 사이에 관계가 없음을 의미하지는 않는다. 단지 다변량 분석에서 몇 개의 독립변수들이 추가되어도 분산을 설명하는데 전혀 기여하지 못하므로 불필요하다는 것이다.

연구자는 반드시 추출된 변량을 바탕으로 독립변수의 중요성을 결정짓는 기준을 제시해야만 한다. 왜냐하면 독립변수 사이의 관계는 예측목적에 불필요한 관계를 숨기게 될지 모르지만 여전히 실제적인 분석결과를 제시할 수 있기 때문이다. 변수 사이의 상관관계는 예측력 뿐만 아니라 추정된 결과 사이의 상호관계로 확장할 수 있다. 이것은 한 개의 독립변수의 결과가 또 다른 독립변수에 따라 다른 결과가 나올 수 있다는 사실이 좋은 예가 될 수 있다. 다중회귀분석은 그런 결과가 실증적이거나 이론적인 근거에 바탕을 둔 것인지를 결정할 수 있는 진단적인 분석을 제공한다. 독립변수 사이에서 상호관계의 높은 정도(다중공선성)의 지표는 뒤에서 논의하고자 한다.

2) 통계적 관계의 구체화

다중회귀는 연구자가 함수적인 것보다 통계적인 관계에 관심을 둘 때 적절한 분석방법이다. 예를 들어, 아래의 관계를 설명하면 다음과 같다.

총비용(Total cost) = **변동비**(Variable cost) + **고정비**(Fixed cost)

만약 단위당 변동비가 $2이라면 고정비는 $500이다. 그리고 100개를 생산한다면 총비용은 정확하게 $700로 가정할 수 있으며, $700에 대한 편차는 비용 사이의 관계가 고정되어 있기 때문에 비용을 측정할 수 없는 탓에 기인한다. 이것은 예측의 오차가 없기 때문에 함수적 관계(functional relationship)로 불린다. 다시 말하면, 생산량만 주어지면 총비용은 언제든지 오차 없이 예측된다. 앞에서 다룬 국내여행 횟수에 대한 사례는 조사치일 뿐 완벽한 예측은 아니다. 이것은 조사될 관계에는 항상 임의적인 요소가 존재하기 때문에 통계적 관계(statistical relationship)라고 정의할 수 있다. 통계적 관계에서 한 개 이상의 종속변수 값은 하나의 독립변수 값에 대해 측정되어진다. 아래의 〈그림 2−2〉에 잘 나타나 있듯이, 가족 수가 3명일 경우 국내여행 횟수는 임의변수(random variable)의 형태로 나타나며, 주어진 독립변수에 대하여 연구자는 연관된 종속변수의 평균값을 추정할 수 있다.

예를 들어, 위의 〈표 2−6〉에서 단순회귀분석에서 연구자는 국내여행 횟수의 사례에서 각기 다른 가족구성원이 2명인 두 가족과 4명인 두 가족 그리고 기타 네 가족이 있었다. 4명의 가족구성원을 가진 두 가족은 국내여행 횟수가 6회와 7회로 평균 6.5회 정도이었는데, 예측은 6.75회였다. 이 예측은 기대만큼 정확한 것은 아니나 국내여행의 평균 횟수인 7회를 사용한 것보다는 예측률이 더 좋음을 알 수 있다. 오차는 국내여행 횟수에 대한 가족 구성원들에게 나타나는 임의 행동(random behavior)의 결과로 가정될 수 있다.

종합하면, 통계적 관계가 평균값을 추정하는 반면, 함수적 관계는 정확한 값을 계산한다. 하지만 여기서는 통계적 관계만을 다루게 되는데, 이 두 가지 관계는 다음 〈그림 2−2〉에 나타나 있다.

〈그림 2−2〉 함수적 관계와 통계적 관계의 비교

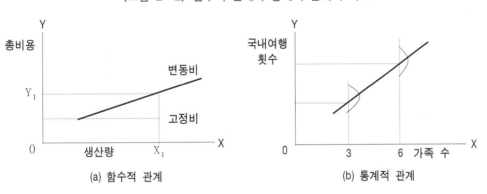

(a) 함수적 관계   (b) 통계적 관계

3) 종속변수와 독립변수의 선택

다중회귀분석을 포함한 다변량 기법의 성공은 분석에 사용되어지는 변수의 선택을 어떻게 하느냐에 달려 있다. 다중회귀분석은 변수들 사이의 인과관계를 밝히는 기법이기 때문에 연구자는 반드시 변수가 종속변수인지 독립변수인지를 명확히 해야만 한다. 이 두 가지 변수의 선택은 일반적으로 개념이나 이론적인 배경에 바탕을 두어야 한다. 비록 많은 선택옵션과 프로그램의 특징이 모형 추정의 수단으로 사용되고 있지만, 연구자는 반드시 어떤 변수를 선택할지 기본적인 결정을 하여야 한다. 만약 연구자가 변수 선택에서 판단력을 발휘하지 못하거나, 그 대신에 무차별적으로 변수를 선택하거나, 실증분석의 결과만으로 변수선택을 감행한다면 회귀모형설정시 기본적인 가정을 위반하게 된다.

종속변수의 선택은 연구문제의 성격에 따라 결정되어진다. 연구자는 반드시 종속변수에 있어 측정오차(measurement error)를 인식해야만 한다. 측정오차는 변수가 기존연구의 추상적 개념을 측정시 발생하는 오차의 정도를 말한다.

만약 종속변수로 사용된 변수가 실질적인 측정오차를 가진다면, 최고의 독립변수가 선택된다고 하더라도 예측의 정확성을 달성하지 못할 수 있다. 측정오차는 변수가 기존연구의 개념을 정확하고 일치하도록 측정하는 정도를 언급하는 것이다. 연구자는 개념적이고 실증적인 요인을 바탕으로 최적의 종속변수와 독립변수 측정에 관심을 가져야만 한다.

비록 부적절한 변수가 다른 독립변수의 결과에 직접 영향을 미치지 않더라도 부적절한 변수는 다음과 같은 부작용을 보여준다.

첫째, 이것은 결과의 해석에 결정적인 역할을 하는 모형의 간명성(parsimony)을 해칠 수 있다.

둘째, 특별히 만약 모형 추정의 순차적인 형태가 사용되어진다면, 추가적 변수는 좀 더 유용한 변수의 결과를 대체 또는 희석시키기도 한다. 마지막으로, 추가적 변수는 독립변수의 통계적 유의도 검증의 정확도를 떨어뜨리기도 하며, 분석의 통계적이고 실제적인 유의도를 감소시킬 수도 있다.

부적절한 변수를 추가하는 문제가 주어졌을 때, 연구자는 적절한 변수를 제거하는데 신중을 기해야 한다. 왜냐하면, 적절한 변수의 제거는 결과에 결정적인 오류를 범하게 할 수 있으며, 결과의 해석에 부정적으로 영향을 주기 때문이다.

가장 간단한 예로, 누락된 변수는 포함된 변수와 상관성이 없으며, 오직 분석의 전체 예측력의 정확성을 떨어지게 한다. 그러나 포함된 변수와 누락된 변수 사이에 상관관계가 존재할 때는 포함된 변수의 결과가 누락된 변수와 상관관계를 갖는 범위 내에서 오차가 발생하게 된다. 포함된 변수에 대한 추정결과는 실재적 효과뿐만 아니라 포함된 변수가 누락된 변수와 공유하는 효과를 포함한다. 이것은 모형 해석과 통계적이고 조작적 유의도의 평가에 심각한 문제를 초래할 수 있다.

연구자는 이 두 가지 형태의 특정화 오차를 피하기 위해 변수의 선택시 주의를 해야 한다. 아마도 가장 심각한 문제는 변수의 결과가 적절한 변수를 포함하지 않거나 적절한 변수의 누락에 있다. 이것은 다중회귀분석에서 누락되거나 포함된 모든 변수에 대한 이론적이고 실제적인 배경이 변수선택에 대한 확신을 심어줄 수 있음을 보여준다.

측정오차는 측정오차가 증가되어 예측력를 감소시킴으로써 독립변수에 영향을 준다. 다중회귀분석은 종속변수나 독립변수에 존재하는 측정오차를 수정할 수 있는 직접적인 방법은 없다. 만약 연구자가 측정오차가 문제가 된다고 의심된다면 구조방정식모형(structural equation modeling)을 사용할 것을 추천한다. 왜냐하면 회귀분석이 해결해주지 못하는 측정오차를 조절하는 기능을 구조방정식모형이 가지고 있기 때문이다.

(2) 다중회귀분석의 연구 디자인

다중회귀분석의 설계에서 연구자는 표본크기, 독립변수의 특성, 그리고 종속변수와 독립변수 사이의 특별한 관계를 나타내기 위한 새로운 변수의 생성과 같은 문제들을 고려해야만 한다. 통계적이고 실제적인 유의도의 기준이 항상 유지되어야만 한다. 다양한 연구문제를 해결하기 위한 다중회귀분석은 본 장에서 학습될 연구설계에 의해 크게 영향을 받는다.

1) 표본크기

다중회귀분석에 사용될 표본크기는 분석을 디자인하는데 있어서 연구자의 통제를 가장 많이 받는 요소이다. 표본크기의 효과는 대부분의 경우에 유의도에 대한 통계적 검증력과 결과의 일반화에 직접적으로 나타난다. 이 두 가지 초점은 다음과 같다.

가. 통계적 검증력과 표본크기(Statistical Power and Sample Size)

표본크기는 적절성과 다중회귀의 통계적 검증력에 직접적으로 영향을 준다. 보통 20개 정도의 관찰치를 갖는 작은 표본하에서는 한 개의 독립변수로 단순회귀에 의한 분석이 적합하다. 이런 상황에서 매우 강한 관계는 확실성 정도에 따라 탐지할 수 있다. 이와 달리, 관찰치가 1,000개가 넘는 큰 표본크기는 종종 어떤 관계도 통계적으로 유의적임을 나타내므로 전체적으로 민감한 통계적 유의성을 갖게 된다. 매우 큰 표본크기를 다루는 연구자는 실제적인 유의도 기준이 통계적 유의도와 일치한다는 것을 확인해야만 한다.

다중회귀분석에서 검증력(power)은 구체적인 통계적 유의도인 결정계수(R^2)의 수준이나 표본 크기에 대한 구체적 유의수준에 해당하는 회귀계수를 의미한다. 표본크기는 검증력에 직접적이고 상당한 영향을 갖는다.

〈표 2-7〉 다양한 독립변수의 수와 표본크기를 가진 검증력 .80에 대한
통계적 유의도를 알아보기 위한 최소 결정계수(R^2)

표본크기	유의수준(α) = .01 독립변수의 수				유의수준(α) = .05 독립변수의 수			
	2	5	10	20	2	5	10	20
20	45	56	71	NA	39	48	64	NA
50	23	29	36	49	19	23	29	42
100	13	16	20	26	10	12	15	21
250	5	7	8	11	4	5	6	8
500	3	3	4	6	3	4	5	9
1,000	1	2	2	3	1	1	2	2

NA = not applicable.

〈표 2-7〉은 표본크기, 유의수준(α), 그리고 결정계수(R^2)를 탐지하기 위한 독립변수의 수에 대한 상호간 영향력에 대한 예시이다. 위의 표를 보면, 유의수준 .05에서 5개의 독립변수를 사용하고 표본크기가 50일 경우 최소결정계수(R^2)는 23%가 될 것이다. 하지만 위와 동일한 조건하에서 표본크기가 100으로 늘어날 경우, 결정계수는 12%로 떨어지게 된다. 〈표 2-7〉을 이용하면, 연구자는 항상 다중회귀분석의 예상되는 검증력을 만족시킬 수 있도록 연구설계시 유의수준, 표본크기 등의 요소를 잘 이해하고 있어야 한다.

나. 일반화와 표본크기

통계적 검증력을 결정하는 역할에 있어서 표본크기는 관찰치 대비 독립변수의 비율을 토대로 결과의 일반화에 영향을 준다. 한 가지 일반적인 규칙에 의하면 비율은 변량에서 각 독립변수에 대한 다섯 개의 관찰치가 있어야 하는 것으로 5대 1 이하로 결코 내려갈 수 없다는 것이다. 이러한 비율이 5대 1 이하로 떨어질 때 연구자는 결과가 표본변량에 너무 구체적인 현상으로 나타나는 과다적합(overfitting)의 문제에 직면하게 되는데, 이로 인해 일반화가 부족해질 수 있다. 비록 최소 비율이 5대 1로 정의할 수 있더라도 바람직한 수준은 관찰치 대비 독립변수의 비율이 15에서 20 사이가 바람직하다.

이 수준에 이르렀을 때, 만약 표본이 대표성을 가진다면 결과를 일반화시키는데 아무런 문제가 없다. 어쨌든 만약 단계별 회귀분석절차를 수행하면 권고할 만한 수준은 50대 1로 증가하게 된다. 사용가능한 표본이 이러한 기준에 미치지 못할 경우에는 연구자는 결과의 일반화를 정당화시킬 수 있는 대안을 제시해야 한다.

2) 고정 대 임의 결과 예측

우리가 이미 논의한 바가 있는 회귀모형의 예는 독립변수의 수준이 고정되어 있다고 가정했다. 예를 들어, 만약 연구자가 콜라의 단맛을 결정짓는 세 가지 수준의 선호도에 영향을 미치는 것을 알고자 한다면, 연구자는 세 가지 다른 콜라를 같은 표본의 사람들에게 맛을 보여주어야 한다. 여기서 연구자는 단맛의 수준을 고정시킨 후에 세 가지 수준에서 효과를 측정하고자 한다. 연구자는 단맛이 가지고 있는 많은 수준을 임의의 세 가지 수준으로 선정할 때 무작위 표본으로 선택되었다고 가정할 수 없다. 임의의 독립변수는 무작위로 선택된 것이다. 임의의 독립변수를 사용할 때, 이 의미는 그 변수 자체를 조사하기보다는 연구자가 선택한 표본으로부터 일반화시키고자 하는 더 큰 모집단에 대한 의미가 중요하다.

설문조사 데이터를 기반으로 한 대부분의 회귀모형은 임의의 결과 모형(random effects models)이다. 예를 들어, 어떤 설문조사는 의사를 방문한 횟수와 응답자의 나이 사이의 관계를 평가하고자 한다. '응답자의 나이'라는 독립변수는 모집단으로부터 무작위로 선택된 것이며, 그리고 표본에 대하여 구체적으로 알고자 하는 것이 아니라, 관련된 모집단에 대하여 추론을 하고자 하는 것이 주요 관심사항이다.

두 가지 유형의 독립변수를 사용한 모형에 대한 추정절차는 오차항(error terms)을 제외하고 모두 같다. 무작위 결과 모형에서 임의오차 또는 확률오차(random error)의 일부분은 독립변수를 표본에서 추론하는 과정에서 발생한다.

3) 추가변수의 생성

다중회귀에서 대표되는 기본적 관계는 적률 상관관계(product-moment correlation)를 바탕으로 한 계량적 종속변수와 독립변수 사이의 선형결합이다. 연구자가 종종 직면하는 문제는 회귀식에 성별, 직업과 같은 비계량적 데이터를 어떻게 취급하느냐이다. 앞에서 논의한 회귀는 계량적 데이터에 제한적으로 사용할 수 있다. 비선형적인 관계가 발생하였을 때 연구자는 회귀분석의 한계에 직면하게 된다. 이러한 경우 다중회귀가 전적으로 비계량적 변수를 다루기 위하여 새로운 변수의 생성에 의존하거나 선형관계 이외의 결과를 얻을 수 있는 변형(transformations)에 의해 새로운 변수가 생성된다. 데이터를 변형하는 것은 아래의 두 가지 이유 중 하나로서 종속변수나 독립변수를 수정하는 수단을 연구자에게 제공한다. 이 두 가지 이유는 독립변수와 종속변수 사이의 관계를 개선·수정하거나 또는 회귀변량에서 비계량적 변수의 사용을 허용하기 위하여 변형을 시도한다. 데이터 변형은 '이론적(데이터의 특성에 바탕을 둔 적절한 변형)' 또는 '데이터 추출(데이터의 설명에 의해 직접적으로 제안되는 변형)'이라는 경우에 바탕을 두게 된다. 각 경우에 있어 연구자는 개선과 추가적 변형을 위한 필요성을 계속 평가하면서 여러 차례의 시행착오를 경험해야 한다.

연구자는 데이터의 변형을 통하여 회귀분석이 실제자료를 잘 반영할 수 있게 하고, 원래변수를 보충할 수 있도록 새로운 변수를 생성시킬 수 있다.

모든 변형에 있어 연구자는 자주 이용하는 통계 패키지의 간단한 명령문에 의해 쉽게 수행할 수 있다. 비록 이런 방법이 컴퓨터에 의해 수행될지라도 데이터 변형에 대한 다른 좀 더 정교하고 복잡한 방법도 사용가능하다.

4) 더미변수를 사용한 비계량적 데이터의 조합

연구자가 직면한 한 가지 상황은 비계량적 독립변수의 사용이다. 이제까지 모든 예는 독립변수와 종속변수 모두 계량적 측정이라는 것을 가정하였다. 종속변수가 이항변수(dichotomous variable : 0, 1)로 측정된다면, 판별분석이나 다른 형태의 회귀분석(로지스틱 회귀분석)이 적합하다. 그러나 독립변수가 2개 또는 그 이상의 범주형인 비계량적일 때 더미변수(dummy variable)를 실제로 독립변수로 사용할 수 있다.

개별 더미변수는 한 개의 비계량적 독립변수의 한 가지 범주를 대표하고, k개의 범주를 갖는 비계량적 변수의 더미변수는 k-1개로 대표되어진다.

더미변수의 코딩에는 두 가지 형태가 있다. 가장 일반적인 것은 1 또는 0으로 범주를 대표하는 표시코딩이다. 더미변수의 회귀계수는 0값이 주어지는 준거범주(reference category)와 비교할 때 더미변수의 형태로 된 응답자의 개별 그룹의 의미 사이에서 차이를 나타낸다. 이러한 그룹 차이는 계수가 종속변수로써 같은 단위가 되는 것처럼 실제적으로 평가되어질 수 있다. 더미변수의 코딩형태는 〈그림 2-3〉과 같이 다양한 그룹 간에 다른 상수(절편)로 표현되어진다.

〈그림 2-3〉 더미변수를 통한 비계량적 변수의 조합

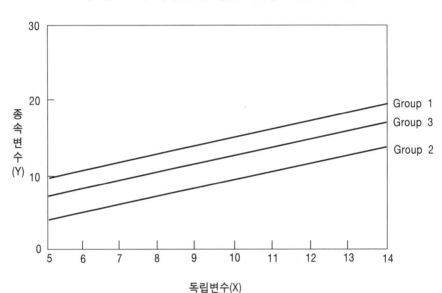

더미변수를 사용한 회귀식(D_1 and D_2)	
회귀식(Specified)	$Y = a + b_1X + b_2D_1 + b_3D_2$
추정식(Estimated)	
전체(Overall)	$Y = 2 + 1.2X + 2D_1 - 3D_2$
각 그룹 추정식	
그룹 1($D_1 = 1, D_2 = 0$)	$Y = 2 + 1.2X + 2(1)$
그룹 2($D_1 = 0, D_2 = 1$)	$Y = 2 + 1.2X - 3(1)$
그룹 3($D_1 = 0, D_2 = 0$)	$Y = 2 + 1.2X$

위 예에서 세 가지 범주를 갖는 비계량적 변수는 그룹 1과 2로 대표되는 더미변수(D_1과 D_2)와 그룹 3은 준거범주(reference category)로 사용된다. 회귀계수는 D_1은 2.0 그리고 D_2는 -3.0이다. 이들 계수는 세 가지 평행선으로 나타낼 수 있다. 준거그룹(reference group)인 그룹 3은 0이라는 더미변수로 회귀식에 의해 정의되어진다. 〈그림 2-3〉의 그래프에서 그룹 1은 준거

그룹선에 대해 두 단계 위에 위치해 있다. 그룹 2는 준거그룹 3의 세 단계 아래에 위치에 있다. 평행선은 더미변수가 관계의 본질에 변화는 없으나 그룹 사이에서 상수는 서로 다르게 나타난다.

어떤 더미변수 형태로 코딩되어 사용될 때에는 회귀계수가 비교 그룹과의 평균값의 차이라는 측면에서 해석되어져야 한다.

더미변수 코딩의 다른 방법은 결과 코딩(effects coding)이다. 이것은 비교 또는 누락그룹이 더미변수 0 대신에 −1의 값을 갖는다는 것을 제외하고는 표시코딩과 동일하다. 회귀계수는 누락된 그룹보다 모든 그룹의 평균값과 그 그룹의 차이를 나타낸다. 더미변수 코딩의 형태는 같은 예측 결과, 결정계수 그리고 회귀계수를 가져올 것이다. 한 가지 다른 점은 더미변수 계수의 해석에 있다.

(3) 다중회귀분석의 가정

1) 개별변수 대 변량의 평가

다중회귀분석의 가정은 개별변수(종속변수와 독립변수)와 전체로서의 관계라는 두 가지 측면에 적용된다. 회귀분석에서 일단 변량이 추출되면 변량은 종속변수를 예측하는데 사용된다. 이것은 개별변수 뿐만 아니라 변량 자체에 대한 가정의 평가가 필요하다는 것을 의미한다. 본 장은 다중회귀분석의 가정에 관련되는 종속변수의 관계와 변량을 설명하는데 초점을 두고자 한다. 실제로 가정에 대한 분석은 회귀모형이 네 단계를 거쳐 추정된 후에 수행되어져야만 한다. 그러므로 가정에 대한 테스트는 회귀분석의 최초 단계뿐만 아니라 모형이 추정된 후에도 수행되어져야 한다.

기본적 초점은 회귀계수를 계산하는 과정과 종속변수의 예측과정에 있어서도 회귀분석의 가정이 만족되어졌는지 확인해야 한다. 예측오차는 변수 사이의 실제적 관계의 부재의 결과에 의한 것인지 또는 회귀모형에 의해 반영되지 않은 데이터의 몇 가지 특성에 의해 발생되는 것인지를 판단하기 위해 아래와 같은 가정은 테스트되어야 할 것이다.

- 측정된 현상의 선형성(Linearity of the phenomenon measured)
- 오차항의 등분산(Constant variance of the error terms)
- 오차항의 독립성(Independence of the error terms)
- 오차항 분포의 정규성(Normality of the error term distribution)

변량에 대한 예측오차의 일반적인 척도는 종속변수에 대한 측정값과 예측값과의 차이를 나타내는 잔차(residual)이다. 잔차와 독립변수 또는 잔차와 예측변수를 그래프에 그려보는 플로팅(plotting)은 전체관계에 대한 가정 위배(violations)를 알 수 있는 좋은 방법이다.

잔차를 설명할 때는 잔차를 직접적으로 비교 가능케 하는 표준화(standardization)의 형태가 일반적으로 사용된다. 가장 널리 사용하는 것은 t값에 대응되는 스튜던트화 잔차(studentized residual)이다. 이러한 대응은 매우 큰 잔차의 통계적 유의성을 평가하는 데 용이하다. 본 장에서 가정은 잔차 플롯을 통한 시각적 테스트를 보완할 수 있는 다수의 통계적 테스트에 대하여 설명하고자 한다.

〈그림 2-4〉 잔차의 그래프 분석

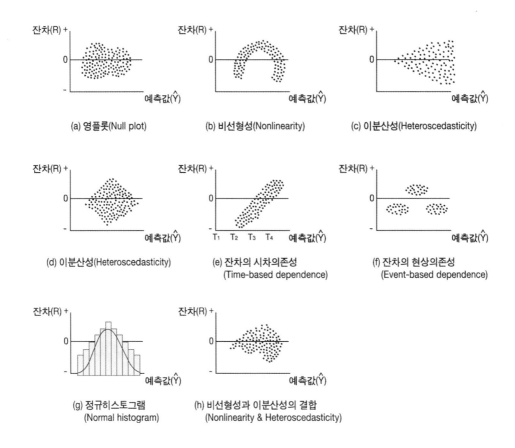

(a) 영플롯(Null plot)

(b) 비선형성(Nonlinearity)

(c) 이분산성(Heteroscedasticity)

(d) 이분산성(Heteroscedasticity)

(e) 잔차의 시차의존성
(Time-based dependence)

(f) 잔차의 현상의존성
(Event-based dependence)

(g) 정규히스토그램
(Normal histogram)

(h) 비선형성과 이분산성의 결합
(Nonlinearity & Heteroscedasticity)

가장 일반적인 잔차 플롯은 잔차(R_i)와 예측치 종속변수($\hat{Y}_i$)를 그래프에 그려놓은 것이다. 단순회귀모형에서 잔차는 변수간에 직접적으로 관련 있는 종속변수나 독립변수에 대한 플롯그림이다. 어쨌든 다중회귀분석에서 예측될 종속변수 값은 회귀변량의 전체 결과를 대표한다. 그러므로 잔차분석이 단일 변수에 집중되는 경향이 있지 않는 한 예측될 종속변수가 사용되어진다. 각 가정의 위배는 잔차의 구체적인 형태에 의해 표현된다. 〈그림 2-4〉는 다음에 논의될 기본적 가정을 표현하는 잔차플롯에 대한 예이다.

〈그림 2-4〉에서 영플롯(null plot)은 회귀분석에서 요구되는 가정을 만족시킬 경우의 잔차에 대한 플롯이다. 영플롯은 비교적 0에 가까운 분포를 보이므로 잔차가 무작위로 분포되어 있으며 0보다 매우 크거나 작은 분포는 강하게 나타나지 않는다. 그림에 제시된 나머지 잔차는 회귀분석의 가정에 위배된 경우를 설명해줄 수 있는 예들이다.

2) 현상의 선형성

종속변수와 독립변수 사이의 관계에 대한 선형성은 종속변수의 변화가 독립변수와 연관되어 있는 정도를 나타낸다. 회귀계수는 독립변수 값이 변화하더라도 일정한 값을 가진다.

상관관계의 개념은 회귀분석에서 선형관계에 기반을 두고 있다. 선형성은 잔차플롯을 통해 쉽게 설명할 수 있다. 〈그림 2-4〉의 (b)는 지금까지 모형에서 나타나지 않았던 비선형성의 존재를 나타내는 전형적인 잔차의 유형이다. 잔차유형의 지속적인 곡선형태가 발견될 때 수정조치는 회귀모형의 예측정확도를 증가시킬 수 있고, 추정된 회귀계수의 타당성을 높일 수 있다. 2단계에서 논의한 다항식 조건의 생성과 같은 데이터의 변형 또는 비선형회귀와 같은 전문적 방법은 독립변수의 곡선효과나 좀 더 복잡한 비선형 관계를 조절할 수 있다.

한 개 이상의 독립변수를 갖는 다중회귀분석에서 잔차의 설명은 모든 독립변수의 조합된 결과를 보여주는 것이나, 연구자는 잔차플롯에서 별도의 독립변수를 설명할 수는 없다. 이를 위해 연구자는 종속변수에 한 개의 독립변수의 관계를 나타내는 부분회귀플롯(partial regression plots)을 사용한다. 부분회귀플롯은 중앙을 기점으로 수평선으로 분포되어 있던 독립변수가 긍정적이거나 부정적인 회귀계수에 따라 경사지거나 수직으로 나타난다. 앞에서 논의된 잔차의 플롯과는 달리 부분 회귀플롯에서 잔차의 곡선유형은 특정한 독립변수와 종속변수 사이에 비선형관계를 나타낸다. 이것은 몇 개의 독립변수가 존재할 때 좀 더 유용한 방법인데, 연구자는 구체적 변수가 선형성의 가정에 위배되며 이러한 변수에 적절한 치유를 할 수 있다. 극단치(outlier)의 식별성 또는 영향력 있는 관찰치의 파악이 한 번에 한 개의 독립변수에 대해 가능하다.

3) 오차항의 등분산성

분산이 일정하지 않는 이분산성(heteroscedasticity)은 가장 일반적인 가정의 위배사항 중의 하나이다. 이분산성의 진단은 잔차플롯 또는 단순 통계테스트로 진단할 수 있다. 예측할 종속변수 값과 표준화 잔차의 플롯을 비교하거나 또는 영플롯(null plot)과 비교해 볼 때 분산이 일정하지 않다면 분산이 지속적인 패턴을 보여주고 있다. 아마도 가장 일반적인 유형은 각 다른 방향으로 삼각형 형태이다 〈그림 2-4의 (c)〉. 다이아몬드 형태의 유형 〈그림 2-4의 (d)〉은 끝부분보다 중간부분에 오차가 높음을 알 수 있다. 많은 경우에 회귀분석 가정의 위배는 비선형성과 이분산성이 동시에 발생한다 〈그림 2-4의 (h)〉.

위배(violation)를 수정하기 위한 한 가지 방법은 종종 다른 부분의 문제를 수정하게 된다. 예를 들면, SPSS는 단일 변수쌍의 분산의 동질성을 측정하는 분산의 일정함에 대한 Levene 테스트를 제공한다. 이것은 회귀분석에서 자주 발생하는 또 다른 문제인 정규성(normality)에 영향을 덜 주기 때문에 특별히 권고되어 사용된다.

만약 이분산성이 존재한다면 두 가지 수정방법이 사용가능하다. 만약 가정위배의 원인이 한 개의 독립변수의 탓이라면 가중최소자승(weighted least squares)의 절차가 사용될 수 있다.

4) 오차항의 독립성

회귀분석에서 개별 예측값이 독립이라는 점을 가정으로 한다. 이것은 예측값이 어떤 다른 예측과 관련이 없다는 것을 의미하는데, 다시 말해 다른 변수에 의해 순차적으로 발생되지 않는다는 것을 말한다. 연구자는 순차적인 변수에 대응되는 잔차플롯을 보고 오차항의 독립성 여부를 알 수 있다. 만약 잔차가 독립적이라면 패턴은 잔차의 영플롯에 유사하고 무작위로 나타나야만 한다. 〈그림 2−4〉의 (e)는 순차적으로 발생되는 한 개의 변수인 잔차와 시차 사이에 일정한 연관성을 나타내는 잔차플롯을 보여주고 있다. 자주 발생되는 또 다른 패턴은 〈그림 2−4〉의 (f)이다. 이 패턴은 기본적 모형조건이 변화될 때 발생되는 것이나 모형에는 포함되지 않는다. 예를 들어, 수영복 판매가 두 번의 겨울시기와 한 번의 여름시기로 구분되어 매월 12개월로 측정된다면, 계절별 지표는 추정되지 않는다. 잔차 패턴은 〈그림 2−4〉의 (f)처럼 겨울시기에 대한 음의 잔차와 여름시기에 대한 양의 잔차로 나타나게 될 것이다. 단일 시계열모형에서 1차 차분(first difference)같은 데이터변형이나 특별히 형성된 회귀모형이 이러한 가정위반을 해결할 수 있다.

5) 오차항 분포의 정규성

아마도 가장 자주 발생되는 가정의 위배는 독립변수 또는 종속변수 또는 두 변수 모두에 대한 비정규성(nonnormality)이다. 회귀식에서 독립변수 셋의 가장 간단한 진단은 정규분포에 최적화하는 분포에 대한 가시적 검정인 잔차의 히스토그램(histogram)이다〈그림 2−4 (g)〉. 비록 히스토그램이 간단하게 사용하기 쉽다는 점에서 매력이 있긴 하지만 이 방법은 분포가 악조건인 상황인 아주 작은 표본에는 사용하기 어렵다. 좀 더 좋은 방법은 정규확률플롯(normal probability plots)의 사용이다. 이것은 표준화 잔차가 정규분포의 가정하에 기대값과 플롯되어져 비교된다는 점에서 잔차플롯과는 차이가 있다. 정규분포(normal distribution)는 직선적인 대각선을 가지며 그리고 잔차플롯은 대각선과 비교되어진다. 만약 분포가 정규적이라면 잔차선은 대각선에 매우 근접하여 분포할 것이다.

(4) 회귀모형의 추정과 전체모형의 적합도 평가

회귀분석의 목표의 확립, 독립변수와 종속변수의 선택, 연구설계의 구체화 그리고 회귀가정을 만족시키는지 변수의 평가를 수행한 후에 연구자는 회귀모형을 추정하고 독립변수의 전체 예측력을 평가하는 작업을 해야 한다. 이 단계에서 연구자는 다음의 세 가지 기본적 과업을 수행해야만 한다. 첫째, 추정하게 될 회귀모형을 구체화하기 위한 방법 선택, 둘째, 종속변수를 예측하는데 전체모형의 통계적 유의성의 평가, 셋째, 어떤 관찰치가 결과를 왜곡할 수 있는 부적절한 영향력을 발휘하는가를 결정하는 것이다.

1) 변수선택의 일반적 접근

대부분의 다중회귀분석 사례에서 연구자는 회귀방정식에 사용하기 위하여 선택할 수 있는 다수의 독립변수를 보유하게 된다. 독립변수들은 때때로, 매우 구체적으로 명시되어 있어야 하고, 회귀모형은 기본적으로 확인적 접근(confirmatory approach)에서 독립변수를 사용한다. 다른 사례에서, 연구자는 사용가능한 독립변수 사이에 선택하여 사용하여야 한다. 이것은 최상의 회귀모형을 찾기 위해 연구자에게 도움이 되는 순차적 검토방법과 조합적 절차 등의 몇 가지 접근방법을 사용하여야 한다. 아래는 이들 각각의 접근방법에 대해 설명하기로 한다.

가. 확인적 구체화(Confirmatory specification)

회귀모형을 구체화하기 위한 접근 중 가장 간단한 방법은 연구자가 회귀모형에 포함될 독립변수들을 구체적으로 명시하는 확인적 방법을 선택하는 것이다. 앞으로 논의될 구체적 접근과 비교할 때, 연구자는 변수선택에 대한 전체적으로 강한 통제를 할 수 있다. 비록 확인적 구체화가 간단한 개념이긴 하지만 연구자는 선택된 변수가 간명함을 유지하면서 최고의 예측정확도를 달성할 수 있어야 한다.

나. 순차적 접근방법(Sequential search methods)

순차적 접근방법은 변수들을 토대로 회귀식을 추정하고 선택적으로 부가하거나 몇 가지 결정적인 측정이 달성될 때까지 변수를 제거하는 일반적인 접근이다. 이 접근은 제공된 가장 작은 수의 변수로 예측을 극대화시키는 변수를 선택하기 위한 객관적 방법을 제공한다. 순차적 접근방법은 크게 단계적 추정(stepwise estimation) 또는 전진추가(forward addition)와 후진제거(backward elimination) 접근이라는 두 가지 형태이다. 각 접근은 변수가 개별적으로 종속변수의 예측에 공헌을 하거나 관련된 공헌도를 바탕으로 회귀모형으로부터 추가 또는 제거하여 평가하는 것이다.

독립변수는 회귀식에서 이미 결정적인 공헌을 하는 변수를 결과를 위해 선택하게 되는 것이다.

① 단계적 추정

단계적 추정은 변수 선택에 가장 많이 사용되는 순차적 접근방법이다.

이 접근은 연구자가 회귀모형에 개별 독립변수의 공헌도를 설명할 수 있어야 한다. 개별 변수는 회귀식을 개발하기에 앞서 결과를 고려해야 한다. 가장 크게 공헌하는 독립변수는 첫 번째로 포함시킨다. 독립변수들은 회귀식에 이미 추가된 변수의 공헌도를 바탕으로 추가적인 선택을 하게 된다. 이에 대한 접근은 단계적 절차(stepwise procedure)의 각 단계에서 아래와 같이 설명할 수 있다.

1. 사용되어진 종속변수와 관련성이 가장 높은 한 개의 독립변수를 사용한 단순회귀모형에서 출발한다. 이 회귀식은 $Y = b_0 + b_1 X_1$이 될 것이다.

2. 첫 번째 회귀식으로부터 남겨진 오차를 가장 잘 설명할 수 있는 통계적으로 유의성이 있는 부분을 설명하는 부가적 독립변수를 발견하기 위한 부분상관계수(partial correlation coefficients)를 조사해야 한다.

3. 두 개의 독립변수를 사용하여 회귀식을 재계산하고, 새로운 독립변수를 추가하여 얻은 통계적 유의성을 알아보기 위한 모형에서 최초 변수(original variable)에 대한 부분 F값(partial F value)이 여전히 통계적으로 유의적인지 확인해야 한다.

4. 회귀식에 포함되어져야만 하는지를 결정하기 위해 모형에서 모든 독립변수를 설명하기 위해 한 개의 변수를 계속적으로 추가시켜 봄으로써 이미 모형에 포함되어 있는 독립변수들이 계속 포함되어야 하는지 판단해야 한다.

② 전진추가와 후진제거(Forward addition and Backward elimination)

전진추가와 후진제거 절차는 최상의 회귀추정식을 발견하기 위한 시행착오적(trial-and-error) 단계를 거친다. 전진추가모형은 앞에서 설명한 단계적 절차(stepwise procedure)와 유사한데 반해, 후진제거 절차는 모든 독립변수 내에서 하나의 회귀식을 도출한 후에 유의적으로 공헌하지 못하는 독립변수를 제거하게 된다.

전진추가와 후진제거 절차로부터의 단계적 접근의 기본적 조건은 각 단계에서 변수를 추가하거나 제거하는 능력에 있다. 일단 한 개의 변수가 전진추가 또는 후진제거로 추가되거나 제거되면 그 다음 단계에 역의 행동을 취할 수 없다.

③ 순차적 접근방법 사용시 주의사항

연구자는 순차적 접근절차의 사용에 있어 두 가지 주의사항을 인지해야만 한다.

첫째, 독립변수 사이의 다중공선성은 마지막 모형의 특정화에 큰 영향을 미칠 수 있다. 이러한 접근에서 추가 또는 제거에 대한 결정기준은 추가하는 변수의 예측력을 최대화하는 것이다. 만약 이러한 변수 중에서 하나가 회귀식에 입력된다면, 이들 변수는 높은 상관성을 가지며 또한 개별 변수에 대한 유일분산(unique variance)이 거의 없기 때문에 회귀모형에 적합하지 않은 변수이다. 이러한 이유 때문에 연구자는 모형 해석에서 다중공선성의 효과를 평가해야만 하며, 모든 잠재적 독립변수의 직접적인 상관관계를 설명해야만 한다. 사실상 이러한 독립변수는 종속변수와 매우 관계가 높으나 이것은 연구자가 모형에 입력하지 않은 독립변수들은 중요하지 않다는 점에서 이를 포함시키지 않는 것이 좋을 것이다.

비록 순차적 검토 접근이 회귀모형의 예측력을 최대화시킬 것이나 연구자는 모형 해석에서 매우 조심스럽게 접근해야만 한다. 이러한 접근에서 다중 유의도 테스트는 모형추정의 접근에서 수행되어진다. 모든 유의도 테스트와 더불어 전체 오차율이 적정한지 확인하기 위해서 연구자는 추가하거나 제거한 변수에서 좀 더 보수적 분계점(conservative thresholds)인 .01을 이용해야만 한다.

④ 조합적 접근

조합적 접근은 독립변수의 모든 가능한 결합에 대해 일반적인 검토과정을 거친다. 가장 잘 알려진 절차는 정확한 명칭으로 알려지지 않았지만 모든 가능한 부분집합 회귀(all−possible−subsets regression)이다. 독립변수의 모든 가능한 조합은 설명되어지고, 그리고 최상의 변수집합은 식별될 수 있다. 예를 들면, 10개의 독립변수를 갖는 모형에 1,024개의 가능한 회귀식이 존재한다(단일 상수항을 갖는 회귀식, 한 개의 독립변수를 갖는 10개의 회귀식, 두 개의 변수를 조합하여 나타나는 45개의 회귀식 등).

컴퓨터에 의한 추정절차에서 이러한 절차는 예측의 적합도 측정에 대해 최상의 회귀식을 식별하기 위한 많은 문제에 대해 조작가능하다. 연구자는 다중공선성, 극단치(outliers)와 영향점(influential)의 식별, 그리고 결과의 해석은 마지막 모형을 선택시 역점을 두어서는 안 된다는 것을 생각해야만 한다. 이러한 점이 고려되어질 때 최상의 회귀식은 적합성에 영향을 주는 심각한 문제가 될 수 있으며, 또 다른 모형이 결국 선택되어질 것이다.

2) 회귀 가정을 만족시키기 위한 회귀변량의 테스트

선택된 독립변수와 추정된 회귀계수를 통해 연구자는 회귀분석하의 가정에 적합하기 위해 추정된 모형을 평가해야만 한다. 3단계에서 논의한 바와 같이 개별변수는 선형성, 등분산, 독립성 그리고 정규성의 가정에 적합해야만 한다. 개별변수를 부가할 때 회귀변량은 반드시 이러한 가정을 만족시켜야 한다. 3단계에서 논의한 진단 테스트는 잔차의 설명을 통해 변량의 집합적 효과를 평가하는데 적용될 수 있다. 만약 중요한 위배사항이 발견된다면 연구자는 올바른 수정조치를 취해야만 하며 회귀모형을 재추정해야만 한다.

3) 모형의 통계적 유의성 검증

만약 연구자가 8가구에 대한 샘플을 반복적으로 수집하고 가구수와 그들이 소유하고 있는 국내여행 횟수에 대한 추가적 질문을 취한다면, 연구자는 모든 표본으로부터 $Y = b_0 + b_1 X_1$에 대해 정확하게 동일한 값을 무작위로 구할 수 없을 것이다. 연구자는 많은 표본 사이에 차이점을 야기하는 무작위 차이를 기대할 수 있을 것이다. 일반적으로 우리는 하나의 표본을 통해 예측모형을 추정한다. 따라서 연구자는 8가구에 대한 하나의 표본보다는 국내여행 경험이 있는 모든 가구의 모집단을 대표할 수 있는 가정을 테스트하는 것이 필요하다.

가. 전체 모형의 유의성 : 결정계수(R^2)

회귀모형에 의해 설명되는 변량의 양은 평균에 의해 설명되는 변량보다 더 크다는 가정을 테스트하기 위해 F비율이 사용된다. 통계적 F비율은 아래와 같이 계산된다.

$$\text{F 비율} = \cfrac{\cfrac{\text{회귀제곱의 합 regression}}{\text{자유도 regression}}}{\cfrac{\text{총 변동의 합 total}}{\text{자유도 residual}}} = \frac{SSEregression / dfregression}{SSEtotal / dfresidual} = \frac{MSR}{MSE}$$

$= 16.5 / 0.92 = 18.0$

$MSR = SSR / df(p-1) = 16.5 / (2-1) = 16.5 / 1 = 16.5$

$MSE = SSE / df(n-p) = 5.5 / (8-2) = 5.5 / 6 = 0.92$

df regression = 추정계수의 수(상수포함) -1

df residual = 표본크기$-$추정계수의 수(상수포함)

이 비율의 두 가지 중요한 특징은 다음과 같다.

1. 자유도(df)에 나누어진 개별 제곱의 합은 간단히 예측오차의 분산이다.

2. 만약 기준선(baseline)에 설명되는 분산의 비율이 매우 높다면 회귀변량은 종속변수를 설명하는 유의한 값을 가져야만 한다.

국내여행 횟수의 예에서 단순회귀모형의 F비율은 $(16.5 \div 1)/(5.50 \div 6) = 18.0$이다.

유의수준 .05에서 자유도 6을 갖는 F 통계량은 5.99이다. F값이 테이블 값보다 크기 때문에 연구자는 국내여행 횟수를 예측하기 위해 사용된 가족 수에 의해 얻어진 오차의 감소는 우연적 발생이라는 가정을 기각하게 된다. 따라서 적어도 하나의 회귀계수가 0이 아니라는 것을 말해준다.

두 개의 독립변수를 사용한 다중회귀모형의 F 비율은 $(18.96 \div 2)/(3.04 \div 5) = 15.59$이다. 다중회귀모형은 추가된 독립변수가 회귀모형의 예측력을 향상시킴과 동시에 통계적으로 유의도를 높게 해준다. 결정계수(R^2)는 표본크기에 관계된 독립변수의 수에 의해 영향을 받는다. 셈에 의한 몇 가지 규칙에서 독립변수마다 최소한 4개의 관찰치에서 최대 10~15개의 관찰치가 필요하다는 일반적인 규칙에 대해 이미 토론하였다. 연구가가 이러한 수치에 가깝게 접근하거나 한계점에 미치지 못할 경우에, 연구자는 데이터를 과다적합(overfitting)으로부터 결정계수(R^2)의 팽창을 수정하는 것이 필요하다.

모든 회귀프로그램의 일부분으로써, 수정된 결정계수(adjusted R^2)는 결정계수와 함께 주어진다. 수정된 R^2 값은 각 모형을 바탕으로 한 표본크기와 독립변수의 구체적 수를 허용하는 수치이기 때문에 독립변수의 수와 표본크기의 수가 다를 경우 회귀식과 비교하는데 유용하다. 국내여행 횟수에 대한 예에서 단순회귀모형에 대한 설명력은 .751이며, 수정된 설명력은 .709이다. 연구자가 두 번째 독립변수를 추가시키면 설명력은 .861로 증가하며, 수정된 설명력 역시 .806으로 증가하게 된다. 수정된 R^2은 표본크기에 대한 추정계수 비율의 감소를 반영하며 데이터의 과다적합에 대한 보상이다.

나. 회귀계수의 유의성 검증

분석이 전수조사(census)보다 모집단의 표본을 바탕으로 했을 때 회귀분석에서 추정계수에 대한 테스트인 통계적 유의성은 적절하다. 회귀모형을 추정하기 위한 표본을 사용할 때 연구자는 표본에 대한 회귀추정계수에 관심을 두는 것이 아니라 결과가 모집단에 어떻게 일반화되는지에 관심을 갖고 있다. 그러나 표본의 규모가 증가하면, 표본은 모집단의 대표성이 증가되며, 더 큰 표본에 대한 추정계수의 오차는 작아지게 된다. 이것은 분석이 모집단을 사용하여 추정할 때 오차가 거의 존재하지 않는다. 표본은 동일하고 완벽하게 모집단을 대표할 경우 유의성 테스트는 필요하지 않다. 추정계수(상수와 회귀계수)의 예상오차는 계수의 표준오차(standard error)라고 명명된다.

(5) 다중회귀분석 결과의 해석

1) 회귀계수의 이용

추정된 회귀계수는 각 관찰치에 대한 예측값을 계산하기 위하여 사용되며, 독립변수 단위당 변화에 대한 종속변수의 기대값을 표현하는데 사용된다. 예측을 위해 연구자는 독립변수의 단위 변화 당 종속변수의 영향을 평가하고 설명하게 된다. 앞에서 논의한 다중회귀분석의 예에서 우리는 가족 수와 가족 소득과 같은 변수가 한 가구가 사용한 국내여행 횟수를 예측하는데 더 효과적이라는 것을 알고 있다.

불행히도 회귀계수(b_0, b_1, b_2)는 많은 예에서 이러한 정보를 주지 못했다. 이러한 이유에 있어서 연구자는 좀 더 명백한 케이스(case)를 다음과 같이 보여 줄 수 있다. 두 개의 독립변수 즉 천 달러 단위로 표시된 부모의 소득수준인 X_1과 10대들의 월별 사용금액인 X_2를 이용하여 10대의 월별 CD구입비용을 예측하고자 한다. 이러한 관계는 최소자승절차(least squares)에 의하면 아래와 같은 모형의 회귀식을 구할 수 있다.

$$Y = -.01 + X_1 + .001X_2$$

여기서 X_1은 X_2의 계수보다 1,000배나 크기 때문에 더 중요하다고 가정할 수 있다. 이러한 가정은 사실이 아니다. 부모의 소득이 \$10달러 증가하면, 평균 CD구매(X_2값이 천 달러로 측정되었기 때문에 \$10로 나눠짐)는 \$.01달러가 증가한다(\$10÷\$1,000).

한편, 10대의 용돈 \$10의 증가는 평균 CD지출 구매가 \$.01(.001 × \$10 = .01)이 증가하는 효과를 가져온다. 따라서 부모의 소득에서 \$10달러의 변화는 10대 용돈의 \$10의 변화와 동일한 효과를 가져온다. 두 변수는 동등하게 중요하나 회귀계수는 이러한 사실에 직접적으로 영향을 주지는 않는다. 연구자는 베타계수(beta coefficient)라고 불리는 수정된 회귀계수를 이용하여 설명함으로써 이러한 문제를 해결할 수 있다.

2) 회귀계수의 표준화 : 베타계수

만약 개별 독립변수가 회귀계수를 추정하기 이전에 표준화(standardized)를 취한다면 연구자는 회귀계수와 다른 계수를 발견하게 될 것이다. 표준화된 데이터로부터 얻은 계수는 베타계수(beta coefficient)라고 불린다. 이 계수의 장점은 측정과정에서 발생하는 단위상의 문제점을 제거할 수 있다는 점이다. 이제 모든 변수가 공통된 측정단위를 가지게 되었으므로 어떠한 변수가 영향력이 있는지를 비교하는 것이 가능하게 되었다.

베타계수를 사용할 때 다음의 세 가지를 유의해야 한다. 첫째, 공선성이 미약할 때 개별 독립변수와 관계된 상대적 중요성에 대한 지침으로써 사용되어져야 한다. 둘째, 베타값은 회귀식에서 다른 변수들과 더불어 해석되어져야 한다. 예를 들어, 가족 크기에 대한 베타값은 가족소득과 관련하여 중요성이 반영된다. 만약 또 다른 변수가 사용한 국내여행 횟수를 예측하기 위하여 회귀식에 추가된다면 가족 크기에 대한 베타계수는 가족 크기와 새로운 독립변수 사이에 몇 가지 관계가 성립되기 때문에 아마도 변화될 것이다. 세 번째로 주의할 점은 변수의 크기(예를 들어, 가족크기 5, 6, 7)가 베타값에 영향을 준다는 것이다. 가족 크기가 8, 9, 10의 값을 갖는다면, 베타값은 변하게 될 것이다. 베타계수는 회귀식에 포함되어 있는 실제로 존재하는 범위 내에서 독립변수의 상대적 중요성의 지침으로써 사용되어져야 한다.

3) 다중공선성의 평가

회귀변량을 해석하는 중요한 열쇠는 독립변수 사이의 상관관계이다. 이것은 데이터 문제이며, 모형 구체화의 문제는 아니다. 연구자에 대한 이상적인 상황은 종속변수와 독립변수가 높은 상관관계를 가지는 것이지만 독립변수들끼리는 가능한 낮은 상관관계를 가지는 것이다. 대부분의 상황에서, 고객응답데이터를 포함한 특별한 상황에서, 다중공선성(multicollinearity)의 정도가 존재하게 된다. 비계량적 데이터를 대표하는 더미변수 또는 비선형 결과에 대한 다항식의 조건과 같은 다른 상황에서 연구자는 높은 다중공선성의 상황을 맞게 된다. 연구자는 다중공선성의 정도를 평가하고, 만약 필요하다면 필요한 조치를 취하고 결과에 끼치는 영향의 정도에 대하여 평가하여야 한다. 지금부터 이러한 다중공선성의 결과와 자세하고 유용한 진단절차와 수정방법에 대해 설명하고자 한다.

가. 다중공선성의 결과

다중공선성의 결과는 설명(explanation)과 추정(estimation)이라는 두 개의 범주에 포함될 수 있다. 설명상의 결과는 회귀절차와 회귀변량에서 독립변수의 결과를 이해하고 표현할 연구자의 능력과 관련되어 있다. 다중공선성이 발생할 때(심지어 상관관계가 .30이하의 수준으로 나타날 때) 개별적 결과를 분리하는 절차는 좀 더 어려운 일이다. 첫째, 다중공선성은 결정계수의 크기를 축소시키며, 추가한 변수로부터 얻은 설명적인 예측을 부가하는 것을 어렵게 만든다. 두 번째, 독립변수의 결과는 혼합되거나 혼재되어 있기 때문에 개별 독립변수의 공헌도를 결정하는 것은 어렵게 된다. 다중공선성은 공통된 분산(shared variance)을 많이 발생시키고 개별 독립변수가 분산(설명력)에 영향을 미치는 정도가 낮아지게 만든다.

예를 들어, 한 개의 독립변수(X_1)는 종속변수와 상관관계가 .60이고 그리고 두 번째 독립변수(X_2)의 상관관계는 .50이라고 가정해보자. X_1은 종속변수의 분산 36%(상관계수 .60의 제곱)를 설명할 수 있으며, X_2는 25%(상관계수 .50의 제곱)를 설명할 것이다.

만약 두 독립변수가 개별적인 다른 변수와 상관관계가 없다면 두 독립변수의 예측력은 전혀 중복되지(overlap) 않는다. 전체 설명력은 두 변수의 합 또는 61%가 될 것이다. 그러나 공선성이 증가된다면 부분적 예측력과 독립변수의 집합적 예측력은 감소하게 된다.

나. 다중공선성의 치유방법

다중공선성의 치유방법은 구체화된 추정 절차를 사용하거나 회귀변량의 수정을 통하여 가능하다. 일단 공선성의 정도가 결정되면 연구자는 다음과 같은 방법을 선택할 수 있다.

- 상관관계가 너무 높은 독립변수를 제거하고, 예측에 도움이 되는 다른 독립변수를 식별한다. 연구자는 독립변수를 제거하거나 추가할 때 특정오차가 발생하는 것을 피해야 한다.
- 높은 상관관계를 갖는 독립변수를 사용하려면 회귀모형을 단순히 예측목적으로만 사용하여야 한다.
- 각각의 독립변수−종속변수의 관계를 이해하기 위해서 개별 독립변수와 종속변수 사이에 단순상관관계를 사용한다.
- 독립변수의 단순효과를 도출하는 매우 분명한 모형을 얻기 위해 주성분(principal com-

ponents)이나 베이지언 회귀(Bayesian regression)와 같은 보다 정교한 분석방법을 사용한다.

(6) 다중회귀분석 결과의 타당성 검증

최상의 모형을 확정지은 후의 마지막 단계는 모형이 일반적인 모집단을 대표하고 그리고 앞으로 사용되어질 상황에 적합한 것인가를 확인하는 것이다.

최상의 지침은 회귀모형이 존재하는 이론적 모형과 같은 주제에 대하여 타당성 있는 결과와 얼마나 일치하느냐 하는 것이다.

1) 추가 또는 분할 표본

가장 적합한 실증적인 타당성의 접근은 일반적인 모집단으로부터 추출한 새로운 표본을 회귀모형으로 테스트하는 것이다. 새로운 표본은 대표성(representativeness)을 확인할 것이며, 몇 가지 방법으로 사용될 수 있다.

첫째, 기존 모형이 새로운 값을 예측할 수 있고, 예측적합도를 계산할 수 있다. 둘째, 새로운 모형은 새로운 표본으로 추정할 수 있으며 통계적으로 유의적인 변수들만의 상대적 중요성과 부호, 크기 등의 측면에서 기존 회귀식과 비교될 수 있다. 두 가지 사례에서 연구자는 새로운 표본으로 추정하게 될 회귀모형과 비교함으로써 기존 모형의 타당성을 결정한다.

새로운 데이터를 수집하기 위한 노력에서 많은 경우는 비용, 시간의 제약성, 응답자의 접근성에 따라 어려움을 겪을 수 있다. 이러한 사례에서, 연구자가 회귀모형을 만들기 위한 추정표본(estimation sample)과 회귀식을 테스트하기 위한 검증(holdout) 또는 타당성 표본(validation sample)이라는 두 부분으로 표본을 분류하는 경우가 있다. 단일 데이터 집합으로부터 추정표본과 검증표본 두 개의 독립변수 표본을 무작위로 추출하여 데이터를 분할하는 것이 가능하다. 대부분 통계프로그램은 분리된 표본상에 추정과 검증을 가능케 하는 특정적 선택사항을 가지고 있다.

2) 회귀모형의 비교

회귀모형을 비교할 때 가장 일반적으로 사용되는 표준은 전반적 예측 적합도(overall predictive fit)이다. 이미 논의한 R^2는 이러한 정보를 제공하고 있으나 한 가지 약점을 가지고 있다. 변수가 추가되면 R^2는 항상 증가하게 될 것이다. 그러므로 모든 독립변수를 포함하면 결코 아주 높은 R^2가 추출되지는 않으며, 연구자는 독립변수의 수가 작으면서 거의 동일한 값이 나온다는 것을 발견하게 될 것이다. 그러므로 독립변수의 수가 다른 모형을 비교하기 위해 연구자는 수정된 R^2를 사용해야 한다. 수정된 R^2는 다른 표본 크기에 따라 조정되어진 결과이며, 다른 데이터셋 사이의 모형을 비교하기에 유용하다.

3) 모형의 예측

모형 예측은 항상 독립변수의 새로운 값에 대한 예측모형을 적용하고 종속변수의 값을 계산하여 만들 수 있다. 연구자는 새로운 예측의 질에 심각한 영향을 주는 다음과 같은 몇 가지 요인들을 고려해야만 한다.

1. 새로운 표본에 모형을 적용할 때, 연구자는 반드시 예측이 기존 표본으로부터 추출한 오차뿐만 아니라 새롭게 추출된 표본의 오차도 지니고 있다는 것을 기억해야 한다. 그러므로 연구자는 종속변수의 기대값을 알기 위한 점추정(point estimate)뿐만 아니라 예측의 신뢰구간(confidence intervals)을 항상 계산해야만 한다.

2. 연구자는 기존 표본에서 한 번에 측정된 조건과 관계가 물리적으로 변하지 않는다는 것을 확인해야만 한다. 국내여행 횟수의 예에서, 만약 대부분의 회사들이 카드에 대한 높은 수수료를 부과하기 시작한다면 실제 국내여행 횟수는 점차적으로 변화하게 된다. 이러한 정보는 모형에 포함되지 않았다.

3. 마지막으로, 연구자는 표본에서 발견된 독립변수의 범위를 넘어 추정하기 위한 모형을 사용하지 말아야만 한다. 국내여행 횟수의 예에서, 만약 가장 큰 가족수가 6명이라면 가족수가 10명인 가족에 대해 국내여행 횟수를 예측한다는 것은 현명한 일이 아닐 것이다. 독립변수가 지나치게 크거나 기존추정 표본보다 지나치게 작은 값에 대해 같은 변수들 간의 관계가 유지될 것이라고 가정할 수는 없다.

요약

회귀분석은 한 개 또는 그 이상의 독립변수들과 한 개의 종속변수와의 관계를 파악하기 위한 기법이다. 예를 들어, 한국을 방문한 외래관광객의 평균지출금액과 그들의 소득수준과의 관계를 파악해보는 것이다. 일반적으로 소득수준이 높은 관광객이 평균지출금액이 높을 것이다. 회귀분석은 독립변수와 종속변수와의 관계를 설명할 수 있고 미래에 두 변수 간의 관계에 대한 예측을 가능하게 해주는 통계기법이다. 위의 예에서 소득수준과 평균지출금액간에 관계가 존재한다면 일단 외래관광객의 소득수준을 알게 되면 국내에서 지출하는 금액을 회귀분석을 통하여 예측하는 것이 가능하다. 본 장에서는 회귀분석의 기본적 개념과 절차가 주로 논의되었다. 회귀분석의 6단계는 회귀분석의 목적결정, 연구설계, 가정 만족여부 테스트, 회귀모형의 추정과 전체 모형의 적합도 평가, 회귀변량의 해석, 결과의 타당성 확인으로 구성되어 있다.

용/어/정/리

- Adjusted coefficient of determination : adjusted R^2 (수정된 결정계수) : 독립변수의 수에 따라 계산하여 얻은 결정계수를 수정한 측정은 회귀식과 표본크기를 포함한다. 비록 항상 추가된 독립변수가 증가된 결정계수에 원인이 있을지라도, 만약 추가된 독립변수가 설명력이 작거나 또는 만약 자유도가 매우 작다면 수정된 결정계수는 떨어지게 된다. 수정된 결정계수는 회귀식과 수적으로 다른 독립변수를 비교하는 데 매우 유용하다.

- All−possible−subsets regression (모든 가능한 부분집합 회귀) : 회귀모형의 추론을 위한 변수를 선택하는 방법은 독립변수의 모든 가능한 조합을 고려한다. 예를 들어, 만약 연구자가 특정적인 4개의 잠재적 변수를 갖고 있다면, 이러한 기술은 1개, 2개, 3개, 4개의 변수를 가진 모든 가능한 회귀모형을 추정하게 될 것이다. 이 기술은 최상의 예측력을 가진 모형을 표현하게 될 것이다.

- Back elimination (후진제거) : 회귀모형에서 추론을 위해 변수를 선택하는 방법으로 모형에서 모든 독립변수를 포함하여 출발한 후에 예측에 유의적 공헌도가 없는 변수를 제거하는 방법.

- Beta coefficient (베타계수) : 종속변수의 상대적인 설명력을 위해 계수간에 직접적인 비교를 위해 허용되는 표준화된 회귀계수.

- Coefficient of determination : R^2 (결정계수) : 독립변수 또는 예측변수에 의해 설명되는 의미에 대한 종속변수의 변량의 부분을 측정. 계수는 0에서 1까지의 범위에 있다. 만약 회귀모형이 적절하게 응용되고 추정되었다면, 연구자는 더 높은 R^2값을 가졌다면, 종속변수의 예측도 더 좋아진다고 가정할 수 있다.

- Collinearity (공선성) : 두 개(collinearity) 또는 그 이상의(multicollinearity) 독립변수 사이의 관계를 표현. 두 개의 독립변수는 만약 상관계수가 1이라면, 완전한 공선성이 존재한다고 보며, 그리고 만약 상관계수가 0이라면, 공선성이 완전히 없다고 본다. 공선성/다중공선성의 예는 다른 독립변수에 의해 독립변수가 완벽하게 예측된다는 특이성(singularity)이다.

- Criterion variable : Y (기준변수) : 종속변수 참고.

- Degrees of freedom : df (자유도) : 전체 관찰치에서 추정된 모수(parameters)의 수를 차감한 값. 이러한 모수는 데이터가 추출되었다는 가정으로부터 모집단을 정의하기 때문에 데이터상의 제약성이다. 예를 들어, 한 개의 독립변수를 갖는 회귀모형을 추정한다고 할 때, 연구자는 두 개의 모수 즉 상수(b_0)와 독립변수(b_1)에 대한 한 개의 회귀계수을 추정한다. 모든 사례

에 대한 예측오차(실제값 - 예측된 종속변수의 값)의 합으로 정의된 무작위 오차를 추정할 때, 자유도는 $n-2$개이다.

■ Y (종속변수) : 독립변수의 셋에 의해 설명되거나 예측되는 변수.

■ Dummy variable (더미변수) : 비계량적 변수의 각 수준은 종속변수를 예측하는데 사용되는 효과를 갖는 독립변수. 비계량적 변수의 L수준은, $L-1$개의 더미변수가 필요하다.

■ Forward addition (전진추가) : 회귀모형에서 추론을 위해 변수를 선택하는 방법으로 회귀모형에 변수가 하나도 없는 것에서 출발하여 예측에 공헌도를 바탕으로 변수를 추가하는 방법.

■ Heteroscedasticity (이분산성) : 등분산성 참고

■ Homoscedasticity (등분산성) : 오차항(e)의 분산은 독립변수의 값이 변화하는 범위 내에서 항상 일정해야 한다. 모집단 오차 e의 등분산성 가정은 선형회귀의 적절한 응용을 위한 결정적인 조건이다. 오차항의 분산이 일정하지 않고 증가할 때, 데이터는 이분산성을 갖는다.

■ Independent variable (독립변수) : 종속변수의 잠재적 설명 변수와 예측변수로 선택된 변수.

■ Intercept : b_0 (절편) : 회귀식 $Y=b_0+b_1X_1$에 의해 정의된 선상에 축을 통과하는 Y축상의 값. 이것은 회귀식에서 상수항 b_0으로 표현된다. 예측에 있어 역할은 조작적인 해석을 갖는다. 만약 독립변수가 존재하지 않을 때 의미를 갖는다면, 상수는 전체 양을 의미한다.

■ Least squares (최소자승) : 회귀계수가 잔차제곱의 합을 최소화하기 위해 추정되는 단순 그리고 다중회귀에 사용되는 추정절차.

■ Linearity (선형성) : 모형이 추가와 동질성의 속성을 포함하는 상수를 표현하기 위해 사용되는 조건. 간단히 말하면, 선형모형은 독립변수의 상수 단위변화에 대한 종속변수의 상수 단위의 변화를 갖는 직선상에 있는 값을 예측하게 된다.

■ Multicollinearity (다중공선성) : 공선성 참고.

■ Normal probability plot (정규확률플롯(그림) : 정규분포에 대한 표본분포의 형태를 비교한 그래프. 그래프에서 정규분포는 직선으로 45도 정도 기울어진 형태로 나타나야 한다.

■ Null plot (영플롯) : 무작위 패턴을 갖는 예측값 대 잔차의 그림. 영플롯은 회귀분석에서 가정의 위배를 갖지 않음을 보여준다.

■ Outlier (극단치) : 엄격한 조건에서 종속변수의 실제값과 예측값 사이의 부수적인 차이를 갖는 관찰치.

■ Parameter (모수) : 모집단의 질적인 특징. 예를 들어, μ과 δ^2은 모집단의 모수 평균(μ)과 분산(δ^2)으로 사용된다. 이것은 전형적으로 표본의 수학적 평균은 모집단의 평균으로서 사용되는 표본 데이터로부터 추정되며, 표본의 분산은 모집단의 분산을 추정하는데 사용된다.

■ Partial correlation (부분상관) : 회귀모형에서 다른 독립변수의 예측결과가 삭제될 때, 한 개의 종속변수와 한 개의 독립변수 사이의 관계의 정도를 측정한 값.

- Partial F or t values (부분 F(또는 t) 값): 편 F-test를 간단히 말하면 회귀식에서 하나의 변수가 예측의 정확도에 추가적 공헌을 하는지 알기 위한 통계적 테스트이다.

- Partial regression plot (부분회귀플롯): 종속변수와 한 개의 독립변수 사이의 관계의 그래프적 대표성. 점의 산포도는 두 개의 변수 사이의 편상관 관계를 표현함.

- Power (검증력): 만약 실제적으로 존재한다면, 유의적 관계를 발견하게 될 확률. 유의적 수준으로 사용되는 알파(alpha: α).

- Prediction error (예측오차): 표본에서 개별관찰치에 대한 종속변수의 예측값과 실제값 사이의 차이.

- Regression coefficient: b_n (회귀계수): 한 개의 독립변수와 직접적으로 연관된 모수 추정치의 계량적인 값. 예를 들면, $Y = b_0 + b_1 X_1$ 이란 모형에서, b_1값은 변수 X_1에 대한 회귀계수이다. 회귀계수는 독립변수에서 한 단위 변화시 종속변수가 변화하는 양을 대표한다. 다중예측 모형(예를 들면, $Y = b_0 + b_1 X_1 + b_2 X_2$)에서, 회귀계수는 Y와 X_1 그리고 Y와 X_2 사이의 관계뿐만 아니라 X_1과 X_2와의 값을 추출하기 때문에 부분 상관계수(partial coefficients)이다. 계수는 범위 내에서 제안된 것이 아니라, 독립변수의 측정단위와 연관정도를 바탕으로 한다. 예를 들어, 만약 한 개의 독립변수가 7점 척도로 측정되었고, 다른 변수는 100점 척도를 바탕으로 했다면 Y에 같은 상관성을 갖는 두 개의 변수는 다른 계수를 가지게 된다.

- Regression variate (회귀변량): 종속변수를 예측하는데 사용된 독립변수의 선형결합.

- Residual, e or ε (잔차): 표본 데이터를 예측할 때 발생하는 오차. 예측은 거의 완벽하게 나오지 않는다. 연구자는 임의오차의 발생을 가정하고 있으나, 이러한 오차는 단지 표본에 대한 예측오차(e)만을 말하는 것은 아니며, 모집단에서 실제임의오차(ε)의 추정치이다.

- Simple regression (단순회귀): 한 개의 독립변수를 갖는 회귀모형.

- Singularity (비정칙성, 특이성): 종속변수는 한 개 또는 그 이상의 독립변수에 의해 완벽하게 예측한 공선성 또는 다중공선성의 극심한 예, 특이성이 존재할 때 회귀모형은 추정될 수 없다. 연구자는 특이성을 제거하기 위한 한 개 또는 그 이상의 독립변수를 누락시켜야만 한다.

- Specification error (특정오차): 한 개 또는 그 이상의 적절한 독립변수를 누락시킴으로써 야기되는 종속변수의 예측오차. 이러한 누락은 포함된 변수의 추정된 계수의 편차가 발생될 뿐만 아니라 회귀모형의 전체 예측력이 줄어들게 된다.

- Standardization (표준화): 근원데이터는 평균 0과 표준편차 1이라는 새로운 측정변수로 전환되는 과정. 데이터가 이러한 방법으로 전환될 때, b_0항(상수)은 0이라는 값을 가정한다. 표준화데이터를 사용할 때, 회귀계수는 종속변수상의 개별 독립변수의 상대적인 효과를 직접적으로 비교할 수 있는 베타계수(beta coefficients)로 알려져 있다.

- Standard error (표준오차) : 추정된 회귀계수의 기대분포. 표준오차는 기존 데이터값의 표준편차와 유사하다. 이것은 만약 계수가 통계적으로 0과 다르다는 테스트를 위해 통계적인 유의도 테스트를 사용한다. 회귀계수의 t값은 표준오차에 의해 계산된 계수이다.

- Standard error of the estimate : SEE (추정값의 표준오차) : 어떤 예측값의 신뢰구간을 개발하는데 사용될 수 있는 예측값에서 변량값. 이것은 평균에 대한 변수의 표준편차와 유사하다.

- Statistical relationship (통계적 관계) : 종속변수를 갖는 한 개 또는 그 이상의 독립변수의 상관을 바탕으로 한 관계. 유형적으로 상관성인 연관 정도는 각 독립변수에 대한 종속변수의 값보다 크기 때문에 관계의 정도를 나타낸다.

- Stepwise estimation (단계적 추정) : 종속변수의 최상의 예측변수를 선택의 출발점으로 회귀모형에서 결론을 도출하기 위해 변수선택의 방법. 추가한 독립변수들은 회귀모형에 추가될 수 있는 점차적으로 설명력이 높아지는 조건에서 선택하게 된다. 독립변수는 부분상관계수가 통계적으로 유의하면 추가되어진다. 기존의 독립변수는 또 다른 독립변수가 모형에 추가될 때, 비유의적인 수준으로 예측력이 떨어질 수도 있다.

- Studentized residual (스튜턴트화 잔차) : 표준화 잔차의 가장 일반적인 형태. 이것은 표준화로 사용되는 표준편차를 어떻게 계산되느냐 하는 방법과는 다르다. 단일 이상치의 효과를 최소화하고, 관측치 i에 대한 잔차표준편차는 회귀추정치의 계산에서 i번째 관측값을 생략한 회귀추정치로부터 계산된다.

- Sum of squares error : SSE (오차제곱의 합) : 모든 관측치에 대한 예측오차 제곱의 합. 이것은 회귀모형에 의해 아직 계산되지 않은 종속변수에서 분산을 표시하는데 사용된다. 만약 독립변수가 예측을 위해 사용되지 않았다면, 이것은 예측값으로써 평균(mean)을 사용한 오차제곱을 나타내고 총변동(total sum of squares)과 동일해진다.

- Sum of squares regression : SSR (회귀제곱의 합) : 모든 관측치에 대한 종속변수의 예측값과 평균 사이의 차이를 제곱한 합. 이것은 독립변수에 귀속될만한(attributable) 종속변수의 설명을 개선한 정도를 대표한다.

- Tolerance (토러런스) : 일반적으로 공선성과 다중공선성의 지수로 VIF의 역수임. 변수 i에 대한 토러런스(TOL_i)는 $1 - R^2_i$이며, 여기서 R^2_i는 다른 독립변수에 의한 변수 i의 예측을 위한 결정계수이다. 토러런스가 작으면 작을수록, 변수는 다른 독립변수에 의해 예측력이 높아지며 독립변수 사이의 다중공선성의 정도가 높아진다. 일반적으로 토러런스는 1이하이면 다중공선성이 존재한다고 본다.

- Total sum of squares : TSS (총변동) : 독립변수에 의해 설명될 변량의 총합. 이러한 기준선(baseline)은 평균과 모든 관측치에 대한 종속변수의 실제값 사이의 차이를 제곱한 다음 합산하여 계산된다.

■ Variance inflation factor : VIF (분산팽창(확대)지수) : 다른 독립변수들이 회귀계수의 표준오차를 가지는 결과의 지표. 분산팽창(확대)지수는 토러런스(tolerance)값과 직접적으로 연관되어 있다($VIF_i = 1/TOL_i$). VIF값이 크다는 것은 독립변수 사이의 공선성 또는 다중공선성의 정도가 높다는 것을 의미한다. 일반적으로 VIF가 10 이상이면 다중공선성이 존재한다고 본다.

사 례

사례를 통해 본 다변량분석의 이해

관광학에서 다중회귀분석을 이용한 사례

Source : 차석빈(2006). 풀코스 마라톤 참가자의 서비스 만족과 재참가 의도간의 관계, 『관광학연구』, 30(2): 13~30.

풀코스 마라톤 참가자의 서비스 만족과 재참가 의도간의 관계 :
마라톤 클럽회원과 비회원의 비교분석

Relationship between Full−course Marathoners' Service Satisfaction and Their
Re−attendance Intention :
The 2003 JoongAng Seoul Marathon

차 석 빈*
Cha, Suk−Bin

Abstract

Using marathon club membership as a segmentation variable, author investigated the relationship between full−course marathoners' satisfaction dimensions of service attributes and their re−attendance intention in future races. The analysis revealed that there were six satisfaction dimensions such as race management, awards and events, ancillary service, entry service, eligibility requirements, and pre−race programs. Marathoners placed higher satisfaction mean scores on these six dimensions than did their counterparts. In terms of the relationship between runners' satisfaction dimensions and their re−attend intention, race management and pre−race programs had an effect on members' re−attend intention whereas race management and entry process had on their counterparts' re−attend intention.

핵심용어 : 마라톤 클럽 회원제도, 서비스 만족도, 재참가 의도

* 순천향대학교 관광경영학과 교수. e−mail : sbcha@sch. ac. kr

I. 서 론

현대인의 생활방식은 사람들의 소득수준의 향상, 교통 및 통신수단의 발달, 언론매체의 발달 등 다양한 사회현상의 변화로 다양화되고 있다. 특히 우리나라는 주5일제 근무제도가 사회적으로 정착되면서 여가참여는 중요한 소비형태이자 문화현상(박유진, 2002)으로 받아들여지고 있으며, 사람들의 여가활동은 과거의 단순한 관광지 관람과 같은 정적인 패턴으로부터 신체활동을 수반하는 레저스포츠 이벤트 참여 등 동적인 패턴으로 변화해가고 있다. 사람들이 여가활동으로 스포츠에 참여하는 이유는 다른 활동보다 변화의 과정이 많고, 자신의 노력과 추구목적에 따라 활동 그 자체에서 최적의 경험을 자주 할 수 있기 때문이다(정용각·정용승, 1998).

이러한 여가활동 중 한 분야인 스포츠관광[1]은 비교적 최근에 주목받기 시작하고 있다. 즉, 과거에는 사회적 지위가 우월한 사람들이 즐기던 스포츠나 관광 혹은 이 둘을 결합한 스포츠관광이 현대에 와서는 대중 스포츠와 대중관광의 발전으로 괄목할 만한 성장을 하고 있는 것이다(김철우·이재형, 2004). 스포츠관광은 이제 대중에게 주목받고, 급속도로 성장하는 한 현상이 되었고, 다양한 사람들과 연관되어 널리 확대되고 있다(강인호·한상훈, 2003). 스포츠관광 형태 역시 세계적으로 단순한 답사형태가 아닌 관광객이 스포츠활동을 동반한 이벤트에 직접 참가하여 다양한 욕구를 충족하려는 능동적인 형태로 변화해가고 있다(김철우·이재형, 2004).

사람들의 참여형 스포츠 가운데에서도 특별한 기술이 없이도 참여가 용이하며, 스포츠이벤트행사 중 가장 큰 단일 행사는 단연 마라톤대회를 꼽을 수 있다. 우리나라의 마라톤대회 공식 참가자 수는 80만 명에 달하고, 건강을 위해 달리기를 하는 사람은 무려 400만 명에 이르는 것으로 추산되고 있으며(http://www.focusmarathon.com), 2005년 현재 마라톤 동호인 수는 전국적으로 최소 800개가 넘고 있다(월간 이벤트, 2005.4). 이러한 마라톤대회가 지자체에 가져오는 제반 효과 역시 매우 커서 많은 지자체에서 지역발전을 위해 마라톤대회를 앞 다투어 유치하고 있는 실정이다. 한 예로, 2000년 조선일보 마라톤대회의 경우 참가자들이 대략 7~8억 원을 지출한 것으로 나타났고, 춘천시의 세수입도 1억 5천 만원의 효과가 있다고 분석되고 있다(차석빈·정동창, 2003).

현실에서의 이러한 스포츠관광의 발전상에도 불구하고 그동안 스포츠관광에 대한 연구는 주로 스포츠 이벤트를 통한 관광의 효과(이훈, 2002), 특히 경제적 효과(Gibson, 1999; 김규순, 2005)에 집중되었으며, 스포츠관광의 주체인 스포츠관광객의 행동연구는 상대적으로 미진한 실정이다(김철우·이재형, 2004; 이상일 등, 2003; McGehee et al., 2003; Richie et al.,

---

1) 스포츠관광의 정의는 스포츠와 관광에 대한 사람들의 서로 다른 시각에 따라서 다양하게 나타나며(신동주·박진권, 2002), 따라서 보편적으로 받아들여지는 스포츠관광의 정의는 확립되어 있지 않다(De Knop, 1998). 본 연구에서는 기존 스포츠관광에 대한 정의들을 바탕으로 스포츠관광을 "일상생활을 떠나 스포츠활동에 참여 또는 관람하는 개인이나 그룹의 레저 중심의 여행"으로 정의한다.

2002). 특히 국내 마라톤과 관련된 연구(오정학 등, 2003; 차석빈·이형룡, 2004; 차석빈·정동창, 2003; 차석빈 등, 2005; 차석빈 등, 2003; 허천 등, 2004)는 최근에 시도되고 있으나 마라톤 참가자들의 시장세분화연구나 세분화된 집단 간의 소비자행동 비교연구는 거의 이루어지지 않고 있는 실정이다. 따라서 향후 스포츠관광 연구는 학문적인 측면뿐만 아니라 스포츠관광객의 증가추세에 따른 관련업계의 마케팅전략 수립에 도움을 줄 수 연구방향을 지향해야 할 것으로 여겨진다.

　본 연구는 이러한 학문적·실무적 측면의 공백을 조금이나마 메워보고자 마라톤대회 참가자들이 느끼는 서비스속성들의 만족도 요인을 규명해보고, 참가자들을 마라톤클럽 회원과 비회원으로 나누어 이들의 만족도 요인과 재참가의도간의 관계를 비교, 분석해 보는데 그 목적이 있다. 연구결과는 마라톤대회 운영자 및 마라톤대회를 유치하려는 각종 단체나 지자체 담당자들에게 매우 유용한 시사점을 제시하리라 본다.

II. 이론적 배경

1. 마라톤대회 서비스 속성

　마라톤대회와 관련된 서비스 속성에 대한 선행연구들은 다음의 〈표 1〉과 같다. 먼저 송재호·고계성(2000)은 제주 국제시민마라톤대회와 제주국제관악제에 참가한 사람들을 대상으로 이들 이벤트 속성들의 기대치-성과치(만족)를 비교분석하였다. 이를 위해 저자들은 참가자들의 성과치를 흥미성, 신기성, 사실성, 시설성, 접근성, 체험성의 6가지 범주, 18개 속성으로 측정하였다. 그러나 이들 속성들은 마라톤 서비스와 관련된 세분화된 속성이라기보다는 일반적인 축제와 관련된 속성이 많다는 한계점을 보이고 있다.

　오정학 등(2003)은 경주 지역의 연례 관광이벤트인 경주벚꽃 축제의 부속 행사로 개최되는 벚꽃마라톤대회 참가자들을 대상으로 이들의 만족요인을 알아보았다. 만족도 속성을 도출하기 위해 저자들은 대해 당일 참가자 30명을 대상으로 한 자유 응답식 인터뷰를 통해 21개 항목을 도출하였으며, 이를 이후 우편조사에 활용하였다. 여기에는 안내 및 서비스 요원, 교통통제, 음료수/간식 제공, 안전관리, 각종 정보제공, 기념품, 참여자 관광프로그램 등이 포함되었으나, 이들 속성들 역시 마라톤대회 당일에 이루어지는 속성들이라는 점에서 대회 등록 등의 대회 이전 서비스 속성들과 기록증 발급 등 대회 이후 서비스 속성들을 포함하지 않고 있으며, 대회당일 참가자만을 대상으로 해서 속성을 도출하였다는 점에서 한계점을 드러내고 있다.

　한편, Kyle, et al.(2002)은 마라톤대회 참가자들의 관여 프로파일을 이용한 시장세분화를 하였는데, 이를 위해 저자들은 마라톤대회와 관련된 서비스 속성을 행정, 실행지표, 관리 및 서비스의 4가지 차원으로 나누어 제시하였다. 행정차원에서는 등록, 참가비 등 7개 항목을, 실행지표차원에서는 기념품, 상품 등 6개 항목을, 관리차원에서는 화장실, 교통통제 등 9개 항목을, 서비스 차원에서는 대회전 파티, 시작 선까지의 버스 이동 등 5개 항목 등 총 27개 항목을 제시하였다.

〈표 1〉 마라톤 서비스 속성

항목	송재호·고계성 (2000)	오정학 등 (2003)	Kyle et al. (2002)	본 연구
재미	v			
몰입	v			
즐거움	v			
새로움	v			
신기함	v			
독특함	v			
광고내용과 일치	v			
구성과 내용의 타당	v			
적절성	v			
진행요원의 친절성	v			*(자원 봉사자 활동)
행사참여의 편리성	v			
안내표지판 잘 비치	v			*(주로 거리 표시)
주차시설	v			v (대회 주차장)
행사장 오기 쉬움	v			
접근의 불편하지 않음	v			
이정표	v			
레저문화적 특성	v			* (동행인을 위한 이벤트)
가족과 함께 즐김		v		
안내 및 서비스 요원		v		v (자원 봉사자 활동)
행사기간 중 교통통제		v		v (주로 교통통제)
음료수/간식 제공		v		v (급수 및 스낵 제공)
안전관리		v		
각종 정보제공		v		0 (향후 대회 안내)
참여 기념품		v		v (대회 기념품)
지역주민의 성원/호응		v		
경품 행사		v		v (경품 추첨)
행사장 주변 가로수		v		
맑은 공기		v		
조용함과 평온함		v		
벚꽃 구경		v		

경관의 다양성	v	
각종 문화행사	v	
각종 이벤트 행사	v	
참여자 관광프로그램	v	v (동행인을 위한 이벤트)
숙박시설	v	
휴식공간	v	
편의시설	v	
대회 사전 등록	v	v (대회 신청방식)
대회 늦은 등록	v	
대회책자 등 사전 픽업	v	v (기념품 등 택배 서비스)
대회책자 등 현장 픽업	v	
등록비	v	v (대회 참가비)
등록신청서	v	
나이/성	v	
기념품	v	
상품/상금	v	v (상금/상품)
대회 개인기록	v	
개인기록 발송	v	0 (기록 서비스)
split time called out	v	
주로 거리 표시	v	v (화장실)
화장실	v	v (주로 거리표시)
시작순서	v	
사람통제	v	
교통통제	v	v (주로 교통통제)
급수 스테이션	v	
의무 스테이션	v	v (의무 서비스)
도착점 의무 서비스	v	
도착점 레인 및 시간	v	
도착점에서의 갈증해소 음료수 제공	v	v (피니쉬 라인 후 서비스)
출발 전 파스타 파티	v	
대회 전 출발점까지의 버스 서비스	v	v (대회장소 참가 차량 연결 프로그램)
대회 후 출발점까지의 버스 서비스	v	
대회 전 건강 및 휘트니스 엑스포	v	v (마라톤 엑스포)

대회 후 활동 및 머천다이즈	v	0 (대회 참가기 공모 등 사후 이벤트)
대회의 전반적인 평가	v	
마라톤 교실		v
완주 제한시간		v
참가자격 제한		v
대회 코스		v
대회참가를 위한 숙박 여부		v
대회당일 날씨		v
대회장 위치 및 규모		v
경기 전 준비 체조		v
탈의실 및 물품보관		v
페이스메이커 역할		v
유료 사진 촬영		v
주변 관광지 관광 연계성		v
달리기 사진 인터넷 게시		0

v: 대회 이전 및 대회당일 서비스, 0: 대회 이후 서비스
*: 중복되는 설문항목

2. 마라톤 참가자들의 만족도 및 재참가 의도

장진우·손원일(2004)은 마라톤 동호인들의 참여정도와 여가만족도의 관계를 분석하였다. 분석결과, 교육적, 신체적, 심리적, 사회적, 환경적 만족 요인 등의 5개 여가만족도 모두에서 참여기간과 주당 주행거리와 유의한 차이가, 심리적, 교육적, 환경적 만족요인에서 참여빈도와 유의한 차이가, 심리적, 교육적, 사회적 만족요인에서 연간 풀코스대회 출전횟수와 유의한 차이가 나타났다. 또한 같은 표본을 사용한 허천 등(2004)은 마라톤 동호인들의 참여동기와 활동만족도에 관한 연구에서 마라톤운동 참여자의 만족도가 성(신체적 만족요인), 연령(교육적, 사회적, 신체적 만족요인), 최종 학력(5개 만족도 요인), 월평균 소득(심리적, 교육적, 사회적 만족요인)에서 유의한 차이를 보이는 것으로 분석하였다.

앞에서 언급한 송재호·고계성(2000)의 연구에서는 마라톤대회 참가자들이 가족과 함께 즐김, 접근의 불편하지 않음, 행사장 오기 쉬움, 구성과 내용의 타당성, 레저문화적 특성 속성 등에 높은 만족도를, 이정표, 적절성, 독특함, 신기함, 몰입 속성 등에 낮은 만족도를 보이는 것으로 분석되었다. 10km 마라톤대회 참가자들을 대상으로 시장세분화를 시도한 Kyle et al.(2002)은 마라톤관련 서비스 속성을 요인 분석하여 나온 4가지 차원을 바탕으로 열광적인 달림이(enthusiast), 실행적인 달림이(performer), 즐기는 달림이(recreationists) 등 세 개의 집단을 밝혀냈다. 이들 각 집단들은 서로 다른 서비스 차원 선호도를 보여주었으며, 만족도

에 있어서는 실행적인 달림이, 열광적인 달림이, 즐기는 달림이 순으로 높은 만족도를 보였다.

오정학 등(2003)은 경주 벚꽃 마라톤대회 참가자들의 만족도 요인을 분석하였는데, 참가자 만족요인은 크게 행사관리, 주변환경, 부대행사, 지원시설 등 4개의 요인으로 나타났다. 또한 종속변수인 참가자 만족에는 행사관리, 주변환경, 부대행사 순으로 영향력을 크게 미치는 것으로 나타났다.

Ⅲ. 연구방법

1. 설문구성

마라톤대회에 대한 서비스 속성들은 다음과 같은 절차를 거쳐 완성되었다(〈표 1 참조〉). 첫째, 마라톤관련 선행연구를 검토하여 본 연구와 관련성이 깊은 21개 항목들을 다음 선행연구에서 도출하였다(송재호·고계성, 2000; Kyle et al., 2002; 오정학 등, 2003). 둘째, 일련의 마라톤 전문가와의 면담을 통해 위에서 도출된 측정항목 외에도 마라톤대회 서비스 속성 13개를 추가로 도출하여 위한 총 34개 문항을 준비하였다. 셋째, 작성된 34개 항목을 대학생 20명을 대상으로 예비조사를 실시하였으며, 일부 표현상의 혼동이 있는 수정하여 최종 설문지를 완성하였다.

그러나 기록증 발급, 달리기 사진 인터넷 제시, 대회 이후 이벤트, 향후 대회 정보제공 등 4개의 대회 이후 서비스 속성에 대한 만족도는 대회당일 마라톤 참가자들을 대상으로 측정할 수가 없어 차후 분석에서 제외되어 총 30개 문항을 가지고 만족도를 측정하였다.

2. 자료수집 및 분석기법

본 연구에서 사용된 자료는 2003년도 제5회 중앙일보 서울 국제마라톤대회 42.195km(이하 풀코스)에 참가한 사람들로부터 수집되었으며, 조사는 2003년 11월 2일 대회당일 실시되었다. 설문조사 전 중앙일보 마라톤조직위원회에 설문 협조요청을 구한 뒤 설문조사가 이루어졌으며, 조사방법은 응답자가 직접 기입하는 자기 기입형 설문지법을 이용하였다. 설문지는 풀코스를 달리고 난 후 기념메달과 간단한 음식을 받아 휴식을 취하는 장소에 있는 사람들에게 자신이 풀코스를 뛰었는지를 확인한 후에 배포되었으며, 설문작성 후 그 자리에서 수거하였다. 총 400부의 설문지가 배포되었으며, 이 중 308부가 수거되었다. 그러나 불성실한 응답을 한 37부를 제외한 271부(최종 수거율 67.75%)가 최종분석에 사용되었다.

수집된 자료는 SPSS 12.0 통계 패키지를 활용하여 분석되었다. 자료 분석방법은 먼저 응답자들의 인구통계학적 변수들의 내용과 마라톤 서비스 만족도 속성변수들의 평균값을 구해보기 위해 기술적 통계분석이 이루어졌다. 다음으로 30개의 마라톤 서비스 만족도 속성 변수들의 잠재차원을 탐색해보기 위해 요인분석이 시도되었다. 요인분석은 주성분 분석을 통한 베리맥스 회전방식을 이용하여 실시되었으며, 평가기준으로는 아이겐 값이 1보다 크고, 요인적재값(factor loading) 0.4 이상을 설정하였으며, 이들의 신뢰도는 Cronbach's alpha계수를 사용하여 검증하였다. 셋째, 요인분석 후 나온 만족도 요인들의 평균값은 t-test를 통해 응답자들의 마라톤클럽 소속여부에 따른 유의한 차이점을 보였다. 끝으로, 도출된 회원과 비회원간 서비스 만족요인이 향후 동일대회(중앙일보 마라톤) 재참가 의도에 미치는 영향관계는 다중회귀분석을 통해 이루어졌다.

IV. 분석결과 및 논의

1. 응답자의 인구통계학적 특성

전체 응답자의 인구통계학적 특성에 따르면 남자(95.1%), 기혼(83.4%), 직장인(54%), 서울 및 경기 거주자(83.6%)가 압도적으로 많은 것으로 나타났다(〈표 2〉). 연령대별에서는 40대가 47.7%로 가장 많았고, 뒤이어 30대가 34.8%로 분석되었다. 교육수준에서는 4년제 대학 재학 이상이 66.4% 나타났으며, 연소득에서는 2천만 원에서 5천만 원 사이가 약 70%를 차지하는 것으로 나타났다.

마라톤클럽 회원과 비회원으로 구분해 본 결과는 전체적인 응답자의 인구통계학적 특성과 대부분 유사하나, 일부 항목들에서 서로 다른 특성을 보여주는 것으로 분석되었다. 회원의 경우는 전문대 재학(졸)(15.9%), 연소득 2~3천만 원(29.6%), 직장인(59.2%), 수도권 이외 기타 거주자(22.1%)가 비회원에 비해 많은 반면 비회원의 경우는 20대(12.2%), 대학원 재학 이상(21.1%), 연소득 5천만 원(22.4%), 개인사업자(21.7%), 서울 거주자(53.9%)가 회원에 비해 많은 것으로 나타났다.

2. 서비스속성 만족도 요인

30개의 만족도 서비스속성을 요인 분석한 결과는 다음과 같다. 먼저, KMO(Kaiser-Meyer-Olkin)와 Bartlett 구상 검정치(test of sphericity)를 통한 분석의 타당성 결과에 의하면 KMO값과 Bartlett 구상검정치가 각각 0.87과 2062.97(p<0.00)로 나타나 변수선정과 요인분석모형이 적합함을 보이고 있다(〈표 3〉). 도출된 6개 요인은 각각 당일 대회 진행, 시상 및 이벤트, 부대 서비스, 등록 서비스, 참가자격, 대회 이전 프로그램으로 각각 명명되었다. 6개의 요인은 총 분산의 68.15%를 설명하고 있으며, 신뢰성 척도인 Cronbach's alpha 계수는 0.76에서 0.90 사이로 나타나 Nunnally(1978)의 알파계수 기준치인 0.6 이상을 상회해 신뢰성을 확보하고 있다고 볼 수 있다.

〈표 2〉 응답자의 인구통계학적 특성

구분		전체 (n=271)	회원 (n=150)	비회원 (n=118)
성별	남	251(95.1%)	141(95.9%)	107(93.9%)
	여	13(4.9%)	6(4.1%)	7(6.1%)
결혼	미혼	44(16.6%)	24(16.3%)	20(17.4%)
	기혼	221(83.4%)	123(83.7%)	95(82.6%)
연령	20세미만	2(0.8%)	―	2(1.7%)
	20대	20(7.6%)	6(4.1%)	14(12.2%)
	30대	92(34.8%)	54(37.0%)	37(32.2%)
	40대	126(47.7%)	72(49.3%)	52(45.2%)
	50대 이상	24(9.1%)	14(9.6%)	10(8.7%)
교육	고졸 미만	56(2.4%)	32(22.1%)	23(20.2%)
	전문대	32(12.2%)	23(15.9%)	9(7.9%)
	4년제 대학	134(51.1%)	74(51.0%)	58(50.9%)
	대학원 이상	4(15.3%)	16(11.1%)	24(21.1%)
소득	2천만 원 미만	31(12.3%)	16(11.3%)	14(13.1%)
	2-3천만 원	60(23.8%)	42(29.6%)	18(16.8%)
	3-4천만 원	75(29.8%)	40(28.2%)	34(31.8%)
	4-5천만 원	41(16.3%)	23(16.2%)	17(15.9%)
	5천만 원	40(17.8%)	21(14.8%)	24(22.4%)
직업	직장인	143(54.0%)	87(59.2%)	54(47.0%)
	개인사업	50(18.9%)	25(17.0%)	25(21.7%)
	전문직종	27(10.2%)	12(8.2%)	15(13.0%)
	학생	8(3.0%)	4(2.7%)	4(3.5%)
	주부	5(1.9%)	1(0.7%)	4(3.5%)
	기타	32(12.1%)	18(12.3%)	13(11.1%)
거주지	서울	125(47.5%)	61(42.1%)	62(53.9%)
	경기	95(36.1%)	52(35.9%)	42(36.5%)
	기타	43(16.4%)	32(22.1%)	11(9.6%)

　첫 번째 요인은 당일 대회 진행 요인(아이겐 값 = 5.81, 분산 설명력 = 19.50%)으로 주로 거리 표시, 급수 및 스낵 제공, 의무서비스, 자원봉사자 활동, 주로 교통통제, 탈의실 및 물품보관, 화장실, 페이스메이커 역할, 피니쉬 라인 후 서비스 등을 담고 있다. 두 번째 요인인 시상 및 이벤트 요인은 경품 추첨, 상금(상품), 뛰지 않은 가족(동행인)을 위한 이벤트, 유료 사진 촬영 서비스, 주변 관광지 프로그램 등을 포함하고 있으며, 이 요인의 아이겐 값과 분산 설명력은 각각 3.76과 12.53%로 나타났다. 부대 서비스로 이름 붙여진 세 번째 요인(아이겐 값 = 3.39, 분산 설명력 = 11.31%)은 대회장소 참가 차량 연결 프로그램, 경기 전 준비 체조, 대회장 위치 및 규모, 대회 주차장, 대회당일 날씨 변수를, 네 번째 요인인 등록 서비스 요인(아이겐 값 = 2.64, 분산 설명력 = 8.80%)은 대회 기념품, 대회 참가비, 대회 신청방식, 기념품/대회요강/배 번호 택

〈표 3〉 마라톤 서비스 속성 만족도 요인분석

요인	요인 적재량	아이겐 값	분산 설명력(%)	신뢰도	평균(표준편차)
당일 대회 진행					4.02 (0.65)
주로 거리 표시	.83				4.20 (0.78)
급수 및 스낵 제공	.79				4.25 (0.81)
의무서비스	.79				4.10 (0.83)
자원봉사자 활동	.76	5.81	19.50	.90	4.03 (0.86)
주로 교통 통제	.74				4.18 (0.87)
탈의실 및 물품보관	.69				3.93 (0.87)
화장실	.66				3.97 (0.95)
페이스메이커 역할	.60				3.83 (0.87)
피니쉬 라인 후 서비스	.56				3.94 (0.93)
시상 및 이벤트					3.29 (0.79)
경품 추첨	.84				3.23 (1.01)
상금 (상품)	.82				3.14 (1.05)
뛰지 않은 가족(동행인)을 위한 이벤트	.70	3.76	12.53	.84	3.46 (1.03)
유료 사진 촬영 서비스	.64				3.44 (0.93)
주변 관광지 프로그램	.59				3.18 (1.04)
부대 서비스					3.70 (0.72)
대회장소 참가 차량 연결 프로그램	.73				3.14 (1.03)
경기 전 준비 체조	.68				3.56 (1.00)
대회장 위치 및 규모	.62	3.39	11.31	.80	4.02 (0.83)
대회 주차장	.60				3.62 (1.05)
대회당일 날씨	.56				4.13 (0.85)
등록 서비스					3.72 (0.64)
대회 기념품	.86				3.62 (0.87)
대회 참가비	.83	2.64	8.80	.79	3.65 (0.82)
대회 신청방식 (인터넷/무통장 입금 등)	.54				3.86 (0.84)
기념품/대회요강/배 번호 택배 서비스	.40				3.92 (0.82)
참가 자격					3.61 (0.69)
완주 제한시간	.81				3.39 (0.90)
참가자격 제한	.77	2.58	8.61	.77	3.27 (0.97)
참가자 종목	.65				3.68 (0.86)
대회 코스	.59				4.00 (0.84)
대회 이전 프로그램					3.01 (0.82)
마라톤 교실	.77				3.07 (0.99)
마라톤 엑스포	.73	2.21	7.40	.76	2.99 (0.98)
대회참가를 위한 숙박 여부	.60				2.92 (1.04)
총 분산 설명력		68.15%			

KMO Measure of sampling adequacy = 0.87

Bartlett test of sphericity = 2602.97, Significance = 0.00

배 서비스 등의 변수를 포함하고 있다. 다섯째 요인은 참가자격 요인(아이겐 값 = 2.58, 분산 설명력 = 8.61%)으로 완주 제한시간, 참가자격 제한, 참가자 종목, 대회 코스 등의 네 변수를, 대회 이전 프로그램 요인(아이겐 값 = 2.21, 분산 설명력 = 7.40%)으로 명명된 여섯째 요인은 마라톤 교실, 마라톤 엑스포, 대회참가를 위한 숙박 여부의 세 변수를 포함하고 있다.

3. 만족도 요인 평균값 비교 분석

전체 응답자들이 느끼는 만족도 요인의 평균 순위는 당일 대회 진행, 등록 서비스, 부대 서비스, 참가 자격, 시상 및 이벤트, 대회 이전 프로그램 순으로 나타났다(〈표 3〉). 그러나 마라톤 클럽 회원과 비회원의 만족도 요인 평균값은 약간 다르게 나타났다. 회원은 전체 참가자들의 평균 순위와 같았으나 비회원은 당일 대회 진행, 부대 서비스, 등록 서비스, 참가자격, 시상 및 이벤트, 대회 이전프로그램 순으로 나타났다(〈표 4〉).

이들 두 집단의 만족도 요인 평균 비교결과를 보면 전체적으로는 회원이 비회원에 비해 만족도가 높은 것으로 나타났으며, 등록 서비스에서만 통계적으로 유의한 차이가 두 집단 사이에서 나타났다. 즉, 회원그룹이 비회원그룹에 비해 만족도가 더 높은 것으로 나타났다.

〈표 4〉 회원과 비회원의 만족요인 평균값 비교

항목	회원평균 (표준편차)	비회원평균 (표준편차)	t	p
당일 대회진행	4.11(0.57)	3.94(0.72)	1.96	0.05
시상 및 이벤트	3.34(0.76)	3.24(0.82)	0.89	0.38
부대 서비스	3.78(0.70)	3.63(0.73)	1.43	0.15
등록 서비스	3.81(0.66)	3.61(0.61)	2.27	0.02*
참가 자격	3.67(0.66)	3.55(0.73)	1.26	0.21
대회 이전 프로그램	3.04(0.84)	2.98(0.80)	0.54	0.59

* $p < 0.05$

〈표 5〉 마라톤 만족도 요인이 재참가 의사에 미치는 영향(전체 응답자)

항목	비표준화 계수(B)	표준 오차	표준화 계수	t	p
상수	4.08	0.50	−	80.80	0.000
당일 대회진행	0.20	0.51	0.31	3.86	0.000*
시상 및 이벤트	0.02	0.51	0.03	0.38	0.707
부대 서비스	−0.04	0.51	−0.06	−0.72	0.471
등록 서비스	0.15	0.51	0.23	2.87	0.005*
참가 자격	0.03	0.51	0.05	0.56	0.574
대회 이전 프로그램	0.14	0.51	0.22	2.70	0.008*

$R^2 = 0.20$, F = 5.23, p = 0.000 * $p < 0.01$

〈표 6〉 마라톤 만족도 요인이 재참가 의사에 미치는 영향(마라톤클럽 회원)

항목	비표준화 계수(B)	표준 오차	표준화 계수	t	p
상수	4.02	0.85	-	47.45	0.00
당일 대회진행	0.32	0.96	0.37	3.28	0.00*
시상 및 이벤트	-0.10	0.95	-0.11	-1.00	0.32
부대 서비스	0.02	0.83	0.03	0.25	0.80
등록 서비스	0.13	0.08	0.17	1.53	0.13
참가 자격	0.06	0.09	0.08	0.69	0.49
대회 이전 프로그램	0.24	0.08	0.33	3.00	0.00*

$R^2 = 0.28$, F = 3.91, p = 0.00
* p < 0.01

〈표 7〉 마라톤 만족도 요인이 재참가 의사에 미치는 영향(마라톤클럽 비회원)

항목	비표준화 계수(B)	표준 오차	표준화 계수	t	p
상수	4.12	0.06	-	66.32	0.000
당일 대회진행	0.14	0.05	0.30	2.64	0.011**
시상 및 이벤트	0.07	0.05	0.16	1.35	0.181
부대 서비스	-0.10	0.06	-0.19	-1.62	0.111
등록 서비스	0.17	0.06	0.33	2.84	0.006*
참가 자격	0.10	0.06	0.02	0.18	0.857
대회 이전 프로그램	0.03	0.06	0.05	0.41	0.683

$R^2 = 0.25$, F = 3.22, p = 0.01
* p < 0.01, ** p < 0.05

4. 만족도 요인과 재참가 의도간 관계 분석

전체 응답자의 만족도 요인이 향후 마라톤대회 재참가의도에 영향을 미치는 영향력을 살펴보면, 당일 대회 진행요인이 가장 큰 영향력을 나타냈고, 다음으로 대회 이전 프로그램, 등록 서비스 순으로 영향을 미치는 것으로 나타났다(〈표 5〉).

마라톤 클럽소속 여부에 따라서 참가자들이 재참가의도에 영향을 미치는 만족도요인의 영향력이 다르게 나타날 수 있으므로 회원과 비회원으로 나누어 다시 다중회귀분석을 하였다. 마라톤클럽 회원의 만족도 요인들과 재참가의도와의 관계를 보면, 당일 대회 진행요인이 재참가의도에 가장 큰 영향을 미치는 것으로 나타났고, 그 다음은 대회 이전 프로그램 요인으로 나타났다(〈표 6〉). 이에 비해 마라톤클럽 비회원의 경우는 등록 서비스 요인이 재참가의도에 가장 큰 영향을 미치고, 다음으로 당일 대회 진행요인 순으로 영향을 미치는 것으로 나타났다(〈표 7〉).

V. 결 론

본 연구는 스포츠이벤트인 마라톤대회 참가자들을 대상으로 이들이 느끼는 마라톤 서비스에 대한 만족요인들 및 이 요인들과 재참가 의도간의 관계를 살펴봄과 동시에 이러한 변수들 간에 나타나는 마라톤클럽 회원과 비회원간의 차이비교를 분석하였다.

주요 분석결과와 시사점은 다음과 같다. 첫째, 풀코스 마라토너들의 서비스 만족도 요인은 당일 대회 진행, 시상 및 이벤트, 부대 서비스, 등록 서비스, 참가자격, 대회 이전 프로그램 등 6개로 나타났으며, 만족요인 평균값의 크기는 당일 대회 진행, 등록 서비스, 부대 서비스, 참가자격, 시상 및 이벤트, 대회 이전 프로그램 순으로 분석되었다. 이러한 결과는 오정학 등(2003)의 참가자 만족에 행사관리가 가장 커다란 영향을 미친다는 결과와 일치하고 있다. 또한 6개 만족요인에서 마라톤클럽 회원들이 전체적으로 비회원들에 비해 이들 만족도 차원에서 높은 만족도를 나타냈는데, 이는 회원들의 경우 비회원들에 비해 자신의 소속 마라톤클럽이나 다른 회원 등을 통해 마라톤대회에 대한 정보나 참가경험이 더 많이, 쉽게 접할 수 있고, 중앙일보 마라톤대회가 참가자들에게 있어 선호도가 높은 대회였기 때문인 것으로 사료된다. 또한 등록 서비스에서만 회원들이 비회원들에 비해 통계적으로 더 높은 만족도를 보인 이유는 회원들의 경우 자신들이 속한 마라톤클럽에서 참가등록을 단체로 해 주고, 기념품 등의 택배 서비스 또한 클럽에서 단체로 대행해주기 때문에 비회원들에 비해 용이하게 대회 등록을 할 수 있기 때문인 것으로 여겨진다.

둘째, 만족요인과 재참가의도간의 관계에서는 전체 참가자의 경우 당일 대회 진행요인, 대회 이전 프로그램, 등록 서비스 만족도 요인 순으로 재 참가의도에 영향을 미치는 것으로 나타났다. 따라서 마라톤대회 운영자들은 무엇보다도 당일 대회 진행요인이 참가자들의 향후 마라톤대회 참가의도에 가장 큰 영향을 미치는 점을 고려하여 당일 달리는 과정상에 관련된 주로 거리 표시, 급수 및 스낵 제공, 의무 서비스 등을 보다 철저하게 관리, 운영할 필요가 있어 보인다.

셋째, 마라톤클럽 회원과 비회원으로 나눠 실시한 만족도 요인과 재참가의도 간의 결과는 당일 대회 진행요인이 두 그룹 모두에게 재참가의도에 영향을 미치는 것으로 나타났다. 이외에도 회원의 경우에는 마라톤교실과 마라톤 엑스포와 같은 대회 이전 프로그램요인이, 비회원의 경우는 기념품, 참가비, 신청방식 등의 등록 서비스요인이 또한 각 그룹의 대회 재참가의도에 영향을 미치는 것으로 나타났다. 따라서 마라톤대회 운영자들은 철저한 당일 대회 진행은 물론이고, 이들 그룹들의 서로 다른 만족도 요인을 높이는 노력을 동시에 진행할 필요가 있어 보인다. 즉, 대회 참가에 적극적인 마라톤클럽 회원들의 만족도를 높이기 위해서는 매년 참가자들을 위한 마라톤 교실을 대회 이전에 주기적으로 실시해 보는 방안을 생각할 수 있으며, 이는 회원들뿐만 아니라 비회원들에게도 향후 대회 참가에 큰 매력을 부여할 수 있을 것이다. 또한 풀코스 완주를 위한 각종 체계적이고도 유익한 정보를 홈페이지나 각종 마라톤클럽에 정기적으로 발송하는 서비스를 제공해야 할 것으로 여겨진다.

이에 비해 마라톤대회 운영자는 비회원들을 위해서는 이들의 등록서비스에 대한 만족도를 높이는 방안을 강구해야 할 것으로 보인다. 대회 등록에서 택배 서비스까지 모든 등록관련 서비스를 클럽에서 대행해주며, 대회참가를 통해 자신 소속 클럽뿐만 아니라 타 클럽 회원들끼리의 친목을 도모할 수 있는 마라톤클럽 회원들에 비해 비회원들은 이러한 등록관련 서비스에 모든 것들을 본인이 처리해야 하기 때문에 등록관련 서비스가 매력적이 못한 것이 사실이다. 특히 요즘에는 풀코스 참가비가 적어도 2만 5천 원 이상이므로 비회원들에게 참가의욕을 높이는 방법은 참가비 대비 좋은 기념품을 제공하는 방안을 강구해야 할 것으로 보인다. 풀코스 참가자들은 풀코스 이외에도 하프, 10km 등 다양한 대회에 참가한 경험들이 있어 많은 기념품들을 받아본 경험이 있으므로 다른 마라톤대회들과 차별화된 기념품을 발굴할 필요가 있겠다. 또한 참가자가 많아 일찍 대회 등록이 마감되는 대회의 경우는 단체(마라톤클럽 포함) 대 개인의 비율을 어느 정도 조절하여 등록을 받는 방안도 조심스럽게나마 생각해 볼 수 있을 것이다.

본 연구의 한계점으로는 첫째, 연구대상이 특정 마라톤대회의 풀코스 참가자로 한정되어 연구의 일반화에 한계가 있다는 것이다. 둘째, 응답자의 95%이상이 남자여서 연구결과에 영향을 미칠 수 있었다는 것이다. 셋째, 참가자들의 만족도 측정에서 대회 이후 서비스 4개 항목에 대한 만족도는 대회당일 측정할 수가 없어 분석에서 제외되었다는 점이다. 따라서 미래연구는 이러한 한계점들을 보완하여 풀코스, 하프 코스, 10km 등 다양한 종목에 참가하는 마라톤클럽 회원/비회원들의 마라톤 서비스 질, 만족요인, 대회 재참가의도간의 관계 연구를 한다면 좋은 주제로 여겨진다.

참고문헌

강인호 · 한상훈(2003). 『스포츠관광』, 서울: 백산출판사.

김규순(2005). 스포츠이벤트가 지역경제에 미치는 파급효과: 2005 대교눈높이 초등학교 전국 축구대회를 사례로. 〈학술연구 발표 논문집〉 한국관광학회 제 59차 학술 심포지엄, 신안비치호텔, 목포시, 377~391.

김철우 · 이재형(2004). 스포츠관광 참가동기가 목적지 속성평가와 지각된 가치에 미치는 영향. 『한국스포츠리서치』, 15(6), 977~990.

박유진(2002). 여가경험과 여가정체성 현출성이 여가 및 생활만족에 미치는 영향. 박사학위청구논문. 중앙대학교 대학원.

신동주 · 박진권(2002). 강원 동해남부권 지역의 스포츠관광 활성화 방안 연구, 2002년도 한국관광레저학회 추계 국제 학술심포지엄 및 학술연구발표대회 논문집, 75~90.

송재호 · 고계성(2002). 축제방문객의 「기대-성과」 불일치: 제주도 국제시민마라톤대회와 국제관악제의 비교분석. 『관광경영학연구』, 8, 74~89.

오정학·허상현·오휘영(2003). 이벤트 관광객의 만족요인 연구: 경주 벚꽃마라톤축제를 사례로. 『관광레저연구』, 14(1), 203~216.

월간 이벤트(2005.4). 이벤트가 녹아든 마라톤 경쟁력 제고에 효과적. 55, 50~53.

이상일·하수영·홍승후(2003). 국내관광객의 라이프스타일에 따른 레저스포츠활동 참여. 『한국여가레크리에이션학회지』, 24, 41~55.

이훈(2002). 스포츠의 관광매력 측정: 개념적 접근. 『관광연구논총』, 14, 47~62.

장진우·손원일(2004). 마라톤 동호인들의 참여정도와 여가 만족도의 관계. 『한국스포츠리서치』, 15(4), 317~328.

정용각·정용승(1998). 여가운동 참가자의 스포츠 참여 동기와 각성추구의 관계. 『한국체육학회지』, 37(4), 275~287.

차석빈·이형룡(2004). 풀코스 마라토너의 서비스 질 인식에 관한 탐색적 연구. 『고객만족경영연구』, 6(2), 119~138.

차석빈·정동창(2003). 국내 마라톤대회의 관광자원화 방향에 관한 연구. 『호텔경영학연구』, 12(2), 255~271.

차석빈·정철진·하채헌(2005). 마라토너들이 느끼는 서비스 속성의 중요도와 만족도 차이 분석. 〈학술연구 발표 논문집〉 한국관광학회 제 57차 학술 심포지엄, 한국 국제전시장, 고양시, 327~277.

차석빈·황정진·정동창·허윤정(2003). 국내 마라톤대회의 관광자원화 연계가능성 분석: 2002-2003년 마라톤대회 홈페이지 분석을 중심으로. 『관광연구』, 18(2), 203~221.

허천·장진우·박승환(2004). 마라톤 동호인들의 참여 동기와 활동만족도에 관한 연구. 『한국스포츠리서치』, 15(4), 513~524.

De Knop, P.(1998). Sport tourism: a state of art, *European Journal for Sport Management*, 5(2), 5~20.

Gibson, H.(1999). Sport tourism: The rule of the game. *Park & Recreation*, 34(6), 36-43.

Kyle, G. T., Kerstetter, D. L., & Guadagnolo, F. B.(2002). Market segmentation using participant involvement profiles. *Journal of Park and Recreation Administration*, 20(1), 1~21.

McGhee, N. G., Yoon, Y., & Cardenas, D.(2003). Involvement and travel for recreational runners in North Carolina. *Journal of Sport Management*, 17, 305~324.

Nunnally, J. C.(1978). *Psychometric theory* (2nd ed.). New York: McGraw-Hill.

Richie, B., Moseddale, L., & King, J.(2002). Profiling sport tourists: The case of Super 12 Rugby in the Australian capital territory, *Current Issues in Tourism*, 5(1), 33~44.

http://www.focusmarathon.com/comp/mediakit02.asp

2005년 10월 7일 접수
2006년 4월 21일 최종 수정본 접수
3인 익명 심사畢

CHAPTER 3

판별분석

목차

제3장 흐름도

판 별 분 석

학 습 목 표

개 념   기본원리   다른 분석기법과의 비교

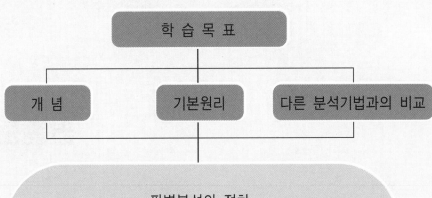

판별분석의 절차

1. 판별분석의 목적
2. 판별분석의 연구 설계
3. 판별분석의 가정 검증
4. 판별모형의 추정 및 전반적 적합도의 평가
5. 판별분석 결과의 해석
6. 판별분석 결과의 타당성 검증

요 약

용어정리

관광학에서 판별분석을 이용한 사례

제3장

판별분석

1. 판별분석이 사용되는 연구문제를 통해 판별분석의 개념과 원리를 알아본다.
2. 판별분석에 대한 전반적인 이해를 돕기 위해 판별분석의 절차를 살펴본다.
3. 관광학분야에서 판별분석을 적용한 사례를 공부한다.

1. 판별분석의 개념과 기본원리

(1) 판별분석의 개념

관광전략과 관련된 의사결정시 의사결정자들은 관광자, 관광상품 또는 관광산업들과 같은 대상들을 몇 개의 동질적인 집단으로 분류할 필요가 있다. 이때 의사결정자들은 관광객들의 나이, 학력, 교육수준, 소득수준 등의 인구통계학적 변수들을 이용해 집단을 분류한다. 그러나 이러한 인구통계학적 변수들을 토대로 한 집단분류는 과연 어떠한 사람들이 인터넷 여행상품을 항상 사는 사람들이고, 어떠한 사람들이 가끔 구매하는 사람들이고, 어떠한 사람들이 전혀 구매하지 않는 사람들인지, 혹은 어떤 사람들이 이직가능성이 높은지, 어떤 사람들이 이직가능성이 낮은지를 구별해주지 못한다.

Ronald Fisher에 의해 소개된 판별분석은 이와 같이 집단들 간의 차이를 판별해주는 데 매우 유용한 도구이다. 다시 말해, 판별분석은 집단구성원을 예측하는 판별함수를 통해 집단분류의 기준을 보여주며, 이러한 예측력의 적정성을 평가하는 동시에 집단을 구분하는데 가장 기여하는 독립(예측)변수들을 파악해주는 유용한 방법이다. 판별분석은 질적(비계량적) 변수인 종속변수가 하나이고 양적(계량적) 변수인 독립변수가 여러 개일 때 적합하며, 독립변수가 두 집단으로 분류되어 있을 때 적용되는 판별분석은 두 집단 판별분석(two-group discriminant analysis)이라 하며, 세 집단 이상일 때는 다중판별분석(multiple discriminant analysis : MDA)이라 일컬어진다.

이 분석기법은 독립변수 선정시 이론적인 근거로부터 도출된 변수 외에도 보다 실용적인 목적으로 연구가 진행될 때 연구자의 직관에 의한 변수선정이 어느 정도 허용되어 변수선정에 따른 융통성이 있는 장점이 있다. 예를 들면, 호텔에서 피트니스센터의 회원가입자와 비가입자를 구분할 때 독립변수를 선택한다면 편의상 혹은 비용적인 면을 고려하여 연구자가 쉽게 얻을 수 있는 자료를 그대로 활용할 수 있다는 것이다. 그러나 판별분석시 표본의 크기가 충분히 크지 않을 경우 특정 이론을 검증하거나 분석된 결과를 일반화하는 데는 한계가 있으며, 16대 국회의원 선거 예측에서처럼 많은 수의 부동층으로 인해 집단 구분이 확실치 않을 때는 잘못된 결과가 도출될 수도 있어 주의해야 한다.

(2) 판별분석의 기본원리

판별분석은 분석 전에 정의된 집단들을 가장 잘 판별해 줄 수 있는 두 개 이상의 독립변수의 선형조합(linear combination)인 판별함수(discriminant function)를 도출한다. 판별함수는 집단 간 분산과 집단 내 분산의 비율을 최대화할 수 있는 선형조합함수이며, 다음과 같이 도출된다.

$$Z = W_1X_1 + W_2X_2 + \cdots + W_nX_n$$

여기서

Z = 판별점수(discriminant score)

W_i = 독립변수 i에 대한 판별가중치(discriminant weight)

X_i = 독립변수 i

판별분석은 위의 선형방정식에서 보는 바와 같이 각 독립변수와 이에 대응하는 가중치를 곱한 다음 이들을 모두 합쳐 각 표본단위의 판별점수를 구한다. 어떤 특정 집단에 속한 표본단위들의 판별점수의 평균은 바로 그 집단의 집단평균이 된다. 일명 중심값(centroid)이라 불리는 이 집단평균은 어떤 특정 집단에서 표본단위들이 가장 많이 위치하는 지점을 나타내며, 집단의 평균값을 비교하면 각 집단들이 검증영역(dimension being tested)으로부터 얼마나 떨어져 있는가를 알 수 있다. 판별분석은 이러한 중심값의 비교를 통해 집단구분을 하게 된다.

판별함수의 통계적 유의도는 집단 중심값들 간의 일반화된 거리(generalized distance)를 측정함으로써 검증할 수 있다. 이것은 2개 이상 집단의 판별함수의 분포를 비교함으로써 계산된다.

만일 분포간의 중복이 적을 경우 판별함수는 집단들을 잘 판별해 줄 수 있는 반면, 분포간의 중복이 많을 경우 판별함수는 집단들을 잘 판별해 줄 수 없다. 〈그림 3-1〉에 나타난 판별점수의 분포는 이러한 개념을 명확히 보여주고 있다. 여기서 위의 그림은 집단들을 잘 구별해 줄 수 있는 함수인 반면 아래의 그림은 집단 A와 B간의 구별이 비교적 잘 되지 않는 함수를 나타내 주고 있다.

〈그림 3-1〉 판별함수의 분포

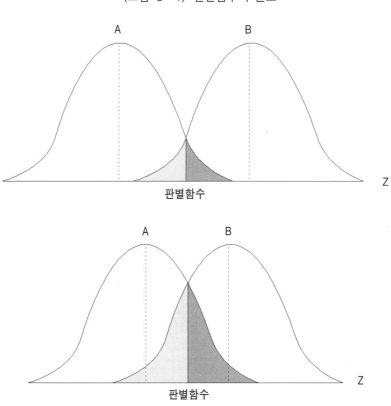

(3) 판별분석과 다른 분석기법들과의 비교

판별분석의 적용과 해석은 회귀분석의 경우와 비슷하다. 즉 판별함수는 두 개 이상의 독립변수의 선형조합이 한 개의 종속변수의 변화를 기술하거나 예측할 때 사용된다. 그러나 판별분석은 종속변수가 범주형(categorical, nominal or nonmetric) 변수일 때 이용되는 반면, 회귀분석은 종속변수가 계량적(metric) 변수일 때 적합하다.

판별분석은 또한 다변량 분산분석(MANOVA)을 뒤집어 놓은 것으로 비교될 수 있다. 판별분석은 하나의 종속변수가 범주형이고 독립변수들은 양적 변수인 반면, 다변량 분산분석은 종속변수가 양적 변수이고 독립변수가 범주형일 때 이용하게 된다.

판별분석은 군집분석과도 다른데, 판별분석이 존재하는 집단의 수를 알고 있고 새로운 대상이 그 중 어느 집단에 속하는 것인가를 결정하는 반면, 군집분석은 관측되어 있는 데이터에 의거해서 대상을 몇 개의 집단으로 나누는 기법이다.

2. 판별분석의 절차

판별분석의 절차는 〈그림 3-2〉와 같이 6단계로 나눌 수 있다. 아래에서는 각 단계별 절차를 두 집단 예제 사례분석과 같이 좀 더 자세하게 알아보기로 한다.

〈그림 3-2〉 판별분석의 절차

```
1. 판별분석의 목적
        ↓
2. 판별분석의 연구 설계
   종속변수와 독립변수의 선택, 표본크기, 표본분할
        ↓
3. 판별분석의 가정 검증
   집단 사례수에 대한 제한, 독립변수의 다변량 정규성, 변산·공분산행렬의 동질성,
   다중공선성의 부재, 독립변수(예측요인)들의 선형적 관계, 동일한 사전 확률
        ↓
4. 판별모형의 추정 및 전반적 적합도 평가
   판별함수 도출, 통계적 유의성, 판별함수의 전반적 적합도 평가
        ↓
5. 판별분석 결과의 해석
   판별가중치, 판별적재치, 부분 F값
        ↓
6. 판별분석 결과의 타당성 검증
```

(1) 판별분석의 목적

판별분석은 다음과 같이 연구자가 집단 간의 차이를 알아본다든지 혹은 주어진 표본을 어떤 집단에 정확히 분류하는 데 사용된다.

① 분석 전에 정의된 두 개 이상의 집단평균점 간에 통계적으로 유의한 차이가 있는지를 결정한다.

② 독립변수들 중 어느 판별변수가 두 개 이상의 집단 평균점의 차이를 가장 잘 설명해 주는가를 보여 준다.

③ 선택된 판별변수들의 선형조합(판별함수)을 만들어 집단들을 분류하는 기준을 마련한다.

④ 판별함수에 의해 구분된 집단들이 얼마나 정확하게 구별되었는지를 파악한다.

⑤ 판별변수와 해당 집단 사이의 관계 분석결과 새로운 객체가 어떤 집단에 속하는가를 판단한다.

예제 사례 : 판별분석 목적

　W 호텔은 지난 2년간 종업원들의 이직률이 연간 300%나 되어 대고객 서비스에 많은 차질이 발생하고 있다. 이에 인사 총책임자인 김 부장은 어떤 변수들이 종업원들을 떠나게 하고 혹은 잔류하게 하는지를 알아보고자 한다. 이를 위해 김 부장은 판별분석을 이용하기로 결정했다.

---

(2) 판별분석의 연구 설계

판별분석을 성공적으로 적용하기 위해서는 여러 사항들을 고려해야 한다. 이러한 사항들에는 종속변수와 독립변수의 선택, 판별함수를 추정하기 위해 필요한 표본크기 및 타당성 검증을 위한 표본분할 등이 있다.

1) 종속변수와 독립변수의 선택

판별분석을 적용하기 위해서는 먼저 연구의 목적에 맞는 종속변수와 독립변수를 선택해야 한다. 이때 종속변수는 범주형 변수, 독립변수는 계량적 변수여야 하는데, 이러한 변수들의 선택은 전체 대상들을 몇 개의 그룹으로 나누어 분석할 것인가를 결정한다.

① 종속변수

종속변수의 집단 수는 두 개 혹은 그 이상이 될 수 있으나 각 집단은 상호 배타적이어야 하는

데, 이는 각 관찰치가 단지 한 집단에 분류되어야 한다는 것이다. 종속변수는 고졸, 대졸 혹은 대학원졸 등의 학력변수와 같은 범주형 변수뿐만 아니라 서열척도나 등간척도로 측정된 변수들을 이용할 수 있는데, 후자의 경우에는 인위적으로 몇 개의 집단으로 나누어야 한다. 예를 들면, 각 개인의 해외여행에 대한 관심도를 1년에 외국으로 여행한 횟수를 단위로 측정한 변수가 있고, 척도가 0에서 6이상까지라고 할 경우 다음과 같이 세 집단으로 나눌 수 있다. 즉 0~2번을 나간 사람을 해외여행에 약간 관심이 있는 집단, 3~5번을 나가는 사람을 중간 정도 관심이 있는 집단, 그리고 6번 이상을 나가는 사람을 아주 많은 관심을 가진 집단으로 분류할 수 있다.

3개 이상의 인위적인 집단이 설정될 경우에는 양극단의 두 집단만을 비교할 수 있는데, 이러한 접근방식을 양극집단 접근법(polar extremes approach)이라 부른다. 양극집단 접근법은 연구자가 양극의 집단에만 관심이 있을 때 이용하며, 중간의 집단은 제외하고 단지 양극단의 두 집단만을 비교하게 된다. 예를 들면, 연구자는 해외여행에 중간 정도로 관심을 가지는 집단을 제외한 약간 관심이 있는 집단과 아주 많은 관심을 가진 집단만을 비교하게 되는 것이다.

② 독립변수

독립변수는 보통 선행연구나 연구문제를 도출한 이론모형에서 제시된 변수들을 선택하거나 연구자의 직관에 의해 선택하게 된다. 연구자의 직관에 의해 변수를 선택할 경우 변수들은 종속변수의 각 집단들을 예측하는데 논리적으로 관련이 있어야 한다.

2) 표본 크기

판별분석은 표본 크기 대 예측변수(predictor variable; 독립변수)의 수의 비율에 매우 민감하다. 많은 연구들은 판별분석을 위한 전체 표본 크기로 독립변수당 20개의 관찰치를 제시하고 있다. 만일 표본 크기가 독립변수의 수에 비해 줄어든다면 분석결과가 불안정해 질 수 있다.

이와 더불어 가장 작은 집단의 최소 표본 크기는 독립변수의 수보다는 많아야 한다. 실용적으로는 각 집단이 적어도 20개의 관찰치를 넘어야 하지만, 비록 모든 집단이 20개의 관찰치를 넘는다 해도 연구자는 또한 집단들의 상대적인 크기를 고려해야 한다. 만일 집단들이 표본 크기에서 많은 차이를 보인다면 이것은 판별함수의 추정과 사례들의 분류에 영향을 미칠 수 있는데, 이는 분류단계에서 보다 큰 표본집단은 집단 크기에 비해 보다 불균형하게 분류될 확률이 높기 때문이다.

3) 표본 분할

도출된 판별함수의 타당성을 검증하는 표본분할의 가장 일반적인 방법은 전체 집단의 반을 판별함수를 도출하는 '분석표본'(analysis sample)에, 그리고 나머지 반을 판별함수를 검증하는 '검증표본'(holdout sample)으로 분류하는 것이다. 함수의 타당성을 검증하기 위한 이러한 방법을 '표본분할에 의한 접근방법'(split-sample approach) 혹은 '교차타당성 접근방법'(cross-validation approach)

이라 한다. 이에 대한 자세한 내용은 아래 결과의 타당성 검증부분에서 자세히 언급하기로 한다.

예제 사례 : 연구 디자인

위의 연구목적을 달성하기 위해 김 부장은 지난 2년 전 W호텔에 입사하였다가 다른 곳으로 직장을 옮긴 종업원들(이직집단)과 계속해서 근무하고 있는 집단(잔류집단) 등 두 집단을 종속변수로, 업무만족도, 기업문화, 보상체계, 동료관계, 관리자 지도력, 승진 기회 등의 6개 변수를 독립변수로 정하였다.

표본크기는 총 474명을 선정했는데, 이 크기는 최소한 크기 20명을 초과하며, 대략적인 지침인 관찰치 대 독립변수의 비인 20 : 1을 훨씬 상회한다. 또한 분석집단과 검증집단으로 나누는 최소한의 크기인 100 이상이 되어 분석에는 별문제가 없는 것으로 여겨진다.

표본분할을 위해서 분석집단으로 이직집단 60명과 잔류집단 165명 등 총 225명을, 검증집단으로 이직집단 77명과 잔류집단 172명 등 총 249명을 분석하였다.

---

(3) 판별분석의 가정 검증

판별분석을 올바르게 적용하기 위해서는 몇몇 가정들이 충족되어야 한다. 판별함수를 도출하기 위해서는 집단의 사례 수에 대한 제한, 독립변수의 다변량 정규성(multivariate normality), 종속변수에 의해 정의된 집단들의 변산(dispersion)과 공분산행렬(covariance structures or matrices)의 동질성, 지나친 다중공선성(multicollinearity)의 부재, 예측요인들의 선형적 관계(linear relationship) 및 각 집단에 속할 동일한 사전확률 등이 충족되어야 한다.

1) 가장 작은 집단의 사례 수는 최소한 독립변수(예측변수)의 수를 넘어야 한다.

판별분석시 가장 작은 집단의 사례 수는 독립변수의 수보다 많아야 한다. 만일 가장 작은 집단의 사례 수가 독립변수의 수보다 적게 되면 오차에 대한 자유도가 작아져 통계적 검증력이 떨어지게 된다. 다시 말해 한 집단의 사례 수가 지나치게 적으면 함수가 과다적합(overfitting)하게 나타나 통계적으로 유의하지 않는 판별함수가 유의하게 산출되는 결과를 가져올 수 있다.

2) 다변량 정규성을 이루어야 한다.

다변량 정규성은 독립변수들 값이 모집단으로부터 독립적이고 우선적으로 추출되어야 하고, 모든 독립변수들간의 선형조합의 표본분포(평균의 표본분포)가 정규성을 이루어야 한다는 것이다. 다변량분포에서 이러한 정규성을 검증할 방법이 아직까지 개발되어 있지는 않지만, 판별분석의 경우 다변량 분산분석(MANOVA)과 마찬가지로 극단치(outlier)에 의해 정규성 가정이 위배되지 않는 한, 집단 간 사례가 다를지라도 가장 작은 집단의 사례 수가 20이 넘으면 정규성 가정이 크게 문제시되지 않는다.

3) 변산−공분산 행렬의 동질성을 확보해야 한다.

이 가정은 각 집단의 변산−공분산행렬이 동일한 모집단의 변산−공분산 행렬로부터 추출되었기 때문에 합리적으로 단일한 오차 추정치를 만들 수 있어야 한다는 것이다. 즉 집단내의 오차 행렬이 이질적이라면(집단내의 분산이 다르면), 오차변량의 추정치를 잘못 산출하기 때문에 유의 검증 결과를 신뢰할 수 없다는 것이다.

다시 말해 동등하지 않은(unequal) 공분산 행렬은 분류과정에 영향을 미칠 수 있다. 만일 표본 크기가 작고 공분산 행렬이 동등하지 않다면 추정 과정시 통계적 유의성은 영향을 받을 수 있다. 그러나 적정한 표본크기를 갖는 집단 중에서의 동등하지 않은 공분산 행렬의 경우는 더욱더 영향을 받을 수 있다. 이는 사례들이 보다 큰 공분산 행렬을 가진 집단에 과잉 분류되기 때문이다.

표본 크기가 다르거나 작을 때 변산−공분산 행렬의 동질성을 확보할 수 있는 몇몇 방법은 다음과 같다 : ① 표본의 크기가 크고 집단내 변산이 큰 경우에는 유의수준(α)을 더 엄격하게 설정하며, 표본의 크기가 작고 변산이 큰 경우에는 유의수준을 다소 높게 설정한다. ② 다변량의 동질성을 확보하지 못할 경우, 유의도 검증을 위한 통계치로 일반적인 Wilks의 Lambda값보다는 집단내 분산에 덜 영향을 받는 Pillai의 준거값을 사용한다. ③ 집단의 사례 수를 동일하게 맞춘다. ④ Box's M 통계치를 검토하여 그 값이 $p < 0.05$이면 집단의 공분산이 이질적이라고 해석하고, 값이 $p > 0.05$이면 동질적으로 해석한다. ⑤ 판별분석에서 제공하는 산포도(scatterplot)를 살펴보아 각 집단의 산포도가 대략적으로 유사한 형태를 취하고 있다면 집단내 분산이 같으므로 변산−공분산 행렬이 동질적이라고 해석해도 무방하다.

4) 지나친 다중공선성이 없어야 한다.

다중공선성은 두 개 혹은 그 이상의 독립변수들이 매우 높은 상관관계(상관이 0.90이나 그 이상)를 보여 한 변수가 다른 변수들에 의해 너무 많이 설명되어지거나 예측되어 전체에 대한 설명력에 기여하는 바가 거의 없게 되는 것을 의미한다. 이것은 단계적 방법(stepwise procedure)을 이용할 때 특히 중요하게 된다. 따라서 독립변수들의 다중공선성이 발견되면 이 변수들을 분석에서 제외하거나 묶어주는 가능한 조치를 취하여야 한다. 이때 여러 변수들 가운데 어떤 변수를 제외할 것인가를 결정하기 위해 한 번씩 돌아가며 독립변수를 종속변수로 놓고 나머지 변수를 독립변수로 하여 다중회귀분석을 반복하여 어떤 변수를 제외할 것인가를 통계적으로 결정할 수 있다.

5) 독립변수의 모든 쌍이 선형적 관계를 이루어야 한다.

판별분석은 각 집단내에서 독립변수들간의 선형적인 관계를 가정한다. 비선형 관계들은 특정 변수의 변형이 비선형 효과를 보여주게끔 이루어지지 않는 한 판별함수에 반영되지 않는다. 따라서 사전에 독립변수들간의 선형성을 검토하기 위해 SPSS의 산포도나 PLOT절차를 통해 모든 조합 가능한 변수들의 분포를 살펴볼 수 있다. 일반적으로 이 가정은 변량－공변량의 이질성이 가져오는 1종 오류에 의한 검증력의 약화보다는 덜 심각하기 때문에 지나치게 선형성을 위배하지 않는다면 해석에 큰 영향을 주지 않는다.

6) 각 집단에 속한 표본의 수가 같을 경우 각 집단에 속할 사전확률은 동일하다.

> **예제 사례 : 가정 분석**
>
> 가장 작은 집단이 60명이므로 6개의 독립변수보다 크고, 사례수가 225명이므로 다변량 정규성을 이룬다고 볼 수 있다. 변산－공분산행렬의 동일성을 검증한 Box's M의 결과 유의확률이 0.05보다 크게 나타나 두 집단 간의 공분산이 동일하다는 귀무가설이 채택되어, 이 데이터는 판별분석에 적합한 자료라 할 수 있다.

(4) 판별모형의 추정 및 전반적 적합도 평가

판별함수를 도출하기 위해 연구자는 추정방법을 결정한 다음 보유해야 할 함수의 수를 결정해야 한다. 예측의 정확도는 정확한 집단에 분류된 표본의 수에 의해 평가된다. 분류과정이 실용적인 혹은 통계적인 유의성에 도달했는가를 평가하기 위해 아래와 같은 몇몇 기준들이 이용된다.

1) 판별함수 도출

독립변수를 분석에 포함시켜 판별함수를 구하는 방법에는 동시적 혹은 직접적 방법(simultaneous or direct method)과 단계적 방법(stepwise method) 두 가지가 있다.

① 동시적 방법

동시적 방법은 판별력이 큰 변수들이 차례로 도출되어지는 중간결과에는 관심이 없고 가장 판별을 잘해 주는 변수에만 근거하여 독립변수 모두를 동시에 고려하여 판별함수를 구하는 것으로, 주된 목적은 집단과 예측변수들 간의 전반적인 관계성을 검증하는 것, 즉 판별함수의 검증이다. 따라서 판별함수는 독립변수들 각각의 판별력은 무시하고 독립변수 전체를 하나의 집합으로 보고 계산된 것이다.

② 단계적 방법

단계적 방법은 동시적 방법의 대안으로서 각 독립변수의 크기에 의해서 한 번에 하나의 독립변수를 판별함수에 넣는 방법으로, 탐색적으로 변수의 우선순위를 결정하거나 집단을 분류하는 판별모형을 가설적으로 만들고자 할 때 매우 유용하다. 단계적 방법은 가장 판별력이 좋은 하나의 변수를 선택하면서 시작된다. 그런 다음 이 변수는 처음에 선택된 변수와 결합하여 함수의 판별력을 가장 크게 증가시켜 주는 다른 독립변수 각각과 쌍을 이루게 된다. 이와 같은 과정을 거쳐서 모든 독립변수들이 함수에 포함될 수 있으며 혹은 어떤 변수들은 함수에서 제외되는데, 이들 제외된 변수들은 집단 간의 판별에 유의하게 기여를 하지 않는다고 판정한다.

2) 통계적 유의성

판별함수가 도출된 다음에는 연구자는 판별함수의 유의도 수준을 평가해야 한다.

① 0.05 유의수준

많은 연구자들이 판별함수가 0.05 유의수준에서 유의하지 않다면 더 이상 계속 진행해야 할 필요성이 없다고 믿지만, 종종 사용되어지는 전통적인 0.05 기준은 일부 학자들에 의해 의문이 제기되기도 한다. 이들의 주장은 분석의 계속 여부는 비용 대 정보의 가치로 보아야 하는데, 더 높은 수준의 위험(예를 들면, 유의수준 > 0.05)은 이러한 목적으로 봤을 때 수용 가능하다는 것이다. 예를 들면, 그들은 만일 환경이 정당화한다면 유의수준 0.02 혹은 0.03에서 유의한 판별함수를 검토하는 것을 결정할 수도 있다는 것이다.

② 마하라노비스 거리(Mahalanobis' Distance(D^2)

만일 단계적 방법이 판별함수를 평가하는데 사용된다면 Mahalanobis' Distance 방법이 적합한데, 이것은 두 집단 간의 거리를 가장 크게 하는 변수를 선택하여 주는 방법이다. 판별식 투입 이전에 모든 가능한 집단 쌍에 대한 Mahalanobis의 거리를 구하고 그 거리가 가장 큰 독립변수부터 판별식에 투입된다. 일반적으로 Mahalanobis 절차는 이용 가능한 정보를 최대한 사용하고자 할 때 선호되는 방법이다.

③ 도출된 각 판별함수의 통계적 유의성

만일 집단의 수가 셋 혹은 그 이상이라면 연구자는 전체 집단 간의 판별이 통계적으로 유의한가 뿐만 아니라 추정된 판별함수 각각이 통계적으로 유의한가를 결정해야 한다. 판별분석은 집단 수보다 하나 적은 판별함수를 추정한다.

$$판별함수의\ 수\ =\ MIN(g-1,\ p)$$
$$여기서\quad g\ =\ 집단의\ 수$$
$$p\ =\ 독립변수의\ 수$$

만일 세 집단이 분석된다면 두 개의 판별함수가 도출되며, 네 집단일 경우는 세 개의 함수가 나오게 된다. 만일 하나 혹은 그 이상의 함수들이 통계적으로 유의하지 않다고 나오면 판별모형은 유의한 함수의 수에 제한되어 나오는 함수의 수를 가지고 다시 추정되어져야 한다. 이와 같이 예측의 정확도 평가와 판별함수의 해석은 단지 유의한 함수에 의해서만 이루어진다.

3) 판별함수의 전반적인 적합도 평가

유의한 판별함수가 도출되면 다음으로 판별함수의 전반적인 적합도를 평가해야 한다. 여기서는 기준점(cutting score) 결정, 분류행렬(classification matrices)의 구성 및 분류정확도 평가를 위한 표준 등을 고려하게 된다.

① 기준점(cutting score)의 결정

통계적 검증 결과 판별함수가 집단들을 의미 있게 판별해 준다고 판명되었다면, 함수의 판별력을 보다 정확히 평가하기 위해 분류행렬을 구성하기 전에 먼저 기준점을 결정해야 한다. 기준점은 각 사례의 판별점수에 의해서 그 사례가 분류되어야 하는 집단에 속한다는 결정을 할 수 있게 하는 기준이 된다.

분류행렬을 구성할 때 연구자는 일명 임계 Z값(a critical Z value)이라고도 불리는 최적기준점(optimum cutting score)을 결정해야 한다. 최적기준점은 집단의 크기가 같으냐 다르냐에 따라 달라진다.

집단의 크기가 같은 경우 :

$$Z_{CE} = \frac{Z_A + Z_B}{2}$$

여기서

Z_{CE} = 집단의 크기가 같을 때의 임계 기준점
Z_A = 집단 A의 중심값
Z_B = 집단 B의 중심값

집단의 크기가 다른 경우 :

$$Z_{CU} = \frac{N_A Z_A + N_B Z_B}{N_A + N_B}$$

여기서

Z_{CU} = 집단의 크기가 다를 때의 임계 기준점
N_A = 집단 A의 사례 수
N_B = 집단 B의 사례 수
Z_A = 집단 A의 중심값
Z_B = 집단 B의 중심값

② 분류행렬의 구성

판별함수의 유의성을 평가하는 통계적 테스트는 그 함수가 얼마나 잘 예측을 할 수 있는지는 알려주지 않는다. 그러므로 연구자는 판별함수의 예측력을 결정하기 위해 분류행렬을 구성해야 한다.

분류행렬을 이용하여 판별함수가 타당한지를 알아보기 위해서는 먼저 전체 표본을 임의로 판별함수를 계산하기 위한 '분석표본'과 분류행렬을 구성하는데 이용되는 '검증표본'으로 나눈다. 나누는 절차는 검증표본의 판별점수를 얻기 위해서 분석표본에서 유도된 판별함수에서 각 변수에 대한 가중치에 검증표본의 원시(raw) 변수 측정치들을 곱한다. 이렇게 해서 계산된 검증표본의 각 사례의 판별점수는 임계기준점과 비교되어 다음과 같은 방식으로 각 사례가 분류된다.

1. $Z_n < Z_{ct}$ 이면 그 사례는 집단 A에 분류된다.
2. $Z_n > Z_{ct}$ 이면 그 사례는 집단 B에 분류된다.

여기서
Z_n = n번째 사례의 판별 Z점수
Z_{ct} = 임계 기준점 점수

이러한 절차에 의해 나온 결과는 아래 〈예제 사례 : 판별모형의 추정 및 전반적 적합도 평가〉에서 보는 바와 같이 분류행렬 형태로 제시된다. 행렬의 대각 원소는 올바로 분류된 총 사례 수를 나타내며, 비대각 원소는 잘못 분류된 사례 수를 나타낸다. 각 집단의 실제 사례 수는 두 집단의 실제 크기를 나타내며, 예측된 사례 수는 판별함수에 의해 각 집단에 분류된 총 사례 수를 말한다. 맨 마지막 열에는 각 집단에 올바로 분류된 사례 수의 백분율이 나와 있으며, 행렬 아래 부분에는 올바로 분류된 총 사례 수의 백분율(적중률 : hit ratio)이 제시되어 있다.

③ 판별함수의 예측의 정확도 측정

앞에서 지적했듯이 판별함수의 예측의 정확도는 분류행렬에서 얻은 적중률에 의해 측정된다. 연구자는 판별함수의 예측의 정확도 수용여부에 대한 기준을 결정하기 위해서 판별함수의 도움 없이 확률(chance)에 의해서 사례 수가 정확히 분류될 백분율을 먼저 살펴봐야 한다.

집단의 크기가 같을 때 우연에 의한 확률분류도(determination of the chance classification)의 공식은 C = (1/집단의 수)로서 매우 간단하다. 예를 들어, 두 집단일 경우 우연에 의한 분류의 확률도는 0.50이 되고, 세 집단일 경우는 0.33이 된다.

집단의 크기가 다를 때의 우연에 의한 확률분류도의 공식은 다음과 같은 두 가지 방법이 있다.

첫째, 가장 큰 표본을 가진 집단에 기초하여 우연에 의한 확률분류도를 결정하는 것을 '가장 큰 집단의 확률(maximum chance)을 이용한 방법'이라 한다. 이 방법은 판별분석의 목적이 사례가 올바로 분류되는 백분율을 최대화하는 것일 때 이용하며, 이것의 공식은 다음과 같다.

$$C_{max} = [가장 큰 집단의 표본크기 / (집단 1의 표본크기 + 집단 2의 표본크기 + \cdots + 집단 i의 표본크기)] \times 100$$

예를 들어, 두 집단의 크기가 각각 65와 35라면 우연에 의한 확률의 분류도(C_{max})는 65%[65/(65+35)]이다. 따라서 이 기준에 근거해 볼 때 만일 판별함수의 적중률이 65%를 넘지 않는다면 판별함수의 예측에 도움이 되지 않는다는 것을 알 수 있다.

둘째, 가장 큰 집단의 확률 대신 집단의 크기를 고려한 확률(proportional chance)을 이용하는 방법이다. 대부분의 경우에 쓰이는 이 방법은 집단의 크기가 다르고 연구자가 사례들을 두 집단 중 어느 한 집단으로 올바르게 분류하고자 할 때 이용된다. 이것의 공식은 다음과 같다.

$$C_{pro} = p^2 + (1-p)^2$$

여기서

$$p = 집단 1에 속한 사례들의 비율$$
$$1-p = 집단 2에 속한 사례들의 비율$$

예를 들어, 집단의 크기가 75와 25일 경우 집단의 크기를 고려한 확률의 분포도(C_{pro})는 62.5%[$0.75^2 + (1-0.75)^2$]로 가장 큰 집단의 확률 기준(C_{max})인 75%와는 비교된다.

분류의 정확도와 관련해 연구자는 정확한 분류의 백분율이 확률에 의해 기대되는 것보다 클 때 판별함수가 집단들을 잘 판별해 준다고 해석하게 된다. 그러면 확률에 의해 기대되는 것에 비해 함수에 의해 정확하게 분류되는 백분율은 어느 정도 높아야 하는가? 이에 대해 일반적인 지침이 있는 것은 아니지만 Hair 등은 함수에 의한 분류의 정확도가 적어도 확률에 의한 것보다 25% 이상 커야 한다는 기준을 제시하고 있다. 예를 들어, 확률에 의한 분류의 정확도가 50%라면 함수에 의한 분류의 정확도는 적어도 62.5%(50% × 1.25)는 되어야 한다는 것이다. 이러한 기준은 예측의 정확도를 수용할 수 있는 대략적인 추정치로 집단의 크기가 같을 때 적용하기가 용이하다.

④ 확률모형과 비교한 통계적으로 기초된 분류 정확도 측정

확률모형과 비교할 때 분류행렬의 판별력에 대한 통계적인 테스트는 Press' Q 통계치이다. 이 방법은 정확히 분류된 사례 수를 전체 표본크기 및 집단의 수와 비교한 뒤 계산된 점수를 임계치(critical value)(원하는 신뢰구간에서 자유도 1을 가진 χ^2 값)와 비교하는 것이다. 만일 계산된 점수가 이 임계치를 능가하면 분류행렬은 통계적으로 확률에 의한 것보다는 더 좋다고 볼 수 있다. Q 통계치는 다음과 같이 계산된다.

$$\text{Press}'Q = \frac{[N-(n\times K)]^2}{N(K-1)}$$

여기서

N = 전체 표본크기

n = 정확히 분류된 사례의 수

K = 집단의 수

예를 들면, 각각 25개의 사례를 갖는 두 집단의 전체표본이 50개, 정확히 분류된 사례 수가 42개라면, Q 통계치는 다음과 같다.

$$\text{Press}'Q = \frac{[50-(42\times2)]^2}{50(2-1)} = 23.12$$

이 수치는 유의수준 0.01에서의 임계치는 6.63보다 크므로, 예측의 정확도는 50%의 정확한 분류확률을 가지는 확률에 의한 것보다는 상당히 좋다고 볼 수 있다.

예제 사례 : 판별모형의 추정 및 전반적 적합도 평가

1. 두 집단의 기술적 통계량

Group means

XX19	A1	A2	A3	A4	A5	A6
1	1.32203	1.74847	1.98305	4.14724	1.42373	2.57627
2	1.97545	1.38983	2.85276	3.91525	2.05521	3.05521
Total	1.80180	1.65315	2.62162	4.08559	1.88739	2.92793

Group standard deviations

XX19	A1	A2	A3	A4	A5	A6
1	0.79742	0.89127	1.42019	1.41086	0.62155	1.66302
2	1.25684	0.61636	1.68959	1.77422	1.13448	1.56446
Total	1.18680	0.84096	1.66439	1.51519	1.05972	1.60154

주) A1 : 업무만족도   A2 : 기업문화   A3 : 보상체계
  A4 : 동료관계   A5 : 관리자 지도력   A6 : 승진 기회
  1 = 매우 중요, 5 = 매우 중요하지 않음

W 호텔을 떠난 이직집단(group 1)은 업무만족도, 보상체계, 관리자 지도력, 승진 기회 변수를 보다 중요시 여긴 반면, 잔류집단(group 2)은 기업문화와 동료관계 변수를 보다 중요시 하고 있다.

2. 판별함수의 추정

판별함수의 추정을 위해 본 사례는 단계적 방법을 이용하였다. 중간 과정 분석은 생략하고 최종적인 결과는 다음과 같다.

Summary Table

Steps	Action Entered	Removed	Vars in	Wilks' Lambda	Sig.	Label
1	A5		1	0.93040	0.0001	관리자 지도력
2	A1		2	0.89970	0.0000	업무만족도
3	A3		3	0.87300	0.0000	보상체계
4	A6		4	0.85555	0.0000	승진 기회

최종적으로 산출된 요약표는 각 단계의 람다값과 그 유의도를 나타낸 것으로, 여기서는 네 개의 변수(관리자 지도력, 업무만족도, 보상체계, 승진기회)가 유의한 판별치로 나타났다.

Canonical Discriminant Function

Fcn	Eigenvalue	Pct of Variance	Cum Pct	Canonical Corr	After Fcn	Wilks' Lambda	Chi-square	df	Sig.
1*	0.16884	100.00	100.00	0.3800633	0	0.8555519	34.010	4	0.0000

*Marks the 1 canonical discriminant functions remaining in the analysis.

Canonical correlation은 판별점수와 집단들 간의 관련의 정도를 나타내는 것으로 이것은 일원분산분석(one-way analysis of variance)의 eta와 같은 것으로서 설명력을 나타낸다. 이 값이 클수록 판별력이 뛰어난 것이다. 여기서는 판별함수는 매우 유의한(0.0000) 것으로 나타났지만 다소 낮은 0.3800633의 정준상관을 보이고 있다. 이 수치의 제곱은 〔(0.3800633)^2〕 0.1444481로, 이것이 의미하는 바는 종속변수의 14.44%의 분산이 4개의 변수들이 투입된 이 모형에 의해 설명된다는 것이다. 고유치(eigenvalue)는 집단 간의 분산을 집단내의 분산으로 나눈 값으로 이 값이 클수록 좋은 판별함수이다.

Standardized Canonical Discriminant Function Coefficients

	Func 1
A1	0.47643
A3	0.47472
A5	0.46948
A6	0.37317

원래의 데이터를 평균이 0, 표준편차가 1인 것으로 변형하였을 때의 판별함수의 계수를 나타낸 것이 표준화된 정준판별함수 계수이다. 위의 결과로 볼 때 A1(업무만족도)과 A3(보상체계)이 다른 변수들에 비해 판별함수에 더 큰 영향을 미치고 있다. 이 부분은 판별함수의 해석부분에서 이용된다.

Structure Matrix

Pooled within-groups correlations between discriminating variables
and canonical discriminant functions
(Variables ordered by size of correlation within function)

	Func 1
A5	0.66566

A1	0.61169
A3	0.57873
A2	0.37163
A6	0.32509
A4	0.24300

Structure matrix는 판별함수와 변수들 간의 상관관계계수를 나타낸 것으로서 이 계수 값이 클수록 판별함수에 영향을 크게 미치고 있다. 여기서는 A5(관리자 지도력)와 A1(업무만족도)이 판별함수에 큰 영향을 미치고 있다. 이 부분은 아래의 결과의 해석부분에서 논의될 것이다.

Unstandarized canonical discriminant function coefficients

	Func 1
업무만족도	0.4129909
보상체계	0.2925133
관리자 지도력	0.4582578
승진 기회	0.2345459
(Constant)	−3.062630

표준화되지 않은 판별함수로 이것에 의해 각 사례에 대한 판별점수가 계산된다. 이 식은 다음과 같다.

판별함수 Z = −3.06263 + 0.4129909 × 업무만족도 + 0.2925133 × 보상체계

+ 0.4582578 × 관리자 지도력 + 0.2345459 × 승진 기회

Canonical Discriminant Functions evaluated at Group Means(Group Centroids)

Group	Func 1
1	−0.67989
2	0.24609

W 호텔을 떠난 이직 집단의 그룹 판별점수평균(group centroids)은 −0.67989이며, 잔류 집단의 판별점수평균은 0.24609이다. 이를 이용하여 기준점(cutting score)을 계산하면 다음과 같다: [(60 × −0.67989) + (165 × 0.24609)] / (60 + 165) = 0245. 그리하여 각 사례의 판별점수가 이 값(0.245)보다 적으면 제1집단에, 이 값보다 크면 제2집단에 속하는 것으로 판별하게 된다.

3. 전반적인 적합도 평가

판별함수의 예측의 정확성을 평가하기 위한 분석표본의 분류행렬을 만들면 다음과 같다.

Classification results(분석표본)

Actual group	No. of Cases	Predicted Group 1	Membership 2
Group 1	60	42	18
(이직집단)		70.0%	30.0%
Group 2	165	8	157
(잔류집단)		4.8%	95.2%
Ungrouped cases	42	2	40
		4.8%	95.2%

Percent of "grouped" cases correctly classified : 77.78%

이직집단에 올바로 분류된 사례수는 42이며, 잘못 분류된 수는 18이다. 잔류집단에 올바로 분류된 사례수는 157이며, 잘못 분류된 사례수는 8이다. 따라서 이직집단과 잔류집단에 대한 판별함수의 분류의 정확도는 각각 70%와 95.2%이며, 전체적인 분류의 정확도(적중률)는 77.87%이다. 77.87%의 정확도는 다음의 비교기준과 비교해 볼 때 모두 그 이상을 초과하므로 두 집단을 잘 분류하고 있다고 볼 수 있다.

집단의 크기를 고려한 확률기준(proportional chance criterion : C_{pro})

$$C_{pro} = P^2 + (1 - P)^2 = (60/225)^2 + [1 - (60/225)]^2 = 60.89\%$$

우연에 의한 확률기준(maximum chance criterion : C_{max})

$$C_{max} = 165 / 225 = 73.33\%$$

Press'Q 수치($[225 - (157 \times 2)]^2 / [225 \times (2-1)] = 355.204$) 역시 임계치 6.63보다 크므로 주어진 유의수준에서 분류의 정확도는 확률에 의한 분류의 정확도를 초과하여 두 집단을 잘 분류해 주고 있다.

(5) 판별분석 결과의 해석

판별함수가 통계적으로 유의하고, 판별함수에 의한 분류의 정확도가 수용수준에 들어가면 연구자는 집단들을 판별하는데 있어서 각 독립변수의 상대적 중요도를 조사하여 결과를 해석하게 된다. 이를 위한 방법으로는 ① 표준화된 판별가중치(standardized discriminant weight), ② 판별적재치(discriminant loadings : 혹은 구조상관(structure correlation), ③ 부분 F값(partial F-value)을 이용한 방법 등 세 가지가 있다.

1) 판별가중치

판별함수를 해석하는 전통적인 방법은 판별함수를 계산할 때 각 변수들에 부여된 표준화된 판별가중치(때때로 판별계수 : discrimination coefficient)의 크기와 부호를 조사하는 것이다. 각 변수의 가중치는 함수에 대한 변수의 상대적인 기여도를 나타낸다. 즉 상대적으로 큰 가중치를 갖는 독립변수들은 작은 가중치를 갖는 변수에 비해 함수의 판별력에 보다 크게 기여한다.

2) 판별적재치

구조상관이라고도 불리는 판별적재치는 각 독립변수와 판별함수간의 선형상관(linear correlation)을 측정한 것으로서 각 독립변수가 판별함수와 공유하고 있는 분산을 나타낸다. 따라서 판별적재치는 판별함수에 대한 각 독립변수의 상대적 기여도를 평가한다는 점에서 요인적재치와 비슷하게 해석되는데, 판별적재치는 독립변수들의 판별력을 해석하는 수단으로서 판별가중치에 비해 타당한 것으로 인정되고 있다.

이 방법을 쓸 때 연구자는 어떤 변수가 유의한 판별치(discriminator)인지를 알아야 한다. 단계적 분석방법에서는 유의한 변수들이 판별함수 도출분석에 차례로 투입되므로 어떤 변수들이 유의한 판별치인지 쉽게 알 수 있다. 그러나 동시적 방법의 경우에는 모든 변수들이 동시에 투입되기 때문에, 이때는 일반적으로 특정 변수의 적재치가 ±0.3 혹은 그 이상일 때 유의한 판별치로 간주하게 된다.

3) 부분 F값

판별함수을 도출하는데 단계적 방법이 이용될 때 각 독립변수들의 상대적 판별력을 해석하는 부가적인 수단으로서 부분 F값이 이용된다. F값의 크기가 유의한가를 조사하고 그것의 순위를 매긴다. F값이 클수록 그것은 판별력이 크다는 것을 의미한다. 실제로 F값을 이용하여 그 순위를 매기는 것은 판별가중치를 이용한 경우와 같은 것이나, F값은 각 변수에 대한 관련된 유의성 수준을 나타낸다.

예제 사례 : 결과 해석

Structure Matrix

Pooled within−groups correlations between discriminating variables
and canonical discriminant functions

(Variables ordered by size of correlation within function)

	Func 1
A5(관리자 지도력)	0.66566
A1(업무만족도)	0.61169
A3(보상체계)	0.57873
A2(기업문화)	0.37163
A6(승진기회)	0.32509
A4(동료관계)	0.24300

Structure matrix는 판별함수와 변수들 간의 상관관계계수를 나타낸 것으로써 이 계수 값이 클수록 판별함수에 영향을 크게 미치고 있다. 여기서는 관리자 지도력, 업무만족도, 보상체계 변수가 높은 적재치를 보이고 있어 판별함수에 큰 영향을, 기업문화, 승진 기회 및 동료관계 등은 판별함수에 적은 영향을 미치는 것으로 나타났다.

이와 같은 결과가 W 호텔 인사부장인 김 부장에게 시사해 주는 바는 앞으로 종업원의 이직률을 줄이기 위해서는 관리자 지도력, 업무만족도, 보상체계 변수에 대한 보완이 필요하다는 것이다. 즉 W 호텔은 관리자들의 지도방식을 지금의 상명하달식의 수직적이고 통제적인 방식에서 관리자와 종업원들이 자유롭게 의사소통하는 참여적인 분위기와 수평적인 방식으로의 전환을 꾀해야 할 것이며, 종업원들의 업무 만족도를 높이는 방안 및 종업원들을 대상으로 스톡옵션이나 성과급의 조정을 통한 인센티브제도를 활성화할 필요가 있다 하겠다.

(6) 판별분석 결과의 타당성 검증

판별함수의 마지막 단계는 판별결과가 내적인 타당성과 외적인 타당성을 가지고 있다는 사실을 보여주기 위해 판별결과의 타당성을 검증하는 것으로 일반적으로 표본분할(split‐sample) 혹은 교차타당성 검증절차(cross‐validation procedures)가 많이 이용된다. 앞의 판별분석의 연구설계에서 언급했듯이 이 방법은 집단을 일단 임의로 분석표본과 검증표본으로 나누는 것으로, 분석표본으로 판별함수를 도출한 다음 그것을 검증표본에 적용시키는 것이다. 이러한 것은 내적인 타당성(internal validity)을 높여 준다. 이에 비해 다른 모집단이나 모집단의 한 부분으로부터 검증표본이 만들어진다면, 이는 외적인 타당성(external validity)을 높여 준다.

전체 표본을 두 표본으로 나누는 정당성은 만일 분류행렬을 도출하는데 사용되는 사례들이 판별함수를 계산하는데 사용되는 사례들과 동일하다면, 실제 타당성이 있는 것보다 더 높이 나타나는 상향적인 편향(upward bias)이 판별함수의 예측 정확도에서 나타난다는 것이다. 이러한 상향적인 편향은 연구자가 결과의 외적 타당성에 관심이 있다면 더더욱 중요해진다.

분석집단이나 검증집단 어느 하나에 분류하기 위해 각 표본을 선택할 때는 비율에 의한 층화추출(a proportionately stratified sampling procedure)을 하는 것이 좋다. 전체 표본에서 범주별 표본수가 같을 경우에는 분석집단과 검증집단에 범주별로 똑같은 수의 표본을 배분하게 되며, 전체 표본에서 범주별 표본 수가 같지 않을 경우에는 전체에 대한 비율에 따라 범주별 표본을 각 집단에 배분한다. 예를 들어, 전체 표본이 남자 100명과 여자 100명으로 구성되었다면 검증을 위한 표본에는 남자 50명과 여자 50명이 배분될 것이고, 전체 표본이 남자 30명과 여자 70명으로 구성되었다면 검증표본은 남자 15명과 여자 35명이 배분될 것이다.

이때 주의해야 할 점은 분석집단과 검증집단으로 나누기 위해서는 특별한 규칙이 있는 것은 아니지만 전체 표본 수는 적어도 100이상이어야 한다는 것이다. 그런데 두 집단으로 나눌 수 없을 만큼 전체 표본 수가 매우 작을 경우에는 전체 표본으로 판별함수를 구하고 이 함수를 같은 표본에 다시 적용하여 함수의 예측 정확도를 알아보는 방법을 대안으로 이용할 수 있다. 그러나 이러한 방법은 판별함수의 예측 정확도가 실제보다 높게 나타나는 결과를 가져오므로 결과의 해석에 유의해야 한다.

예제 사례 : 타당성 검증

판별함수의 결과 타당성을 검증하기 위해 검증표본의 분류행렬을 만들면 다음과 같다.

Classification result(검증표본)

Actual group	No. of Cases	Predicted Group 1	Membership 2
Group 1	77	65	12
(이직 집단)		84.4%	15.6%
Group 2	172	10	162
(잔류 집단)		5.8%	94.2%
Ungrouped cases	30	1	29
		3.3%	96.7%

Percent of "grouped" cases correctly classified : 69.88%

이직집단에 올바로 분류된 사례 수는 65이며, 잘못 분류된 수는 12이다. 잔류 집단에 올바로 분류된 사례 수는 162이며, 잘못 분류된 사례 수는 10이다. 따라서 이직집단과 잔류집단에 대한 판별함수의 분류의 정확도는 각각 84.4%와 94.2%이며, 전체적인 분류의 정확도(적중률)는 69.88%이다. 69.88%의 정확도는 다음의 비교기준과 비교해 볼 때 모두 그 이상을 초과하므로 두 집단을 잘 분류하고 있다고 볼 수 있다.

집단의 크기를 고려한 확률기준(proportional chance criterion : C_{pro})

$$C_{pro} = P^2 + (1-P)^2 = (77/249)^2 + [1-(77/249)]^2 = 57.28\%$$

우연에 의한 확률기준(maximum chance criterion : C_{max})

$$C_{max} = 172/249 = 69.08\%$$

Press'Q 수치([249 − (162 × 2)]^2 / [249 × (2−1)] = 22.59) 역시 임계치 6.63보다 크므로 주어진 유의수준에서 분류의 정확도는 확률에 의한 분류의 정확도를 초과하여 두 집단을 잘 분류해 주고 있다.

이상의 검증표본을 통한 타당성 검증분석결과 판별함수가 W 호텔을 떠난 종업원 집단과 W 호텔에 계속 근무하는 종업원 집단을 잘 분류해 준다고 볼 수 있다.

요약

판별분석은 계량적 자료로 측정된 독립변수를 이용하여 비계량적 자료로 된 종속변수의 집단 구분을 예측하는데 이용된다. 예를 들어, 호텔의 인사담당자가 종업원의 역할갈등 정도, 역할 모호성 정도, 업무만족 정도 등의 계량적 자료를 통해 이직자와 비이직자를 분류할 때 판별분석을 이용할 수 있다.

판별분석의 절차는 크게 ① 판별분석의 목적 결정, ② 연구 설계, ③ 판별분석의 기본 가정 검증, ④ 판별모형의 추정 및 전반적 적합도 평가, ⑤ 판별분석 결과의 해석, ⑥ 판별분석 결과의 타당성 검증으로 나눠 볼 수 있다.

판별분석의 목적으로는 종속변수인 집단구분에 도움을 주는 독립변수의 선정, 선정된 독립변수를 이용하여 판별식의 도출, 판별능력에 있어서의 독립변수들의 상대적 중요도 평가, 판별식의 판별능력 평가 및 새로운 판별대상에 대한 예측력의 평가를 들 수 있다. 판별분석의 연구설계를 위해서는 종속변수와 독립변수의 선택, 판별함수를 추정하기 위한 표본크기 결정 및 타당성 검증을 위한 표본분할 등을 고려해야 하며, 판별분석을 올바르게 적용하기 위한 가정에는 최소한 독립변수의 수를 넘는 가장 작은 집단의 사례 수, 독립변수의 다변량 정규성, 종속변수에 의해 정의된 집단들의 분산과 공분산행렬의 동질성, 지나친 다중공선성의 부재, 예측요인(독립변수)들의 선형적 관계 및 각 집단에 속할 동일한 사전확률 등이 있었다.

판별모형의 추정 및 전반적 적합도 평가에서는 연구자는 먼저 판별함수의 도출방법 중 동시적 방법 또는 단계적 방법 하나를 선택하게 되며, 통계적 유의성을 살펴보기 위해서는 0.05 유의수준이나 Mahalanobis D^2방법이 이용될 수 있다. 판별함수의 전반적인 적합도 평가를 위해서는 기준점의 결정, 분류행렬의 구성 및 분류 정확도 평가를 위한 표준 등을 고려해야 한다.

판별분석의 결과해석을 위해서는 집단들을 판별하는데 있어 각 독립변수의 상대적인 중요도를 조사해야 하는데, 이를 위한 방법으로는 ⓐ 표준화된 판별가중치, ⓑ 판별적재치, ⓒ 부분 F-값을 이용할 수 있다.

끝으로 판별결과의 내적, 외적 타당성을 검증해야 하는데 이를 위해 집단을 임의로 분석표본과 검증표본으로 나누는 교차타당성 검증을 이용한다.

용/어/정/리

- analysis sample (분석표본) : 분류행렬(classification matrix)을 만들 때 표본은 무작위로 두 개의 그룹으로 나누어지는데, 이때 판별함수(discriminant function)를 계산하기 위한 그룹을 분석표본(analysis sample)이라 하고, 판별함수의 타당성을 조사하기 위한 그룹을 검증표본(holdout sample)이라 한다.

- categorical variable (범주형 변수) : 비계량적(nonmetric), 명목(nominal), 이진(binary), 질적 (qualitative), 분류(taxonomic) 변수로 불리어지는 범주형 변수는 단지 표식(label)이나 확인을 위한 수단으로 작용하는 수치를 사용한다.

- centroid (중심값) : 각 범주나 집단의 판별 Z－점수의 평균값을 나타낸다. 예를 들면, 집단이 둘일 경우 중심값도 둘이 된다.

- classification matrix (분류행렬) : 복합(confusion), 할당(assignment), 예측(prediction) 행렬로도 불리는 이것은 판별함수의 예측력을 보여주는 값으로 구성된 행렬을 이룬다. 행렬의 대각원소(diagonal element)는 분류가 옳게 된 사례 수를 나타내며, 비대각원소(off－diagonal element)는 분류가 잘못된 사례 수를 나타낸다.

- cross－validation (교차타당성 검증) : 표본을 판별함수를 추정하기 위한 분석표본과 판별함수의 타당성을 밝히는데 사용되는 검증표본으로 나누는 절차로, 이것은 타당성조사를 완전히 다른 표본을 통해 함으로써 판별함수의 '과다적합성'(overfitting)을 방지해 준다.

- cutting score (기준점) : 어떤 표본단위를 그것의 판별점수(discriminant score)에 의해서 특정 집단에 분류하는 기준이 되는 점수(criterion score)를 말한다. 두 집단이 분석의 대상일 경우 적중률(hit ratio)은 하나의 기준점에 의해 결정된다. Z－점수가 이 기준점 아래인 대상은 한 그룹에, 이 기준점 위인 대상은 다른 그룹에 분류되게 된다.

- discriminant coefficient (판별계수) : discriminant weight(판별가중치) 참조.

- discriminant function (판별함수)

  선형방정식은 아래와 같은 형식을 갖는다.

  $$Z = W_1X_1 + W_2X_2 + \cdots + W_nX_n$$

  여기서

      Z = 판별점수(discriminant score)

      W_i = 독립변수 i에 대한 판별가중치(discriminant weight)

X_i = 독립변수 i

- discriminant loadings (판별적재치) : 구조상관(structure correlations)이라고도 불리는 이것은 독립변수와 판별함수 간의 단순상관을 측정한다.
- discriminant score (판별점수) : 판별함수에서 선형방정식에 의해 정의된 Z-점수.
- discriminant weight (판별가중치) : 판별계수(discriminant coefficient)라고도 하는데, 이것의 크기는 원래 변수(original variable)의 분산구조(variance structure)에 따라 결정된다. 판별력(discriminant power)이 큰 독립변수는 보통 가중치(weight)도 크며, 작은 변수는 가중치가 작다. 그러나 독립변수들 간의 다중공선성(multicollinearity)이 클 경우는 이러한 규칙이 적용되지 않는다.
- hit ratio (적중률) : 판별함수에 의해 올바르게 분류된 통계단위(개인, 응답자, 대상 등)의 백분율.
- holdout sample (검증표본) : 타당성표본(validation sample)으로도 불리는 이것은 판별함수가 타당한가를 검증하기 위한 집단이다. 즉 전체 표본 중에서 판별함수를 계산하기 위해 이용되었던 관찰대상을 뺀 나머지 표본을 말한다.
- maximum chance criterion (가장 큰 집단의 확률기준) : 정확하게 분류된 백분율(일명 적중률)과 가장 큰 집단내의 응답자의 백분율을 비교해 주는 분류행렬상의 예측의 정확성 척도로, 이것의 근거는 가장 충분한 지식이 없는(uninformed) 선택은 모든 관찰대상을 가장 큰 집단에 분류되어야 한다는 것이다.
- metric variable (계량적 변수) : 일정한 측정단위를 가지는 변수. 만일 한 변수가 1에서 9까지 척도화 되었다면 1에서 2사이의 차이는 8에서 9까지의 차이와 동일하다.
- optimum cutting score (최적 기준점) : 집단을 가장 잘 나누어주는 판별점수값(discriminant score value).
- polar extremes approach (양극 집단 접근법) : 계량적 변수로부터 범주형 독립변수를 만드는 방법. 먼저 계량적 변수가 몇 가지 범주로 나누어지고 그 다음으로 중간 범주들은 분석에서 제외되고 양극단의 범주들이 판별분석에 사용된다.
- predictive variable (예측변수) : 독립변수(independent variable).
- Press' Q statistic (프레스 큐 통계치) : 확률모형(chance model)으로부터 기대되는 결과와 비교할 때 판별함수의 분류력(classificatory power) 척도로 계산된 값은 χ^2(chi-square) 분포에 기초한 임계치(critical value)에 비유된다. 만일 계산된 값이 임계치를 초과하면, 분류결과는 확률에 의해 기대되는 것보다 보다 유의하게 된다.
- proportional chance criterion (집단의 크기를 고려한 확률기준) : 적중률을 평가하는 또 하나의 기준으로, 분류의 '평균' 확률은 모든 그룹 크기를 고려하여 계산된다.

- simultaneous estimation (동시적 평가): 모든 독립변수들에 대한 가중치들이 동시적으로 계산되는 하나의 단계에서의 판별함수의 평가로 이는 독립변수들이 판별력에 의해 순차적으로 투입되는 단계적 평가와 반대되는 개념이다.

- split-sample validation (표본분할에 의한 타당성 검증): 판별함수를 평가하는 과정으로 여기서는 독립변수들이 판별함수에 추가하는 판별력에 따라 순차적으로 투입된다.

- stepwise estimation (단계적 평가): 독립변수들이 판별함수 설명에 더해 주는 판별력에 의해 순차적으로 투입되는 판별함수 평가과정.

- variate (변량): 선형조합(linear combination), 선형복합(linear composites), 선형합성(linear compounds), 판별변수(discriminant variates)라고도 불리는 이것은 둘 혹은 그 이상 변수들의 가중치 합(weighted sum)을 나타낸다.

사 례

사례를 통해 본 다변량분석의 이해

관광학에서 판별분석을 이용한 사례

Source : 김수영(2006). 다변량판별분석을 사용한 호텔도산예측에 관한 실증적 연구, 『호텔경영학연구』,
15(1) : 103~120.

다변량판별분석을 사용한 호텔도산예측에 관한 실증적 연구

Prediction of bankruptcy in the hotel industry :
A multivariate discriminant analysis model

金 秀 英*

Soo Y. Kim

Abstract

This study estimates a multivariate discriminant model for analyzing deluxe−hotel bankruptcy in Korea. The model achieves 70−percent accuracy rate in classifying the in− sample hotels into bankrupt and non−bankrupt groups.

The estimated MDA model suggests that in the hotel industry, debt−burned hotels with low net income to revenue are more likely to be bankruptcy candidates. The analysis of the in−model variables, along with a cross−group comparison of financial ratios, suggests that bankrupt hotels may have heavily relied on debt to finance sales growth without proper control of their operating and financing costs. Therefore, to reduce hotel bankruptcy rate, hoteliers should adopt a prudent operating strategy accompanied by less debt financing and tighter cost control.

Keywords : Hotel bankruptcy prediction, Multivariate Discriminant Analysis, Z score.

---

* 세종사이버대학교 호텔관광경영학과 조교수. e−mail: sookim@cybersejong.ac.kr

I. 서 론

2004년 8월 3일 주요 은행들에 의한 지난 1년간 중소기업의 업종별 연체율현황 비교분석결과 숙박음식업종이 2004년 6월말 현재 6.4%로 전년 동기의 0.5%보다 13배 이상 급증한 것을 확인하였다. 이러한 숙박음식업종의 연체율 급증은 2002년 World Cup 개최시기를 전후한 정부의 지원대책 및 금융권의 대출경쟁으로 숙박음식업체가 크게 늘어 공급과잉 상태인데다 경기침체가 지속되었기 때문으로 해석된다(www.pressian.com, 2004). 또한 한국관광호텔업협회의 '전국 종합관광호텔 휴폐업 및 부도현황(2002)'에 따르면 최근 5년 동안 경영난 등으로 부도를 내고 경매되거나 휴, 폐업 또는 양도 인수된 호텔들이 전체 호텔 504개 중 29%를 초과하는 148개에 이르는 것으로 확인되었다. 특히 1997년 말 IMF 구제금융이후 지방호텔의 무더기 도산현상은 취약한 제품경쟁력과 고금리로 인한 채무상환능력의 상실, 영업부진 및 임대수입감소 등을 그 원인으로 지적할 수 있으며, 보다 근본적으로는 과도한 금융차입으로 인한 취약한 자금력을 일차적인 요인으로 지적할 수 있다(이기진, 2004; 안장원, 2004).

이렇듯 특히 경기침체기의 경쟁력 약화와 상대적으로 높은 도산율이 국내 호텔산업에 문제가 되고 있음에도 불구하고 국내호텔도산예측 및 분석에 대한 연구는 거의 없는 실정이다. 과거 도산예측에 대한 계량적 모형은 제조업 및 도·소매업, 기타 비금융산업 등 여러 사업군의 혼합적인 기업사례를 중심으로 수행되어 왔으나 Brigham & Gapenski(1994)가 지적하였듯이 도산예측 연구는 특정 사업군별로 분석해야 산업적 특성을 반영한 정확한 예측을 할 수 있다. 따라서 본 연구는 도산호텔과 비도산호텔을 판별하는 요소들을 규명하고, 주요 재무비율을 사용하여 다변량판별분석(MDA : multivariate discriminant analysis)에 의한 호텔도산예측모형을 개발하는데 주목적을 두었다.

본 연구의 가치는 서비스산업의 관점에서 도산예측연구를 진행했다는 경험적 기여 이외에도 호텔도산을 사전에 발견하여 적절한 대응조치를 강구할 수 있도록 조기경보 시스템을 제공한다는 점에 있다. 경영자입장에서는 호텔의 도산가능성이 판단될 경우 도산에 이르기 전에 각종 자구책을 강구하여 정상화하고자 하는 노력을 기울일 수 있으며, 필요에 따라 타 기업과의 합병을 통해 도산에 따른 손실을 최소화할 수 있을 것이다. 채권자는 도산가능성이 예상되는 호텔에 대한 대출억제와 기존대출에 대한 채권보전조치를 사전에 강구함으로써 대손위험을 최소화할 수 있다. 또한 투자자는 도산가능성이 있는 호텔에 대한 투자를 회피하거나 도산으로 인한 위험증대에 대응하여 보다 높은 수익률을 요구하는 등의 합리적인 투자관리를 할 수 있다. 결과적으로 호텔도산에 대한 사전예측은 도산호텔에 대한 불필요한 자원배분을 최소화함으로써 경제효율성을 높이는 기능을 할 것이다.

II. 이론적 배경

1. 도산에 대한 정의

도산은 연구자나 연구목적 및 범위에 따라 그 조작적 정의를 달리하고 있다(Beaver, 1966; Altman, 1968). Beaver(1966)와 Lev(1969)는 재무적 의무에 도달했을 때 이를 지급할 수 없는 것을 파산으로 정의하였으며, 이는 기업의 총자산가치가 부채이하로 되는 실질적 지급불능에 한정하는 경제적 실패나 우선주 배당금의 지급불능, 채무불이행 등이 발생한 경우이다. 그리고 Deakin(1972)은 도산을 파산지급불능을 경험한 기업들이나 혹은 채권자의 이익을 위해 청산된 기업으로 정의하여 기업청산에 이를지도 모르는 사건들을 포함시켰다.

Booth(1983)는 자산관리가 그 소유자를 위해 직접 이루어지지 않고 채권자의 이익을 위해 이루어지는 지급불능 혹은 파산상태를 도산으로 정의하였다. 이 경우 회사는 청산자가 임명되어 청산이 진행되며 도산이 선언되고 자산의 청산을 위한 법원의 명령을 받게 되며 이러한 상황이 발생하였을 때를 파산이라 말할 수 있다.

Tavlin et al.(1989)은 도산을 경제적 실패와 기술적 지급불능, 파산의 세 가지로 구분하였다. 경제적 실패는 기업의 총자산가치가 부채이하로 되는 실질적 지급불능에 한정하는 것인 반면, 기술적 지급불능은 기업이 만기가 된 채무를 변제하지 못하는 경우를 의미한다. 반면에 파산은 기업이 자기자본과 유동성에서 부정적인 수치를 보이는 동시에 해체 혹은, 예외적으로, 재건을 위한 법적 과정에 처해 있는 상황을 의미한다. 또한 Dun and Bradstreet(1994)에 의한 도산은 도산 혹은 청산, 기타 채권자의 손실을 포함하는 기업운영상의 정리를 의미한다.

국제결제은행(Bank of International Settlements : BIS)의 도산은 부담해야 할 채무의 전액을 변제할 가능성이 없는 법적 도산 뿐 아니라, 대손상각, 특정대손충당금 설정, 원리금 면제 또는 상환기간 연장 등의 채무조정과 같은 채무자와 관련된 신용손실 사건이 발생한 경우, 채무를 90일 이상 초과하여 연체한 경우, 또한 파산신청 혹은 이와 유사하게 채권자로부터의 보호를 신청한 경우를 모두 포함하였다(김재봉, 2002).

이렇듯 도산에 대한 기존연구의 정의들은 각 연구자마다의 기준이 다르기 때문에 본 연구에서는 첫째, 채무불이행이 발생하였거나 당좌거래가 중지된 경우, 둘째, 법정관리 하에 있는 경우, 셋째, 청산 등의 이유로 증권감독원 등록을 취소한 경우, 넷째, 폐업으로 사업을 더 이상 진행하지 않는 경우에 해당호텔이 도산한 것으로 보았다.

2. 환대산업에 대한 도산예측연구

환대산업부분에 있어서는 도산예측에 대한 연구가 그리 많지 않다. Olson et al.(1983)이 처음으로 레스토랑 산업부분의 도산예측을 시도하였으며, 그들의 연구는 7개의 도산기업과 12개의 비도산기업을 비교하였는데 방법상으로 복잡한 모형을 사용하는 대신 그래프분석을 사용함으로써 실제상황에서의 적용이 쉽다는 장점을 지닌 반면, 통계적 분석이 결여된 것을 단점으로 지적할 수 있다.

이후에는 특히 Altman의 모형을 재검토한 연구가 상대적으로 많은데 우선 그에 대한 긍정적인 평가를 보이는 연구를 보면 다음과 같다. Altman의 다변량판별분석 모형(1968)[1]의 효율성을 평가하기 위해 Adams(1995)는 영국의 호텔과 레저부문의 재무자료를 사용한 모형을 실험하였다. 연구결과는 영국의 환대산업 도산을 예측하는 수단으로 필요한 Z score를 사용하기 위해서는 다변량판별분석의 과정에 대해 객관적인 연구가 더 진행되어야 하나, 상이한 자산구조와 재무요구, 운영조건을 가진 특정산업에 대해서는 Z score 과정이 가장 효율적일 수 있음을 증명하였다. Hanson(2003) 역시 Altman의 모형(1993)[2]을 서비스기업에 적용하여 그 예측 정확성을 확인하였으며, 도산기업군과 비도산 기업군으로 구분하여 재무비율로 각각의 특성을 파악하였다. SIC code와 자산규모에 의해 대응시킨 각각의 54개 기업을 13년간의 재무자료를 이용하여 비교하였으며, Altman의 1993년 모형이 서비스산업의 도산기업과 비도산기업을 구분하는데 효율적으로 사용될 수 있음을 증명하였다. 반면에 Patterson(1999)은 Altman(1993)과 Deakin(1972), Zavgren(1985)과 같은 기존 도산예측모형으로 카지노산업의 도산을 예측하는 것은 그 정확성이 상대적으로 떨어짐을 지적하였는데, 이는 전형적인 모형들이 기반을 두었던 제조업과 카지노산업의 재무구조가 상이한 데 기인한 것으로 평가하였다.

위와 같은 Altman모형의 적용 외에도 다양한 방법이 사용되고 있는데, Kwansa & Parsa(1991)은 레스토랑부분의 도산을 사건사분석(event history analysis)을 사용하여 분석하였다. 그들은 도산한 기업이 지닌 일반적인 특성과 비도산기업의 특성을 비교분석하였으나, 이러한 사건사분석방법은 예측을 위한 것이라기보다는 도산의 원인에 대한 설명을 위한 모형이라 볼 수 있다.

Cho(1994)는 서비스산업, 특히 레스토랑과 호텔의 도산을 예측하는 로짓모형(logit model)을 개발하였다. 이 연구에서는 3년 이상 연속적으로 당기순손실이 발생한 경우를 도산으로 정의하였으며 표본의 대부분은 도산기업이 아닌 당기순손실이 발생한 레스토랑으로 구성하였다. 두 개

---

1) Altman(1968)은 1945-1965년 동안 National Bankruptcy Act의 Chapter X에 의해 도산으로 분류된 33개 제조업체의 자료를 사용하여 다변량 판별분석에 의한 기업도산모형을 처음 선보였다. 산업분류와 자산규모에 의한 쌍대표본(paired sample)을 사용한 Z-score모형은 original sample에 대해서는 95%의 예측력을 holdout sample에 대해서는 79%의 예측력을 보였다.

2) Altman의 1993년 Zeta모형은 1962~1975년 동안 도산한 53개의 도산기업과 58개의 비도산기업, 특히 제조기업과 소매기업의 재무자료를 사용하였으며, 비도산기업은 산업유형과 자료의 연도에 근거하여 대응되었다. stepwise방식 등에 의한 다변량 판별분석의 결과 누적 수익성과 관련된 비율이 도산에 가장 유의적인 영향을 미치는 것을 확인하였으며, original sample에 대해 92.8%의 예측정확률을 보였다.

의 변수를 가지는 레스토랑 도산예측모형은 91%의 예측정확률을 보이며 하나의 변수를 가지는 호텔 도산예측모형은 92%의 예측정확률을 보였다. 그의 연구는 예측정확률은 높은 반면 도산에 대한 정의상의 한계로 인해 결과를 일반화하기 힘들다는 단점을 지닌다.

　Davalos et al.(1999)은 1979년부터 1996년의 19개 항공사의 재무비율을 사용하여 신경구조망(neural network)방식에 의한 미국 주요 항공사의 도산가능성을 예측하였으며, 모형 예측 정확률이 100%로 확인되어 기타방법에 의한 분석의 모형결과에 비교하여 예측정확률이 향상되었음을 확인하였다. 그러나 이러한 인공신경망에 의한 분석은 예측정확률은 높으나 모형에 포함된 특정변수가 가설에 미치는 역할을 해석하기 힘들다는 단점을 지적할 수 있다.

III. 연구방법

1. 표본설계

　분석을 위한 표본기업의 범위는 자료수집의 용이성 및 회계정보의 신뢰성 등을 감안하여 특급호텔에 한정하였다. 대상표본에 대해 1992년부터 2003년까지 12년 동안의 재무제표를 취합하였으며, 그 중에서 도산 전 3년 동안의 재무제표를 제시하고 있지 않은 2개 호텔들을 제외하고 본 연구에서 사용한 도산호텔의 수는 8개이다. 재무제표는 도산 전 3년 동안의 자료를 사용하였는데, 이는 기업도산 예측요소로 오랫동안 재무비율을 사용되어 왔으며, 초기 도산예측연구가 특정 연도의 재무비율을 사용한 것에 반해 최근에는 일정기간에 대한 정보를 취득하기 위해 시간흐름에 따른 추세(time trend) 혹은 변동계수(coefficient of variation)를 활용하거나 도산이전 일정기간 동안의 추세를 반영한 자료를 사용하고 있는데 근거한다(Meyer & Pefer, 1970; Dambolena & Khoury, 1980; Falbo, 1991). 특히 도산은 연속적인 과정이므로 기업정책에 의한 결과를 평가하기 위해 다년간의 기업정보를 수집할 필요가 있으며, 기업과정에 대한 충분한 정보를 제공하기 위한 재무비율의 가치역시 여러 해 동안의 평가를 통해 확인할 수 있다. 나아가 Altman(1993)의 추세분석 결과에 의하면 도산예측 정확성을 유지하는 한도 내에서 최대 도산 5년 전까지의 자료를 사용할 수 있으나, 도산 3년 전 자료에 가장 심각한 변화가 나타나는 것으로 확인되었으므로 본 연구는 도산 전 3년 동안의 자료를 사용하였다.

　많은 도산예측연구(Altman, 1968; Blum, 1974; Taffler & Tisshaw, 1997; Zmijewski, 1984; Aziz et al., 1988; Rujoub et al., 1995; Gao, 1999)가 쌍대표본추출법(paired sampling)을 이용하여 도산예측모형을 만들었으며, 이러한 연구들은 도산기업과 비도산기업을 산업유형과 자산이나 매출로 측정한 규모를 기준으로 짝을 지었다. 쌍대표본추출법은 비용 효율적일 뿐만 아니라 도산연구의 통계적 결과의 유의성이나 모형의 분류정확성에 영향을 미치지 않는 것으로 확인되었으므로(Zmijewski,1984; Etheridge & Sriram, 1997), 본 연구도 쌍대표본추출법을 사용하여 다변량 판별분석 모형을 개발하였다. 도산호텔과의 매치를 위해 자산규모가 유사한 8개의 비도산 특급호텔을 선정하여 control sample을 구성하였으며, 각각의 호텔들에 대해

도산호텔과 동일한 연도의 재무비율을 계산하였다.

방법론적으로 다변량 판별분석은 종속변수가 범주변수이고 독립변수가 연속변수일 때 선험적으로 정의된 두 개 이상의 집단들을 가장 잘 판별할 수 있는 둘 이상의 독립변수의 선형조합을 찾아내는 분석기법이다. 도산기업과 비도산기업의 두 집단을 분석할 경우 다변량 판별분석을 활용하여 다양한 재무비율을 discriminant Z score로 전환한 분류 모형을 만들 수 있으며(Hair et al., 1992), 이러한 판별모형은 다음과 같이 나타난다 : $Z = W_1X_1 + W_2X_2 + ... + WnXn$. 여기서 Z는 판별값이며, W는 판별계수, X는 분류변수(재무비율)를 의미한다.

이분류검증을 위한 모형으로써의 다변량 판별분석은 몇 가지 단점을 지니는데, 가장 큰 한계는 독립변수들의 결합분포가 다변량 정규분포를 이루어야 한다는 가정(Dimitras et al., 1996)과 모집단의 종속변수와 각 집단별 독립변수들의 공분산 구조가 같다는 가정(Afifi et al., 2004)을 필요로 하는 점이다. 나아가 계수해석에 있어서는 다변량 판별분석보다 로지스틱 회귀분석(logistic regression) 모형이나 로짓(logit) 모형의 계수해석이 보다 단순하다는 점도 지적할 수도 있다(Dietrich & Sorensen, 1984).

그러나 Dimitras et al. (1996)의 기존 158개의 도산연구에 대한 분석을 통해 다변량 판별분석이 도산예측연구에 가장 유용한 방법임을 확인하였으며, 상이한 일련의 자료로 도산예측에 대한 다변량 판별분석모형과 로짓모형의 결과를 비교한 Hamer(1983)의 연구결과도 두 가지 모형이 큰 차이를 보이지 않는 것을 확인하였다. 또한 분류나 예측력과 관련해서 Press와 Wilson의 연구(1978)와 같이 로짓모형이 다변량 판별분석보다 우월하다고 주장하는 의견이 있는 반면, 기타 연구들은 두 가지 모형이 동일하게 유용하다고 주장한다. 이상의 연구결과에 의해 다변량 판별분석은 통계적인 한계는 있지만, 비교적 예측능력이 우수한 정교한 모형으로 평가되었으므로 본 연구 역시 다변량 판별분석모형을 개발하여 국내호텔의 도산을 예측하였다.

표본으로 선정된 도산호텔의 도산사유별 분포는 〈표 1〉과 같다. 이를 살펴보면 채무불이행 또는 당좌거래중지로 도산한 호텔이 전체의 37.5%로 가장 많고, 연도별로는 IMF 구제금융이라는 외부 경제변수의 영향으로 1997년도와 1998년도에 도산한 호텔들이 전체 도산호텔표본의 대부분을 차지하였다.

〈표 1〉 도산기업의 도산사유별 분포

(단위 : 개)

	1995	1997	1998	2001	계
1. 채무불이행 또는 당좌거래 중지		1	2		3
2. 법정관리					0
3. 청산 등의 이유로 증권감독원 등록 취소					0
4. 폐업/영업활동정지					0
1+2		1		1	2
1+3			1		1
1+3+4	1				1
2+4			1		1
계	1	2	4	1	8

자료 : 한국신용정보(주) 기업정보 DB와 금융감독원의 사업보고서 및 감사보고서.

2. 도산예측 변수선정과 변수의 정의

UK 1985 Act(Section 228)는 모든 대차대조표와 손익계산서상의 계정은 진실 되고 공정한 정보를 제공하므로 재무제표상의 자료가 사업도산에 대한 광범위한 경고신호를 포함할 수 있는 것으로 판단하였으며, 전형적으로 기업도산모형의 독립변수들은 기존연구에 의해 유의적으로 선택된 것을 실험적으로 선택하고 있다(Altman, 1993; Ohlson, 1980). Laurent(1979)와 Ezzamuel et al.(1987), Clarke(1990)이 다양한 범주의 재무비율을 수익성과 유동성을 포함한 몇 개의 집단으로 축소하였으나, 각각의 집단에서 어떤 비율을 선택할지에 대한 설명까지는 제시하지 못하였다.

〈표 2〉 도산예측변수와 변수의 정의

구분	재무변수
유동성비율	X1 : 유동비율(유동자산/유동부채)
	X2 : 당좌비율(당좌자산/유동부채)
	X10 : 매출채권회전율(매출액/매출채권)
안정성비율	X3 : 부채비율(부채/자기자본)
	X4 : 고정장기적합률(투자와 기타자산＋고정자산) / (자기자본＋고정부채)
수익성비율	X5 : 매출액순이익률(당기순이익/매출액)
	X6 : 총자본경상이익률(경상이익/총자본)
	X7 : 자기자본순이익률(당기순이익/자기자본)
	X8 : 자기자본경상이익률(경상이익/자기자본)
활동성비율	X9 : 총자본회전율(매출액/총자본)
	X11 : 재고자산회전율(매출액/재고자산)
	X12 : 고정자산회전율(매출액/고정자산)
성장성비율	X13 : 매출액증가율(당기매출액/전기매출액－1)
	X14 : 총자산증가율(당기말총자산/전기말총자산－1)
	X15 : 경상이익증가율(당기말경상이익/전기말경상이익－1)
	X16 : 당기순이익증가율(당기순이익/전기순이익－1)
	X17 : 자기자본증가율(당기말자기자본/전기말자기자본－1)

또한 1932년부터 1994년의 기간 동안 도산예측의 방법과 산업별 적용에 대한 158개의 선행연구를 분석한 Dimitras et al.(1996)의 연구결과, 도산예측에 가장 중요한 재무비율은 안전성과 수익성으로 파악되었으며, 지역적인 차이는 있으나 유동성과 활동성 역시 많은 도산예측연구에서 유의적으로 나타남을 알 수 있었다. 나아가 Altman(1968)과 Argenti(1976), Lincoln(1979)은 기업도산이란 순간적으로 발생하는 것이라기보다는 일정기간에 걸쳐 전개되는 과정으로 이해해야 하므로 성장성 범주가 중요함을 지적하였다. 따라서 본 연구는 선행연구들에 의해 도산예측이 유의적인 것으

로 확인되었던 유동성과 안정성, 수익성, 활동성, 성장성 범주 내에서 17개의 재무비율을 선택하였다. 재무비율들은 한국신용정보(주)와 금융감독원에서 제공하는 재무제표상의 수치를 근거로 계산하였으며, 각각의 재무비율에 대한 설명은 〈표 2〉와 같다.

IV. 분석결과

1. 기초통계량의 분석

〈표 3〉에는 본 연구에 사용된 주요변수의 기초통계량이 제시되어 있다. 유동변수와 당좌변수, 매출액순이익률, 자기자본순이익률, 재고자산회전율이 도산호텔과 비도산호텔 사이에 통계적으로 유의한 차이를 보이고 있다.

〈표 3〉 도산호텔과 비도산호텔의 평균재무비율 비교

재무비율	도산호텔	비도산호텔	t statistic	P value
유동비율	46.526	21.608	1.998	0.058*
당좌비율	40.770	18.162	2.075	0.050**
매출채권회전율	36.002	25.481	−0.255	0.808
부채비율	851.730	571.855	1.519	0.143
고정장기적합률	175.310	240.932	−0.735	0.470
매출액순이익률	−29.722	−12.413	−1.769	0.091*
총자본경상이익률	−438.184	12.742	−0.985	0.335
자기자본순이익률	−74.849	17.957	−1.949	0.064*
자기자본경상이익률	−81.070	−10.121	−1.490	0.150
총자본회전율	4.063	3.334	0.128	0.900
재고자산회전율	53.582	36.310	1.838	0.080*
고정자산회전율	1.642	0.933	1.291	0.210
매출액증가율	13.728	8.156	0.900	0.379
총자산증가율	8.311	28.613	−1.434	0.167
경상이익증가율	46.718	49.334	0.040	0.969
당기순이익증가율	−123.884	−184.866	0.172	0.865
자기자본증가율	1.619	130.432	−1.254	0.224

P value는 significant level을 나타냄: *** significant at the 0.01 level ** significant at the 0.05 level * significant at the 0.1 level

유동비율과 당좌비율은 도산호텔이 비도산호텔보다 각각 115%, 124% 씩 높은 것으로 확인되었으며, 매출액순이익률과 자기자본순이익률은 도산호텔이 상대적으로 139%, 517%씩 저조한 수치를 보이고 있다. 재고자산회전율은 도산호텔이 48% 높게 나타났으며, 성장성범주 내에서는 유의적 차이를 보이는 비율이 없는 것을 확인하였다. 이러한 결과를 종합해 보면 도산호텔이 유동성이나 활동성에서는 상대적으로 우세한 수치를 보임에도 불구하고 부실화될 수밖에 없는 이유를 수익성에서 찾아야 할 것으로 예상된다. 특히 도산호텔의 모든 수익성범주 비율들이 음의 수치를 보이고, 기타 범주의 비율에 비교할 때 상대적으로 두 그룹 간 편차가 크게 나타나고 있어, 후에 이루어질 다변량 판별분석 평가결과를 종합적으로 분석해 볼 필요가 있다.

2. Multivariate discriminant analysis(MDA) model

다변량 판별분석은 기본적으로 독립변수들의 결합분포가 다변량 정규분포(multivariate normality)를 이루고 있다는 것을 기본적으로 가정하므로 본 연구는 Shapiro-Wilk test를 이용하여 17개 변수의 정규성을 검정하였다. Shapiro-Wilk test는 변수가 정규분포를 따르지 않을 것이라는 영가설을 검증하게 되는데, 검증결과는 17개의 변수 모두가 0.001 유의수준에서 정상분포를 보여 영가설을 기각하였다. 또한 다변량 판별분석의 두 번째 가정과 관련해서는 모집단의 종속변수와 각 집단별 독립변수들의 공분산구조가 유의수준 0.001 수준에서 같음을 Box's M test를 통해 확인하였다.

SPSS 10.1 프로그램을 사용하여 호텔도산 다변량 판별분석모형을 예측하였으며 스텝와이즈(stepwise)방식을 사용하여 변수를 선택하였다. 총 17개의 변수 중 2개의 변수가 도산호텔과 비도산호텔을 판별하는데 최적인 것을 확인하였으며, 확인된 판별분석모형은 아래와 같다 :

$$Z = -0.01692 X_1 + 0.022488 X_5 - 1.07722$$
여기서　X_1 = 유동비율
　　　　X_5 = 매출액순이익률이다

본 기능의 Wilk's lambda는 0.816이며 chi-square는 8.563으로 0.05수준에서 유의적이다. 이는 표본의 두 그룹이 같은 모집단으로부터 왔다는 영가설을 기각함을 의미하며, 예측된 모형이 통계적으로 유의함을 나타낸다.

표본 내 각 기업의 Z score와 도산 전 3년 치의 재무비율에 근거하여 재분류한 정보가 〈표 4〉에 나타난다. SPSS 프로그램은 도산호텔과 비도산호텔 간의 분류점을 0으로 수정하였으며, 부의 Z score를 보이는 호텔들은 도산호텔군으로 분류하고 정의 Z score를 나타내는 호텔들은 비도산호텔군으로 분류하였다. 〈표 4〉는 분류점 0을 기준으로 보다 높은 Z score를 보이는 호텔들이 그룹 0(비도산호텔군)으로 분류될 가능성이나 비도산할 확률이 높고, 보다 낮은 Z score를 나타내는 호텔들이 도산할 확률이나 그룹 1(도산호텔군)로 분류될 가능성이 높음을 보여준다.

〈표 4〉 모형 예측 결과

호텔	실제그룹	예측된 그룹	Z score	Probability 1	Probability 2
1	1	0	0.05216	0.51452	0.48548
2	1	1	-0.05025	0.49072	0.50928
3	1	1	-0.48914	0.39048	0.60952
4	1	0	0.12064	0.53041	0.46959
5	1	0	0.11695	0.52956	0.47044
6	1	0	0.28094	0.56731	0.43269
7	1	0	0.79435	0.67882	0.32118
8	1	0	0.47464	0.61088	0.38912
9	1	0	0.85912	0.69181	0.30819
10	1	1	-3.85448	0.02725	0.97275
11	1	0	0.21868	0.55304	0.44696
12	1	1	-1.29163	0.23298	0.76702
13	1	0	0.3597	0.58519	0.41481
14	1	0	0.25082	0.56042	0.43958
15	1	0	0.22717	0.555	0.445
16	1	1	-1.78559	0.16098	0.83902
17	1	1	-0.94961	0.29452	0.70548
18	1	1	-0.20104	0.45578	0.54422
19	1	1	-2.06049	0.12936	0.87064
20	1	0	0.63824	0.64638	0.35362
21	1	1	-2.33833	0.10294	0.89706
22	1	1	-0.585	0.36948	0.63052
23	1	1	-0.38587	0.41357	0.58643
24	0	0	0.07054	0.51879	0.48121
25	0	1	-0.32666	0.42698	0.57302
26	0	0	0.62756	0.64411	0.35589
27	0	0	0.66217	0.65145	0.34855
28	0	0	0.54267	0.62581	0.37419
29	0	0	0.62756	0.64411	0.35589
30	0	0	0.71682	0.6629	0.3371
31	0	0	0.7521	0.67019	0.32981
32	0	0	0.62756	0.64411	0.35589
33	0	0	0.37751	0.58921	0.41079
34	0	0	0.12778	0.53207	0.46793

35	0	0	0. 40287	0. 5949	0. 4051
36	0	0	1. 22091	0. 7586	0. 2414
37	0	0	0. 62756	0. 64411	0. 35589
38	0	1	− 2. 95188	0. 06091	0. 93909
39	0	0	1. 13888	0. 74436	0. 25564
40	0	0	0. 54927	0. 62725	0. 37275
41	0	0	0. 61125	0. 64062	0. 35938
42	0	0	1. 09537	0. 73658	0. 26342
43	0	0	1. 11992	0. 74099	0. 25901
44	0	0	0. 23442	0. 55666	0. 44334
45	0	0	0. 51281	0. 61928	0. 38072
46	0	0	1. 09016	0. 73564	0. 26436

주: a. Group 0= 비도산호텔그룹, Group 1= 도산호텔그룹.
　　b. Z score는 도산 전 3년 치 재무비율에 근거하였다.
　　c. Probability 1은 비도산호텔에 속할 확률을 의미하고, Probability 2는 도산호텔에 속할 확률을 의미한다.

　　본 연구에서 도산예측모형의 예측력은 〈표 5〉에서 보이는 바와 같이 비도산호텔을 비도산호텔로 정확하게 예측할 확률이 91.3%, 도산호텔을 도산호텔로 정확하게 예측할 확률이 47.8%를 나타내고 있다. 본 연구에서 도출한 도산예측모형은 도산호텔보다 비도산호텔에 대한 예측능력이 우수한 것으로 나타내고 있으며, 비도산호텔과 도산호텔 전체적으로 70%의 예측력을 나타내고 있다. 이러한 예측정확률은 Patterson(1999)의 도산 2년 전 자료에 의한 카지노산업의 도산예측정확률인 58%나 McGurr 와 DeVaney(1998)의 66%보다는 우월하며, Blum(1974)의 도산 전 3년치 자료를 사용한 도산예측정확률(70%)이나 Hanson(2003)의 도산 3년 전 연구결과 (71%)와 유사한 예측수준을 보여주고 있다.

〈표 5〉 모형예측의 정확성

| | | BANKRUPT | Predicted Group Membership | | Total |
			.00	1.00	
Original	Count	.00	21	2	23
		1.00	12	11	23
	%	.00	91. 3	8. 7	100. 0
		1.00	52. 2	47. 8	100. 0

전체 호텔의 도산여부에 대해 올바르게 예측한 비율 69.6%

3. 모형 내 변수에 대한 논의

본 연구의 판별함수에 채택된 변수들은 유동성과 수익성 변수들로서 최근 우리나라의 경제상황을 잘 대변해 주고 있다. 과거 연구결과는 안정성과 수익성 관련 위주의 변수들이 기업의 도산예측모형에 다수 선택되었으나, IMF 구제금융을 전후로 안정성보다는 수익성이 국내호텔 도산예측의 주요변수가 되고 있음을 알 수 있다.

첫 번째 예측변수인 유동비율은 기업의 단기채무에 대한 지급능력을 평가하는 대표적인 유동성 지표이다. 모형 내 부의 판별계수는 유동비율이 커질수록 Z score에 부정적인 영향을 미친다. 즉 유동비율이 커질수록 Z score가 작아지며 도산확률이 높아지게 된다. 반대로 유동비율이 낮아질수록 Z score가 높아져 비도산확률이 높아지게 된다.

김영태·이현철(2001)과 양현조(1995), Laitinen(1991), Messier와 Hansen(1988), Gloubos와 Grammatikos(1988), Zmijewski(1984), Izan(1984), Olsen et al.(1983), Altman과 Lavallee(1981)의 연구 역시 유동비율이 도산예측에 판별력 있는 변수임을 확인하였다. 그러나 이러한 선행연구들이 유동비율을 도산예측모형 내에서 정의 함수관계를 보이는 것으로 검증한 반면, 본 연구모형 내에서는 김영태·이현철(2001)과 Zmijewski(1984)의 연구결과와 같이 부의 판별계수를 지니는 것으로 나타났다. 이는 Myer와 Pifer(1970)가 지적한 바와 같이 유동비율의 수치가 높은 기업도 불량일 수 있음을 상기시킨다. 먼저 도산호텔의 매출채권과 재고자산의 유동비율에 대한 영향을 파악하기 위해 제시된 매출채권 회전율과 재고자산 회전율에 의한 운영주기(operating cycle)를 통합적으로 본 결과 이러한 요소들로 인한 문제점은 없는 것으로 판단되므로 기타비율들을 통합적으로 분석할 필요가 있다. 고정장기적합률과 고정자산회전율, 부채비율을 같이 분석한 결과 도산호텔은 자기자본이 상대적으로 적은 상태에서 자금조달을 고정부채에 많이 의존하고 있음을 알 수 있다. 따라서 도산호텔의 경우 고정부채를 증가시킴으로써 유동비율을 상대적으로 높일 수 있었던 것으로 판단된다. 그런데 표본호텔의 분석시기가 대부분 경기 하락기였던 것을 고려한다면 높은 부채비율의 수치가 레버리지효과를 극대화하기보다는 추가적인 금융비용을 발생시켜 재무구조 악화에 일조한 것으로 파악된다. 나아가 도산호텔의 높은 유동비율은 과대 운전자본을 초래하여 현금자산 혹은 기타항목의 과대로 불필요한 손실의 위험을 증대시키고, 결과적으로 자금의 유휴화나 투자수익률의 저하를 야기한다. 또한 고정장기적합율과 고정자산회전율의 수치를 같이 비교분석했을 때 도산호텔의 고정자산의 수치가 비도산호텔의 수치보다 낮게 나타난다. 이러한 사실에 근거할 때 도산호텔이 상대적으로 수익성이 떨어지는 비유동자산을 현금화함으로써 유동비율을 높인 것으로 추론할 수 있다.

두 번째 예측변수인 매출액순이익률은 기업경영의 최종적인 영업능력을 분석하는 척도로서 수익성 범주에 속한다. 모형 내 정의 판별계수는 매출액순이익률이 증가할수록 Z score가 커지며 비도산확률이 높아짐을 의미한다. 반대로 매출액순이익률이 작아질수록 Z score가 낮아져 도산확률이 높아지게 된다.

신용보증기금(1998)이나 Falbo(1991), 송인만(1987), Dambolena(1980)의 연구에서도

매출액순이익률에 의한 수익성 척도가 기업의 도산예측에 유의적인 판별력을 보이는 것을 확인하였으며, 매출액순이익률이 도산예측모형 내에서 정의 함수관계를 보이는 것을 검증하였다.

　매출액순이익률에 의해 기업의 영업능률을 판단할 때는 총자본경상이익률이나 총자본회전율을 함께 분석하는 것이 일반적이므로 이러한 변수를 같이 판단해 본 결과, 비도산호텔의 총자본경상이익률 역시 도산호텔의 수치보다 높게 나타났다. 즉 매출액순이익률과 총자본경상이익률 모두 도산호텔의 수치가 비도산호텔의 수치보다 낮게 나타났으므로 판매량에 비해 자산이 과대하게 투자되었거나 판매량이 부족한 것은 아닌지, 마케팅관리 및 생산구매활동이 부실한 것은 아닌지 등을 확인해볼 필요가 있다. 그러나 매출액증가율은 오히려 도산호텔이 비도산호텔에 비해 높은 수치를 보이므로 이러한 원인을 제거하면, 생산구매활동의 부실 혹은 과대한 영업비용 및 금융비용 등으로 인해 도산호텔의 수익성이 저조한 것으로 해석된다.

　〈표 3〉을 통해 도산호텔과 비도산호텔의 유동성과 수익성, 활동성 비율들이 상이하게 나타나는 것을 확인했음에도 불구하고 유의적인 차이는 수익성과 유동성 비율에 있음을 다변량 판별분석을 통해 증명하였다. 두 그룹의 비율적인 차이와 모형 내 수익성과 유동성 변수 등을 함께 평가해 보면, 국내호텔도산의 주요이유는 기업의 비효율적인 재무정책에 의한 저조한 수익성에 있음을 알 수 있다.

4. 모형의 실질적인 응용

　호텔 채권자나 미래 소유주는 본 연구의 다변량 판별분석모형을 이용하여 기존의 운영호텔 혹은 인수하고자 하는 호텔의 도산을 예측할 수 있다. 즉, 본 모형을 이용하여 Z score를 계산함으로써 도산위험 정도를 파악할 수 있다. 물론 예측모형의 정확성이 문제가 될 수 있으나, 실질적인 모형의 활용은 분류의 정확성 혹은 부정확성의 판단 이상에서 이루어져야 할 것이다. 호텔경영진은 모형결과를 이용하여 호텔이 직면하게 될 도산가능성을 확인할 수 있을 것이며 도산가능성이 확인될 경우 다양한 자구책을 마련할 수 있을 것이다. 비도산기업으로 분류된 경우일지라도 Z score가 0에 가까운 경우에는, 분류결과가 도산호텔 혹은 비도산호텔로의 예측결과에 무관하게, 도산가능성이 높다는 사실을 인지하고 가능한 한 빨리 수정조치를 취해야 할 것이다.

　다변량 판별분석모형에 포함된 두 변수들이 도산호텔과 비도산호텔들 간에 차이를 보이는 가장 기본적 특성을 반영하는 한편, 기타의 재무비율 역시 두 그룹간에 차이를 나타내는 상세정보를 제공한다고 보인다. 따라서 모형을 적용할 때 모형에 속한 변수 외에도 모형에 속하지 않은 재무비율들을 함께 고려할 필요가 있으며 이러한 분석이야 말로 호텔경영진에게 예방적인 측정도구를 제공하여 다변량 판별분석모형의 유용성을 극대화할 것이다.

　〈표 3〉의 두 그룹간의 평균재무비율 비교에서 보이듯 당좌비율과 유동비율, 재고자산 회전율은 도산호텔의 평균비율이 오히려 높게 나타나고 있으나, 모든 수익성 범주의 재무비율들은 도산호텔이 상대적으로 낮게 나타나며 모두 음의 수치를 보인다. 그러나 기타의 재무비율들을 같이 분석한 결과 호텔운영과 관련된 소요자금 조달정책의 문제, 특히 과대한 차입경영에 의한 금융비용 문제가 경제적 불황기와 맞물릴 경우 기업존속을 결정할 만큼 중요한 요소가 될 수 있음을 확인하였다. 또한 도산호텔의 재고자산 회전율과 매출액증가율이 높음에도 불구하고 모든 수익성비율들

이 낮은 것은 판매가격 저하에 의한 것으로 판단된다. 나아가 비유동자산의 매각과 고정부채의 증가에 의해 도산호텔의 유동비율의 수치가 상대적으로 높은 것으로 판단되어, 유동성과 수익성은 직접적인 연관성을 모색하기보다 기타 재무비율을 통해 종합적으로 분석해야 할 필요가 있음을 확인하였다.

따라서 Z score가 0에 가까운 호텔들은 지나친 타인자본 사용에 의한 재무적 위험을 인지하고 소요자금에 대한 조달정책을 수정하여야 도산의 위험으로부터 벗어날 수 있을 것이다.

V. 결 론

국내호텔에 대한 도산예측모형을 통해 매출액순이익률을 비롯한 수익성이 저조하고 유동비율과 부채비율이 높은 호텔들이 도산가능성이 높은 것을 확인하였다. 또한 모형 내 변수와 재무비율의 그룹 간 비교를 함께 고려할 때, 운영비용과 금융비용에 대한 적절한 통제가 이루어지지 않은 채 지나치게 차입경영에 의존해 온 것이 호텔도산의 주요 원인임을 알 수 있었다. Z score가 낮고 도산위험이 높은 호텔의 경우 불필요한 손실과 고정부채에 대한 조정이 필요한 것으로 판단되어, 운영비용과 금융비용에 대한 철저한 통제와 차입경영에 대한 지나친 의존도로부터의 탈피가 국내호텔산업의 높은 도산율에 대한 해결책임을 증명하였다.

본 연구의 가장 큰 한계점은 연구표본의 규모가 작다는 것이다. 도산 3년 전 재무자료를 연속적으로 가지고 있는 도산기업의 재무자료를 확보하기가 쉽지 않았고 설사 있다고 해도 자료가 완전치 않았다. 미래연구에서는 표본의 크기를 확대하기 위해 도산의 정의를 바꾸어 보거나 상이한 data set을 사용할 수도 있을 것이다.

또한 국내외 기존연구의 결과가 표본의 시점에 따라 도산예측에 유의적인 변수가 다르게 나타나는 것은 도산예측모형의 시의성을 의미하므로, 경제환경 여건의 변화에 따른 예측모형의 차이를 모색해 볼 필요가 있다. 특히 IMF구제금융이라는 경제상황하에 도산호텔의 발생률이 높은 것을 고려한다면 경제적 조건에 대한 dummy 변수를 사용하여 시간의 흐름 속에서 경제조건이 예측변수에 미치는 영향을 파악해 보는 것도 유용할 것이다.

마지막으로 모형의 선정에 있어서 통계방법을 달리하여 예측정확성을 높일 수 있는 방안을 모색해 보는 것도 미래연구에서 시도해볼 만하다. 최근의 도산예측연구들은 인공신경망 분석결과가 기타 방법의 결과에 비교하여 예측정확률을 최대 100%까지 높일 수 있음을 증명하고 있다. 따라서 다변량 판별분석에 의한 Z score모형 외에 제타(zeta)모형이나 로짓(logit)모형, 프로빗(probit)모형, 인공신경망(neural network) 모형 등 다양한 방법에 의해 호텔도산예측정확률의 차이를 검토해 볼 필요가 있다.

참고문헌

김영태·이현철(2001). "기업도산예측과 재무비율정보의 유용성에 관한 실증연구." 『산업연구』 15. http://manage.hannam.ac.kr/%B0%E6%BF%B5%BF%AC%B1%B8%BC%D2/%BB %EA%BE%F7%BF%AC%B1%B815%C1%FD/%B1%E8%BF%B5%C5%C2%C0%CC %C7%F6%C3%B6.htm

김재봉(2002). "신용위험의 측정과 부실예측." 『대은경제리뷰』, 11-12 : 40~49. http://www.daegu bank.co.kr/dbfri/pdf/20021112-07.pdf

송인만(1987). 『기업부실예측모형의 재정립을 통한 기업부실원인과의 연계에 대한 실증적 연구』. 성균관대학교 한국산업연구소.

안장원(2004). 특급호텔도 경매로 나왔다 – 불황에 숙박업소 물건 급증. 중앙일보. 10.18.

양현조(1995). 『부실예측에 관한 계량적 기업신용분석』. 한국신용평가(주)

이기진(2004). 유성리베라호텔 폐업. 동아일보. 08. 02.

장휘용(1998). "비금융 상장기업의 부실예측모형." 『재무관리연구』, 15(1) : 299~327.

음식점-숙박업 등 서비스업종 무더기 도산위기. 2004.08.03. www.pressian.com.

신용보증기금(1988). 『중소기업 도산론-이론과 실제』.

한국관광호텔업협회(2002). 『전국 종합관광호텔 휴폐업 및 부도현황』.

Adams, D. J. (1995). Methods for predicting financial failure in the hotel industry. In : Harris, P. (Ed.). *Accounting and Finance for the international Hospitality Industry*. Butterworth-Heinemann Ltd., Oxford.

Afifi, A., Clark, V. A. and May, S. (2004). *Computer-aided Multivariate Analysis*(4th edition). Chapman & Hall/CRC. 58~61.

Altman, E. I. (1968). "Financial ratios, discriminant analysis and the prediction of corporate bankruptcy." *Journal of Finance*, 23 : 589~607.

Altman, E. I. (1993). *Corporate Financial Distress and Bankruptcy – A complete guide to predicting and avoiding distress and profiting from bankruptcy*(2nd edition). New York : John Wiley and Sons, Inc.

Altman, E. I. and Lavallee, M. Y. (1981). "Business failure prediction models : An interesting survey." *Journal of Banking and Finance*, 8(2) : 171~198.

Aziz, A., Emanuel, D. C. and Lawson, G. H. (1988). "Bankruptcy prediction-An investigation of cash flow based models." *Journal of Management Studies*, 25 : 419~437.

Blum, M. (1974). "Failing company discriminant analysis." *Journal of Accounting Research*, 12 : 1~25.

Beaver, W. G. (1966). "Financial ratios as predictors of failure." *Journal of Accounting Research*, 5 (Suppl.) : 71~102.

Booth, P. (1983). "Decomposition measures and the prediction of financial failure." *Journal of Business Finance and Accounting*, Spring : 67~82.

Brigham, E. F. and Gapenski, L. C. (1994). Financial management : *Theory and* practice(7th ed.). Orlando, Fl : The dryden press.

Cho, M. (1994). Predicting business failure in the hospitality industry : An application of logit model. Unpublished doctoral dissertation, Virginia Polytechnic Institute and State University.

Davalos, S., Gritta, R. D. and Chow, G. (1999). "The application of a neural network approach to predicting bankruptcy risks facing the major US air carriers : 1979-1996." *Journal of Air Transport Management*, 5 : 81~86.

Deakin, E. B. (1972). "A discriminant analysis of predictors of business failure." *Journal of Accounting Research*, Spring, 10 : 167~179.

Dietrich, J. K., Sorenson, E. (1984). "An application of logit analysis to prediction of merger targets." *Journal of business research*, 12 : 393~402.

Dimitras, A. I., Zanakis, S. H. and Zopounidis, C. (1996). "A survey of business failure with an emphasis on prediction methods and industrial application." *European Journal of Operational Research*, 90 : 487~513.

Dambolena, I. G. and Khoury, S. J. (1980). "Ratio stability and corporate failure." *The Journal of Finance*, 35 : 1017~1026.

Dun and Bradstreet Corporation. (1994). *Business Failure Record*. New York : Author.

Etheridge, H. L. and Sriram, R. S. (1997). "A comparison of the relative costs of financial distress models : Artificial neural networks, logit and multivariate discriminant analysis." *Intelligent Systems in Accounting, Finance and Management*, 6 : 235-248.

Falbo, P. (1991). "Credit scoring by enlarged discriminant analysis." *OMEGA*, 19(4) : 275~289.

Gao, L. (1999). Study of business failure in the hospitality industry from both microeconomic and macroeconomic perspectives. Unpublished master thesis, University of Nevada, Las Vegas.

Gloubos, G and Grammatikos, T. (1988). "The success of bankruptcy prediction models in Greece." *Studies in Baking and Finance*, 7 : 37~46.

Hair, J. F. Jr., Anderson, R. E., Tatham, R. L. and Black, W. C. (1992). *Multivariate Data Analysis with Readings*. New York : Macmillan Publishing Company.

Hamer, M. M. (1983). "Failure prediction : sensitivity of classification accuracy to alternative statical methods and variable sets." *Journal of Accounting and Public Policy*, 2 : 289~307.

Hanson, R. O. (2003). A study of Altman's revised four-variable Z-score bankruptcy prediction model as it applies to the service industry. Unpublished doctoral dissertation, Nova Southeastern University.

Izan, H. Y. (1984). "Corporate distress in Australia." *Journal of Accounting Research*, 22(2) : 768~775.

Kwansa, A. F. and Parsa, H. G. (1991). "Business failure analysis : An event approach." *Hospitality Research Journal*. 23~34.

Laitinen, E. K. (1993). "Financial predictors for different phases of the failure process." *OMEGA*, 21(2) : 215~228.

Lev, B. (1969). *Accounting and information theory*. Evanston, Illinois : American Accounting Association.

McGurr, P. T. and DeVaney, S. A (1998). "Predicting business failure of retail firms : An analysis using mixed industry models." *Journal of Business Research*, 43 : 169~176.

Messier, W. F. and Hansen, J. V. (1988). "Including rules for expert system development : An example using default and bankruptcy data." *Management Science*, 34(12) : 1403~1415.

Meyer, P. A. and Pifer, H. W. (1970). "Prediction of bank failures." *Journal of Finance*, 25 : 853~868.

Olson, M., Bellas, C. and Kish, L. V. (1983). "Improving the prediction of restaurant failure through ratio analysis." *International Journal of Hospitality Management*. 2 : 187~193.

Patterson, D. W. (1999). Bankruptcy prediction in the casino industry. Unpublished master thesis, University of Nevada, Las Vegas.

Press, S. J. and Wilson, S. (1978). "Choosing between logistic regression and discriminant analysis." Journal of American Statistics Association, 73 : 699~705.

Rujoub, M. A., Cook, D. N. and Hay, L. E. (1995). "Using cash flow rations to predict business failure." *Journal of Management Issues*, 7 : 75~90.

Steven, J. (1986). *Applied Multivariate Statistics for the Social Science*. Hillsdale : Lawrence Erlbaum Associates, Inc.

Taffler, R. and Tisshaw, H. (1977). "Going, going, going—four factors which predict?" *Accountancy*, 88 : 50−54.

Tavlin, E. M., Moncrz, E. and Dumont, D. (1989) "Financial failure in the hospitality industry." *FIU Review*, 7 : 55~75.

Zmijewski, M. D. (1984). "Methodological issues related to the estimation of financial distress prediction models." *Journal of Accounting Research*, 22(Suppl.) : 59~86.

Zavgren, C. V. (1985). "Assessing the vulnerability to failure of American industrial firms. A logistic analysis." *Journal of Business Finance and Accounting*, 12(1) : 19~45.

국문초록

본 연구는 다변량 판별분석모형을 개발하여 국내 특일급호텔의 도산판별요소를 규명하였다. 본 연구에서 도출한 호텔도산예측모형은 표본호텔을 도산호텔과 비도산호텔의 두 그룹으로 분류하는 데 70%의 예측정확률을 보인다. 호텔도산 다변량판별모형을 통해 매출액순이익률이 낮으며 고정 부채가 많은 호텔들이 도산확률이 높음을 확인하였다. 판별함수에 채택된 변수와 두 그룹 간 유의한 차이를 보이는 재무비율을 함께 고려한 결과, 도산호텔들은 운영비용과 금융비용에 대한 적절한 통제가 이루어지지 않은 채 지나치게 차입경영에 의존해 왔음을 알 수 있었다. 따라서 과다한 타인자본의 사용을 줄이고 불필요한 비용에 대한 적절한 통제를 통해 호텔도산율을 낮추고자 하는 노력을 기울여야 할 것이다.

핵심용어 : 호텔도산예측, 다변량판별분석, 지 스코어

CHAPTER 4

다변량 분산분석

 **목 차**

제4장 흐름도

다변량 분산분석(MANOVA)

학 습 목 표

개념 및 기본원리

| 두 집단 사례 :
Hotelling's T2 | K 집단 사례 :
다변량 분산분석 | 다변량 분산분석의
사용 경우 |

다변량 분산분석의 절차

1. 다변량 분산분석의 목적
2. 다변량 분산분석의 연구설계
3. 분산분석과 다변량 분산분석의 가정
4. 다변량 분산분석 모형의 평가와 전체 적합도 평가
5. 다변량 분산분석 결과의 해석
6. 다변량 분산분석 결과의 타당성 검증

예제사례 : 2차원 factorial design(2×3)의 SPSS 분석결과 해석

요 약

용어정리

관광학에서 다변량 분산분석을 이용한 사례

제4장

다변량 분산분석

1. 일원분산분석(ANOVA)의 귀무가설과 다변량 분산분석(MANOVA) 귀무가설의 차이점을 알아본다.
2. 유의도 테스트(significance testing)에 있어서 전통적인 일원분산분석 접근법과 비교한 다변량 분산분석기법의 이점에 대해서 알아본다.
3. 다변량 분산분석을 사용하기 위한 가정에 대해서 살펴본다.
4. 다변량 분산분석에서 유의도를 테스트하기 위한 제 방법들에 대해서 알아본다.
5. 일원분산분석과 다변량 분산분석에서 사후분석 기법들(post hoc tests)의 목적에 대해 알아본다.
6. 다변량 분산분석에서 두 개 이상의 종속변수가 사용될 때 상호작용효과(interaction effect)의 해석에 대해서 알아본다.
7. 다변량 공분산분석(MANCOVA)의 사용 목적에 대해서 알아본다.
8. 분석에 사용되는 측정척도를 알아본다.

1. 다변량 분산분석의 개념 및 기본원리

추론 통계의 절차들로서 일변량 기법들(t-검증, ANOVA)과 다변량 분산분석(MANOVA)은 집단 간에 평균치들의 유의적인 차이가 있는지를 파악하기 위해 사용된다. 다변량 분산분석은 집단 간 평균치들의 차이를 분석하는 일변량 분석기법들의 연장이라고 할 수 있다. 일변량 분석절차들은 두 집단 간의 평균값을 분석하는 t-검증과 2개 이상의 집단들 평균값을 분석하는 분산분석(ANOVA)을 포함한다.

먼저 각 분석기법에서 사용되는 귀무가설을 살펴보면 t−검증과 일원분산분석에서는 각 집단에 해당하는 종속변수(1개)의 값들이 서로 동일하다는 귀무가설을 사용한다. 그러나 다변량 분산분석에서는 각 집단에 해당하는 여러 종속변수들의 벡터값들이 동일하다는 귀무가설을 사용한다. 〈그림 4−1〉은 일원분산분석과 다변량 분산분석에서 사용되어지는 귀무가설의 차이점을 보여주고 있다. 일변량의 경우에는 단지 하나의 종속변수에 대하여 각 집단 간에 차이가 있는지를 보지만, 다변량의 경우에는 한 개의 결합값(변량, variate)에 대해서 집단 간 차이여부를 검정하게 된다. 다변량 분산분석에서 연구자는 사실상 2개의 변량을 가지게 된다. 하나는 종속변수들로부터이며, 다른 하나는 독립변수들로부터 구해진다. 실제로 연구자는 종속변수변량에 더 많은 관심을 가지게 되는데, 이는 회귀분석과 판별분석에서와 같이 계량적 종속변수들이 선형조합의 형태로 결합되기 때문이다. 여러 종속 측정치들을 적절히 결합하여 집단 간 차이를 극대화하는 한 개의 값으로 전환되어진 변량은 다변량 분산분석의 독특한 측면이라 할 수 있다.

〈그림 4−1〉 분산분석(ANOVA)과 다변량 분산분석(MANOVA)의 귀무가설 테스트

분산분석

- H_0: $\mu 1 = \mu 2 = ... \mu k$
- 귀무가설(H_0) = 모든 그룹의 평균치는 동일하다. 즉 모든 그룹은 동일한 모집단으로부터 추출되었다.

다변량 분산분석

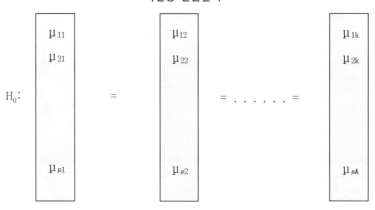

- 귀무가설(H_0) = 모든 그룹의 평균 벡터값들은 동일하다. 즉 그들은 동일한 모집단으로부터 추출되었다.
- μ_{pk} = 변수 p에 대한 k그룹의 평균

(1) 두 집단 사례 : Hotelling's T^2

일변량 사례의 경우 예를 들어, 한 호텔의 마케팅 분석가는 두 광고문안 중 어떤 것이 상용여 행객들에게 더 많은 호소력을 가지는가에 대해 관심을 가지고 있다고 하자. 그러나 만약 분석가 가 두 광고문안에 의해 창출되는 숙박의도에 대해서도 알고자 할 경우 어떻게 분석해야 할 것인 가? 단지 일변량 분석기법들만 사용한다면 연구자는 각 광고문안에 따른 호소력의 평균점수와 숙박의도의 평균점수를 분석하기 위해서 각각의 경우에 t-검증을 독립적으로 사용하게 될 것이 다. 하지만 두 척도(호소력, 숙박의도)가 상호 관련되어 있을 경우 바람직한 테스트는 두 변수를 종합한 값에 대하여 광고문안에 따른 차이가 있는지를 보는 것이다. 이러한 문제를 해결하기 위 하여 일변량 t-검증의 연장이라고 볼 수 있는 다변량 분산분석(MANOVA)의 한 형태인 Hotelling's T^2을 사용한다.

Hotelling's T^2은 두 집단 간 최대한의 차이를 창출하도록 2개 이상의 종속변수들로부터 생성 된 변량(variate)의 통계적 테스트를 제공한다. 종속변수들에 대한 두 집단 간 평균치들을 비교하 기 위하여 만약 수차례의 t-검증을 실시할 경우 제1종 오류(Type 1 error)가 팽창(inflating)되는 문제를 들 수 있다. 하지만 Hotelling's T^2은 지정된 유의수준 α값에서 모든 종속변수들에 대한 집단 간 차이를 단 한 번에 종합적으로 행하는 검정기법이므로 제1종 오류의 팽창문제를 조정해 준다.

이 문제를 보다 자세히 설명하기 위해 다음의 식(종속변수들로 구성된 변량 방정식)을 살펴보 도록 하자.

$$C = W_1 Y_1 + W_2 Y_2 + \cdots\cdots + W_n Y_n$$

여기서

C = 한 응답자의 변량(종합)점수

W_i = 종속변수 i의 비중

Y_i = 종속변수 i

종합한 값을 얻기 위해 앞의 예에서 광고의 호소력 평가는 숙박의도와 결합되어진다. 변수들 의 비중값이 무엇이든지 간에 연구자는 각 응답자의 종합점수를 구할 수 있으며, 집단 간 종합점 수의 차이 검증을 위해 평소의 t-검증을 행할 수 있다. 하지만 주어진 자료내에서 가장 높은 t 값을 가져다 줄 수 있는 비중값들을 구할 수 있다면, 이러한 비중값들은 두 집단 간의 판별함수 와 같다고 할 수 있다. 한편, 판별함수에 의해 구해진 종합점수로부터 도출되는 최대 t값은 Hotelling's T^2의 값을 구하기 위해 제곱되어진다. Hotelling's T^2의 계산공식은 최대 t값을 구하기 위해 사용되는 수학적 유도식을 나타내며, 이는 가장 판별력이 있는 종속변수들의 선형결합을 의미한다. 즉 통계적으로 유의한 T²을 창출하는 두 집단의 판별함수를 구할 수 있다면, 두 집단은 평균 벡터들에 대하여 다르다라고 할 수 있게 된다.

종속변수들의 평균값들 벡터들에 대하여 집단 간 차이가 없다라는 귀무가설 검증을 Hotelling's T²은 어떻게 수행할까? t통계치가 한 개의 종속변수에 대하여 어떠한 실험효과 (treatment effect)가 없다는 귀무가설하에서 알려진 분포도를 가지고 있듯이 Hotelling's T²도 종속변수군의 어떠한 형태의 결합에도 실험효과가 없다는 귀무가설하에 알려진 분포도를 가진다. 이 분포는 조정과정을 거친 후 p와 $N_1 + N_2 - 2 - 1$의 자유도를 가지는 F분포의 형태를 가지는 것으로 알려져 있다(여기서 p는 종속변수의 수). 지정된 α수준하에 F표에서 F 임계치를 찾을 수 있으며, T²의 임계치는 다음과 같이 계산할 수 있다.

$$T^2 임계치 = \frac{p(N_1 + N_2 - 2)}{N_1 + N_2 - p - 1} \times F\ 임계치$$

이 값(T²의 임계치)은 계산되어질 Hotelling's T²값과 비교되어져 귀무가설의 채택 및 기각 여부를 결정하게 된다. 예를 들어, Hotelling's T²값이 T²임계값보다 클 경우 귀무가설은 기각되어지며, 광고문안의 종류는 종속변수군의 결합값에 어떤 영향을 미친다라고 결론 내리게 된다.

(2) K 집단 사례 : 다변량 분산분석(MANOVA)

만약 호텔종업원의 이론시험과 실기시험점수를 위해 3가지 교육방법을 평가하고자 할 경우 다변량 분산분석을 사용할 수 있다. 이는 Hotelling's T²절차의 단순한 연장이라고 간주되어질 수 있다. 즉 각 응답자를 위한 한 개의 변량값(종속변수군의 종합한 값)을 구하기 위해 종속변수 가중치들(weights)을 구한다. 기본원리는 모든 집단들의 변량값에 기초하여 계산되어지는 분산분석 (ANOVA)의 F값을 극대화시키는 가중치들의 조합을 구하면 된다(F값이 극대화되면 귀무가설은 기각되어질 수 있음).

한편, 다변량 분산분석은 집단의 수가 3개 이상일 경우 종속변수들의 측정값들로부터 다수의 변량들이 형성됨으로 판별분석의 연장으로 간주되어질 수 있다. 판별함수라고 불리는 첫 번째 변량은 집단 간 차이를 극대화시킴으로 F값을 극대화시키는 가중치들의 조합을 구체화시켜준다. F값의 최대치는 Roy's gcr 통계치(greatest characteristic root statistic)라고 호칭되는 값을 계산해 준다. 이는 gcr = $(k-1)F_{max} \div (N-k)$라는 식에 의해 계산된다.

집단 간 평균치들의 벡터들에 차이가 없다는 가설을 한 번에 검증하기 위해서는 gcr 분포표를 참고하면 된다. F분포가 한 개의 종속변수에 대하여 집단 간 차이가 없다는 귀무가설하에서 알려진 분포를 이루고 있듯이 gcr 통계치도 집단 평균 벡터들 간에 차이가 없다는 귀무가설하에 알려진 분포를 이룬다. 구해진 gcr값을 gcr 임계치와 비교함으로써 집단 간 동일한 평균 벡터라는 귀무가설을 채택 및 기각하는 근거를 제공한다. 만약 구해진 gcr값이 gcr 임계값보다 크다면, 귀무가설은 기각되어져 집단 간 평균 벡터값은 동일하지 않다라는 결론을 내리게 된다.

추가로 구해지는 판별함수들은 이전의 함수가 설명하지 않고 있는 잔여 분산을 기초로 하여 집단 간 차이를 극대화시킨다. 그러므로 많은 경우에 있어 집단 간 차이 검증은 한 개의 변량값이 아니라 동시에 평가되는 일련의 변량값들을 필요로 한다. 이러한 다수의 변량값들을 테스트하는데 있어 특정한 상황에 각기 이용할 수 있는 일련의 다변량 분석들이 있다.

(3) 다변량 분산분석의 사용 경우

다변량 분산분석을 사용할 경우 연구자는 다수의 종속변수들을 동시에 검사할 수 있기 때문에 여러 면에서 도움을 얻을 수 있다. 다변량 분산분석을 사용함으로 통계적 정확성과 효율성이 조절되는 측면을 살펴보자.

1) 실험오차율(experimentwide error rate)의 조정

각 종속변수별로 일변량 분산분석이나 t-검증의 개별적 사용은 전체적 혹은 실험 오차율을 조정하는데 문제점을 가져올 수 있다. 예를 들어, 0.05의 유의수준하에서 개별 분산분석(ANOVA)에 의해 다섯 개의 종속변수를 평가한다고 하자. 다섯 변수 간에 특별한 차이가 없는 경우라 해도 연구자는 어떠한 주어진 변수에 대해서도 5%의 유의수준을 기대한다. 그러나 다섯 번의 개별 검정으로부터 제1종 오류의 발생확률은 5%(모든 종속변수들이 완전히 상관되어 있는 경우)에서 23%(= $1-0.95^5$: 모든 종속변수들이 전혀 상호 관련되어 있지 않은 경우)의 범위에서 일어난다. 따라서 일련의 t-검증들은 제1종 오류의 조정을 불가능하게 한다. 만약 연구자가 실험전반에 걸친 오차율을 조절하기를 원하고 또한 종속변수간 상관관계가 어느 정도 존재할 경우 다변량 분산분석의 사용은 적절한 선택이라 할 수 있다.

2) 종속변수들의 종합값 간의 차이들에 대한 분석

각 종속변수를 개별적으로 조사할 경우에 종속변수군에 대한 집단 간의 전체적인 차이를 분석할 수가 없게 된다. 따라서 수차례의 일변량 분산분석들에서는 종속변수들의 종합(선형 결합)한 값이 집단 간의 전체적 차이에 대한 증거를 제시할 수 있는 가능성을 무시하고 있다고 할 수 있다. 개별 검증들은 종속변수들 간의 상관관계를 무시하며, 집단 간 전반적인 차이를 분석하는데 필요한 정보의 사용이 부족하다고 할 수 있다. 따라서 종속변수들 간에 다중공선성의 문제가 있을 경우 다변량 분산분석은 개별적인 일변량 분석들보다는 훨씬 효율적이라 할 수 있다. 이는 일변량 분산분석에서는 발견할 수 없는 종합적 차이를 밝혀주기 때문이다. 더욱이 여러 개의 변량들이 구해질 경우 개별 변수들보다 집단을 보다 잘 구분해 주는 차이의 차원(dimension)들을 제시해 줄 수 있게 된다. 그러나 종속변수의 수가 너무 많은 경우에는 ANOVA 분석이 MANOVA 분석기법보다 통계력(statistical power)을 더 발휘하는 경우도 있을 수 있다. 표본의 크기, 종속변수의 수, 통계적 힘에 대해서는 차후에 다시 언급을 하고자 한다.

2. 다변량 분산분석의 절차

다변량 분산분석의 절차는 〈그림 4-2〉와 같이 6단계로 나눌 수 있다. 아래에서 각 단계별 절차를 자세히 알아보기로 한다.

(1) 다변량 분산분석의 목적

다변량 분산분석의 선택은 1개 이상의 범주형 독립변수에 내재하는 집단들에 따른 종속변수들의 종합한 값(벡터값)의 차이들이라고 불리는 종속관계(dependence relationship)를 분석할 경우 이루어진다. 이는 다양한 연구문제들에 적용할 수 있는 유용한 분석기법으로 알려져 있으며, 독립변수값들의 성격 및 예측력 뿐만 아니라 종속변수들의 종합한 값들에서 보여지는 상호관계와 차이들에 대해서도 정보를 제공한다.

1) 다변량 분산분석에 적합한 연구문제들

다변량 분산분석은 연구자로 하여금 연구문제와 관련하여 가장 적절한 검증기법들을 선택할 수 있도록 해준다. 일반적으로 다변량 연구문제들은 다음의 3가지 범주로 구분되고 있으며, 각 연구문제에 따라 해답을 구하는데 있어 다변량 분산분석의 다른 측면을 보여준다.

가. 다수의 일변량 문제(multiple univariate questions)

종속변수에 따라서 개별적으로 분석되어져야 할 뿐만 아니라 전체 실험오차율(experiment-wide error rate)도 조절할 필요가 있는 여러 개의 종속변수들(예 : 나이, 소득, 교육수준)을 연구자가 분석하고자 하는 경우이다. 이 경우 다변량 분산분석은 집단 간 인구통계학적인 면에서 종합적인 차이가 있는가를 분석하기 위해서 사용되며, 추가적으로 개별 종속변수에 대한 분석을 위해 개별적인 일변량 검증이 차례로 사용된다.

나. 구조적 다변량 문제(structured multivariate questions)

연구자가 변수들 사이에 특정한 관계를 가지는 2개 이상의 종속변수를 다루는 경우이다. 이 경우에 해당하는 일반적인 사례로 반복 측정값(repeated measures)을 들 수 있다. 응답자가 같은 문제에 대하여 여러 번의 답을 하는 경우, 혹은 광고와 같은 어떤 자극에 대하여 사전반응과 사후반응에 대한 답을 하는 경우이다. 이 경우 다변량 분산분석은 통계적 효율성을 가지면서 일련의 종속변수들의 측정값들에 대한 집단 간의 차이들을 분석하는 구조적인 방법을 제공한다.

〈그림 4-2〉 다변량 분산분석의 절차

1. 다변량 분산분석의 목적
  · 연구문제의 형태를 파악
  · 종속변수들의 선택

↓

2. 다변량 분산분석의 연구설계
  · 집단별 적정 표본의 크기 결정
  · 공분산분석을 위한 변수(Covariates)의 사용여부
  · 독립변수의 수: 1개 → 단순 MANOVA
　　　　　　　　　　　2개 이상 → Factorial 설계

↓

3. 분산분석과 다변량 분산분석의 가정
  · 독립성
  · 분산/공분산의 동질성
  · 정규분포성
  · 종속변수들의 선형성/다중공선성

↓

4. 다변량 분산분석 모형의 평가와 전체 적합도
  · 유의도 검증 수준 선택
  · 통계적 능력 파악

↓

5. 다변량 분산분석 결과의 해석
  · Covariates의 평가
  · 종속변수들의 효과 파악
  · 집단 간 차이 파악
  · 사후 검증
  · A Priori 혹은 Planned 비교분석법

↓

6. 다변량 분산분석 결과의 타당성
  · 반복실험
  · 표본 분리(sprit-sample) 분석

다. 고유의 다변량 문제(intrinsically multivariate questions)

집단 간 종속변수들의 종합적인 값이 어떻게 다른가가 주요 관심사인 경우이다. 개별 종속변수의 평균치에 대한 차이에 갖는 관심 정도가 종속변수들의 종합적인 평균치의 차이보다는 비교적 약한 경우이다. 일반적으로 응답자의 응답내용이 일관성이 있어야 하는 종속변수들을 분석하는 경우이다. 하나의 예로 태도, 선호도, 구매의도와 같은 변수들은 광고 캠페인의 내용에 따라 서로 밀접하게 관련되어 있다고 할 수 있다. 이 경우 다변량 분산분석의 우수성은 전체적인 차이뿐만 아니라 종속변수들의 결합들 간의 차이점들도 파악할 수 있다는 점이다. 한편, 어떠한 개별 일변량 분석에서도 차이점을 발견하지 못하는 경우라 할지라도 다변량 분산분석은 다변량 차이점들을 파악하는 능력을 발휘하곤 한다.

2) 종속변수의 선택

다변량 분산분석에 적절한 연구문제를 파악하는데 있어서 연구문제의 개발 특히 종속변수들의 선택은 매우 중요하다. 다변량 분산분석에서 흔히 발생하는 문제로 연구자들이 개념적 또는 이론적 기초 없이 변수들을 분석에 포함시킴으로 인해 이 기법의 강점(여러 개의 종속변수들을 다룰 수 있는 능력)을 잘못 사용하는 경향을 들 수 있다. 분석결과에서 종속변수들의 몇몇 변수들이 집단 간 전체적인 차이들에 영향을 미치는 능력을 가지는 경우 문제가 발생하게 된다. 만약 큰 차이를 보여주는 일부 종속변수들이 실제 연구문제에 적절하지 못할 경우, 잘못 판단된 차이들은 연구자로 하여금 전적으로 그 변수군에 대하여 잘못된 결론을 내리게 한다. 그러므로 연구자는 항상 종속변수들을 면밀히 검사하여야 하며, 변수로 사용할 경우 합리적 기준이 엄격하게 적용되어야 한다. 변수들의 순서배열에 있어서도 연쇄적인 효과의 가능성과 같은 문제가 있는지 조심해야 한다. 다변량 분산분석은 마치 회귀분석에 있어서 변수들을 추가하는 것과 같이 순차적 방식에 따른 통계적 차이들을 분석하기 위해 단계별 분석(stepdown analysis)이라는 특별한 분석법을 제공해 준다.

종합적으로 연구자는 연구문제를 모든 측면에서 주의 깊게 접근해야 하며, 다변량 분산분석이 적절히 가장 효율적으로 적용되도록 노력하여야 한다.

(2) 다변량 분산분석의 연구설계

비록 다변량 분산분석도 일변량 분산분석과 같은 방식으로 가정들을 검증하고 기본원칙들을 준수하지만 몇 개의 독특한 주의점들을 가진다. 주의점들은 바로 모형의 설계와 통계적 검증에 대한 문제들이다.

1) 표본 크기의 적정수 : 전체와 집단별

다변량 분산분석은 일변량 분산분석보다 훨씬 많은 표본의 수를 요구하며, 표본의 수는 분석시 각 셀(cell)에서 요구하는 특정 한계선을 넘어야 한다. 가장 중요한 점으로 각 셀의 표본 수는 분석에 사용되는 종속변수의 수보다는 많아야 한다. 비록 위의 고려사항이 별로 중요하지 않게 여겨질지 모르지만, 비교적 적은 수의 종속변수들(5개~10개)을 분석에 사용하는 경우에도 때때로 자료수집에 어려움을 겪게 된다. 연구자가 보유한 표본에 대하여 통제하기가 비교적 어려운 현장 실험조사 혹은 설문조사의 경우 특히 문제가 된다.

2) Factorial Designs : 2개 이상의 실험요인

지금까지 다변량 분산분석에서 단 한 개의 실험요인(독립변수)을 가지는 상황에 대해서만 설명하였다. 그러나 많은 경우에 연구자들은 여러 개의 독립변수들(실험요인들)의 효과들을 분석하고 싶어 한다. 2개 이상의 실험요인들을 가지는 경우 요인설계(factorial design)라고 하며, n개의 실험변수를 가지면 n차 factorial design이라고 한다.

가. 실험변수의 선택

factorial design의 가장 보편적인 사용은 2개 이상의 비계량적 독립변수들을 종속변수군에 연관시키는 연구문제들이라 할 수 있다. 이들 경우에 독립변수들은 실험설계에 의해 특정지워지며 혹은 현장실험조사 내지 설문조사 질문서의 설계에 포함되어지기도 한다. 그러나 어떤 경우에 있어서는 분석이 설계되고 난 후에 실험요인들이 추가되어지기도 한다. 추가 실험요인들이 가장 흔하게 사용되는 경우로 blocking factor를 들 수 있다. 이것은 사후에 집단 내 동질성이 더욱 높아지도록 집단내 분산 크기를 작게 함으로써 응답자들을 세분화시키기 위해 사용되는 비계량적 특성을 가진다. 그렇게 함으로써 통계적 검정들의 차이 파악 능력이 향상되어진다. 예를 들어, 남자들이 여자들보다 광고내용들에 대해 더 큰 차이를 보였다고 가정하자. 만약 성별이 blocking factor로 사용될 경우 광고내용들 간의 차이들은 더욱 분명해지게 될 것이며, 반면에 남자와 여자가 동일하게 반응을 할 것이라 가정하여 분리하지 않을 경우 차이들은 눈에 띄지 않을 정도가 될 것이다. blocking factor를 사용함으로써 광고문안의 형태와 성별의 효과들은 분리하여 평가되어지고 이는 개별 효과를 더욱 정확히 측정할 수 있게 된다.

나. 가설적 예(hypothetical example)

2차원(treatments) factorial design의 한 예로 시리얼 제조업자는 사용 가능한 3가지 다른 색깔(빨강, 파랑, 초록)과 3가지 다른 모양(별, 주사위, 공)을 가지고 새롭게 개발할 예정인 시리얼에 대한 소비자 평가에 미치는 이들의 영향에 관해서 조사하고자 한다. 여기서 3×3의 factorial design형태로 두 개의 독립변수들을 동시에 사용함으로 이 변수들의 효과에 대해서 조사할 수 있다. 응답자들은 색깔과 형태의 9가지 조합들 중 하나를 10점 척도로 평가하도록 무작위로 할당되어진다고 하자. 이러한 설계를 분석하는데 ANOVA를 통해서 3가지 다른 전반적 효과를 측정할 수 있게 된다.

첫째, 색깔의 주효과 : 빨간색(빨간색 별, 빨간색 주사위, 빨간색 공 모양에 대한 평가 모두를 포함), 파란색, 초록색에 주어진 평가의 평균값들 간에 어떠한 차이가 있는가?

둘째, 모양의 주효과 : 별 모양(빨간별, 파란별, 초록별에 대한 평가 모두를 포함), 주사위 모양, 공 모양에 주어진 평가의 평균값들 간에 어떠한 차이가 있는가?

셋째, 색깔과 모양의 상호작용효과 : 색깔들 간의 전반적 차이에 있어서, 별 모양, 주사위 모양, 공 모양들에 대한 개별적 평가의 경우에도 차이가 같은가? 예를 들어, 만약 빨간색에 대하여 전체적으로 매우 높게 평가되었으나 빨간색 공 모양(파란색 공과 녹색 공에 비하여)에 대해서는 아주 낮은 평가를 받았다면 이 결과는 상호작용효과가 있다는 증거가 된다. 즉 색깔의 효과는 어떤 모양을 갖고 있느냐에 의존하고 있다. 마찬가지로 모양의 효과는 색깔의 종류에 의존하는가를 질문함으로써 상호작용효과의 문제를 제시할 수 있다.

분산분석(ANOVA)의 factorial design에서는 이 세 가지 효과들의 각각은 F값에 의해 검정되어진다. 다변량 분산분석(MANOVA)의 factorial design도 같은 방식으로써 분산분석의 확장이라 할 수 있다. 이는 한 개의 종속변수에 미치는 효과를 분석하는 분산분석의 모든 F값들에 대응하여 종속변수군의 평균값들 벡터에 미치는 효과를 평가하는 다변량 통계값(gcr 혹은 Wilks' lambda)을 가지기 때문이다.

다. 상호작용효과의 해석

상호작용이라는 용어는 두 실험변수의 결합효과를 말하며 반드시 처음에 검토되어야 할 효과이다. 만약 상호작용효과가 통계적으로 유의하지 않다면 각 실험변수(요인)의 효과는 서로 독립적이 된다. factorial design에서 독립적이라는 것은 한 실험변수의 효과가 다른 실험변수의 각 수준(집단)에 대해서도 동일한 경우를 말하며, 주효과들도 직접적으로 해석될 수 있음을 의미한다. 만약 상호작용효과가 유의한 경우에는 상호작용의 형태에 대해서 밝혀야 한다. 상호작용들은 순서적(ordinal)과 비순서적(disordinal) 형태로 구분되어질 수 있다. 순서적 상호작용은 한 실험변수의 효과가 다른 실험변수의 모든 수준들에서 동일하지 않지만 그 크기는 항상 같은 방향인 경우 발생한다. 비순서적 상호작용에서는 한 실험변수의 효과들이 다른 실험변수의 일부 수준들에서는 긍정적으로, 다른 일부 수준들에서는 부정적으로 일어난다.

상호작용들 간의 차이점들은 그래프로 가장 잘 표현되어진다. 〈그림 4-3〉에서 시리얼 모양들과 색깔들의 예를 들고 있다. 수직축은 수준들의 조합에 대하여 각 집단 응답자들의 평가에 대한 평균치들을 나타낸다. A 사례는 어떠한 상호작용의 효과도 없는 경우를 보여준다. 이는 색깔의 수준들에 따라 여러 모양들에 대한 평가 차이들을 보여주는 평행선들에 의해 설명된다(만약 색

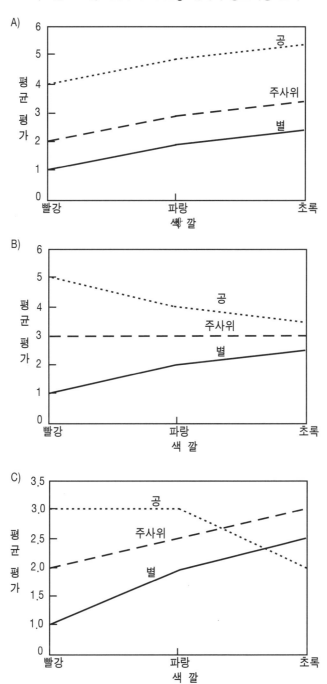

〈그림 4-3〉 factorial design에서의 상호작용 효과

깔에 대한 평가차이들이 3가지 형태의 모양에 대하여 그래프로 표시될 경우 똑같은 효과를 보게 됨). 상호작용이 없는 경우 각 실험변수의 효과들은 각 수준에 대하여 일정하며 그래프 선들도 거의 평행하게 된다. B 사례에서는 각 실험변수의 효과들이 일정하지 않으며, 그래프 선들도 평행하지 않음을 볼 수 있다. 빨간색에 대한 각 모양의 평가 차이들은 크나 푸른색 시리얼에 대해서는 차이들이 약간 줄어들었으며, 녹색 시리얼의 경우에는 훨씬 줄어들었음을 보여준다. 따라서 색깔에 따른 차이들은 모양의 종류에 따라 다양하다고 할 수 있다. 그러나 모양의 종류에 따른 상대적 순서는 같다고 할 수 있다. 즉 공모양은 평균 평가치가 항상 높고, 다음으로 주사위모양, 별모양의 순서로 점차 낮아지고 있다. 마지막으로 C 사례의 경우 색깔에 대한 차이들은 크기뿐만 아니라 방향에 있어서도 다양하다. 이점은 선들이 평행하지 못하며 수준들(모양의 종류들) 간에 교차하고 있음을 말해준다. 예를 들어, 색깔이 빨간색일 경우 공모양은 별모양보다 훨씬 높은 평가를 받고 있다. 그러나 녹색의 경우에서는 별모양이 공모양보다 더 좋은 평가를 받고 있다.

만약 유의한 상호작용이 순서적이라면, 연구자는 반드시 상호작용효과를 해석하여야 하며 해석의 결과는 개념적으로 받아들일 수 있어야 한다. 받아들일 수 있다면, 각 실험변수의 효과들은 서술되어질 수 있게 된다. 그러나 유의한 상호작용이 비순서적인 경우 실험변수들의 주효과들은 해석되어질 수 없으며 조사의 재설계를 필요로 한다. 비순서적 상호작용에서는 효과들이 실험변수의 수준들 뿐만 아니라 방향(긍정적 혹은 부정적)에서 다양하게 나타나기 때문이다. 그러므로 실험변수들은 일정한 효과를 나타내지 못한다.

3) 통제변수(Covariate)의 사용 : 일변량 공분산분석(ANCOVA)과 다변량 공분산분석 (MANCOVA)

어떠한 분산분석(ANOVA) 설계에도 통제변수(covariate)라고 불리는 계량적 독립변수들을 사용할 수 있다. 이러한 설계는 공분산분석(ANCOVA, analysis of covariance)이라고 불린다. 계량적 공변량 변수들은 종속변수에 미치는 외부의 영향을 제거하여 집단내 분산(mean squares)을 증가시키기 위해 주로 실험설계에 사용된다. 한 개 이상의 공변량 변수와 관련한 종속변수의 변화분(variation)을 제거하기 위하여 회귀분석과 유사한 절차가 사용된다. 그 후에 전형적인 분산분석이 조정된 종속변수에 대하여 수행된다.

가. 공분산(Covariance) 분석의 목적

공분산(covariate) 분석은 (1) 연구자의 통제밖에 있으며 연구결과에 오차(bias)를 제공하는 체계적인 오차를 제거하고, (2) 응답자들의 독특한 특성들로 인해 발생하는 응답의 차이를 파악하고자 하는 두 가지 목적을 수행할 수 있는 기법이다. 체계적인 오차(bias)는 여러 실험변수들(treatments)에 응답자들을 무작위로 할당함으로 제거할 수 있다. 그러나 비실험적 연구(nonexperimental research)에서는 그러한 통제는 불가능하다. 예를 들어, 광고조사에서 하루의 시간대 혹은 청중의 구성 및 그들의 반응에 따라 효과들은 다를 수 있다. 통제변수의 사용목적은 응답자들의 단지 일부에 영향을 주는 어떠한 효과들을 제거하는 데 있다. 예를 들어, 태도, 의견과 같은 개인적 차이는 응답에 영향을 줄 수 있으나, 실험에서 이들을 실험요인으로 포함시키지 않고 있다고 하자. 이때 연구자는 통제변수를 사용하여 실험변수의 효과가 계산되기 전에 개인적 차이에 의해서 발생하는 어떠한 차이들을 제거시킬 수 있다.

나. 통제변수들의 선택

공분산분석(ANCOVA)에서의 효과적인 통제변수는 종속변수와의 상관관계는 크지만 독립변수들과는 상관관계가 없는 어떤 변수이다. 이 경우 종속변수의 분산이 분산분석에 있어서 오차 발생의 기초를 제공하게 된다. 만약 통제변수가 종속변수와 상관관계를 가질 경우 연구자는 회귀방정식을 통하여 분산의 어느 정도를 설명할 수 있으며, 종속변수의 잔여 분산만 처리하면 된다. 이 잔여분산은 F 통계값에서 보다 작은 오차값(집단내 분산)을 제공함으로 실험효과들을 더욱 효율적으로 측정할 수 있게 한다.

통상적인 질문으로 "분석에 몇 개의 통제변수들을 사용하면 좋은가?"를 들 수 있다. 연구자의 입장에서는 가능한 한 많은 외생효과들을 파악하고자 하겠지만, 너무 많은 외생변수의 사용은 절차상 통계적 효율성을 감소시키게 된다. 일반적으로 covariate의 수는 (0.10 × 표본의 수)−(집단의 수−1) 보다 적어야 한다. 예를 들어, 100명의 응답자와 5그룹이 존재한다면 covariate의 수는 6 보다 적어야 한다 〔0.10×100−(5−1)〕. 연구자는 항상 통제변수의 수를 효과적인 통제변수가 제거되지 않도록 보장하면서 최소화시키는 노력을 하여야 한다. 이는 특히 표본의 수가 적을 경우 통계적 검정에 대한 민감성을 현저히 높여주기 때문이다.

공분산(covariance) 분석의 사용에는 2가지 조건이 있다. 첫째, 통제변수들은 반드시 종속 측정치들과 어떤 관계를 가져야 하며, 둘째, 통제변수들은 회귀분석 효과의 동질성을 가져야 하는데, 이는 모든 집단들에 대하여 종속변수에 동등한 효과를 가져야 된다는 것이다. 회귀분석에서 말하자면 모든 집단들에 대하여 동일한 계수값들(coefficients)을 의미한다. 통계기법들을 이용하여 사용되는 각 통제변수에 대하여 위의 가정들이 충족되는지를 검정할 수 있다. 만약 둘 중 어느 하나의 조건이라도 충족되지 않을 경우 통제변수의 사용은 부적절하다고 판단할 수 있다.

다변량 공분산분석(MANCOVA)은 일변량 공분산분석(ANCOVA) 원칙들의 단순 확장으로 다변량(여러 종속변수들의 벡터값) 분석에 그대로 적용하는 것이다. 즉 MANCOVA는 회귀 잔차값들에 대한 MANOVA(예 : 통제변수들에 의해 설명되지 않는 종속변수들의 분산)분석이라고 할 수 있다.

(3) 분산분석과 다변량 분산분석의 가정

종속변수가 정규분포를 가지며 분산들이 모든 실험집단들에 대하여 동일하다면 일변량 분산분석의 절차들은 그대로 사용될 수 있다. 대체로 분산분석(ANOVA)에 있어서 F 검정은 극단적인 경우를 제외하고 이들 가정에 대해서 매우 엄격하다. 한편, 다변량 분산분석(MANOVA)의 다변량 검정절차가 유효하기 위해서는 세 가지 가정들이 지켜져야만 한다. 첫째, 관찰들(observations)은 독립적이어야 하며, 둘째, 분산-공분산 메트릭스가 모든 실험 집단들에 대하여 동일하여야 하며, 마지막으로 종속변수군의 결합분포가 반드시 다변량정규분포를 이루어야 한다(예: 종속변수들의 어떠한 선형결합도 정규분포를 이루어야 한다). 위의 세 가지 조건 외에도 연구자는 선형성(linearity)과 종속변수들 변량(variate)의 다중공선성(multicollinearity)의 문제를 고려하여야 한다.

가. 독립성(independence)

가장 기초적이면서도 가장 심각한 가정의 위배는 관찰들 사이에 독립성이 부족한 경우이다. 이 가정이 쉽게 위배되는 실험적, 비실험적 상황들은 상당히 많다. 예를 들어, 만약 측정치들이 다른 시간대에 걸쳐(비록 다른 응답자들로부터라 할지라도) 구해질 경우 시간차 효과(time-ordered effect), 즉 연속적인 상관관계(serial correlation)가 발생하게 된다. 흔히 발생하는 또 다른 문제의 예를 들면, 일상적인 경험(시끄러운 방, 혹은 까다로운 지시사항들)이 일부 응답자들(동일한 경험을 가진 자들)로 하여금 서로 상관된 답들을 하도록 집단들을 정해 놓고 정보를 수집하는 경우이다. 마지막으로 측정되지 못한 외생효과들은 응답자들 간에 의존관계를 창출함으로써 결과들에 영향을 줄 수 있다. 비록 모든 형태의 의존성(dependence)을 정확하게 탐지하는 검증법은 없다 하더라도, 연구자는 모든 가능한 효과들을 조사하고 발견되면 반드시 고쳐야 한다. 만약 의존성의 관계가 응답자들의 집단 간 발견되면 가능한 해결책은 집단을 연결시켜 개별 응답자들의 점수들 대신에 집단의 평균치를 분석하면 된다. 다른 방법으로는 의존성을 파악하기 위해 공분산분석의 실행을 들 수 있다. 의존성이 의심날 경우 어떤 경우에도 연구자는 엄격한 유의도 수준(0.01 혹은 더 작은 값)을 사용해야 한다.

나. 분산-공분산 메트릭스들의 동질성

다변량 분산분석의 두 번째 가정은 집단들에 대한 분산-공분산 메트릭스들의 동질성이다. 회귀분석에서의 비동질성(heteroscedasticity) 문제와 같이 여기서 우리는 같은 변수들에 대하여 한 집단의 분산과 다른 집단의 분산간에 존재하는 현저한 차이들에 관심을 가진다. 그러나 다변량 분산분석에서의 관심은 각 집단에 대한 종속 측정치들의 분산-공분산 메트릭스들에 있다. 동일성 조건을 위해 엄격한 검증이 요구되는데, 이는 분산분석에서의 단일변수에 대한 동일 분산조건 대신에, 다변량 분산분석은 공분산 메트릭스의 모든 요소들을 조사하기 때문이다. 예를 들어, 5개의 종속변수가 있을 경우 5개의 상관관계들과 10개의 공분산들은 모든 집단들에 대해서 동일한지에 대한 검증을 받는다. 다행히도 이 가정의 위배는 만약 집단들의 크기가 대략 비슷할 경우(가장 큰 집단의 수를 가장 작은 집단의 수로 나누었을 경우 1.5 미만) 최소한의 영향을 미친다. 만약 집단 크기의 차이가 1.5 이상일 경우 연구자는 반드시 검증을 하고, 가능하다면 비동일 분산에 대한 문제를 해결하여야 한다. 다변량 분산분석 프로그램은 Box test의 통계적 유의도에 의해 공분산 메트릭스들의 동질성 문제를 검증해준다. 손을 볼 정도의 유의한 차이가 있을 경우, 연구자는 분산-안정화를 위한 전환법들을 사용할 수 있다. Box test의 사용에 있어서 유의해야 할 점은 정규분포성에 매우 민감하다는 사실이다. 그러므로 사용하기 전에 모든 종속변수값들이 일변량 정규분포를 이루는지를 확인해야 한다.

만약 변환 후에도 분산이 동일하지 않거나 집단 간 크기(응답자 수)가 현저히 차이난다면 연구자는 이들의 효과에 대해 조정을 하여야 한다. 첫째, 어떤 집단이 가장 큰 분산을 가지는지 확인해야 한다. 이러한 결정은 모든 통계분석 프로그램들이 제공하는 분산-공분산 메트릭스나 분산-공분산 메트릭스의 결정값을 사용함으로 가능하다. 만약 보다 큰 집단들에서 보다 큰 분산값들이 보일 경우 α값 수준이 과장되어 책정되어진다. 그러므로 차이들의 분석을 위해서 다소 낮은 유의도 수준을 사용하여야 한다(예 : 0.05 대신에 0.03사용). 만약 보다 작은 집단들에서 보다 큰 분산을 발견할 경우에는 분석력이 감소되기 때문에 반대로 다소 높은 유의도 수준을 사용하여야 한다.

다. 정규분포성(normality)

마지막 가정은 종속 측정치들의 정규분포성에 관한 것이다. 엄격히 말해 이 가정은 모든 종속변수들의 결합분포는 정규분포를 이루어야 한다는 것을 말한다. 다변량 정규분포는 두 변수 간 결합효과가 정규분포를 이룬다는 것을 전제로 한다. 대부분의 다변량 기법들이 이 가정을 요구하고 있음에도 불구하고 다변량 정규분포를 직접적으로 검증하는 테스트는 아직 존재하지 않고 있다. 그러므로 대부분의 연구자들은 각 변수가 일변량 정규분포를 이루는지를 검증한다. 그러나 일변량 정규분포는 다변량 정규분포를 보장해 주지 못함으로 모든 변수들이 일변량 정규분포를 가진다 할지라도 결합분포가 반드시 다변량 정규분포가 되는 것은 아님을 염두에 둘 필요가 있다. 분산분석에서와 같이 이 가정의 위배는 보다 큰 집단에서 그 영향력이 극소화된다. 이 가정의 위배는 Box test를 적용함에 있어 문제가 되지만, 대부분의 경우 자료의 변환(transformations)이 이러한 문제를 해결해 준다. 적당한 표본 크기의 경우 차이들의 원인이 극단치(outliers)들이 아닌 편향(skewness) 때문이라면 어느 정도의 위배는 수용되어진다.

라. 종속변수들간의 선형성(linearity)과 상관관계

MANOVA는 종속 측정치들의 결합값들의 차이들을 분석함에 있어서 종속 측정치들 사이에 존재하는 선형관계를 만들어 낸다. 연구자는 먼저 데이타를 검토하여야 하는데 이때 어떠한 비선형적 관계가 존재하는지를 확인하여야 한다. 만약 존재한다면 분석의 복잡성과 분석결과의 대표성 증대를 고려하여 이들을 종속변수군에 포함시킬 필요가 있는지를 결정하여야 한다. 선형관계의 필요성과 더불어 종속변수들은 높은 다중공선성을 가져서는 안 된다. 높은 다중공선성은 종속변수들로써의 가치를 상실시키며 통계적 효율성을 감소시킨다.

그렇다고 종속변수들 간에 상관관계가 없어야 된다는 것은 아니다. 만약 상관관계가 없다면 다변량 분산분석을 할 필요 없이 각 종속변수에 대해 단일 변량분석으로도 충분할 것이다. Bartlett의 구형성검정(test of sphericity)을 이용하면 종속변수의 상관관계 여부를 알 수 있다. 만일 종속변수들이 서로 독립적이라면 각 집단에 대한 모집단의 상관행렬이 단위행렬(identity matrix)이 된다. 즉, 행렬의 대각선 요소(각 변수의 분산)는 1이고 그 외의 요소(변수간의 공분산)는 0이 되어야 한다. 이 검정은 오차상관행렬의 행렬식에 근거하게 된다. 만약 행렬식의 값(determinant)이 0에 가까우면 하나 이상의 변수가 다른 종속변수들의 선형함수로 표현될 수 있다는 것을 의미한다. 즉, 행렬식의 값이 0에 가까우면 종속변수들이 독립적이라는 가설이 기각된다. 따라서 다변량 분산분석을 이용하기 위한 가정이 충족되는 것이다.

마. 극단치(outliers)에 대한 민감도

다변량 분산분석(혹은 분산분석)은 극단치와 제1종 오류에 미치는 이들의 영향에 특히 민감하다. 이들은 전체 결과를 왜곡시키기 때문에 연구자는 자료에 극단치가 존재하는지 먼저 조사하고 최대한 분석에서 이들을 제외시켜야 한다.

(4) 다변량 분산분석 모형의 평가와 전체 적합도

일단 다변량 분산분석 설계가 이루어지고 가정들이 충족되면, 실험변수(들)에 의해 형성되는 집단 간 유의한 차이에 대한 평가를 수행하게 된다. 이를 위해 연구자는 연구 목적에 가장 적합한 검증 통계값들을 선택하여야 한다.

1) 유의도 검증의 기준

다변량 분산분석은 연구자가 집단 간 결합값의 차이를 평가할 수 있도록 여러 기준값들을 제공한다. 가장 보편적인 4가지는 Roy's 최대근(greatest characteristic root), Wilks' lambda, Hotelling's trace, Pillai's criterion이다. Roy's 최대근(gcr)은 이름대로 단지 종속변수들 간의 첫 번째 canonical root(혹은 판별함수)값의 차이들을 측정한다. 이 기준값은 검증력 등의 이점을 가지고 있지만 모든 차원들(dimensions)이 고려되어야 할 어떤 상황에서는 사용가치가 떨어진다. Roy's 최근 검증의 사용은 종속변수들이 한 개의 차원에 강하게 상호관계를 가질 때 가장 적절하다. 하지만 가정들이 위배될 경우 가장 영향을 많이 받는 기준값이다.

다른 3개의 기준값들은 집단 간 차이의 모든 출처를 파악하고자 한다. p를 종속변수들의 수라고 하고 k를 집단의 수라고 하면 p 혹은 (k − 1)개(둘 중 작은 것)의 characteristic roots 혹은 판별함수들을 가지게 된다. 첫 번째 characteristic root을 기준으로 하는 gcr 통계치와는 달리 Wilk's lambda는 모든 characteristic root들을 고려한다. 즉 집단 간 차이를 종속변수들의 한 개의 선형 결합에서 찾는 것이 아니라 모든 선형 결합들에서 찾고 있다. 이는 Wilk's lambda가 gcr 통계치보다 훨씬 계산이 용이하도록 한다. 공식은 ｜W｜÷｜W+A｜이며, 여기서 ｜W｜은 집단내 다변량 산포도 메트릭스의 결정치(determinant)이며, ｜W+A｜는 W와 집단 간 다변량 산포도 메트릭스인 A와의 합계에 대한 결정치이다. 집단 간 산포도가 클수록 Wilk's lambda의 값은 작아지며 의미하는 유의도는 더 커진다. Wilk's lambda의 분포는 복잡할지라도 이를 F 통계치로 전환시킴으로 유의도 검증을 하고 있다.

어떤 통계치가 더 선호되는가? 연구자들은 앞의 두 기준값 외에 선택할 수 있는 여러 측정치들을 접할 수 있다. 널리 사용되는 다른 통계치들로써 Pillai's criterion과 Hotelling's trace가 있다. 이들 둘은 모든 characteristic root들을 고려하며 또한 F 값을 구할 수 있음으로 Wilk's lambda와 유사하다고 할 수 있다. 연구자는 이들 중 다변량 분산분석이 가지는 가정들의 위배에 영향을 비교적 받지 않으면서 통계적 힘이 강한 기준을 사용하면 된다. 비록 Pillai's criterion이 훨씬 건전하며 표본 크기가 작아지거나 셀(cell)의 크기들이 다를 경우 혹은 공분산의 동일성에 위배될 경우에는 반드시 사용되어져야 함에도 불구하고, 연구자들은 Pillai's criterion 혹은 Wilk's lambda가 위의 조건들에 가장 잘 맞는 기준값이라 인정하고 있다. 그러나 모든 가정들이 엄격히 지켜지고 종속 측정치들이 효과들의 한 차원(single dimension)만을 대표할 경우 연구자들은 Roy's gcr이 가장 효과적인 검증 통계치라고 확신을 가진다. 주요 통계 패키지들은 위 4가지의 모든 측정값을 제공함으로 측정값들에 대한 상호비교가 가능하다.

(5) 다변량 분산분석 결과 해석

일단 실험변수들의 통계적 유의성이 밝혀지면 연구자는 다음의 세 가지 방법들을 통해 결과를 검토할 수 있다. 첫째, (만약 사용되었다면) 통제변수(covariate)의 효과 해석, 둘째, 어떤 종속변수(들)가 집단 간 차이를 보였는지에 대한 파악, 셋째, 어떤 집단들이 특정 종속변수 혹은 전체 종속변수의 결합값에 따라 다른가를 파악하는 것이다.

1) 통제변수(covariate)들의 평가

통제변수를 사용하기 위한 가정들이 충족된다면 연구자는 이들의 종속변량에 대한 실제 효과와 실험변수들의 통계적 검증에 대한 효과를 해석하고 싶어 한다. ANCOVA/MANCOVA는 분산분석법 한도내에서는 회귀분석 절차의 응용이므로 종속변수들에 대한 통제변수들의 영향을 분석하는 것은 회귀방정식들을 분석하는 것과 매우 유사하다. 각 통제변수에 대하여 예측관계의 정도를 보여주는 한 개의 회귀방정식이 만들어진다. 만약 통제변수들이 이론에 기초한 효과를 보여준다면 이러한 결과들은 제안된 관계들을 채택할지 기각할지에 대한 객관적인 기초를 제공한다. 실질적으로 연구자는 통제변수들의 효과를 조사할 수 있으며 제거도 할 수 있다.

연구자는 또한 실험변수들에 대한 통계적 검증에 통제변수(들)의 전체적 효과를 조사하여야 한다. 직접적인 접근 방법은 통제변수를 뺀 경우와 포함시킨 경우에 대하여 모두 분석해 보는 것이다. 효과적인 통제변수들은 검증들의 통계력을 향상시키고 집단내 분산을 감소시킨다. 만약 연구자가 실질적인 향상을 발견하지 못한다면 통제변수들은 제거될 수 있다. 이는 실험효과 검증을 위한 자유도를 감소시키기 때문이다.

2) 종속변량의 평가

다음 단계는 종속변량에 대한 분석으로써 어떤 종속변수들이 통계적 검증으로 나타나는 전체적 차이에 기여하는지를 조사하는 것이다. 이는 전체 변수들 중에서 일부 변수는 차이에 큰 기여를 하는 반면 다른 변수들은 나머지 변수들의 효과를 약화시키는 역할을 하기 때문이다. 데이터의 유형을 검토한 후 결정하는 사후검증법(post hoc test)들의 절차와 이론적 실무적인 의사결정의 관점에서 자료를 검토하기 전에 계획되는 사전검증법(priori test)들의 접근법에 대해서 알아보자. 만약 실용적인 측면에서 한 개의 핵심 종속변수가 반드시 분리되어야 하고 최대한의 통계력으로 검증되어져야 할 경우 사전검증법이 추천되어진다. 가장 흔한 접근은 선택된 변수들에 대해서 일변량 검증을 행하는 것이다. 예를 들어, 두 집단의 경우 보통의 t-검증은 주어진 종속변수에 대한 하나의 사전검증이 된다. 그러나 연구자들은 사전검증의 횟수가 증가하면 유의도 검증에 있어서 다변량 접근법의 주요 장점(제1종 오류의 통제)이 특별한 통제가 없는 한 사라진다는 것을 반드시 명심하여야 한다.

두 그룹 다변량 분산분석의 경우 특별한 통제란 T제곱 통계치의 조정을 말한다. 정해진 α수준에서 T제곱값이 T제곱의 임계치를 초과할 경우 우리는 평균치들의 벡터들은 다르다라고 결론 내릴 수 있게 된다. 판별함수는 종속변수들의 어떤 선형결합이 가장 신뢰할 수 있는 집단 간 차이를 창출하는가를 보여준다. 만약 각 종속변수별로 집단 간 차이를 검증하고자 한다면 우리는 표준 t값을 계산하여 T제곱 임계치의 제곱근과 비교하면 된다. 이 절차는 모든 검증들에 걸친 어떠한 제1종 오류의 확률도 α수준(T제곱 임계치의 계산시 정해진 수준)에 머물러 있게 만든다.

k－집단의 경우에도 Bonferroni inequality에 의해 α수준을 조정함으로 위와 유사한 검증을 할 수 있다. 개별 검증에 사용되는 조정된 α수준은 전체 α수준을 검증 횟수로 나눈 값이다.

단계별 분석(stepdown analysis)으로 알려진 절차는 종속변수들의 차이들을 개별적으로 파악하기 위해 사용된다. 이 절차는 분석에 사용할 한 개의 종속변수 이전의 다른 종속변수들의 효과를 제거한 후 한 개의 종속변수에 대한 일변량 F값을 계산한다. 단계별 회귀분석과 절차상 유사하다고 할 수 있으나, 여기서는 특정 종속변수가 집단 간 차이에 독특한(uncorrelated) 정보를 제공하는가를 조사한다. 단계별 분석결과는 통제변수들로 사용된 다른 종속변수들을 가지고 공분산 분석을 행하는 것과 같다. 단계별 분석의 비평적인 가정은 순서가 달라지면 해석도 크게 달라지기 때문에 분석가는 어떤 종속변수들이 차례로 투입되어야 하는가를 알고 있다라는 것이다. 만약 입력 순서가 이론적인 지지를 받을 수 있다면 단계별 검증은 타당하다라고 할 수 있다. 유의하지 못한 변수들은 불필요한(redundant) 변수가 된다. 이는 집단 간 차이들에 대하여 어떠한 추가 정보도 주지 못하기 때문이다.

다른 절차로써는 어떤 변수들이 집단을 가장 잘 구분해 주는가에 대한 추가 정보를 얻기 위해 첫 번째 판별함수를 포함한 다른 판별함수들에 대한 추가분석을 둘 수 있다. 이 모든 분석들은 실험변수에 따른 종속 변량의 차이에 어떤 종속변수들이 기여하고 있는지를 이해하는 데 도움을 주기 위해 사용되어진다.

3) 개별집단 간 차이 조사

비록 분산분석과 다변량 분산분석이 집단들의 평균값이 모두 같다라는 귀무가설을 기각시켜주더라도 유의한 차이들이 구체적으로 어디에 있는지에 대해서는 지적해 주지 않는다. 여러 차례의 t－검증은 제1종 오류의 발생확률을 증가시키기 때문에 두 집단 간 평균치의 유의적인 차이를 테스트하는데 적절하지 못하다. 특정 집단 간 차이를 분석하기 위해 여러 방법들이 사용되는데 이들은 사전(priori) 혹은 사후(post hoc)로 분류된다. 이 절차들은 여러 번의 검증에 따른 제1종 오류들을 조정하기 위해 서로 다른 접근법을 사용한다.

가. 사후검증(post hoc) 방법

흔히 사용된 사후검증 절차들로서는 (1) Scheffe's test (2) Tukey's honestly significant difference(HSD) 방법 (3) Tukey's extension of the Fisher least significant difference(LSD) 접근법 (4) Duncan's multiple－range test (5) Newman－Kuels test를 들 수 있다. 각 방법은 3개 이상의 집단들 중 특정 두 집단 간의 비교에 유의한 차이가 있는지를 밝혀준다(집단 1과 집단 2의 비교, 집단 1과 집단 3의 비교 등). 따라서 집단들 간의 구체적인 차이를 밝혀준다.

위의 방법들이 비록 집단 간 차이들을 구체적으로 밝혀주는 반면 낮은 수준의 통계력(power)을 가지는 문제점을 내포한다. 사후검증법들은 모든 가능한 집단 간 조합들을 조사하여야 하기 때문에 개별 t−검증의 힘은 다소 약해진다. 다섯 개 방법들 중 Scheffe's test가 가장 제1종 오류에 강하며, Tukey HSD, Tukey LSD, Newman‐Kuels, Duncan의 순서로 약해진다. 만약 효과의 정도가 크거나 집단의 수가 적을 경우 사후검증 방법들은 집단 간 차이들을 분석할 수 있다.

나. 사전 혹은 계획된 비교

연구자는 사전(priori) 혹은 계획된 비교(planned comparisons)에 의해서도 집단들 간 특정 비교들을 할 수 있다. 이 방법은 사후 검증들과 유사하지만 사후검증에서 모든 집단을 검증하는 것과는 달리 계획을 세워 특정 집단 간 차이만을 분석한다는 점에서 다르다. 계획된 비교들은 비교의 수가 보다 적기 때문에 훨씬 효력적이다. 그러나 연구자가 비교집단을 올바로 선택하지 못할 경우에 그 효력(power)은 사라진다. 계획된 비교들은 개념적 기초가 비교되어질 특정 집단 간 비교를 지지할 수 있을 때 가장 적절하게 사용되어진다. 이 방법은 전체적인 제1종 오류 수준이 증가하는데 대해 효과적인 조정을 할 수 없음으로 탐색적인 조사에 사용되어져서는 곤란하다.

연구자는 집단 평균값들의 한개 조합인 대비값(contrast)을 통해 비교되어질 집단을 선정한다. 대비값(contrast)들은 일반적으로 다음과 같이 구해진다.

$$C = W_1 G_1 + W_2 G_2 + ... + W_k G_k$$

여기서

C = contrast 값
W = 비중(weight)
G = 집단 평균값

대비값은 비교되어질 집단들을 지정하는 (+)와 (−)의 비중값을 부가함으로 구해진다. 단 비중값 들의 합은 0이 되어야 한다. 예를 들어, 3개의 집단이 있다고 하자. G_1과 G_2 사이의 차이를 검증하기 위해서는 $C=(1)G_1+(-1)G_2+(0)G_3$식을 사용하면 된다. G_1과 G_2의 평균과 G_3 간의 차이를 검증하기 위해서는 $C=(0.5)G_1+(0.5)G_2+(-1)G_3$가 된다. 각 contrast에 대하여 독립적으로 F값이 구해진다. 이러한 방식으로 연구자는 필요하다고 생각하는 어떠한 비교도 할 수 있으며 직접적으로 검증할 수 있다. 그러나 개별 사전 비교의 제1종 오류의 확률은 α와 같다. 그러므로 여러 번의 계획된 비교들은 전체적으로 제1종 오류의 수준을 증가시킨다. 모든 통계 패키지들은 개별 종속변수들에 대하여 사전 혹은 사후 검증을 행할 수 있다

만약 전체 종속변수들의 결합값으로 비교하고자 하더라도 위의 방법들의 확장을 통해 가능하다. 집단 평균 벡터값들이 동일하지 않다라고 결론을 내린 후 연구자는 전체 종속결합값에 대한 집단 간 차이가 있는지에 관심을 가지게 된다. 표준 분산분석(ANOVA) F값을 계산하여 F임계치 $=(N-k)gcr_{crit}/(k-1)$와 비교하면 된다.

(6) 다변량 분산분석 결과의 타당성 검증

분산분석과 다변량 분산분석은 전통적으로 실험조사를 대상으로 개발되었으며, 결과의 타당성은 반복실험에 의해 구해진다. 특정 실험변수들은 결과의 일반화를 위해 여러 모집단을 대상으로 똑같은 실험을 행할 수 있도록 해준다. 이것은 과학적 방법의 주요 원칙이 된다. 그러나 사회과학에서 순수 실험설계는 설문조사와 같은 비실험적 상황에서의 통계 검증으로 대체되곤 한다. 이러한 상황에서의 결과에 대한 타당성 확보 노력은 실험변수의 반복실험에 의존한다.

3. 예제사례: 2차원 factorial design(2 × 3)의 SPSS 분석결과 해석

(1) 연구목적과 연구설계

본 사례는 1990년 미국의 상용여행객들에 대한 설문조사 자료(응답자수 : 357명)를 활용하여 다변량 분산분석의 factorial design 분석 내용이다. 5개 종속변수들에 대한 차이들을 보고자 2개의 독립변수(실험요인)가 사용되었다. 독립변수들로는 상용여행객의 구분과 이들의 소득수준을 사용하였으며, 종속변수들로는 특급호텔에서 제공되는 5개의 서비스들에 대한 각각의 이용 희망 정도를 사용하였다. 상용여행객의 구분은 여행빈도수가 높은 자(업무관계로 적어도 1년에 10번 이상의 숙박여행을 하는 자)와 여행빈도수가 낮은 자로 구분하였다. 소득수준 변수는 1) \$50,000 이하, 2) \$50,0001 ~ \$100,000, 3) \$100,000 이상과 같이 3집단으로 구분하였다. 5개 종속변수들로서는 객실내 미니-바(S1), 실내자판기(S2), 회의실(S3), 팩스(S4), 그리고 호텔 레스토랑(S5)의 사용 희망 정도이다. 응답자들은 각 서비스의 이용 희망 정도에 대해 리커트 5점 척도로 응답하도록 요청되어졌다(1=전혀 사용하고 싶지 않다, 5=매우 사용하고 싶다).

본 연구의 목적은 2개의 범주형 변수들과 5개의 종속변수들 간의 관계를 분석하는데 있다. 구체적인 연구문제로는 첫째, 호텔 서비스들의 사용희망 정도는 소득수준과 관련이 있을 것인가? 둘째, 호텔 서비스들의 사용희망 정도는 상용여행객의 형태에 따라 차이가 있을 것인가? 셋째, 소득수준과 상용여행객의 형태가 결합한 상호작용효과가 있는지를 들 수 있다.

연구문제를 가설의 형태로 바꾸면 다음과 같다.

- $H1o$: 호텔 서비스들에 대한 사용 희망 정도에 미치는 상용여행객의 형태와 소득수준의 상호 작용효과는 없다.
- $H2o$: 사용 희망 정도에 영향을 미치는 소득수준의 효과가 통제(제거)된 상태에서, 상용여행 을 자주 하는 자들과 별로 하지 않는 자들 간 호텔서비스들의 사용 희망 정도에는 차이

가 없다.

- H3o : 사용 희망 정도에 영향을 미치는 상용여행객들의 형태 효과가 통제(제거)된 상태에서, 3개의 소득 집단 간 호텔서비스들의 사용 희망 정도에는 차이가 없다.

(2) 결과 해설

〈결과 1〉은 각 종속변수에 대한 집단별 평균값과 표준편차를 산출한 것이다. 각 셀의 표본수는 분석에 사용되는 변수의 수를 고려할 때 다변량 분산분석을 수행하는데 충분하다고 볼 수 있다. 한편 분산-공분산 메트릭스의 행렬식의 값(determinant) 크기가 0에 가까우므로 변수 간에 상호독립적이라는 귀무가설은 기각된다. 따라서 다변량 분산분석을 이용하기 위해서는 종속변수들 간 상관관계가 필요하다는 가정이 충족되어진다.

〈결과 1〉

CELL NUMBER

VARIABLE	1	2	3	4	5	6
상용여행자 구분	1	1	1	2	2	2
소득수준	1	2	3	1	2	3

CELL MEANS AND STANDARD DEVIATIONS
VARIABLE .. S1   객실 내 미니-바 이용희망정도

Factor	Code	Mean	Standard Dev.	N
상용여행자 구분(1)	상용여행을 자주 하는 집단			
소득수준(1)	5만 달러 미만	2.531	1.276	49
소득수준(2)	5만 달러~10만 달러 미만	2.704	1.356	71
소득수준(3)	10만 달러 이상	2.972	1.253	36
상용여행자 구분(2)	상용여행을 자주 하지 않는 집단			
소득수준(1)	5만 달러 미만	2.259	1.289	27
소득수준(2)	5만 달러~10만 달러 미만	2.341	1.298	82
소득수준(3)	10만 달러 이상	3.054	1.345	92
전체 응답자		2.681	1.338	357

VARIABLE .. S2   실내자판기 이용희망정도

Factor	Code	Mean	Standard Dev.	N
상용여행자 구분(1)	상용여행을 자주 하는 집단			
소득수준(1)	5만 달러 미만	3.633	1.131	49
소득수준(2)	5만 달러~10만 달러 미만	3.366	1.149	71
소득수준(3)	10만 달러 이상	2.944	1.145	36
상용여행자 구분(2)	상용여행을 자주 하지 않는 집단			
소득수준(1)	5만 달러 미만	3.333	1.494	27
소득수준(2)	5만 달러~10만 달러 미만	3.293	1.310	82
소득수준(3)	10만 달러 이상	3.239	1.133	92
전체 응답자		3.308	1.213	357

VARIABLE .. S3   회의실 이용희망정도

Factor	Code	Mean	Standard Dev.	N
상용여행자 구분(1)	상용여행을 자주 하는 집단			
소득수준(1)	5만 달러 미만	2.918	1.152	49
소득수준(2)	5만 달러~10만 달러 미만	3.127	1.194	71
소득수준(3)	10만 달러 이상	3.000	1.309	36
상용여행자 구분(2)	상용여행을 자주 하지 않는 집단			
소득수준(1)	5만 달러 미만	2.741	1.583	27
소득수준(2)	5만 달러~10만 달러 미만	3.061	1.309	82
소득수준(3)	10만 달러 이상	3.130	.986	92
전체 응답자		3.042	1.209	357

VARIABLE .. S4   팩스 이용희망정도

Factor	Code	Mean	Standard Dev.	N
상용여행자 구분(1)	상용여행을 자주 하는 집단			
소득수준(1)	5만 달러 미만	2.898	1.229	49
소득수준(2)	5만 달러~10만 달러 미만	2.845	1.261	71
소득수준(3)	10만 달러 이상	2.889	1.237	36
상용여행자 구분(2)	상용여행을 자주 하지 않는 집단			
소득수준(1)	5만 달러 미만	3.222	1.450	27
소득수준(2)	5만 달러~10만달 러 미만	2.805	1.309	82
소득수준(3)	10만 달러 이상	3.554	1.180	92
전체 응답자		3.059	1.289	357

VARIABLE .. S5   호텔 레스토랑 이용희망정도

Factor	Code	Mean	Standard Dev.	N
상용여행자 구분(1)	상용여행을 자주 하는 집단			
소득수준(1)	5만 달러 미만	3.837	1.048	49
소득수준(2)	5만 달러~10만 달러 미만	4.141	.761	71
소득수준(3)	10만 달러 이상	4.056	1.013	36
상용여행자 구분(2)	상용여행을 자주 하지 않는 집단			
소득수준(1)	5만 달러 미만	3.704	1.295	27
소득수준(2)	5만 달러~10만 달러 미만	4.134	.828	82
소득수준(3)	10만 달러 이상	4.087	1.013	92
전체 응답자		4.042	.960	357

Cell Number .. 1

Determinant of Variance−Covariance matrix = 2.93420

Log(Determinant) =   1.07643

Cell Number .. 2

Determinant of Variance−Covariance matrix = 1.80174

Log(Determinant) =   .58875

Cell Number .. 3

Determinant of Variance−Covariance matrix = 2.64267

Log(Determinant) =   .97179

Cell Number .. 4

Determinant of Variance−Covariance matrix = 3.15942

Log(Determinant) =   1.15039

Cell Number .. 5

Determinant of Variance−Covariance matrix = 3.51558

Log(Determinant) =   1.25721

Cell Number .. 6

Determinant of Variance-Covariance matrix = 1.82545

Log(Determinant) = .60182

Determinant of Pooled Variance-Covariance matrix = 3.22202

Log(Determinant) = 1.17001

(3) Box's M 검정

다변량 분산분석의 기본가정은 각 집단의 분산-공분산 매트릭스가 동질적이어야 하며, 종속
변수들은 한 개의 다변량정규분포를 이루어야 한다는 점이다. 분산-공분산 매트릭스의 동질성
을 검증하기 위해서 Box's M 검정이 사용되었다. 〈결과 2〉에서 보는 바와 같이, F값에 대한 유
의확률 0.079는 유의수준 0.05보다 크다. 이는 공분산 매트릭스가 동질하다는 귀무가설을 기각하
는데 실패하였다는 점을 말해준다. 즉 기본가정에 대한 어떠한 위배도 없음을 알 수 있다.

〈결과 2〉

MULTIVARIATE TEST FOR HOMOGENEITY OF DISPERSION MATRICES	
Box's M =	97.26948
F WITH (75,71021) DF =	1.23900, p = 0.079
CHI-SQUARE WITH 75 DF =	93.02809, p = 0.078

(4) 상호결합효과

〈결과 3〉은 상호결합효과의 결과를 보여주고 있다. Pillais, Hotellings, 그리고 Wilks 검정
에서 관찰된 모든 유의수준값들은 유의도 0.05보다 큼을 볼 수 있다. 이는 상용여행객 형태와 소
득수준 변수의 상호결합효과가 없다는 귀무가설(H1o)을 기각하지 못하게 됨을 의미한다. 따라서
호텔 서비스 사용희망 정도에 대한 두 독립변수의 상호결합효과는 없음을 알 수 있다.

다변량 검증결과가 유의하지 않게 나타났으므로 〈결과 3〉에 있는 일변량 분석결과(각 종속변
수별로 상호결합효과가 있는지에 대한 결과)들을 볼 필요가 없게 되었다.

〈결과 3〉 ANALYSIS OF VARIANCE

EFFECT .. 상용여행객 형태 BY 소득수준
MULTIVARIATE TESTS OF SIGNIFICANCE (S=2, M=1, N=172 1/2)

Test Name	Value	Approximate F	Degrees of Freedom		Significance
			Between Group	Within Group	of F statistics
Pillai's	.02365	.83296	10	696	.597
Hotellings	.02402	.83103	10	692	.599
Wilks	.97645	.83200	10	694	.598
Roys	.01814				

UNIVARIATE F-TESTS WITH (2, 351) Degrees of Freedom

Variable	Between-Groups Sum of Squares	Within-Groups Sum of Squares	Between-G. Mean Square	Within-G. Mean Square	F Statistics	Significance
S1	3.15598	606.31751	1.57799	1.72740	.91351	.402
S2	4.01044	513.47026	2.00522	1.46288	1.37074	.255
S3	1.09352	515.84771	.54676	1.46965	.37203	.690
S4	7.75433	557.61410	3.87717	1.58864	2.44055	.089
S5	.29729	321.63268	.14864	.91633	.16222	.850

참고 : S1 : 객실 내 미니-바, S2 : 실내자판기, S3 : 회의실, S4 : 팩스, S5 : 호텔 레스토랑

(5) 소득수준의 주효과

상용여행자 구분과 소득수준간의 상호결합효과가 유의하지 않음으로 호텔 서비스 사용희망정도에 대한 상용여행자 구분의 효과를 통제한 상태에서 소득수준의 주 효과를 볼 수 있다. 3가지 검정에서 측정된 유의수준들은 유의도 0.05보다 작음을 볼 수 있다(결과 4). 따라서 귀무가설(H3o)은 기각된다. 즉 소득수준별 세 집단은 5개 호텔서비스들의 사용희망정도에 있어서 차이를 보인다는 것을 의미하고 있다. 구체적으로 어떤 집단 간에 차이가 있는지를 알기 위해서는 사후검정(post-hoc test)을 실시하여야만 한다.

종속변수들 중 객실 미니-바의 사용희망정도가 집단 간 호텔 서비스 이용희망정도 차이에 가장 중요한 역할을 하는 변수임을 알 수 있다. 그 다음으로는 호텔 레스토랑과 팩스기기의 이용희망정도를 들 수 있다. 한편 실내 자판기 및 회의실 변수들은 집단 간 차이에 유의한 영향력을 미치지 못하고 있음을 알 수 있다.

〈결과 4〉 ANALYSIS OF VARIANCE

EFFECT .. 소득수준
MULTIVARIATE TESTS OF SIGNIFICANCE (S=2, M=1, N=172 1/2)

Test Name	Value	Approximate F	Degrees of Freedom		Significance
			Between Group	Within Group	of F statistics
Pillai's	.10760	3.95754	10	696	.000
Hotellings	.11409	3.94742	10	692	.000
Wilks	.89514	3.95250	10	694	.000
Roy's	.06623				

UNIVARIATE F-TESTS WITH (2, 351) Degrees of Freedom

Variable	Between-Groups Sum of Squares	Within-Groups Sum of Squares	Between-G. Mean Square	Within-G. Mean Square	F Statistics	Significance
S1	20.64987	606.31751	10.32493	1.72740	5.97715	.003
S2	6.89308	513.47026	3.44654	1.46288	2.35600	.096
S3	3.54587	515.84771	1.77294	1.46965	1.20637	.301
S4	9.99687	557.61410	4.99843	1.58864	3.14635	.044
S5	6.61428	321.63268	3.30714	.91633	3.60910	.028

참고 : S1 : 객실 내 미니-바, S2 : 실내자판기, S3 : 회의실, S4 : 팩스, S5 : 호텔 레스토랑

(6) 상용여행객의 형태변수의 주효과

다변량 검정에 의해 측정된 유의수준값들은 모두 0.05보다 큼으로 귀무가설(H2o)을 기각하는
데 실패하였다(결과 5). 따라서 상용여행을 자주 하는 집단과 별로 하지 않는 집단 간에 5개의 호
텔 서비스에 대한 전체적인 이용희망 정도에는 유의적인 차이가 없다고 할 수 있다.

〈결과 5〉 ANALYSIS OF VARIANCE

EFFECT .. 상용여행객 형태
MULTIVARIATE TESTS OF SIGNIFICANCE (S=2, M=1, N=172 1/2)
MULTIVARIATE TESTS OF SIGNIFICANCE (S=2, M=1, N=172 1/2)

Test Name	Value	Approximate F	Degrees of Freedom		Significance
			Between Group	Within Group	of F statistics
Pillai's	.02363	1.67936	5	347	.139
Hotellings	.02420	1.67936	5	347	.139
Wilks	.97637	1.67936	5	347	.139
Roy's	.02363				

UNIVARIATE F−TESTS WITH (1, 351) Degrees of Freedom

Variable	Between−Groups Sum of Squares	Within−Groups Sum of Squares	Between−G. Mean Square	Within−G. Mean Square	F Statistics	Significance
S1	2.48988	606.31751	2.48988	1.72740	1.44140	.231
S2	.04991	513.47026	.04991	1.46288	.03411	.854
S3	.10430	515.84771	.10430	1.46965	.07097	.790
S4	7.36774	557.61410	7.36774	1.58864	4.63775	.032
S5	.09590	321.63268	.09590	.91633	.10465	.747

참고 : S1 : 객실 내 미니−바, S2 : 실내자판기, S3 : 회의실, S4 : 팩스, S5 : 호텔 레스토랑

(7) 결론

5개의 호텔 서비스들 이용희망 정도에 있어서 상용여행을 자주 하는 자들이나 그렇지 못한 자들간에 어떠한 유의적인 차이는 없었다. 반면에 소득수준과 서비스 이용희망 정도에는 유의적인 관계가 있었다. 상용여행을 자주 하는 자이든 자주 하지 않는 자이든지 간에 고소득을 가진 사람들은 객실 미니−바나 팩스기기를 중·저소득자들보다 더 많이 사용하고자 하였다. 호텔 레스토랑 서비스의 경우에는 중소득층에 속하는 자들이 가장 많이 이용하고자 하며, 그 다음은 고소득층에 속하는 사람들이었다.

요약

다변량 분산분석의 목적은 첫째, 일련의 상관관계가 있는 종속변수군과 1개 혹은 그 이상의 범주형 변수들과의 관계에 대한 가설을 검정하는 데 있으며, 둘째, 종속변수군에서 집단들 간의 차이에 기여하는 종속변수들을 파악하는데 있다고 할 수 있다.

종속변수에 대한 실험변수의 집단별 차이는 단지 하나의 종속변수를 사용할 경우에 가장 분명하게 분석할 수 있을 것이라는 생각은 현실적이지 못하다라고 할 수 있다. 불행히도 많은 연구가들이 아직도 여러 종속변수를 다루는 분석상황에서 각 종속변수에 대해서 일변량 분석기법(분산분석 혹은 t − 검증)을 반복적으로 사용하는 경우들을 볼 수 있다. 이 경우 제1종 오류의 크기를 증가시키는 우를 범할 수 있을 뿐만 아니라, 종속변수들의 결합값을 사용함으로 집단 간 차이를 명확히 밝혀줄 수 있는 가능성을 배제한다는 점을 문제점으로 들 수 있다. 그러나 다변량 분산분석의 적절한 활용은 이러한 문제점들을 해결해 준다.

용/어/정/리

- **analysis of variance, ANOVA (분산분석)** : 두 개 이상의 모집단의 평균을 비교하는 절차이다. 분산분석이 1개의 종속변수를 다루는 데 반해 다변량 분산분석(MANOVA)은 복수의 종속변수를 다룬다.

- **factor (인자)** : 실험계획에서 계량적 종속변수는 반응변수(response variable)라고 부르고 범주형 독립변수는 인자(factor)라고 한다. 인자를 실험변수라고도 부른다.

- **Factorial design(요인설계)** : 두 개 이상의 인자(factor)로 설계되어진 경우를 말한다. 두 개의 인자로 설계된 경우에는 2원배치 분산분석이라고 부른다. 다양한 실험변수(인자)들의 차원 (집단) 들이 만들어 낼 수 있는 모든 가능한 조합에 기초하여 여러 인자들의 효과를 동시에 분석하고 있다.

- **Hotelling's T^2** : 종속변수군에 대하여 두 집단 간의 유의적인 평균차이를 분석하는 테스트이다. 이는 다변량 분산분석의 한 특수한 경우로써 한 개의 실험변수가 단지 2개의 차원(집단)을 가지는 경우에 적용된다.

- **interaction effect (상호작용효과)** : 2개의 실험변수(독립변수)가 사용되는 factorial 설계에서 종속변수(군)에 대한 개별변수의 주효과 외에 두 변수의 결합효과를 말한다. 이는 한 실험변수의 차원(집단)들 평균값 차이는 두 번째 실험변수의 차원에 의존한다는 것을 의미한다.

- **main effect (주효과)** : factorial 디자인에서 각 실험변수가 독립적으로 종속변수에 미치는 효과를 말한다.

- **post hoc test (사후검증)** : 3개 이상의 차원(집단)으로 구성되는 실험변수(독립변수)가 종속변수(군)에 미치는 주효과를 보고 난 후에 구체적으로 집단 상호간 차이를 알기 위해 행하는 통계분석이다.

- **significance level (유의수준)** : 제1종 오류를 범하는 최대확률을 말하며 이를 통상 α로 표기한다. 통상적으로 유의수준 α의 크기로는 0.01, 0.05 등의 값들이 사용되나 사회과학에서는 0.05가 흔히 사용되고 있다.

- **t − test (t − 검정)** : 한 개의 종속변수에 대해서 두 표본 평균값 간의 유의적인 차이를 분석하기 위한 검증을 말한다. 이는 분산분석의 한 경우로써 한 개의 실험변수에 2개의 차원(집단)을 가지는 경우이다.

- **type I error, type II error (제1종 오류와 제2종 오류)** : 귀무가설이 참일 때 귀무가설을 기각하는 것을 제1종 오류라고 한다. 반면에 귀무가설이 거짓일 때, 즉 대립가설이 참일 때 귀무가설을 채택하는 것을 제2종 오류라고 한다.

사 례

사례를 통해 본 다변량분석의 이해

관광학에서 다변량 분산분석을 이용한 사례

Source : 고동우(2005). 축제 방문자의 내생적 체험과 외생적 체험 비교 연구, 『관광·레저연구』, 17(4) : 45~64.

축제 방문자의 내생적 체험과 외생적 체험 비교 연구:[*]
이중통로 여가체험모형을 중심으로

Differences of Endogenous Experience and Exogenous Experience with a Planned Festival

고 동 우[**]

Ko, Dong-Woo

Abstract

This study was to identify the different psychological mechanisms of dual experiential paths with a planned festival. Based on the dual paths experiences model, it was to confirm the fact that overall satisfaction is different from the revisit intention and recommendation. It surveyed the sample of 246 people who were visitors to a small planned festival, '1st Bohyunsan Stars Fest' held in GyoungBuk. Self-determination and dual paths experiences were considered independent variables respectively for the 4 kinds of dependents, overall satisfaction, revisit intention, recommendation intention, and evaluation score of the fest. As results, interaction effects of the self-determination and dual paths experiences were found on the 2 dependents, revisit and recommendation intention. These results mean that dual experiences paths model is valid as the anticipated.

주제어 : 계획된 축제(planned festival), 이중통로 여가체험모형(dual paths leisure experiences model), 내생적(endogenous), 외생적(exogenous), 내재적 동기(intrinsic motivation)

* 이 논문은 2004학년도 대구대학교 학술연구비 지원에 의한 논문임.
** 대구대학교 관광학부 조교수, 연구 관심 분야: 여가관광심리. e-mail: dwko@daegu.ac.kr

I. 연구 목적 및 필요성

국내의 경우 크고 작은 기획축제는 약 1000여종이 넘는 것으로 추산되고 있으며, 많은 종류가 지방자치단체에서 관광 상품의 일환으로 기획한 경우이다. 이러한 이유 때문에 축제를 체계적으로 평가할 필요가 있으며, 실제로 축제 참여자의 서비스 품질 지각, 만족도, 지출행동, 참여 동기 등에 대한 많은 연구들이 진행되어 왔다. 거시적 수준의 경제적 측면에서 기획 축제를 진단하고자 하였던 연구도 있고(변우희, 2003; 이충기, 1999; Leones, Colby, & Crandall, 1998; Long & Perdue, 1990; Uysal & Gitelson, 1994; Walo, Bull, & Breen, 1996), 축제 이미지 진단 연구(전재균, 2002; 이장주·박석희, 1999)와 여가 경험으로서 축제 체험에 대한 연구(고동우, 19990)나 참여 동기와 만족도 측정을 통한 축제 평가 연구(이정실·양일용, 2003; 이충기·이태희, 2000; 차동욱, 2004; Mohr, Backman, Gahan, & Backman, 1993; Uysal, Gahan, & Martin, 1993)등이 있었다.

이들 축제 연구를 포함해 모든 소비자 행동 연구에서 이용 경험(experience)이 얼마나 긍정적이냐 하는 것이 사후 만족과 같은 후속 태도를 결정하는 것으로 가정되고 있다. 이러한 논리는 관광 행동 분야에서도 다르지 않다. 그러나 경험이라는 과정이 역동성과 지속성을 지닌다는 점에서 경험적 자료를 통해 그것의 복잡한 영향력을 확인하는 것은 결코 쉽지 않다. 경험이란 사전 동기나 기대에서 사후 평가에 이르기까지 일련의 과정을 내포하는 표현이고, 간접경험과 같은 말도 포함하는 의미가 있기 때문이다. 특히 축제나 관광 같은 여가 활동을 이해하는데 있어서 경험은 현장 체험(onsite experience) 과정을 포함하고 있으며, 서비스 수행이 발생하는 장면에서는 종종 수행(perceived performance)이라는 용어로 다루기도 하였다. 즉 관광경험은 "현장체험(즉, 수행) – 만족 – 재방문 및 추천행동"으로 이어지는 일련의 직선적 과정에 대해서는 대부분이 동의하고 있다(고동우, 1998a). 또한 이러한 가정 때문에 많은 관광 전략에서 관광자의 만족과 같은 긍정적인 사후 평가를 유도하는 것이 가장 중요한 것으로 간주하게 된다. 이러한 가정은 이론적으로 인지 일관성 패러다임(cognitive consistency paradigm)을 따르는 것으로 간주되며, 현장 체험은 단지 하나의 포괄적인 변수로 처리되는 경향이 있다. 몇몇 예외적인 연구들은 이러한 직선 모형이 지나치게 인지일관성 패러다임(cognitive consistency)에 단순히 의지하고 있다고 비판한다(Geva & Goldman, 1991). 사회심리학의 인지부조화 이론이 적용되는 사례도 충분히 보고되고 있고, 체험의 맥락이 사후 태도를 결정할 것이라는 사회심리학의 연구들도 있었다(Kruglanski, 1975). 특히 내생적-외생적 체험(endogenous-exogenous experience)을 구분하여 내재적 동기(intrinsic motivation)가 어떻게 달라지는지를 보고한 Kruglanski(1975)의 연구는 활동의 주제가 분명한 관광 장면에 적용하기 쉽다고 평가된다(고동우, 1998a,b).

특히 여가행동을 이해하는 데 있어서, 인간의 자발성이라는 전제의 합치로 인해 가장 유용하게 적용 가능한 이론은 내재적 동기론으로 알려져 있다(Neulinger, 1975, 1981). 내재적 동기이론을 집대성한 Deci와 Ryan(1985, 1991)은 여가 장면과 같은 자발적 상황에서 개인의 체험은 최소한 두 가지가 있다고 주장하였다. 첫째는 내재적 보상 체험이고 둘째는 외재적 보상 체험이다. 유사하긴 하나 약간 다른 관점에서 접근한 Kruglanski(1975)도 내생적 체험과 외생적 체험으로 이를 구분하였으며, 두 가지 체험은 보상으로서 기제가 서로 다르다고 알려져 있다. 이러한 주장은 국내에서 고동우(2002)에 의해 '이중통로 여가체험 모형'으로 다시 정리되었으며 특히 축제나 관광 같은 여가 장면에서 검증할 필요가 있다.

결국, 전통적인 인지일관성 패러다임이 설명하지 못하는 비일관적 사후 행동을 이해하기 위해서는 다른 관점의 모형이 요구된다. 특히 기획축제와 같이 주제가 분명한 관광 장면을 일반적인 기대-수행이나 만족 등의 개념으로 이해하는 것은 한계가 있으며 대안 모형을 적용하여 이를 탐색할 필요가 있다. 따라서 본 연구에서는 이중통로 여가체험 모형을 적용하여 주제가 분명한 기획축제 방문자의 체험 통로에 따라 후속 태도가 어떻게 달라지는지를 확인하고자 하였다.

II. 이론적 배경

1. 사후 태도의 개념

전통적으로 관광 행동 연구에서 가장 중요하게 다루어 온 주제는 만족과 같은 사후 태도 개념이다. 관광만족, 재방문의도, 추천의도 등은 가장 대표적인 사후 태도 개념들이며 학자에 따라서 이를 동일한 구성개념의 하위요소로 간주하기도 하고 각각을 별개의 개념으로 설정하기도 한다. 관광자 만족에 대한 가장 포괄적이고 보편적인 정의는 Lounsbury와 Polik(1992)의 연구에서 볼 수 있다. 이들에 따르면, 관광자 만족은 '관광자 자신이 관광 체험 총체에 대한 사후 이미지를 평가하는 것으로서 관광 체험 총체에 대한 일종의 태도'로 정의된다. 전반적 평가 개념으로서 만족에 대한 이러한 정의는 사실 소비자 행동 연구의 관점과 다른 것이 아니다. 그러나 구체적인 측정 수준에서 만족 개념은 연구 상황에 따라 몇 가지 종류로 나누어진다.

첫째는 관광만족을 사전 기대의 충족 정도로 이해하는 경우인데 이들은 대개 기대의 각 차원별로 그러한 기대가 충족된 정도로 평가한다(김인호, 1993; Oliver, 1977; Ross, 1993). 예를 들어 "제주도의 지역 문화에 대한 기대는 관광하는 동안 얼마나 충족되었는지?"의 정도로 평가한다. 그러나 이러한 관점은 사전기대가 현지 체험 동안에도 변하지 않고, 새로운 기대 또한 만들어지지 않는다는 가정이 가능해야만 실현될 수 있다.

둘째 방법 역시 사전기대-수행의 관점을 따르고 있는데 다만 측정 방식에 있어서 기대 점수와 수행 점수를 각각 도출하여 그것을 비교한 수치를 독립변수로 놓고 전반적 만족 평가를 예측하는 방식이다. 물론 전반적 만족은 전통적인 소비자 행동 연구와 다르지 않으며 대개 "일반적으로 보아서 당신은 이번 여행에 대해 얼마나 만족하는가"의 정도로 측정한다(Maddox, 1985;

Mazursky, 1989).

그러나 이 두 가지 관점의 문제는 사전기대가 수정되거나 새로운 기대가 만들어진다면 최종적인 만족은 사전기대의 충족으로 가정할 수 없다는 데 있다. 실제로 관광과 같은 여가 장면에서 비교적 긴 여정 동안에 많은 환경과 상호작용하여야 하는 조건이 전제되기 때문에 기대-수행 패러다임은 한계를 지닐 수밖에 없다. 이러한 지적은 역동적인 체험 환경이 조성되는 기획축제의 경우에도 그대로 적용될 것이다.

셋째, 관광지의 속성별 만족도를 측정하여 이를 총합하는 방식의 접근이다. 이러한 관점은 관광학 연구 초기부터 나온 것으로서 아마도 Pizam, Neuman & Reichel(1978)이 처음일 것이다. 이러한 관점은 관광지의 속성별 수행 수준이 전반적 만족의 일부로 작용한다는 가정을 하고 있으며, 속성의 종류에 따라 만족을 구분할 수 있다는 점에서 의의가 있다(고동우, 1998b). 그러나 속성만족도를 곧 전반적 만족으로 보아야 하는지 혹은 전반적 만족의 선행변수인지 여부는 여전히 논란거리이다.

넷째 방식은 가장 포괄적인 접근양식인데, 재방문의도나 추천의도 같은 개념에 이미 만족의 정도가 반영된다는 가정 아래 이들 여러 개념을 하나로 묶어서 전반적 관광만족으로 측정하는 방식이다(Moscardo & Pearce, 1986; Stewart & Hull Ⅳ, 1992). 그러나 이들 재방문의도나 추천의도의 개념이 만족이라는 감정상태의 영향을 받는다고 하더라도 만족과 동일시할 수 있느냐 하는 점은 여전히 논란이 된다. 만약 내용이 본질적으로 다르다면 이들 개념은 각기 다른 방식으로 측정되어야 할 것이다. 실제로 관광행동 연구에서 재방문의도나 만족은 서로 다른 기제에 의해 결정될 수 있다는 결과가 보고되고 있다(고동우, 1998b; Geva & Goldman, 1991). 다시 말해 관광자가 관광행동에 대해 만족한다고 응답하더라도 재방문의도와 추천의도는 낮을 수 있다.

이러한 주장의 근거로서 최소한 두 가지 주장이 존재한다. 하나는 인지부조화의 해결 결과로서 만족 반응이 유도된다면 이러한 만족은 자기 정당화(justification)에 의한 가상 만족(pseudo satisfaction)에 불과하며 이 경우 만족은 재방문의도를 유발하지 못한다는 것이다(Geva & Goldman, 1991). 둘째는 내재적 동기론의 관점에서, 사후 만족은 참여한 활동의 체험 및 결과에 대한 감정 평가인 반면, 재방문의도나 추천의도는 해당 활동에 대한 흥미(interest)의 수준을 의미한다는 것이다. 실제로 내재적 동기에 관련된 많은 실험연구들은 경험한 활동에 대한 흥미수준을 재참여의도로 측정한다(Deci & Ryan, 1985). 결국 기획축제의 경험 수준을 평가하는데 있어서 만족, 재방문의도 및 추천의도와 같은 사후 태도의 개념은 각각 개별적으로 설정하여 측정할 필요가 있을 뿐 아니라 그것의 결정기제가 어떻게 다른지를 경험적으로 확인할 필요가 있다.

2. 두 가지 체험 통로: 내생적 체험과 외생적 체험

축제를 포함한 여가 장면에서, 사후 태도의 개념이 다양할 수 있다는 주장은 곧 그것을 유도하는 기제(mechanism)에 대한 부연 설명을 요구한다. 전통적으로 사후 평가는 기대-체험(수행) 일치의 패러다임에 의존하여 왔다. 그러나 이미 언급한 것처럼 사전기대가 역동성을 지닌 채 변한다면, 체험 도중에 새로운 기대가 유발된다면, 혹은 준비 안 된 욕구가 새롭게 활성화되고 나아가 예상치 못했던 환경과의 상호작용 하에서 현지 체험이 이루어진다면, 사전 기대는 더 이상 사후 평가의 선행 요인으로 의미가 없을 것이다. 이러한 지적은 관광을 포함한 여가 체험이 단 한 가지 종류의 활동만으로 이루어지는 것이 아니며 따라서 체험의 맥락 역시 매우 다양하게 얽혀 있다는 사실로부터 타당한 추론이 될 수 있다.

고동우(1998b)는 관광체험이 맥락에 따라 관광지 관련 체험과 관광지 비관련 체험으로 나누어진다고 보고 각각 사후태도에 미치는 영향이 다르다는 사실을 검증하였다. 그의 연구는 부분상관계수의 차이를 비교하는 방식이었다. 이러한 연구의 배경에는 Kruglanski(1975)가 검증하고 제안한 내생적-외생적 귀인이론(endogenous- exogenous attribution theory)이 있다. 이에 따르면, 어떤 활동을 하는 동안 보상을 받게 될 때(즉, 현장 체험), 그 보상이 수행 중인 활동의 속성으로 지각되면(즉 내생적 체험) 그 활동에 대한 흥미가(즉 내재적 동기) 좋아지는 반면, 활동과 관계없는 속성으로 지각되면(즉, 외생적 체험) 그 보상은 개인의 활동 흥미를 오히려 감소시킨다는 것이다. 예를 들어 증권놀이를 하는 학생들에게 과제에 성공하면 돈을 주는 경우, 돈은 증권과 관련된 내생적 보상이므로 향후 그 놀이에 대한 흥미를 증가시킨다. 반대로 나무토막 쌓기 놀이를 하는 이들에게 성공하면 돈을 주는 것은 외생적 보상이 된다. 각각 보상이 없는 조건이나 외생적 보상이 주어지는 조건에 비해 내생적 보상이 주어지는 경우 그 활동에 대한 흥미 즉 내재적 동기가 증가하는 결과를 확인하였다(Kruglanski, 1975).

이러한 주장은 여가 활동의 체험 통로가 최소한 두 가지로 나누어진다는 것을 의미한다. 하나는 여가활동의 핵심 주제를 처리하는 내생적 체험과정인 중심통로이며 다른 하나는 여가활동과 관련 없는 주제를 처리하는 외생적 체험과정인 주변 통로가 될 수 있다. 이러한 논리에 근거하여 최근 고동우(2002)는 이중통로 여가체험 모형을 제안하였다. 이중통로 여가체험 모형의 또 다른 이론적 근거는 내재적 동기 이론(intrinsic motivation theory: Deci & Ryan, 1985)이다. 따라서 내재적 동기이론에 관해 중요한 내용을 살펴볼 필요가 있다.

여기서 말하는 내재적 동기란 두 가지 조건을 갖춘 경우를 말한다. 첫째는 자기결정성(self-determination)의 확보이며 둘째는 내재적 보상추구(seeking intrinsic rewards)의 정도이다. 학자에 따라서 이 두 가지 조건을 상호연계된 것으로 보기도 하고 상호 독립적인 것으로 간주하기도 한다. 심리학의 영역에서 동기론을 연구하여 왔던 Deci와 Ryan(1985)은 상호연계된 것으로 이들 개념을 설정하였으며 자기결정감이 전제된 조건에서 내재적 보상추구의 활성화가 가능하다고 보았다. 그러나 여가심리학의 개척자로 알려진 Neulinger(1981)는 여가 개념에 대한 심리학적 정의를 내리면서 이 두 가지 차원이 각각 독립적인 기준으로 설정되어야 한다고 주장하였다. 그는 내재적 보상 추구를 곧 내재적 동기라고 규정하였으며, 자기결정성(즉, 지각된 자유감)은 별개의 조건으로 간주하였다. Neulinger(1981)에 따르면 이 두 가지 조건이 충족된 상황의 경험을 순수여가(pure leisure)라고 규정하고, 둘 중 하나만 충족된 조건은 각각 leisure-work 과 pure work 이라고 분류하였다. 그러므로 두 가지 기준이 상호 독립적이냐 아니면 연계적이냐 하는 것은 논란이 될 수 있다. 이와 관련한 논란은 본 연구의 범위를 벗어난다(관심 있는 독자들은 고동우(2002)의 고찰을 참고할 수 있다.)

그러나 문제는 어떤 여가 활동을 시작하는데 있어서 참여 여부를 자신이 스스로 결정하였는가의 여부(즉, 자기결정성), 그리고 활동 수행 동안 활동의 특징으로부터 유도되는 즉각 체험을 추구하는가의 여부(내재적 보상 추구)가 축제 참여와 같은 여가 활동 장면에서 결정적인 요소로 고려되어야 한다는 점이다. 내재적 동기이론을 적용하여 이해하면, 특히 축제와 같은 여가 상황에서 내재적 보상이 되는 체험은 축제의 고유한 주제에 관련된 체험이며, 그러한 고유성 체험을 추구하는 것이 그 축제에 대한 내재적 동기의 정도를 가늠할 것이다. 역으로 축제에 직접적으로 관련이 없는 주변 상황에 대한 지각 체험은 그야말로 외생적 주변체험에 불과할 수 있다. 고동우(2002)의 이중통로 여가체험모형은 바로 이러한 논리에 근거하고 있다. 이 모형은 여가 활동의 과정에서 현장 체험은 두 가지의 체험 통로를 통해 지각되며, 각각 중심통로와 주변통로로 간주될 수 있다고 본다. 그리고 두 가지 통로의 기제는 각각 달라서 해당 여가활동(예, 축제)의 고유한 특징에 대한 체험은 내생적 체험(endogenous)이 되지만 주변상황에 대한 지각은 외생적 체험(exogenous)이 된다. 다시 말해 자발적 의사에 의해 시작한 여가 활동에서 사람들은 누구나 그 활동의 중심 주제와 관련된 자극에 매력을 느끼지만 그러한 자극이 충분하지 않다면 활동의 주변적인 자극에서 매력을 느끼고자 할 것이다. 중심 자극에 대한 체험이 긍정적이면 이는 강한 내재적 보상으로 작용하고 따라서 전통적인 내재적 동기론의 예상처럼 그 활동에 대한 내재적 동기(흥미)를 강화시킬 것이다. 그러나 반대로 중심 체험이 없거나 약하고, 주변 체험이 내재적 보상이 되면, 초기의 내재적 동기는 약해지거나 유지될 것이며, 만약 중심 체험이나 주변 체험 모두를 느끼지 못한다면 오히려 초기 내재적 동기는 약해질 것이라고 보았다.

이러한 논리를 주제가 분명한 기획 축제 장면에 적용하면, 축제의 주제와 관련된 고유성 체험은 내생적인 것으로 내재적 보상으로 작용하여 사후 축제에 대한 내재적 동기(흥미)를 강화시킬 것이며, 주변체험만 느끼는 경우 그것은 외생적인 것이므로 상대적으로 초기 내재적 동기에 대한 심리적 보상이 약할 것이며, 아무런 긍정적 체험을 얻지 못하는 경우에는 내재적 동기가 완전히 사라질 가능성이 있다.

다만 Deci와 Ryan(1985), Neulinger(1981)가 주장했던 것처럼 내재적 동기의 기제는 자기결정성에 의해 달라질 수 있다. 만약 Deci와 Ryan(1985)의 이론처럼 자기결정성이 내재적 동기의 전제조건이 된다면 자기 결정성은 이중통로의 기제를 조절하는 역할을 할 수 있을 것이다. 다시 말해 자기결정성이 전제된 경우 내재적 동기 수준이 강할 것이기 때문에 중심통로를 통한 내재적 보상(즉, 내생적 체험)이 재방문의도와 같은 사후 흥미에 미치는 영향은 자기결정성이 낮은 경우에 비해 더 클 것이다. 반대로 주변통로를 통한 외생적 체험이 사후 흥미에 미치는 영향은 자기결정성이 낮은 경우에 더 클 것이다.

3. 연구가설

이상의 논리를 따르면 기획축제 방문자에게 적용하면 다음과 같은 가설이 추론 가능하다. 일반적인 수준에서 기획축제의 핵심 주제에 관련된 고유성 체험을 강하게 하는 경우 그것은 사후 태도에 긍정적인 영향을 미칠 것이며, 그것의 영향력은 주제와 직접 관련이 없는 주변 속성에 대한 긍정적 체험의 영향력보다 클 것이다. 즉 만족, 재방문의도, 추천의도 등 사후 평가 변수를 결정하는 축제 체험은 주변 체험보다 중심체험의 강도라고 볼 수 있다. 따라서 다음과 같은 가설이 가능하다.

가설1. 해당 축제의 주제에 관련된 고유성 체험을 하는 중심통로 체험자의 축제평가가 주변 통로 체험자의 축제평가에 비해 높을 것이다. 축제 평가 변수는 각각 축제만족, 재방문의도, 추천의도 및 축제 평점 등이다.

한편 중심통로 경험자가 주변 통로 경험자에 비해 해당 축제를 더 긍정적으로 평가하는 경향은 자기결정성의 조건에 의해 달라질 것이다. 내재적 동기론에 의하면 자기 결정은 내재적 보상추구의 전제조건이거나 독립적인 조절변수가 된다. 즉 자기결정성의 수준에 따라 중심체험과 주변체험의 내재적 보상 효과는 다르다고 추론할 수 있다. 그러나 그러한 보상은 다시 초기의 흥미수준에 영향을 미친다는 점에서, 자기결정성과 체험통로의 상호작용 교화는 활동에 대한 흥미 정도를 반영하는 재방문의도나 추천의도에서 분명하게 나타날 것이다. 반면, 흥미만이 아니라 감정 반응을 의미하는 전반적 만족의 경우는 두 가지 변수의 상호작용 효과를 가늠하기 어렵다. 왜냐하면 전반적 만족의 결정요인은 상황마다 다를 것이기 때문이다. 따라서 다음과 같은 가설이 가능하다.

가설2. 자기결정성이 약한 조건보다 강한 조건에서, 기획축제의 핵심 주제에 관련된 고유성 체험을 하는 중심통로 경험자의 방문자가 주변 통로 경험자에 비해 해당 축제를 더 많은 흥미(즉, 재방문의도와 추천의도)를 보일 것이다.

Ⅲ. 연구 방법

1. 조사대상자 및 축제

이상의 연구 가설을 확인하기 위하여 2004년 5월 영천시 보현산 자락에서 진행된 "제1회 보현산 별빛문화축제"를 방문한 500명을 조사하였다. 별빛문화축제는 다른 종류의 이벤트에 비해 주제가 분명하고 한정된 공간에서 다양한 프로그램이 진행되었다는 점에서 본 연구의 주제와 잘 맞는 것으로 판단된다. 모든 조사는 축제의 자원봉사자 50명으로 하여금 축제 기간 중 귀가하는 방문자를 주차장에서 편의 조사하는 방식으로 이루어졌다. 조사 대상자 500명 중 불성실응답자 및 인근지역 방문자(영천시 거주자)를 제외하고 246명의 자료를 본 연구에서 분석하였다. 지역주민의 경우 순수 축제 방문자라고 보기 어렵다고 판단했다.

2. 측정변수 및 설문지

본 연구에서 핵심적으로 고려되는 변수는 자기결정성, 축제 체험, 그리고 사후 평가 변수들이다. 사후 평가변수들로는 전반적 축제만족, 재방문의도, 추천의도 및 축제 평점 등을 활용하였다. 일단 축제를 방문한 사람들은 축제에 대하여 흥미를 지닌 상태에서 방문한 것이라고 가정할 수 있기 때문에, 초기의 내재적 동기를 따로 측정하지는 않았다. 다만 조절변수이자 내재적 동기의 전제가 되는 자기 결정의 수준을 가늠할 수 있을 것이다.

여기서 '자기결정성'을 '축제장을 방문하기로 스스로 결정한 정도'로 조작적 정의하고, 이의 측정은 "이 축제에 참여하기로 결정할 때 가장 큰 영향력을 행사한 사람은 누구입니까?"라는 질문에 대해 4가지 응답 보기를 제시하여 하나를 고르게 하는 방법으로 시행하였다. 4가지 보기는 각각 ① 내 자신, ② 나를 포함한 동료들의 의견수렴, ③ 내 의견보다는 다른 동료들의 의견, ④ 기타 등이었다. 나중의 분석에서 '기타' 응답자는 극소수(9명)이었다. 따라서 이들 응답자는 ③번 항목에 포함하여 분석하였다. 여기서 ①번 항목은 주도적인 자기결정성이 높은 편, ②번 항목은 자기결정성이 어느 정도 있는 수준 그리고 ③번 및 ④번 항목은 자기결정성이 낮은 수준으로 간주하였다.

축제 체험 변수는 '축제를 통해 느끼는 주관적인 다양한 느낌'을 반영하며, 체험의 종류로서 중심체험과 주변체험으로 구분하였다. 중심체험은 축제의 본질을 반영하는 고유성과 대동성을 고려하였고, 주변체험은 축제장소나 시기 등의 물리적 조건에 대한 지각 및 물가나 기념품 등 소비행위의 조건을 고려하였다. 중심체험 척도는 다분히 축제의 본질과 관련된 내용이고 주변체험 문항은 서비스 측면이 강한 것으로 간주되었다. 따라서 이들 측면을 유사하게 고려한 고동우(1999)의 축제 체험 척도를 활용하여 초기 근거 문항(5점 리커트형)으로 삼았다. 나중에 이들 문항을 요인분석하여 4개의 요인으로 구분되는지를 확인하였으며 4개요인의 표준 점수(factor score)를 근거로 군집분석을 수행하였다. 군집분석 결과 모든 응답자는 중심체험 집단과 주변체험 집단으로 구분하는 것이 타당했다(결과 참고).

사후 평가의 개념은 각각 전반적 축제 만족, 재방문의도, 추천의도 및 축제평점이다. 각각이 의미 차이가 있으므로 여기서는 개별적으로 측정하였다. 전반적 만족의 경우 '이번 축제에 대하여 전반적으로 만족하는 정도'와 '불만의 정도'(역전문항)를 각각 측정한 다음 두 개 문항 응답치를 평균하였고, 재방문의도는 '기회가 된다면 다음번에도 이 축제를 보러 오겠다'는 문항에 대해 동의하는 정도로 측정하였다. 추천의도는 '다른 사람에게 이 축제를 한 번 보도록 권유할 의지'로 조작적 정의하였으며, 한 문항으로 측정하였다. 이들 세 가지 변수 측정의 문항은 각각 5점 리커트형 척도로 구성하였다. 축제 평점은 '이 축제의 성공 정도에 대한 평가'로 조작적 정의하고, '100점 만점에 이 축제를 평가하라'는 개방형 질문으로 측정하였다. 그 외에 표본의 분포를 확인하기 위하여 성별, 나이, 거주지 등 인구통계학적 질문들을 포함하였다. 설문지는 지시문을 포함하여 모두 3쪽으로 구성되었다.

Ⅳ. 분석결과

1. 표본의 인구통계적 특징

246명의 자료를 분석한 결과는 〈표 1〉에 제시하였다. 남자에 비해 여자가 다소 많았고, 평균연령은 32세 정도였다. 축제의 성격상 미혼자보다는 기혼자가 더 많았으며 특히 자녀를 동반한 경우가 많았다. 이는 이 축제가 천문 혹은 별과 관련된 것에 기인한다고 여겨진다. 축제의 장소인 영천을 제외했음에도 불구하고 비교적 근거리인 대구경북 거주자가 가장 많았다. 이는 이 축제가 처음 열리는 상황에서 홍보가 부족한 이유 때문일 것이다. 학력은 고졸, 대학재학 및 대졸이 절대 다수였다. 이러한 경향은 관광 실태의 현황과 대체로 일치한다. 여행 동료로는 가족동반이 가장 많았고, 친구/애인끼리 온 사람도 많은 편이었다. 응답자의 가정 월소득 수준은 전국평균인 335만원이었으나 편차가 매우 컸다. 최고 소득자는 월5000만이 넘는 경우였다. 나중에 분석할 사후평가 변수들도 평균과 표준편차를 알 수 있다. 축제 평점의 경우 100점 만점에 72점이었다.

2. 축제체험에 따른 집단 구분

축제 체험의 다양한 측면을 고려하여 측정한다고 해도 실제로 응답자들이 이론적인 전제처럼 중심통로 체험자와 주변 통로 체험자로 구분되는지는 여전히 미지수이다. 따라서 여기서는 20문항으로 이루어진 축제체험의 다양한 측면을 고려하여 우선 요인 분석을 수행한 후 이들 탐색된 요인의 표준 점수를 활용하여 체험군이 어떻게 구분되는지를 확인하고자 하였다. 만약 두개의 체험통로를 가정한다면 이론적으로는 최대 4개 집단이 산출될 수 있다. 왜냐하면 A(중심통로체험), B(주변통로 체험) 둘 다가 높은 경우, A B 둘 다 낮은 경우, A〉B 인 경우, 그리고 A〈B인 경우 등이 그것이다. 그러나 실제 응답자료를 가지고 통계적으로 집단이 어떻게 구분되는지를 확인하여야 하며, 여기서는 군집분석을 통해 통계적으로 집단을 세분하기로 했다.

이를 위해 우선 20개 문항에 대한 주성분 분석을 수행하였다. 이 중 두개 이상의 요인에 걸쳐 요인부하가 비슷하게 분포하는 경우와 어느 요인에 포함시키기 어려운 경우 등을 제외하여 요인구조가 비교적 분명하게 해석될 때까지 반복하였다. 고유값, scree plot, 누적설명량 및 해석가능성 등을 두루 고려한 결과 4개 요인의 구조가 적절하다고 판단되었다. 그 결과는 〈표 2〉와 같다.

최종적으로 12개 문항이 남겨졌으며 요인들의 누적설명량은 61.7%였다. 〈표 2〉에서 보는 것처럼 첫 번째 요인은 그 내용 상 축제 주제의 고유한 측면과 관련 문항이었으므로 "고유성 요인"으로 명명하였다. 두 번째는 축제 장소, 시기 및 교통 등을 반영하였으므로 "물리적 조건" 차원으

<표 1> 표본의 인구통계 자료(N=246)

변수/수준		빈도	퍼센트
성별	남	113	45.9
	여	133	54.1
결혼상태	미혼	95	38.6
	기혼	136	55.3
	기타	15	6.1
거주지	대구/경북(영천 외)	201	81.7
	부산/경남권	32	13.4
	서울/경기권	4	1.6
	기타	9	2.8
학력수준	초등졸 이하	11	4.6
	중졸 이하	11	4.6
	고졸 이하	59	23.9
	대학재	64	26.0
	대졸	87	35.4
	대학원졸 이상	9	3.7
	무응답	5	2.0
여행동료	혼자	1	.4
	친구/애인	75	30.5
	가족동반	124	50.4
	직장동료	11	4.5
	친목단체	20	8.1
	기타	15	6.1
만연령 평균(sd)		32.2(10.0)세	
가정월소득 평균(sd)		335.9만원(603만원)	
만족도 평균(sd)		3.58(.89)	
재방문의도 평균(sd)		3.27(.73)	
추천의도 평균(sd)		3.56(.87)	
축제성공도 평균(sd)		72.4(13.3)점	
주. 각 변수별 무응답 있음			

로 간주할 수 있었다. 세 번째는 축제장에서 다른 사람들과 교류하는 측면을 반영하였으므로 "사회교류성"이라고 명명하였다. 다만 이 요인은 처음에 생각했던 것처럼 축제의 대동성을 의미한다기보다 오히려 축제 공급자들과의 교류 내용을 더 많이 담고 있었다. 마지막으로 네 번째는 축제장내 소비 행동의 조건에 해당되었으므로 "소비조건"차원으로 정하였다. 그리고 각각 요인별 내적합치도를 분석한 결과 매우 충족할만한 수준은 아니었으나 대체적으로 탐색적 수준의 척도에서는 받아들일 만 하다고 판단되었다.

〈표 2〉 축제체험 척도 최종 요인분석 결과(n=246)

문항(5점 척도)\요인	F1. 고유성	F2. 물리적 조건	F3. 사회 교류성	F4. 소비조건	h2	Alpha (α)
별빛축제만의 고유한 경험이 가능한 기회였다.	.786				.646	
이번 축제는 다양한 체험을 할 수 있는 기회였다.	.737				.608	
견문을 넓힐 수 있는 기회였다.	.723		.389		.699	.76
관람한 내용은 별빛축제의 취지를 제대로 반영했다	.615			.408	.555	
축제시기는 바람직한 것 같다		.790			.686	
축제장까지 오는 교통상의 불편함은 없었다.		.725			.532	.66
이곳 축제장소는 적당했다		.723			.635	
도우미(자원봉사자)들과 교류기회가 많았다			.793		.666	
함께 온 사람들과 더욱 친해질 수 있었다.			.752		.600	.60
주최측 사람들은 친절했다			.546		.371	
축제장내 물가 수준은 적정했다				.805	.728	
이번 축제장에는 사고 싶은 기념품이 많았다	.337			.749	.677	.63
고유근	2.29	1.81	1.76	1.54		
누적설명량(%)	19.05	34.17	48.83	61.69		

주. 주성분분석. varimax rotated

이 4개 요인별 각 응답자의 요인점수(factor score)를 구하였고, 요인점수에 분류기준으로 삼아 군집분석을 통하여 표본이 어떻게 나누어지는지를 확인하고자 하였다. 이미 언급했던 것처럼 체험과정이 두 가지 통로를 통해 이루어질 경우 이론적으로 설정 가능한 최대의 군집 수는 4개가 된다. 그러나 최소한 1개 집단으로 귀결될 수도 있다. 따라서 여기서는 사전에 군집 수를 2개, 3개, 4개로 고정하여 각각의 결과를 살펴보았다. 그 결과 군집의 중심값(centers) 간 최소거리가 최대인 경우는 2개 집단으로 분류하는 경우였으며 그 거리는 7.57이었다. 3개 집단인 경우 6.295, 4개집단인 경우는 5.325였다. 따라서 여기서는 2개 집단으로 분류하는 것이 타당한 것으로 판단된다. 군집분석 결과는 〈표 3〉과 같다.

〈표 3〉 축제체험에 따른 군집분석 결과 (N=246)

요인(분류변수)	군집(cluster)		
	1(주변체험 집단, n=115)	2(중심체험 집단, n=131)	F값
고유성	-.295	.259	20.28***
물리적 조건	.314	-.276	23.3***
사회성	.339	-.298	27.54***
소비조건	.664	-.584	155.8***

주. K-MEANS 방식. ***. p <.001

　〈표 3〉에서 보는 것처럼 집단1의 경우 고유성을 제외한 나머지 3가지 요인에서 긍정적인 응답점수를 보이는 반면 집단2의 경우는 반대로 고유성 차원에서만 긍정정인 점수를 보이고 다른 차원에서는 모두 부정적인 점수를 보인다. 특히 '사회성' 차원이 축제 방문자들끼리의 대동성이라기보다 자원봉사자나 주최 측의 친절에 대한 지각을 의미한다는 점에서 축제의 본질로서 대동성이 아니라 축제의 편의성을 반영하는 것으로 해석할 수 있다. 따라서 이러한 군집분석의 결과는 두 개 집단을 각각 주변체험집단과 중심체험집단으로 분류하는 것이 타당한 해석이 될 수 있다. 결국 가설 검증을 위하여 본 연구에서는 두개 집단을 중심체험 통로와 주변 체험통로의 변수로 처리하였다.

3. 두 가지 통로의 효과 비교

　가설을 검증하기 위하여 다변량분석(MANOVA)을 수행하였다. 왜냐하면 각 종속변수별로 별개의 분석을 하면 응답의 연계성으로 인해 종속변수간 관련성을 통제할 수 없기 때문이다. 독립변수 역시 두개이상이므로 다변량분석을 통하여 종속변수간 다중공선성의 문제를 해결할 필요가 있었다. 분석 결과는 〈표 4〉에 정리하였다. 축제방문의 참여 여부를 결정할 때의 영향력을 의미하는 자기결정성과 축제 체험의 두 가지 통로를 의미하는 체험통로 유형 사이의 상호작용 효과가 2가지 종속변수, 즉 재방문의도와 추천의도에서 발견되었다. 그러나 전반적 만족이나 축제 평점의 경우 상호작용 효과는 물론 단순주효과 조차 발견되지 않았다. 4가지 종속변수 모두 자기결정이 높은 조건(즉, 자신결정 및 동료의견수렴)에서는 중심통로체험자가 주변통로체험자에 비해 더 높은 응답 점수를 보이고 있는 반면, 자기 자기결정이 낮은 조건에서는(즉, 동료들 의견 추종) 오히려 반대로 주변통로 체험자가 더 긍정적인 반응을 보이는 경향이 있었다. 그러한 경향은 재방문의도와 추천의도에서 통계적으로 유의한 수준에서 더욱 분명하게 나타나고 있다(각각 F값 2.60, 4.7, p <.05). 전반적 만족과 축제 평점은 통계적으로 유의하지 않았으나 그 패턴은 발견되고 있다.

　결국 본 연구에서 예상했던 가설1(체험통로에 따른 축제평가의 차이라는 단순주효과)은 기각되었다. 그러나 축제의 흥미를 반영하는 재방문의도와 추천의도를 종속변수로 하는 자기 결정성과 축제 체험통로의 상호작용 효과를 예상한 가설2는 지지되고 있다. 〈그림 1〉은 4가지 종속변수별로 두 가지 독립변수가 어떻게 상호작용 효과 패턴을 보여준다.

〈표 4〉 자기결정 및 체험통로에 따른 축제평가 분석(MANOVA, n=246)

독립변수(n)		종속변수(평균, 표준편차)			
		전반적만족	재방문의도	추천의도	축제평점(100점)
자신결정	중심통로(43)	3.97(.98)	3.48(.78)	4.00(.88)	77.57(12.2)
	주변통로(39)	3.56(.98)	3.23(.76)	3.50(.92)	69.2(10.8)
의견수렴	중심통로(44)	3.66(.71)	3.36(.62)	3.66(.75)	73.9(8.67)
	주변통로(60)	3.59(.81)	3.25(.72)	3.48(.75)	71.1(13.9)
의견추종	중심통로(25)	3.45(.97)	2.90(.76)	3.30(1.16)	69.3(15.3)
	주변통로(35)	3.46(1.09)	3.58(.78)	3.94(.80)	72.1(12.2)
F 값	자기결정수준	2.66n.s.	.67n.s	2.73n.s.	.59n.s.
	체험통로유형	1.71n.s.	.01n.s.	.34n.s.	2.19n.s.
	자기결정*통로유형	.86n.s.	2.90*	4.17*	2.66n.s

주. * p ⟨.05, ** p ⟨.01, n.s.: non-significant. 축제만족도, 재방문의도, 추천의도는 5점 척도

〈그림 1〉 자기결정수준과 축제체험 통로에 따른 축제평가 패턴

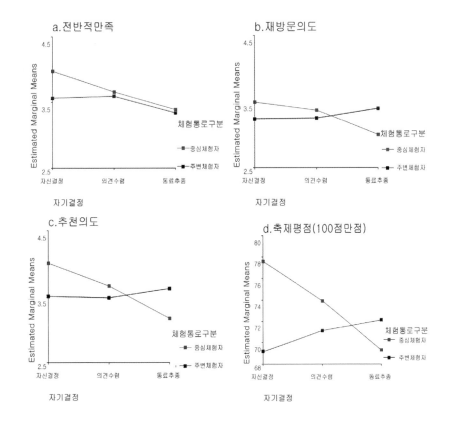

V. 논의 및 결론

본 연구는 대표적인 여가 활동 중 하나인 기획축제 경험의 심리적 기제를 파악하여 해당 축제에 대한 흥미가 왜 달라지는지를 이해하는데 있다. 내재적 동기이론에 근거하여 여가 활동에 대한 흥미를 반영하는 재방문의도나 추천의도는 종합적 평가 결과인 전반적 만족 등이 개념적으로나 기제적으로 다를 수 있다는 사실을 검증하고자 하였다. 주제가 분명한 소규모 축제인 '제1회 보현산 별빛축제' 참가자 246명의 응답자료를 근거로, 사후 태도 중 재방문의도나 추천의도는 축제 참여자의 초기 의지(즉, 자기 결정 수준)와 체험 통로의 상호작용에 의해 결정될 수 있음을 확인하고자 하였다. 특히 이론적인 개념인 체험통로를 확인하기 위하여 여러 종류의 축제 체험에 대한 지각 수준을 측정한 다음 요인 점수를 근거로 군집분석을 수행하여 두 가지 통로 유형 방문자를 구분하였다. 연구 결과 전반적 만족이나 축제 평점은 두 가지 독립변수의 영향을 받는 것이 통계적으로 유의하지 않았지만, 재방문의도나 추천의도는 자기 결정과 체험통로에 의해 상호작용 영향을 받는 것으로 확인되었다.

이러한 결과는 지금까지 일반적으로 사용하였던 사후 평가 개념인 재방문의도, 추천의도 및 전반적 만족이 개념적 수준에서만이 아니라 그것의 결정 기제 역시 다르다는 것을 의미한다. 특히 내재적 동기이론의 논리가 타당하다는 것을 의미하며 여가 활동에서 자기 결정 수준과 내생적 보상(endogenous rewards)의 여부가 활동에 대한 흥미를 의미하는 재방문의도나 추천의도를 결정한다는 사실을 보여준다. 이러한 경향은 특히 여가활동 참여에 대한 초기 결정에 자신의 의지가 얼마나 반영되느냐에 따라 달라지며, 자기결정이 확보된 조건에서 더욱 분명하다는 것을 뜻한다. 이러한 논리는 가설2로 진술되었으며 그 가설은 지지되었다.

가설2가 상호작용 효과를 의미하였기 때문에 체험통로의 단순 주효과를 의미하는 가설1의 지지여부는 사실 덜 중요하다. 물론 통계적 유의성 수준에서 가설1은 기각되었으나 두 가지 통로의 효과 차이를 반영하는 패턴도 확인되고 있다. 〈그림 1〉을 보면 대체적으로 중심통로 체험자의 4가지 태도 점수가 주변통로 체험자의 그것보다 다소 높게 나타나고 있다. 통계적으로 분명하지 않는 수치의 차이는 아마도 이 연구가 설문지를 이용한 조사 자료의 분석 방법을 택하기 때문일 수도 있다. 이미 Kruglanski(1975)는 실험을 통해 내생적 체험 보상이 외생적 체험보상에 비해 흥미에 대한 효과가 훨씬 크다는 사실을 증명한 바 있기 때문이다.

결과적으로 본 연구의 결과는 최소한 두 가지 중요한 결론을 유도한다. 첫째는 관광학 연구에서 일반적으로 포괄하여 사용하였던 사후 평가 개념, 즉 전반적 만족, 재방문의도 및 추천의도가 개념적 수준에서만이 아니라 기제적 측면에서도 다르다는 것이다. 전반적 만족이나 평가(여기서는 축제평점)는 그야말로 다양한 원천의 긍정적 체험에 근거한 종합 평가반응을 의미하는 반면, 재방문의도나 추천의도는 해당여가 활동의 중요한 요소에 근거한 체험에 의해 좌우된다는 점이다. 축제의 고유성 체험 같은 것은 축제의 핵심 요소이며 그러한 핵심요소를 긍정적으로 지각하는 것이 흥미를 결정하는데 더 중요한다는 사실이다.

둘째, 내재적 동기이론에 근거한 고동우(2002)의 이중통로여가체험 모형이 경험적으로 지지되고 있다는 사실이다. 이중통로 여가 체험 모형은 내생적-외생적 체험(즉, Kruglanski 등, 1975)의 차이에 근거하여 여가활동에서 행위자는 최소한 두 가지 통로를 통해 다양한 체험을 지각하며, 특히 중심통로 체험을 하는 경우 해당 여가 활동에 대한 내재적 동기는 내재적 보상을 얻게 되며 따라서 활동에 대한 흥미가 증가할 것이라는 주장이었다. 본 연구의 결과는 중심통로 체험자와 주변통로 체험자가 분명히 다른 기제를 작동시킨다는 사실을 확인하여 준다. 주변 통로를 통한 여가 체험은 그 종류가 다를 뿐 아니라 후속 태도 특히 흥미에 대한 영향력이 상대적으로 적다는 사실이 그것이다. 여기서 축제의 고유성 체험은 곧 중심통로 체험이 되었다.

따라서 이러한 연구 결과는 향후 축제를 포함한 여가활동 장면에서 현장 체험의 심리적 기제를 이해하는데 중요한 이론적 공헌을 한다. 냉정히 말하여 축제를 포함한 관광 상품의 진단 틀로서 체계적인 이론적 모형이 부족하였던 관광학의 한계를 극복하는 데 도움을 줄 것이다. 특히 자기 결정성이 확보된 자발적 참여자의 긍정적 태도와 향후 행동을 예측하는데 있어서 이러한 이론적 모형은 타당한 근거가 될 것이다.

이러한 이론적 시사점은 여가/관광학의 발전만이 아니라 근거학문이 된 심리학의 영역에서도 공헌할 것이다. 왜냐하면 내재적 동가이론의 내재적 보상 기제를 중심체험과 주변체험으로 확대 분류한 모형이 제시되었기 때문이다. 여가활동에 대한 태도와 향후 행동 경향에 대한 기제적 논리는 여가관광현상에 대한 다학제적 접근의 타당한 사례가 될 것이며, 종합학문의 위상을 표방하는 여가 관광학에 공헌하는 것이다.

실무적인 측면에서도 본 연구의 결과는 중요한 시사점을 제공한다. 특히 공급자 중심의 서비스 품질 개념은 재미와 같은 여가 체험의 현상에서 핵심적인 요소라기보다 주변 요소에 불과할 수 있고, 해당 활동의 고유한 측면을 핵심적으로 고려하는 것이 더 중요하다는 것을 말해준다. 다시 말해 이중통로 여가체험 모형의 논리가 지지되었다는 사실은 향후 이를 이용한 여가 활동 및 다양한 관광상품의 진단이 가능하다는 것을 알려준다. 관광체험도 체험 나름이라는 것이다.

관광상품 진단이라는 과제에서 본 연구의 결과는 축제의 만족도 실태 조사와 같은 단순한 연구 보고 수준을 넘어 주제관리의 중요성을 알려 줄 수 있으며, 축제 기획에서 핵심주제와 주변 요소의 기능적 차이를 고려한 관리의 단초를 제공할 수 있다. 나아가 중심체험이 가능한 축제 내 상품 개발의 방향에 대해서 매우 구체적인 전략 방향을 제시하고 있다.

이러한 시사점에도 불구하고 본 연구는 몇 가지 한계가 있다. 첫째는 이중통로체험을 구분하기 위하여 체험 측정 요인에 근거하여 군집분석을 수행하였으나, 이는 단지 통계적으로 기준을 삼은 상대적 구분에 불과하다는 것이다. 개념적으로 사전 기준을 미리 설정하여 실험방법을 활용하였다면 더욱 분명한 통로의 기제 차이를 확인할 수 있었을 것이다. 이러한 문제는 물론 향후 연구에서 해결하여야 한다. 둘째, 본 연구는 지방도시의 소규모 축제 방문자만을 대상으로 하였고, 아직은 프로그램 상 미진한 요소가 많은 기획 축제이기 때문에 중심체험과 주변체험이 분명하게 구분되지 않는 한계가 있을 수 있다. 향후 주제와 구성이 더욱 분명하고 체계적인 기획축제 방문자를 대상으로 연구를 반복할 필요가 있다. 셋째 조사대상자를 임의로 표집하였다는 것도 한계 중 하나이다. 체계적 표집을 통한 표본 설정이 필요한 점은 너무 당연하며 따라서 연구결과의 일반화를 위하여 향후 연구대상 축제 및 표본을 다양화할 필요가 있다. 뿐만 아니라 축제의 범위를 넘어 관광지 체험이나 스포츠 활동 등 다양한 여가 장면에서 이 연구의 결과를 확인할 필요가 있을 것이다.

참고문헌

고동우 (1998a). 선행관광행동 연구의 비판적 고찰. 『관광학연구』, 22(1), 207-229.

_____ (1998b). 관광후 평가 개념의 경험적 구분. 『관광학연구』, 22(2), 309-316.

_____ (1999). 기획축제 참가자의 내재적 동기, 내재적 보상 및 후속태도. 『관광레저연구』, 11(2), 7-21.

_____ (2002). 여가 동기와 체험의 이해: 이중추동모형과 이중통로여가 체험 모형. 『한국심리학회지: 소비자 광고』, 3(2), 1-23.

김인호 (1993). 관광자의 만족/불만족 및 재방문의 평가합치적 접근. 광운대학교 박사학위논문.

변우희 (2003). 문화관광축제의 효율적 예산 통제를 위한 가치모형. 『관광·레저연구』, 14(3), 305-324.

이장주·박석희 (1999). 지역 축제의 이미지 측정 척도 개발에 관한 연구. 『관광학연구』, 22(3), 243-261.

이정실·양일용 (2003). 지역축제 방문동기 세분화 및 만족의 차이. 『관광·레저연구』, 14(3), 143-156.

이충기·이태희 (2000). 경주 세계문화엑스포에 대한 축제 참가 동기 분석. 『관광학연구』, 23(2), 84-98.

전재균 (2004). 부산국제영화제가 부산의 관광이미지 제고에 미친 영향에 관한 연구. 『관광·레저연구』, 16(1), 153-170.

차동욱 (2004). 지역축제 만족도에 의한 방문자의 재방문 및 구전 홍보결정용인에 관한 연구. 『관광·레저연구』, 16(1), 55-70.

Deci, E. M. (1975). *Intrinsic motivation.* NY: Plenum Press.

Deci E. M., & Ryan, R. L. (1985). *Intrinsic motivation and self-determination in human behavior.* NY: Plenum Press.

_____ (1991). A motivational approach to self: Integration in personality. *Nebraska Symposium on Motivation, 38,* 237-288.

De Grazia, S. (1962). *Of time, work, and leisure.* NY: Twenties Century Fund.

Geva, A., & Goldman, A. (1991). Duality in consumer post-purchase attitude. *Journal of Economic Psychology, 12,* 141-164.

Kruglanski, A. W. (1975). The endogenous-exogenous partition in attribution theory. *Psychological Review, 82,* 287-406.

Leones, J., Colby, B., & Crandall, K. (1998). Tracking Expenditures of the Elusive Nature Tourists of Southeastern Arizona. *Journal of Travel Research*, 36 (Winter), 56-64

Long, P. T., & Perdue, R. R. (1990). The Economic Impacts of Rural Festivals and

Special Events: Assessing the Spatial Distribution of Expenditures. *Journal of Travel Research,* 28(4), 10-14.

Lounsbury, J. W., & Polik, J. R. (1992). Leisure needs and vacation satisfaction. *Leisure Sciences, 14,* 105-119.

Maddox, R. N. (1985). Measuring satisfaction with tourism. *Journal of Travel Research, 23(3),* 2-5.

Mazursky, D. (1989). Past experience and future tourism decisions. *Annals of tourism Research, 16,* 333-344.

Meyer, J. P., & Koebel, S. L. M. (1982). Students' Best performances: Dimensionality of casual attribution. *Journal of Personality and Social Psychology, 8,* 31-36.

Mohr, K., Backman, K. F., Gahan, L. W., & Backman, S. J. (1993). An Investigation of Festival Motivation & Event Satisfaction by Visitor Type. *Festival Management & Event Tourism,* 1, 89-97.

Moscardo, G. M., & Pearce, P. L. (1986). Historic Theme Parks: An Australian experience in authenticity. *Annals of Tourism Research, 13,* 467-479.

Neulinger, J. (1974). *The Psychology of Leisure.* Springfield, IL: Charles C. Thomas.

_____ (1981). *To Leisure: An introduction.* Boston, MA: Allyn & Bacon, Inc.

Oliver, R. L. (1977). Effect of expectation and disconfirmation on postexposure product evaluation: An alternative interpretation. *Journal of Applied Psychology, 62,* 480-486.

Pearce, P. (1982). *The social psychology of tourist behavior.* Oxford: Pergamon.

Pizam, A., Neumann. Y., & Reichel, A. (1978). Dimensions of tourist satisfaction with a destination area. *Annals of Tourism Research, 5(3),* 314-322.

Ross, G. F. (1993). Destination evaluation and vacation preferences. *Annals of Tourism Research, 20,* 477-489.

Stewart, W. P., & Hull IV, R. B. (1992). Satisfaction of what? Post-hoc. vs Real-time construct validity. *Leisure Science, 14,* 195-209.

Uysal, M., Gahan, L., & Martin, B. (1993). An Examination of Event Motivations: A Case Study. *Festival Management & Event Tourism,* 1, 5-10.

Uysal, M.., & Gitelson, R. (1994). Assessment of Economic Impact: Festival and Special Events. *Festival Management & Event Tourism,* 2, 3-9.

Walo, M., Bull, A., & Breen, H. (1996). Achieving Economic Benefits at Local Events: A Case Study of a Local Sport Event. *Festival Management & Event Tourism,* 4, 95-106.

Wicks, B. E., & Fesenmaier, D. R. (1993). A comparison of visitor and vendor perceptions of service quality at a special event. *Festival Management & Event Tourism, 1*, 19-26.

2005년 7월 25일 원고 접수
2005년 10월 12일 수정본 접수
2005년 10월 23일 최종 수정본 접수
3인 익명심사 필

CHAPTER 5

정준상관분석

 목 차

제5장 흐름도

정준상관분석

학 습 목 표

개 념

정준상관분석의 절차

1. 정준상관분석의 목적
2. 정준상관분석의 설계
3. 정준상관분석의 가정
4. 정준함수들의 도출 및 전체 적합도의 판정
5. 정준변량의 해석
6. 정준상관분석 결과의 타당성 제고 및 진단

요 약

용어정리

관광학에서 정준상관분석을 이용한 사례

1. 다중회귀분석, 요인분석, 판별분석, 정준상관분석의 유사점과 차이점을 살펴본다.
2. 정준상관분석 적용을 위한 조건에 대하여 공부한다.
3. 정준근(canonical root)의 측정 내용과 그 한계점을 알아본다.
4. 두 변수군으로부터 만들어질 수 있는 정준상관함수(canonical function)의 수에 대해 살펴본다.
5. 정준상관함수들의 구체적 해석에 사용될 수 있는 3가지 측정치들의 각 장점과 단점을 비교해 본다.
6. 중복지수(redundancy)의 정의 및 다중회귀분석에서의 결정계수(R^2)값과는 어떤 점에서 유사한지를 살펴본다.

1. 정준상관분석의 개념

정준상관분석은 관광분야의 연구논문들에서는 비교적 드물게 사용되어 왔지만 최근에 들어 많이 활용되고 있는 기법이다. 다음의 경우를 보자. 종속변수군에 만족도, 구매의도, 판매량이라는 3개의 변수가 있고, 독립변수군에는 단지 범주형(categorical) 변수들이 있을 경우 다변량분산분석(MANOVA)이 사용되어질 수 있다. 그러나 만약 독립변수들이 계량적 자료들이라면 어떠한 분석방법을 사용해야 할 것인가? 계량적 자료들로 구성된 복수의 독립변수(예측변수)들과 복수의 종속변수(기준변수)들과의 관계를 분석할 수 있는 정준상관분석이야말로 바로 답이 될 수 있다. 앞에서 밝혔듯이 정준상관분석은 종속변수군과 독립변수군의 각 변수에 계량적 혹은 비계량적 자료를 사용할 수 있음으로 다른 다변량 분석기법들의 변수사용 조건을 초월하는 포괄적인 모형이라고 할 수 있다. 정준상관분석의 일반적인 형태는 다음과 같다

$$Y_1 + Y_2 + Y_3 + \cdots + Y_n = X_1 + X_2 + X_3 + \cdots + X_n$$
(계량적 혹은 비계량적 자료)   (계량적 혹은 비계량적 자료)

이 장에서는 다변량 분석기법의 하나인 정준상관분석법을 소개하고자 한다. 특히 (1) 정준상관분석의 본질을 이해하고, (2) 관광연구 사례의 분석에 적용시키며, (3) 기법의 이점과 한계점에 대해 알아보고자 한다.

우리는 앞의 장에서 2개 이상의 독립변수들로 구성된 선형함수로부터 한 개의 계량적 종속변수의 값을 예측할 수 있는 다중회귀분석에 대해서 살펴보았다. 그러나 특정 연구문제에서는 연구의 관심이 한 개의 종속변수에 있지 않고, 여러 개의 종속변수들과 여러 개의 독립변수들간의 관계분석에 있을 수 있다. 정준상관분석은 다변량 분석기법으로써 2개 이상의 종속변수들과 2개 이상의 독립변수들간의 관계를 분석하는 기법이다. 즉 다중회귀분석이 하나의 독립변수군으로부터 한 개의 종속변수를 예측하는데 반해, 정준상관분석은 복수의 독립변수들로부터 복수의 종속변수들을 동시에 예측하게 된다.

다변량 분석기법들 중 정준상관분석을 제외한 다른 기법들은 분석에 사용될 자료의 척도에 대해서 보다 엄격한 조건들을 요구함으로써, 분석 결과 얻어진 정보는 일반적으로 양질이며 해석도 비교적 쉬운 편이다. 반면 정준상관분석은 분석에 필요한 자료의 사용에 있어서 가장 적은 조건을 요구한다. 이러한 이유로 많은 연구자들은 정준상관분석을 다른 다변량 분석기법들을 먼저 사용한 후 마지막에 시도해보는 최후의 수단이라고 보기도 한다. 그러나 복수의 종속변수와 복수의 독립변수를 분석해야 할 경우에는 정준상관분석이야말로 가장 적절하고 영향력 있는 다변량 분석기법이라 할 수 있다.

2. 정준상관분석의 절차

정준상관분석의 본질을 이해하기 위해 하나의 예를 들어보자. 관광수요예측 모형에 있어서 다중회귀분석은 한 묶음의 독립변수들의 선형함수로부터 한 개의 종속변수값을 예측하기 위해 널리 사용되고 있다. 일반적으로 국제관광수요예측 모형에서 종속변수로 사용되어지는 변수들로는 입국관광객수 내지는 총관광수입액(입국관광객 총지출액)을 들 수 있다. 그러나 어떤 연구문제들에 있어서는 연구의 관심이 한 개의 종속변수에 있지 않고 여러 개의 종속변수와 여러 개의 독립변수들간의 관계에 있을 수 있다. 두 변수군 간에 상호 인과관계가 있는지, 인과관계의 크기는 어느 정도인지를 알고자 하는 경우가 있다. 국제관광수요 모형에서도 복수의 종속변수들과 복수

의 독립변수들을 동시에 고려하는 경우를 얼마든지 생각할 수 있다.

정준상관분석을 위한 기초 입력자료는 두 변수군이다. 〈표 5-1〉은 우리나라에 관광객들을 송출하는 일본과 관련한 6개의 변수들을 보여주고 있다. 일본인 관광객들의 한국관광수요를 측정하기 위해 사용한 2개의 종속변수는 입국관광객 수와 입국관광객의 총 지출액이며 〈표 5-1〉의 왼쪽에 표기되어 있다. 국제관광수요를 예측하는데 사용할 독립변수로는 상대국의 1인당 국민소득, 자국과 상대국의 상대적 물가, 환율, 광고판촉 지출액이며, 〈표 5-1〉의 오른쪽에 표기되어 있다. 자료는 각 변수별로 1990년부터 2005년까지의 시계열 자료를 활용하고자 한다. 본 연구의 목적은 제시된 독립변수들로부터 일본인들의 한국관광수요를 예측하는데 있다. 정준상관분석을 사용함으로써 2개의 종속변수들 중에서 각 변수별로 독립된 다중회귀분석을 통하여 국제관광수요를 예측하기보다는 2개의 종속변수를 함께 고려한 일본인들의 한국관광수요값을 예측할 수 있다. 정준상관분석의 적용 결과 두 변수군의 관계 정도의 크기를 나타내는 값을 구할 수 있으며, 이 값은 두 변수군 간의 정준상관계수(canonical correlation coefficient)로 표시되어진다.

〈표 5-1〉 일본인 관광객의 한국관광수요와 관광수요 예측 변수들 간의 정준상관

종속변수군(관광수요 측정값)	독립변수군(관광수요 예측변수 측정값)
입국 관광객수 입국 관광객 지출 총액	일본의 1인당 국민소득 한국과 일본의 상대적 물가 환율 광고판촉 지출액
종속변수들의 합성치(composit) → 정준상관 ← 독립변수들의 합성치	

정준상관분석의 절차는 〈그림 5-1〉과 같이 6단계로 나눌 수 있다. 아래에서는 각 단계별 절차를 예제 사례분석과 같이 좀 더 자세하게 알아보기로 한다.

(1) 정준상관분석의 목적

정준상관분석은 두 개 이상의 종속변수와 두 개 이상의 독립변수 사이의 상호관계 구조를 분석하기 위한 기법으로써, 복수의 상호 독립적인 정준함수들(canonical functions)을 도출시켜준다. 각각의 정준함수는 종속변수군과 독립변수군에서 각각 도출되는 2개의 정준변량(canonical variate, linear composite)으로 구성되어 있으며, 2개의 정준변량간에 상관성을 최대화할 수 있는 형태로 이루어진다. 정준상관분석은 두 변수군 간에 한 개의 정준함수를 도출하는데 그치지 않고 종속변수군과 독립변수군 중 변수의 수가 적은 변수군의 변수 수만큼 정준함수들이 도출되어진다.

〈그림 5-1〉 정준상관분석절차

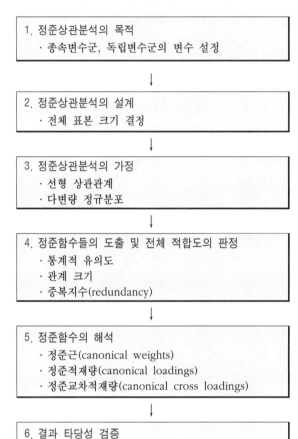

1. 정준상관분석의 목적
   · 종속변수군, 독립변수군의 변수 설정

2. 정준상관분석의 설계
   · 전체 표본 크기 결정

3. 정준상관분석의 가정
   · 선형 상관관계
   · 다변량 정규분포

4. 정준함수들의 도출 및 전체 적합도의 판정
   · 통계적 유의도
   · 관계 크기
   · 중복지수(redundancy)

5. 정준함수의 해석
   · 정준근(canonical weights)
   · 정준적재량(canonical loadings)
   · 정준교차적재량(canonical cross loadings)

6. 결과 타당성 검증
   · 분리된 표본 이용

정준상관분석의 개괄적인 목적은 다음과 같다.

1. 종속변수(기준변수)군과 독립변수(예측변수)군은 상호 독립적인지, 아니면 상관성이 있는지를 먼저 결정하고, 상호 관련이 있을 경우 상관성의 크기를 결정한다.

2. 종속변수군과 독립변수군의 각 선형결합(canonical variate)을 극대화시키는 1차 정준함수(canonical function)를 먼저 구한다. 추가로 도출되는 정준함수는 1차 정준함수들이 설명하고 남은 잔여 변량을 설명한다.

3. 두 변수군 간에 존재하는 구체적인 관계를 설명한다. 이는 도출된 정준함수들을 구성하는 개별 변수의 상대적 중요도 측정에 의해 두 변수군 간의 구체적 관계를 설명할 수 있게 된다.

예제 사례 : 정준상관분석 목적

　본 분석 예에서는 호텔 투숙객들이 사용하고 싶어 하는 6개의 호텔서비스와 3개의 인구통계변수 사이에 상관관계가 과연 존재하는지, 만약 존재한다면 구체적인 관계는 어떠한지를 분석하고자 한다.

---

(2) 정준상관분석의 설계

　정준상관분석에 요구되는 표본의 크기는 일반적으로 두 개의 표준을 따른다. 첫째 표준에서는 분석에 사용되는 변수 당 10개 이상의 관측치(case)가 요구되어진다. 또한 적은 수의 변수들이 분석에 사용되어질 경우에는 각 변수 당 10개의 기본 조건에다 50개의 사례를 더 필요로 한다. 즉 변수가 50개이면 표본규모가 500개(50 × 10) 이상이 필요하며, 5개의 변수가 사용되어질 경우에는 100개(5 × 10 + 50) 이상의 표본규모가 요구되어진다. 두 번째 표준에서의 표본의 크기는 최소한 분석에 사용되는 전체 변수 수의 제곱한 값과 같아야 한다는 것이다(예 : 변수 수가 10개인 경우, 표본 크기 = 10^2 = 100). 물론 여기서도 변수의 수가 너무 적은 경우 50개의 사례를 추가할 것을 요구한다. 변수 수가 너무 많을 경우에는 실질적으로 두 번째 표준을 따르기는 힘들다. 이런 경우에는 첫 번째 표준을 따르면 된다.

　한편 종속변수군과 독립변수군에 사용될 변수의 결정은 연구주제와 관련한 이론적 기반에 기초하여 결정하는 것이 바람직하다. 여기서 알아두어야 할 사항은 종속변수군과 독립변수군이라는 명칭은 편의상 이해를 돕기 위해 사용하는 것이며, 실제 정준상관분석에서는 독립변수군이 종속변수군에 영향을 미칠 뿐만 아니라 종속변수군도 독립변수군에 영향을 미치게 된다는 점이다. 즉 두 변수군은 상호 영향을 주고 받게 된다.

예제 사례 : 정준상관분석 설계

　독립변수(예측변수)들로는 소득수준, 연령, 여행빈도(여행빈도 수에 따라 자주 여행하는 여행자와 자주 여행하지 않는 여행자로 구분)를 사용하였다. 종속변수(기준변수)군에는 객실 VCR, 객실 미니-바, 복도 자판기, 체력단련센터, 레스토랑, 스위트(suite)룸의 사용 희망 수준을 포함시켰다. 예측변수 3개의 자료는 z점수 사용에 의해 표준화시켜 사용하였다.

---

(3) 정준상관분석의 가정

　정준상관분석은 변수들간의 선형성(linearity)을 기본 가정으로 한다. 어떠한 두 변수 간의 상관계수도 선형관계에 기초를 두고 있으며, 정준상관(canonical correlation)은 도출되는 종속변수군

변량(variate)과 독립변수군 변량 사이의 선형관계이다. 만약 두 변량간에 비선형관계가 있다면 정준상관분석으로는 밝힐 수가 없다. 따라서 정준상관분석은 가장 일반적인 다변량 분석기법임에도 불구하고 선형관계만 다루고 있는 분석기법이다.

정준상관분석은 분석에 사용되는 변수들의 정규분포(normality) 가정을 엄격히 적용하지 않고도 어떠한 계량적 변수들을 분석할 수 있다. 그렇지만 각 정준함수의 유의성을 검정하기 위해 종속변수군과 독립변수군의 다변량 정규분포를 요구한다. 일반적으로 정규분포는 변수들간의 상관성을 높일 수 있도록 분포를 표준화시켜 줌으로 분석에 바람직하다고 할 수 있다. 그러나 엄격히 말해서 정준상관분석은 다른 변수들 간의 상관관계를 감소시키지 않는 한 심지어 비정규분포의 변수들도 분석에 사용할 수 있다. 따라서 더미(dummy)변수와 같은 비계량적 자료도 분석에 사용되어질 수 있다. 그러나 비록 정규분포가 엄격히 요구되지 않는다 하더라도, 모든 변수들은 정규분포의 특성을 가지는지 평가를 하고, 필요하다면 변형시킬 것을 추천하고 있다.

(4) 정준함수들의 도출 및 전체 적합도의 판정

정준상관분석의 첫 단계는 한 개 혹은 수 개의 정준함수들(canonical functions)을 도출하는 것이다. 각 정준함수는 각 종속변수군과 독립변수군을 대표하는 한 쌍의 변량들(variates)로 구성되어 있다. 도출 가능한 최대 정준함수의 수는 두 변수군 중에서 변수 수가 적은 변수군의 변수 수에 의해 결정된다. 예를 들어, 5개의 독립변수(예측변수)와 3개의 종속변수(기준변수)를 포함하는 연구문제가 있다면 도출될 수 있는 최대 정준함수의 수는 3개가 된다.

연속적인 정준함수의 도출은 비회전 요인분석(unrotated factor analysis)에서 사용되는 절차와 유사하다고 할 수 있다. 요인분석에서 첫 번째 도출된 요인은 전체 변수의 분산(variance)을 가장 많이 설명하고 있다. 두 번째 요인은 첫 번째 요인이 설명하지 못하고 있는 변량부분을 최대한 설명할 수 있도록 도출되어지며, 이와 같은 방식은 마지막 요인이 구해질 때까지 행해진다. 정준상관분석도 이와 유사한 절차를 따르지만, 한 변수군을 대상으로 하지 않고 두 변수군 사이의 관계를 최대화시키는데 초점을 두고 있다. 그 결과 정준변량들의 첫 번째 쌍(정준함수)은 두 변수군 사이에 가장 높은 상관관계를 가질 수 있도록 도출되어진다. 두 번째 쌍은 첫 번째 쌍에서 구하지 못하는 부분 중에서 두 변수군 사이의 관계를 극대화시킬 수 있도록 도출되어진다. 다시 말해, 추가로 도출되는 정준변량의 쌍(정준함수)은 잔여분산(residual variance)에 기초하며, 추가로 정준함수가 도출되어질 때마다 정준상관의 값은 점차 작아진다는 것이다. 따라서 첫 번째 정준함수가 가장 높은 상관관계 값을 가지며, 두 번째 정준함수가 두 번째로 큰 상관관계 값을 가지게 되고, 마지막으로 도출되는 정준함수는 가장 작은 값을 가지게 된다.

한편, 종속변수 변량과 독립변수 변량간의 관계 정도는 정준상관(canonical correlation)으로 표시될 수 있다. 정준상관의 제곱값은 어떤 한 개의 정준변량에 의해서 설명되는 다른 한 개의 정준변량의 분산을 나타낸다. 이것은 두 정준변량 사이의 공유분산(shared variance)의 크기라 할 수 있다. 제곱된 정준상관값(squared canonical correlations)들은 canonical roots 혹은 아이젠값(eigenvalue, 고유값)들로 불려진다.

1) 정준함수들의 해석

도출된 여러 개의 정준상관함수들 중에서 몇 번째의 정준함수까지 결과 해석에 포함시키느냐의 문제는 일반적으로 (1) 유의도수준, (2) 정준상관의 크기, (3) 공유분산의 중복지수(redundancy index) 값들을 상호 고려하여 결정한다.

가. 유의도 수준(level of significance)

정준상관분석에서 상관계수(correlation coefficient)를 통계적으로 유의하다고 판정하기 위해 일반적으로 받아들여지는 최소한의 유의도 수준은 .05(.01도 함께 사용됨)이다. 가장 보편적으로 사용되는 테스트는 Rao's approximation에 기초한 F값이다.

각 정준함수별 유의도 테스트와 아울러 전체 정준근(canonical root)들에 대한 다변량검증도 정준근들에 대한 유의도 검증에 사용되어질 수 있다. 판별 함수들(discriminant functions)의 유의도를 검증하는데 사용되는 척도들로써 Wilks' lambda, Hotelling' trace, Pillai's trace, Roy's greatest root가 제공되어지고 있다.

나. 정준상관의 크기(magnitude of the canonical relationships)

정준상관들의 크기로 나타나는 정준함수들의 실질적 유의성은 해석에 포함시킬 함수들을 결정하는데 반드시 고려되어져야 한다. 받아들일 수 있는 정준상관의 수준에 대하여 일반적으로 인정된 지침은 아직 존재하지 않는다. 결정은 결과물이 연구문제를 보다 더 잘 이해하는 데 기여하는가에 달려 있다. 요인분석에서 유의한 요인 적재량(factor loadings)을 위해 제시된 가이드라인이 정준상관에서도 도움이 될 것으로 본다.

다. 공유 분산의 중복지수값(redundancy measure of shared variance)

정준상관의 제곱값들(canonical roots)은 정준변량 간에 공유하고 있는 분산의 크기를 나타낸다. 이들은 공유분산을 쉽게 측정할 수 있는 매력있는 값이지만 해석에 있어서 오류를 범할 수 있다는 점을 문제로 들 수 있다. 왜냐하면 정준상관의 제곱값(정준근)은 종속변수군과 독립변수군의 변수들에 의해 도출된 분산이 아니라 두 변수군에서 각각 도출된 선형결합치(linear composite)들에 의해서 공유되는 분산을 의미하기 때문이다. 그러므로 비록 두 선형결합치들(canonical variates)이 각기 속해 있는 변수군으로부터 많은 양의 분산을 이끌어내지 못하더라도 두 선형결합치 사이에서 비교적 강한 정준상관값이 구해진다.

정준상관값(canonical correlation)들은 대체로 두 개 내지 복수의 상관계수들보다 더 큰 값들을 가지므로 정준상관분석은 이론적으로 또한 실질적으로 유의한 중대한 관계들을 보여준다라고 판단하기가 쉽다. 이러한 결론이 정당화되기 위해서는 정준상관값들 외의 다른 측정치를 내포하는 추가 분석이 필요하다고 할 수 있다.

중복지수(redundancy index)는 정준근(canonical root)들을 공유분산의 측정치로서 사용하는 데 따르는 오류와 불확실성을 극복하기 위해 제안되었다. 중복지수는 먼저 전체 독립변수군과 종속변수군의 각 변수 사이에 복수의 상관계수값들을 구해 각각 제곱한 후 제곱된 값들의 평균값(평균 R^2)을 구한 것이다. 이것은 종속변수들의 분산(각각의 변수에 대하여)을 설명하는데 있어 독립변수군(한 조의 개념)의 능력이 어느 정도인지를 의미하는 종합적인 측정치를 제공한다. 따라서 중복지수 값은 다중회귀분석의 결정계수(R^2)값과 유사하다고 할 수 있다.

Stewart-Love 중복지수는 다른 변수군의 분산에 의해서 설명될 수 있는 한 변수군의 분산의 양을 계산한 측정치이다. 이 지수는 다중회귀분석의 결정계수 계산과 유사하다. 결정계수는 독립변수들의 회귀함수에 의해 설명되는 종속변수의 분산의 양을 의미한다. 회귀분석에서 종속변수의 총 분산은 1(혹은 100%)이다. 그러나 정준상관분석은 한 개의 종속변수를 다루는 것이 아니라 여러 변수로 구성된 종속변수군을 다룬다는 점에서 회귀분석과는 다르며, 종속변수군을 대표하는 결합치(composite)는 각 종속변수의 총 분산의 일부분만 가지게 된다. 이러한 이유로 독립변수군에 의해 설명될 종속변수군의 분산 100%가 이용가능하다고는 할 수 없다. 독립변수군은 종속정준변량의 공유분산만 설명할 수 있을 것으로 기대되어진다. 따라서 중복지수의 계산은 2단계 절차를 가진다. 1단계에서는 종속정준변량(criterion canonical variate)에 포함되어 있는 종속변수군의 변수들로부터 공유분산의 양을 계산한다. 2단계에서는 독립정준변량(predictor canonical variate)에 의해 설명될 수 있는 종속정준변량(criterion canonical variate)의 분산의 양을 계산한다. 중복지수는 이 두 수치를 곱함으로 구해진다.

① 1단계

종속정준변량에 포함되어 있는 종속변수군의 공유분산의 양을 계산하기 위해서, 회귀분석에서의 R^2값이 어떻게 계산되는지를 알아볼 필요가 있다. R^2는 단순히 실제 종속변수와 예측되어진 값(predicted value)과의 상관관계를 나타내는 상관계수 R의 제곱값이다. 정준상관분석에서는 종속정준변량(criterion canonical variate)과 각 종속변수 사이의 상관관계를 파악하는데 관심을 두고 있다. 이러한 정보는 한 변수군의 정준변량과 그 변수군에 투입된 각 변수와의 상관관계를 나타내는 정준 적재량(canonical loading)들에 의해 구해진다. 종속변수들의 적재량값들(criterion loadings)의 각각을 제곱함으로써 종속정준변량에 의해 설명되는 종속변수 각각의 분산의 양을 구할 수 있게 되는 것이다. 정준변량에 의해 설명되는 공유분산의 양을 구하기 위해서는 적재량값들의 제곱값들에 대한 단순 평균값이 사용되어진다.

② 2단계

중복지수 값을 구하는 절차의 2단계는 독립정준변량에 의해 설명되어지는 종속정준변량의 분산비율을 포함한다. 이것은 정준상관(canonical correlation)으로 알려진 독립정준변량과 종속정준변량간의 상관관계 제곱값이다. 정준상관의 제곱값은 흔히 정준 R^2로 호칭된다.

③ 3단계

각 정준함수에 의해 설명될 수 있는 공유분산의 양을 파악하기 위한 변량(variate) 한 개의 중복지수 값은 위의 두 값을 곱함(변량의 공유분산 × 정준상관의 제곱값)으로 구해진다. 높은 중복지수 값을 얻기 위해서는 정준상관이 높아야 하며 또한 종속변수에 의해 설명되는 공유분산의 값이 커야만 한다. 높은 정준상관관계 하나만으로서는 의미 있는 정준함수라고 보장할 수 없다. 대부분의 경우에 있어서 연구자들은 정준상관관계에서의 예측력을 나타내는 종속변수군으로부터 도출되어지는 분산에 관심을 가진다. 하지만 중복지수 값들은 종속변량들 및 독립변량들 모두를 대상으로 계산되어진다.

정준함수들의 해석을 정당화시키는데 받아들여질 수 있는 최소한의 중복지수 값의 수준은 어느 정도일까? 정준상관관계(canonical correlation)들과 같이 일반적으로 받아들여지는 기준은 아직 정해져 있지 않다고 할 수 있다. 연구자가 해석을 정당화하는데 중복지수의 값이 충분한지의 결정을 내리기 위해서는 각 정준함수가 연구문제의 해결에 이론적으로나 실질적으로 중요한 역할을 하고 있는지를 기준하여야 한다.

예제 사례 : 정준함수들의 도출 및 전체 적합도 판정

SPSS 분석결과해석

❑ 정준상관분석의 설계

본 분석 예에서는 호텔 투숙고객들이 사용하고 싶어 하는 6개의 호텔서비스와 3개의 인구통계 변수 사이에 상관관계가 과연 존재하는지, 만약 존재한다면 구체적인 관계는 어떠한지를 분석하고자 한다. 먼저 독립변수(예측변수)들로는 소득수준, 연령, 여행빈도(여행빈도수에 따라 자주 여행하는 여1행자와 자주 여행하지 않는 여행자로 구분)를 사용하였다. 종속변수(기준변수)군에는 객실 VCR, 객실 미니-바, 복도 자판기, 체력단련센터, 레스토랑, 스위트(suite) 룸의 사용 희망 수준을 포함시켰다. 예측변수 3개의 자료는 z 점수 사용에 의해 표준화시켜 사용하였다.

(1) 전체 적합도(Overall fit)

다변량 통계검증(multivariate test statistics)은 전체적으로 독립변수군이 종속변수군에 통계적으로 유의한 영향을 미치는지 혹은 전혀 미치지 못하는지를 검증해 준다. 〈결과 1〉에 의하면 유의수준 0.05에서 6개의 호텔 서비스 사용수준과 인구통계적 변수 간에 유의한 상관관계가 있다고 판단할 수 있다.

〈결과 1〉 Multivariate Tests of Significance

Test name	Value	Approx. F	Sig. of F
Pillais	.15367	3.49133	.000
Hotellings	.16610	3.54971	.000
Wilks	.85240	3.52479	.000
Roys	.09592	3.56778	.000

(2) Canonical Correlation 분석에 의한 정준함수 수의 결정

두 변수군 간에 전체적인 상관관계가 있음이 검증되었다면 정준상관분석의 다음 단계는 통계적으로 유의한 정준상관관계의 수를 결정하는 일이다. 결과 2에서는 0.115에서 0.310 사이의 정준상관관계를 가지는 3개의 정준함수가 존재하고 있다. 도출된 정준함수의 수는 변수 수가 적은 독립변수군(인구통계적 변수들)의 변수 수와 같다. 각 정준상관관계의 유의성을 검증하기 위해 카이-제곱(chi-square) 혹은 F값이 사용되어진다. 각 정준상관관계의 값이 통계적으로 0이 아니어야만 의미 있는 정준함수로 분류되어 실제 해석에 포함되어진다.

〈결과 2〉 Eigenvalues and Canonical Correlations

Root No.	Eigenvalue	Pct.	Cum. Pct.	Cann Cor.	Sq. Cor
1	.106	63.873	63.873	.310	.096
2	.047	28.085	91.958	.211	.045
3	.013	8.042	100.000	.115	.013

SAS프로그램은 정준상관관계들에 대한 통계적 유의도 검증 결과를 제시해 주지만 SPSS패키지는 제공해 주지 못하고 있다. 따라서 아이겐(eigenvalue)값들과 중복지수(redundancy index) 값들을 검토하기 전에는 해석에 포함시킬 정준함수의 수를 결정할 수 없다.

(3) Eigenvalues와 Redundancy Index 분석

만약 정준상관관계가 유의하다면 다음 단계의 필요정보는 정준변량 간의 중복되는 분산을 의미하는 아이겐값들이다. 이 값은 정준상관의 제곱값(정준 R^2)과 거의 일치한다. 〈결과 2〉에서 보면 1.3%에서 10.6%까지의 아이겐값을 가지고 있다. 정준함수 2와 3의 아이겐값은 이후 분석에 포함시키기에는 너무 작은 값을 가지고 있다.

분산 측정을 위한 다른 값으로 중복지수(redundancy) 값을 들 수 있는데, 이는 다른 변수군에 속해 있는 변수들로부터 재창출될 수 있는 한 변수군의 변수들의 분산이다. 인구통계적 변수들로부터 설명될 수 있는 호텔 서비스 사용수준 변수들의 분산은 2.753%이며(〈결과 3〉), 호텔서비스 사용수준 변수들에 의해 설명될 수 있는 인구통계적 변수들의 분산은 2.854%이다(〈결과 4〉). 중복지수값이 1%를 넘는 변량 쌍(정준함수)만 최종분석에 포함시키기로 결정되었다.

본 예에서는 낮은 아이겐 값과 중복지수 값으로 두 번째 및 세 번째 정준함수는 분석에 적합하지 못하다. 따라서 첫 번째 정준함수만 분석에 포함되어진다.

〈결과 3〉 Variance explained by canonical variables of DEPENDENT variables

CAN. VAR.	Pct Var DE*	Cum Pct DE	Pct Var CO**	Cum Pct CO
1	28.704	28.704	2.753	2.753
2	15.109	43.812	.673	3.427
3	10.065	53.877	.133	3.559

* Pct Var DE = Percent of variance of the dependent variable
** Pct Var CO(redundancy index) = Percent of variance of the covariates

〈결과 4〉 Variance explained by canonical variables of the COVARIATE variables

CAN. VAR.	Pct Var DE*	Cum Pct DE	Pct Var CO**	Cum Pct CO
1	2.854	2.854	29.759	29.759
2	1.839	4.694	41.269	71.029
3	.382	5.076	28.971	100.000

* Pct Var DE(redundancy index) = Percent of variance of the dependent variable
* Pct Var CO = Percent of variance of the covariates

(5) 정준변량의 해석

만약 정준상관관계가 통계적으로 유의하고 정준근(canonical root)과 중복지수(redundancy index)의 값들이 받아들일 수 있는 정도의 수준이라면 연구자는 남은 결과물들의 해석에 들어가게 된다. 여기서 해석이란 정준상관관계에 있어서 분석에 사용된 각 변수의 상대적인 중요도를 결정하기 위해 정준함수들을 조사하는 것을 말한다. 흔히 사용되는 3가지 방법으로는 정준 가중치(canonical weights 혹은 standardized coefficients), (2) 정준 적재량 (canonical loadings 혹은 structure correlations), (3) 정준 교차적재량 (canonical cross−loadings)을 들 수 있다.

1) 정준 가중치(canonical weights)

정준함수들의 전통적인 해석법은 정준변량(canonical variate)에 있는 각 변수에 부과된 정준 가중치의 부호(+, −)와 크기를 파악하는데 있다. 비교적 큰 가중치 값을 가지는 변수들은 변량에 더 많은 기여를 한다. 가중치 값이 반대부호를 가지는 변수들은 변수간 역의 관계를 가지게 되며, 같은 부호를 가지는 변수들은 직접적인 관계를 가진다. 그러나 정준 가중치를 가지고 한 변수의 상대적 중요도 혹은 기여도를 해석하는 것은 회귀분석에 있어서 베타(beta) 가중치 해석의 한계와 같은 비평을 받고 있다. 예를 들어, 작은 가중치 값을 가지는 변수는 상관관계를 결정하는데 무관하거나 아니면 높은 다중공선성으로 인해 상관관계가 부분적으로 없어졌다라고 해석할 수 있다. 정준 가중치 사용의 다른 문제는 사용되는 표본에 따라 상당한 불안정성을 보인다는 점이다. 이러한 문제점들로 인해 정준상관분석의 결과해석에 정준 가중치들을 사용하는데는 상당한 주의를 필요로 한다.

2) 정준 적재량(canonical loadings)

정준 가중치의 한계점으로 인해 정준 적재량들은 결과 해석의 기본으로 널리 사용되고 있다. 정준 적재량들은 종속변수군 또는 독립변수군의 한 변수와 그 변수가 속해 있는 정준변량(canonical variate) 사이의 단순 선형 상관관계를 측정한다. 정준 적재량은 관찰된 변수가 정준변량과 함께 공유하는 분산을 반영하며, 또한 각 정준함수에 미치는 각 변수의 상대적·기여도를 파악하는데 있어서 요인 적재량(factor loading)처럼 해석되어질 수 있다. 구하는 방법은 개별 정준함수를 독립적으로 다루며, 정준변량과 정준변량의 각 구성변수와의 상관관계를 계산한다. 값이 크면 클수록 정준변량을 구하는데 더 중요한 역할을 하게 된다. 대체적으로 그 값이 절대값 0.30(|0.30|) 혹은 0.40(|0.40|) 이상이면 정준변량을 설명하는 중요 변수로 간주되어 정준함수의 해석에 포함되어진다.

비록 정준 적재량 값들이 정준상관관계를 구체적으로 해석하는 수단으로 가중치 값들보다는 타당성이 크다 할지라도, 특히 결과물의 외부타당성이라는 관점에서 볼 때 해석시 세심한 주의가 요구된다.

3) 정준 교차적재량(canonical cross-loadings)

정준 교차적재량 값들의 계산은 전통적인 적재량 값들의 한 대안으로 제시되어져 왔다. 전통적인 적재량 값들은 두 개의 정준변량(종속, 독립)이 최대한 상관관계를 가지도록 한 후 개별변수들을 그들이 속해 있는 정준변량에 연관시키는데 반해, 교차적재량은 개별 종속변수를 독립변수들로 구성된 독립정준변량(independent canonical variate)과 직접 연관시키고 있다(역으로 개별 독립변수를 종속정준변량에 연관시킴). 이 점은 다중회귀분석과 일면 유사하지만 각 독립변수가 한 개의 종속변수 대신에 종속변량(dependent variate)과 상관관계를 가지고 있다는 점에서 분명히 다르다고 할 수 있다. 따라서 교차적재량은 전통적인 적재량이 가지는 중간단계를 제거함으로써 한층 직접적인 값을 제공한다.

4) 어떤 해석방법을 사용할 것인가?

교차적재량(cross-loadings)이 가장 많이 선호되고 있으며, SAS나 SPSS 윈도우용 통계패키지(기존의 SPSS통계패키지에서는 제공되지 않음)의 분석결과물에서 제공되어진다. 만약 교차적재량 값이 제공되지 않을 경우 연구자는 본인이 직접 계산하든지 아니면 다른 해석방법을 선택하여야 한다. 일반적으로 정준 적재량(canoncal loadings) 값이 교차적재량(cross–loadings) 값의 대안으로 추천되고 있다.

예제 사례 : 정준변량의 해석

　주어진 정준변량 쌍(정준함수)에서 해석에 이용되는 중요 변수들을 결정하기 위해서는 표준화된 정준 계수(standardized canonical coefficients), 정준 적재량(canonical loadings), 정준 교차적재량(canonical cross-loadings) 중 어느 하나를 사용할 수 있다. 대부분의 경우에 있어서 정준 교차적재량이 우선적으로 사용되며, 통계 패키지에 따라 제공되지 않을 경우에는 정준 적재량을 사용하면 된다. 본 예의 〈결과 5〉에서는 교차적재량을 제공하지 못하는 SPSS버전을 사용하였으므로 정준 적재량을 가지고 정준함수를 해석하고자 한다(최근 SPSS windows 8.5는 제공함).

　본 예에서는 적재량의 값이 절대치 0.40보다 같거나 큰 경우의 변수만 각 정준변량을 대표하는 변수로 간주하였다. 각 변수의 적재량 값에 대한 제곱은 그 변수가 속해 있는 정준변량에 의해 설명되어지는 분산의 정도를 의미한다(예:$0.40^2 = 16\%$의 분산).

　첫 번째 정준함수의 독립변량을 보면 소득수준변수는 독립변량과 상당히 높은 상관관계(-0.807)를 보여주고 있다. 다음으로 높은 상관관계를 보여주는 변수는 연령변수로 0.466의 상관관계를 보여준다. 종속변량에서는 스위트 객실의 사용정도 변수가 종속변량에 대하여 -.807의 상관관계를 보여주고 있으며, 미니-바(-0.705), 체력단련시설(-0.583), 객실 VCR(-0.466) 변수가 각각 그 뒤를 따르고 있다. 두 변량을 함께 고려해 보면 스위트 룸, 미니-바, 체력단련센터, 객실 VCR의 사용 희망정도는 소득수준과 연령변수에 관계가 있음을 알 수 있다. 즉, 높은 소득수준을 가진 비즈니스 여행자들은 스위트 룸, 객실 미니-바, 체력단련센터 및 객실 내 VCR을 보다 많이 사용하기를 원한다. 반면에 연령 변수는 위의 4가지 호텔 서비스에 대해 역(-)의 관계를 가지고 있음을 보여주고 있다.

〈결과 5〉 정준 적재량(Canonical loadings)

Correlations between DEPENDENT and canonical variables

Variable	Function No. 1	2*	3*
객실 VCR	-.446	-.324	-.357
객실 미니-바	-.705	.004	.473
동전자판기	.063	-.493	-.054
체력단련센터	-.583	-.701	.132
호텔 레스토랑	-.173	.221	.196
스위트 룸	-.807	.133	-.440

Correlations between COVARIATES and canonical variables

Variable	Function No. 1	2*	3*
연령	-.446	.823	.324
소득수준	-.807	.588	.055
여행빈도	-.156	.463	-.872

* 정준함수 2와 3은 참고로 첨부하였다. 실제 분석결과 제시에서는 이들의 아이겐값 및 중복지수(redundancy index)값이 너무 작아 해석에 포함되지 않으므로 제시할 필요가 없다.

(6) 정준상관분석 결과의 타당성 제고 및 진단

다른 다변량 분석기법들과 마찬가지로 정준상관분석도 분석결과가 단지 특정 표본 데이터에만 적용되는 것이 아니라 모집단에까지 일반화시킬 수 있도록 타당성 제고의 노력을 기울여야 한다. 가장 직접적인 방법으로(만약 표본의 크기가 충분하다면) 가지고 있는 자료를 2개의 표본 (subsamples)으로 구분하여 각각 정준상관분석을 행하는 것을 들 수 있다. 분석결과물(정준함수, 정준 적재량 등)을 상호 비교함으로 타당성 여부를 결정할 수 있게 된다. 만약 현저한 차이가 보인다면 연구자는 최종 결과물이 한 개 표본만을 대표하는 것이 아니라 모집단을 대표하는 결과물이 나올 수 있도록 추가 조사를 고려하여야 한다.

다른 방법으로는 한 개의 종속변수와(혹은) 독립변수를 제거함으로써 결과가 어떻게 민감하게 반응하는가를 조사하는 것이다. 정준상관분석 기법의 절차는 상관관계를 최대한 크게 하는데 있으며, 변수들의 구체적 관계를 가장 적절하게 해석할 수 있도록 하는데 있지 않다. 따라서 만약 한 변수가 소속된 정준변량(variate)에서 제거될 경우 정준 가중치 값들과 적재량 값들은 현저하게 그 값이 변할 수 있다. 정준 가중치 값들과 적재량 값들의 안정성을 확보하기 위해서 연구자는 한 개의 다른 변수(독립 혹은 종속)를 매번 제거해 봄으로써 결과물로 나오는 정준상관관계 값들을 평가해 볼 필요가 있다.

한편, 연구자는 정준상관분석 기법의 한계를 충분히 인지하고 결과를 해석해야 한다. 결과와 결과해석에 큰 영향을 줄 수 있는 한계점들을 살펴보면 다음과 같다.

첫째, 정준상관관계는 두 변수군의 각 선형결합치에 의해 공유되는 분산을 반영하는 것이지, 변수들로부터 직접 창출된 분산이 아니다.

둘째, 정준 가중치(canonical weight) 값들은 매우 불안정적이다.

셋째, 정준 가중치 값들은 두 개의 선형결합치간의 상관관계를 극대화시키도록 구해지며, 도출되는 분산을 극대화시키는 것은 아니다.

넷째, 요인분석에서 볼 수 있는 변량의 회전과 같은 해석을 위한 어떠한 도움도 없으며, 상관관계를 극대화시키는 목적으로 계산이 되기 때문에 정준변량들의 해석은 어려울 수 있다.

다섯째, 정준상관관계를 해석하는데 필요한 정확한 통계기법이 아직 개발되어 있지 않으므로 종속변수군을 구성하는 일부 변수들과 독립변수군을 구성하는 일부 변수들 사이의 의미 있는 관계들을 파악하는 것이 어렵다. 현재 적재량(loading) 혹은 교차적재량(cross-loading)과 같은 부적절한 측정값에 의존하고 있다.

이러한 한계점들은 결코 정준상관분석법의 사용을 자제해야 한다는 의도에서 적은 것은 아니라 연구 도구로써 정준상관분석 기법의 효율성을 향상시키기 위한 차원에서 지적하였다.

　　정준상관분석 기법은 2개 이상의 종속변수들과 독립변수들 간의 상호관계를 탐구하는데 매우 적절한 기법이다. 예측을 위한 목적으로 사용되기도 하지만 주로 설명을 목적으로 많이 사용된다. 분석 결과로부터 얻어진 정보는 종속변수군과 독립변수군의 상호 연관유무, 상관관계의 정도, 두 변수군 간의 관계의 구체적 내용 등에 대한 질문의 답을 제공한다.

　　정준상관분석을 이용하지 못할 경우 두 변수군의 관계에 무수히 존재하는 두 변수 간 상관관계를 파악해야 하지만, 정준상관분석을 통해 연구자는 한 개의 종합적 측정값을 이용할 수 있게 되었다. 이 분석은 2개 이상의 종속변수와 독립변수 간의 전반적인 관계를 규명하는데 유용하며, 특히 연구자가 두 변수군에 대하여 사전지식이 부족할 때 더욱 유용하게 사용된다. 변수들 간에 상관관계가 큰 변수들을 선택하여 부차적인 정준상관분석을 행할 수도 있으며, 경우에 따라서는 각 종속변수에 대하여 개별 회귀분석도 수행해 볼 수 있다.

용/어/정/리

- canonical correlation (정준상관) : 종속변수군(기준변수군)의 선형결합치와 독립변수군(예측변수군)의 선형결합치간의 관계의 정도를 나타내는 측정치이다.

- canonical function (정준함수) : 두 선형결합치들 간의 구체적인 관계를 보여주며 각 정준함수는 두 개의 선형결합치(정준 변량, canonical variate)를 가진다. 한 개는 종속변수군으로로부터 다른 한 개는 독립변수군으로부터 도출되어진다.

- canonical loadings (정준 적재량) : 한 변수군의 각 변수와 해당 변수군의 선형결합치를 나타내는 정준변량(canonical variate)과의 단순 선형 상관관계를 측정하고 있으며 절대값 0.30 혹은 0.40 이상의 경우에만 실제 해석에 사용된다.

- canonical roots or squared canonical correlations (정준근) : 정준상관의 제곱값으로 종속변수군과 독립변수군간의 공유분산의 양을 표시한다.

- canonical variates (정준변량) : 한 변수군을 구성하는 변수들의 선형결합치(linear composite)를 의미한다. 종속정준변량과 독립정준변량으로 구분되어진다.

- redundancy index (중복지수) : 정준함수를 구성하는 한 개의 정준변량(종속 혹은 독립정준변량)이 다른 정준변량으로부터 설명되어지는 분산의 정도를 의미한다. 정준함수를 구성하는 종속정준변량 및 독립정준변량에 대해서 각각 구해질 수 있다. 예를 들어, 종속변량의 중복지수는 독립정준변량에 의해서 설명되는 종속정준변량의 분산의 크기를 나타낸다.

사례를 통해 본 다변량분석의 이해

관광학에서 정준상관분석을 이용한 사례

Source : 김영우·김홍범(2006). 관광동기 및 관광유형선택에 따른 관광행동에 관한 연구, 『관광·레저연구』, 18(4) : 153~172.

관광동기 및 관광유형선택에 따른 관광행동에 관한 연구

A Study on the Post Tourist Behaviors according to the Travel Typology and Travel Motive

김 영 우* · 김 홍 범**

Kim, Young-Woo · Kim, Hong-Bumm

Abstract

This study was conducted to examine the out-bound tourist's behavior of package tour. It offers a situational approach to understand tourist motivation and attempts to extend empirical evidence on the overseas travel among the push and pull motivation, travel typology and travel behavior.

A total of 441 usable questionnaires were collected from the survey on the randomly selected Korean out-bound travelers to North America, Europe, Asia, and Oceania. Two hypotheses were proposed and tested by SPSS 13.0 for descriptive, factor analysis, reliability analysis, cluster analysis, one-way ANOVA and canonical correlation analysis.

Research results indicated that push and pull factors differently influenced on travel typology choice and it affected the travel behavior. Tourist satisfaction affected the behavior of tourist revisit. Based upon these findings, this research would make several recommendation to improve travel typology and satisfaction.

주제어 : 패키지 아웃바운드 관광객(out-bound tourist package), 추진요인(push), 유인요인(pull), 관광유형(travel typology), 관광행동(post-tourist behavior)

* 경주대학교 관광대학 관광경영전공교수, 연구관심분야: 관광마케팅, 관광수요예측.
  e-mail: ywkim@gyeongju.ac.kr
** 교신저자: 세종대학교 호텔·관광대학 교수, 연구관심분야: 호텔·관광마케팅, 마케팅조사.
  e-mail: kimhb@sejong.ac.kr

I. 서 론

글로벌시대에 있어서 관광산업은 자국(自國)의 경제적극대화를 위한 전략산업으로 육성하고 경쟁적 우위를 선점하기 위해 무한한 경쟁을 벌이고 있다. 또한 국가 간의 교류 및 서로 다른 문화에 대한 이해와 관심의 증대는 인간의 삶의 가치가 여가·문화·관광 등 경험적 활동 및 감성소비를 중요시하는 사회적 패러다임으로 변화하고 있는 것이다(문화관광부, 2005).

WTO(Word Tourism Organization, 2003)에 의하면, 국제관광객수가 2010년에 10억 5천만 명, 2020년에는 16억 명에 달할 것으로 관광활동 수요를 예측하고 관광을 통한 이동과 교류는 더욱 확대될 것으로 기대될 것으로 전망하고 있다. 이는 관광이 선택적 소비가 아니라 현대인의 필수적 생활양식으로서 차지 할 것이며, 해외관광객의 관광유형에 대한 폭 넓은 선택과 다양한 변화를 가져다 줄 것 이다.

현대사회의 특징으로서 급 변화하는 정보화 시대와 사회구조의 다양한 변화는 여가시간의 확대와 여가형태에 많은 변화를 가져왔으며 이는 관광객의 수적증가, 관광욕구 및 동기의 다변화를 가져오고 있다. 게다가, 인터넷의 혁명과 다량의 정보 보급은 국민생활의 근본적인 모습을 변화시켜 온라인을 통한 관광목적지에 대한 정보획득과 더불어 여행상품 및 구매활동이 이루어지고 있다. 이러한 관광의 패러다임은 관광객들에 대한 관광유형이나 여행패턴의 다양화와 사회·심리적, 문화적 동기에 대한 욕구를 증가시키고 있다(김영우, 2005).

관광동기의 중요성은 관광유형의 결정과 일련의 관광행위 과정에서 관광행동에 매우 큰 영향을 미친다. 그러나 지금까지 선행연구들은 국내 FIT 관광객의 관광동기와 만족 및 재방문의사와의 관계 차원에서 연구(강재정 외, 2003; 이후석·오민재, 2004; 김덕경·최영준·윤중엽, 2004; 박동진·손광영, 2004)등 다수에 이루고 있으나, 해외관광자의 관광동기 및 그들의 관광유형선택에 따른 관광행동에 관한 연구가 미흡한 실정이다. 따라서 본 연구는 관광동기에 따른 관광객의 관광유형선택에 따른 관광행동에 어떠한 변화를 가져오는 가를 살펴보고자 다음과 같은 세부 연구목적을 설정하였다.

첫째, 관광동기에 있어서 추진 및 유인 동기의 차원을 파악하고, 이 차원들이 현대 관광동기의 변화 또는 관광유형에 대하여 어떠한 영향을 미치는 가를 파악하고자 한다. 둘째, 관광유형선택이 관광행동(만족도, 추천의사, 재방문의사)에 어떠한 영향을 미치는 가를 조사하고자 한다.

II. 이론적 배경

1. 관광동기

인간은 다양한 이유와 동기를 가지고 관광에 참여한다. 일반적으로 동기는 사람들로 하여금 관광 행동에 참여하거나 참가하려는 선천적인 사회 심리적 힘으로 정의되며(Iso-Ahola, 1981), 관광행동의 이해와 목적지 선택과정에 중요한 개념으로 받아들여지고 있다(Oh, Uysal, & Weaver, 1995).

관광동기를 구성하고 있는 요소는 시대적 상황의 변화에 따라 핵심적 요소의 관찰이 가능하다. 1960년대 관광의 휴식적인 측면의 강조에서, 1970년대 와서 관광의 휴식적 측면보다는 즐거움이나 변화의 추구, 취미활동의 추구 등과 같이 활동적인 측면이 강조되었다(Krippendorf, 1987). 1990년대의 Uysal과 Jurowski(1994)은 관광동기를 추진요인과 유인요인간의 상호관련성으로 실험하였으며, Oh et al.(1995), Baloglu와 Uysal(1996) 등은 다변량분석, 정준상관분석, 상관분석, 회귀분석을 사용하여 두 요인간의 관계를 규명하고자 하였다.

최근에 들어서는 추진요인과 유인요인으로 구분하여 관광동기에 대한 다양한 이론을 정립하였다(Oh et al., 1995; Klenosky, 2002; Kim et al., 2002; Yoon & Uysal, 2003). 한편, Kozak(2002), Mazzarol과 Soutar(2002)등은 추진요인과 동기요인을 하나로 묶어 동기요인으로 이론을 정립하였으며, 또한 추진요인 및 유인요인을 추진동기(push motivation)와 유인동기(pull motivation)로 구분하여 새롭게 정립하려는 움직임도 보이고 있다.

2000년대 들어와 관광동기의 주제 또한 국립공원, 주제공원, 유학목적지, 관광수요의 탐색적 연구, 여행만족과 목적지 충성도(김성섭·이충기, 2001; 조명환, 2002; Mazzarol & Soutar, 2002; Yoon & Uysal, 2003) 등으로 보다 더 다양하고 세부적인 분야로 나누어져 상호연관성이 연구되어지고 있다.

2. 관광유형

관광객의 관광유형의 형태는 고대시대의 여행형태에서 비롯해 현대의 문화관광, 생태관광, 도시관광 등으로 매우 다양하다. 관광유형의 연구는 크게 관광객의 특성에 따른 관광유형의 연구와 관광목적에 따른 관광유형의 연구로 구분되어진다.

관광객의 유형에 따른 관광유형의 연구에 있어서, Cohen(1972)은 관광객을 여행시의 신기성/흥미와 친숙성/안전성의 조합을 기초로 4개의 유형으로 구분하여 조직화된 대중관광객, 개인 대중관광객, 탐험자, 유랑자로 구분하였다. 또한 Cohen(1988)은 직접 경험하고 지식을 습득하는 능동적인 활동을 통해 인간의 체험(모험)관광을 강조하였다. Smith(1989)는 지역의 문화에 대한 그들의 적응의 정도를 7가지 유형을 구분하여 단체관광에서부터 개인적으로 모험을 즐기는 관광객을 다루고 있다. 한편, Plog(1991)는 관광객의 성격과 관련된 관광 선택을 싸이코그래픽스(psychographic)를 인용하여 관광객의 유형의 중요성을 구분하였다.

관광목적에 따른 관광유형의 연구는 매우 다양하게 구분되어진다. 종교관광은 문화중심지에서 문화관광형태로 분류되어 연구되어져 왔으며(Adier, 1985), 특히 사찰관광은 교육, 문화관광, 사찰의 역사성, 위용성, 예술성 및 특유한 품격과 특징이 관광객의 목적과 동기를 충족시키는 것으로 나타났다. Littell(1994)은 Smith(1989)의 행동론적 유형(behavioral typology)을 바탕으로 민족·윤리·교양형 관광, 역사형 관광, 도시·환락형 관광, 야외스포츠형 관광 등 4 가지로 분류하였다.

최근 들어 생태관광을 비롯한 도시관광, 컨벤션 등도 관광객을 유인하는 하나의 관광유형으로 구분되어지고 있다. 생태관광은 자연관광과 야외휴양자원, 생태자원의 보호를 통해 지역사회개발과 방문자의 질의 향상, 방문자의 수준 높은 경험을 얻으려는 목적을 가지고 있다(Lindberg & Hawkins, 1999). 도시·건축 관광은 지리학적 관점에서 도시를 하나의 관광목적물로 보며 물적·비물적 도시관광 자원을 이용하여 다양한 관광상품을 개발하고 관광행위를 유발한다(Christoper, 1998). 컨벤션 활동은 국내 및 국제회의, 전시회, 무역쇼 또는 박람회 등의 지속적인 개최를 통하여 관광객을 유인할 뿐 만 아니라 관광산업진흥과 지역 경제를 활성화시킬 수 있다는 장점을 가지고 있어 이에 대한 연구들이 지속되고 있다(Randall & Warf, 1996).

김영우(2004)의 연구는 상기에서 언급한 다양한 전통적 관광형태에서 현대의 다양한 관광유형(travel typology)을 관광객의 관광목적지활동과 참가목적에 따라 20가지로 구분하여 요인분석을 통해 '스포츠 및 체험 활동형 관광', '학술 및 비즈니스형 관광', '역사 및 종교형 관광' 으로 관광유형활동 등으로 구분하였다.

관광유형의 선택은 관광객의 개인적 차원이나 사회적 차원의 변화를 반영하며, 관광유형의 영향요인들 중 많은 요소들이 관광동기와 연관되어 있음을 강조하고 있다. 동기는 모든 행동을 추진하는 힘이기 때문에 특히 관광행동을 이해하고 목적지 선택과정에 중요한 영향을 미치게 된다(Oh et al., 1995; Klenosky, 2002; Kim et al., 2003; Yoon & Uysal, 2003). 따라서 본 연구는 관광동기와 관광유형간의 다음과 같은 연구가설을 설정하였다.

H 1 : 관광동기는 관광유형의 선택과 유의적인 관계가 있을 것이다.

3. 관광유형선택과 관광행동

현대관광의 추세는 단순 관광목적에서 벗어나 자연관광, 휴양관광은 물론 배낭여행, 테마여행, 역사기행, 어학연수, 학술 및 회의관광, 레저관광, 스포츠 관광, 종교관광, 이벤트관광, 비즈니스 및 상용관광, 전시회관광, 인센티브관광, 체험(모험)관광, 크루즈관광, 유흥관광, 생태관광, 도시·건축물관광, 쇼핑관광 등으로 관광유형은 다양한 해외여행상품과 함께 관광시장이 세분화되었다(김영우, 2004).

Oliver(1980)에 의하면, 관광객에 의해 선택된 관광목적지는 관광후에 목적지활동에 대한 기대초과는 만족을 가져오지만, 하지만 기대 이하의 결과는 여행에 대한 불만족을 가져온다. Swan과 Trawilk(1981)에 의하면, 여행상품을 구매하기 전 여행에 대한 기대가 지나치면, 구매후의 여행상품에 대한 만족감은 줄어든다.

따라서 본 연구에서는 관광행동을 만족도, 추천의사, 재방문의 차원으로 나누었으며, 관광객에 의해 선택된 여러 가지 관광유형에 따라 그들이 가지는 관광행동에 어떠한 차이가 있는 가를 파악하고자 다음과 같은 가설을 설정하였다.

H2 : 관광객에 의해 선택된 관광유형에 따라 관광행동(만족도, 추천의사, 재방문의사)은 다르게 나타날 것이다.

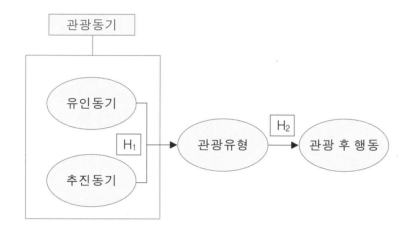

〈그림 1〉 연구모형

Ⅲ. 조사 설계

본 연구는 관광객의 동기와 관광유형, 관광행동에 대한 관계를 알아보기 위해 설문조사를 실시하였다. 설문조사는 비확률표본추출방법 중 편의표본추출방법을 통하여 대상을 선정하였으며, 국내여행사의 사전에 교육받은 TC(tour conductor)를 통해 고객들에게 동의를 얻은 후 실시되었다. 조사기간은 2004.년 7월 1일부터 9월 15일까지 실시하였으며, 20대 이상의 성인 중 패키지 해외여행 관광객을 대상으로 관광목적지에 따라 동남아시아, 중국/일본, 미주, 구주(유럽), 오세아니아(호주/뉴질랜드)로 구분하여 출국 전 직접 관광객이 작성하도록 하였다. 설문지 총 1,000부를 배포하였으며 이중 628부의 설문지를 회수하였으나, 이중 불성실한 응답과 잘못 표기된 187부를 폐기하고, 441부 만을 분석에 적용하였다.

본 연구의 설문지는 관광동기, 관광유형, 여행특성과 인구 통계적 사항으로 구성되었다. 관광동기는 추진요인 32문항과 유인요인 34문항으로 구분하였다. 추진요인은 Crompton(1979), 김성섭·이충기(2001), Kozak(2002), Yoon과 Uysal(2003)등의 연구 등를 통해 32문항으로 리커트 5점 척도로 측정하였으며, 유인요인은 Oh et al.(1995), Sirakaya와 McLella(1997), Kim 외(2003), Yoon과 Uysal(2003)의 연구를 통해 총 34문항의 리커트 5점 척도로 측정하였다. 관광유형선택은 김영우(2004)의 해외여행객의 관광유형이 여행상품구매에 미치는 영향에 관한 연구에서 제시되었던 20개의 관광유형을 리커트 5점 척도로 측정하였다. 관광행동은 만족도, 추천의사, 재방문의사로 각각 리커트 5점 척도로 측정하였으며, 마지막으로 여행특성과 인구 통계적 특성은 각각 해외여행경험, 여행목적지, 관광형태, 여행기간, 동반형태, 여행비용의 6문항과 성별, 연령, 교육수준, 직업형태, 월평균소득, 결혼여부의 인구통계적 특성 6문항을 명목척도와 비율척도로 측정하였다.

본 연구에서 기대되는 바람직한 결과를 도출하기 위해 변수의 수, 분석의 성격, 척도의 종류, 집단의 수 등 표본의 전반적인 성격을 고려하여 이에 부합되는 방법을 적용하였다. 실증분석은 SPSS 13.0을 이용하여 3단계로 분석하였다. 첫 번째, 인구통계적 특성의 빈도분석을 통해 관광객의 특성을 기술하였다. 두 번째로, 모형에 관련된 변수들에 대한 전체 신뢰도 분석과 요인분석과 그 요인들에 대한 신뢰도분석을 다시 실시하였다. 관광유형에 대한 최적 군집수 결정을 위해 계층적 및 비계층적 군집분석을 적용하였으며, 관광객의 동기와 관광유형간의 관계를 살펴보기 위해 정준상관분석과 일원분산분석을 실시하였다.

IV. 실증분석

1. 인구통계적 특성

본 연구의 표본의 인구통계적 및 일반적 특성은 〈표 1〉과 같다. 성별은 여성 233명(52.8%), 결혼 상태는 기혼 248명(56.2%), 교육수준은 전문대졸(재학)/대졸(재학) 347명(78.7%), 연령은 30대 198명(44.9%), 직업분포는 무직 및 기술직 108명(24.5%), 총가계소득은 2천-3천만원 104명(23.6%), 여행기간은 7일 이하 200명(45.4%), 여행 동반형태는 동료 168(38.1%), 여행횟수는 5회 이하 328명(74.7%), 여행계획은 50%는 123명(27.9%), 여행목적지는 아시아(일본. 중국) 109명(24.7%)이 가장 많은 분포를 보였다.

〈표 1〉 인구통계적 특성 및 여행특성에 대한 빈도분석

구 분		빈도	비율(%)	구 분		빈도	비율(%)
성별	남성	208	47.2	여행기간	7일이하	200	45.4
	여성	233	52.8		8-14일(2주일)	142	32.2
결혼상태	미혼	193	43.8		15-22일(3주일)	39	8.8
	기혼	248	56.2		23-30일(3주일)	10	2.3
					31일이상(한달이상)	50	11.3
연령	20대	103	23.4	동반형태	혼자	65	14.7
	30대	198	44.9		가족 및 친지	115	26.1
	40대	88	20.0		연인	36	8.2
	50대	48	10.1		동료	168	38.1
	60대	4	0.9		친구	43	9.8
					소속한 단체	14	3.2
직업	공무원,군인	24	5.4	여행횟수	5회 이하	328	74.4
	기업인 및 경영자	16	3.6		10 이하	65	14.7
	사무직 및 기술직	108	24.5		15회 이하	20	4.5
	전문직	24	5.4		20번 이하	14	3.2
	생산,노동,농어업	9	2.1		20회 이상	14	3.2
	판매직	86	20	향후여행계획	0%	23	5.2
	학생	56	12.7		25%	80	18.1
	주부	25	5.7		50%	123	27.9
	서비스종사자	75	17.0		75%	115	26.1
	은퇴자,무직,기타	18	4.1		100%	100	22.7
교육수준	중졸/재학	5	1.1	여행경비	100만원 미만	127	28.8
	고졸/재학	25	5.7		100-200만원	131	29.7
	전문대졸/재학	104	23.6		200-300만원	98	22.2
	대졸/재학	243	55.1		300-400만원	54	12.2
	대학원재학이상	64	14.5		400만원 이상	31	7.0
가계소득	2천만원미만	65	14.7	여행목적지			
	2-3천만 원	104	23.6		동남아시아	101	22.9
	3-4천만 원	74	16.8		아시아(일본,중국)	109	24.7
	4-5천만 원	49	11.1		미주	83	18.8
	5-7천만 원	97	22.0		유럽	73	16.6
	7천만-1억 원	39	8.8		호주 및 뉴질랜드	75	17.0
	1억 원 이상	13	2.9				

2. 측정척도의 검증

1) 관광행동의 추진요인의 요인분석 및 신뢰도분석

〈표 2〉 관광행동의 추진요인 요인분석 및 신뢰도분석

요인명	추진요인 측정항목	요인 적재량	항목간 상관관계	항목제거시 α계수
호기심/지식 3.131[a] 13.045[b] .753[c]	다른 나라에 대한 호기심	.756	.612	.685
	토속문화의 체험	.668	.507	.712
	다른 나라에 대한 동경	.590	.477	.721
	외국에 대한 상식과 지식습득	.582	.561	.697
	역사 및 문화탐방	.527	.312	.765
	지식 및 탐구	.523	.503	.715
소속감 2.684 11.185 .780	종교적 행사를 참여	.738	.638	.699
	지인을 방문	.730	.651	.690
	친구 및 친지방문	.724	.486	.778
	안전과 신변보호	.648	.571	.732
심리적안정 2.589 10.788 .704	저렴한 항공요금	.706	.519	.620
	편안함과 심리적 안정	.680	.468	.654
	편안하고 안정적 느낌의 여행광고	.622	.459	.657
	자기과시	.613	.508	.628
자기 계발 2.549 10.621 .720	자신의 재발견	.765	.471	.676
	미래에 대한 새로운 도전과 도약	.737	.591	.627
	자기 계발(슬기와 재능)	.641	.447	.687
	삶의 재충전	.531	.433	.690
	일상생활의 변화	.449	.457	.682
유흥/흥미 1.639 6.827 .508	유흥	.774	.305	.438
	스릴과 흥미	.657	.411	.259
	성별이 다른 만남	.503	.260	.510
신경험 1.528 6.365 .565	새로운 음식	.815	.394	
	새로운 라이프스타일 체험	.504	.394	

Kaiser-Meyer-Olkin Measure of Sampling Adequacy. = .829
Bartlett's Test of Sphericity: Approx. Chi-Square=3387.458, df=276, p. = .000
a. 고유값(eigenvalue), b. 분산설명력, c. Cronbach's α, 전체누적분산 설명력: 58.83%

관광행동의 추진요인 타당성 검증을 위해서 신뢰도분석과 요인분석을 실시하였으며, 32개의 항목요인을 주성분(principal component analysis)과 직각회전방식의 Varimax 방법을 사용하였다. 요인추출과정에서 고유값(eigenvalue)이 1.0보다 큰 것을 요인화 하였으며, 내적 일관성 검증을 위해 신뢰도분석에서 Cronbach's α(이하 α)값과 항목 간 상관관계(corrected item-total correlation)값을 제시하였다.

항목전체에 대한 신뢰도분석 결과 .85로 나타났으며, 요인분석의 공통성(communality) 중 .6이하의 값과 신뢰도 값을 기준으로 값이 낮은 6개의 속성을 제거하였다. 추진요인의 요인분석 결과 6개의 요인이 나타났으며, 전체누적 분산율은 58.83%로 나타났다. KMO 측도 (kaiser-meyer-olkin measure of sampling adequacy)=0.83로 매우 좋은 결과를 보이며, Bartlett 구상검정치(bartlett test of sphericity)=3387.46(p=.000)으로 유의적으로 나타나 요인분석의 사용이 적합하며 공통요인이 존재한다고 할 수 있다.

요인분석에 의해 구성된 개별 요인에 대하여 요인명을 '호기심 및 지식, 소속감, 심리적 안정, 자기 계발, 유흥 및 흥미, 신경험' 등으로 명명하였다(〈표 2〉 참조).

2) 관광행동의 유인요인 요인분석 및 신뢰도분석

관광행동의 유인요인 요인분석 및 신뢰도분석을 위하여 34개의 유인요인 요인분석 결과 8개의 요인으로 구분되어 판별타당성을 지니고 있으며, 누적분산율은 60.90%로 분석되어 큰 무리가 없다고 판단되었다. 이중 공통성과 요인분석과정에서 하나의 항목을 제거하였으며, 제거 후 신뢰도 분석의 항목 간 상관관계의 값이 .6이상, 전체 신뢰도 값이 .911로 매우 높게 나타났다. 요인분석결과, KMO=.89, Bartlett 구상치=5779.37(p=.000)로 요인분석이 적절한 것으로 판명되었다(〈표 3〉 참조).

요인분석에 의해 구성된 개별 요인에 대하여 요인명을 '서비스 및 최신시설, 유흥활동, 공간적 여유 및 스포츠 활동, 고유적지탐방, 학술 및 교육활동, 이국적 정취, 이벤트참가, 도시문화활동' 등으로 명명하였다.

3) 관광유형의 요인분석 및 신뢰도분석

관광유형 20개의 변수의 요인분석 결과(〈표 4〉 참조), 5개의 요인이 나타났으며, 전체 누적분산율 59.75%, α=.86으로 매우 높게 나타났다. 20개의 관광유형의 속성들의 공통성과 모두 .4이상으로 나타났으며, 신뢰도분석의 항목제거시 α계수값 역시 .6이상으로 매우 좋게 나타났다. KMO=.86, Bartlett 구상치=2980.25(p=.000)로 나타났다.

관광유형 요인분석에 의해 구성된 개별 요인에 대하여 요인명을 '목적추구형 성취추구형 휴양추구형, 소비추구형, 도시추구형' 등으로 명명하였다. '도시추구형'은 하나의 속성이지만, 하나의 관광의 개념을 나타내고 있어 분석에 적용하였다.

〈표 3〉 관광행동의 유인요인 요인분석 및 신뢰도분석

요인명	유인요인 측정항목	요인 적재량	항목간 상관관계	항목제거 시 α계수
서비스/최신 시설추구 4.088a 12.389b .8364c	훌륭한 서비스 제공 첨단화된 호텔시설 이용 깨끗하고 아늑함 고급 레스토랑의 서비스 적절한 여행지의 규모 저렴한 레스토랑의 음식	.779 .737 .713 .677 .642 .426	.720 .667 .620 .633 .546 .482	.787 .798 .807 .805 .822 .834
유흥활동 2.976 9.018 .7086	야간유흥활동 카지노와 도박 외국에서 로맨스 사생활 보호	.740 .662 .633 .580	.527 .493 .482 .481	.626 .646 .657 .653
공간적여유/ 스포츠활동 2.796 8.473 .7950	넓은 공간적 여유 자신의 건강과 휴양 자연경관 자기가 선호하는 좋은 기후 해변활동 다양한 육상스포츠(레포츠) 활동 다양한 해양스포츠	.724 .704 .621 .459 .451 .417 .399	.419 .507 .398 .517 .598 .599 .615	.786 .771 .789 .769 .753 .753 .750
고유적지탐방 2.387 7.233 .6933	역사적으로 유서 깊은 도시 탐방 관광지의 안전성 오랜 전통적 예술문화 흥미롭고 친근한 토속민	.688 .653 .634 .538	.555 .467 .408 .480	.574 .635 .669 .626
학술/교육활동 2.222 6.734 .6204	학술활동 신비로운 동굴 및 탐험 종교적 순례를 참가	.767 .622 .532	.451 .426 .411	.492 .526 .547
이국적정취 2.148 6.508 .6616	흥미로운 지역 지역 전통음식 이국적인 분위기	.750 .664 .476	.506 .475 .438	.520 .562 .614
이벤트참가 1.5.951 964 .5941	라이브 공연/음악회 지역문화에 대한 매력적 분위기와 가치 지역축제	.652 .555 .519	.484 .348 .380	.362 .569 .525
도시문화활동 1.525 4.622 .6074	현대적인 도시 관광 다양한 활동 쇼핑	.763 .483 .480	.467 .374 .413	.431 .565 .516

Kaiser-Meyer-Olkin Measure of Sampling Adequacy.=.885
Bartlett's Test of Sphericity: Approx. Chi-Square=5779.368, df=528, p.=.000
a. 고유값(eigenvalue), b. 분산설명력, c. Cronbach's α, 전체누적분산 설명력: 60.928 %

〈표 4〉 관광유형의 요인분석 및 신뢰도분석

요인명	관광유형 측정항목	요인 적재량	항목간 상관관계	항목제거시 α계수
목적추구형 4.354[a] 21.770[b] .8479[c]	인센티브(회사 상여금) 관광	.807	.717	.810
	비즈니스 및 상용관광	.772	.677	.816
	학술 및 회의관광	.710	.592	.829
	전시회(꽃, 자동차, 기타.) 관광	.688	.570	.832
	크루즈(선박)관광	.677	.556	.835
	종교(성지순례)관광	.676	.608	.826
	스포츠(골프)관광	.585	.538	.837
성취추구형 2.497 12.485 .7341	배낭여행	.802	.589	.649
	테마여행	.789	.580	.657
	역사(사적지)기행	.623	.487	.691
	어학연수	.510	.392	.730
	체험(모험)관광	.490	.444	.706
휴양추구형 2.042 10.209 .6638	자연경관 관광	.683	.383	.627
	휴양관광	.659	.274	.677
	레저관광	.538	.533	.555
	그린투어(green tour)	.506	.455	.594
	이벤트(축제) 관광	.437	.451	.596
소비추구형 1.744 8.719 .6855	쇼핑관광을 한다	.826	.521	
	유흥관광을 한다	.821	.521	
도시추구형 1.313 6.563	도시 및 건축물 관광	.795		

Kaiser-Meyer-Olkin Measure of Sampling Adequacy. = .856
Bartlett's Test of Sphericity: Approx. Chi-Square=2980.251, df=190, p.=.000
a. 고유값(eigenvalue), b. 분산설명력, c. Cronbach's α, 전체누적분산 설명력 :59.746 %

4) 관광유형군집에 따른 관광유형요인

관광유형에 대한 최적 군집수 결정을 위해 계층적 및 비계층적 군집분석을 적용하였다. 계층적 군집분석의 Ward 방법의 결과 중 군집화 일정표의 계수값의 변화량이 큰 곳에서 군집의 수를 결정하였으며, 군집화 과정 중 계수값의 변화량이 급격히 커지는 436과 437단계에서 군집의 수를 결정하여 4개의 군집으로 설정하였다. 이를 토대로 비계층적 군집분석인 K-mean을 통해 4개의 군집으로 나누었으며, 군집간의 일원분산분석과 사후검증을 통해 군집의 특성을 밝혀내었다(〈표 5〉 참조).

〈표 5〉 관광유형군집에 따른 관광유형 요인에 대한 일원분산분석

세분시장 관광유형요인	관찰적 관광활동추구형 (n=119)	소비적 관광활동추구형 (n=149)	불확실적 관광활동추구형 (n=60)	자아계발적 관광활동추구형 (n=112)	F값 P값
목적추구형	1.604a .467b Lc	3.222 .456 H	1.355 .435 L	2.213 .379 L	414.878 .000*
성취추구형	2.795 .524 L	3.153 .632 H	1.607 .542 L	3.643 .586 VH	168.858 .000*
휴양추구형	2.983 .625 L	3.365 .644 H	2.283 .637 VL	3.739 .543 VH	82.006 .000*
소비추구형	2.378 .981 L	3.148 .963 VH	1.683 .916 VL	2.625 1.071 H	34.342 .000*
도시추구형	3.656 .943 H	3.436 .954 H	2.117 1.209 L	3.518 .995 H	35.545 .000*

* p<.05, a.평균, b.표준편차, c.DMR-Test(Duncan Multiple Range-Test) 에 의한 평균의 차이 L(Low),
H(High), VL(Very Low), VH(Very High)로 나타냄.

일원분산분석 결과, 5개의 관광유형 요인과 4개의 군집 간에 유의한 차이가 있는 것으로 나타
났으며, 관광유형에 대한 군집의 특성은 사후검증결과와 선행연구들을 토대로 군집 명을 부여하
였다.

첫 번째, 관찰적 관광활동추구형은 대부분의 관광활동유형에서 매우 낮은 관광활동 성향을
보이며, 도시나 건축물관광과 같은 새로운 도시의 이미지 관찰을 선호하는 것으로 나타났다.
두 번째 소비적 관광활동추구형은 다른 집단에 비해 관광목적의식이 뚜렷하여 여행을 통해 다
양한 경험과 지식을 얻고자 한다. 여행의 추억을 간직하기 위해 쇼핑이나 기념품 구입에도 상
당히 적극적이다. 세 번째, 불확실적 관광활동추구형은 소비적 관광활동추구형과 상반되는 집
단으로 다른 집단에 비해 모든 관광활동에 매우 소극적인 성향을 보인다. 마지막으로 자아계발
적 관광활동추구형은 배낭여행이나 테마여행, 역사유적지 탐방, 체험관광 등을 통해 자기계발
욕구가 매우 강하며, 자연경관이나 휴양, 레저, 쇼핑 등을 매우 선호하는 집단이다.

3. 관광행동 추진요인과 관광유형선택

본 연구과제의 분석을 위해 관광객의 동기와 관광유형간의 관계를 살펴보기 위해 정준상관분석

을 실시하였다(〈표 6〉 참조). 동기요인은 추진요인과 유인요인으로 구분되며, 추진요인은 5개의 요인으로 설정하였으며, 유인요인은 8개의 요인, 그리고 관광유형은 5개의 요인으로 구성되었다. 정준상관분석은 정준상관계수와 중복성 지수의 값의 크기를 통해 평가되며(Hair et al., 1998), 중복성 지수는 한 변수의 세트의 대한 분산량이 다른 변수의 세트와 얼마나 공유되어지는 가를 나타낸다. 각 변수의 세트에 대한 상대적인 중요성은 정준부하량과 정준교차부하량으로 나타낼 수 있다. 정준교차부하량은 정준부하량보다 더 보수적인 값을 가지기 때문에 정준부하량 보다 낮은 값을 가진다. 따라서 본 연구에서는 본 연구의 타당성을 높이기위해서 교차부하량이 3.0이상의 값을 가지는 표준화 정준계수의 값을 토대로 본 연구의 결과를 해석하였다(Lambert & Durand, 1975; Schuk et al., 1983).

〈표 6〉 관광행동 추진요인과 관광유형선택 정준상관분석

	표준정준함수 계수				교차부하량			
	함수1	함수2	함수3	함수4	함수1	함수2	함수3	함수4
추진요인								
호기심/지식	-.047	.567	.740	.368	-.362	.392	.135	.010
소속감	-.253	-.591	.638	-.584	-.290	-.444	.134	-.037
심리적 안정	-.428	-.245	-.655	.434	-.497	-.166	-.116	.029
자기 계발	-.373	.036	.266	-.366	-.387	.263	.098	-.047
유흥/흥미	-.402	.052	-.203	.436	-.461	.109	-.040	.055
신경험	-.075	.195	-.534	-.929	-.257	.305	-.142	-.110
중복성지수	.148	.092	.013	.003				
관광유형								
목적추구형	-.277	-.858	.678	.211	-.434	-.342	.178	.004
성취추구형	-.451	.538	-.088	.549	-.489	.263	.081	.041
휴양추구형	-.054	.346	.398	-1.074	-.380	.168	.123	-.125
소비추구형	-.493	-.228	-.943	-.129	-.472	-.163	-.212	-.046
도시추구형	-.187	.275	.136	.346	-.313	.252	.065	.051
중복성지수	.178	.061	.021	.004				
정준상관계수(Rc)	.652	.600	.371	.181				
Wilk's lambda	.305	.531	.829	.961				
Chi-Square	512.00	273.04	80.90	16.99				
자유도	30.00	20.00	12.00	6.00				
유의수준	.000*	.000*	.000*	.009*				

*p〈.001

첫 번째, 6개의 추진 동기요인과 5개의 관광유형간의 정준상관분석결과 5개의 정준함수가 도출 되었으며, 이중 하나를 제외한 4개의 정준함수가 유의적인 결과를 보이는 것으로 나타났다. 4개의 유의적인 정준함수 중 교차부하량이 0.3 이상인 표준화 정준계수를 토대로 살펴보면 다음과 같다.

우선, 첫 번째 정준함수의 분석결과는 정준상관계수(Canonical correlation coefficients)가 유의수준 .001에서 .652로 나타나 관광 추진동기요인과 관광유형간에 는 매우 큰 상관관계가 있

는 것으로 나타났다. 정준함수 1의 중복성 지수는 추진요인의 14.8%의 분산이 관광유형에 의해 설명되고 있음을 보여주며, 상대적으로 관광유형의 17.8%의 분산이 추진요인에 의해서 설명되고 있다.

구체적으로 관광객의 추진 동기요인 중 심리적 안정, 자기 계발, 유흥 및 흥미, 호기심 및 지식, 소속감의 순으로 성취추구형, 소비추구형, 목적추구형, 휴양추구형, 도시추구형 순으로 영향관계가 큰 것으로 나타났다. 이중 심리적 안정의 관광추진동기요인과 성취추구형의 관광유형이 가장 큰 영향관계를 보이고 있다.

두 번째 정준함수는 2의 분석결과, 정준상관계수가 유의수준 .001에서 .600으로 나타났으며, 정준함수 2의 중복성 지수는 추진요인의 9.2%의 분산이 관광유형에 의해 설명되고 있으며, 관광유형의 6.1%가 추진요인에 의해 설명되고 있음을 보여주고 있다. 구체적으로 소속감의 관광동기요인과 목적추구형의 관광유형이 큰 영향관계를 보이는 것으로 나타났다.

4. 유인요인과 관광유형선택

〈표 7〉 관광행동 유인요인과 관광유형선택 정준상관분석

	표준정준함수 계수					교차부하량				
	함수1	함수2	함수3	함수4	함수5	함수1	함수2	함수3	함수4	함수5
유인요인										
서비스/최신시설추구	-.060	-.472	.002	-.262	-.585	-.554	-.114	.041	-.069	-.037
유흥활동	-.193	-.481	.580	-.380	.545	-.495	-.247	.158	-.112	.038
공간적여유/스포츠활동	-.291	.555	.554	-.920	.016	-.610	.162	-.115	-.181	-.001
고유적지탐방	-.079	.071	.366	.555	.131	-.474	.058	-.130	.148	.021
학술/교육활동	-.328	-.466	.432	.498	.301	-.524	-.255	-.195	.099	.013
이국적정취	-.134	.421	.195	.165	.911	-.413	.295	.075	.054	.074
이벤트참가	-.149	.230	.000	.135	-.960	-.536	.131	.035	.073	-.087
도시문화활동	-.228	.145	.722	.449	-.072	-.512	.120	.261	.071	-.033
중복성지수	.268	.036	.021	.012	.002					
관광유형										
목적추구형	-.366	-.831	-.601	.038	-.375	-.563	-.311	-.177	-.013	-.028
성취추구형	-.316	.252	-.176	.585	.979	-.557	.161	-.102	.159	.089
휴양추구형	-.311	.681	-.226	-.864	-.298	-.571	.251	-.066	-.190	-.021
소비추구형	-.301	-.295	.967	-.147	.284	-.479	-.159	.333	-.091	.026
도시추구형	-.176	.219	.280	.595	-.822	-.365	.187	.098	.233	-.110
중복성지수	.263	.049	.033	.025	.004					
정준상관계수(Rc)	.768	.557	.490	.408	.202					
Wilk's lambda	.172	.419	.608	.799	.959					
Chi-Square	760.87	375.82	215.12	96.78	18.01					
자유도	40.00	28.000	18.00	10.00	4.00					
유의수준	.000*	.000*	.000*	.000*	.001*					

*p〈.001

관광 유인동기요인 8개와 5개의 관광유형 요인간의 정준상관분석결과, 5개의 유의적인 정준함수가 도출되었다(〈표 7〉참조). 첫 번째 정준함수의 분석결과는 정준상관계수(canonical correlation coefficients)가 유의수준 .001에서 .768로 나타나 유인 동기요인과 관광유형 간에는 매우 큰 상관관계가 있는 것으로 나타났다. 정준함수 1의 중복성 지수는 유인요인의 26.8%의 분산이 관광유형에 의해 설명되고 있음을 보여주며, 상대적으로 관광유형의 26.3%의 분산이 추진요인에 의해서 설명되고 있다.

구체적으로 관광객의 유인 동기요인 중 공간적 여유 및 스포츠 활동, 서비스 및 최신시설추구, 이국적 정취, 학술 및 교육활동, 도시문화활동, 유흥활동, 이국적 정취, 고유적지 탐방 순으로 휴양추구형, 목적추구형, 성취추구형, 소비추구형, 도시추구형에 영향관계가 큰 것으로 나타났다. 이중 공간적 여유 및 스포츠 활동이 휴양추구형의 관광유형이 가장 큰 영향관계를 보이는 것으로 나타났다.

관광유형 군집에 따른 관광행동간의 차이를 분석하기 위해서 일원분산분석이 사용되었다(〈표 8〉참조). 집단 간의 평균의 차이를 검증하기 위해서 Duncan Multiple Range Test가 사후검증 분석에 적용되었다. 관광유형 군집은 총 4개의 군집으로 설정되었으며, 관광행동은 총만족도, 추천의사, 재방문으로 구성되었다. 분석결과 총만족도, 추천의사, 재방문에서에서 집단 간의 유의적인 차이가 있는 것으로 나타났다 (p<.001). 사후검증의 결과를 H(High)와 L(Low)로 표시하여 평균의 값의 차이를 구분하였다. 총만족도에서는 자아계발적 관광활동추구형이 만족도(4.000)와 추천의사(3.982)가 가장 높은 것으로 나타났으며, 재방문의사의 경우는 관찰적 관광활동추구형(3.807)이 높은 값을 보이는 것으로 나타났다.

〈표 8〉 관광유형 군집에 따른 관광행동에 대한 일원분산분석

관광유형군집	관찰적 관광활동추구형 (n=119)	소비적 관광활동추구형 (n=149)	불확실적 관광활동추구형 (n=60)	자아계발적관광 활동추구형 (n=112)	F값 P값
총만족도	3.966[a] .843[b] H[c]	3.651 .937 L	3.450 .852 L	4.000 .805 H	8.152 .000*
추천의사	3.932 .918 H	3.564 1.105 L	3.317 1.112 L	3.982 .805 H	9.014 .000*
재방문	3.807 1.002 H	3.671 1.023 H	3.117 1.316 L	3.795 1.067 H	6.462 .000*

*p<.001, a. 평균, b. 표준편차, c. DMR-Test(Duncan Multiple Range-Test)에 의한 평균의 차이를 L(Low), H(High), VH(Very High)로 나타냄.

분석결과 관광유형의 집단별로 뚜렷한 차이를 보이고 있으며, 관광유형의 형태에 따라 구해 후 행동에 대한 차이가 있음을 보여주고 있다. 일원분석 결과를 평균의 값을 기준으로 구매 후 행동

에 대해서 높은 평균의 값을 가지는 집단과 상대적으로 낮은 값을 가지는 집단으로 다시 구분되는 특성을 보이고 있다. 관찰적 관광활동 추구형(n=119)과 자아계발적 관광활동추구형(n=112)은 상대적으로 총만족도, 추천의사, 재방문 등의 구매 후 행동에 대해서 높은 값을 나타내며, 소비적 관광활동추구형(n=149)과 불확실적 관광활동추구형(n=60)은 낮은 평균값을 보이고 있다. 관찰적 관광활동추구형과 자아계발적 관광활동추구형의 집단은 여행에 있어서 적극적인 활동을 하는 집단으로 여행지에서의 경험을 소중하게 생각하는 집단이다. 이러한 결과는 여행에 대한 높은 관심과 적극적인 참여의 정도는 구매 후 행동에 긍정적인 영향을 미치는 것으로 해석될 수 있다.

반면, 소비적 관광활동추구형은 관광지에서의 쇼핑이나 기념품에 대한 관심이 높은 집단으로서 자아계발적인 요소보다는 일상적인 관광행동에 대한 관심이 높은 집단이다. 또한 불확실적 관광활동추구형은 여행에서의 목적이 다소 불문명한 집단으로서 여행에서 목적이나 동기가 다소 불분명한 집단이다. 이러한 두 집단은 관광행동에 있어서 자기계발적인 요소보다는 일상적인 관광의 경험과 소비활동에 관심을 가지거나 관광활동에 있어서 비적극적인 행동을 보이고 있다고 할 수 있다. 이러한 결과는 관광에 대한 자기계발적인 요소가 상대적으로 낮은 집단의 경우는 구매 후 행동에 있어서도 낮은 점수를 부여하고 있다. 일반적으로 관광객은 개인의 실제 관광의 경험에 대한 구매 후 행동에 대한 평가에 있어서 다소 높은 점수를 부과하는 것으로 알려져 있다. 특히 관광에 대한 경험은 구매 후 추억이나 기억의 형태로 관광객의 마음속에 잠재하는 요소로서 개인의 관광유형 형태에 따른 영향을 많이 받게 되는 특성을 가지고 있다. 이러한 결과는 관광객의 구매 후 행동에 대한 평가는 실제 관광객들이 받는 경제적인 편익과는 별개로 관광객의 개인적인 특성과 관광지에서의 경험을 바탕으로 이루어진다는 것을 보여준다.

V. 결론 및 시사점

오늘날 관광의 추세는 대중화 시대를 지나 질적인 변화와 더불어 현저하게 다양화되어 가고 있으며, 전통적인 위안여행의 중심에서 벗어나 관광패턴이 급속히 다양화 및 세분화되고 있다. 게다가, 관광의 성숙화에 따른 관광 목적의 변화는 '자기개발'과 '삶의 질의 향상' 이라는 주제아래 인간의 삶의 가치를 향상시키는 현대인의 사회적 생활필수양식으로 자리매김하고 있다.

본 연구는 해외관광객(out-bound package tourists)에 관한 차원화된 관광동기요인들이 관광객의 관광유형선택에 어떠한 영향을 미쳤으며, 이러한 관광유형이 관광행동에 어떠한 영향을 미쳤는가를 조사하였다. 특히 해외여행객의 심리적 상태와 관광지 매력물의 정도에 따라 관광유형이 결정된다는 것과 이러한 결정들이 관광객의 만족, 재방문의사, 추천의사 등의 관광 후 행동에 까지도 영향을 미친다는 것을 살펴보았다는 점에서 그 의의를 가진다.

관광동기와 관광유형과의 연구 결과는, 해외패키지 관광객의 관광유형의 결정은 추진요인 보다는 유인요인에 의한 영향을 많이 받는 것을 보여주고 있다. 이는 관광유형선택에 있어서 관광지 매력물에 대한 동기의 유발이 관광유형 선택에 더 큰 영향을 미친다는 것을 시사하고 있다. 대부분의 패키지 해외여행객들의 동기요인은 관광지 매력물들을 포함하는 유인요인에 초점을 두어 관광유형을 선택하였다. 관광목적지의 매력물(아름다운 해변이나 레크리에이션 시설, 문화적 매력물, 엔터테인먼트, 자연적 경관, 쇼핑, 공원)들에서 유발된 유인요인들은 추진요인들을 자극시키거나 강화시키는 요인으로 작용할 수도 있을 것이다. 특히, 유인요인과 관광유형선택간의 관계에 있어서 '공간적 여유 및 스포츠 활동'이 휴양추구형의 관광유형이 가장 큰 영향관계를 보여 현대관광의 추이에 있어서 "삶의 질 향상"을 위한 관광활동 및 여가활동의 경향이 증가되고 있음을 보여주고 있다.

따라서 관광정책자 및 마케터들은 관광목적지 매력물의 시설에 중점적인 투자를 함으로서 관광객들의 관광동기를 유발해야 할 것이다. 이러한 관광목적지의 매력물에 대한 투자노력과 관광정책은 차후 관광객의 관광목적의 최종 결정은 물론 관광객의 만족, 재방문, 더 나아가 구전에 까지도 영향을 미치게 될 것이다.

둘째, 관광유형선택에 따른 관광 후 행동에 대한 연구를 통해 패키지 해외관광객의 관광유형은 목적추구형, 성취추구형, 휴양추구형, 소비추구형, 도시추구형 등으로 5개의 유형으로 구분되었다. 관광행동의 구성요소인 추천의사, 재방문의사, 총만족도에 있어서 관광유형의 집단에 따라서도 차이가 발생하는 것으로 나타났다. 관광상품은 일반적인 제품과 달리 관광객의 개인적이고 주관적인 경험을 바탕으로 평가되어진다. 관광유형의 집단 중 자아계발적 관광활동 추구형과 관찰적 관광활동 추구형은 추천의사 및 재방문의사, 총만족도에 있어서 다른 집단에 비해 상대적으로 긍정적인 평가를 내리고 있었다. 이는 관광활동을 통해서 자아를 계발하고 관광을 통해 얻어지는 경험에 주의 깊은 관심을 보이는 집단은 그렇지 않은 집단에 비해서 관광행동에 있어서도 긍정적인 평가를 가지게 된다는 것을 연구결과로 판명되었다.

관광객은 개개인이 선택한 관광유형의 행동과정에 개인이 얼마나 관여되느냐에 따라 관광 후 행동에 영향을 미치는 것이 일반적이다. 그러나 실제 관광시장에서 관광상품의 구성은 관광객의 의견이나 성향에 대한 연구가 아닌 관광상품 제공자의 입장에서 구성된 관광상품들이 있을 수 있다. 이러한 요인들로서 관광상품 판매촉진을 위한 과대광고 및 선전, 가격할인 및 제공자의 권유를 통해 이루어진 관광상품의 구매는 관광객의 진정한 욕구나 동기 충족을 어렵게 할 수 있을 것이다.

따라서 관광객을 위한 마케팅의 전략 수립과정에서 우선적으로 관광소비자들이 미래의 관광목적지와 관광유형의 선택에 대하여 어떠한 생각을 하고 있는지, 무엇을 느끼는지 등에 대한 이해는 특정 관광목적지로 관광객을 끌어들이고 이들에 대한 향후 관광마케팅 전략 수립과정에서 매우 중요하게 다루어져야 할 것이다.

참고문헌

강재정 · 송재호 · 양성국 (2003). 관광동기, 이미지, 재방문의도간 구조적 관련성. 『관광학연구』, 26(4), 221-238.

김덕경 · 최영준 · 윤중엽 (2004). 관광동기에 따른 관광지 이미지가 관광만족도에 미치는 영향에 관한 연

구: 부산방문 일본관광객을 중심으로.『관광학연구』, 28(2), 95-111.

김성섭·이충기 (2001). 국립공원의 추진요인과 유인요인에 대한 심층적 분석.『관광학연구』, 25(1), 135-153.

김영우 (2004). 아웃바운드 관광객의 관광유형에 따른 여행상품 구매행동.『관광학연구』, 13(4), 185-204.

_____ (2005). Multinomial Logit Model을 이용한 해외여행자의 관광동기 및 위험지각이 관광유형선택에 미치는 영향.『관광학연구』, 29(3), 291-313.

문화관광부 (2005).『2005관광에 관한 연차보고서』, 문화관광부.

박동진·손광영 (2004). 관광동기, 이미지, 기대, 만족 및 충성도간의 구조적 관계: 안동지역 방문자를 대상으로.『관광학연구』, 28(3), 65-83.

이후석·오민재 (2004). 관광객 시선이 관광동기와 만족도에 미치는 영향에 관한 탐색적 연구.『호텔경영학연구』, 13(4), 205-217.

조명환 (2002). 방한 일본인 여성관광객의 유인요인과 추징요인에 관한 연구.『관광학연구』, 25(4), 49-66.

Adier, J. (1985). Youth on the reflection the history of tramping. *Annals of Tourism Research*, 12(3), 335-354.

Baloglu, S., & Uysal, M. (1996). Market segment of push and pull motivation: A canonical correlation approach. *International Journal of Contemporary Hospitality Management*, 8(3), 32-38.

Christoper, M. L. (1998). *City Tourism*. Seoul: Beaksan Press.

Cohen, E. (1972). Toward a sociology of international tourism. *Social Research*, 39, 164-192.

_____ (1988). Authenticity and commoditization in tourism. *Annals of Tourism Research*, 15(3), 371-386.

Crompton, J. L. (1979). Motivations for pleasure vacation. *Annals of Tourism Research*, 6(4), 408-424.

Iso-Ahola, S. E. (1981). Toward a social psychological theory of tourism motivation a rejoinder. *Annals of Tourism Research*, 10(2), 273-276.

Kim, S., Lee, C. K., & Klenosky, D. B. (2002). The influence of push and pull factors at Korean national parks. *Tourism Management*, 24(2), 169-180.

Klensky, D. B. (2002). The "pull" of tourism destinations: A means-end investigation. *Journal of Travel Research*, 40(1), 385-395.

Kozak, M. (2002). Comparative analysis of tourist motivations by nationality and destinations. *Tourism Management*, 23, 221-232.

Krippendorf, J. (1987). *The Holiday Markers: Understanding the Impact of Leisure and Travel*. Heinemann Professional Publishing, Redwood Burn Ltd, Trowbridge, Wildshire, England.

Lindberg, K., & Hawkins, D. E. (1999). *Ecotourism: A Guide for Planners and Managers.* Edited. 1993 the Ecotourism Society Translation copyright 1999 by ILSHIN publishing Co.

Littelll M. A., Balgerman, S., Kean, L., Gharing, S., Niemeyer, S.., Reilly, R., & Stout, J. A. (1994). Souvenirs and tourism style. *Journal of Travel Research,* 33(1), 3-9.

Mazzarol, T., & Soutar, G. N. (2002). "Push-pull" factors influencing international student destination choice. *The International Journal of Educational Management,* 16(2), 82-90.

Oh, H. C., Uysal, M., & Weaver, P. A. (1995). Product bundles and market segments based on travel motivations: A canonical correlation approach. *International Journal Hospitality Management,* 14(2), 123-137.

Plog, S. C. (1991). A carpenter's tools re-visited: Measuring allocentrism and psychocentrism properly the first time. *Journal of Travel Research,* 29(4), 51-69.

Randall, J. E., & Warf, B. (1996). *Economic impacts of AAG conference,* The University of California.

Sirakaya, E., Sheppard, A. G., & McLellan, R. W. (1997). Assessment of the relationship between perceived safety at a vacation site and destination choice decisions: Extending the behavioral decision-making model. *Journal of Hospitality and Tourism Research,* 21(2), 136-155.

Smith, V. L. (1989). *Hosts and Guests: The Anthropology of Tourism,* 2d ed. Philadelphia: University of Pennsylvania Press.

Swan, J. E., & Trawick, I. F. (1981). Disconfirmation of expectations and satisfaction with a retail service. *Journal of Retailing,* 57, 49-67.

Uysal, M., & Jurowski, C. (1994). Testing the push and pull factors. *Annals of Travel Research,* 21(4), 844 - 846.

Yoon, Y., & Uysal, M. (2005). An examination of the effects of motivation and satisfaction on destination loyalty: A structural model. *Tourism Management,* (26), 45-56.

WTO. (2003). The Issue of Safety. www.wto.or.

2006년 5월 1일 원고 접수
2006년 9월 11일 수정본 접수
2006년 10월 25일 최종 수정본 접수
3인 익명심사 필

CHAPTER  6

요인분석

 목 차

제6장 흐름도

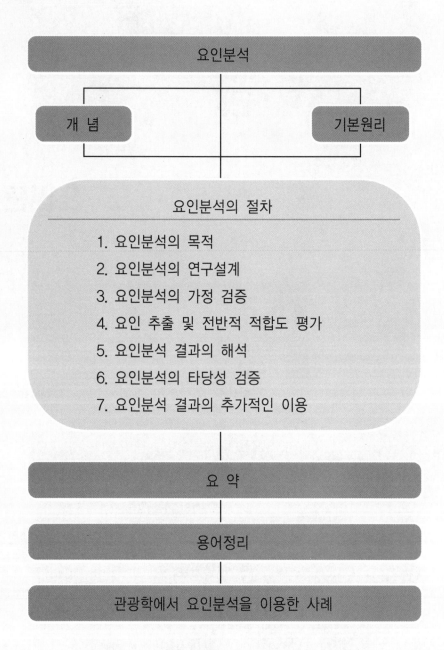

요인분석

개 념　　　　　　　　　　기본원리

요인분석의 절차

1. 요인분석의 목적

2. 요인분석의 연구설계

3. 요인분석의 가정 검증

4. 요인 추출 및 전반적 적합도 평가

5. 요인분석 결과의 해석

6. 요인분석의 타당성 검증

7. 요인분석 결과의 추가적인 이용

요 약

용어정리

관광학에서 요인분석을 이용한 사례

다변량분석

제6장

요인분석

1. 요인분석의 개념과 기본원리을 알아본다.
2. 요인분석에 대한 전반적인 이해를 돕기 위해 요인분석의 절차를 살펴본다.
3. 관광분야에서 요인분석의 사례를 공부한다.

1. 요인분석의 개념

요인분석은 여러 변수들 간의 상관관계를 이용하여 변수들 속에 내재되어 있는 구조를 파악하고 변수들이 갖고 있는 정보를 적은 수의 요인으로 나타내는 분석기법이다. 요인분석은 초기에 인간의 지적능력을 좀 더 잘 이해하기 위한 분석기법으로 발전되어 왔고, 그 이후 성격, 동기, 태도, 가치, 라이프스타일 등과 같은 인간의 행동특성을 측정하는 척도를 개발하는데 많이 사용되고 있다.

관광분야에서는 관광객의 여행동기, 여행의사결정에 영향을 미치는 요인, 관광목적지의 이미지 구성요인, 관광시장 세분화를 위한 태도 또는 라이프스타일, 서비스 구성요인 등의 측정도구를 개발하는데 요인분석을 많이 활용하고 있다. 예를 들면, 라이프스타일에 따른 리조트 시장 세분화를 위해 리조트에 방문한 경험이 있는 사람들을 대상으로 조사를 실시할 수 있다. 이때 라이프스타일은 개인의 생활양식과 관련된 수십 개 또는 그 이상의 다양한 변수들로 구성될 수 있다. 이러한 변수들은 조사를 통하여 측정이 가능하나 마케팅전략을 수립하는데 있어서 수십 개 또는 그 이상의 변수에 따라서 시장을 분류하는 것보다는 유사한 변수들끼리 묶어 적은 수의 요인으

로 분류하는 것이 효율적이며 마케팅전략을 실행하는데 있어서도 훨씬 용이하므로 요인분석이
널리 사용되고 있다.

요인분석은 이러한 유용성에도 불구하고 때때로 산출되는 요인의 임의성과 산출된 요인 해석
의 어려움을 내포하고 있다. 요인분석 결과의 질과 의미는 분석한 변수들에 대한 이론적 토대에
달려 있다. 타당한 이론적 근거 없이 변수들을 적은 수의 요인으로 분류하고 확신하는 것은 요인
분석 실행의 대표적인 오류중의 하나이다. 물론 아직 많은 연구가 이루어지지 않은 분야에서 구
성개념을 파악하기 위해서는 변수의 구조를 파악하고 요약하는데 매우 유용한 방법이다.

2. 요인분석의 절차

요인분석의 절차는 〈그림 6-1〉과 같이 6단계로 나눌 수 있다. 각 단계별 절차에 관한 자세
한 내용은 다음과 같다.

〈그림 6-1〉 요인분석의 절차

```
┌─────────────────────────────────────┐
│ 1. 요인분석의 목적                    │
└─────────────────────────────────────┘
                  ↓
┌─────────────────────────────────────┐
│ 2. 요인분석의 연구설계                │
│    · 변수들 또는 응답자들 간의 상관관계 │
│    · 변수의 선택과 측정척도           │
│    · 표본크기                        │
└─────────────────────────────────────┘
                  ↓
┌─────────────────────────────────────┐
│ 3. 요인분석의 가정 검증               │
│    · 부분상관계수                     │
│    · Bartlett의 구형성 검증           │
│    · 표본 적절성 측정치c              │
│    · 표준형성 적절의 KMO             │
└─────────────────────────────────────┘
                  ↓
┌─────────────────────────────────────┐
│ 4. 요인 추출 및 전반적 적합도 평가    │
│    · 요인추출 방법                    │
│    · 요인추출 기준                    │
└─────────────────────────────────────┘
                  ↓
┌─────────────────────────────────────┐
│ 5. 요인분석 결과의 해석               │
│    · 요인 적재량의 해석               │
│    · 요인의 회전                     │
│    · 요인의 해석                     │
└─────────────────────────────────────┘
```

```
                    ↓
    ┌─────────────────────────────────┐
    │  6. 요인분석의 타당성 검증        │
    └─────────────────────────────────┘
                    ↓
    ┌─────────────────────────────────┐
    │  7. 요인분석 결과의 추가적인 이용 │
    │     · 대리변수 선택              │
    │     · 요인점수 산출             │
    └─────────────────────────────────┘
```

(1) 요인분석의 목적

　요인분석의 일반적인 목적은 변수들이 갖고 있는 정보의 손실을 최소화하면서 변수들 간의 기본적인 구조를 찾아 더 적은 수의 요인으로 압축하는 데 있다. 좀 더 자세히 설명하면 요인분석은 다음과 같은 연구목적을 위해 사용될 수 있다.

　첫째, 변수들 간의 상관관계 또는 응답자들간의 상관관계의 구조를 규명하는 데 사용된다. 둘째, 추가적인 다변량분석에 이용하기 위한 대리변수(surrogate variables)를 규명하는데 사용된다. 셋째, 추가적인 다변량분석에 이용하기 위하여 원래의 변수를 대체할 수 있는 전혀 새로운 변수, 요인점수(factor scores)를 만들어 내는 데 사용한다.

┌──┐
│ **예제 사례 : 연구목적**   │
│   │
│ 　A리조트는 바닷가에 위치한 고급 리조트로서 명성을 유지해 오고 있었으나, 최근 주변에 새로운 리조트들이 생 │
│ 기면서 고객점유율이 하락하고 있는 실정이다. 이에 대처하기 위해서 총지배인은 고객들의 리조트 결정속성을 분 │
│ 석하여 효율적인 전략을 수립하기로 하였다.   │
└──┘

(2) 요인분석의 연구설계

　요인분석의 연구설계는 기본적으로 변수들 간의 상관관계 또는 응답자들 간의 상관관계의 계산, 변수와 측정척도의 선택, 표본의 크기 결정과 관련되어 있다.

1) 변수들 또는 응답자들 간의 상관관계

　요인분석 연구설계를 할 때 가장 먼저 고려해야 할 것은 R 요인분석을 할 것인지 Q 요인분석을 할 것인지를 결정하는 것이다. 즉 연구주제에 따라서 변수들 간의 상관관계 또는 응답자들 간의 상관관계를 분석할 것인가를 결정해야 한다. 변수들 간의 상관관계를 파악하여 잠재적인 요인을 규명하는 것을 R 요인분석이라고 한다. R 요인분석은 가장 일반적인 요인분석으로 변수들 간의 구조파악과 변수의 요약에 주로 사용한다. Q 요인분석은 응답자들 간의 상호상관성을 이용하여 서로 다른 특성을 갖고 있는 응답자들을 몇 개의 동질적인 집단으로 나누는 데 이용한다.

그렇다면 Q 요인분석과 군집분석의 차이점은 무엇인가? 간단히 설명하면 Q 요인분석은 응답자들이 응답한 변수들의 상호상관관계(intercorrelations)에 근거해서 응답자들을 분류하는 것이다. 그러나 군집분석은 응답자들을 거리 측정치에 근거해서 분류하는 방법이다. 그러므로 동일한 자료에 대한 분석이라 할지라도 Q 요인분석과 군집분석의 결과는 다르게 나타날 수 있다. Q 요인분석은 계산상의 어려움 때문에 거의 사용되지 않고 있으며, 응답자를 분류하기 위해서는 군집분석(cluster analysis)이 주로 사용되고 있다. 응답자에 관한 분류는 군집분석에서 자세히 다룰 것이므로 이 장에서는 주로 R 요인분석에 초점을 맞추어 설명하고자 한다.

2) 변수의 선택과 측정척도

요인분석은 변수들 간의 상관관계에 기초하기 때문에 변수는 일반적으로 계량적 척도를 사용한다. 그러나 경우에 따라서 0과 1로 측정된 비계량적 척도도 사용된다.

요인분석은 변수의 수를 줄이기 위해서 실시되기도 하지만 한편으로는 각 요인별로 적정수의 변수를 유지해야만 한다. 만약 연구가 제안된 구조를 평가하기 위한 목적이라면, 여러 개의 변수들이 각각의 제안된 요인들을 나타낼 수 있도록 해야 한다.

3) 표본 크기

일반적으로 표본의 수가 50개 이하이면 요인분석을 실시하지 않으며, 표본수가 100개 이상인 것이 바람직하다. 또한 표본의 크기가 변수의 크기보다 최소한 5배 이상이어야 분석이 가능하며, 가능하면 10배 이상인 것이 바람직하다. 즉, 30개의 변수를 이용한 요인 분석을 하려면 최소한 150개 이상의 표본이 필요하고 가능하면 300개의 표본을 확보하는 것이 바람직하다고 볼 수 있다.

예제 사례 : 연구설계

위의 연구목적을 달성하기 위해서 관련 선행연구를 검토하고, A리조트의 특성을 반영하여 9개의 리조트 결정 속성을 정하였다.

X1: 안전성
X2: 다양한 특별활동
X3: 훌륭한 입지조건
X4: 비일상적인 활동
X5: 가치(a good value for the money)
X6: 고객의 다양한 예산에 적합한 상품
X7: 안락한 숙소
X8: 간편한 예약
X9: 좋은 음식

표본은 전화설문조사를 통하여 최근 2년 동안 리조트로 여행을 다녀온 경험이 있는 18세 이상의 남녀를 대상으로 하였다. 표본의 크기는 총 458명을 선정하였다. 이는 요인분석을 위한 최소한의 표본의 수 50개를 초과하며, 표본의 크기가 변수의 크기보다 최소한 5배 이상이어야 한다는 기준을 충족시키므로 요인분석에 별 문제가 없다고 판단된다.

(3) 요인분석의 가정 검증

요인분석을 위해서는 변수들 간의 상관관계가 요인분석을 적용할 만큼 충분한 크기가 되어야 한다. 변수들 간의 상관관계가 지나치게 작다는 것은 변수들 간에 유사성을 찾기 힘들다는 뜻이므로 요인분석을 실행할 의미가 없다고 판단할 수 있다. 대체로 변수들의 절반 이상이 0.3 이상의 상관관계를 갖고 있을 때 요인분석을 적용할 수 있다고 본다. 그러나 이러한 기준은 다소 임의적이므로 다음과 같은 검증방법을 주로 사용하고 있다.

1) 부분상관계수(partial correlation coefficient)

부분상관계수(partial correlation coefficient)로 변수들간의 상관관계의 적절성을 판단한다. 부분상관계수가 0에 가까우면 요인이 존재한다는 뜻이고, 부분상관계수가 크면 요인이 존재하지 않는다는 뜻이므로 요인분석이 적합하지 않다. SPSS는 음수를 취한 부분상관계수인 반영상관계수(anti-image correlation coefficient)를 제공하고 있다. 이 행렬의 대각선외의 계수들이 큰 값을 갖고 있으면 요인분석의 적용이 부적절하다고 평가할 수 있다.

2) Bartlett의 구형성 검증(Bartlett test of sphericity)

요인분석의 적합성을 결정하는 또 다른 방법은 Bartlett의 구형성 검증(sphericity test)이다. 이것은 상관행렬내의 변수들이 의미 있는 상관관계를 가질 확률을 나타내는 것이므로, 구형성 검증치가 크고 유의수준이 작으면 상관행렬이 0이 아니라는 것을 입증하는 것이므로 요인분석을 하기에 적합하다고 볼 수 있다. Bartlett 검증은 표본의 수가 증가하면 상관관계를 찾아내는데 더 민감해지므로 표본의 수가 적을 경우에 사용하는 것이 바람직하다.

3) 표본 적절성 측정치(MSA : Measure of sampling adequacy)

이것은 개별 변수들에 대한 표본의 적절성을 평가할 수 있는 측정치로 범위는 0에서 1 사이이다. MSA는 표본 크기가 증가할 때, 평균상관관계가 증가할 때, 변수의 수가 증가할 때 그리고 요인의 수가 감소할 때 증가한다. MSA가 적어도 0.5이상이어야 요인분석이 적합하며, MSA가 작은 개별 변수들은 제외하고 분석을 하는 것이 바람직하다.

4) KMO 표본 적절성 측정치(Kaiser-Meyer-Olkin measure of sampling adequacy)

KMO는 단순상관계수와 부분상관계수의 크기를 비교하여 표본의 적절성을 결정하는 측정치이다. KMO의 범위는 0에서 1 사이인데 1에 가까울수록 바람직하고, 최소한 0.5 이상이면 요인분석을 하기 적합하다고 판단할 수 있다.

이와 같이 요인분석의 기본적인 가정은 선택된 변수들간에 잠재적인 구조가 존재한다는 것이다. 그러므로 연구자는 변수들 간의 상관성을 검토하는 과정을 통해서 요인분석이 적합한지를 검증하고 부적합한 변수는 제외시킬 수도 있다.

예제 사례 : 기본 가정 검증

　　요인분석의 적합성을 검증하기 위하여 Bartlett의 구형성 검정값 그리고 KMO값을 보면 다음과 같다. Bartlett의 구형성 검정값은 681.184(유의수준 0.0000)으로 나타났고, 표준형성 적절성의 KMO값은 0.788이므로 이 표본은 요인분석을 실행하기에 적합하다고 판단할 수 있다.

KMO and Bartlett's Test

Kaiser-Meyer-Olkin Measure of Sampling Adequacy		.788
Bartlett's Test of Sphericity	Approx. Chi-Square	681.184
	df	36
	Sig	.000

　　또한 표본적절성 측정치(MSA)를 보면 가장 작은 MSA가 0.732이므로, MSA가 적어도 0.5 이상일 때 요인분석이 적합하다는 기준을 충족시키고 있음을 알 수 있다.

Anti-image Matrices

		X1	X2	X3	X4	X5
Anti-image correlation	X1	.813[a]	-3.5E-02	-5.3E-02	-.127	-6.4E-02
	X2	-3.5E-02	.732[a]	-8.0E-02	-.302	4.025E-02
	X3	-5.3E-02	-8.0E-02	.850[a]	-4.0E-02	3.636E-02
	X4	-.127	-.302	-4.0E-02	.774[a]	-8.1E-02
	X5	-6.4E-02	4.025E-02	3.636E-02	-8.1E-02	.769[a]
	X6	-.148	-.108	-8.6E-02	4.960E-02	-.320
	X7	-.319	2.105E-02	-.153	-1.1E-02	-6.5E-02
	X8	-.185	-2.3E-02	-.103	-.114	-.138
	X9	-3.2E-02	-7.3E-02	-2.0E-03	-.102	-4.1E-02

		X6	X7	X8	X9
Anti-image correlation	X1	-.148	-.319	-.185	-3.2E-02
	X2	-.108	2.105E-02	-2.3E-02	-7.3E-02
	X3	-8.6E-02	-.153	-.103	-2.0E-03
	X4	4.960E-02	-1.1E-02	-.114	-.102
	X5	-.320	-6.5E-02	-.138	-4.1E-02
	X6	.745[a]	3.874E-02	-.119	-1.1E-02
	X7	3.874E-02	.747[a]	-5.6E-02	-.331
	X8	-.119	-5.6E-02	.861[a]	-.109
	X9	-1.1E-02	-.331	-.109	.798[a]

a.Measures of Sampling Adequacy(MSA)

(4) 요인 추출 및 전반적 적합도 평가

변수가 확정되고 상관행렬이 산출되면 요인추출방법과 자료의 잠재적인 구조를 나타낼 수 있는 요인 수를 결정해야 한다.

1) 요인추출 방법

요인추출 방법은 연구주제에 따라서 결정되는데 성분분석(component analysis)과 공통요인분석(common factor analysis)이 널리 사용되고 있다. 성분분석은 예측을 목적으로 변수가 갖고 있는 원래의 정보를 잃지 않으면서 최소의 요인으로 요약하고자 할 때 사용한다. 반면 공통요인분석은 주로 변수들이 갖고 있는 공통점을 반영하는 잠재적인 요인이나 차원을 규명하고자 할 때 사용한다.

성분분석과 공통요인분석은 분산을 추정하는 방식이 다르다. 요인분석에 있어서의 전체분산은 공통분산(common variance), 특별분산(specific variance), 오차(error)로 구분할 수 있다. 공통분산은 하나의 변수가 분석대상인 다른 모든 변수들과 공유하는 분산을 의미하는 반면, 특별분산은 하나의 특정 변수가 갖고 있는 분산을 의미한다. 오차는 표본오차, 측정오차 등과 같은 파악하기 힘든 분산을 의미한다.

성분분석은 요인 추출을 위해서 전체분산을 이용하는 반면에 공통요인분석은 특별분산과 오차를 제외한 공통분산만을 사용한다. 구체적으로 말하면 성분분석에서는 상관행렬의 대각선 요소에 전체분산을 사용하지만, 공통요인분석에서는 전체분산 가운데 각 변수가 차지하는 공통분산 비율, 즉 커뮤넬러티(communalities)를 사용한다.

두 방법 모두 널리 사용되고 있는 방법이지만 연구방법의 선택은 연구목적과 변수의 분산에 대한 사전지식의 정도에 따라서 결정될 수 있다. 성분분석법은 변수가 갖고 있는 최대한의 분산을 설명할 수 있는 최소의 요인을 찾고, 특별분산과 오차가 전체분산에서 차지하는 비율이 상대적으로 적다는 것에 대한 사전 지식이 있을 때 적합한 방법이다. 반면에 공통요인분석법은 최초 변수들의 잠재적인 요인 또는 차원 파악을 목적으로 하고 특별분산과 오차에 대한 지식이 거의 없어서 이 분산들을 제외하고 공통분산에 의한 요인 추출을 할 때 사용한다. 대부분의 경우 성분분석법과 공통요인분석법은 변수의 수가 30 이상이고, 대부분의 변수의 커뮤넬러티가 0.60 이상이면 근본적으로 같은 결과를 얻게 된다.

2) 요인추출 기준

추출할 요인의 수를 결정하는 정확한 계량적 근거는 아직 개발되지 않았다. 그러나 최근 사용되고 있는 방법들은 아이겐값(eigenvalue)을 기준으로 결정하는 방법, 총 분산 중에서 요인이 설명해주는 분산의 정도를 기준으로 하는 방법, 스크리 테스트(scree test)에 의한 방법 그리고 연구자가 이론적 근거에 따라 사전에 요인의 수를 결정하는 방법 등이 있다.

아이겐값은 가장 일반적으로 사용되는 기준으로 성분분석과 공통요인분석 모두에 간단하게 적용될 수 있다. 아이겐값은 요인이 설명할 수 있는 분산의 정도를 의미하는 것으로 일반적으로 아이겐값 1을 기준으로 1 이상인 요인들을 추출한다. 아이겐값이 1이라는 것은 하나의 요인이 최소한 한 변수의 분산을 설명할 수 있다는 것을 의미하므로, 아이겐값이 1이하인 요인은 한 변수의 분산도 설명할 수 없다는 뜻이므로 요인추출에서 제외한다. 아이겐값은 변수의 수가 20개에서 50개 사이일 때 가장 적합한 기준이다.

분산의 비율을 기준으로 하는 경우 일반적으로 사회과학의 경우는 총 분산의 60% 정도를 설명해주는 요인까지를 포함한다. 분산이 일정비율 이상을 설명할 수 있도록 요인의 수를 결정하는 이유는 변수의 요약과정에서 정보의 손실이 일정 수준 이상으로 커지는 것을 막기 위함이다. 즉 60%를 기준으로 한다는 것은 변수를 요약하는 대신 최초 변수가 갖고 있는 40%의 정보의 손실을 감수하겠다는 뜻을 지니고 있는 것이다.

스크리 테스트는 요인 하나를 더 추가했을 때 얻어지는 설명력의 한계치가 하나의 요인을 추가할 정도로 의미가 있는지를 기준으로 하는 기법이다. 보통 곡선의 모양이 직선으로 펴지는 곳에서 요인의 수를 결정한다. 〈그림 6-2〉에서 보면 아이겐값 1을 기준으로 보면 6개의 요인이 적합한 것으로 나타나고 있으나 스크리 테스트에 의하면 그래프가 수평으로 펴지는 8개가 적합한 것으로 나타나고 있다. 일반적으로 스크리 테스트에 의해서 추출된 요인의 수는 아이겐값에 의한 요인 수보다 조금 많은 경향이 있다

대부분의 요인분석은 위에서 설명한 기법들 중 하나의 기법만을 이용하여 요인을 추출하는 경우는 드물고 연구의 주제와 자료의 성격에 따라서 적합한 기법을 실행한 결과를 종합적으로 해석하여 요인을 추출한다.

〈그림 6-2〉 스크리 테스트를 위한 아이겐값 그래프

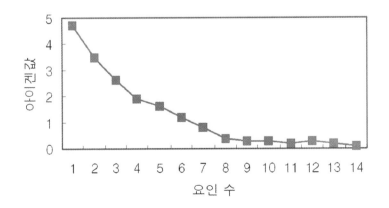

예제 사례 : 요인추출 및 전반적 적합도 평가

분석자료를 잘 대표할 수 있는 요인 수를 결정하기 위해서 주성분분석(principal factor analysis)을 실행하였고, 각 요인의 최초 통계치는 다음과 같다. 첫 번째 요인의 아이겐값은 2.978이고 총 분산의 33.09%를 설명한다고 해석할 수 있고, 세 번째 요인의 아이겐값은 1.040이고 총 분산의 11.56%를 설명한다고 해석할 수 있다. 최초 통계치에 의하면 처음 세 개의 요인에 의해서 총분산의 약 56.9%가 설명되고 나머지 6개의 요인에 의해서 43.1%가 설명됨을 알 수 있다. 또한 네 번째 아이겐값부터 1보다 적게 나타나고 있으므로 이 자료에 의하면 3개의 요인이 적합하다고 볼 수 있다.

최초 요인추출 통계치

	communality	Factor	Eigenvalue	% of Var	Cum %
X1	1.000	1	2.978	33.093	33.093
X2	1.000	2	1.109	12.317	45.410
X3	1.000	3	1.040	11.558	56.968
X4	1.000	4	.879	9.761	66.729
X5	1.000	5	.708	7.870	74.599
X6	1.000	6	.658	7.309	81.908
X7	1.000	7	.636	7.062	88.971
X8	1.000	8	.545	6.057	95.027
X9	1.000	9	.448	4.973	100.00

추출방법: 주성분 분석

스크린 도표를 보면 두 번째 요인까지 매우 가파른 경사를 보이다가 두 번째 요인부터 다섯 번째 요인까지는 어느 정도 완만한 경사를 보이다가 다섯 번째 요인부터는 거의 직선모양으로 퍼지고 있음을 알 수 있다. 이러한 모양의 도표는 다소 해석하기 어려운 점이 있으나, 처음 5개의 요인이 적합하다고 볼 수 있다.

연구자는 위의 결과에 기초해서 몇 개의 요인이 연구자료의 내용을 잘 대표하고 있는지 그리고 이론적으로 적합한 결과인지를 판단하여서 최종요인의 수를 결정해야 한다.

이 사례의 경우 아이겐 값, 분산에 대한 설명정도, 스크리 도표, 그리고 이론적 배경을 종합해 볼 때 3개 요인이 적합하다고 잠정적으로 판단할 수 있다.

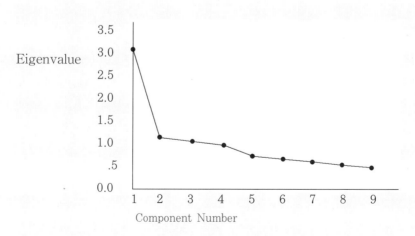

(5) 요인분석 결과의 해석

최종 요인분석 결과를 얻기 위해서는 먼저 변수들간의 최상의 선형관계를 검토하기 위해서 비회전 요인행렬(unrotated factor matrix)을 검토한다. 비회전 요인행렬에서는 변수들의 요인적재량(factor loading)이 어느 특정요인에 높게 나타나지 않고 분산되는 경우가 많으므로 요인을 해석하는데 어려움이 따른다. 이러한 해석상의 문제점을 해결하기 위해서 요인을 회전시킨다. 회전 요인행렬(rotated factor matrix)에서는 특정변수가 하나의 요인에 높이 적재되고 나머지 요인들에는 낮게 적재되어 결과의 해석이 용이해진다.

1) 요인적재량(factor loadings)의 해석

요인을 추출하는 방법이 결정되면 추출과정을 통해 요인적재량이 산출된다. 요인적재량은 각 변수와 요인간의 상관관계 정도를 나타낸다. 즉 변수의 요인적재량이 클수록 해당요인에 대한 설명력이 크고 각 변수들은 요인 적재량이 가장 큰 요인에 속하게 된다. 요인 적재량이 어느 정도 되어야 유의한 변수로 채택될 수 있는지에 대한 절대적인 기준은 없지만 일반적으로 표본의 크기가 100 이상일 경우 ±0.3을 유의성이 있다고 판단하는 최저 기준으로 고려하고 있으며, ±0.4 이상이면 유의성이 있다고 할 수 있으며, ±0.5 이상이면 매우 중요한 변수로 볼 수 있다. 요인적재량의 제곱은 요인에 의해서 설명될 수 있는 분산의 정도를 나타낸다. 즉 어느 한 변수의 적재량이 0.3이면 그 변수가 해당 요인에 의해서 설명되는 분산의 9%를 설명하고, 적재량이 0.5이면 25%를 설명한다고 해석할 수 있다. 요인적재량의 유의도의 기준은 상황에 따라 다소 차이가 있는데, 표본의 수가 증가할수록, 변수의 수가 증가할수록, 요인의 수가 적을수록 기준을 낮추어 해석하는 것이 일반적이다.

2) 요인의 회전(rotation of factors)

요인의 회전에는 회전축을 직각을 유지하면서 회전시키는 직각 회전(orthogonal rotation)과 회전축을 임의로 움직이는 비직각 회전(oblique rotation)이 있다. 직각 회전방식은 요인들이 서로 독립적이라고 가정하고 분석할 때 사용하며, 비직각 회전은 요인들이 서로 독립적이라고 가정하지 않을 때 사용한다. 관광분야에서 다루는 구성개념들은 대부분 독립적이라고 가정할 수 없기 때문에 비직각 회전을 사용하는 것이 바람직하다. 그러나 비직각 회전을 하면 요인들의 해석이 어려울 뿐만 아니라 다중공선성(multicollinearity) 때문에 회귀분석이나 판별분석과 같은 추가적인 분석에 요인점수를 활용하기가 어렵다. 그러므로 요인에 대한 분명한 해석을 목적으로 하거나 추가적인 분석에서 요인점수를 활용하고자 할 경우 주로 직각 회전방식을 사용한다.

직각회전방법에는 QUARTIMAX, VARIMAX, EQUAMAX 방법이 있다. QUARTIMAX

방식은 변수의 해석에 중점을 두는 방식으로 하나의 변수를 설명해 주는 요인의 수를 최대한 줄이는 방법이고, VARIMAX방법은 요인의 해석에 중점을 두는 방식으로 하나의 요인에 크게 적재되는 변수의 수를 줄이는 방식이다. EQUAMAX방법은 QUARTIMAX와 VARIMAX방법을 절충한 것이다. 대부분의 통계프로그램에서는 VARIMAX방법을 초기치(default)로 지정하고 있다.

3) 요인의 해석

요인이 추출되고 각 요인들을 구성하는 변수들이 결정되면 요인내의 변수들이 갖고 있는 특성을 파악하여 요인의 이름을 지어야 한다. 이때 만약 어떤 요인에도 속하지 않은 변수가 있거나 커뮤넬러티가 낮은 요인이 있다면 연구자는 그 변수를 무시하고 해석을 하거나 또는 그 변수의 제거를 고려해야 한다. 연구의 목적이 단지 변수의 축약에 있다면 해당 변수를 무시하는 것이 적합한 방법이라고 할 수 있다. 그러나 연구자는 무시된 변수가 요인분석 결과를 해석하는데 별 영향을 미치지 않는다는 것을 분명히 명시해야 한다. 해당변수가 연구목적에 별로 중요하지 않다거나 커뮤넬러티 값이 너무 낮아서 받아들일 수 없다면 연구자는 그 변수를 제거하고 새로운 요인 모형을 만들어 해석할 수 있다.

예제 사례 : 결과의 해석

아이젠값 1.0을 기준으로 3개의 요인이 산출되었고, 변수들 간의 최상의 선형관계를 알아보기 위한 비회전 요인행렬은 다음과 같다.

Component Matrix[a]

X1	.705	-4.01E-02	-.179
X7	.656	.127	-.511
X8	.653	-.139	8.669E-04
X9	.591	.229	-.354
X4	.548	.412	.385
X3	.456	.151	-.117
X5	.536	-.567	.180
X6	.534	-.546	.299
X2	.441	.454	.581

Extraction Meyhod : Principal Component analysis.
a. 3 Components extracted.

비회전 요인행렬에서는 변수들의 요인 적재량이 특정요인에 높게 나타나지 않고 분산되는 경우가 많으므로 요인을 해석하는 데 어려움이 있다. 이러한 해석상의 문제점을 해결하기 위해서 VARIMAX 회전방법을 적용한 결과는 다음과 같다.

	Rotated component Matrix[a]		
X7	.836	9.046E-02	-9.84E-03
X9	.714	2.820E-02	.132
X1	.619	.355	.144
X3	.444	9.177E-02	.196
X6	6.605E-02	.810	.111
X5	.138	.788	1.725E-02
X8	.443	.462	.191
X2	6.205E-02	7.656E-02	.854
X4	.255	.103	.737

Extraction Method : Principal Component Analysis.
Rotation Method : Varimax with Kaiser Normalization
a. Rotation converged in 5 iterations.

요인분석 결과 3개의 요인이 변수들이 포함하고 있는 내용을 잘 요약하고 있다고 판단된다. 요인의 이름은 요인변수들의 특성을 잘 대표할 수 있는 것으로 정하였다. 첫째 요인에는 안전성, 훌륭한 입지조건, 안락한 숙소, 좋은 음식의 변수들이 포함되어 있으므로 '편의성'으로, 둘째 요인에는 가치, 예산 적합성, 간편한 예약의 변수들을 포함하고 있으므로, '경제성'으로, 셋째 요인은 다양한 특별활동과 비일상적 활동의 변수를 포함하고 있으므로 '활동성'으로 이름지었다. 그러므로 고객들의 리조트 결정속성은 편의성, 경제성, 활동성으로 요약할 수 있다.

요인을 구성하는 변수들 중에서 큰 요인적재량을 가진 변수가 중요하고 가장 많은 영향을 미치는 변수이므로 이름을 지을 때 그 변수가 갖고 있는 내용을 잘 반영해야 한다. 요인의 이름은 컴퓨터 프로그램에 의해서 산출되는 것이 아니라 각 요인에 잠재된 내용을 가장 잘 대표할 수 있는 것을 연구자가 판단하여 결정한다. 간혹 요인에 이름을 부여하기가 곤란한 경우가 있는데 이럴 경우에는 '미정(undefined)'이라고 할 수도 있다. 요인의 이름과 해석은 연구자에 따라 주관적으로 결정할 수 있으나 가능하면 이론적 근거와 보편적 지식에서 크게 벗어나지 않도록 하는 것이 바람직하다

(6) 요인분석의 타당성 검증

일반화 문제는 다변량 분석에 대해서는 비판적인 측면이 있다. 그러나 요인분석과 같이 자료의 구조를 설명하기 위한 분석의 결과는 모집단을 대표해야만 하므로 일반화를 적용하는데 큰 문제는 없다. 분석결과의 타당성을 검증하는 가장 직접적인 방법은 표본을 나누거나 또는 별개의 표본을 가지고 분석을 실시하여 결과가 같은지를 확인해 보는 것이다. 그러나 두 개 또는 그 이상의 요인분석결과를 비교하는 것은 항상 문제가 발생한다. 이러한 목적을 위해서 이용되는 방법 중의 하나가 확인적 요인분석(confirmatory factor analysis)이다.

일반화의 다른 측면은 요인모형 결과의 안정성에 관한 문제이다. 요인의 안정성은 주로 표본

크기와 변수 당 요인의 수에 달려 있다. 그래서 연구자는 항상 가능한 최대의 표본을 구하고 요인 대 변수의 비율을 증가시켜서 경제적인 모형을 개발하도록 노력해야 한다. 타당성 검증에 있어서 중요한 또 다른 문제는 결과에 나쁜 영향을 미치는 극단치(outliers)를 찾아내는 것이다. 연구자는 이러한 변수를 포함한 모형과 포함하지 않은 모형을 비교하여 결과에 미치는 영향을 평가해야 한다. 만약 이러한 변수를 제거하는 것이 정당한 것으로 판명된다면 결과를 일반화하는 것은 좀 더 쉬워질 것이다.

(7) 요인분석 결과의 추가적인 이용

연구자가 요인분석의 결과를 이용해서 추가적인 분석을 하고자 하는 경우에 대리변수 (surrogate variables)를 선택하거나 또는 요인점수(factor scores)를 산출해야 한다.

1) 대리변수(surrogate variables)를 선택

연구의 목적이 추가적인 통계분석을 위해 적절한 변수를 규명하는 것이라면 대리변수를 선택하는 것이 적합하다. 요인행렬을 검토하여 각 요인에서 가장 높은 적재량을 가진 변수가 주로 대리변수로 선택된다. 그러나 하나의 요인에 비슷하게 높은 적재량을 가진 변수가 여러 개 나타나는 경우 대리변수를 선택하는 것은 쉬운 일이 아니다. 연구자는 이런 경우 사전의 이론적 지식에 근거해서 요인을 가장 잘 대표할 수 있는 변수를 결정해야 한다. 어떤 경우에는 적재량이 다른 변수보다 다소 적을지라도 요인을 대표한다고 생각된다면 연구자의 판단에 의해서 대리변수로 선택할 수 있다.

2) 요인점수(factor scores) 산출

연구자가 최초의 자료를 대체하기 위한 전혀 새롭고 축약된 변수를 만드는데 관심이 있다면 요인점수를 산출해야 한다. 요인점수는 각각의 표본이 갖고 있는 각 요인에 대한 복합적인 측정치이다. 즉 하나의 표본이 어떤 요인을 구성하는 변수들에 높은 점수를 갖고 있다면 그 요인에 대해서도 높은 요인점수를 나타낸다. 대부분의 통계프로그램은 요인점수를 산출하는 기능을 가지고 있으므로 요인점수는 쉽게 구할 수 있다.

그렇다면 추가적인 분석을 할 때 대리변수와 요인점수 중에서 어떤 것을 사용해야 하는가? 대리변수와 요인점수 모두 장단점을 가지고 있기 때문에 이 질문에 대한 분명한 해답은 없다. 요인점수는 요인에 속해 있는 모든 변수들의 복합적인 측정치인 반면 대리변수는 단지 하나의 변수이다. 요인점수는 요인 내에 있는 변수들의 상관관계에 기초하기 때문에 1보다 작은 수치로 나타나고 요인에 대한 근사치이기 때문에 해석상의 어려움이 있는 반면 대리변수는 해석상의 용이함은 있으나 요인을 구성하는 모든 변수를 대표하지 못하는 단점이 있다. 이러한 장단점들을 고려해 볼 때, 최초의 변수를 그대로 사용하고 독립성이 유지된다면 요인점수를 사용하는 것이 적합하고, 변수를 변환한다면 대리변수를 사용하는 것이 더 적합하다고 할 수 있다.

요약

요인분석은 큰 데이터베이스로부터 효율적으로 정보를 축약하는데 매우 유용한 다변량 분석기법이다. 요인분석을 잘 실행하면 원래의 자료 또는 그 자료의 상관행렬로부터 얻을 수 있는 것보다 더 유익한 정보를 파악할 수 있다. 관광학 연구에서 요인분석을 적용할 수 있는 잠재적인 분야는 무수히 많으며, 요인 분석 방법이 점차 알려짐에 따라서 연구자뿐만 아니라 실무자들도 많이 사용할 것이다.

용/어/정/리

- anti−image correlation matrix (반영상관행렬) : 요인분석 후의 변수들 간의 부분상관 행렬. 행렬의 대각선 값은 각 변수의 표본 적합도를 나타내고, 비대각선 값은 변수들 간의 부분상관 관계를 나타냄.

- Bartlett test of sphericity (Bartlett의 구형성 검증) : 상관행렬 내의 모든 상관관계의 전체 유의도 검증 방법.

- cluster analysis (군집분석) : 응답자 또는 상품 등과 같은 대상들(objects)을 그들이 갖고 있는 특성에 기초해서 분류하는 기법. Q 요인분석과 유사함.

- common factor analysis (공통요인분석) : 요인 추출을 위해서 특별분산과 오차를 제외한 공통 분산만을 사용하는 방법.

- common variance (공통분산) : 요인분석에서 하나의 변수가 분석대상인 다른 모든 변수들과 공유되는 분산.

- communalities (커뮤넬러티) : 전체분산 가운데 각 변수가 차지하는 공통분산비율.

- component analysis (성분분석) : 요인 추출을 위해서 전체분산을 이용하는 방법. 상관행렬의 대각선에 전체분산을 사용하고 모든 분산은 공통이라고 간주함.

- correlation matrix (상관행렬) : 모든 변수들 간의 상관관계를 나타내는 표.

- Eigenvalue (아이겐값) : 요인에 의해서 설명될 수 있는 분산의 정도를 나타내는 측정치로 latent root라고도 함.

- error variance (오차) : 표본 추출이나 측정의 잘못으로 인하여 발생하는 분산.

- factor (요인) : 변수들의 선형조합. 변수들을 요약 또는 설명하는 잠재적인 차원을 나타낸다.

- factor loadings (요인 적재량) : 각 변수와 요인간의 상관관계 정도를 나타내고 특정요인의 본질을 이해하기 위한 열쇠이다. 요인적재량의 제곱은 요인에 의해서 설명될 수 있는 분산의 정도를 나타낸다.

- factor matrix (요인행렬) : 각 요인에 대한 모든 변수의 요인 적재량이 나타내는 행렬.

- factor rotation (요인회전) : 좀 더 단순하고 실용적으로 의미 있는 요인결과를 얻기 위해 요인의 축을 회전하는 절차.

- factor score (요인점수) : 각각의 표본이 갖고 있는 각 요인에 대한 복합적인 측정치로 추가적인 분석에서 요인을 대표하는 값으로 사용할 수 있음.

■ measure of sampling adequacy (표본 적절성 측정치) : 개별 변수들에 대한 표본의 적절성을 평가할 수 있는 측정치로 범위는 0 에서 1 사이이다.

■ oblique rotation (비직각 회전) : 회전축을 임의로 움직여서 회전시키는 기법으로 요인들이 서로 독립적이라고 가정하지 않을 때 사용.

■ orthogonal rotation (직각 회전) : 회전축을 직각을 유지하면서 회전시키는 기법으로 요인들이 서로 독립적이라고 가정하고 분석할 때 사용.

■ Q factor analysis (Q 요인분석) : 응답자들 간의 상호상관성을 이용하여 서로 다른 특성을 갖고 있는 응답자들을 몇 개의 동질적인 집단으로 나누는 분석 기법.

■ R factor analysis (R 요인분석) : 변수들 간의 상관관계를 파악하여 잠재적인 요인을 규명하기 위한 분석.

■ specific variance (특별분산) : 요인분석에서 하나의 특정 변수가 갖고 있는 분산.

■ VARIMAX : 가장 많이 사용되는 직각요인 회전방법의 하나.

사 례

사례를 통해 본 다변량분석의 이해

관광학에서 요인분석을 이용한 사례

Source : 윤지환·임연우(2006), 인터넷 여행사 선택속성이 e-충성도에 미치는 영향, 『관광학연구』, 31(3) : 329~347.

인터넷 여행사 선택속성이 e-충성도에 미치는 영향

The influence of Internet Travel Agency Selective Attribute on the e-loyalty

윤 지 환* · 임 연 우**

Yoon, Ji-Hwan · Lim, Yeon-Woo

ABSTRACT

Recently internet based e-business is becoming the core of tourism industry. And the total sale of e-business of travel agency in Korea was over two billion won in 2006. This article examines the influence of internet travel agency selective attribute to the e-loyalty in small and medium enterprise. The result of the analysis showed that the influence of internet travel selective attributes was affected on the e-loyalty such as customization focused internet travel products, internet systems, additional services, intangible values of the internet travel agencies, customization focused personal exchanges. After all, e-loyalty has some similarities between internet shopping malls and internet travel agencies, however, details have small differences.

핵심용어(Key words) : 인터넷여행사(Internet Travel Agency), e-비즈니스(e-business),
선택속성(Selective Attribute), e-충성도(e-loyalty)

---

* 경희대학교 관광경영학과 교수. e-mail: yoon1207@khu.ac.kr
** 교신저자. 청운대학교 호텔관광경영학과 겸임교수, 경원대 관광경영학과 박사과정.
  e-mail: tourlims@korea.com

I. 서 론

최근 소비자의 소비형태에서 인터넷이 새로운 유통 채널로 성장하고 있으며, 인터넷 쇼핑은 매년 매출이 확대되어 2006년 2조 원대(통계청,2007)를 돌파하였다. IT 인프라와 인터넷의 확산으로 형성된 온라인 시장은 진입장벽이 낮아서 많은 소매업체들 간에 치열한 경쟁의 영역이 되고 있다. 소비자들의 입장에서 온라인 시장은 탐색비용과 전환비용이 낮기 때문에 쉽게 여러 점포들을 비교하면서 클릭 한번으로 이동할 수 있다. 따라서 인터넷 쇼핑몰들은 기존 소매점들에 비해 고객유지가 쉽지 않다. 즉, 고객이 우호적인 태도를 가지고 꾸준히 한 점포를 이용하는 상태를 점포 충성도(store loyalty)라고 했을 때, 온라인 쇼핑몰의 경우 고객 충성도를 확보하는 것이 상대적으로 어렵다(Windham, 2000). 따라서 온라인 쇼핑몰에서는 기존 고객들을 충성 고객으로 만드는 더욱 효과적인 전략의 필요성이 인식되고 있다(김철민·조광행, 2004).

신규고객을 확보하는 비용이 점점 증가하는 추세에 있기 때문에 기존의 고객을 유지하는 고객충성도 높이는 것이 중요한 과제로 여겨지고 있다(Oliver,1999). 따라서 기업은 처음 관계를 맺은 고객과의 계속된 교류를 통해 고객과의 관계를 장기적으로 발전 시켜야 한다. 고객과의 관계발전을 위해 인터넷 여행사는 최초로 선택하는 신규 고객과의 관계를 견고하고, 친밀한 관계를 증진시켜 장기적 관계를 유지할 수 있는 e-충성도 높은 우량고객으로 만들어야 한다.

여행업계에서도 기업 환경의 변화와 업계의 새로운 수익구조를 찾기 위해 여행사의 온라인 부문을 강화하고 있다(트래블저널,2006). 대부분의 여행사는 인터넷을 이용하여 상품판매를 하고 있으며, 인터넷 판매의 비중은 매년 증가하고 있다. 이러한 변화에도 불구하고 인터넷 여행사들은 기존 오프라인 형태와 온라인 형태를 병행하고 있어 타 업종의 온라인 쇼핑몰과는 다른 유통구조를 가지고 있다.

우리나라의 90% 이상을 차지하는 중소여행사(서용건,2002)의 인터넷 여행상품은 자사상품의 판매 보다는 일부 도매 여행사의 여행상품을 취급하고 있어, 차별화가 이루어지지 않고 있다. 또한 중소여행사의 주 소득원이었던 항공권 판매 수수료가 전자항공권과 인터넷을 통한 항공사의 직거래로 인하여 줄어들었고, 인터넷 활용이 보편화 되면서 고객의 생산참여와 영향력을 행사가 증가하고 있다(트레블저널, 2004).

여행사는 변화된 환경에 대응하는 효율적인 온라인화를 위해 적용 가능한 전략과 마케팅이 필요하다. 하지만 자금력에서 경쟁력이 떨어지는 다수의 중소여행사는 미시적 측면의 마케팅에 치중하고 있는 경우가 많은 실정이다. 또한 여행사의 매출액에서는 온·오프라인 병행몰과 온라인몰의 비율이 약 5:1이다. 이 결과는 인터넷 쇼핑몰에서의 많은 매출을 올리고 있는 타 상품과 반대의 결과를 보여주고 있다. 따라서 인터넷 여행사 고객의 e-충성도를 높이기 위하여 타 상품과는 다른 차별화된 전략이 필요하다. 그러므로 여행사의 온라인화가 일반화 되어가고 있는 현재의 기업 환경에서 인터넷 기반 중소여행사의 선택속성을 밝히는 것은 매우 필요한 일이라고 할 수 있다. 따라서 이 연구의 목적은 중소 인터넷 여행사의 선택속성이 e-충성도에 미치는 영향을 분석함으로서 중소 여행사의 효과적인 온라인화를 위한 시사점을 도출하고자 한다.

II. 이론적 배경

1. e-비즈니스와 인터넷 여행사

e-비즈니스는 디지털 환경 속에서 전개되는 다양한 가치창출 활동을 의미하며, 인터넷을 활용한 모든 종류의 사업을 의미한다(김재문,2003). 용어의 사용에 있어서는 전자상거래, e-커머스(Commerce), e-비즈니스, 인터넷 기반 비즈니스 등의 용어가 사용되고 있다(정인근·이명무·김운회, 2005). 이 연구에서는 용어사용의 일관성을 위해 e-비즈니스라는 용어를 사용하며, 이를 활용하는 여행사를 '인터넷 여행사'라고 용어를 사용한다.

우리나라의 e-비즈니스는 현재 기업의 경영혁신을 주도하고 있으며 신기술의 도입으로 양적·질적 성장을 계속해 오고 있다. 거시적으로 GDP 증가, 생산성 향상, 일자리 창출 등에 기여하였으며, 기업차원에서는 비용절감, 효용증대, 수익창출 등에 긍정적 효과가 있음이 검증되었다(한국전산원,2006). 통계청(2006b)에 따르면 사이버 쇼핑몰 사업체 수는 2001년에 2,009개, 2002년에 2,521개, 2003년에 3,268개, 2004년에 3,444개, 2005년에 3,915개로 꾸준히 증가하고 있다. 인터넷 이용은 확산기를 거쳐 성숙·안정기에 접어들고 있다(한국전산원,2006).

〈표 1〉 2006년 상위 5개 상품군 매출액 비교

(단위: 백만 원)

구 분	총매출	취급상품 범위별 매출		운영 형태별 매출	
		종 합 몰	전 문 몰	온 라 인	온/오프 병행
의류·패션	2,371,658	2,115,612	256,046	2,033,064	338,594
		89.2%	10.8%	85.7%	14.3%
여행·예약서비스	2,018,509	334,070	1,684,439	465,648	1,552,861
		16.6%	83.5%	23.1%	76.9%
가전·전자·통신기기	2,010,894	1,845,089	165,805	1,327,528	683,366
		91.7%	8.3%	66.0%	34.0%
생활용품·자동차용품	1,300,393	1,193,935	106,458	717,183	583,210
		91.8%	8.2%	55.2%	44.8%
컴퓨터·주변기기	1,260,605	886,543	374,062	758,557	502,048
		70.3%	29.7%	60.2%	39.8%

자료: 통계청(2007), 2006년 12월 및 연간 사이버 쇼핑몰통계 조사 결과.
논자 재구성

여행상품의 판매는 신문, TV 등의 전통적인 광고를 통한 판매방식에 비해 인터넷을 통한 판매가 효율적이다.(Ozturan & Roney,2004). 또한 소비자들의 인터넷 이용이 점차 증가하고 있으며, 인터넷을 통한 항공권과 여행상품에 대한 정보획득 및 구매가 증가하고 있다. 따라서 전통적인 여행사들은 항공권 유통시장의 변화에 대응하기 위하여 인터넷을 통한 관광·여행상품 서비스의 제공 및 실시간으로 예약·결제가 가능한 e-비즈니스 시스템 구축을 위한 투자가 요구된다(김기웅·윤덕영, 2005).

다소 늦은 감이 있지만 2006년 여행사들은 온라인 사업 강화를 주력사업으로 정하였다. 그러나 온라인 판매 수익은 전체 수익의 10~20% 수준에 불과하지만, 개별여행 수요의 확대가 온라인 시장의 성장과 맞물릴 것이라는 예상을 하고 본격 적으로 성장할 것으로 기대되고 있다(트레블저널, 2006).

통계청(2007)에 따르면 여행사 관련 상품군의 매출은 2005년 기준 전체 매출은 1조 6,038억 원으로 2004년의 전체매출 7,151억 원 보다 113.4% 증가 하였다. 또한 2006년에는 2조 185억 원으로 매출 2조 원대 에 접어들었다. 그러나 〈표1〉에서 나타난 것과 같이 매출에서 취급상품, 운영형태의 비율이 타 상품군과 반대로 나타나고 있으므로 차별화된 마케팅이 필요하다고 볼 수 있다.

2. 여행사의 선택속성에 대한 선행연구

김형장(2001)은 관광객의 여행형태별 특성에 따른 여행사 선택속성과 만족도의 여행요인은 알아보기 위한 연구에서 요인분석 결과 예약서비스 및 정보제공, 물리적 서비스, 지불방법과 여행상품의 다양성, 편리성, 명성과 규모, 대기시간 및 전달서비스 등의 요인을 추출하였다. 김성혁·전창석(2001)의 연구에서는 지각된 위험이 높은 집단이 가장 중요하게 여기는 선택속성은 고객관리 및 예약·판매의 융통성인 것으로 나타났고, 구매 전 중요시 하던 여행사 선택속성이 주로 고객관리나 종사원의 인적서비스의 수준과 같은 이용 전에 판단이 어려운 경험적 평가속성것에 비해, 구매 후 구전활동에 영향을 미치는 중요 요인은 전화응답성, 접근성, 편리성과 매체 및 추천, 단골직원, 대응성 및 상품정보 등과 같은 보다 다양하고 구체적인 요인으로 분석되었다. 박재헌(2004)은 여행상품을 선택하는 경우에는 남성의 경우 인적특성에 더 많은 관심을 갖고 있으며, 여성의 경우 여행상품 특성에 더 가치를 두는 것으로 나타났다. 전창석(2005)은 온라인을 이용한 여행상품 구매고객의 만족에 가장 많은 영향을 미치는 요인은 가격 및 비용요인으로 나타났으며, 언제나 편리하게 이용할 수 있다는 이용편리성, 운영자에 대한 신뢰성이 그 다음 중요한 영향요인으로 나타났다.

LeBlanc(1992)은 여행사의 고객들은 여행사의 이미지와 여행사 직원의 정중함, 여행사의 능력요인을 중요하게 여긴다고 밝혀졌다. Stovall(1992)은 여행사로부터 여행상품을 선택할 때 중요한 역할을 하는 것은 여행사의 평판, 관광지, 안내원의 포함여부, 계획된 여행일정, 과거의 경험, 단체여행의 안전, 여행사를 통한 수배의 용이, 브로셔 및 광고, 재정부담이 적기 때문에, 친구, 친척의 권고, 여행사의 권유, 새로운 친구를 사귀기 위해서 등의 순서로 중요성을 설명하고 있다.

Luk등은(1993), 여행사의 서비스 품질 구성요인으로 유행성과 확실성, 신뢰성, 감정이입, 반응성 등을 제시 하였다. Persia & Gitelson(1993)은 여행업의 서비스를 평가하는데 있어 중요한 요인으로 정보탐색과 제공성, 고객과의 상호 교류성, 물리적 접근성, 구매자 가치인식, 전문화된 서비스, 고도의 기술 등을 제시하였다.

3. e-충성도와 e-충성도에 영향을 주는 사이트 특성

고객 충성도는 상황의 변화와 관계없이 브랜드, 제품, 서비스, 점포 등과 같은 특정대상에 애착을 가지고 반복적으로 구매하는 고객의 성향을 말하며(Oliver, 1999), 인터넷 시장에서 소비자들의 충성도를 e-충성도 라고 한다(Reichheld & Schefter, 2000). 또한 e-충성도는 고객이 애착을 가지고 계속해서 특정 웹사이트를 이용하고자 하는 상태라고 할 수 있다(Hoffman & Novak, 2000; Reichheld & Schfter, 2000; Anderson & Srinivasan, 2003). 일반적으로 소비자 충성도는 특정 제품이나 기업에 대한 고객의 선호 태도 및 행위를 말하는데, 인터넷 쇼핑몰 등과 같은 전자상거래에서의 충성도는 특정 웹 사이트에 대한 재방문 태도 및 행위로서 개념화될 것이다(Sohn & Lee, 2002). 또한 고객충성도는 소비자들의 이전 경험과 미래에 대한 기대를 기반으로 인터넷 사이트를 재방문하고자 하는 고객의 의도라고 정의할 수 있다(조남재·백승익·류경문,2001).

e-충성도가 높은 고객은 그 웹사이트를 즐겨찾기 해두고 자주 방문하며, 사이트 밀착도가 높아, 평균 체류 시간이 높다(Holland & Baker, 2001). 또한 다른 사람들에게 그 사이트를 우호적으로 구전하거나 추천하게 된다(김명수·이영섭, 2003). 이렇게 e-충성도가 높은 고객은 선택한 사이트에서 제품을 반복, 구매 할 가능성이 높고, 다른 사이트에서 적극적인 마케팅 활동을 하더라도 일관되게 그 사이트에서 재구매 하고자 하는 의향이 높다(Anderson & Srinivasan, 2003).

기업은 이러한 충성도가 높은 단골고객의 확보를 통해 고객생애가치를 극대화하여 수익성을 대폭 향상 시킬 수 있게 된다. 그러므로 오프라인 충성도와 마찬가지로 e-충성도는 인터넷 쇼핑몰의 비용을 절감하고, 수익을 높이는 중요한 요인이다(안준모·이국희, 2001; Anderson & Srinivasan, 2003). 최근 여행사는 닷컴 기업들과 마찬가지로 수익성이 중요한 과제가 되고 있는 만큼 e-충성도의 확보는 인터넷 여행사의 중요한 성공요인이라고 할 수 있다.

충성도에 관한 관점을 크게 행위적 관점, 태도적 관점, 통합적 관점 측면에서 살펴볼 수 있다. 첫째, 행위적 관점은 소비자 충성도를 일정기간 동안의 특정제품 및 서비스에 대한 반복 구매 성향으로서 정의 한다(Flavian et al.,2001). 즉, 특정 쇼핑몰에서 고객이 소비자 충성도를 측정하려는 방법이다. 둘째, 태도적 관점의 충성도는 소비자 충성도 개념을 선호도 또는 심리적 몰입으로 정의 하였다. Anderassen & Lindestad(1998)는 재구매 의도, 긍정적 구전이라 정의 하였고, Gerpott 등(2001)은 재구매 의도, 추천, Lee & Cunningham(2001)은 고객의 충성의지, Lee 등(2001)은 재구매 의도, 거래선 전환기피, 추천의도, Sirohi등(1998)은 재구매 의도라고 정의 하였다. 셋째, 통합적 관점에서 Dick & Basu(1994)는 호의적 태도와 반복구매성향 모두에 의해 충성도가 측정되어야 함을 주장한다. 즉 이 관점은 기존의 행위적 관점과 태도적 관점을 종합한 것으로서 매우 바람직한 관점으로 평가되고 있다(Bloemer & Ruyter, 1998).

e-충성도에 영향을 주는 사이트 특성에 대한 연구는 〈표 2〉와 같이 첫째, 상품구색과 정보 다양성. 둘째, 그래픽·동영상·오디오 등 멀티미디어적 사이트 컨텐츠의 다양성. 셋째, 체계적이고 잘 짜여진 사이트의 구조와 디자인. 넷째, 기업과 사용자 간의 양방향 커뮤니케이션을 의미하는 상호작용성(interactivity). 다섯째, 저렴하고 동적인 가격제시. 여섯째, 고객 맞춤식 상품 서비스 컨텐츠 정보를 제공하는 개인화 또는 고객화. 일곱째, 다양한 부가 제공 서비스, 구매절차가 간단·편리하고 안전한 구매결제 등이 있다.

〈표 2〉 e-충성도 형성에 미치는 사이트 특성에 관한 선행연구

분류	연구자
상품구색과 정보의 다양성	이문규(2002), Bauer et al.(2002), Javenpaa & Todd(1996), Page & Lepkowska-White(2002), Ranganathan & Ganapathy(2002), Shankar et al.(2002), Srinivasan et al.(2002)
콘텐츠의 다양성	Mathwick et al.(2002)
사이트 구조와 디자인	이문규(2002), Page & Lepkowska-White(2002), Ranganathan & Ganapathy(2002)
상호작용성	이문규(2002), Bauer et al.(2002), Page & Lepkowska-White(2002), Srinivasan et al.(2002)
저렴하고 동적인 가격제시	Ancarani & Shankar(2002), Chui & Zwick(1999)
개인화	박철(2004),Javenpaa & Todd(1996), Page & Lepkowska-White(2002), Srinivasan et al.(2002), Wind(2001)
부가 제공 서비스	박철(2004), Page & Lepkowska-White(2002)
구매결제	Page & Lepkowska-White(2002); Park(2001), Ranganathan & Ganapathy(2002)

논자 재구성

III. 연구방법

1. 설문지 구성

설문지는 해외여행에 관한 일반적인 질문, 인터넷여행사 선택속성에 관한 질문, e-충성도에 관한 질문, 인구통계학적 특성에 관한 질문으로 구성하였다.

인터넷 여행사 선택속성에 관한 측정항목의 객관성을 유지하기 위해 선행연구와 업계 실무자

면담을 통하여 〈표 3〉과 같이 29개의 측정항목 만들어, 5점 척도를 사용하여 측정하였다. e-충성도에 관한 질문은 선행연구의 재구매(Anderssen & Lindestad,1998; Oliver,1999; Gerpott et al.,2001; Lee et al.,2001; Flavian et al.,2001; Anderson & Srinivasan, 2003), 추천(Anderssen & Lindestad,1998; Gerpott et al.,2001; Lee et al.,2001; 김명수·이영섭,2003), 자주접속(조남재·백승익·류경문,2001; Holland & Baker,2001; Sohn & Lee,2002), 오래 접속(Holland & Baker,2001), 즐겨찾기(Holland & Baker,2001)를 바탕으로 5개의 측정항목을 5점 척도를 사용하여 측정하였다. 해외여행에 관한 일반적인 질문과 인구통계학적 특징에 관한 질문에는 자기기입식 설문지 기법을 이용하였다.

〈표 3〉 인터넷 여행사 선태속성에 관한 설문항목

속 성	A	B	C	D	E
1. 예약 시 간편한 수속처리	O	O	O		O
2. 편리한 컴퓨터 예약시스템		O	O		O
3. 전문지식을 가지고 있는 직원		O			O
4. 고객요청에 대한 신속한 응답		O		O	O
5. 예약 및 상담에 충분한 시간배려	O	O			O
6. 친절하고 정중한 직원		O			O
7. 고객의 개인정보 보호 철저		O		O	O
8. 여행 예약변경 및 취소의 용이성	O	O		O	O
9. 여행사의 명성	O	O			O
10. 여행사의 규모	O	O			O
11. 여행사의 능력		O			O
12. 고객서류 무료전달서비스	O	O			O
13. 인쇄매체 제공 서비스	O	O			O
14. 고객이 편안시간대에 서비스제공	O	O		O	O
15. 여행상품 선택의 다양성 제공여부	O			O	O
16. 저렴한 가격으로 구매 가능한 점				O	O
17. 여행상품의 정보검색이 용이하다	O			O	O
·18. 보증보험의 가입을 통한 고객보호	O			O	O
19. 친구, 친지의 추천	O				O
20. 신규 상품정보 제공 서비스	O	O			O
21. 신문, TV 및 광고·선전물	O				O
22. 서울에 위치한 여행사 ●					O
23. 안정적인 시스템과 접속속도●					O
24. 시각적으로 보기 좋은 사이트●					O
25. 사이트가 여행상품과 잘 어울림					O
26. 재구매 고객 우대서비스 ●					O
27. 금전적 인센티브가 제공 ●					O
28. 공항에서의 서비스●					O
29. 기대가격수준과 판매가가 일치●					O

주: ●표는 연구자가 추가한 항목임. A:김형장(2001), B:김성혁·전창석(2001),
C:박재헌(2004), D:전창석(2005), E:본연구

2. 표본선정 및 자료수집

실증연구를 위한 자료 수집은 편의표본추출법을 이용하였고, 2006년 11월15일부터 11월30일 까지 16일간 서울, 경기, 충청지역에 거주하고 인터넷 여행사를 통하여 여행상품을 구매한 경험이 있는 관광객을 대상으로 설문조사를 실시하였다. 설문조사는 우편, e-mail을 통하여 실시하였다. 총 700부의 설문지를 배포하였으나, 총 382부(55%)가 회수 되었다. 그 중 연구에 부적절한 설문지를 제외한 총 356부의 유효 설문지를 대상으로 연구 분석이 실시되었다.

3. 분석기법

응답자의 자료는 SPSS/win 통계프로그램을 이용하여 분석하였다. 통계기법으로는 해외여행에 관한 일반적 사항과 인구통계학적은 기술통계를 이용하여 산출하였다. 그리고 인터넷 여행사의 선택속성과 e-충성도에 관한 측정항목 대하여 요인분석(factor analysis)과 신뢰도 분석(reliability analysis)을 실시하였다. 그리고 인터넷 여행사의 선택속성이 e-충성도에 미치는 영향을 분석하기 위하여 다중회귀분석(multiple-regression analysis)을 실시하였다.

IV. 연구결과

1. 응답자의 인구통계학적 특성 및 여행특성

응답자의 성별은 남성 56.7%(202명), 여성 43.3%(154명)로 나타났다. 연령은 30대 47.2%(168명), 20대 40.2%(143명)로 가장 많은 것으로 나타났다. 학력은 대졸이 69.1%(246명), 소득은 월평균 150~250만원 43.3%(154명), 직업은 회사원 50.6%(180명)으로 가장 많은 것으로 나타났다.

응답자의 해외여행에 대한 특징에서 목적은 관광 84.0%(299명)이 가장 많은 것으로 나타났다. 최근 10년간 해외여행횟수는 고르게 분포하여 6회 이상이 20.8%(74명), 여행정보의 원천으로 인터넷 52.5%(187명), 인터넷 여행상품 구매 횟수는 1회 50.8%(181명), 인터넷에서 주로 구입하는 여행상품으로는 국내·해외여행패키지 64.9%(231명), 예약경로는 상품검색>직원과의 상담>전화예약 30.1%(107명)로 가장 많은 것으로 나타났다.

2. 인터넷 여행사 선택속성과 e-충성도에 관한 요인분석과 신뢰도 분석

인터넷 여행사 선택속성에 관한 평가 요인에 대한 요인분석을 위해 29항목에 대하여 베리맥스 직각회전을 실시하여, 고유값(eigen value)이 1 이상인 요인을 추출하였다. 그 결과 요인이 형성되지 않아 요인 적재치 0.4이하의 항목 4개를 제외하고, 25개의 항목으로 같은 방법으로 요인을 추출하였다. 또한 요인범주 내에서 속성들의 결합이 내적 일관성을 갖고 있는지를 확인하기 위하여 내적 일관도 검증을 검증하기 위해 실시하여 신뢰도(Cronbach α)값을 제시하였다.

〈표 4〉 인터넷 여행사 선택속성에 대한 요인분석

요 인	요인적재량	아이겐값	분산(%)	Cronbach α
F1:고객 관계강화를 위한 인적교류				
전문지식을 가지고 있는 직원	.7159			
예약 및 상담에 충분한 시간배려	.7152			
예약 시 간편한 수속처리	.6979			
고객요청에 대한 신속한 응답	.6889	8.530	34.119	0.8374
친절하고 정중한 직원	.6745			
편리한 컴퓨터 예약시스템	.5463			
고객의 개인정보 보호 철저	.4807			
F2:부가적 제공 서비스				
금전적 인센티브가 제공	.7041			
공항에서의 서비스	.6718			
재 구매 고객 우대서비스	.5984	2.001	8.004	0.8039
고객서류 무료전달서비스	.5143			
인쇄매체 제공 서비스	.4866			
보증보험의 가입을 통한 고객보호	.4545			
F3:고객 지향적 인터넷 여행상품				
여행상품의 정보검색이 용이하다	.7006			
저렴한 가격으로 구매 가능한 점	.6946			
기대가격 수준과 판매가격이 일치	.5751	1.526	6.105	0.7944
여행 예약변경 및 취소의 용이성	.4870			
고객이 편안시간대에 서비스제공	.4867			
여행상품 선택의 다양성 제공여부	.4439			
F4: 여행사의 무형적 가치				
여행사의 규모	.9020			
여행사의 명성	.8990	1.429	5.716	0.8198
여행사의 능력	.5567			
F5: 인터넷 시스템 환경				
시각적으로 보기 좋은 사이트	.8867			
사이트가 여행상품과 잘 어울림	.8050	1.092	4.369	0.7429
안정적인 시스템과 접속속도	.5100			

요인분석의 결과 5개의 요인이 도출 되었다. 이 5개 요인 모두 Cronbach α값이 70% 이상으로 나타나 내적 일관성을 갖고 있는 것으로 볼 수 있다〈표 4〉. 각 요인의 특성을 반영하여 요인1을 '고객 관계강화를 위한 인적교류', 요인2를 '부가적 제공 서비스', 요인3을 '고객 지향적 인터넷

여행상품', 요인4를 '여행사의 무형적 가치', 요인5를 '인터넷 시스템 환경'이라고 명명하였다.
    e-충성도에 관한 평가 요인은 분석하기 위하여 위와 같은 방법의 분석을 실시하였다. 요인분석 결과 고유값 1이상인 1개의 요인이 추출되었다〈표 5〉. 요인에 대한 신뢰도 검증에서는 Cronbach α값이 84.26% 로 높은 내적 일관성을 갖고 있는 것으로 분석되었다.

〈표 5〉 인터넷 여행사 e-충성도에 대한 요인분석

요 인	요인적재량	아이겐값	분산(%)	Cronbach α
추천할 의향이 있다.	0.816			
오래 접속한다.	0.806			
자주 접속한다.	0.801	3.101	62.011	.8426
재구매 의도가 있다.	0.783			
즐겨찾기 해 놓을 것이다.	0.728			

〈표 6〉 e-충성도와 인터넷 여행사 선택요인들 간의 다중회기분석 결과

독 립 변 수	Beta(β)	t값	유의확률
고객 지향적 인터넷 여행상품(F3)	0.294	6.163	0.000
인터넷 시스템 환경(F5)	0.227	4.759	0.000
부가적 제공 서비스(F2)	0.182	3.804	0.000
여행사의 무형적 가치(F4)	0.131	2.749	0.006
고객 관계강화를 위한 인적교류(F1)	0.128	2.678	0.008

종속변수 : e-충성도 R^2=0.205   R=0.452
F=17.967   P=0.000

3. 인터넷 여행사 선택속성과 e-충성도와의 관계

    인터넷 여행사의 선택속성이 e-충성도에 미치는 영향에 대한 연구를 위해 다중회귀분석을 실시하였다. 분석결과 5개의 요인들 모두 유의확률 0.01이하에서 e-충성도에 유의미한 영향을 미치는 것으로 나타났다. e-충성도에 상대적으로 가장 많은 영향을 주는 요인은 고객 지향적 인터넷 여행상품(F3)으로 나타났고, 그 다음으로 인터넷 시스템 환경(F5), 부가적 제공 서비스(F2), 여행사의 무형적 가치(F4), 고객관계 강화(F1) 순으로 나타났다.
    인터넷 여행사와 타 산업의 e-충성도에 미치는 영향은 〈표 7〉과 같이 거의 일치 하였다. 단 차이점은 세부 변수에서 차이가 있었다. 고객 지향적 인터넷 여행상품 측면에서 다양성, 정보검색, 저렴한 가격에서 일치 하였으나, 인터넷 여행사에서는 저렴한 가격 외에 준거가격과 구매가격간의 일치성에서 차이가 있었다. 인터넷 시스템 환경에서는 일치 하였다. 부가적 제공 서비스에서는 요

인은 마일리지, 경품, 쿠폰 등 금전적 인센티브 제공 측면에서는 일치하였으나, 인터넷 여행사의 부가서비스의 경우 고객과 직접적 만남이 있는 서비스에서 차이가 있었다. 여행사의 무형적 가치에서는 가장 큰 차이가 있었다. 인터넷 여행사의 경우 쇼핑몰의 경우 여행상품만 취급하는 전문몰의 매출 비율이 83.9%에서 알 수 있듯이 브랜드와 제한적으로 생산이 가능한 관광상품의 특성으로 인하여 차이가 났다. 고객 관계강화를 위한 인적교류에서는 일치하였다.

〈표 7〉 e-충성도에 영향을 미치는 요인과 속성 비교

인터넷 여행사	*광의의 인터넷 쇼핑몰
고객 지향적 인터넷 여행상품(F3) -정보검색 -저렴한 가격 -기대가격 수준(준거가격) -여행 예약변경 및 취소의 용이성 -고객이 편안시간대에 서비스제공 -여행상품 다양성 제공	상품구색과 정보의 다양성 -무한대의 상품진열 -상품검색엔진의 장착여부 -정보획득의 용이성 저렴하고 동적인 가격제시 -공동구매, 경매, 역경매 등 동적가격제시
인터넷 시스템 환경(F5) -시각적으로 보기 좋은 사이트 -사이트가 여행상품과 잘 어울림 -안정적인 시스템과 접속속도	사이트 컨텐츠의 다양성 -텍스트와 그래픽, 동영상, 오디오 등의 멀티미디어의 컨텐츠 요소 사이트 구조와 디자인 -상품과 어울리는 디자인과 분위기
부가적 제공 서비스(F2) -금전적 인센티브가 제공 -공항에서의 서비스 -재 구매 고객 우대서비스 -고객서류 무료전달서비스 -인쇄매체 제공 서비스 -보증보험의 가입을 통한 고객보호	고객서비스 -무료e-메일계정제공, -하드공간제공 -커뮤니티 제공 -마일리지, 경품, 쿠폰제공
여행사의 무형적 가치(F4) -여행사의 규모 -여행사의 명성 -여행사의 능력	
고객 관계강화를 위한 인적교류(F1) -전문지식을 가지고 있는 직원 -예약 및 상담에 충분한 시간배려 -예약 시 간편한 수속처리 -고객요청에 대한 신속한 응답 -친절하고 정중한 직원 -편리한 컴퓨터 예약시스템 -고객의 개인정보 보호 철저	상호작용성 -양방향 커뮤니케이션 -게시판, e-메일, 전화연락 등 즉각적인 실시간 커뮤니케이션 고객개인화, -맞춤식상품/서비스/컨텐츠/정보제공, -구매추천, 주문제작 구매결제 -구매절차의 간단, 편리, 안전, 신뢰성

주)*광의의 인터넷 쇼핑몰에 대한 선행연구는 〈표2〉참조
논자 재구성

V. 결론 및 시사점

최근 소비자는 소비형태에서 정보통신 기술의 발전과 컴퓨터의 보급으로 e-비즈니스를 기반으로 한 인터넷이 새로운 유통 채널로 떠오르고 있으며, 여행사에서도 이러한 현상이 일치하고 있다. 사실 인터넷에 대한 투자는 1990말부터 시작 되었지만 여행상품의 무형성을 극복하지 못하고 타 상품 보다 늦어 졌다. 그러나 2006년 들어 여행사의 온라인부문 강화를 목표로 경쟁 중이다. 그리고 2006년 온라인 매출도 2조원을 넘었다. 이런 상황에서 인터넷 여행사 선택속성이 e-충성도에 미치는 영향을 연구하였다. 그 결과 고객 지향적 인터넷 여행상품, 인터넷 시스템 환경, 부가적 제공 서비스, 여행사의 무형적 가치, 고객관계 강화 순으로 영향을 미치는 것으로 나타났다. 또한 선행연구와 비교한 요인비교에서는 전체적인 요인에서는 비슷한 결과가 나왔지만 세부 변수속성에서는 약간의 차이가 있었다.

인터넷 여행사의 선택속성이 e-충성도에 미치는 영향에 관한 연구결과를 바탕으로 소매 중심의 중소기업 인터넷 여행사의 e-충성도를 높이고, 효율적인 온라인화를 위한 시사점은 다음과 같다.

첫째, 고객 지향적 인터넷 상품과 사이트 운영이 필요하다. 이를 위해 인터넷으로 정보를 찾는 많은 관광객에게 검색의 편의성을 제공하고, 방문한 고객에게 다양한 여행상품의 정보검색을 쉽게 해야 한다. 언제 어디서든 접속이 가능한 인터넷의 특성에 따라 고객이 편한 시간대에 서비스를 제공해야 한다. 예약 변경과 취소를 쉽게 하여 고객 접근을 용이하게 한다. 예약취소는 여행사의 입장에서는 손해임으로 이에 대응하기 위해 예약통계를 이용한 취소율 예측 시스템의 구축이 필요하고, 고객과의 즉각적인 실시간 커뮤니케이션을 통해 사이트에 접근한 고객에게 적극적인 여행상담이 필요하다고 할 수 있다.

둘째, 시각적으로 차별화된 홈페이지가 필요하다. 고객들은 여행사 홈페이지에 시각적 즐거움과, 상품과 어울리는 사이트를 원한다. 또한 안정적인 시스템과 접속 속도도 원하고 있다. 이러한 시각적인 측면과 안정적 시스템과 접속 측면은 상대적이어서 상황에 따른 적절히 조절이 필요하다. 여행 상품의 모방성으로 상품자체의 차별화가 적고, 첫 번째 선택에서 고객이 여행사를 평가하기 힘든 상황에서, 시각적으로 차별화된 홈페이지는 인터넷 여행사 e-충성도를 높이는 수단이 될 수 있다. 또한 이러한 사이트를 유지하기 위해서는 지속적인 투자와 유능한 IT파트너가 필요하다.

셋째, 다양한 부가서비스가 필요하다. 이는 고객이탈을 막고 충성도 높은 고객을 유지하기 위해서는 당연한 시도이다. 대표적인 부가서비스로는 항공권 · 여권 · 비자 전달서비스, DM 등을 통한 여행정보 문자매체 제공, 공항서비스, 마일리지, 현금할인 등의 금전적 인센티브 제공이 있다. 부가서비스의 경우 비용측면으로 인해 회사의 규모에 따라 차이가 있을 수 있다. 부가서비스로 금전적 인센티브를 제공하는 경우는 여행업의 수익구조상 손해가 발생할 수 있다. 따라서 금전적 인센티브 제공 시 고객생애가치를 고려한 우수고객 할인과 같은 시스템으로 해결 할 수 있다. 현금할인이 아닌 자사 상품권, 포인트 등 유사 현금의 지급으로 e-충성도를 높일 수 있는 계기를 만들어야 한다.

넷째, 대형여행사와 전략적 제휴를 한다. 인터넷에서는 브랜드 인지도 같은 무형적 특징에 고객의 관심이 많아지고 있다. 중소 여행사의 경우는 규모면이나 브랜드에서 대형여행사와는 경쟁력이 떨어진다. 또한 성수기 항공좌석과 호텔객실 확보로 원활한 상품 공급을 가능하게 하는 것과 같은 여행사의 능력에서도 그렇다. 이러한 중소여행사의 부족한 부분을 해결하는 방법으로 브랜드 인지도가 높은 여행사와 전략적 제휴를 들 수 있다. 특히 프랜차이즈를 통한 제휴도 하나의 방법이라고 볼 수 있다. 프랜차이즈는 이미 입증된 사업개념, 상품, 경영방법을 통하여 자신의 사업을 운영함에 있어 위험을 줄일 수 있으며, 고객은 신뢰와 예측이 가능한 가운데 상품의 구매가 가능하여 고객과 기업에 이점이 있다(윤지환 · 이영재, 2005).

다섯째, 고객을 배려하는 인적서비스를 통하여 고객관계를 강화한다. 인터넷이 새로운 유통 채널로 자리 잡고 있어 최근에는 고객과 여행사의 만남이 적어지고 있다. 하지만 이 연구 자료와 같이 고객이 인터넷 여행상품 구매 시 전화상담과정이 많이 나타났다. 이는 고객 접점이 물리적 공간에서 가상의 공간으로 이동하였을 뿐 인적서비스의 e-비즈니스에서도 필요함을 나타낸다고 볼 수 있다. 따라서 전화응답과 e-메일을 포함한 전자적 응답에 신속한 대응을 하여야 하며, 상품에 대한 전문지식을 가진 직원의 인적 서비스가 필요하다.

앞으로 중소여행사가 경쟁력을 갖기 위해서는 e-비즈니스의 강화가 필수적인 요건이 될 것이다. 이 연구는 표본선정에 있어 지역적인 한계성을 가지고 있으나 향후 후속 연구를 통하여 인터넷 여행사의 경쟁력 강화에 영향을 미치는 요인들을 밝히는 것도 의미 있는 일이라고 생각한다.

참고문헌

김재문(2003). 『e-비즈니스 모형에 맞는 eCRM』. 거름. 18-19.

정인근 · 이명무, 김운회(2005). 『e-비즈니스 개론』. 선학사. 56.

김기웅 · 윤덕영(2005). 항공여행시장의 e-비즈니스 도입과 중소여행사 대응방안. 『중소기업연구』, 27(2), 143-173.

김명수 · 이영섭(2003). 온라인 상에서의 고객충성도에 영향을 미치는 요인에 관한 연구: 포털사이트를 중심으로. 『경영정보학연구』, 13(1), 171-195.

김성혁 · 전창석(2001). 여행사 선택속성이 구전 커뮤니케이션에 미치는 영향. 『관광학연구』, 25(1), 291-307.

김철민 · 조광행(2004). 인터넷 쇼핑몰에서의 소비자 충성도 분석모형. 『경영학연구』, 33(2), 573-599.

김형장(2001). 여행사 선택속성이 고객만족에 미치는 영향에 관한 연구. 『관광정보연구』, 8, 243-262.

박재헌(2004). 여행상품 선택속성에 따른 구전활동과 상품재구매에 관한 연구. 『인적자원관리연구』, 10, 67-80.

박철(2004). 고객의 e-loyalty 형성에 영향을 미치는 인터넷쇼핑 사이트 특성연구: 온라인쇼핑경험별 차이를 중심으로. 『마케팅관리연구』, 9(3), 53-72.

서용건(2002). 중소관광기업의 e-business전략과 지원방안. 『한국관광정책』, Vo4, 13, 47-51.

안준모·이국희(2001). 인터넷 쇼핑환경에서의 고객충성도에 영향을 미치는 요인에 관한 연구: 국내 인터 넷 쇼핑몰 산업을 중심으로. 『경영정보학연구』, 11(4), 135-153.

윤지환·이영재(2005). 한국여행사 프랜차이저의 공정성과 신뢰가 경영성과에 미치는 영향. 『관광학연구』, 29(3), 186-203.

이문규(2002). e-SEVQUAL: 인터넷 서비스 품질의 소비자 평가측정도구. 『마케팅연구』, 17(1), 73-95.

전창석(2005). 여행상품유형에 따른 인터넷 여행상품 구매결정요인 중요도 차이에 관한 연구. 『관광·레져 연구』, 17(1), 119-131.

조남재·백승익·류경문(2001). 온라인 게임 충성도에 미치는 영향요인에 관한 연구. 『한국경영과학학 회』, 26, 85-97.

통계청(2007). 『2005년 12월 및 연간 사이버 쇼핑몰통계 조사 결과』

_____(2006). 『2005년 4/4분기 및 연간 전자상거래 통계조사(B2B, B2G, B2C종합)』

한국전산원(2006). 『국가정보화백서 2006』.

Ancarani, Fabio & Venkatesh Shankar(2002). Price Levels and Price Dispersion on the Internet: A Comparison of Pure Play Internet, Bricks-and-Mortat, and Bricks-and-clicks Retailers, http://e-commerce.mit.edu/form.

Anderassen, T., & B. Lindestad(1998). Customers Loyalty and Complex Services. International Journal of Sevice Industry Management, 9(1), 7-23.

Anderson, R. E., & S. Srinivasan(2003). E-Satisfaction and E-Loyalty: A Contingency Framework. Psychology & Marketing, 20(2), 123-138.

Bauer, H. H., M. Grether & M. Leach(2002). Building Customer Relations Over the Internet, Industrial Marketing Management, 21(Feburary): 24-38.

Bloemer, J., & K. Ruyter(1998). On the Relationship between Store Image, Store Loyalty. European Journal of Marketing, 35(5/6), 499-513.

Chul, Kevin & Rami Zwick(1999). Auction on the Internet: A Preliminary Study, Hong Kong University of Science and Technology Working paper. http://home.ust.hk/ ~mkzwick/InternetAuction.html.

Dick, A., & K. Basu(1994). Customer Loyalty: Toward and Integrated Conceptual Framework. Journal of the Academy of Marketing Science, 22(2), 99-113.

Flavian, C., E. Matrinez & Y. Polo(2001). Loyalty to Grocery Stores in the Spanish Market the 1990s. Journal of Retailing and Customer Service, 8, 85-63.

Gerpott, T., W. Rams & A. Schindler(2001). Customer Retention, Loyalty, and Satisfaction in the German Mobile Cellular Telecommunications Market, Telecommunications Policy, 25, 249-269.

Hoffman, D. & T. P. Novak(2000). How to Acquire Customers on The Web. Havaed Business Review, May-June, 179-188.

Holland, Jonna & Stacey M. Baker(2001). Customer Participation in Creating Site Brand Loyalty. Journal of Interactive Marketing, 15(4), 34-45.

Javenpaa, S., & P. A. Todd(1996). Consumer Reactions to Electronic Shopping on the World Wide Web. International Journal of Electronic Commerce, 1(2), 59-88.

LeBlanc G,(1992). Factor Affecting Customer Evaluation of Service Quality in Travel Agencies. Journal of Travel Research, Spring.

Lee, J., J. Lee & L. Feick(2001). The Inpact of Switching Costs on the Customer Satisfaction-Loyalty Link, Journal of Service Marketing, 15(1), 35-48.

Lee, M., & L. Cunningham(2001). A Cost/Benefit Approach to Understanding Service Loyalty. Journal of Service Marketing, 15(2), 113-130.

Luk, Sherriff T. K., Corinna R. de Leon, Foo-Weng Leong, and Esther L Y. Li(1993). Value Segmentation of tourists' Expectation of Service Quality. Journal of Travel & Tourism Marketing, Summer.

Mathwick, Charla, Naresh K. Malhotra & Edward Rigdom(2002). The Effect of Dynamic Retail experience on Experience Perceptions of Value: An Internet and Catalog comparison. Journal of Retailing, 78, 51-60.

Oliver, Richard L.(1999). Whence Consumer Loyalty. Journal of Marketing, 63(Special issue), 33-44.

Ozturan, M., & Roney, S. A.(2004). Internet use Among Travel Agencies in Turkey: An Explora. Tourism Management, 25, 259-266.

Page, Christine & Elizbieta Lepkowska-White(2002). Web equity: a framwork for Building Consumer Value in Online Companies. Journal of Consumer Marketing, 19(3), 231-248.

Park, Cheol(2001). Discriminating Factors of Cyber Shoppers in Korea: Focused on Computer-Mediated communications and Perceived Risks of Cyber Shopping. Quarterly Journal of Electronic Commerce, 2(2), 147-155.

Persia Margaret A., & Richard J. Gitelson(1993). The Difference among Travel Agency User in the Importance Rating of Agency Service Features. Journal of Travel & Tourism Marketing, Summer.

Ranganathan, C., & Shobba Ganapathy(2002). Key Dimensions of Business-to-Consumer Web Sites. Information & Management, 39, 457-456.

Reichheld, F., & p. Schefter(2000). E-loyalty: your secret weapon on the web. Harvard Business Review, July-August, 105-113.

Shankar, Venkatesh, Amy K. Smith & Arvind Rangaswamy(2003). Customer Satisfaction and Loyalty in Online and Offline Environment. International Journal of Research in Marketing, 20, 153-175.

Sirohi, N. E. Mclaughlin & D. Witting(1998). A Model of Consumer Perceptions and Store Loyalty Intentions for a Supermarket Retailer. Journal of Retailing, 74(2), 223-245.

Sohn, C. & D, Lee(2002). Trust to build customers' loyalty in internet marketing. Decision Science Institute 2002 annual Meeting Proceedings, 657-661.

Srinvasan, Srini S., Rolpf Anderson & Kishore Ponnavolu(2002). Customer Loyalty in e-Commerce: An Exploration of Antecedents and Consequence. Journal of Retailing, 78, 41-50.

Stovall, M. L.(1992). What Escorted Tour Clients Really Want. ASTA Agency Management, Janurary, 16-17.

Wind, Jerry(2001). Customerization: The Next Revolution in Mass Customization. Journal of Interactive Marketing, 15(1), 13-32.

Windham, Laurie(2000). The Soul of the New Consumer: The Attitudes, Behaviors, and preference of e-Customer, New York, NY: Allworth Press.

트레블 저널(2004). 10월.
_____(2006). 4월.

2007년 2월 22일 접수
2007년 5월 30일 최종 수정본 접수
3인 익명 심사 畢

CHAPTER 7

군집분석

 목 차

제7장 흐름도

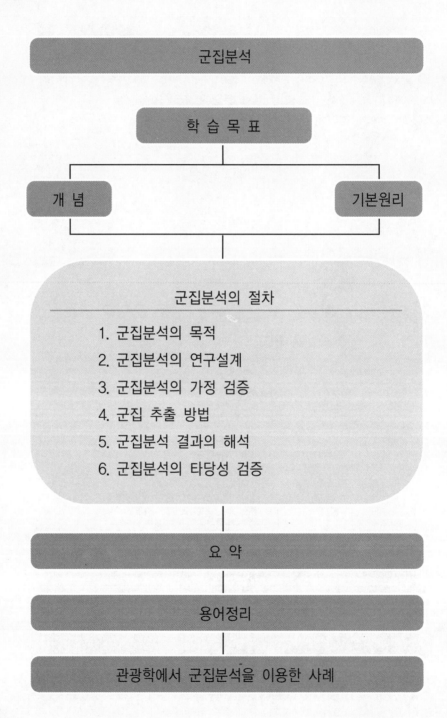

군집분석

학 습 목 표

개 념

기본원리

군집분석의 절차

1. 군집분석의 목적

2. 군집분석의 연구설계

3. 군집분석의 가정 검증

4. 군집 추출 방법

5. 군집분석 결과의 해석

6. 군집분석의 타당성 검증

요 약

용어정리

관광학에서 군집분석을 이용한 사례

군집분석

1. 군집분석의 개념과 기본원리를 알아본다.
2. 군집분석에 대한 전반적인 이해를 돕기 위해 군집분석의 절차를 살펴본다.
3. 관광학분야에서 근집분석의 사례를 공부한다.

1. 군집분석념 및 기본원리

(1) 군집분석의 개념

군집분석은 관광학, 심리학, 사회학, 경영학, 경제학, 생물학, 공학 등 다양한 분야에서 활용되고 있는 분류기법이다. 특히 관광마케팅에서는 관광객들을 특성에 따라서 분류하고 유사한 특성을 갖고 있는 사람들을 각각 동일한 집단으로 묶어서 시장세분화전략을 수립하거나 또는 여행패키지, 호텔, 레스토랑 등의 관광상품을 특성에 따라서 군집화하고 경쟁구조를 파악하여 적절한 전략을 수립하는데 많이 활용되고 있다. 이처럼 응답자 또는 상품 등과 같은 대상들(objects)을 그들이 갖고 있는 특성에 기초해서 분류하는 기법을 군집분석이라고 한다.

군집분석은 대상들을 분류하기 위한 명확한 기준이 없거나 기준이 밝혀지지 않은 경우 유용하게 사용할 수 있는 분류기법이다. 예를 들면, 여행상품에 대한 시장을 세분화하고자 할 경우 나이, 성별, 소득수준 등 명확한 분류기준만으로는 시장을 효율적으로 세분화하기 힘든 경우가 있다. 이런 경우 관광객의 심리적 특성, 태도, 결정속성 등을 분석하여 유사한 특성을 갖고 있는 관광객들을 분류하여 세분화하는 방법을 많이 이용하는데 이때 군집분석을 사용할 수 있다.

(2) 군집분석의 기본원리

군집분석은 대상들의 특성을 분석하여 유사한 성질을 갖고 있는 대상들을 동일한 집단으로 분류하는 방법인데, 요인분석이나 판별분석과는 달리 각 대상들이 갖고 있는 값을 거리(distance)로 환산하여 가까운 거리에 있는 대상들을 하나의 집단으로 묶는 방법이다. 요인분석이나 판별분석 등은 자료의 상관관계를 이용하여 유사한 집단으로 분류하지만, 군집분석은 자료들 간의 거리 측정치의 차이를 근거로 분류하는 방법이다.

군집분석과 요인분석의 차이점은 군집분석은 대상들(objects)을 분류하는 방법이고 요인분석은 주로 변수들(variables)을 분류하는 방법이라는 것이다. 또한 군집분석은 대상들을 분류하는 기법이라는 점에서는 판별분석과 같으나, 판별분석은 이미 집단이 구분되어 있는 상태에서 각 집단의 특성을 연구하거나 어떤 변수가 집단의 특성을 잘 나타내는가를 파악하기 위한 분석인 반면, 군집분석은 분류기준이 알려져 있지 않을 때 전체 대상들의 상호 거리를 기준으로 분류하는 방법이라는 점에 차이점이 있다.

그러므로 군집분석에서는 어떤 특성에 대한 측정치의 차이를 비교할 것인가의 변수 선정의 문제와 어떻게 유사성의 차이를 측정할 것인가의 거리 척도의 문제 그리고 대상들간의 거리가 산출되었을 때 어떻게 대상들을 묶어나갈 것인가의 군집방법이 주요 과제이다.

2. 군집분석의 절차

군집분석의 절차는 다른 다변량 분석과 마찬가지로 〈그림 7-1〉과 같이 6단계로 나눌 수 있다. 각 단계별 절차에 관한 자세한 내용은 다음과 같다.

(1) 군집분석의 목적

군집분석의 주요 목표는 대상들의 유사성에 근거해서 특수한 특성을 지닌 두 개 또는 그 이상의 군집으로 분류하는 것이다. 군집분석의 목적은 탐색적(exploratory) 목적과 확인적(confirmatory) 목적 두 가지로 나눌 수 있는데, 전통적으로 군집분석은 대상들을 분류하는 탐색적 목적으로 많이 사용되어 왔다. 확인적 군집분석은 이미 제안된 구조를 확인하기 위해 표본을 대상으로 분석을 실시하여 그 결과와 비교하는데 주로 사용되고 있다.

군집분석에 있어서 변수의 선정은 매우 중요한 문제이다. 군집분석 결과는 변수들간의 잠재적인 구조를 반영한 것이므로 부적절한 변수가 포함된다면 잘못된 결과가 나올 수도 있다. 군집분석에는 요인분석, 회귀분석 또는 판별분석 등에서와 같이 부적절한 변수를 제거할 수 있는 방법

〈그림 7–1〉 군집분석의 절차

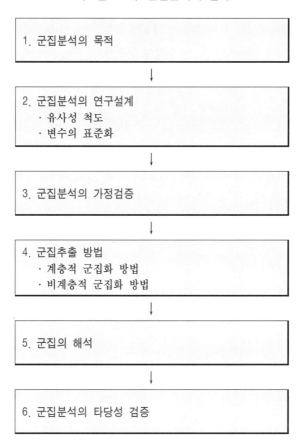

이 없기 때문에 분석에 포함된 변수는 모두가 동일한 비중으로 유사성 평가에 이용된다. 따라서 변수의 선정에 따라 전혀 다른 결과가 도출될 수 있다. 또한 군집분석은 다른 다변량 분석과 달리 최종결과에 대한 유의성을 검증할 수 있는 장치가 없기 때문에 변수를 선정할 때 이론적, 개념적, 현실적 근거를 신중히 고려해야 하고, 항상 분석결과를 검토해서 부적절한 변수들을 제거할 수 있도록 해야 한다.

예제 사례 : 연구목적

　　xx사는 새로운 개념의 음식점을 개점하려고 계획하고 있다. 개점 준비를 위해서 마케팅 담당자는 기존의 음식점에 대한 고객의 결정속성을 조사 분석하여 새로운 음식점의 개념을 수립하는 데 사용하기로 하였다.

(2) 군집분석의 연구설계

1) 유사성 척도(similarity measures)

유사성의 개념은 군집분석의 기본개념이다. 대상들 간의 유사성(interobject similarity)은 군집으로 분류될 대상들 사이의 일치성 또는 비슷함의 척도이다. 다른 다변량 분석에서는 주로 상관성 척도(correlational measures)를 사용하지만 군집분석에서 대상들 간의 유사성은 주로 거리 척도(distance measures)로 측정된다. 거리 척도의 유사성은 대상들 간의 근접도(proximity)를 나타낸다. 즉 거리척도는 대상들이 가지고 있는 값이 얼마나 가까운 거리에 있느냐에 초점이 맞추어져 있고, 대상들 값의 유형과는 별 상관이 없다.

〈그림 7-2〉에서 A와 C 그리고 B와 D는 비슷한 응답유형을 가지고 있으므로 상관성(correlation)이 매우 높은 것으로 평가할 수 있으나, 거리척도에 의해서 분류하면 A와 B 그리고 C와 D가 오히려 유사한 것으로 평가할 수 있다. 그러므로 거리를 근거로 대상을 분류한 결과와 상관성을 근거로 분류한 결과는 다를 수 있다.

〈그림 7-2〉

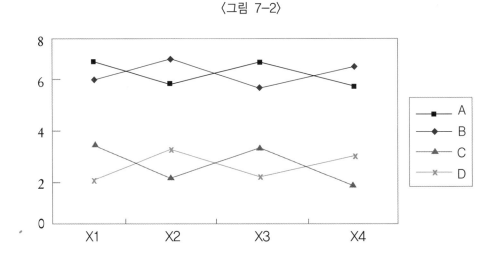

거리척도에는 여러 가지가 있는데 연구자는 그 중에서 연구목적에 잘 맞는 척도를 선택하여 사용하면 된다. 군집분석에서 가장 많이 사용되는 거리척도는 유클리디안 거리(Euclidean distance)이다. 유클리디안 거리는 임의의 두 지점간의 최단거리를 의미한다.

$$D_{AB} = [\sum_{i}^{n} (A_i - B_i)^2]^{1/2}$$

D_{AB} : A와 B사이의 거리

A_i : A의 i번째 변수의 측정치

B_i : B의 i번째 변수의 측정치

n : 변수의 수

유클리디안 제곱거리(squared Euclidean distance)는 유클리디안 거리에 제곱을 한 것으로 계산이 편리하고 Ward 군집방법을 위한 척도로 사용된다.

$$D_{AB} = \sum_{i}^{n} (A_i - B_i)^2$$

도시블록거리(city-block distance)는 변수들의 값의 차이에 절대값을 취하여 합한 거리로 변수들이 서로 상관관계가 없다는 가정하에만 사용할 수 있다.

$$D_{AB} = \sum_{i}^{n} |A_i - B_i|$$

거리척도 사용시 주의해야 할 점은 표준화되지 않은 거리척도를 사용할 경우 변수의 척도(scale)에 따라서 군집결과가 달라질 수 있다는 것이다. 따라서 이러한 문제점을 해결하기 위해서는 변수들을 표준화 해야 한다. 마할라노비스 거리(Mahalanobis distance)는 이러한 변수들의 단위 표준화 문제뿐만 아니라 변수들 간의 상호상관성(intercorrelations)을 조정해 주는 척도이다. 그러나 대부분의 통계프로그램이 유사성 척도로서 마할라노비스 거리를 사용하고 있지 않기 때문에 유클리디안 제곱거리를 많이 사용하고 있다.

2) 변수의 표준화(standardizing the data)

대부분의 거리척도는 변수들 간의 단위 또는 크기에 따라 매우 민감하다. 변수의 값이 넓게 분포되어 있을수록(표준편차가 클수록) 변수들 간의 유사성을 측정하는데 더 큰 영향을 미친다. 예를 들어, 호텔 고객을 호텔에 대한 만족도, 나이, 소득수준에 따라서 분류하고자 하는 경우를 가정해 보자. 만약 호텔에 대한 만족도를 리커트 7점 척도로 나타내고, 세 가지 변수를 3차원 그래프로 표시하면 고객의 유사성에 의한 거리는 거의 소득수준에 의해 결정될 것이다. 왜냐하면 만족도에 의한 차이는 1에서 7 사이인 반면 소득수준에 의한 차이는 만족도의 차이보다 몇 만 배 이상으로 크게 나타날 것이므로 만족도에 의한 차이는 거의 영향을 미치지 못하기 때문이다. 이러한 문제점을 해결하기 위해서 연구자는 변수들 간의 상대적 표준편차에 기초해서 변수들을 표준화 해야 한다. 가장 일반적인 표준화 형태는 각 변수를 Z 값과 같은 표준점수로 변환시키는 것이다. 이러한 표준화는 분석에 사용되는 변수들 간의 단위의 차이로 인해서 발생하는 문제를 제거시킴으로써 변수들에 내재되어 있는 구조를 좀 더 정확하게 파악하는데 도움이 될 것이다.

예제 사례 : 연구설계

위의 연구목적을 달성하기 위해서 고객들이 음식점을 선택할 때 가장 중요하게 고려하는 두 가지 결정속성을─분위기, 맛─ 20개의 대표적인 음식점에 대하여 조사하여, 음식점들을 분류하기로 하였다.

두 가지 변수에 대한 고객의 선택속성은 리커트 7점 척도를 사용하여 측정하였다. 각 음식점에 대한 두 가지 변수들의 평균치는 다음과 같다.

음식점	맛	분위기
1	3.5	6.1
2	4.2	5.9
3	6.6	5.9
4	6.1	4.3
5	5.8	3.8
6	5.8	6.2
7	4.1	5.8
8	5.8	6.5
9	4.2	6
10	4.1	5.8
11	6.1	6.2
12	5.9	3.8
13	3.7	6.3
14	3.5	5.7
15	6.1	3.2
16	6.7	5.9
17	5.6	6.5
18	5.7	3.9
19	3.8	6.4
20	6.2	4.1

20개의 음식점을 분위기와 맛의 2차원 도표에 표시하면 다음과 같다. 이 도표를 보면 직관적으로 음식점들을 3개의 집단으로 분류할 수 있음을 알 수 있다.

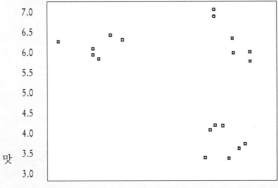

(3) 군집분석의 기본 가정 검증

군집분석을 하는데 있어서 연구자들이 심각하게 고려해야 할 것은 표본의 대표성과 다중공선성(multicollinearity)이다. 군집분석은 대상들을 내재해 있는 구조적 특성에 따라 분류하는 것이므로 표본이 얼마나 모집단을 잘 대표하고 있느냐에 따라서 그 결과의 유용성과 일반화 여부가 결정된다. 그러므로 연구자는 무엇보다도 표본 선정시 대표성에 주의를 기울여야 한다.

다중공선성은 변수들 간의 상관관계가 높아서 분석에 있어서 각각의 변수들의 실제적인 영향력을 구분하기 어렵게 되는 것을 의미하는 것이다. 군집분석에서는 각 변수들이 동일하게 가중되기(equally weighted) 때문에 상관관계가 높은 변수들이 많은 집단은 상관관계가 높은 변수들이 적은 집단보다 유사성을 측정할 때 더 많은 영향을 미치게 될 것이다. 그러므로 연구자는 군집분석에 사용될 변수들을 점검하여 다중공선성이 발견되면 각 집단에 변수의 숫자가 같게 되도록 변수의 수를 줄이거나 상관관계를 조정해 주는 마할라노비스 거리(Mahalanobis distance)같은 거리척도를 사용하는 것이 바람직하다.

(4) 군집 방법

연구자는 연구의 목적과 결과의 해석을 고려하여 군집방법을 선택해야 한다. 군집화 방법은 크게 계층적 군집화 방법과 비계층적 군집화 방법 두 가지로 나눌 수 있다. 모든 군집화 방법의 근본적인 기준은 군집내의 변수들 간의 거리에 비해서 군집들 간의 거리의 차이를 최대화하는데 있다.

1) 계층적 군집화 방법(hierarchical cluster procedures)

계층적 군집화 방법에는 결합방식(agglomerative methods)과 분리방식(devisive methods)이 있다. 결합방식(agglomerative methods)은 군집화 절차에서 개별 대상들로부터 시작해서 가까운 거리에 있는 대상들부터 순차적으로 묶어나가서 결국은 모든 대상들이 하나의 군집에 속하게 되는 방법이다. 분리방식(devisive methods)은 결합방식과는 반대로 모든 대상들을 포함하는 하나의 군집으로부터 시작해서 가장 거리가 먼 대상들부터 분리시켜 나가는 방법으로 결국에는 각 대상들이 하나의 군집이 된다. 대부분의 통계프로그램이 결합방식을 사용하고 있기 때문에 여기서는 결합방식에 초점을 맞추어 설명하고자 한다.

결합방식은 군집간의 거리를 어떻게 계산하느냐에 따라서 여러 가지 방식이 있다. 일반적으로 많이 사용하는 방식으로는 단일결합방식(single - linkage procedure), 완전결합방식(complete - linkage procedure), 평균결합방식(average - linkage procedure), 워드방식(Ward's method), 중심방식(centroid method)이 있다.

가. 단일결합방식(single-linkage procedure)

이 방식은 최소한의 거리를 기준으로 하는 방식이다. 가장 가까운 거리에 있는 두 대상을 먼저 군집화 하고, 그 군집과 대상 또는 다른 군집과의 거리를 비교할 때 군집내의 대상들 중 가장 가까운 거리를 선정하여 군집화 하는 방식이다. 이 방식의 결합은 군집들의 윤곽이 뚜렷하지 않을 경우 군집이 긴 체인모양이 될 수 있는데, 이때 체인모양 군집의 양끝에 있는 대상들은 매우 먼 거리에 있음에도 불구하고 같은 군집에 속하게 되는 단점이 있다.

나. 완전결합방식(complete-linkage procedure)

이 방식은 가장 가까운 거리에 있는 대상들을 군집화한다는 점에서는 단일결합방식과 마찬가지이다. 따라서 첫 번째 군집의 결과는 단일기준결합방식과 나중에 설명할 평균결합방식과 같다. 그러나 두 번째 단계부터는 단일기준결합방식과는 달리 군집 내에서 가장 멀리 있는 대상과의 거리를 기준으로 가까이 있는 대상 또는 군집을 묶어주는 방식이다.

다. 평균결합방식(average-linkage procedure)

이 방식의 시작은 단일결합방식이나 완전결합방식과 같으나 두 번째 단계부터 하나의 군집내의 모든 대상들과 다른 군집내의 모든 대상들 간의 평균거리를 기준으로 가까이 있는 대상 또는 군집을 묶어주는 방식이다. 예를 들어, 군집A에 1과 2라는 대상이 포함되어 있고, 군집B에 3, 4 그리고 5라는 대상이 포함되어 있을 경우 군집A와 군집B 사이의 거리는 (1,3) (1,4) (1,5) (2,3) (2,4) (2,5)의 거리의 평균에 의해 결정된다. 이 방식은 단일결합방식이나 완전결합방식이 극단치(extreme values)에 영향을 받는 것과는 달리 군집내의 모든 변수의 평균에 기초하기 때문에 작은 분산을 갖는 군집들끼리 결합되는 경향이 있다.

라. 워드방식(ward's method)

이 방식은 군집을 구성하는 모든 대상들의 측정치의 분산을 기준으로 결합하는 방식이다. 즉 결합단계마다 각 대상 또는 군집들 간의 측정치의 분산이 가장 작은 쌍을 결합해 나가는 방식이다.

마. 중심방식(centroid method)

이 방식은 두 군집 사이의 거리를 정할 때 군집내의 모든 변수들의 평균을 기준하는 방식이다. 군집의 중심은 새로운 대상 또는 군집이 포함될 때마다 평균이 다시 계산되므로 변할 수 있다.

2) 비계층적 군집화 방법(nonhierarchical cluster procedures)

비계층적 군집화 방법은 순차적으로 군집화해 나가는 계층적 군집화 방법과는 달리 최종 군집수를 미리 정하고 그 군집 수에 적합한 최적의 결과를 찾는 방법이다. 이 방법은 최초 군집의 중심으로서 하나의 군집중심점(cluster seed)을 정하고 일정 기준거리 안에 있는 모든 대상들을 하나의 군집으로 결합하고, 또 다른 군집중심점을 정하고 같은 방식으로 반복해서 정해진 군집 수에 맞는 최적의 군집 결과를 찾는 것이다. 그러므로 계층적 군집화 방법과는 달리 대상들이 이미 어떤 군집에 결합되어 있을지라도 새로 형성되는 군집과 더 가까우면 재편될 수 있다.

군집을 위한 군집중심점(cluster seed)을 정하고 대상들을 결합하는 방법에는 여러 가지 방식이 있다. 비계층적 군집화 방법은 K-means 군집방식이라고도 하는데 결합방식으로는 주로 다음의 3가지 방식중의 하나를 사용한다.

가. 순차적 방식(sequential threshold method)

이 방식은 하나의 군집중심점을 정하고 기준거리 내에 있는 모든 대상들을 하나의 군집으로 결합하고, 정해진 군집수의 결과를 얻을 때까지 같은 방식으로 군집을 계속하는 방식이다. 어떤 대상이 하나의 군집에 포함되었을 때, 그 대상은 계속되는 군집중심점의 고려대상에서 제외된다.

나. 동시적 방식(parallel threshold method)

이 방식은 처음에 여러 개의 군집중심점을 동시에 정하고 각각의 군집중심점으로부터 가까운 거리에 있는 대상들을 군집하는 방식이다. 때때로 각 군집중심점에서 기준거리로부터 너무 멀리 떨어져 있는 대상들은 어떤 군집에도 포함되지 않는 경우도 발생한다.

다. 최적화 방식(optimization procedure)

이 방식은 대상들을 다른 군집으로 재편할 수 있다는 것을 제외하고는 앞의 두 방식과 비슷하다. 즉 이미 어떤 군집에 속해 있을지라도 더 가까운 군집이 생기면 새로운 군집으로 결합시킨다.

비계층적 군집화 방법의 주요 문제점은 군집중심점을 어떻게 정하느냐에 있다. 순차적 방식의 경우 자료의 순서에 따라서 군집 결과가 영향을 받는다. 동시적 방식의 경우 이러한 문제점을 감소시킬 수 있으나 무작위적으로 선택한 군집중심점에 따라 군집결과가 다를 수 있으므로 군집중심점의 선택이 군집결과에 영향을 미친다.

3) 계층적 또는 비계층적 군집화 방법 중 어떤 방법을 사용해야 하는가?

연구주제에 따라서 다르므로 이 질문에 대한 정확한 대답은 할 수 없으나 두 방법의 장·단점을 살펴보면 다음과 같다.

과거에는 계층적 군집화 방법이 일반적으로 더 많이 사용되었는데, 특히 워드방식(Ward's method)과 평균결합방식(average-linkage procedure)이 많이 사용되었다. 계층적 군집화 방법은 계산시간이 짧아서 자료를 빠르게 처리할 수 있는 장점이 있으나 표본의 수가 큰 경우에는 대부분의 컴퓨터로 처리하기가 힘들 정도로 많은 저장 용량을 필요로 하기 때문에 분석에 어려움이 있다. 그리고 처음 결합된 군집이 바람직하지 않을지라도 분석과정에서 변경할 수 없으므로 잘못된 결과가 도출될 수 있고 극단치(outliers)의 영향을 많이 받는 단점이 있다.

비계층적 군집화 방법은 점차 사용범위가 넓어지고 있는데, 이 방법의 유용성은 실무, 객관성, 이론적 기반에 근거해서 적절한 군집중심점을 정할 수 있는 연구자의 능력에 달려 있다. 이 방법은 계층적 군집화 방법과 비교하여 극단치의 영향을 적게 받는 장점이 있는데, 이것은 군집중심점을 무작위적인 방법보다는 연구자가 지정 선택하였을 경우에 해당된다.

두 가지 방법을 같이 이용할 경우 각각의 장점을 살릴 수 있다. 먼저 계층적 방법으로 군집 수, 군집의 중심점들 그리고 극단치를 파악하고, 그 정보를 가지고 극단치를 제거하고 군집중심점을 정하여 비계층적 방법을 사용하면 좀 더 좋은 결과를 얻을 수 있다.

예제 사례 : 군집 방법

군집화 방법은 크게 계층적 군집화 방법과 비계층적 군집화 방법 두 가지로 나눌 수 있는 데 군집화 방법에 따라서 결합방식의 차이가 있을 수 있다. 군집대상들 간의 거리는 유클리디안 제곱거리를 사용하였고 각 변수들은 7점 척도로 표준화되어 있는 상태이므로 그대로 사용하였다. 각각의 군집화 방법에 따른 군집결과는 다음과 같다.

1. 계층적 군집화 방법(Hierarchical Cluster Procedures)

〈그림 1〉 단일결합방식(single-linkage procedure)

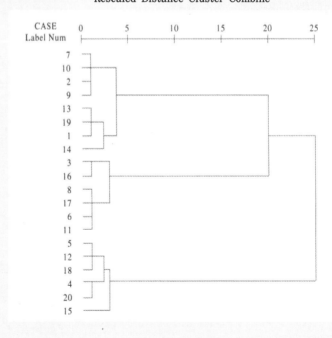

Rescaled Distance Cluster Combine

〈그림 2〉 완전결합방식(complete-linkage procedure)

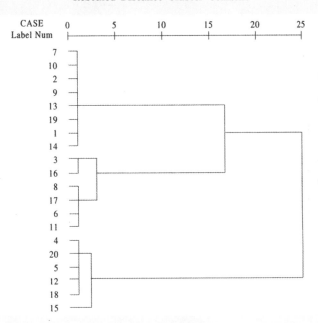

〈그림 3〉 평균결합방식(average-linkage procedure)

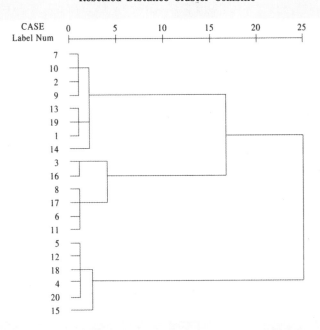

〈그림 4〉 워드방식(Ward's method)

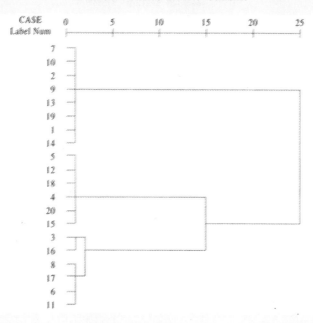

〈그림 5〉 중심방식(centroid method)

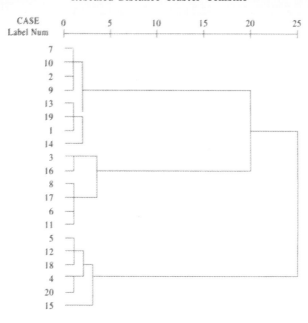

  이상의 군집화 방법들의 결과를 보면 단일결합방식과 중심방식은 동일한 결과를 보이고 있으며, 완전결합방식과 평균결합방식은 다소 다른 결과를 나타내고 있고 워드방식의 결과는 다른 방법들과는 많은 차이를 보이고 있음을 알 수 있다.

2. 비계층적 군집화 방법(Nonhierarchical Cluster Procedures)

  비계층적 군집화 방법은 K-means 군집방법이라고도 한다. SPSS에서는 K-means군집방식이 Quick Cluster명령에 의해서 수행된다. 두 변수들의 2차원 도표에서 음식점들이 3개의 군집으로 형성되어 있음을 직관적으로 알 수 있으므로 군집의 수를 3개로 지정하여 K-means군집분석을 실시한 결과는 다음과 같다.

Initial Cluster Centers

	Cluster		
	1	2	3
맛	3.5	6.1	6.7
분위기	5.7	3.2	5.9

Iteration History[a]

Iteration	Change in Cluster Centers		
	1	2	3
1	.490	.664	.671
2	.000	.000	.000

a. convergence achieved due to no or small distance change. The maximum distance by which any center has changed is .000. the current iteration is 2. The minimum.

Cluster Membership

Case Number	Cluster	Distance
1	1	.400
2	1	.328
3	3	.583
4	2	.469
5	2	.174
6	3	.300
7	1	.292
8	3	.424
9	1	.313
10	1	.292
11	3	8.882E-16
12	2	8.333E-02
13	1	.354
14	1	.490
15	2	.664
16	3	.671
17	3	.583
18	2	.271
19	1	.409
20	2	.342

Final Cluster Centers

	Cluster		
	1	2	3
맛	3.9	6.0	6.1
분위기	6.0	3.8	6.2

Distances between Final Cluster Centers

Cluster	1	2	3
1		2.991	2.222
2	2.991		2.354
3	2.222	2.354	

Number of Cases in each Cluster

Cluster	1	8.000
	2	6.000
	3	6.000
Valid		20.000
Missing		.000

(5) 군집의 해석

군집분석 결과 도출된 각 군집들이 실무적인 판단, 이론적 근거 또는 상식에 의해서 이해할 수 있게 분류되면 각 군집의 본질을 잘 나타낼 수 있는 이름을 정해야 한다. 군집을 구성하고 있는 대상들의 속성을 파악하여 그 속성들을 가장 잘 대표할 수 있는 이름을 부여해야 한다.

현재 최적의 군집결과를 도출하기 위한 표준이나 객관적인 절차가 완전하게 개발되었다고는 볼 수 없으므로 군집분석은 대상들을 분류하는 사전 분류기법으로 많이 사용되고 있고, 군집의 특성을 파악하기 위해서는 판별분을 주로 사용하고 있다.

예제 사례 : 군집의 해석

군집 결과를 보면 군집 1은 분위기는 좋은 반면 맛은 좋지 않은 음식점들(음식점 1, 2, 7, 9, 10, 13, 14, 19)이고, 군집 2는 군집 1과는 반대로 맛은 좋은 반면 분위기는 좋지 않은 음식점들(음식점 4, 5, 12, 15, 18, 20)이고, 군집 3은 맛과 분위기가 모두 좋은 음식점들(음식점 3, 6, 8, 11, 16, 17)로 구성되어 있음을 알 수 있다.

---

(6) 군집분석의 타당성 검증

다른 대상들을 가지고 군집분석을 실행했을 때도 계속 같은 결과가 도출된다면 그 결과는 일반화될 수 있다. 이를 검증하기 위한 가장 직접적인 방법은 여러 개의 표본들을 가지고 군집분석을 실행하여 그 결과를 비교해 보는 것이다. 그러나 시간과 비용의 제약 그리고 표본 추출의 어려움 때문에 현실적으로 실행이 어려운 경우가 많다. 그래서 일반적으로 표본을 두 개로 분리해서 군집분석을 실행한다. 분리된 두 개의 표본에 대해서 각 각 군집분석을 실행해서 그 결과를 비교하여 타당성을 검증한다.

요약

군집분석은 매우 유용한 자료 축약 기법이다. 군집분석의 적용은 과학적인 측면보다는 기교적인 측면이 많기 때문에 분석가에 의해서 잘못 적용되기 쉽다. 대상들 간의 다른 측정치와 다른 알고리즘의 적용은 결과에 영향을 미칠 수 있으므로 가능하면 다양한 상황하에서 분석을 반복해 볼 필요가 있다. 이 점을 유의해서 실행한다면 군집분석은 군집 내에 내재되어 있는 유형을 파악하는데 매우 도움이 될 것이다.

용/어/정/리

- **agglomerative methods (결합방식)** : 계층적 군집화 방법 중의 하나로, 군집화 절차에서 개별 대상들로부터 시작해서 가까운 거리에 있는 대상들부터 순차적으로 묶어나가는 방법.
- **average−linkage procedure (평균결합방식)** : 결합방식에 의한 계층적 군집화 방법 중의 하나로, 시작은 단일결합방식, 완전결합방식과 같으나 두 번째 단계부터 하나의 군집내의 모든 대상들과 다른 군집내의 모든 대상들 간의 평균거리를 기준으로 가까이 있는 대상 또는 군집을 묶어주는 방식.
- **centroid (중심)** : 군집 변인에 사용된 개별 변수에 대한 군집내에 포함된 대상들의 평균값.
- **centroid method (중심방식)** : 결합방식에 의한 계층적 군집화 방법 중의 하나로, 두 군집 사이의 거리를 정할 때 군집내의 모든 변수들의 평균을 기준으로 하는 방식이다. 군집의 중심은 새로운 대상 또는 군집이 포함될 때마다 평균이 다시 계산되므로 변할 수 있음.
- **city−block distance (도시블록 거리)** : 변수들의 값의 차이에 절대값을 취하여 합한 값에 기초하여 거리로 계산하는 방법. 변수들이 서로 상관관계가 없고 단위척도가 상호 호환적이라는 가정하에만 사용할 수 있다.
- **cluster centroid (군집 중심)** : 군집변인에 사용된 모든 변수에 대한 군집내에 포함된 대상들의 평균값.
- **cluster seeds (군집 중심점)** : 비계층적 군집화 절차를 시작하기 위한 중심점이다. 군집들이 미리 선택된 이 점들을 중심으로 형성됨.
- **cluster variate (군집 변인)** : 군집화 될 대상들을 대표하는 변수들 또는 특성들의 집합으로 대상들간의 유사성을 계산할 때 사용됨.
- **complete−linkage procedure (완전결합방식)** : 결합방식에 의한 계층적 군집화 방법 중의 하나로, 가장 가까운 거리에 있는 대상들을 군집화 한다는 점에서는 단일결합방식과 마찬가지이다. 그러나 두 번째 단계부터는 단일기준결합방식과는 달리 군집 내에서 가장 멀리 있는 대상과의 거리를 기준으로 가까이 있는 대상 또는 군집을 묶어주는 방식.
- **dendrogram (덴드로그램)** : 군집화 절차와 결과를 나타내는 나뭇가지 모양의 그래프.
- **devisive methods (분리방식)** : 군집화 방법 중의 하나로, 결합방식과는 반대로 모든 대상들을 포함하는 하나의 군집으로부터 시작해서 가장 거리가 먼 대상들부터 분리시켜 나가는 방법.
- **entropy group (엔트로피 그룹)** : 어떤 대상에도 속하지 않은 대상들의 그룹.
- **Euclidean distance (유클리디안 거리)** : 가장 일반적으로 사용되는 두 대상들 간의 유사성 척도

로 임의의 두 지점간의 최단거리를 의미.

■ hierarchical procedures (계층적 방법) : 대상(군집)들을 결합(분리)과 관련된 단계적 군집화 절차.

■ Mahalanobis distance (마할라노비스 거리) : 유클리디안 거리의 표준화된 유형. 표준편차에 의해서 표준화되고, 변수들 간의 상호상관성(intercorrelations)을 조정해 주는 척도.

■ nonhierarchical procedures (비계층적 방법) : 순차적으로 군집화해 나가는 계층적 방법과는 달리 군집중심점(cluster seeds)을 정하고 일정 기준거리 안에 있는 대상들을 군집화 하는 방법.

■ optimization procedure (최적화 방식) : 비계층적 군집화 방법 중의 하나로, 이미 어떤 군집에 속해 있을지라도 더 가까운 군집이 생기면 대상들을 다른 군집으로 재편할 수 있는 방식.

■ parallel threshold method (동시적 방식) : 비계층적 군집화 방법 중의 하나로, 처음에 여러 개의 군집중심점을 동시에 정하고 각각의 군집중심점으로부터 가까운 거리에 있는 대상들을 군집하는 방식이다. 군집중심점으로부터의 기준거리는 군집내에 포함되는 대상들의 수에 따라서 조정될 수 있음.

■ sequential threshold method (순차적 방식) : 비계층적 군집화 방법 중의 하나로, 하나의 군집중심점을 정하고 기준거리 내에 있는 모든 대상들을 하나의 군집으로 결합하고, 정해진 군집수의 결과를 얻을 때까지 같은 방식으로 군집을 계속하는 방식.

■ single－linkage procedure (단일결합방식) : 결합방식에 의한 계층적 군집화 방법 중의 하나로, 군집화 절차에서 최소한의 거리를 기준으로 하는 방식이다. 가장 가까운 거리에 있는 두 대상을 먼저 군집화 하고, 그 군집과 대상 또는 다른 군집과의 거리를 비교할 때 군집내의 대상들 중 가장 가까운 거리를 선정하여 군집화 하는 방식.

■ Ward's method (워드방식) : 결합방식에 의한 계층적 군집화 방법 중의 하나로, 군집을 구성하는 모든 대상들의 측정치의 분산을 기준으로 결합하는 방식이다. 즉 결합단계마다 가장 유사한 군집들을 결합하는 방식.

사 례

사례를 통해 본 다변량분석의 이해

관광학에서 군집분석을 이용한 사례

Source : 김미경·이희찬(2007), 농촌관광 시장세분화와 수요결정요인 연구, 『관광학연구』, 31(3) : 153~170.

농촌관광 시장세분화와 수요결정요인 연구

Market Segmentation for Rural Tourism
and the Determinants of Rural Tourism Demand

김 미 경*·이 희 찬**

Kim, Mi-Kyung · Lee, Hee-Chan

ABSTRACT

The purpose of this study is to segment rural tourism market based on tourists' motivation to participate in rural tourism and to investigate the determinants of rural tourism demand by each segment.

Three different market segments of rural tourism were identified: Rural-centric Tourist, Passive Rural Tourist, and Visiting Family and Relatives (VFR) Rural Tourist Segment. There were significant differences across motivation-based segments for rural tourism market in terms of the ourists' demographic characteristics, trip characteristics, and perception on rural resources. This study also revealed that the three market segments differ with respect to the factors affecting the frequency of participation in rural tourism.

핵심용어(Key words) : 농촌관광, 시장세분화, 참여결정요인

---

* 대구가톨릭대학교 관광학과 전임강사. e-mail: mkagnes@cu.ac.kr
** 세종대학교 호텔관광대학 부교수. e-mail: leeheech@sejong.ac.kr

I. 서 론

수십 년 동안 심각한 구조적, 경제적 문제를 겪어왔던 농촌지역에 '관광개발'이 지역 활성화를 위한 효과적인 수단으로 제시되면서 1980년대 후반부터 농촌관광을 통한 경제적 효과를 겨냥한 정부주도의 농촌관광개발이 본격적으로 이루어졌다. 또한 수요자 측면에서도 1990년대에 들어 경제성장으로 인한 국민소득의 증대, 주5일제 도입에 따른 여가시간의 확대와 더불어 가치관의 변화나 사회 경제적 변화에 따른 생활패턴의 변화로 인해 소비자들은 기존의 여행이나 관광형태를 벗어난 새로운 타입의 관광을 추구하게 되었다. 이와 같은 시대적 변화와 더불어 농촌관광은 대안 관광의 대표적인 형태로 주목받고 있으며, 그 수요에 있어 급속한 발전이 전망되고 있다(조재환, 김태균, 박시현, 박준형 2003). 한국농촌경제연구원(2003)에 의하면 농촌관광 수요가 2001년 3090만 명에서 2011년에는 1억 4600만 명으로 증가할 것으로 예측하고 있으며, 2000년대에 접어들면서 정부의 적극적인 정책의 일환으로 각종 도농교류 사업과 프로그램의 개발 역시 확대되고 있다(농림부 2004).

지역 활성화를 목적으로 한 정부주도의 공급중심의 개발과 더불어 이러한 수요의 증가는 농촌 관광 연구의 필요성, 특히 수요측면을 강조한 연구의 필요성을 부각시켰다. 일반적으로 관광수요 연구라 하면 크게 두 가지로 나누어진다. 첫 번째는 특정 관광목적지를 방문하는 관광자수, 관광 지출, 또는 여행기간 등으로 추정되는 수요 예측으로(Sheldon & Var, 1985; Bakkal, 1991; Witt & Witt, 1992; Kulendran & Witt, 2003; Chen, 2000), 이는 관광개발에 있어 잠재 성장력뿐만 아니라 위험요소를 충분히 고려하게 하는 토대가 된다. 다른 하나는 관광수요에 영향을 미치는 요인들, 예를 들어 월 소득, 여가시간, 여행비용, 가격, 인구 통계학적 특성 등에 대한 연구이다(Sumathi, 1990; Morley, 1991; Smeral *et al.*, 1992; Qiu & Zhang, 1995; Lim, 1999). 이러한 결정요인들을 분석하고 이해함으로써 관광개발을 담당하는 정부나 관계기관에서는 소비자들의 관광 참여와 관련된 의사결정과정을 제대로 이해하고 이를 통해 보다 효과적인 개발 정책을 수립할 수 있다. 이미 농촌관광 수요의 증가는 익히 예측되어 왔다. 따라서 단순 수요예측을 넘어 이러한 농촌관광 수요에 영향을 미치는 요인들과 더불어 농촌관광 소비자에 대한 보다 광범위한 연구가 이루어져야 할 것이다.

최근 수년간 농촌관광을 주제로 쓰여진 연구는 적지 않게 발견되고 있으나 대부분이 공급자 측면에서 농촌관광개발과 관련된 것들이 주류를 이루고 있다(농촌경제연구원, 1998; 박석희, 1998). 또한 일반적으로 관광수요와 관련해서는 많은 연구가 이루어져 왔지만 농촌관광이라는 특정 형태의 관광수요에 대한 연구는 그리 많지 않다. 조재환 외(2003)는 도시민을 대상으로 농촌관광에 대한 인지도와 선호하는 관광활동에 대한 설문조사를 통해 수요를 분석하였으며, 조록환(2000)은 소비자들의 요구도 분석을 통하여 농촌관광 프로그램 개발에 필요한 정보를 제공하였다. 이희찬(2004)은 농촌관광 참여결정과 소비량 결정과정을 분리하여 소비자의 의사결정에 영향을 미치는 결정요인들을 분석함으로써 농촌관광 수요모형을 제시하였다.

농촌관광 연구에 있어 소비자와 수요에 영향을 미치는 요인들에 대한 보다 과학적이고 정확한 분석은 농촌관광 개발전략을 세우는데 있어 필수적이며, 이를 통해 관광개발에 있어 자본의 효과적인 분배와 효율적인 마케팅 전략을 세울 수가 있다. 따라서 본 연구의 목적은 농촌관광 참여자들의 참여 동기를 바탕으로 시장세분화하고, 각각의 세분화된 시장에 따라 농촌관광 참여빈도의 결정요인을 파악하고자 한다.

II. 이론 및 모형

지금껏 관광수요 연구에 있어 특정 관광목적지를 대상으로 하는 관광자의 수로 측정되어지는 수요예측 또는 관광 수요 결정요인을 규명하기 위해 다양한 계량경제모형들이 적용되어져 왔다. 계량경제모형을 적용하여 수요 추정을 하고자 할 때 종속변수로 이용되는 자료의 특성을 제대로 이해하는 것은 매우 중요하다. 예를 들어, 수요연구에서 종속변수가 병원방문횟수(Cameron & Trivedi, 1986; Cameron et al., 1988)나 소비된 병의 수로 측정되어진 알콜 소비량(Mullahy, 1986)과 같이 비음정수(non-negative integer)로 측정되어지는 경우를 흔히 발견할 수 있다. 관광수요에 있어서도 특정 목적지의 방문자수 또는 특정 관광형태의 참여 횟수를 이용하여 관광수요를 연구하고자 할 때 종속변수는 음의 수가 될 수 없으며 반드시 정수로 측정되어진다. 이러한 자료의 특성을 고려할 때 보다 정확한 수요연구를 위해서 가산자료모형을 적용하는 것이 바람직할 것이다. Shaw(1988)는 레크리에이션 수요를 연구함에 있어 가산자료모형인 Poisson 모형을 처음으로 적용하였으며, Hellerstein(1989, 1991)은 카누 여행에, 그리고 Creel and Loomis(1990)은 사슴 사냥에 가산자료 모형을 적용하였다. 이후 몇몇 응용된 Poisson 모형들이 보팅 여행(Gurmu & Trivedi, 1996), 하이킹(Englin & Shonkwiler, 1995; Lutz, Englin, & Shonkwiler, 2000), 그리고 산악 자전거(Fix, Loomis, & Eichhorn, 2000)에 적용되어졌다. 국내에서도 이희찬과 한진영(2004)이 전시관람에, 그리고 송운강(2004)이경포 해수욕장의 경제적 가치추정을 위해 가산자료모형을 이용하였다. 수요연구에 있어 비음정수로 측정되어진 종속변수의 특성을 올바로 이해하여 적합한 모형을 적용함으로써 음수나 분수를 허용함으로써 유발할 수 있는 오차를 제외시킴으로써 예측의 정확성을 높일 수 있다.

본 연구에서 종속변수로 사용된 농촌관광 참여횟수도 가산자료의 특성을 가지므로 수요의 결정요인을 파악하기 위해 Poisson 모형이 적용되었다. Poisson 분포란 일정한 시간 또는 공간 내에서 사건이 무작위로 발생할 때 그 발생한 횟수와 그에 대응하는 확률분포를 의미한다. 표준 Poisson 모형은 다음과 같다.

$$Pr\left(Y_i = j \mid X_i\right) = F_{poisson} = \frac{exp\left(-\lambda_i\right)\lambda_i^j}{j!}, \ j = 0, 1, 2, \ldots \tag{1}$$

여기에서 Yi는 i번째 응답을, j는 비음정수 값으로써 농촌관광 참여횟수를, 그리고 λi는 추정되어야 할 Poisson 파라미터로서 농촌관광 참여횟수의 평균 및 분산을 나타낸다. 위의 식(1)은 상이한 λi를 허용함으로써 다음 식(2)와 같은 회귀식 형태로 확장될 수 있다.

$$\lambda_I = exp\,(X_i\beta), \qquad j = 0, 1, 2, \ldots \qquad (2)$$

식(2)에서 Xi는 측정된 변수의 벡터를, β 역시 벡터로서 추정되어야 할 미지의 파라미터를 나타낸다. 지수형태를 취함으로써 적절한 분포를 위해 요구되는 λi의 비음조건이 유지될 수 있다. Poisson 분포는 오직 하나의 파라미터 λ에 의해 설명되어지므로 표준 Poisson 모형에서는 평균과 분산이 같다고 가정되어 진다.

본 연구에서는 농촌관광 수요의 결정요인을 파악함에 앞서 농촌관광 참여동기를 근거로 시장세분화 한 다음 세분화된 시장에 따라 수요 결정요인이 다르게 나타나는지를 연구하고자 한다. 따라서 응답자 중 농촌관광 미참여자들을 분리할 수 있는 모형이 필요하다. 이처럼 수요연구에 있어 표본절단(sample truncation)을 수반하며 동시에 비음정수인 종속변수는 절단된 가산자료과정(truncated count data process)에 의해 설명될 수 있다.

Show(1988)에 의하면, 전체 모집단 내의 i번째 사람의 밀도함수를 $f(j^* \mid X_i)$라고 할 경우 농촌관광 참여자에 대한 밀도함수는 다음과 같다.

$$Pr\,(Y_i = j \mid X_i) = \frac{j \cdot f(j \mid X_i)}{\sum_{t=0}^{\infty} t \cdot f(t \mid X_i)}, \qquad j = 1, 2, 3, \ldots \qquad (3)$$

식 (3)에서 조건부 밀도함수 $f(j \mid X_i)$가 Poisson 분포를 갖는다고 가정할 경우 농촌관광 참여자의 밀도함수, 즉 절단된 Poisson 모형의 확률분포는 다음과 같아진다.

$$Pr\,(Y_i = j \mid X_i) = F_{truncated\,poisson} = \frac{exp\,(-\lambda_i)\lambda_i^{j-1}}{(j-1)!}, \quad j = 1, 2, 3, \ldots \qquad (4)$$

위의 절단된 Poisson 모형에서 조건부 평균은 $E(Y_i \mid X_i) = \lambda_i + 1$이며 분산은 $var\,(Y_i \mid X_i) = \lambda_i$이다.[1]

III. 조사설계

본 연구는 대표적인 대안관광 유형의 하나인 농촌관광 시장을 세분화하고 각 세분화된 시장

---

[1] 절단된 가산자료 모형에서 과산포를 보일 경우 모형설정의 오류를 야기할 수 있으므로 과산포에 대한 별도의 검정절차가 필요하다. Cameron & Trivedi(1986)는 가산자료의 과산포 검정을 위한 다양한 방법을 제시하였으며, 본 연구에서는 과산포 파라미터에 대한 귀무가설 H0: α=0의 기각여부를 입증하기위해 회귀분석 검정방법을 이용하였다.

별로 농촌관광 소비량에 영향을 미치는 결정요인을 살펴봄으로써 농촌관광 수요자에 대한 이해 증진과 농촌관광 발전 전략을 위한 보다 구체적인 정보 제공을 목적으로 한다. 연구의 목적을 달성하기 위해 첫째, 농촌관광 참여자들의 참여이유를 조사하여 이를 바탕으로 농촌관광 시장을 세분화하고, 둘째, 각 세분화된 시장별로 참여 빈도에 영향을 미치는 결정요인을 살펴보았다.

분석에 사용된 자료는 2004년 1월부터 3월에 걸쳐 자기기입식 설문서를 이용해 수집되었다. 농촌관광이라는 연구주제의 특성을 고려하여 훈련된 면접원들이 자료수집에 동원되었다. 면접원들로 하여금 특정 대안관광의 하나인 '농촌관광'에 대해 응답자들에게 직접 설명해 주고 설문을 정확히 작성할 수 있게 도와줌으로써 자료수집의 정확성을 높일 수 있었다. 모집단은 우리나라의 전체 가구 중 농어촌과 제주도를 제외한 도시지역 거주가구 이며, 표본추출을 위해 이들 모집단을 가구 수에 비례하여 서울 및 수도권, 6대 광역시, 그리고 8개 도로 나누어 층화하였다. 표본의 크기는 총 1200개이며, 주어진 표본의 크기를 모집단 층화의 비율에 맞추어 할당하였다. 최종적으로 결측치가 없는 1032개의 유효표본 중 농촌관광에 참여한 적이 있다고 대답한 542개의 표본이 본 연구의 분석에 사용되었다.

본 연구를 위한 설문지의 구성은 크게 4부분으로 나뉜다. 지난 1년 동안의 농촌관광 활동과 참여이유에 관한 문항, 농촌관광지출 및 다른 유형의 관광참여 정도에 관한 문항, 농촌자연자원에 대한 인식에 관한 문항, 그리고 응답자의 인구통계적 특성에 관련된 문항으로 구성된다.

농촌관광 참여경험 및 참여정도를 질문함에 있어, '농촌관광'의 범위를 구체적으로 설정하기 위하여 설문지 첫 부분에 농촌관광의 예를 제시하여 질문하였다. 본 연구에서 농촌관광의 범위는 '농업과 관련된 관광활동 및 농촌지역을 관광목적으로 방문한 경우뿐만 아니라 농촌지역 거주자와의 인적 교류 및 행사참여'를 포함한다. 농촌관광 참여이유에 대해서는 앞에서 설정한 '농촌관광'의 정의를 바탕으로 포함될 수 있는 가능한 한 많은 활동을 중심으로 질문을 구성하였으며 5점 리커트 척도를 사용하여 질문하였다.

본 연구에서는 농촌관광 소비량에 영향을 미칠 수 있는 요인으로 농촌관광 외의 다른 유형, 즉 자연/생태관광, 역사/문화관광, 산업/사회관광, 위락관광에의 참여 정도를 조사하였으며, 농촌관광이 이들과 보완 내지는 경쟁관계에 의해 영향을 받을 것이라는 가정 하에 모형에 포함되었다. 또한 참여이유에 따른 세분화된 시장별로 농촌관광 참여시 지출이 참여빈도에 영향을 미칠 수 있다는 가정 하에 지출변수가 모형에 포함되었다.

대안관광으로서 농촌관광이 농촌내부 자원의 활용과 연계되어 있다는 점, 그리도 농촌에 대한 관심도와 관련성을 가지고 있을 것이라는 가정 하에 농촌자연자원에 대한 응답자들의 인식 변수들 역시 모형에 포함되었다.

마지막으로 거주지, 나이, 학력 등 일반적인 인구통계적 변수들과 최근의 여가활동에 이슈가 되고 있는 주5일제 실시여부와 성장지역 변수 등이 설문에 포함되었다.

IV. 결과분석

1. 표본의 인구통계적 특성

분석에 사용된 연구표본에 대한 인구통계학적 특성은 〈표 1〉에서와 같이 요약되었다. 약 52 퍼센트의 표본이 서울 및 수도권지역에 거주하는 것으로 나타났으며, 39세 이하 그리고 대학 졸업 이상의 응답자가 70 퍼센트 이상을 차지하였다. 56 퍼센트가 도시지역에서 성장했으며, 67.8% 가 농업에 종사하고 있는 친인척이 있다고 응답하였다.

〈표 1〉 응답자의 인구통계학적 특성

구분		빈도수 (명)	비율 (%)
거주지	서울 및 수도권	282	52.0
	광역시	118	21.8
	중소도시	114	26.2
성별	여자	247	46.5
	남자	284	53.5
연령	20대	182	34.5
	30대	191	36.2
	40대	107	20.3
	50대	44	8.3
	60대 이상	4	0.7
가구소득 (월평균)	100만 원 이하	16	3.0
	100-200만 원 이하	83	15.9
	200-300만 원 이하	137	26.2
	300-400만 원 이하	116	22.2
	400-500만 원 이하	65	12.4
	500만 원 이상	106	20.3
학력	중졸이하	11	1.3
	고졸	114	21.6
	대졸	330	64.3
	대학원	68	12.9
주5일제 실시여부	실시	221	52.6
	미실시	199	47.4
성장지역	도시지역	297	56.0
	농촌지역	233	44.0
가족, 친지의 농업종사유무	농업종사자 있다	354	67.8
	농업종사자 없다	168	32.2

2. 농촌관광 참여이유에 대한 요인분석과 신뢰도 분석

농촌관광 참여자들의 참여동기를 보다 자세히 이해하기 위하여 16개의 농촌관광 활동 항목을 이용하여 요인분석을 실시하였다. 참여동기를 측정하기 위한 항목들은 5점 리커트 척도를 이용해 1은 '매우 그렇지 않다'와 5는 '매우 그렇다'로 구성하였다. 요인분석을 함에 있어 본 연구에서는 변수들의 상관관계를 이용한 주성분분석을 통하여 직각회전방식의 하나인 Varimax를 사용하였다. 이를 바탕으로 eigenvalue가 1이 넘는 요인을 추출하였으며, 각 요인에 포함된 항목들의 내적 일관성을 고려하기 위해 Cronbach's Alpha 계수를 활용한 신뢰도 분석을 실시하였다. 〈표 2〉에서와 같이 농촌관광 참여이유를 가지고 요인분석을 실행한 결과, 변수들간의 상관관계가 다른 변수에 의해 잘 설명되는 정도를 나타내는 것으로 KMO(Kaiser-Meyer-Olkin)의 측도는 .928로 좋은 것으로 나타났으며(Tabachnick & Fidel, 1989), 요인분석의 적합성 여부를 나타내는 Bartlett의 구상검정치 또한 .000 수준에서 유의한 것으로 나타났다.

농촌관광 참여동기에 대한 요인분석 결과 세 개의 농촌관광 참여요인이 추출되었으며 이들은 자료의 62.8 퍼센트를 설명하는 것으로 나타났다. 각 차원의 분산 설명력은 (1) 순수 농촌활동 참여형, 44.2% (2) 농촌자연환경 향유형, 11.0% (3) 인적교류형, 7.63%로 나타났다.

〈표 2〉 농촌관광 참여동기에 대한 요인분석

요인a	항목b	요인적재량
순수 농촌활동 참여형 (α = .908, 44.2%)c	생태체험(조류관찰, 야생식물생태관찰 등)을 위해	.758
	자연탐방(트래킹, 하이킹, 야영, 래프팅 등)을 위해	.750
	농가민박을 체험하기 위해	.748
	자연학습(야외교실, 자연학습시설 방문 등)을 위해	.741
	농경체험(모내기, 보리밟기, 감자·고구마 캐기 등)을 위해	.718
	농촌생활체험(감자·고구마·옥수수 구워먹기 등)을 위해	.690
	관광농원을 방문하기 위해	.676
	주말농장을 방문하기 위해	.616
	민속놀이(연날리기, 썰매타기 등)을 체험하기 위해	.601
농촌 자연환경 향유형 (α = .798, 11.0%)	단순 휴식 및 여가를 즐기기 위해	.830
	농촌의 자연과 경관을 즐기기 위해	.825
	자연휴양림을 방문하기 위해	.663
	농촌지역의 사찰 또는 문화유적을 답사하기 위해	.630
	향토음식을 만들거나 먹기 위해	.559
인적교류형 (α = .687, 7.6%)	동창회, 명절, 관혼상제에 참석하기 위해	.820
	농촌지역에 있는 가족·친구·친지 방문을 위해	.815

a Varimax 회전 후, 아이겐 값이 1을 넘는 요인들을 추출하여 추출된 요인별 설명분산의 누적계수는 62.8이다.
b 5점 리커트 척도로 측정하였음 (① 매우 그렇지 않다 ② 그렇지 않다 ③ 보통이다 ④ 그렇다 ⑤ 매우 그렇다).
c 신뢰도, 분산설명력

3. 농촌관광 시장세분화를 위한 군집분석

3가지 요인으로 추출된 농촌관광 참여이유를 이용해 농촌관광 시장을 세분화하기 위해 군집분석을 실시하였다. 첫 번째로 가장 적절한 수의 군집을 결정하기 위하여 계층적 군집분석 (hierarchical cluster analysis)을 실시하였으며, 그 결과 3개의 군집수를 가장 적절한 유효군집으로 채택하였다. 이를 바탕으로 비계층적 군집분석인 k-means 군집분석을 사용하여 각각의 군집을 형성하였다.

〈표 3〉 농촌관광 참여이유를 이용한 비계층적 군집분석 결과

요인a	군집 1 (n=150)	군집 2 (n=205)	군집 3 (n=164)
요인 1 순수 농촌관광 참여형	4.35649	-.05229	-.92131
요인 2 농촌자연환경 향유형	-2.75491	2.29254	-1.70421
요인 3 인적교류형	-1029371	-1.59859	2.55066

각 군집들 간의 차별성을 검증하기 위하여 일원분산분석(Analysis of Variance)를 실시하였다. 분석결과 세 요인의 F 값이 .000 수준에서 유의한 것으로 나타났으며, 이는 농촌관광 참여동기에 유의한 차이가 있음을 보여준다.

군집 1은 농촌관광의 주요 목적이 생태체험이나 자연학습, 농가민박 또는 관광농원 방문 등과 같은 순수 농촌활동인 응답자들로 구성되어지므로 '본질적 농촌관광자'로 명명하였다. 약 30 퍼센트(28.9%)의 응답자가 이 그룹에 포함된다. 군집 2는 농촌관광의 주요 목적이 전형적인 농촌활동에의 참여라기 보다는 단순휴식 및 여가를 즐기기 위한 농촌지역으로의 여행으로 규명되어지며, 농촌 관광시장의 가장 큰 세분시장을 형성하고 있다(39.5%). 이들의 농촌관광 참여 이유를 근거로 '소극적 농촌관광자'로 명명할 수 있다. 군집 3은 농촌지역에 거주하고 있는 친인척 방문이 이들 농촌관광의 주요 목적이며, 31.6 퍼센트의 농촌관광 시장을 차지하고 있다. 이 군집은 '친지방문형 농촌관광자'로 명명하였다.

각각의 세분화된 시장은 인구통계적 특성에 있어서 유의한 차이를 보이는 것으로 나타났다. 전체적인 특성을 고려해 볼 때 '본질적 농촌관광자'와 '친지방문형 농촌관광자'가 유사한 유형을 보이고 있으며, 이들 그룹과 비교해 '소극적 농촌관광자'는 평균 연령이 낮고 미혼이 많았으며 학력이 높은 것으로 나타났다. 50 퍼센트 이상(54.7%)의 '본질적 농촌관광자'가 농촌지역에서 성장한데 비해 '소극적 농촌관광자'중 농촌출신은 35.1 퍼센트에 불과했다.

이 외에도 세분화된 농촌관광 시장들은 여행기간, 그룹 사이즈, 이용 교통수단 및 숙박시설 등 농촌관광 참여형태에 있어서 뿐만 아니라 관광 지출, 농촌관광 참여시 중요하게 생각하는 요소, 그리고 다른 유형의 관광참여 정도에 있어서도 유의한 차이를 보였다.

4. 세분화된 시장에 따른 농촌관광 참여요인

　　농촌관광 참여동기에 따라 세분화된 시장들의 참여빈도 결정요인을 파악하기 위하여 절단된 Poisson 모형이 적용되었다. 앞에서 언급했듯이 종속변수인 농촌관광 참여빈도는 가산자료의 성격을 가지며 동시에 농촌관광 참여자들만을 대상으로 참여빈도의 결정요인을 파악하고자 하므로 농촌관광 비참여자들의 수요를 제외한 절단된(truncated) Poisson 모형을 적용할 수 있다.

〈표 5〉 변수정의

변수 및 정의			
인구통계 학적변수	거주지	서울 및 수도권 거주자=1, 그렇지 않음=0	SEOUL
		광역시 거주자=1, 그렇지 않음=0	MEGALO
		중소도시 거주자=1, 그렇지 않음=0	PROVINCE
	근무형태	주5일제 실시=1, 그렇지 않음=0	WORK1
		주5일제 격주실시=1, 그렇지 않음=0	WORK2
		주5일제 실시안함=1, 그렇지 않음=0	WORK3
		주5일제와 상관없음=1, 그렇지 않음=0	WORK4
	월소득	전문직=1, 기타=0	INCOME
	직업		JOB
	결혼유무	기혼=1, 미혼=0	MARRY
	성장지역	농촌지역=1, 도시지역=0	RLIVE
	나이	대졸이상=1, 기타=0	AGE
	학력	편안한 관광과 활동적이고 체험적인 관광의	EDU
	관광성향	혼합형태 선호=1, 그렇지 않음=0	TEND
비농촌 관광 참여정도	자연/생태관광	지난 1년 동안 자연/생태관광 참여횟수	NATRIP
	역사/문화관광	지난 1년 동안 역사/문화관광 참여횟수	CUTRIP
	산업/사회관광	지난 1년 동안 산업/사회관광 참여횟수	INTRIP
	위락관광	지난 1년 동안 위락관광 참여횟수	PLTRIP
	국내관광	지난 1년 동안 총 국내관광 참여횟수	DOMESTIC
농촌자원 에 대한 인식	농촌공익기능1	자연경관, 녹지공간, 정서교육, 농촌체험 등의 장소로서의 기능	GREEN
	농촌공익기능2	동식물, 야생조류, 어류 등의 생태계를 보전하는 기능	ECO
	농촌공익기능3	지역사회유지 및 전통문화를 계승·보전하는 기능	LOCAL
	농촌공익기능4	홍수피해경감, 토사붕괴방지, 자연제방 등의 국토보전기능	LAND
	농촌공익기능5	안전한 농산물 생산의 기능	SAFE
	지불의사	농촌자원 보존을 위한 지불의사	WTP
관광지출	지출비용	농촌관광에서의 지출경비 (식료비, 교통비, 오락비, 숙박비, 쇼핑비 포함)	SPENDING

관광수요에 영향을 미칠 수 있는 요인들로 관광상품의 가격이나 관광자들의 월소득 및 개인적 관광성향에 관련된 변수 등 선행연구를 통해 많은 변수들이 언급되어 왔다(Gonzalez & Moral, 1995; Jorgensen & Solvoll, 1996; Kulendran & Witt, 2003; Lim, 1999; Song & Wong, 2003). 그러나 특정 관광에의 참여나 관광 목적지를 결정하는데 있어 영향을 미치는 요인을 규정짓는 특별한 기준은 없다. 따라서 본 연구에서는 관광수요와 관련된 선행연구를 근거로 〈표 5〉에 언급된 인구통계학적 변수들과 관광지출 변수가 모형에 포함되었으며, 동시에 농촌관광과 보완관계에 있는 다른 관광유형에의 참여정도와 농촌관광자원에 대한 인식변수, 그리고 최근 관광수요에 큰 영향을 미치고 있는 주5일제 실시여부를 탐색적 변수로 모형에 포함시켰다.

절단된 Poisson 모형의 추정결과는 〈표 6〉에서 보는 것과 같다. 결과에 따르면 나이(AGE), 지난 1년간 국내관광 참여횟수(DOMESTIC), 그리고 농촌자연자원에 대한 인식(LOCAL) 세 가지 요인만이 모든 세분시장에 공통적으로 영향을 미치는 것으로 나타났으며, 그 영향의 정도는 서로 상이하게 나타났다. '본질적 농촌관광자'들은 나이(AGE)의 경우 다른 두 그룹과 계수의 부호에 있어 반대의 결과를 나타내었는데, 이는 그들의 농촌관광 참여이유가 여러 가지 농촌활동의 직접체험임을 고려할 때 나이가 어릴수록 참여횟수가 높아짐을 의미한다. 또한 '본질적 농촌관광자'들이 농촌자원의 '지역사회유지 및 전통문화를 계승·보전하는 기능'으로서의 인식이 높을수록 농촌관광 참여빈도가 높은 것으로 나타난 반면 다른 두 그룹에서는 반대의 결과를 나타내었다. 이러한 결과는 농촌자원에 대한 인식이 서로 다른 농촌관광자 시장에서 참여빈도를 결정하는데 상반되게 작용할 수 있음을 의미한다.

'본질적 농촌관광자' 그룹에서는 모형에 포함된 23개의 변수 중 9개의 변수가 농촌관광 참여빈도에 영향을 미치는 것으로 나타났다. 그중 네 개의 변수(MARRY, RLIVE, DOMESTIC, LOCAL)는 긍정적인 영향을, 다섯 개의 변수(SEOUL, MEGALO, AGE, JOB, SPENDING)는 부정적인 영향을 미치고 있다. 즉, 기혼이며 농촌지역에서 성장한 사람들은 농촌관광 참여빈도가 더 높았으며 국내관광 참여횟수가 많을수록 농촌관광 참여빈도도 높은 것으로 나타났다. 최근 농촌관광이 초등학생 자녀를 둔 체험학습 프로그램의 대표적인 형태임을 고려할 때 본질적 농촌관광자 그룹에서 기혼자들의 농촌관광 참여횟수가 더 많은 것으로 해석될 수 있을 것이다. 또한 농촌 자연자원이 가지는 기능 중 '지역사회유지 및 전통문화를 계승·보전하는 기능'을 보다 중요한 기능으로 인정하는 사람일수록 농촌관광 참여빈도가 높았다. 반면 이 그룹에 포함된 사람들 중 서울 및 대도시에 거주하는 사람들이 중소도시 거주자에 비해 농촌관광 참여빈도가 적은 것으로 나타났다. 이러한 결과는 농촌지역으로의 접근성이 참여빈도에 영향을 미치는 것으로 해석될 수 있다. 그리고 전문직에 종사할수록 그리고 나이가 많을수록 농촌관광 참여빈도가 낮았다. 농촌관광 지출에 있어서도 평균 지출비용이 높을수록 농촌관광 참여빈도는 낮은 것으로 나타났다.

'소극적 농촌관광자' 그룹에서는 10개의 변수가 농촌관광 참여빈도에 유의한 영향을 미치는 것으로 나타났다. 나이를 포함한 5개의 변수(AGE, WORK1, WORK4, DOMESTIC, NATRIP)는 긍정적인 영향을 미쳤으며 반면 결혼유무를 포함한 5개의 변수(MARRY, GREEN, LOCAL, LAND, SPENDING)는 부정적인 영향을 미치는 것으로 나타났다. 이 그룹에서는 사람들의 나

〈표 6〉 농촌관광 참여빈도 결정요인에 대한 절단된 Poisson 모형 결과

| 변수a | 참여이유에 따른 농촌관광 시장세분화b | | | | | |
| | 본질적 농촌관광자 | | 소극적 농촌관광자 | | 친지방문형 농촌관광자 | |
	계수	t-값	계수	t-값	계수	t-값
Constant	2.5953***	(7.261)c	-0.3692	(-0.936)	-1.5573	(-2.625)
SEOUL	-0.4442***	-3.225	0.1642	1.111	-0.3286	-1.635
MEGALO	-0.7201***	-4.514	0.2719	1.414	-0.1758	-0.803
AGE	-0.0525***	-5.767	0.0245**	2.548	0.0377***	3.371
MARRY	0.7048	4.601	-0.5002***	-3.017	0.1694	0.863
INCOME	-0.0004	-0.747	-0.0007	-1.526	-0.0023***	-2.965
EDU	0.2090	1.434	-0.2170	-1.580	0.0454	0.174
JOB	-0.2239	-1.914	0.1534	1.267	0.4625**	2.473
WORK1	-0.1207	-0.820	0.4856***	3.399	0.3386*	1.727
WORK2	-0.1061	-0.599	-0.3515	-1.582	0.1225	0.495
WORK4	-0.1889	-1.005	0.4249***	2.623	-0.2932	-1.071
RLIVE	0.3694***	2.832	0.1583	1.191	-0.0075	-0.042
TEND	-0.0284	-0.244	0.1441	1.208	0.7548***	4.084
DOMESTIC	0.1318***	6.709	0.1242***	5.291	0.2235***	6.236
NATRIP	0.0238	0.990	0.0896***	4.608	0.0804*	1.938
CUTRIP	0.0265	0.515	0.0194	0.292	-0.2232**	-2.369
INTRIP	-0.0211	-0.368	-0.1086	-1.207	0.2621***	3.932
PLTRIP	0.0162	0.466	0.0290	0.891	-0.0273	-0.531
GREEN	-0.1287	-0.749	-0.2614*	-1.657	-0.1740	-0.805
ECO	-0.2581	-1.608	0.2093	1.373	0.0529	0.224
LOCAL	0.3998**	2.146	-0.5679*	-1.948	-0.7641**	-2.383
LAND	-0.1452	-0.798	-0.4091*	-1.865	0.1774	0.734
WTP	-0.1026	-0.812	-0.0199	-0.164	-0.4051**	-2.260
SPENDING	-0.0093**	-2.553	-0.0069**	-2.225	0.0036	0.897
Log-likelihood Function	-313.50		-283.37		-201.99	
Number of observations	150		205		164	

a 분석에서 모형추정상의 특이행렬(singular matrix)문제를 피하기 위해 인구통계학적 특성변수 중 '지방의 중소도 시 그룹(PROVINCE)'을 기간변수로 취급하여 모형에서 배제시켰다. 따라서 나머지 두 변수는 기간변수에 대한 농촌관광 참여율 또는 관광량의 상대적 변화로 해석된다.

같은 이유로 농촌자연자원에 대한 인식과 관련된 5개 더미변수 중 '안전한 농산물 생산기능(SAFE)' 변수를, 주5일 제와 관련된 변수 중 '주5일제 미실시(WORK3)' 변수를 기간변수로 취급하여 모형에서 배제시켰다.

b Cameron & Trivedi(1986)가 제안한 과산포검정 방법 중 과산포 파라미터에 대한 귀무가설 H0: α=0의 기각여부를 입증하기 위한 회귀분석 결과 '본질적 농촌관광자'를 제외한 '소극적 농촌관광자'와 '친지방문형 농촌관광자' 그룹의 농촌관광 방문횟수는 과산포 되지 않았음이 증명되었다.

c 유의수준 1%, 5%, 10%는 각각 *, **, ***로 표시하였음.

이가 많을수록, 그리고 근무형태에 있어서 주5일제를 실시하는 사람들일수록 농촌관광에 더 많이 참여하는 것으로 나타났다. 이 그룹에서는 농촌관광 참여이유가 단순 휴식 및 여가를 보내기 위해 서임을 감안할 때 나이가 많은 사람들이 참여횟수가 많으며 또한 여가시간이 참여횟수에 긍정적인

영향을 미침을 설명할 수 있다. 또한 국내관광 참여횟수가 많을수록 농촌관광에의 참여빈도 역시 높은 것으로 나타났으며 자연/생태관광과는 보완적인 관계를 갖는 것으로 나타났다. 이들에게 '농촌'은 여행목적지의 환경에 불과하며 따라서 다른 자연지역으로의 여행과 큰 차별성을 느끼지 못하고 있음을 의미한다. 반면, '본질적 농촌관광자' 그룹과는 상반되게 '소극적 농촌관광자'들은 기혼일수록 농촌관광 참여빈도가 낮았으며, 관광지출에 있어서는 '본질적 농촌관광자' 그룹에서와 같이 부정적인 영향을 미치는 것으로 나타났다.

'소극적 농촌관광자' 그룹에서는 농촌자연자원에 대한 인식이 농촌관광 참여빈도에 부정적인 영향을 미치는 것으로 나타났는데, 농촌자연자원이 가지는 공익기능으로 '자연경관, 녹지공간, 정서교육, 농촌체험 등의 장소로서의 기능'과 '지역사회유지 및 전통문화를 계승·보전하는 기능,' 그리고 '홍수피해 경감, 토사붕괴방지, 자연제방 등의 국토보전기능'을 주요한 기능으로 생각하는 사람들일수록 농촌관광 참여빈도가 낮았다.

'친지방문형 농촌관광자' 그룹에서는 모형에 포함된 23개의 변수 중에서 나이를 포함한 7개의 변수(AGE, JOB, WORK1, TEND, DOMESTIC, NATRIP, INTRIP)가 농촌관광 참여빈도에 긍정적인 영향을 미쳤으며 월소득을 포함한 4개의 변수(INCOME, CUTRIP, LOCAL, WTP)가 부정적인 영향을 미치는 것으로 나타났다. 나이가 많을수록, 전문직일수록, 그리고 주5일제를 실시할수록 농촌관광에 더 많이 참여하였으며, 개인적 관광성향 역시 농촌관광 참여빈도에 영향을 미치는 것으로 나타났다. 국내관광에 더 많이 참여할수록, 또한 자연/생태관광과 산업/위락관광에 더 많이 참여할수록 농촌관광 참여빈도도 높은 것으로 나타났다. 반면, '친지방문형 농촌관광자' 그룹에서는 월소득이 낮을수록 그리고 농촌자원 보존을 위한 지불의사가 낮을수록 친지방문을 위한 농촌관광 횟수가 많은 것으로 나타났다. 다른 유형의 관광활동과 관련해서는 이 그룹에서만 특히 역사/문화관광과 대립적인 관계를 보이는 것으로 나타났다. 즉, 역사/문화관광 참여빈도가 높을수록 친지방문형 농촌관광 참여빈도는 낮아진다는 것이다.

IV. 결 론

본 연구의 목적은 대표적인 대안관광의 하나로 자리 잡고 있는 농촌관광시장을 세분화하고 각 세분화된 시장 별로 농촌관광 참여빈도의 결정요인을 파악하는 것이다. 첫 번째로 농촌관광 참여자들을 시장세분화 하기 위해 농촌관광 참여 동기에 대한 요인을 추출하였으며, 이를 바탕으로 '본질적 농촌관광자,' '소극적 농촌관광자' 그리고 '친지방문형 농촌관광자'의 세 가지 형태의 농촌관광시장을 도출하였다. 이 세 개의 세분화된 시장들은 모두 차별화된 인구통계적 특성을 나타내고 있으며, 농촌관광 참여형태와 기타 관광활동 참여에 있어서도 유의한 차이를 보이고 있다. 농촌관광 참여자들의 참여 동기를 이해하는 것은 관광자 만족과 직결되며 관광자 만족이 재방문의도와 높은 상관관계에 있음을 고려할 때 참여 동기에 따른 시장세분화는 농촌관광 개발을 위한 효과적인 정보를 제공할 수 있을 것이다.

농촌관광 참여동기를 근거로 세분화된 시장에 따라 농촌관광 참여빈도에 영향을 미치는 요인들이 검증되었다. 농촌관광 참여빈도로 측정되어진 종속변수의 특성을 고려하고 동시에 농촌관광 참여자들만을 대상으로 수요의 결정요인을 살펴보기 위하여 절단된(truncated) Poisson 모형이 적용되었다. 모형추정 결과 각각의 세분화된 시장 별로 참여빈도에 영향을 미치는 변수가 서로 상이하게 나타났으며 동시에 영향을 미치는 변수들 사이에서도 그 영향력의 정도가 서로 다르게 나타났다. 즉, 농촌관광 참여의 목적이 서로 다른 그룹 간 참여빈도의 차이는 서로 다른 요인들에 의해 결정되어진다는 것이다. 따라서 농촌관광 개발을 함에 있어 소비자의 다양성을 이해하고 농촌관광에의 그들의 욕구를 올바로 이해함으로써 소비자 만족과 수요 증대를 불러올 수 있는 것이다.

농촌관광의 급증하는 수요는 농촌관광에 대한 소비자의 선호도나 참여결정 등에 대한 정확한 이해의 필요성을 부각시켰으며, 이를 위한 연구는 농촌관광 정책개발 및 효율적인 마케팅 전략 수립을 위해 반드시 이루어져야 할 것이다. 본 연구를 통해 농촌관광 소비자의 특성을 보다 잘 이해할 수 있으며, 각 세분화된 시장들의 특성을 파악하고, 동시에 그들의 농촌관광 소비량에 영향을 미치는 요인들을 조사함으로써 농촌관광 수요자의 욕구를 정확히 파악하여 농촌관광을 통한 농촌지역 활성화를 위한 이론적 정책적 방안을 강구하는데 유용한 정보를 제공할 수 있다는 데 그 의의가 있을 것이다.

특히 지방정부를 중심으로 지역활성화의 수단으로 농촌관광 개발을 함에 있어 규모나 재원 등을 고려할 때 효과적인 방법으로 니치 마케팅이 있으며, 이를 위해 시장 세분화는 필수적이다. 따라서 농촌관광 참여 동기 외에 다양한 요인들을 이용한 (예를 들면, 참여 빈도 등을 이용하여 heavy user vs. light user 등) 시장세분화를 통한 소비자 연구도 이루어 질 수 있을 것이다. 또한 농촌관광 수요가 소비자의 욕구변화 뿐만 아니라 정부의 정책 등과 같은 외적 요인에 크게 좌우될 수 있음을 고려할 때 농촌관광 수요에 대한 지속적인 모니터링과 연구가 요구되어 진다.

참고문헌

농림부(2004). 『도농교류의 유형별 수요분석 및 교류방안에 관한 연구』

박석희(1998). 농산촌지역 수변공간의 관광개발 전략모색에 관한 연구 『관광학연구』, 21, 257-271.

송운강(2004). 경포 해수욕장의 경제적 가치추정: 가산자료모형을 이용한 개인여행비용분석 『관광학연구』, 28, 11-25.

이희찬(2004). 농촌관광 참여 및 소비량 결정요인 분석. 『농업경제연구』, 45(4), 53-78.

이희찬 · 한진영(2004). 전시관람수요의 결정요인: 절단된 가산자료모형의 적용 『관광학연구』, 28, 307-326.

조록환(2000). 『농촌 · 농업관광에 관한 요구도 분석 및 프로그램 개발 연구』, 농촌생활연구소.

조재환 · 김태균 · 박시현 · 박준형(2003). 농촌관광에 대한 도시민 선호분석. 『농업경영정책연구』, 30(3), 387-401.

한국농촌경제연구원(1998). 『관광농원 개발사업의 평가와 개선방안』

한국농촌경제연구원(2003). 『한국형 농촌관광 중장기 발전 방향』

Bakkal, I. (1991). Characteristics of west German demand for international tourism in the northern Mediterranean region. Applied Economics, 23, 295-304.

Cameron, A. C. & Trivedi, P. K. (1986). Econometric models based on count data: comparisons and applications of some estimators and test. Journal of Applied Econometrics, 1, 29-53.

Cameron, A. C., Trivedi, P. K., Milne, F. & Piggott, J. (1988). A microeconometric model of the demand for health care and health insurance in Australia. Review of Economic Studies, 55, 85-106.

Chen, J. C. (2000). Forecasting Method Applications to Recreation and Tourism Demand, Unpublished Ph.D dissertation, North Carolina State University, Raleigh, NC.

Creel, M. & Loomis, J. (1990). Theoretical and empirical advantages of truncated count data estimators for analysis of deer hunting in California. American Journal of Agricultural Economics, 72, 434-441.

Englin, J. & Shonkwiler, J. S. (1995). Estimating social welfare using count data models: an application to long-run recreation demand under conditions of endogenous stratification and truncation. The Review of Economics and Statistics, 77, 104-112.

Fix, P., Loomis, J. & Eichhorn, R. (2000). Endogenously chosen travel costs and the travel cost model: an application to mountain biking at Moab, Utah. Applied Economics, 32, 1227-1238.

Gonzalez, P. & Moral, P. (1995). An analysis of the international tourism demand in Spain. International Journal of Forecasting, 11, 233-251.

Gurmu, S. & Trvedi, P. (1996). Excess zeros in count models for recreational trips. Journal of Business and Economic Statistics, 14, 469-477.

Hellerstein, D. (1989). The Use of Count Data Models in Travel Cost Analysis: An Application to the Boundary Waters Canoe Area, Ph.D dissertation, Yale University, New Haven, CT.

Hellerstein, D. (1991). Using count data models in travel cost analysis with aggregate data. America Journal of Agricultural Economics, 75, 604-611.

Jorgensen, F. & Solvall, G. (1996). Demand models for inclusive tour charter: the Norwegian case. Tourism Management, 17, 17-24.

Kulendran, N. & Witt, S. F. (2003). Forecasting the demand for international business tourism. Journal of Travel Research, 41, 265-271.

Lim, C. (1999). A meta-analytic review of international tourism demand. Journal of Travel Research, 37, 273-284.

Luts, J., Englin, J. & Shonkwiler, J. (2000). On the aggregate value of recreational activities: a nested price index approach using Poisson demand systems. Environmental and Resource Economics, 15, 217-226.

Morley, C. (1991). Modeling international tourism demand: model specification and structure. Journal of Travel Research, 30, 40-44.

Mullahy, J. (1986). Specification and testing of some modified count data models. Journal of Econometrics, 33, 341-365.

Qiu, J. & Zhang, J. (1995). Determinants of tourist arrivals and expenditures in Canada. Journal of Travel Research, 34, 43-49.

Shaw, D. G. (1988). On-site samplers' regression: problems of non-negative integers, truncation, and endogenous stratification. Journal of Econometrics, 37, 211-223.

Sheldon, P. & Var, T. (1985). Tourism forecasting: a review of empirical research. Journal of Forecasting, 4, 183-195.

Smeral, E., Witt, S. F. & Witt, C. A. (1992). Econometric forecasts: tourism trends to 2000. Annals of Tourism Research, 19, 450-466.

Song, H. & Wong, K. K. F. (2003). Tourism demand modeling: a time-varying parameter approach. Journal of Travel Research, 42, 57-64.

Sumathi, N. R. (1990). An Analysis of the Influence of Advertising on Demand for Outdoor Recreation, Unpublished Ph.D dissertation, Oklahoma State University, Stillwater, OK.

Tabachnick, B. G. & Fidel, F. S. (1989). Using Multivariate Statistics (2nd ed.). New York: Harper Collins Publishers.

Witt, S. F. & Witt, C. (1992). Modeling and Forecasting Demand in Tourism, London: Academic Press.

2007년 3월 15일 접수
2007년 6월 5일 최종 수정본 접수
3인 익명 심사 畢

CHAPTER 8

컨조인트 분석

목 차

제8장 흐름도

컨조인트 분석

학 습 목 표

개념 및 원리

컨조인트 분석의 예	컨조인트 분석의 실무응용	다른 다변량 분석 방법과의 비교

컨조인트 분석의 절차

1. 컨조인트 분석의 목적
2. 기본 모형의 결정
3. 응답자 수의 결정
4. 자료수집 방법의 결정
5. 제품의 속성 선택
6. 컨조인트 설계
7. 컨조인트 조사의 실시
8. 컨조인트 모형의 추정
9. 세분시장 수준의 분석

MONANOVA 프로그램을 이용한 컨조인트 분석

요 약

용어정리

관광학에서 컨조인트 분석을 이용한 사례

제8장

컨조인트 분석

1. 컨조인트 분석의 실무 응용관련에 대한 사항에 대해 전반적으로 알아본다.
2. 컨조인트 분석에 사용될 변수들의 선정 기준 및 지침을 살펴본다.
3. 컨조인트 분석을 수행하기 위한 조사 설계와 선호도를 측정하기 위한 서열척도 및 등급척도의 적용기준을 파악한다.
4. 고객들이 중요하게 생각하는 속성의 상대적 중요도와 각 속성별 수준에 대한 평가방법을 알아본다.
5. 속성들의 새로운 결합에 대한 고객들의 판단을 도출하는 과정을 알아본다.
6. 주 효과만을 분석하는 모형과 상호작용 효과를 포함하는 모형과의 차이 및 모형의 타당성 분석에 관한 내용을 알아본다.

1. 컨조인트 분석의 개념 및 원리

컨조인트 분석(conjoint analysis)은 그 어원(consider jointly)에서도 볼 수 있는 바와 같이 고객들이 여러 가지 속성들의 조합이라고 볼 수 있는 제품 또는 서비스의 대안들을 대상으로 선호도를 어떻게 결정하는지를 파악하는데 사용되는 방법이다. 여기서는 개별 소비자가 현실적인 또는 가상적인 제품/서비스/개념/아이디어 등을 구성하는 속성들이 가지는 개개의 효용을 결합하여 전체적인 가치나 효용을 평가한다는 것을 기본 전제로 한다.

컨조인트 분석에서는 다른 다변량 분석방법들과는 달리 조사자가 사전에 여러 속성들의 결합으로 이루어진 실제 또는 가상적인 제품이나 제품개념을 고려하여, 이에 대한 응답자들의 답을 토대로 개별 속성의 효용값과 각 속성에 있어서 선택된 수준들이 갖는 효용값을 추정한다. 이러한 가상적인 제품이나 최종적인 제품의 사전 단계로 볼 수 있는 제품개념에 대한 응답자들의 전체적인 선호 자료를 토대로 각 속성 및 속성의 수준에 대한 효용값을 구하게 되며, 이때 조사자는 응답자에게 어떤 속성이 그들에게 얼마나 중요한지 또는 그 제품이 얼마나 많은 속성을 가지는지 등의 조사를 할 필요가 없다. 왜냐하면, 조사자가 개별 속성에 대한 중요도와 가치를 응답자의 전체적인 선호 자료로부터 파악할 수 있도록 가상적인 제품/서비스를 구성해 놓았기 때문이다.

2. 컨조인트 분석의 예

만약, A라는 여행사가 고객들의 여행상품 구매에 영향을 미치는 주요 속성(attribute)들과 이들이 구매에 미치는 영향을 분석하고자 한다고 가정하면, 고객들의 여행상품 구매에 영향을 미치는 속성(변수)들에는 다음과 같은 것들이 있을 수 있다. 여기서 속성이란 구체적인 제품이나 서비스 등을 형성하는 기본단위 또는 요인(factor)을 의미하며, 이러한 속성들이 갖는 값을 수준(level)이라 한다.

요 인(factor/attribute)	수 준(level)
전체 여행일 수	6박7일 / 7박8일
숙박 형태	특1급 / 특급
항공사	국적기 / 외국항공사

위 표에서 볼 수 있는 바와 같이, 만일 각각 두 개의 수준(level)을 갖는 세 개의 속성들이 고려되어진다면, 가능한 제품조합의 수는 8개($=2\times2\times2$)가 된다. 이러한 8개의 가능한 상품조합은 다음과 같이 나타날 수 있다.

· 6박7일 / 특1급 / 국적기
· 6박7일 / 특1급 / 외국항공사
· 6박7일 / 특급 / 국적기
· 6박7일 / 특급 / 외국항공사
· 7박8일 / 특1급 / 국적기
· 7박8일 / 특1급 / 외국항공사
· 7박8일 / 특급 / 국적기

· 7박8일 / 특급 / 외국항공사

　연구자는 이와 같이 속성들을 결합하여 실제 또는 가능한 제품이나 제품개념 조합을 구성함으로써 응답자들의 선호 구조(preference structure)를 이해하기 위한 시도를 하게 된다. 여기서 선호구조란 응답자들의 제품선호에 대한 전체적인 의사결정에서 개별 속성요인들이 상대적으로 얼마나 중요하게 작용하는지 뿐만 아니라 각 속성들의 수준 또한 응답자들이 어떻게 선호하는지를 포함하는 내용이다. 위의 예에서 컨조인트 분석은 응답자의 전체 선호도를 결정짓는 세 가지 속성들인 전체 여행일수, 숙박형태, 항공사 등에 대한 상대적인 중요도 이외에 각 속성들의 2가지 수준들에 대해서도 응답자들이 부여하는 선호도를 도출해 준다.

　이는 흔히 제품/서비스나 제품개념의 형태로 표현되는 특정 대상(object)의 전체적인 선호도를 토대로 개별 속성이나 속성의 수준들에 대한 부분가치들(part-worths)을 추정하는 것으로 이해되기도 한다. 이에 근거한 컨조인트 모형의 일반적인 형태를 정의하면 다음과 같다.

　특정 대상(제품)$_{ij...n}$에 대한 총 가치 ＝ 요인 1의 수준 i에 대한 부분가치

$$+ \text{ 요인 2의 수준 j에 대한 부분가치}$$

·

·

·

$$+ \text{ 요인 m의 수준 n에 대한 부분가치}$$

　여기서 제품/서비스는 m개의 속성을 가지며, 각 속성은 두 개 이상의 수준을 갖는 것으로 가정한다. 그리고, 제품은 요인 1의 수준 i, 요인 2의 수준 j, · · · · ·요인 m의 수준 n까지로 구성된다. 위의 예에서, 단순가산모형(simple additive model)을 적용한다면 속성수준의 조합으로부터 도출할 수 있는 여행상품은 다음의 공식에 근거하여 정의될 수 있다.

　선호도(preference) ＝ 여행일수 효과 ＋ 숙박형태 효과 ＋ 항공사 효과

　그리고 어느 특정한 여행상품에 대한 선호도는 이를 구성하는 속성수준의 부분가치를 더하여 직접 계산될 수 있다. 예를 들어, 전체 여행일수가 6박 7일이고, 특1급 호텔에 묶으며, 국적항공사를 이용하는 여행상품의 선호도는 다음과 같이 추정될 수 있다.

　선호도 ＝ (6박7일)의 부분가치 ＋ (특1급호텔)의 부분가치 ＋ (국적항공사)의 부분가치

3. 컨조인트 분석의 실무 응용

컨조인트 분석의 유용성은 이 방법을 적용하는데 있어서 충족시켜야 할 가정이 엄격하지 않고, 측정수준 또한 명목척도나 서열척도를 사용할 수 있다는 융통성에 기인한다고 볼 수 있으며, 응답자들의 대상에 대한 전체적인 응답을 토대로 대상을 구성하고 있는 부분 속성들에 대한 의사결정에 있어서의 상대적 중요도를 도출해 준다는 측면에서 경영상 요구되는 여러 의사결정 상황에서 적용이 가능하다. 컨조인트 분석은 어떤 대상(예: 제품/서비스, 상표, 기업 등) 또는 개념(예: 개념, 포지션, 효익, 이미지 등)이 이를 구성하고 있는 속성의 결합(bundle of attributes)으로 표현될 수 있다는 것을 가정한다. 연구자는 이와 같은 가정이 만족되는 상황에서 응답자들의 대상에 대한 전체 선호도 평가를 토대로 개별 속성 및 속성수준의 상대적 중요도를 추정하며, 이와 같은 분석은 연구자에게 다음과 같은 목적을 해결해 줄 수 있다.

1. 대상 또는 개념을 최적의 속성수준의 결합으로 나타낼 수 있다.
2. 대상의 전체 선호평가에서 개별 속성이나 개별 수준이 상대적으로 어떤 영향을 미칠 수 있는지를 구해준다.
3. 구매자 혹은 소비자의 제품속성과 수준에 대한 선호판단을 토대로, 가능한 속성수준의 조합들이 가질 수 있는 시장점유율을 예측할 수 있다.
4. 대상의 속성수준에 대한 각 응답자들의 상대적 중요도를 토대로 서로 비슷한 선호구조를 갖는 응답자들을 구분하는 방식으로 응답자들을 세분시장으로 분리할 수 있다.
5. 아직 실제로 존재하지 않는 제품개념이나 아이디어를 대상으로 이를 구성할 수 있는 속성수준의 가상적인 결합으로 나타내고, 이를 조사함으로써 속성수준에 대한 상대적 중요도를 구하고 새로운 제품의 기회를 찾을 수 있다.

4. 다른 다변량 분석방법과의 비교

컨조인트 분석이 다른 다변량 분석방법들과 구분될 수 있는 세 가지 특징으로는 (1) 분해적(decompositional) 특성, (2) 응답자들의 개인수준에서의 측정 및 분석이 가능하다는 특성, (3) 종속변수와 독립변수 간의 관계에 대한 가정의 유연성 등을 들 수 있다.

(1) 합성적 기법과 분해적 기법

앞서도 설명하였듯이, 컨조인트 분석은 연구자가 연구의 대상에 대한 응답자의 전체 선호도만을 측정하여 이를 토대로 대상을 구성하고 있는 속성수준에 대한 부분적인 선호도(part‐worth)를 추정하는 과정을 밟고 있기 때문에 흔히 분해적 모형이라고 불리고 있다. 컨조인트 분석에서 연구자는 각 속성을 정의하고 가능한 속성수준의 조합을 응답자들에게 제시하며, 응답자들은 단지 제시된 속성수준의 조합들에 대하여 전체적인 선호도만을 답하도록 요구하게 된다. 이러한 자료 수집과정을 거쳐 컨조인트 분석에서는 각 속성수준들의 부분 가치가 결정되게 된다.

컨조인트 분석은 연구자가 응답자들로부터 대상을 구성하는 많은 속성들(예를 들어, 색상, 스타일, 성능 등)에 대한 평가와 대상 자체에 대한 평가를 토대로 제시된 모형에 의해 각 속성들의 상대적 중요도를 구하고, 예측모형을 개발하는 회귀분석이나 판별분석과 같은 합성적 모형과는 다른 특징을 갖고 있다. 컨조인트 분석과는 달리 회귀분석이나 판별분석 등을 사용하는 합성적(compositional) 모형에서는 연구자가 각 속성에 대한 개별 응답자가 아닌 응답자군의 평가로부터 속성의 상대적 중요도를 고려하여 대상에 대한 전체 선호도를 총합으로 구하게 된다.

(2) 컨조인트 변량

컨조인트 분석은 다른 다변량 분석기법에서와 같이 변수간 관계를 나타내는 변량(conjoint variate)을 사용하며, 이 변량은 종속변수에 대한 독립변수(요인)들의 영향 정도를 나타내는 독립변수들의 선형결합으로 나타난다. 하지만 컨조인트 분석에서는 다른 다변량 분석 방법들과는 달리 연구자가 사전에 변량에 포함되는 변수(속성)와 각 변수들이 가질 수 있는 값을 정하고, 응답자를 통하여 얻어지는 종속변수 값을 토대로 독립변수들의 상대적 중요도를 추정한다는데 그 차이가 있다. 즉 컨조인트 분석에서는 응답자들에게 조사하는 유일한 자료가 종속변수에 대한 측정이 된다. 연구자에 의해 지정된 독립변수들의 값은 응답자로부터 주어지는 이 종속변수의 값을 토대로 그 상대적 값들이 정해지게 된다.

이러한 컨조인트 분석의 특징으로 인하여 연구자들은 독립변수의 선정과 독립변수들이 가지는 값을 정하는데 있어서 신중을 기하여야 한다. 사전적인 노력없이 그럴듯한 독립변수들을 무리하게 모형에 집어넣어 분석을 시도한다든지, 독립변수들이 갖는 값에 대한 무분별한 적용은 컨조인트 분석의 결과를 정확하게 도출하지 못하게 하는 중요한 요인이 될 수 있다. 따라서 연구자는 컨조인트 분석을 시도함에 앞서 될 수 있는 대로 최소의 중요한 독립변수들을 선정하고, 이들이 가질 수 있는 값과 그 범위를 실제 유의적이고 가능한 범위 내에서 정하도록 하여야 한다.

(3) 개인별 분석

컨조인트 분석은 개별 응답자마다 자료를 수집하고 이에 해당하는 결과를 개별적으로 추정할 수 있다는 점에서 전체 또는 특정 세분 집단의 자료를 함께 사용하여 분석하는 다른 다변량 분석 기법들과는 차이가 난다. 대부분의 다변량 분석 방법들은 각 응답자들의 선호 측정(관찰)치를 모두 고려하여 전체 응답자들의 자료를 동시에 사용하여 분석을 수행하게 되지만, 컨조인트 분석은 개별 분석을 하는 관계로 분석을 통하여 추정된 결과의 타당성도 개별적으로 고려될 수 있다.

컨조인트 분석은 사실상 연구자가 원하는 바에 따라 개인 응답자별 분석과 함께 응답자 전체나 군에 대한 집단(aggregate)분석도 가능한데, 이를 위해서는 개인 응답자들의 자료를 사전에 정의된 응답자 집단에 대하여 함께 고려하여 응답자 집단의 선호도 수치로 변환한 후 이를 입력자료로 하여 분석을 하면 된다. 이 경우에는 개인이 아닌 집단의 속성수준에 대한 선호 추정치들이 나오게 된다. 이러한 논리를 기업의 마케팅 활동에 적용하면 고객들의 세분시장별로 제품/서비스의 속성수준에 대한 상대적 중요도를 구하고, 이에 따라 서로 상이한 제품개발전략을 가져갈 수 있게 된다.

(4) 변수간 관계

컨조인트 분석은 종속변수와 독립변수간에 요구되어지는 관계의 형태에 있어서 결코 제한적이지 않다. 대부분의 다른 종속적인 다변량 분석방법들은 종속변수가 독립변수의 단위(unit) 변화에 있어 그와 동일한 양으로 증가(감소)한다는 것을 의미하는 독립변수와 종속변수간 선형관계를 가정한다. 그러나 컨조인트 분석에서는 독립변수의 개별 수준의 효과를 분리하여 종속변수와의 관계를 분석할 수 있고, 독립변수간에 관련성을 사전에 가정하지는 않는다. 또한 독립변수와 종속변수의 관계에 있어서도 반드시 선형의 관계를 가정하지는 않으며, 독립변수 값에 따라 종속변수의 값이 양의 값, 음의 값, 양의 값과 같이 변하는 복잡한(complex) 비선형(nonlinear) 또는 곡선(curvilinear) 관계라 하더라도 이를 분석하는 것이 가능하다.

5. 컨조인트 분석의 절차

컨조인트 분석은 개별 분석을 허용하는 분석의 성격상 응답자의 수나 유형에 있어서 그다지 제한이 없으며, 단지 연구자는 컨조인트 분석을 수행하기 위하여 필요한 절차와 지침을 잘 따를 필요가 있다. 컨조인트 분석은 다른 분석과 마찬가지로 먼저 연구의 상황에 따라 분석의 목적을 명확히 규정할 필요가 있다. 이를 통하여 분석의 개념적 틀을 확립하고 체계적이고 단계적인 절차를 따라 분석을 수행하게 된다. 특히 컨조인트 분석에서는 자료를 수집하는 절차를 잘 이해할 필요가 있으며, 대부분의 경우에 있어서 속성 수준을 결합하는 조합의 수가 많아 질 수 있으므로 실제 조사를 위한 적정 수준의 조합을 선정하고 이를 토대로 조사를 진행하여야 한다.

　결과적으로 도출된 값들에 대한 타당성을 검증하기 위해서는 사전에 사용된 선호자료를 사후적으로 추정된 속성 수준의 값들을 사용하여 구한 자료와 비교하는 적합도(fitness) 계수를 활용하는 방법이 많이 쓰인다. 컨조인트 분석을 통하여 타당성이 입증된 결과는 해당 기업의 제품개발이나 시장세분화, 포지셔닝 전략을 수행하기 위한 선택시뮬레이션 모형(choice simulator) 등으로 유용하게 활용될 수 있다.

〈그림 8-1〉 컨조인트 분석(Conjoint Analysis)의 체계

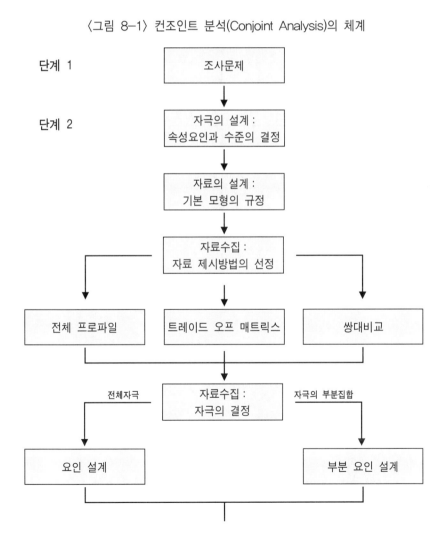

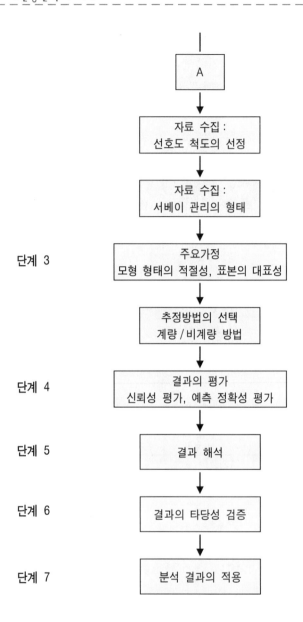

(1) 컨조인트 분석의 목적

어떤 통계적인 분석에 있어서도 분석의 초기에는 조사연구의 목적을 명확히 규정하고 이를 토대로 조사 분석과정을 밟는 것이 중요하다. 컨조인트 분석을 통하여 응답자들의 의사결정 과정을 분석할 때 대개 다음의 두 가지 목적이 고려되어질 수 있다.

- 첫째로, 응답자들의 선호도를 결정하는데 영향을 미치는 속성변수(독립변수)와 이의 수준값들에 대한 상대적 중요도를 구하는 것이다. 예를 들어, 전체 여행일수는 고객들이 여행상품을 구매하는데 어떤 영향을 미치는가? 여행일수는 어떻게 가지고 가야 하는가? 여행일수의 수준(level)이 6박7일인 경우와 7박8일인 경우에 있어서 고객들의 선호도 차이는 어느 정도 나타나는가? 등을 이해하는 것이 중요한 목적이 될 수 있다.
- 어떠한 속성들의 조합에 대한 응답자들의 선호도를 예측하는데 유용한 선택모형을 확립하는 것이 또 다른 목적이 될 수 있다. 이는 응답자의 선택이 독립변수와 종속변수 사이의 단순 선형관계를 나타내는지 아니면 이보다 복잡한 관계를 선호평가에 사용하는지 등을 결정하는 것을 포함한다.

이와 같은 연구목적을 고려할 때 컨조인트 분석에서는 연구자의 조사설계에 따라 응답자들의 수동적인 응답을 조사하기 때문에 연구자의 연구목적에 부합하는 사전적인 노력이 필요하다. 이를 위해서는, 첫째, 연구자 자신이 가능한 속성들을 모두 고려하여 이 중에서 중요한 속성들을 선택할 수 있는지, 그리고 감정적인 반응을 조사하는 무형의 속성 변수와 이의 수준은 어떻게 고려할 것인지 등을 결정하여야 한다. 둘째로, 연구자는 사전에 정해진 속성과 수준에 따라 가능하게 뽑아낼 수 있는 속성의 조합이 대개 조사를 진행하기에는 너무 많으므로, 이 중에서 실제로 조사를 진행하기 위해 필요한 최소의 조합을 될 수 있는 대로 상호 독립성을 유지하도록 선정해야 한다. 이와 같은 노력에 따라 정해진 조사를 위한 조합을 응답자들에게 제시하고 이에 대한 선호도 응답을 토대로 각 속성과 속성의 수준에 대한 효용값을 추정하게 된다.

일반적으로 컨조인트 분석은 고객들이 어떤 제품을 선호하고 결국 이를 선택할 것인지를 예측하기 위한 수단으로 많이 활용되며, 실제로 기업에서는 이를 다목적으로 이용할 수 있다. 컨조인트 분석을 수행할 때는 다음 중에서 한 가지 이상의 목적을 가지고 분석을 하는 것이 보통이다.

- 새로운 제품/서비스를 개발하고자 할 때 중요하게 고려하여야 하는 속성과 이의 수준 결정
- 마케팅 믹스와 제품 믹스 등의 최적 조합 결정
- 새로운 제품을 개발했을 때, 이 제품이 획득할 수 있는 잠재적인 판매량과 시장점유율 예측
- 수요에 근거한 제품의 최적 가격 결정
- 고객들의 제품 선택모형 개발
- 경쟁분석
- 시장 세분화 중 특히, 편익에 의한 세분화(benefit segmentation)

(2) 기본 모형의 결정

컨조인트 분석은 응답자들의 대상들에 대한 전체적인 선호도 자료를 기초로 대상들을 구성하고 있는 속성수준들에 대한 선호체계를 구하는 것이므로 분석모형에 관하여 다음과 같은 중요한

의사결정을 하여야 한다. 이러한 의사결정은 대상(또는 자극, stimuli)의 설계와 응답자의 선호 평가를 분석하는데 영향을 미치게 된다.

1) 합성 법칙 : 가산 모형과 상호작용 모형

컨조인트 분석을 할 때 분석을 수행하는 조사자에게 가장 많이 부딪히는 문제는 응답자들이 부분가치를 어떤 방식으로 합성하여 전체적인 선호도를 나타내는가에 관한 문제이다. 가장 널리 알려져 있고 많이 쓰이는 방식으로는 가산모형(additive model)을 들 수 있는데, 이는 응답자들이 그들의 속성수준에 대한 부분가치를 단순히 합산하여 전체적인 가치를 구한다는 가정에 기초하여 응답자들의 선호체계를 추정하는 방식이다. 이에 반하여 상호작용 효과(interaction effects)는 응답자들의 속성수준에 대한 부분가치를 합하여 전체적인 선호도를 구한다는 것은 가산모형과 같으나 차이점으로는 이와 같이 합한 수치가 속성수준간의 상호작용 효과로 인하여 전체적인 선호값과는 달라질 수 있다는 것이다. 즉 속성수준 간의 상호작용 효과로 인하여 부분가치를 합하는 과정에서 단순한 합과는 다른 값이 나올 수 있다는 논리에 근거하여 응답자들의 선호체계를 분석하게 된다.

2) 부분가치의 관계 : 선형모형, 2차모형, 분리부분가치 모형

다음으로 컨조인트 분석을 수행하는 과정에서 조사자들에 의하여 고려되어져야 하는 문제로는 속성수준과 응답자들의 선호도와의 함수관계에 관한 것이다. 선형모형의 경우에는 속성수준과 선호도와의 선형관계를 가정하며, 2차모형의 경우에는 2차방정식으로 표현될 수 있는 관계를 의미하고, 마지막으로 분리부분가치 모형의 경우에는 속성수준의 각 값(이산적값 : discrete value)에 대한 선호도를 규정하는 모형을 의미하는데, 현실적으로는 이 분리부분가치 모형이 가장 많이 사용되고 있다.

(3) 응답자의 수 결정

컨조인트 분석 시 조사 대상인 응답자들의 수를 결정하기 위해서는 우선 이의 모집단(population)을 결정해야 한다. 컨조인트 분석의 모집단은 조사를 하고자 하는 해당 제품/서비스 범주(product/service category)에 속하는 품목을 가까운 시일 안에 구입하려고 계획하는 사람들로 구성하는 것이 바람직하다. 그러나 어떤 경우에는 이런 조건을 충족시키는 사람들을 찾기가 어려울 수가 있는데, 이 때에는 최근에 해당 제품 범주에 속한 품목을 구입한 사람들을 포함시킬 수도 있다. 그러나 이들은 자신들의 구매행동을 사후적으로 합리화하려는 경향이 있기 때문에 컨조인트 분석결과에 편차(bias)를 가져올 가능성을 배제할 수 없다.

일단 연구의 모집단을 결정하면 이 모집단에서 조사에 답하는 응답자들을 추출하게 된다. 컨조인트 분석에는 최소한 100명 이상의 응답자들이 포함되는 것이 보통이며, 기업에서 컨조인트 분석을 수행할 때에는 이보다 더 많은 수의 응답자들을 포함시키는 경우도 많다 (소비재/서비스 상품의 경우 300명 정도, 산업재의 경우에는 대개 이보다 적은 수의 응답자를 포함시킴). 물론 이 경우에는 응답자 집단에 대한 분석(aggregate analysis)을 하고자 할 때를 의미하며, 개별 응답자에 대한 분석을 하고자 할 때는 사실상 많은 응답자 수가 무의미할 수도 있다.

응답자 집단에 대한 컨조인트 분석시에는 다른 통계적 방법론들과 마찬가지로 응답자들의 수가 많을수록 추정치(estimate)에 대한 표준오차(standard error)가 감소한다는 이점이 있으므로 예산이 허락하는 범위 내에서 최대한 많은 수의 응답자들을 포함시키는 것이 바람직하다. 실제로 컨조인트 분석을 수행하는 데 소요되는 비용의 대부분이 응답자들로부터 자료(data)를 수집하는 데 들어가는 경향이 있다.

(4) 자료수집 방법의 결정

컨조인트 분석에서 응답자들을 접촉하여 자료를 수집하는 방법에는 크게 다음과 같은 세 가지가 있다.

1) 개별 면접(in-person interviews)

이는 조사자가 응답자를 직접 만나서 필요한 자료를 수집하는 것을 가리킨다. 일반적으로 소비재나 서비스 상품에 관한 컨조인트 분석을 하는 경우에는 쇼핑센타 등지에서 지나가는 사람들에게 접근하여 응답자들을 확보하는 방법(mall intercepts method)이 널리 쓰이고 있고, 이외에도 직접 응답자들을 방문하거나 조사자가 편리하게 응답자들을 선정하고 접촉하는 편의추출(convenience sampling) 방법을 적용할 수도 있다. 산업재의 경우에는 해당 제품에 대한 박람회나 전시회에서 또는 학회나 협회 등에서 필요한 적정 응답자들을 접촉하고 이들을 통하여 자료를 수집하는 방법이 많이 쓰이고 있다.

2) 전화-우편-전화 방법(telephone-mail-telephone method)

이는 비교적 최근에 적용되기 시작한 기법으로 우선 응답자 모집단에 속하는 사람들에게 전화를 하여 필요한 응답자들을 확보하고, 이들에게 조사 자료(설문지, 카드, 견본, 기타 선물 등)를 보낸 다음 최종적으로 자료는 다시 전화를 통하여 수집하는 방법이다. 이 방법의 장점으로는 전화번호나 주소, 기타 정보를 활용한 표본추출목록(sampling frame)이 있을 경우 이를 활용하여 확률표본추출방법(probability sampling method)을 적용할 수 있다는 점을 들 수 있고, 이외에도 일단 응답자들이 확보되면 전화로 다시 확인하며 조사를 하기 때문에 자료수집 완료율(interview completion rate)이 매우 높고(보통 60~70%), 자료수집 시 필요한 자료가 빠지는 결측치(missing data)를 상당히 방지할 수 있다는 점 등을 들 수 있다.

3) 우편조사(mail survey)

컨조인트 분석은 자료 조사 시 응답자들에게 속성수준의 조합을 제시하고 이에 적절히 답하도록 하는 절차를 밟고 있기 때문에 응답자들에게 그다지 단순하지는 않은 작업을 요구한다고 볼 수 있으며, 이 때문에 우편조사는 흔히 사용되지는 않고 있다. 그러나 응답자들이 기술개발 담당자나 엔지니어, 신제품기획 실무자들일 경우에는 간혹 조사자료들을 컴퓨터 디스켓에 담아서 응답자에게 우송하고, 응답자가 자신의 컴퓨터에 이를 넣어 스크린에서 지시하는 대로 컨조인트 자료조사에 임하도록 하는 방법도 일부에서는 사용되고 있다. 이때 자료를 수집하면서 중요하게 고려하여야 할 것은 적절한 표본의 선정과 무작위 조사를 통하여 비응답오차(nonresponse bias)를 최대한 줄이도록 하는 것이다.

(5) 제품의 속성 선택

컨조인트 분석에서는 무엇보다도 사전에 조사에 필요한 적절한 속성을 선정하는 것이 중요하며, 이와 같이 고객들이 제품/서비스를 구매할 때 중요하게 생각하는 제품/서비스의 속성들을 파악하기 위해서는 일반적으로 6명 내지 10명 정도의 응답자들을 대상으로 집중적인 조사를 수행하는 초점집단면접(focus group interview) 방법을 실시하게 된다. 어떤 속성이 컨조인트 분석에 포함되기 위해서는 일반적으로 다음과 같은 세 가지 조건이 충족되어야 한다.

- 고객들의 제품/서비스 선택과 관련이 없는 속성은 포함시키지 말아야 한다.
- 기업에서 제품/서비스를 개발하는 엔지니어나 신제품개발 담당자들이 해당 제품의 속성을 개발 내지는 향상시키기 위해서 어떤 구체적인 행동을 취할 수 없는 경우에는 그 속성을 포함시키지 않아야 한다(예 : 브랜드 이미지).
- 서로 다른 제품/서비스간에 특정 속성의 수준이 전부 동일한 경우에는 그 속성은 포함시키지 않는 것이 바람직하다(예 : 모든 승용차들이 가솔린 엔진을 사용하고 있는 경우에는 엔진이 가솔린이냐 디젤이냐를 속성의 수준으로 하여 조사하는 것은 무의미함).

일단 제품/서비스의 속성이 결정되면, 선정된 각 속성이 취할 수 있는 수준들을 선정하여야 하며, 이 수준들은 다음과 같은 조건들을 충족시키도록 하는 것이 바람직하다.

- 특정 속성의 수준들은 상호 명백히 구분되어야 한다. 가령, 자동차의 연비라는 속성의 수준들을 리터당 10km, 10.1km, 10.2km로 설정했다면 이는 10km, 15km, 20km같은 수준보다는 연비의 속성을 명백히 구분하는 수준이라고 할 수는 없다.
- 각 속성내의 수준들의 범위는 실제로 시장에서 경쟁하는 제품/서비스들의 범위와 비슷하

여야 한다. 가령 승용차의 연비가 실제로는 리터당 10km에서 30km 사이라면 컨조인트 분석에서도 연비는 이 범위를 크게 벗어나지 않는 범위에서 수준이 결정되도록 하는 것이 바람직하다.

- 각 속성내의 수준들의 수는 작은 것이 바람직하다 (보통 2, 3, 또는 4개).
- 속성들 간에는 수준들의 수가 비슷한 것이 바람직하다. 그 이유는 어떤 속성의 범위가 고정되어 있다 하더라도 그 속성내의 수준들의 수를 증가시킴에 따라 해당 속성의 중요도가 증가하는 경향이 있기 때문이다. 가령 자동차의 연비가 리터당 10km에서 30km, 가격이 500만원에서 1,500만원이라고 가정하자. 연비의 수준을 3개(10km, 20km, 30km), 가격의 수준을 3개(500만원, 1,000만원, 1,500만원)로 한 경우와, 연비의 수준을 3개(10km, 20km, 30km), 가격의 수준은 5개(500만원, 750만원, 1,000만원, 1,250만원, 1,500만원)로 한 경우의 컨조인트 분석결과를 비교해 보면 후자의 경우에 있어서 가격의 상대적인 중요도가 더 크게 나타날 수 있다.

(6) 컨조인트 설계

컨조인트 분석에 포함될 제품속성들과 그 수준들이 정해지면, 이제 자료를 수집하는 구체적인 방법을 결정해야 한다. 여기에는 전체프로파일 제시법(Full Profile Method)와 트레이드오프 제시법(Trade-off Method)(또는 Two-Factor-At-A-Time Method 라고도 부름)의 두 가지 방법이 있다. 전체프로파일 제시법이란 모든 속성의 수준들을 전부 이용하여 프로파일을 만들어서 응답자들로 하여금 각 프로파일의 순위를 매기도록 하는 것을 말하며, 트레이드오프 제시법이란 조사시 한 번에 두 개의 속성들만을 이용하는 것을 가리킨다.

1) 전체프로파일 제시법

전체프로파일 제시법이란 모든 속성의 수준들을 전부 이용하여 가능한 전체프로파일 집단을 만들어서 응답자들로 하여금 각 프로파일의 순위를 매기도록 하는 것을 말한다. 하지만 이와 같은 전체프로파일 제시법은 현실적으로 응답자들이 비교 불가능한 너무 많은 수의 프로파일들을 포함하는 경우가 많으므로 일반적으로 실제 조사에 이용되는 제품 프로파일들을 만들기 위해 부분요인설계(Fractional Factorial Design) 방법이 사용된다. 이 방법을 사용하여 선택된 프로파일들은 속성들 간에 상관관계가 존재하지 않고, 모든 속성의 수준들을 빠짐없이 포함하고 있다는 바람직한 특성을 가지고 있다. 부분요인설계는 表解(atlas) (가령 Addelman(1962)의 직교행렬)를 이용하거나 퍼스널컴퓨터 패키지(가령 Bretton‐Clark's Conjoint Designer)를 이용하여 구축할 수 있는데, 후자의 방법이 훨씬 사용하기에 용이하다는 장점을 가지고 있다.

부분요인설계(Fractional Factorial Design)는 속성들의 수와 각 속성이 취할 수 있는 수준들의 개수에 따라 결정되는데 보통 두 개 이상의 설계가 가능한 경우가 많다. 그러면 이와 같이 가능한 복수의 디자인들 중에서 어느 것을 선택하여야 할 것인가 하는 문제에서는 다음과 같이 서로 상충되는 두 가지 점을 고려하여야 한다. 첫째, 프로파일의 수가 너무 많으면 응답자에게 과중한 부담을 안겨주게 되고(information overload) 자료조사의 신뢰성이 떨어질 수 있으므로 컨조인트 분석의 예측타당성이 저하될 우려가 있다. 따라서 가능한 프로파일들의 수가 적은 디자인을 선택하는 것이 바람직하고, 사전에 예비조사(pretest)를 실시하여 프로파일 수의 적정선이 어느 정도인지를 파악하는 것이 바람직하다. 둘째, 프로파일들의 수에 비하여 너무 많은 수의 계수들을 추정하면 컨조인트 분석의 예측타당성이 저하될 수 있으므로, 무턱대고 프로파일들의 수가 적은 디자인만을 선택할 수도 없다. 일반적으로 프로파일들의 수가 계수들의 수의 두 배 이상이 되는 것이 바람직하며, 프로파일들의 수가 계수들의 수의 1.5배 이하가 되면 예측타당성이 현저히 저하되는 것으로 알려져 있다.

부분요인설계(Fractional Factorial Design)를 통하여 프로파일들이 주어지면 사용하기 전에 반드시 각 프로파일들을 자세히 살펴볼 필요가 있다. 그 이유는 중복되는 프로파일들이 있을 가능성이 있고, 또한 전혀 비현실적인 프로파일이 있을 가능성도 있기 때문이다(가령, 연비, 승차감, 파워가 모두 뛰어나고 가격은 극히 저렴한 자동차). 경우에 따라 중복되거나 비현실적인 프로파일이 있을 때에는 이를 제거하거나 아니면 속성들의 값을 약간 수정하여 사용할 수도 있다. 이처럼 부분요인설계를 그대로 사용하지 않고 특정 프로파일 한 개를 제거하거나 수정하면 속성들 간의 상관계수가 영(zero)보다 커지게 되지만, 그 크기는 미미하다고 볼 수 있다. 속성들 간의 상관계수가 영(zero)보다 크다고 해서 컨조인트 분석의 기본 가정에 위배되는 것은 아니며, 단지 추정되는 계수들의 추정오차가 증가할 뿐이다. 따라서 가능한 한 속성들 간의 상관계수를 최소화(보통 0.3 이내)하는 것이 바람직하지만 꼭 영(zero)이 되게 만들 필요는 없다.

참고로 프로파일들을 카드의 형태나 다른 어떤 형태로 응답자에게 제시할 때 응답자가 제일 먼저 접하는 속성에 대해서는 상대적으로 큰 값의 중요도를 부여하는 경향이 있다고 알려져 있다. 특히 이러한 현상은 응답자의 조사대상 제품에 대한 지식이 낮은 경우에 자주 일어나는 경향이 있으며, 이와 같은 현상을 방지하려면 두 종류 이상의 카드 묶음들을 만들어서 각각 다른 순서로 속성들을 배열하여 조사하는 방법을 취할 수 있다.

2) 트레이드오프 제시법

트레이드오프 제시법이란 응답자들로 하여금 한 번에 두 개의 속성들만 고려하여 응답을 하도록 하는 방법이다. 즉, 두 개의 속성들의 각 수준을 결합하여 〈그림 8-2〉, 〈그림 8-3〉과 같은 트레이드오프 표를 만들어서 응답자들로 하여금 선호도에 따라 1, 2, 3의 순위를 매기도록 하는 것이다.

〈그림 8-2〉 Trad-off 표

		여행일수		
		6박7일	7박8일	8박9일
	특1급호텔	1	2	─
숙박유형	특급호텔	3	─	
	관광호텔	─		

만약 제품/서비스의 속성의 수가 4개이면, 총 6개(=4×3/2)의 트레이드오프 표가 필요하며, 속성의 수가 6개가 되면 표의 수가 15개가 되므로 응답자들이 선호도를 판단할 때 과중한 부담을 줄 우려가 있다. 그래서 조사시에는 될 수 있는 대로 트레이드오프 표의 수를 줄일 필요가 있다. 예를 들어, 속성의 수가 6개라고 가정하면 〈그림 8-4〉와 같이 육각형의 변을 따라 모두 6개의 테이블만을 사용할 수 있으며, 경우에 따라서는 서로 마주보는 점들을 연결하여 모두 9개의 테이블을 사용할 수도 있다.

〈그림 8-3〉 Trad-off Table 만드는 법 (작은 디자인)

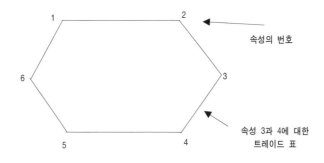

〈그림 8-4〉 Trad-off Table 만드는 법 (큰 디자인)

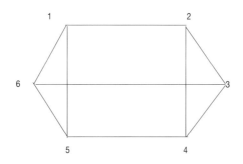

전체프로파일 제시법과 트레이드오프 제시법은 각각 장·단점이 있다. 전체 프로파일 제시법의 가장 큰 장점은 응답자가 실제 구매상황에서와 마찬가지로 모든 속성들을 동시에 고려하여 순위를 정하기 때문에 현실감이 크고 따라서 조사결과의 예측 타당성도 높일 수 있다는 점을 들 수 있다. 그러나 속성들의 수가 많아지면(가령 7개 이상) 이들을 동시에 고려한다는 것은 응답자들에게 너무 과중한 부담을 줄 가능성이 크다.

이에 반하여, 트레이드오프 제시법은 한 번에 두 개씩의 속성만을 제시하기 때문에 응답자가 이해하고 답을 하는데 부담이 적고, 또 속성의 수가 많아지더라도 전체프로파일 제시법에 비하여 응답자들에게 부담을 적게 준다는 장점이 있다. 그러나 한 번에 두 개의 속성들만을 고려하므로 나머지 속성들의 수준은 무시하고 특정한 두 개의 속성 조합만을 응답자에게 제시함에 따라 현실성이 부족하다는 단점을 가지고 있다. 또한 트레이드오프 제시법에 의해서 얻은 자료는 특수한 경우(즉 모든 속성들이 전부 동일한 수의 수준들을 갖는 경우)를 제외하고는 회귀분석을 사용한 결과분석은 할 수 없다는 문제점도 있다. 전체 프로파일 제시법과 트레이드오프 제시법의 예측타당성은 거의 비슷한 것으로 알려져 있다. 따라서 속성들의 수가 적을 때에는(6개 이하) 전체프로파일 제시법을 사용하고, 그 이외에는 트레이드오프 제시법을 사용하는 것이 적절하다.

(7) 컨조인트 조사의 실시

전체 프로파일 제시법을 사용하는 전형적인 컨조인트 분석은 다음과 같은 순서로 이루어진다.

1. 응답자들에게 제품/서비스의 범주(product category), 속성, 그리고 속성의 수준들을 설명한다.

2. 응답자가 컨조인트 분석에 익숙해질 수 있도록 일종의 사전 연습으로써 두 개의 프로파일들을 제시하고 어느 것을 선호하는지를 밝히도록 한다.

3. 응답자에게 속성 수준의 조합들이 나타나 있는 카드 묶음을 주고 선호도에 따라 순위나 점수를 매기도록 한다.

4. 응답자의 특성(예 : 인구통계적 변수들)에 관한 자료를 수집한다.

5. 응답자에게 다른 카드 묶음(보통 4개에서 6개의 카드로 되어 있음)을 주고 3에서와 같이 순위나 점수를 매기도록 한다.

참고로 5에서 수집된 자료는 컨조인트 분석의 교차 타당성(cross validity)을 검증하기 위한 것이다. 즉 3에서 수집된 자료로 컨조인트 모형의 계수를 추정한 뒤에 이 결과를 이용하여 5에서 사용된 프로파일들의 선호도를 "예측"하고, 그 결과를 5에서 응답자가 부여한 순위(또는 점수)와 비교하는 것이다. 따라서 5에서 수집된 자료를 컨조인트 모형의 계수를 추정하는데 사용해서는 안 되고 원래의 자료를 통하여 추정된 컨조인트 결과의 검증용으로만 사용하게 된다. 3에서 사용되는 프로파일들을 주프로파일(Main Profiles)이라고 부르고, 5에서 사용되는 프로파일들은 유보프로파일(Hold - Out Profiles)이라고 부른다. 유보프로파일들은 주프로파일들과는 별도의 부분요인설계(fractional factorial design)로부터 뽑는 것이 바람직하다. 그리고 교차 타당성을 보다 엄격히 검증하려면 유보프로파일들에 포함된 것들이 원래 프로파일들과도 상호 독립성을 유지하는 것이 좋다.

4에서 응답자의 특성은 컨조인트 분석 결과를 이용하여 시장 세분화를 할 때 각 세분시장의 고객특성을 파악하는 데 이용될 수 있다. 또한 유보프로파일을 응답자들에게 제시하기 전에 설문조사를 함으로써 응답자가 머릿속에 간직하고 있는 3에 대한 기억들을 다소나마 지워버리는 효과도 거둘 수 있다.

(8) 컨조인트 모형의 추정

컨조인트 모형을 추정할 때에는 응답자 개개인에 대하여 개별적으로 추정할 수 있으며, 경우에 따라서는 응답자 집단의 선호도 평균을 구하여 집단에 대한 분석을 하기도 한다. 즉 응답자가 100명이고 회귀분석을 이용한다면 회귀분석을 각 응답자별로 수행하여야 하므로 모두 100번의 회귀분석을 하는 셈이 된다. 컨조인트 모형의 계수들을 추정하는 방법들은 크게 다음과 같은 두 가지로 나누어진다.

1. 비계량적 접근(Nonmetric Procedure) : 응답자가 선호도에 따라 각 프로파일에 순위를 부여한 경우에 적합하며, 대표적인 방법으로는 MONANOVA, LINMAP, PREFMAP 등이 있다.
2. 계량적 접근(Metric Procedure) : 응답자가 선호도에 따라 각 프로파일에 점수를 부여한 경우에 적합하며, 회귀분석이 대표적이다.

시뮬레이션을 이용한 여러 연구결과에 따르면, 종속변수의 유형에 관계없이 위의 어느 방법을 사용하더라도 예측타당성에는 거의 차이가 없는 것으로 나타났다. 예를 들어, 종속변수가 순위로 측정된 경우에 회귀분석을 이용하여 계수를 추정하더라도 비계량적 접근을 이용하여 추정한 것과 거의 비슷한 예측 타당성을 보인다는 것이다.

비계량적 방법들은 회귀분석에 비해서 널리 보급되어 있지 못하고, 또한 회귀분석에 비하여 계산속도가 느리다는 점 때문에 이제까지는 많은 연구자들이 컨조인트 분석시 회귀분석을 이용하였으나 최근 컴퓨터 기술이 발전하고 많은 소프트웨어들이 개발됨에 따라 비계량적 방법들도 실무에 활발하게 이용되고 있다.

(9) 세분시장 수준의 분석

컨조인트 분석의 결과는 많은 경우에 있어서 세분시장을 분석하기 위하여 이용되고 있다. 컨조인트 분석과 관련하여 세분시장을 구하는 방법에는 크게 다음과 같은 두 가지가 있다.

첫째, 인구통계적 변수들을 사용하는 사전적인 방법(ex - ante segmentation)이 있다. 가령, 연령(20대, 30대……)별로 세분시장들을 구성하고 세분시장들 사이에 결과적으로 도출된 컨조인트 모형의 계수에 유의한 차이가 나는지를 분석할 수 있다. 그러나 많은 실증적인 연구에 따르면 인구통계적인 변수들만 가지고 사전적으로 고객시장을 세분하는 것은 그다지 큰 의미가 없고 고객의 구매 행동을 잘 설명할 수 없음이 밝혀지고 있어서, 이와 같은 事前的인 방법에 의한 세분화는 그다지 유용성이 크다고 할 수 없다.

둘째, 사후적인 방법(ex - post segmentation)으로서는 특히, 편익기준에 의한 세분화(benefit segmentation)가 가장 대표적이다. 편익기준 세분화란 비슷한 컨조인트 계수들을 갖는 응답자들을 묶어서 하나의 세분시장을 구성하는 것을 가리키는데, 이를 위해서 군집분석(cluster analysis)이 많이 이용된다.

6. MONANOVA 프로그램을 이용한 컨조인트 분석

MONANOVA(MONotonic ANalysis Of VAriance) 프로그램은 응답자들이 속성 수준의 조합들에 부여한 선호도 자료(순위자료)를 이용하여 응답자들이 각 속성과 속성의 수준에 부여하는 가치인 효용(utility 또는 benefit)점수를 산출해 내는 프로그램이다.

MONANOVA 프로그램에서 고객들이 제품의 속성 및 수준에 부여하는 효용점수를 계산하는 과정을 쉽게 이해할 수 있도록 앞의 여행상품의 예에서 제시한 상품속성 중 숙박유형과 항공사유형만을 고려하기로 한다. 또한 분석의 편의를 위해 숙박유형은 특1급호텔과 특급호텔, 항공사유형은 국적항공사와 외국항공사의 2개 속성수준만으로 나누기로 한다. 이 경우 2개의 제품 속성과 각 속성별로 2개의 속성수준을 이용하여 조합한 가상 여행상품들은 다음의 표와 같다.

숙박유형과 항공사유형을 이용한 가상 여행상품들과 선호도

속성 조합	숙박 유형	항공사 유형	선호 순위
제품개념(1)	특1급호텔	국적항공	1
제품개념(2)	특1급호텔	외국항공	2
제품개념(3)	특급호텔	국적항공	3
제품개념(4)	특급호텔	외국항공	4

MONANOVA 분석의 첫 번째 단계로 각 속성의 수준들에 대하여 임의로 효용점수를 파악하는 과정을 행렬(matrix)을 이용하여 설명하면 다음과 같다. 다음의 행렬은 4개의 가상 여행상품을

보여주며, 각 cell의 좌측 상단에 표시된 숫자는 각 여행상품개념에 대한 선호도를 말한다.

MONANOVA분석의 첫 번째 단계는 각 속성의 수준들에 대하여 임의로 효용점수를 부여하는 과정으로 임의로 부여된 효용점수는 1)번 그림에 표시되어 있다. 예를 들어, 숙박 유형에서 특1급호텔은 1.0의 효용점수가, 특급호텔은 0.5의 효용점수가 부과되었다. 다음은 각 수준별 효용점수를 이용해 각 가상 여행상품들의 효용점수를 구하는 단계로 MONANOVA 프로그램에서는 속성별 수준에 부여된 효용점수의 합이 제품개념별 효용점수가 된다. 가령 항공사 유형이 국적항공사이고, 숙박 유형이 특1급호텔인 개념의 효용점수는 2(=1.0＋1.0)가 된다. 이러한 과정을 거쳐 계산된 제품개념별 효용점수가 다음의 1)번 그림에서 각 cell의 우측 하단에 표시되어 있다.

MONANOVA 프로그램의 계산과정(algorithm)은 이러한 과정을 통해 얻어진 제품개념별 효용점수의 순서와 소비자가 평가한 제품개념별 선호도의 순서가 일치하도록 하는 과정이다.

(1) MONANOVA 분석과정의 설명

1) 선호도 및 효용점수의 배분

숙박유형 ＼ 항공사유형	특1급호텔	특급호텔	효용점수
국적항공사	1　　　　2.0	3　　　　1.5	1.0
외국항공사	2　　　　1.5	4　　　　1.0	0.5
효용점수	1.0	0.5	—

2) 효용점수의 수정

MONANOVA 프로그램은 이러한 목적을 달성하기 위해 각 속성의 수준에 부여된 효용점수를 조금씩 변화시켜 추정된 제품 개념별 효용점수의 순서와 선호도 자료의 순서가 일치되도록 알고리즘을 반복한다.

가령 위 그림에 나타난 제품 개념별 효용점수에 의하면 2번째로 선호되는 제품 개념과 3번째로 선호되는 제품 개념의 효용점수가 같게 나타나 원래의 선호도 순서와 일치되지 않는다는 것을 알 수 있다. 따라서 선호도의 순위와 일치되도록 제품속성 수준별 효용점수를 수정해 주어야 한다. 다음 그림은 제품속성 수준별로 효용점수를 수정하고 이에 따른 제품별 효용점수를 계산한 예이다. 이 경우 제품개념별 효용점수의 순서와 선호도의 순서가 일치되므로 MONANOVA 프로그램은 작업을 중지하고 현재의 속성수준별 효용점수를 출력하여 준다. 실제 컨조인트 분석에 있어서는 위의 경우와 같이 간단하게 결과가 얻어지는 경우보다는 효용점수의 수정이 여러 차례 반복된 후 최종적인 결과를 도출하게 되는 경우가 더 많다.

숙박유형 / 항공사유형	특1급호텔	특급호텔	효용점수
국적항공사	1 2.0	3 1.3	1.0
외국항공사	2 1.7	4 1.0	0.7
효용점수	1.0	0.3	—

(2) MONANOVA 프로그램의 출력 결과

다음의 표는 선호도 자료를 이용하여 MONANOVA 프로그램을 수행한 결과를 보여 준다.

MONANOVA 프로그램에 의한 컨조인트 분석결과

속 성	속성수준 1 (특1급호텔)	속성수준 2 (특급호텔)
숙박 유형	1.0	0.3
속 성	**속성수준 1 (국적항공사)**	**속성수준 2 (외국항공사)**
항공사 유형	1.0	0.7

이러한 컨조인트 분석 결과에 대한 해석 및 이를 신제품 개발에 적용하는 방법을 설명하면 다음과 같다.

첫째, 각 속성수준별 효용점수를 이용하여 고객들이 생각하는 이상적인 제품의 선택이 가능하다. 즉 조사자는 높은 효용점수를 얻은 속성수준들을 조합하여 최적의 제품믹스를 설계하면 된다. 가령 위 표에서 효용점수가 높게 나타난 특1급호텔과 국적항공사를 조합하는 것이 가장 이상적인 여행상품이 된다고 할 수 있다. 그러나 효용점수가 가장 높은 속성수준들로 조합된 제품 개념을 실제로 제품화하기가 어려운 경우가 있을 수 있다. 예를 들면, 자동차 제품의 예로 500만원대의 안정성과 연비가 뛰어난 자동차 제품개념이 가장 높은 효용점수를 얻었다고 하더라도 이러한 제품을 개발하기가 어려울 수 있다. 이 경우에는 다음으로 효용점수가 높은 제품 개념을 개발하여야 할 것이다.

둘째, 제품 속성의 중요도를 파악할 수 있다. 두 속성 중 어느 속성이 보다 중요한지는 각 속성의 속성수준별 효용점수의 차이를 이용하여 판정하며, 이 차이가 클수록 속성의 상대적 중요도가 크다고 본다. 이는 고객들이 속성의 수준을 판단하는데 있어서 큰 편차를 갖는 속성이 편차가 작은 속성보다는 구매의사결정에서 해당 속성을 더 중요하게 생각할 수 있다는 가정에 기인한다. 다음의 그림을 통하여 살펴보면, 항공사유형은 국적항공사와 외국항공사 간의 효용점수의 차이가 작은데 반해(1.0−0.7=0.3점), 숙박유형은 큰 차이가 발생하여(즉 1.0−0.3=0.7점) 숙박유형이 항공사 유형보다 중요한 제품속성임을 알 수 있다. 따라서 실제 상품을 개발할 경우 개발담당자는 항공사유형에 대한 고려보다도 숙박유형에 더 많은 신경을 써야 할 것으로 판단된다. 왜냐하면 이는 응답자들이 이 속성의 수준 변화에 보다 민감하게 반응하기 때문이다.

<그림 8-5> 속성별 중요도의 파악

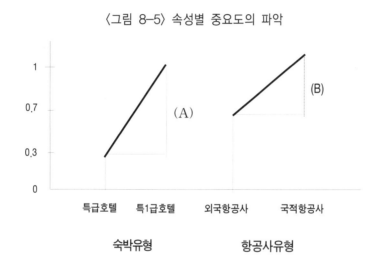

셋째, 제품 속성의 수준들에 대한 민감도 분석을 할 수 있다. 즉 특정 속성에 있어서 속성의 수준값이 변함에 따라 효용값이 어떻게 변하는지를 분석하는 것으로써 이는 기업의 제품개발 담당자들에게 특정 속성의 수준을 어떻게 결정해야 하는지에 대한 시사점을 제시해 줄 수 있다. 예를 들어, 가격이라는 속성을 고려하는 경우, 절대적으로 그렇지는 않다 해도 대개 가격의 수준이 낮은 경우가 높은 경우보다 효용값이 높아지게 되어 사실상 분석을 하지 않더라도 이를 예측할 수 있게 된다. 하지만 가격이라는 속성을 컨조인트 분석에 사용함으로써 가격의 수준이 변할 때, 각 수준별 효용값이 크게 차이가 나는 경우와 차이가 작게 나는 경우를 가정해 볼 수 있다. 두 경우 모두 가격 수준이 낮을 때 효용값이 높다 해도 전자의 경우보다는 후자의 경우에 있어서 기업은 큰 부담 없이 효용값은 낮지만 보다 높은 수준으로 가격대를 가져갈 수 있게 된다. 이와 같은 분석은 마케팅에서 추구하는 수요에 근거한 가격결정에 대한 시사점을 제시해줄 수 있으므로 기업이 적정가격 수준을 결정해야 하는 실제 상황에서 매우 유용하게 사용될 수 있다.

(3) 컨조인트 분석의 실례 - MONANOVA -

여기서는 여행상품의 예를 이용하여 MONANOVA 프로그램을 적용하기 위한 입력자료와 출력결과 및 이에 대한 해석 과정을 살펴보기로 한다.

1) 입력자료

다음의 표는 MONANOVA 프로그램을 적용하기 위해 여행상품의 선호도 자료를 이용하여 작성된 입력자료의 예이다. 여기서는 숙박 유형, 항공사 유형 이외에 또 하나의 속성으로 여행일수를 6박7일, 7박8일, 8박9일의 3가지 수준을 갖는 것으로 가정하였다.

MONANOVA 프로그램의 입력 자료 예

```
3    2 3          3       1
(18F3.0)
11  6  5  12  10   8 18 17 15 7 2 1 9 4 3 16 14 13
```

첫 줄의 (3 2 3 3 1)의 의미를 보면, 첫 번째 3은 분석에 고려하는 속성의 수가 3개임을 나타내며, 다음 세 숫자(2 3 3)는 각 속성별 수준의 수를 의미한다. 마지막 1의 의미는 한 번에 하나씩의 자료가 처리됨을 의미한다. 다음 줄은 자료의 입력형태를 제시하고, 마지막으로 선호도 자료가 입력된다.

2) 출력결과 및 해석

현재, MONANOVA 프로그램은 PC용 소프트웨어로 개발되어 있으며, 이러한 프로그램을 이용하여 얻어진 출력결과는 다음과 같다.

MONANOVA 분석은 우선 다음 표와 같이 입력된 선호도 자료와 해당되는 가상의 상품개념의 특성을 다시 한 번 출력해 준다. 조사자는 이를 통하여 이미 입력한 자료를 점검할 수 있고, 필요한 경우 다시 자료를 수정하여 재입력할 수 있다.

컨조인트 분석에서는 결과적으로 각 속성의 수준별로 추정된 가치(또는 효용점수)가 얼마나 신뢰성이 있는지를 검토하게 된다. 이를 위해서는 스트레스값(stress value 또는 badness of fit)이라는 지표를 이용하는데, 스트레스값은 '0'에서 '1'사이의 값을 가진다. 이는 회귀분석의 결정계수(R^2)와는 반대되는 개념으로 값이 낮아질수록('0'에 가까울수록) 결과에 대한 신뢰성이 높아진다. 즉 값이 낮을수록 제품개념에 대한 선호도 자료와 각 제품개념에 대하여 추정된 효용점수간의 일치 정도(또는 적합도)가 높다고 판단하게 된다. 일반적으로 스트레스값이 0.2 이상이면 분석 결과의 신뢰성이 없으며, 0.05 미만이면 신뢰성이 높다고 할 수 있고, 0.01 미만이면 신뢰성이 상당히 높다고 할 수 있다.

MONANOVA 프로그램의 출력 결과 − I

SEQNO	DATA	SUBSCRIPTS		
1	11.00000	1	1	1
2	6.00000	1	1	2
3	5.00000	1	1	3
4	12.00000	1	2	1
5	10.00000	1	2	2
6	8.00000	1	2	3
7	18.00000	1	3	1
8	17.00000	1	3	2
9	15.00000	1	3	3
10	7.00000	2	1	1
11	2.00000	2	1	2
12	1.00000	2	1	3
13	9.00000	2	2	1
14	4.00000	2	2	2
15	3.00000	2	2	3
16	16.00000	2	3	1
17	14.00000	2	3	2
18	13.00000	2	3	3

다음 표에 의하면 선호도 자료에 대한 분석결과의 스트레스값은 0.012로 나타나 분석결과가 매우 신뢰성이 높음을 알 수 있다.

MONANOVA 프로그램의 출력 결과 − II

HISTORY OF COMPUTATION	
ITERATION STEP	STRESS
0	0.020
1	0.014
2	0.012
3	0.012

여기서 'ITERATION STEP'은 각 속성의 수준별로 효용점수를 조금씩 조정하면서 스트레스값이 가장 낮은 효용점수를 찾아내는 단계(또는 과정)를 의미한다.

마지막으로 다음의 표는 MONANOVA 프로그램에서 계산된 각 속성의 수준별 효용점수를 제시해 준다.

MONANOVA 프로그램의 출력 결과 - III

UTILITIES OUTPUT FOR LEVELS WITHIN FACTORS			
2	−0.557	0.557	
3	1.370	0.603	−1.972
3	−0.877	0.219	0.657

위 표에서 각 줄의 첫 번째 값들인(2, 3, 3)은 각 속성(숙박유형, 여행일수, 항공사유형)의 수준 수를 의미하며, 각 줄의 두 번째 이후의 값들은 속성 수준별 점수이다. 예를 들어, 특급호텔의 효용은 −0.557이며, 특1급호텔의 효용은 0.557로 나타나 응답자들은 특1급호텔을 특급호텔보다 훨씬 선호하고 있음을 알 수 있다. 이러한 효용점수는 속성 간 및 속성수준별 상호 비교가 가능한 표준화된 점수이다. 즉 이 응답자는 특1급호텔(0.557)보다 6박7일의 여행일수(1.370)에 두 배 이상의 효용을 부여하는 것으로 해석할 수 있다.

이러한 컨조인트 분석 결과를 토대로 마케팅 담당자는 〈그림 8−6〉과 같은 정보를 도출할 수 있다.

〈그림 8-6〉 MONANOVA 분석으로부터 얻어진 효용점수

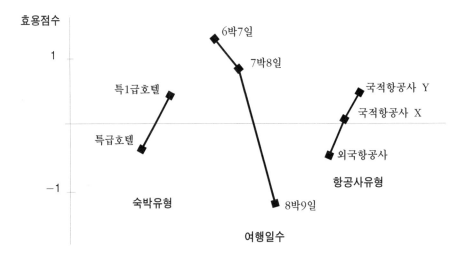

첫째, 이 응답자에 있어서 가장 중요한 제품 속성은 여행일수이며, 그 다음으로 항공사유형, 그리고 숙박유형의 순으로 중요도가 부여된다. 즉, 여행일수에 있어서 속성수준의 변화(즉 6박7일에서 8박9일로의 변화)에 따라 속성수준에 대해 부여하는 가치효용점수에 많은 변화가 발생하기 때문에 여행일수의 변화가 구매에 가장 큰 영향을 미칠 것으로 예상된다. 다음으로 항공사유형, 그리고 숙박유형의 순으로 중요도가 낮아진다.

둘째, 이 응답자가 원하는 이상적 여행상품은 '특1급호텔/6박7일/국적항공사 Y'의 속성수준을 갖는 여행상품이다. 응답자는 이 제품 개념에 대해 가장 높은 효용점수를 부여하는 것으로 나타나 이 상품을 구매할 확률이 가장 높을 것이라는 것을 알 수 있다.

셋째, 기업의 마케팅 담당자는 개인별 컨조인트 분석자료를 종합하여 전체 소비자수준에서 중요도가 높은 속성을 파악하고, 이에 근거해 제품개발과 판촉계획을 수립할 수 있다. 또한 각 소비자들이 원하는 이상적 제품의 분포를 이용해서 제품 구색에 대한 결정을 내릴 수도 있다.

(4) 컨조인트 분석 적용시의 고려사항

현재 컨조인트 분석은 기업의 신제품개발 및 제품믹스 전략의 수행 등 마케팅 분야에 널리 활용되고 있으며, MONANOVA분석 외에도 많은 프로그램들이 개발되어 상업적 조사에 이용되고 있다. 조사자는 컨조인트 분석의 활용에 있어서 다음과 같은 문제점을 신중히 고려하고 이에 대한 대처를 적절히 할 수 있어야 한다.

1) 자료 수집

컨조인트 분석에서는 속성의 수와 속성별 수준의 수가 증가하면 응답자들로부터 자료를 수집하기가 어려워진다. 가령 고려되는 제품 속성의 수가 5개이고 각 속성별 수준이 3개인 경우 응답자가 고려해야 하는 가상 제품개념의 수가 243개($=3 \times 3 \times 3 \times 3 \times 3$)가 되어 이들에 대한 선호도 순위를 평가하는 작업은 거의 불가능하게 된다. 따라서 이들을 전부 사용하는 것보다 일부분을 적절히 선정하여 조사를 수행하여야 한다. 만약 가상 제품개념의 수가 40~50개 정도라면 응답자들에게 전체 가상 제품개념들을 좋아하는 제품, 보통의 제품, 싫어하는 제품으로 먼저 구분하고 다시 각 집단 안에서 선호도를 결정하도록 하는 방법을 이용할 수 있다.

그러나 속성과 속성수준의 수가 많아지는 경우에는 모든 제품개념들에 대한 선호도를 동시에 측정하는 대신 한 번에 두 개씩의 속성만을 고려하여 선호도를 평가하는 방법(trade‐off analysis)을 이용할 수도 있다. 즉 속성의 수가 5개(A, B, C, D, E)이고 각 속성별 속성수준이 3개씩인 경우 243개의 가상제품개념을 동시에 비교하는 대신 한번에 2개의 속성만을 고려하여 이들의 조합으로 얻어진 9개의 가상제품을 비교하는 것이다. 최소의 노력을 하는 경우에는 이 과정을 4회(A−B, B−C, C−D, D−E) 반복하고 결과를 비교하면 조사자가 원하는 자료를 큰 어려움

없이 얻을 수 있게 된다.

2) 분석 단위

컨조인트 분석의 적용과 결과 해석은 기본적으로 개인적 수준(individual level)에서 이루어지나 연구자의 필요에 따라 응답자 집단의 선호도 값을 구하여 이를 이용하여 분석을 시도할 수 있다. 개인별 분석의 경우, 제품 개념들에 대한 선호도 점수는 개인별로 측정되고, 이를 이용하여 실시된 컨조인트 분석은 개인별 효용점수를 계산해 준다. 연구자는 이러한 점수를 이용하여 속성별 중요도를 구하거나, 원하는 제품 개념(효용점수가 높은 제품)이 유사한 소비자들을 동질적인 세분시장으로 묶어 이 세분시장에 맞는 제품을 개발할 수 있다.

참고로 응답자 집단의 선호도 값들을 평균하여 한 번의 컨조인트 분석을 실시할 경우 각 소비자들의 선호도를 제대로 반영하지 못할 위험이 있다. 즉 여행일수가 짧은 상품과 여행일수가 긴 상품을 원하는 두 명의 소비자들에게 중간 정도의 여행일수를 가진 여행상품이 개발·제공될 수 있는 것이다.

개인 수준에서 컨조인트 분석을 실시할 경우 많은 응답자들의 자료를 하나하나 분석하여야 하는 번거로움이 따른다. 이를 개선하기 위해 최근에는 각 소비자들이 컴퓨터 화면에 제시된 가상 제품개념들에 대한 선호도 자료를 입력하면 개인별로 효용점수를 계산하고, 이를 토대로 시장세분화까지 가능한 상업용 컨조인트 분석 프로그램이 개발되어 운영되고 있다.

요약

1970년대 중반부터 컨조인트 분석은 다속성(multi-attribute) 상품이나 서비스를 구매하는 고객들의 의사결정에서 속성 요소들이 어떤 작용을 하는지를 분석하고 이해하는 방법으로 고려되어 왔다. 1980년대에 들어서면서 컨조인트 분석은 컴퓨터 하드웨어/소프트웨어의 눈부신 발달로 이를 해결하는 프로그램들이 광범위하게 도입되어 많은 산업 분야에서 다양하게 활용되게 되었다. 특히 개인용 PC를 기반으로 하는 컨조인트 분석 전용의 프로그램들이 속속 도입됨에 따라 이 분석기법의 사용자는 여러 분야에 걸쳐 더욱 증가하는 추세에 있다.

컨조인트 분석은 근본적으로 분산분석에서와 같이 연구자가 실험을 통하여 다양하게 전개될 수 있는 제품개발 상황에서 어떤 속성의 조합으로 개발된 제품들이 고객들에게 더 선호될 수 있을 것인지를 분석하는데 유용하게 사용될 수 있다. 예를 들어, 여행사가 새로운 여행상품을 개발하고자 할 때 기간, 코스, 숙박, 식사, 가격, 교통수단 등 다양한 속성들을 적절히 결합하여 고객들이 가장 선호할 수 있는 상품으로 구성하여야 하며, 이는 물론 적절한 고객 세분시장에 따라 달리 표현될 수 있다. 이때 여행사는 경우에 따라 계량척도나 비계량척도로 측정되는 각 속성의 수준을 결정하고, 각 속성의 수준을 토대로 나타날 수 있는 가능한 속성 수준의 조합을 하나의 상품개념으로 고객들에게 제시하여 선호도를 조사한 다음 이를 사용하여 최적의 속성조합을 구하고자 할 때 컨조인트 분석을 유용하게 사용할 수 있다. 분산분석에서와는 달리 컨조인트 분석에서는 선호도로 대표되는 고객 반응을 계량척도와 비계량척도 모두를 사용하여 측정할 수 있으며, 변수간 관계에 대한 가정도 엄격하지 않아 실무적인 유용성이 크다고 할 수 있다.

　참고로, 컨조인트 분석의 기본 모형은 다음과 같이 표현되어질 수 있다.

$$Y_1 = X_1 + X_2 + X_3 + - \;\; - \;\; - \;\; - \;\; + \;\; X_N$$

　　　(비계량/계량척도)　　　　(비계량척도)

　컨조인트 분석은 잠재적인 상품이나 서비스를 규정하는 속성의 내용 및 이의 결합과 관련한 내용이 이미 알려져 있을 때, 고객들의 반응을 통하여 가장 적절한 속성수준의 조합을 도출하는 데 매우 적절한 방법이다. 컨조인트 분석은 다른 다변량 분석방법에 비하여 그다지 엄격한 가정이 적용되지 않아 매우 융통성 있는 방법으로 알려져 있다. 컨조인트 분석에서는 (1) 종속변수로 계량 및 비계량 척도를 모두 사용할 수 있으며, (2) 독립 또는 예측변수(predictor variable)로 명목변수나 서열변수를 카테고리로 규정하여 사용하며, (3) 종속변수와 독립변수 사이의 관계에 있어서도 아주 일반적인 가정만을 적용하고 있다.

　대표적인 적용 분야로는 마케팅 분야에서 자주 언급되는 최적의 마케팅믹스나 제품믹스, 디자인믹스, 그리고 최적의 제품공학/설계(product design/engineering)를 구하기 위하여 사용되는 것을 들 수 있으며, 이는 유형의 제품만이 아니라 여행 및 관광상품, 금융상품 등 무형의 서비스 상품에 대한 응용을 포함한다. 때문에 기업에서는 새로운 상품을 고안하고 설계할 때 이와 같은 컨조인트 분석을 매우 유용하게 사용하고 있다.

용/어/정/리

- **additive model (가산 모형)** : 주효과(main effects) 모형이라고도 불리우며, 합의 가산방식에 의하여 부분가치(part‐worth)를 전체적인 가치(total‐worth)로 변환하는 방식을 의미한다. 평가의 횟수와 추정 방식을 기준으로 할 때 가장 간단한 컨조인트 모형이기도 하다.

- **choice‐based approach (선택기준 접근)** : 전통적인 컨조인트 분석에서 사용하는 응답자로부터 자료를 수집하는 방법과는 달리 정해진 프로파일(속성수준의 조합)들의 집합들로부터 의사결정시 고려할 프로파일 집합을 선택집합(choice set)으로써 먼저 선정하고, 이 집합을 전체 프로파일 집합으로 하여 각 프로파일들의 선호도를 측정하는 방법을 나타낸다. 이는 실제 소비자들이 특정 제품을 선정할 때 먼저 선택시 고려하는 제품집합을 정하고, 이들 집단에 포함된 제품들을 서로 비교하여 최종적으로 구매 제품을 결정할 수 있다는 선택이론에 근거한 접근 방법이다.

- **choice set (선택 집합)** : 속성 수준의 가능한 모든 조합으로부터 산정된 대상 프로파일에서 실제 응답자들이 제품 선택시 고려할 수 있는 프로파일들을 먼저 정했을 경우 이를 지칭한다.

- **choice simulator (선택모의실험)** : 컨조인트 분석에 의하여 도출된 개별 응답자들의 부분가치를 토대로 각 응답자들이 실제로 어떤 제품(속성수준 조합)을 선택할 것인지를 구하여 전체 응답자 집단에서 선호되는 제품의 유형을 결정하거나 시장점유율을 예측할 때 사용되는 방법이다.

- **compositional model (합성적 기법)** : 연구자가 각 속성에 대한 개별 응답자가 아닌 응답자군의 평가로부터 속성의 상대적 중요도를 고려하여 대상에 대한 전체 선호도를 총합으로 구하는 방식을 사용하며, 분해법(decompositional model)과 상반되는 개념으로 사용된다. 여기서는 응답자들로부터 대상을 구성하는 많은 속성들(예를 들어, 색상, 스타일, 성능 등)에 대한 평가와 대상 자체에 대한 평가를 토대로 제시된 모형에 의해 각 속성들의 상대적 중요도를 구하고 예측모형을 개발하며, 일반적으로 회귀분석이나 판별분석과 같은 방법을 사용한다.

- **composition rule (합성 규칙)** : 응답자들이 속성 수준을 결합하여 대상들의 전체적인 선호도를 구하는 규칙을 의미하며, 단순히 속성 수준들의 부분 효용을 합산하여 전체적인 선호도를 구하는 가산규칙(additive rule)과 속성 수준간의 상호작용 효과를 고려하여 합산하는 상호작용 규칙(interactive rule)의 두 가지 방법이 많이 사용된다.

- **conjoint variate (컨조인트 변량)** : 대상(자극)들의 전체적인 선호도를 산정하기 위하여 연구자

에 의하여 규정된 변수(요인)들의 조합을 나타낸다. 연구자들은 이 변량에 포함된 변수들이 가지는 값을 정하게 되는데, 이때 이 값들을 수준(level)이라고 한다.

- decompositional model (분해적 기법) : 연구 대상에 대한 응답자의 전체 선호도만을 측정하여 이를 토대로 대상을 구성하고 있는 속성 수준에 대한 부분적인 선호도(part‐worth)를 추정하는 과정을 밟는다. 연구자는 각 속성을 정의하고 가능한 속성 수준의 조합을 응답자들에게 제시하며, 응답자들은 단지 제시된 속성 수준의 조합들에 대하여 전체적인 선호도만을 답하도록 요구받게 된다. 이러한 자료 수집과정을 거쳐 컨조인트 분석에서는 각 속성 수준들의 부분 가치가 결정되게 된다.

- factor (요인) : 다른 변수에 미치는 영향을 파악하기 위하여 연구자에 의하여 조작되는 변수를 나타낸다. 컨조인트 분석에서는 예측변수(predictor variable)가 되며, 비계량적 척도로 측정되고, 이 요인이 갖는 값이 수준(level)이 된다.

- factorial design (요인설계) : 응답자들로부터 자극을 평가하기 위하여 속성의 수준을 결합하여 나타날 수 있는 모든 조합을 도출하는 방법을 나타낸다. 예를 들어, 세 개의 요인(속성)과 세 개의 수준(level)을 갖는 요인설계의 경우, 가능한 조합은 27개(=3×3×3)가 된다.

- fractional factorial design (부분요인설계) : 전체프로파일이 아닌 응답자들이 제품선택 시 중요하게 고려할 수 있는 전체 프로파일들의 부분을 적절히 도출하기 위하여 사용되며, Addelman의 직교행렬을 이용하거나, 퍼스널컴퓨터 패키지 (Bretton‐Clark's Conjoint Designer)를 이용하여 구축할 수 있다. 이 경우, 부분프로파일의 수가 너무 많으면 응답자에게 과중한 부담을 안겨주게 되고, 이와는 반대로 프로파일들의 수에 비하여 너무 많은 수의 계수들을 추정하면 컨조인트 분석의 예측타당성이 저하될 수 있다. 일반적으로, 프로파일들의 수가 계수들의 수의 2배 이상이 되는 것이 바람직하며, 프로파일들의 수가 계수들의 수의 1.5배 이하가 되면 예측타당성이 현저히 저하되는 것으로 알려져 있다.

- full‐profile method (전체프로파일 제시법) : 모든 속성의 수준들을 전부 이용하여 가능한 전체 프로파일 집단을 만들어서 응답자들로 하여금 각 프로파일의 순위를 정하도록 하는 것을 말한다. 하지만, 이와 같은 전체프로파일 제시법은 현실적으로 응답자들이 비교 불가능한 너무 많은 수의 프로파일들을 포함하는 경우가 많으므로, 일반적으로 실제 조사에 이용되는 제품 프로파일들을 만들기 위해 부분요인설계(Fractional Factorial Design) 방법이 사용된다.

- interaction effects or terms (상호작용 효과 또는 부분) : 이 효과는 대개 응답자들이 특정한 속성 수준의 결합에 대한 가치(선호도)를 평가할 때, 이 결합 내에 포함되어 있는 속성 수준의 부분 효용값들을 단순 가산하여 나온 효용값보다도 훨씬 크거나 작은 값을 전체 효용값으로 산정할 때 나타나게 된다. 즉, 각 속성 수준간의 상호작용에 의하여 이들을 단순 가산한 값과는 다른 값이 전체 효용값으로 나타날 때 이와 같은 상호작용 효과를 고려하게 된다.

- interattribute correlation (속성간 상관): 속성들 간의 상관을 나타내며, 환경상관 (environmental correlation)이라고도 한다. 이 상관이 높으면 현실성이 없거나 무의미한 (unbelievable or redundant) 속성들의 조합이 도출되게 된다. 음(negative)의 상관은 해당 속성들 간에 역의 관계가 성립한다는 것을 의미하며, 이에 따라 한 속성 값이 커지면 다른 속성 값은 작아지는 관계를 나타낸다. 이와는 반대로 양(positive)의 상관 값은 해당 속성간 에 정의 관계가 존재한다는 것을 의미하며, 이는 한 속성 값이 커질 때 다른 속성 값 역시 커진다는 속성간 관계를 나타낸다. 이러한 속성간 상관이 존재하면 연구자는 도출된 속성 수준의 결합을 세심히 관찰하여 현실적으로 무의미한 결합들을 부분가치를 도출할 때 제외시켜야 한다.

- level (수준): 요인(속성)들이 갖는 구체적인 값들을 나타낸다. 컨조인트 분석에 사용되는 속성의 경우 반드시 두 개 이상의 수준들에 의하여 나타내져야 하며, 대개 4개나 5개를 넘지 않는 범위내에서 수준 값을 결정하는 것이 바람직하다. 만약, 속성이 세 개이고, 각 속성별로 수준이 두 개씩 고려된다면, 가능한 제품 조합의 수는 8개(= $2 \times 2 \times 2$)가 된다.

- main effects (주효과): 각 요인(예측변수) 변수가 종속변수에 직접적으로 미치는 영향을 나타낸다.

- orthogonality (직교성): 부분가치의 추정치가 서로 독립성을 유지하여야 한다는 수학적 제약을 의미한다. 컨조인트 분석시 각 속성 수준을 변화시키는 효과를 다른 속성 수준의 효과나 실험오차의 효과를 제외하고 측정하는 것을 나타내기도 한다.

- pairwise comparison method (쌍대비교방법): 응답자들에게 조사 대상을 두 개씩 쌍으로 제시하고 이 중에서 더 선호하는 것을 선택하도록 하는 방법을 말한다.

- part-worth (부분가치): 컨조인트 분석을 통하여 제품이나 서비스를 구성하는 주요 속성들의 각 수준에 대한 효용값으로 도출된 것을 의미한다.

- preference structure (선호 체계): 각 응답자로부터 도출된 개별 속성들의 효용값과 각 속성을 구성하는 수준들의 효용값, 그리고 이들 효용값들이 전체 선호도에 어떤 영향을 미치는지를 나타낸다.

- stimulus (자극): 처치(treatment) 참조

- trade-off method (트레이드오프 방법): 응답자들로 하여금 한 번에 두 개의 속성들만 고려하여 응답을 하도록 하는 방법으로써 두 개의 속성들의 각 수준을 결합하여 트레이드오프 표를 만들어서 응답자들로 하여금 선호도에 따라 1, 2, 3의 순위를 매기도록 하는 것이다. 트레이드오프 제시법은 한 번에 두 개씩의 속성만을 제시하기 때문에 응답자가 이해하고 답을 하는데 부담이 적고, 또 속성의 수가 많아지더라도 전체프로파일 제시법에 비하여 응답자들에게 부담을 적게 준다는 장점이 있다. 그러나, 한 번에 두 개의 속성들만을 고려하므로 나

머지 속성들의 수준은 무시하고 특정한 두 개의 속성 조합만을 응답자에게 제시함에 따라 현실성이 부족하다는 단점을 가지고 있다. 일반적으로, 속성들의 수가 작을 때에는(6개 이하) 전체프로파일 제시법을 사용하고, 그 이외에는 트레이드오프 제시법을 사용하는 것이 적절하다.

■ treatment (처치) : 응답자들에게 최종적으로 제시되는 속성 수준의 특정한 결합을 나타낸다. 속성과 수준의 수를 반영하여 가능한 모든 조합을 사용하는 방법과 이 중에서 일부분을 적절히 선택하여 이를 사용하는 방법이 있다.

사 례

관광학에서 컨조인트분석을 이용한 사례

Source : 박태수·이관표(2003). 컨조인트 분석을 통한 항공사의 브랜드 자산 및 선택속성에 관한 연구, 『관광정보연구』, 13 : 101~121.

컨조인트 분석을 통한 항공사의 브랜드 자산 및 선택속성에 관한 연구

Comparison of Brand Equity and Customer's Selection Attributes in Korean Airline Industry

박 태 수* · 이 관 표**

Park, Tae—su · Lee, Kwan—pyo

This paper was to measure brand equity of airlines, to find which attributes are most importantly considered when selecting airlines, and finally to offer informative implications for airline industry.

For these purposes, the study conducted a literature review and an empirical research as well. First, brand equity was newly defined for this study as utility value derived from customer's preference, which is inexplicable by tangible attributes, and the selection attributes of airlines and sub—sectors each attributes were chosen out of prior researches while in the later, the degree of preference of attributes and partial worth of sub—sectors were tested using conjoint analysis.

In conclusion, brand was considered more importantly when customers chose airlines than other attributes of airlines.

---

* 세종대학교 박사과정, 세종대 강사.
** 세종대 박사과정 · 르네상스호텔 판촉차장

I. 서　론

　경쟁사와의 차별화, 고객에게 약속하는 무형의 가치와 신뢰 등등, 이 모든 것은 오직 브랜드만이 할 수 있고 정보의 홍수 속에서 쉽게 결정을 내리지 못하고 있는 소비자를 고객으로 만들 수도 있다. 좋은 브랜드를 가지고 있으면 소비자의 구매, 의사결정에 큰 영향을 미칠 수 있고 브랜드 파워가 강하다면, 때에 따라서는 제품의 가치가 조금 떨어져도 소비자의 구매를 자극할 수 있다.

　브랜드 자산 측정 방법은 크게 주식이나 기업 순익을 기초로 한 재무·회계적 접근 방법과 소비자 관점에서 접근한 마케팅적 접근법으로 나눌 수 있다. 그리고 마케팅적 접근 방법에 컨조인트 분석법이 있는데 이를 통하여 특정 상품의 어떠한 특성이 소비자에게 중요한가를 알 수 있으며, 특정한 상품 속성이 어떤 경우에 소비자에게 바람직하게 인식되고, 어떤 경우에 바람직하지 않게 인식되는지 등의 각 속성의 상대적 중요성, 즉 부분가치(Part-worth)를 알 수 있으며, 자사의 기존 상품이나 개발예정의 상품이 경쟁사의 상품과 비교하여 소비자의 선호도를 어느 정도 충족시켜 줄 수 있는가? 등을 알 수 있다.

　본 연구에서는 단순히 브랜드 자산을 측정하는 것 이외에 마케팅 활동을 위한 정보 획득을 목표로 최적 상품 속성 조합에 의한 브랜드 자산 측정과 속성별 선호정도를 알아보고자 하였으며, 컨조인트 분석을 이용하여 최적 상품을 조합해보고 이러한 조합을 기초로 하여 항공사의 브랜드 자산을 측정해보고자 한다. 여행 특성별 분석을 통해 시장세분화 및 목표고객에 대한 마케팅 활동에 유용한 정보를 제공하고자 한다.

II. 브랜드 자산에 대한 이론적 연구

1. 브랜드 자산의 개념

　브랜드 자산(Brand Equity)이란 무엇을 의미하는가? 마케팅 커뮤니케이션 연구회(2000)는 브랜드 자산의 개념을 Aaker의 개념에 기초하여 '한 브랜드와 그 브랜드의 이름 및 상징에 관련된 자산과 부채의 총체'라고 정의하고 있다. 즉, 브랜드 자산이란 기업과 그 기업의 고객에게 가치를 제공해주는 것으로서 이는 브랜드의 이름 또는 심벌과 연관된 것이어야 한다는 것이다.

　브랜드 자산이 마케팅 분야에서 주요 과제로 다루어지기 시작한 것은 1980년대 말 혹은 1990년대 초반으로, 특히 Aaker(1991)가 '브랜드 자산 관리(Managing Brand Equity)'란 저서를 발표하면서부터라고 할 수 있다. 하지만 브랜드는 글자나 마크처럼 유형적인 반면에 눈에 보이지 않는 가치를 포함하고 있는 무형적인 특징을 가지고 있어서 연구자들의 접근 관점에 따라 그 정의가 달라지고 있다. 연구자에 따른 브랜드 자산의 정의를 살펴보면 다음과 같다.

〈표 1〉 브랜드 자산의 정의

연구자	연구관점	정의
Farquhar (1989)		특정 제품에 브랜드를 사용함으로써 증가되는 가치
MacLachlan & Mulhern (1990)	1. 기업측면 2. 유통경로 3. 소비자측면	1. 브랜드 사용으로 인해 파생된 현금유입 증가분 2. 시장진입과 교섭력에 있어서의 수단 3. 유형의 제품속성으로 설명되지 않는 효용 또는 가치
Aaker (1991)	1. 소비자측면 2. 기업측면	한 브랜드와 그 브랜드의 이름 및 상징에 관련된 자산과 부채의 총체
Wells, Burnett & Moriaty (1992)		상품에 가치를 더해 주는 우수한 브랜드명의 이익
Bovee & Arens (1992)	1. 소비자 2. 분배자 3. 판매자	어떤 브랜드에 대해 일정기간 동안 경쟁 브랜드와 비교해서 소비자, 유통업자, 판매원 등이 생각하고 느끼는 가치
Park (1992)	1. 고객관점 2. 기업관점	1. 특정 브랜드로 인해 높아진 브랜드 선호도 2. 브랜드로 인한 이익증가
Wilikie (1992)		브랜드명에 의한 추가적인 가치
Keller (1993)	고객관점	브랜드에 관한 마케팅활동에 대하여 소비자가 반응하는 브랜드 지식의 차별적 효과
안광호 외 2명 (1999)	재무적 측면	브랜드의 이름 및 상징과 관련하여 형성된 자산의 총액에서 부채를 뺀 것

2. 브랜드 자산 측정에 대한 분류

Kevin Keller(1997)는 브랜드 자산 가치의 측정 방법을 크게 비교(comparative)평가방법과 총체적(holistic)평가방법으로 분류하였다. 비교평가방법은 제품에 특정 브랜드명이 제시된 경우 소비자가 얼마나 더 호의적으로 반응하는지를 소비자의 지불의도가격의 차이나 브랜드 전환을 일으키는 가격의 차이 정도 혹은 결합분석에 기초하여 브랜드명의 상대적 효용가치를 측정함으로서 브랜드 자산가치를 평가하는 것이다. 반면에, 총체적 평가방법은 특정한 브랜드가 가지는 가치를 전반적인 시장성과로 평가하는 방법으로서 시장점유율이나 주식시장에서의 기업평가를 기초로 브랜드 자산의 가치를 측정하는 것이다(안광호 외 2명, 1999).

〈표 2〉 브랜드 자산의 측정에 대한 분류

Keller 의 분류		접근법
Comparative Analysis	브랜드를 기준으로 한 평가법	마케팅적 접근법
	마케팅을 기준으로 한 평가법	
	결합분석에 의한 평가법(Conjoint)	
Holistic Analysis	잔여적 평가	재무적 접근법
	기업 가치 평가	통합적 접근법

3. 항공사 선택 속성에 관한 선행연구

1997년에 한국항공진흥협회에서 조사한 항공 서비스 관련 분석결과에서는 항공사 선택 우선 순위의 동기를 질문한 결과, 여행사 권유가 21.7%로서 가장 많았으며 국내 항공사이기 때문에 15.2%, 상용고객 우대카드를 소지해서 11.8%, 스케줄이 편리해서 11.6%, 항공요금이 저렴해서 이용한다는 의견이 11.0%로서 가장 낮게 나타났다. 그리고 개인이 항공 여행시 항공편을 선택하는 일반 기준은 안전성 36.7%, 서비스 16.3%, 항공요금 14.7%, 스케줄 13.4%, 항공사국적 5.3% 순으로 나타났다. 그러나 항공기 안전성의 선택기준이 높게 나타나고 있음에도 불구하고 여행사 권유나 국내 항공사이기 때문에 이용한다는 앞의 결과가 나타난 점으로 미루어 보아 개인의 항공기에 대한 전문성 결여 또는 안전성 판단의 기준이 모호하기 때문인 것으로 해석된다.

이상의 분석결과에서도 알 수 있는 바와 같이 항공사의 선택 기준은 곧 항공사의 마케팅 전략에 중요한 변수로 작용될 수 있기 때문에 각 문항 속성별 차지하는 비율은 항공사의 고객유치 차원에서도 시사하는 바가 크다고 할 수 있다(김은주, 1998).

Etherington & Var(1984)는 여행목적에 따른 항공사 선택요인의 중요도에 관한 연구에서 17개의 항공사 속성을 편리한 일정, 공항 서비스, 기내 서비스, 가격, 항공사 직원 등 5개의 차원으로 분류하여 여행목적에 따른 항공사 선택요인의 중요도를 조사하였다. 연구 결과 비상용 여행객의 경우는 가격 관련 요인, 즉 항공가격, 할인, 이용가능성을 중요시하며 반면에, 상용여행객은 경제적인 제약보다는 시간적인 측면인 논스톱 비행 및 발차시간을 더 우선시 하는 것으로 나타났다.

Toh & Hu(1990)는 회원과 비회원간의 항공사 속성 중요도에 관한 연구를 하였다. 1987년 씨애틀 공항의 항공여객 271명을 대상으로 그리고 5개의 주요 항공사의 직원과 4개의 기업체 직원을 대상으로 조사한 결과 회원의 경우는 스케줄의 편리성을 중시하는 것으로 나타났으며 비회원의 경우는 기내식사의 질을 중시하는 것으로 나타났다. 이들은 항공사의 선택속성을 스케줄의 편리성, 정시성, 가격, 승무원 서비스, 상용고객 우대제도, 기내식사, 여행사의 추천, 회사 담당자의 추천, 총 8가지로 제시하였다. 회원들을 대상으로 실시한 조사의 결과를 보면 상용고객 우대제도가 공사 선택에 중요한 요소이며 가능한 한 많은 항공사의 제도에 가입하고 있으나 보너스 혜택을 최대화하기 위해 한 항공사의 제도에 충실하려는 경향을 보였다.

이 외에도 많은 학자들이 항공사 선택 속성에 관련된 연구를 수행하였다. 다음의 표에 기존 연구들의 연구결과를 제시하였으며 이러한 선행연구를 바탕으로 본 연구에 사용될 5가지의 주 요인을 항공사브랜드, 기내관련속성, 운항관련속성, 안전관련속성, 기타혜택관련속성으로 선택하였으며 각 속성별 하위수준으로는 먼저 항공사브랜드는 항공사별 국내 여객 수송실적과 점유율을 기준으로 4개의 항공사를 선택하였다.

Ⅲ. 연구설계

1. 연구과제

MacLachlan과 Mulhern(1990)은 선글라스 제품에 대한 연구에서 유명 브랜드 제품의 가치가 무브랜드 제품보다 크다는 사실을 밝혀낸바 있다. 즉 유명브랜드가 무브랜드에 비해 상표의 인지도 뿐만 아니라 신뢰성이 높기 때문에 더 선호되며 이는 결국 더 많은 매출을 올릴 수 있는 것이다.

컨조인트 분석법은 제품을 구성하고 있는 각 속성의 선호도에 의해 소비자의 구매확률을 계산하게 되므로 즉, 소비자들이 구매선택 시 고려하고 있는 제품속성중의 하나인 브랜드의 선호도를 기준으로 다음과 같은 연구를 하고자 한다.

따라서 본 연구는 다음과 같은 연구과제를 제시한다.

연구과제 1
시장점유율이 높은 브랜드와 그 제품의 브랜드 부분가치와의 관계를 알아본다. 이는 시장 점유율이 높은 브랜드일수록 소비자들에게 더 큰 효용을 제공하고 있는지를 알아보려는 것이다.

연구과제 2
컨조인트 분석결과로 나타난 최적 상품 속성조합을 가지고 브랜드 자산을 측정한다.

연구과제 3
항공서비스 이용자들의 여행특성에 따라 항공사 제품속성에 대한 중요도에 차이가 있는지 알아본다.

2. 연구 모형

컨조인트 분석을 이용하여 항공사 브랜드 가치를 측정하기 위해서 항공서비스 제품을 구성하고 있는 제품속성을 알아낸 다음 속성간의 조합을 만들어 내야 한다. 그러기 위해서 먼저 항공사를 선택하는 속성에 관한 선행연구를 통해서 중요 선택 속성과 각 속성별 하위수준의 내용을 추출해 내야 한다.

속성별 조합을 통해서 브랜드의 부분가치를 구한 다음 실제 브랜드의 시장 점유율과의 비교를 통해 연구과제 1을 해결하고, 브랜드의 부분가치를 총매출액과 비교하여 총매출액에서 브랜드가 기여한 부분을 계산한다(연구과제 2).

여행특성별(연구과제 3) 각 속성의 중요도를 알아보고 이러한 결과를 가지고 마케팅활동을 위한 시사점을 도출하게 된다. 위의 설명을 그림으로 나타내면 다음과 같다.

〈그림 1〉 연구모형

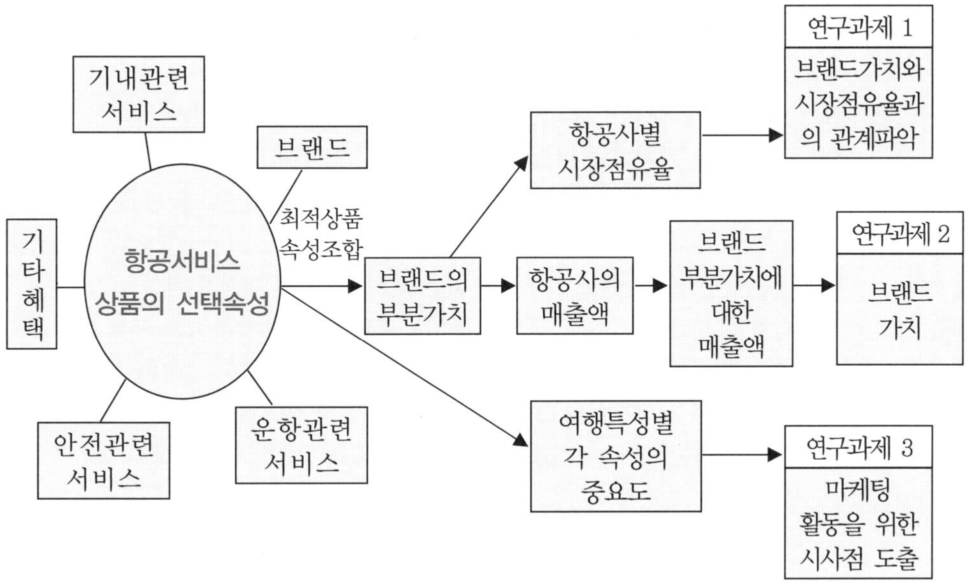

본 연구를 위한 5개 주 요인과 각각의 하위속성을 보면 다음과 같다.

〈표 3〉 항공사 선택속성 및 속성별 하위수준

주요 속성	속성별 하위수준
브랜드	① A항공 ② B항공 ③ C항공 ④ D항공
운항관련서비스	① 편리한 예약·발권 ② 신속한 탑승수속 ③ 정시출발 ④ 편리한 운항 스케줄
기내관련서비스	① 훌륭한 기내식 ② 다양한 기내오락 ③ 위생적인 기내환경 ④ 친절한 승무원서비스
안전관련서비스	① 최신 운항기종 보유 ② 최신 운항기종 미 보유
기타혜택	① 마일리지혜택 ② 가격할인혜택

*실제 브랜드명은 본 연구의 특성상 A, B, C, D로 대체하였다.

3. 조사표본의 설계 및 설문지 구성

컨조인트 분석시 조사대상인 응답자들의 수를 결정하기 위해서는 우선 이의 모집단을 결정해야 한다. 컨조인트 분석의 모집단은 조사를 하고자 하는 해당 제품/서비스 범주에 속하는 품목을 가까운 시일 안에 구입하려고 계획하는 사람들로 구성하는 것이 바람직하다.

본 연구에서의 표본단위는 선택된 항공사의 브랜드가 국적별로 다양하다는 점을 감안하여 국제공항으로 선정하였고, 특히 그 범위를 인천국제공항으로 한정하였다. 표본 프레임은 모집단과 동일하며 조사자가 직접 공항을 방문하여 무작위를 표본을 선택하여 응답자가 직접 선호순위를 기입하는 방식을 채택하였으며, 본 설문지를 구성하고 있는 BIB TEST의 특성상 자칫 성의 없는 답변이나 어느 한 속성에 의존한 선호도 기입의 오류 가능성을 방지하고자 1 : 1 면접법방법을 병행하였다. 설문지는 총 250부를 회수하였으나 그 중 부분별 미응답이 있는 설문지 약 26부를 제외한 총 224부를 가지고 본 연구를 수행하였다. 조사기간은 9월 7일부터 10월 6일까지 총 30일간에 걸쳐 이루어졌다.

본 설문지의 구성은 크게 3개 부분으로 나뉘어져 있다. 각 부분은 다음과 같은 내용으로 이루어져 있다. 첫째 부분은 항공상품 이용자의 여행특성을 알아보기 위한 문항들로 구성되어져 있으며 총 9문항으로 이루어져 있다. 둘째 부분은 항공상품을 부분가치 및 각 속성의 중요도 파악을 위한 16개의 BIB Test 카드가 제시되어져 있다. 셋째 부분은 항공상품 이용자의 인구 통계적 특성을 알아보기 위한 문항들로 구성되어져 있으며 총 6개의 문항으로 이루어져 있다.

구체적인 설문지 구성내용을 살펴보면 아래와 같다.

1) 항공여행객의 여행특성에 관한 사항

2) 항공서비스 구성속성의 선호도에 대한 BIB TEST

두 번째 부분은 항공사 선택 속성의 부분가치 및 속성별 선호도를 알아보기 위하여 속성별 조합에 의한 가상 항공상품이 16개의 카드를 통해서 제시되어져 있다. 자료수집 방법은 전체 프로파일 제시법(Full Profile Method)을 채택하여 선호도를 측정하였으며, 본 연구에서 사용되는 속성의 수가 총 5개이고 각 속성별 하위수준이 브랜드의 경우 4개, 운항 관련 속성이 4개, 기내 관련 서비스 속성이 4개, 안전관련 속성이 2개, 기타 혜택 관련 속성이 2개로 총 16개의 하위속성을 가진다. 이들 하위속성간의 조합을 통해 생성될 수 있는 가상 항공 상품이 총 256개이다. 이들 프로파일을 전부 제시한다는 것은 현실상 불가능하며 정확한 순위를 매기는 게 힘들기 때문에 SPSS의 직교계획을 사용하여 총 16개의 프로파일을 선정하였다.

IV. 실증 분석

1. 표본의 일반적 특성에 관한 분석

본 연구는 표본의 일반적인 특성을 알아보기 위해 성별, 연령, 결혼여부, 최종학력, 직업, 월 평균 소득으로 나누어 빈도분석을 실시하였다.

응답자들의 일반적인 특성에 관한 빈도분석 결과, 남자가 127명(56.7%), 여자가 97명(43.3%)으로 남자가 상대적으로 조금 높게 나타났다. 연령별 빈도분석 결과는 10대가 2명(.9%), 20대가 69명(30.8%), 30대가 96명(42.9%), 40대가 38명(17.0%), 50대가 19명(8.5%)으로 나타났다. 이는 10대의 경우 항공상품 이용률이 다른 연령에 비해 상대적으로 빈약한 결과로 해석된다. 50대의 경우는 면접을 거부하는 사례가 다른 연령에 비해 상대적으로 높게 나타나 본 연구에 채택된 비율이 낮게 나타났다.

결혼 여부와 관련한 사항에서는 미혼이 95명(42.4%), 기혼 129명(30.1%)으로서 이는 연령대와 비교해서 30대 이상의 경우는 대부분 기혼이기 때문인 것으로 풀이된다. 최종학력의 경우는 대졸(153명, 68.3%), 대학원졸(44명, 19.6%), 고졸(27명, 12.1%)순으로 나타났다. 응답자의 직업에 대한 빈도분석 결과 일반사무직이 74명(33.0%)로 가장 많았고 이어서 전문직(22명, 23.2%), 판매서비스직(30명, 13.4%), 자영업(22명, 9.8%)순으로 나타났다. 월 소득에 대한 빈도분석에서는 100만원 이상 200만원 미만의 경우가 83명(37.1%)으로서 가장 많았고 이어서 200만원 이상 300만원 미만이 67명(29.9%), 300만원 이상 400만원 이하가 32명(14.3%) 순으로 나타났다.

2. 표본의 여행 특성에 관한 분석

응답자들의 여행특성에 관련해서는 먼저 여행목적, 여행 동반자, 여행목적지, 항공기 좌석 등급, 여행횟수 그리고 주요이용항공사와 주 예약 경로로 나누어 빈도분석을 실시하였다.

표본의 여행특성에 관한 빈도분석 결과 여행 목적에 대한 결과는 관광이 91명(40.6%)로 가장 높았고 다음으로 사업이 70명(31.3%), 교육연수 및 회의참석이 39명(17.4%), 친척이나 친지 방문 목적이 24명(10.7%)순으로 나타났다. 여행 동반자에 대한 빈도분석 결과는 친구 및 동료의 경우가 82명(36.6%)으로 가장 높았고 다음으로 혼자 75명(33.5%), 부부 30명(13.4%), 가족 및 친지 21명(9.4%), 단체 16명(7.1%)순으로 나타났다. 여행 목적지로는 중국을 포함한 동남아의 경우 69명(30.8%)으로 표본의 약 1/3을 차지했고 미국, 캐나다가 59명(26.3%), 유럽 51명(22.8%), 일본 51명(11.6%)순으로 나타났다.

여행횟수의 경우는 1회에서 25회의 경우 195명(87.1%)로 가장 높았고 주요이용항공사의 경우, 국적기(대한항공,127명,62.3%, 아시아나항공,39명,19.1%)가 표본의 3/4를 차지해 대한항공이 압도적으로 높게 나타났다. 기타항공으로는 중국민항기, 세부퍼시픽, 에어프랑스, 독일항공 등이 해당되었다. 또한 주요 항공권 예약 경로에 대한 분석에서는 응답자 중 167명(74.6%)이 여행사를 통해 항공권을 예약했으며, 37명(16.5%)은 항공사를 이용해서 예약을 한 것으로 나타났다.

3. 연구 과제별 분석

1) 시장점유율과 브랜드 부분가치와의 관계

연구과제1은 시장점유율이 높은 브랜드일수록 그 제품의 브랜드 부분가치가 크게 나타나는지, 아니면 상호 관계가 없는지를 알아보았다.

항공상품의 5가지 속성에 대한 분석결과 속성별 중요도에서 운항관련서비스가 가장 높게 나타났으며(27.82), 브랜드 (25.83), 기내관련서비스(23.12)순으로 나타났다. 운항관련 서비스의 하위수준별 부분가치 결과를 보면 신속한 탑승수속가 그 효용도에서 가장 높았고(.5918) 정시출발이 두 번째로 나타났다(.3451). 기타혜택과 관련해서는 마일리지혜택보다 가격할인혜택의 경우에 그 부분가치가 높게 나타났다.

안전 관련 서비스의 경우에는 예상하는 바와 같이 최신운항 기종 보유의 경우가 최신운항 기종 미보유에 비해 그 부분가치가 높게 나타났다.

따라서 항공상품의 속성을 고려할 때 운항관련서비스 특히 신속한 탑승수속 그리고 기내관련서비스를 중요하게 고려해야 할 것이다.

분석에 이용된 4개 브랜드의 부분가치는 A항공이 가장 높았으며(.8786) C 항공사의 브랜드

〈표 4〉 각 속성의 중요도 및 하위수준의 부분가치(Utility)

속성	하위 수준	중요도(%)	부분가치
브랜드	B 항공	25.83	.1694
	C 항공		−.6984
	A 항공		.8786
	D 항공		−.0109
운항관련속성	편리한 예약, 발권	27.82	−.2732
	편리한 운항 스케줄		−.6638
	정시출발		.3451
	신속한 탑승수속		.5918
안전관련속성	최신 운항 기종 보유	10.81	.1895
	최신운항 기종 미보유		−.1895
기내관련속성	훌륭한 기내식	23.12	−.3022
	친절한 승무원 서비스		−.0611
	위생적인 기내환경		.4523
	다양한 기내오락		−.0890
기타혜택	마일리지 혜택	9.72	−.1108
	가격할인 혜택		.1108

Pearson's R=.957 (.000)
Kendall's tau=.817(.000)

〈그림 2〉 브랜드 자산 측정 모형

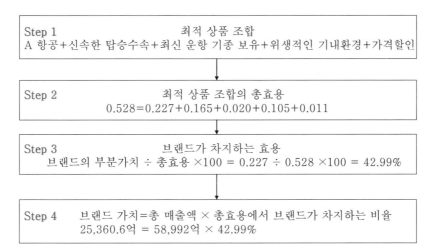

Step 1	최적 상품 조합 A 항공+신속한 탑승수속+최신 운항 기종 보유+위생적인 기내환경+가격할인
Step 2	최적 상품 조합의 총효용 0.528=0.227+0.165+0.020+0.105+0.011
Step 3	브랜드가 차지하는 효용 브랜드의 부분가치 ÷ 총효용 ×100 = 0.227 ÷ 0.528 ×100 = 42.99%
Step 4	브랜드 가치=총 매출액 × 총효용에서 브랜드가 차지하는 비율 25,360.6억 = 58,992억 × 42.99%

가치가 상대적으로 가장 낮게 나타났다(−.6984). 2001년도 국제선 항공사별 국내 시장 점유율의 경우 A 항공이 41.2%, B 항공 21.3%, D 항공 7.2%, C 항공 3.2%로 나타났다.

본 연구의 분석결과와 한국 항공 진흥 협회의 자료를 비교 분석한 결과 부분가치가 가장 높은 A 항공은 점유율에서도 높게 나타나고 있음을 알 수 있다. 또한 국내 시장 점유율 2위를 기록하고 있는 B 항공의 브랜드 부분가치(.1694)가 D 항공(−.0109)보다 조금 높게 나타난 점을 감안하면 시장점유율이 높은 브랜드일수록 그 브랜드의 부분가치는 큰 것으로 나타났다.

<표 5> 각 속성별 효용의 결합측정

속성	하위 수준	중요도(%)	부분가치	효용*중요도(%)
브랜드	B 항공	25.83	.1694	0.044
	C 항공		−.6984	−0.180
	A 항공		.8786	0.227
	D 항공		−.0109	−0.003
운항관련속성	편리한 예약, 발권	27.82	−.2732	−0.076
	편리한 운항 스케줄		−.6638	−0.185
	정시출발		.3451	0.096
	신속한 탑승수속		.5918	0.165
안전관련속성	최신 운항 기종 보유	10.81	.1895	0.020
	최신 운항 기종 미보유		−.1895	−0.020
기내관련속성	훌륭한 기내식	23.12	−.3022	−0.070
	친절한 승무원 서비스		−.0611	−0.014
	위생적인 기내환경		.4523	0.105
	다양한 기내오락		−.0890	−0.021
기타혜택	마일리지 혜택	9.72	−.1108	−0.011
	가격할인 혜택		.1108	0.011

2) 브랜드 자산의 화폐화(최적 상품조합을 모형로)

컨조인트 분석을 이용한 브랜드 자산 측정 방법을 이용해 실제 브랜드 자산 가치를 화폐가치로 계산해보았다.

각 속성수준별 효용치를 상호비교하기 위하여 속성별 중요도를 곱하여 결합측정을 하였다. 이는 각 하위수준의 부분가치는 속성별 중요도에 따라 그 효용치가 달라지기 때문이다.

속성별 결합측정에 의하면 소비자들이 가장 선호하는 제품의 속성 결합은 "최신운항기종을 보유하였으며 탑승수속이 신속하고 기내환경이 위생적이며 가격할인 혜택을 주는 A 항공 브랜드"라고 할 수 있다. 이러한 항공 상품은 소비자에게 0.528(0.227+0.165+0.020+0.105+0.011)의 효용을 제공한다.

한국 항공 진흥 협회의 발표에 따르면 항공사의 매출액은 2000년도 USD기준으로 A 항공 4,916백만 B 항공 1,855백만, D 항공 15,372백만 (회계년도3월), C 항공 19,352백만이다. 이에 대해 1US\$ 를 ₩1,200으로 환산하면 다음의 〈표 6〉과 같다.

〈표 6〉 항공사 매출액 2000년도 기준, 단위 : 억 원

	A 항공	B 항공	D 항공	C 항공
매출액	58,992	22,260	184,464	232,224

브랜드 자산 가치의 계산은 최적 제품 조합이 제공하는 총 효용 중에서 브랜드 속성이 차지하는 비중을 계산하여 이 값을 총 매출액에 대비시켜 그 값을 구한다(김용준·박유식, 1996).

따라서 최적 제품 조합이 소비자에게 주는 총효용(0.528)중에서 브랜드 속성의 수준(0.227)이 차지하는 비중은 42.99%(브랜드속성/총효용)가 된다. 이에 의해 대한항공 상표의 브랜드 가치는 2000년도 현재 58,992억 원×0.4299=약 25,360.6억 원이 된다. 즉 A 항공의 경우 매출액의 상당부분이 바로 브랜드 가치에서 비롯됨을 알 수 있다.

3) 응답자의 여행 특성에 따른 각 속성의 중요도 차이

항공서비스 이용자들의 여행특성에 따라 항공사 제품속성에 대한 중요도에 차이가 있는지 알아보았다.

본 연구에서는 여행 특성에 따른 항공상품 속성의 중요도를 알아보기 위해 주이용 항공사, 동행여부, 여행목적, 여행목적지, 예약경로로 크게 나누어 그 분석결과를 알아봤다. 여행목적이나 동행여부와 관련한 여행특성에 따른 결과는 기업이 마케팅 활동을 수행하는데 있어 많은 시사점을 제공할 것으로 기대했기 때문이며 이는 곧 마케팅적 접근법중 하나인 컨조인트 분석법을 이용해 항공상품의 속성별 중요도를 파악한 목적에도 부합되기 때문이다.

가. 여행 목적에 따른 속성의 중요도 차이

항공 서비스 이용자들은 여행 목적에 따라 항공사 제품속성에 대한 중요도는 차이가 있는지 알아보았다.

본 연구에서는 설문 응답자들의 여행목적을 크게 관광과 사업 그리고 친척 및 친지방문과 교육연수로 나누어 분석하였다

다음 〈표 7〉은 여행목적별 각 속성의 중요도를 나타낸 것으로서 여행 목적이 관광인 응답자의 경우에는 브랜드의 중요도가 가장 높았고(27.04%), 친척 및 친지방문인 경우에는 운항관련서비스(32.97%)가 가장 높게 나타났다.

여행목적이 사업이라고 답한 응답자는 브랜드의 중요도가 상대적으로 높은 31.09%를 나타냈고 교육연수의 경우에는 브랜드와 운항관련서비스의 중요도가 각각 28.51%, 28.33%로 비슷한

수치를 보여주고 있다.

〈표 7〉 여행목적별 각 속성의 중요도 및 하위수준 부분가치

속성	하위 수준	관광* 부분가치	친척·친지방문** 부분가치	사업*** 부분가치	교육연수**** 부분가치
브랜드	A 항공	.6889	.9583	1.1161	.8462
	B 항공	.1133	.1146	.2482	.1923
	C 항공	−.5941	−.6563	−.8661	−.6667
	D 항공	.0185	−.1875	−.0018	.0128
	(중요도 %)	27.04	26.71	31.09	28.51
운항 관련속성	편리한 예약, 발권	−.2122	−.5417	−.3018	−.1987
	편리한 운항 스케줄	−.5804	−.4583	−.7911	−.7564
	정시출발	.3317	.4792	.4018	.1923
	신속한 탑승수속	.4609	.5308	.6911	.7628
	(중요도 %)	26.57	32.97	27.39	28.33
안전 관련속성	최신 운항 기종 보유	.2301	.0313	.2411	.0994
	최신 운항 기종 미보유	−.2301	−.0313	−.2411	−.0994
	(중요도 %)	12.15	7.44	10.96	9.50
기내 관련속성	훌륭한 기내식	−.3139	−.5313	−.2554	−.2179
	친절한 승무원 서비스	−.0913	.1146	−.1089	−.0128
	위생적인 기내환경	.4526	.5833	.4339	.4038
	다양한 기내오락	−.0474	−.1667	−.0696	−.1731
	(중요도 %)	23.86	22.94	21.68	24.10
기타 혜택	마일리지 혜택	−.0652	−.3594	−.1339	−.0224
	가격할인 혜택	.0652	.3594	.1339	.0224
	(중요도 %)	10.37	9.94	8.87	9.57

* Pearson's R=.943(.000) Kendall's tau=.828(.000)
** Pearson's R=.952(.000) Kendall's tau=.783(.000)
*** Pearson's R=.947(.000) Kendall's tau=.817(.000)
**** Pearson's R=.952(.000) Kendall's tau=.862(.000)

또한 기타혜택의 중요도에 있어서는 관광의 경우가 가장 높았고(10.37%) 사업의 경우가 가장 낮게 나타났다(8.87%). 운항관련서비스와 기내사항 관련 서비스의 하위수준의 부분가치에서는 채택된 4개의 그룹이 모두 신속한 탑승수속과 위생적인 기내환경에 가장 높은 선호를 보이고 있음을 알 수 있다.

여행목적별 속성의 중요도 순위를 표로 나타내면 다음과 같다.

〈표 8〉에서 보는 바와 같이 속성의 중요도 순위는 브랜드와 운항관련서비스, 기내사항관련서비스가 상위를 차지하고 있는 가운데 목적별 순위는 각각 다르게 나타나고 있다. 또한 하위순위는

안전관련과 기타혜택이 차지하고 있으며 각 목적별 하위 순위 또한 달라지고 있음을 볼 수 있다. 즉 여행목적별로 각 속성의 중요도는 조금씩 차이가 있음을 알 수 있다.

〈표 8〉 여행목적별 각 속성의 중요도

관광	브랜드 > 운항관련속성 > 기내관련속성 > 안전관련속성 > 기타혜택
친척·친지방문	운항관련속성 > 브랜드 > 기내관련속성 > 기타혜택 > 안전관련속성
사업	브랜드 > 운항관련속성 > 기내관련속성 > 안전관련속성 > 기타혜택
교육연수	브랜드 > 운항관련속성 > 기내관련속성 > 기타혜택 > 안전관련속성

V. 결 론

1. 연구의 요약 및 결론

브랜드란 단어가 1990년대 초반부터 국내외에서 사용되기 시작하여 21세기를 접어들면서 기업을 죽이고 살리는 강력한 생명체 역할을 하고 있다. 일례로 현대의 이미지는 현대건설과 중공업의 추진력과 힘이 강하게 지배하고 있으며 삼성전자의 경우 반도체의 성공으로 인하여 첨단산업의 이미지에 대한 후광효과를 누리고 있다. 이처럼 브랜드는 단순한 상호명의 역할에서 벗어나 하나의 전략과제로 여겨지고 있다.

본 연구는 컨조인트 분석법을 이용하여 항공사 브랜드 자산을 측정함과 동시에 마케팅 활동을 위한 자료 제공을 목적으로 실시하였다. 특히, 브랜드 자산을 보는 여러 가지 관점에서 브랜드 자산의 서로 다른 의미를 소개하였고 브랜드 자산의 구성요소 또한 제시하였다. 또한 브랜드 자산을 측정하는 접근법들을 폭넓게 소개함으로서 컨조인트 분석법만이 가지는 의의를 제시하였다.

먼저 문헌 연구를 요약해보면 본 연구는 소비자 측면에서의 브랜드 자산 측정을 목표로 하였기 때문에 본 연구에서의 브랜드 자산은 '유형의 제품 속성으로 설명되지 않는 효용으로서 소비자의 선호도에 의해 파생된 가치'로 정의하였고, 브랜드 구성요소를 과거 브랜드 경험과 브랜드 선호도로 정의하였다.

브랜드 자산 측정 방법은 크게 재무적 접근법과 마케팅적 접근법으로 분류하여 소개하였고, 마케팅적 접근법의 하나인 컨조인트 분석법에 대한 정의, 수행절차, 분석방법 등을 알아보았다.

컨조인트 분석법은 상품의 속성에 대한 소비자의 선호를 수리적으로 분석하여 어떤 제품이 가지고 있는 속성과 속성별 하위수준이 고객에게 부여하는 효용(Utility)을 추정함으로써, 고객이 선택할 제품을 예측할 수 있고 고객이 중요하게 생각하는 속성을 파악할 수 있다.

다음으로 실증분석을 요약해보면 시장점유율이 높은 브랜드일수록 브랜드의 부분가치는 높은 것으로 나타났다. 하지만 정도에 있어서는 정비례함수의 관계를 가지지 못하였다. B 항공사의 경우 국내 점유율에서 D 항공에 비해 거의 3배에 달하고 있지만 브랜드 부분가치에서는 그 차이가 크지 않은 것으로 나타났다. 또한 전체적으로 국적기에 대한 선호도가 높은 것으로 나타났다.

최적 상품 속성 조합에 의해 측정된 브랜드 가치에서 A 항공의 브랜드 가치는 약 25,360.6억 원에 달하는 것으로 나타났다. 이는 브랜드의 부분가치를 소비자의 관점에서 측정하였고 또 매출액을 기준으로 측정하였기 때문에, 그 값이 다른 측정방법에 비해 높게 계산되었을 가능성이 있다.

여행특성에 따른 분석결과, 대한항공을 주로 이용하는 고객들은 브랜드에서 높은 선호도를 보였고 아시아나항공을 주로 이용하는 고객들은 운항관련속성, 일본항공을 주로 이용하는 고객들은 기내관련속성을 선호하는 것으로 나타났다. 또한 유나이티드항공을 주로 이용하는 고객들은 안전관련속성에서 상대적으로 높은 중요도를 보였다.

본 연구는 컨조인트 분석법을 이용하여 상품 속성별 하위수준의 부분가치를 제시하고 있어 향후 항공업계에서 마케팅 활동 수행 시 참고자료로 이용될 수 있을 것이다.

2. 연구의 한계점 및 향후 연구 방향

본 연구는 다음과 같은 한계점을 가지고 있으며, 이의 극복을 위한 앞으로의 연구방향을 제시하고자 한다.

첫째, 본 연구는 컨조인트 분석을 위해 직교계획에 의해 생성된 가상 상품 조합 16개를 가지고 BIB Test를 실시하였다. 이는 응답자들에게 한 번에 할 수 있는 선택의 수를 줄여주는 장점이 있는 반면 16개의 카드에 각각 선호순위에 따라 1,2,3위를 기입해야 하기 때문에 답변해야 할 양이 많아진다는 단점이 있다. 따라서 답변해야 할 양을 줄이면서 분석 대상을 최대한 대변할 수 있는 속성의 수에 대한 연구가 향후 뒤따라야 할 것이다.

둘째, 컨조인트 분석은 응답자의 선호도를 가지고 브랜드가 가지는 효용을 계산하고 전체 매출액에서 브랜드가 기여하는 부분을 계산하여 이를 브랜드 자산으로 측정하게 된다. 속성의 선호도는 응답자의 상태에 따라서 달리 나타날 수 있다. 즉 유동적이며 추상적인 효용을 가지고 한 기업의 브랜드를 화폐화시키고 이를 일반화하기에는 무리가 있다.

셋째, 본 연구의 설문 대상이 내국인으로 한정되었으며 그 결과, 국내 항공 브랜드에 대한 선호도가 상대적으로 높게 나타났고 외국 항공기 브랜드는 낮은 선호도를 보였다. 이 결과를 가지고 항공사 브랜드 가치를 평가하기에는 무리가 따른다는 한계점이 있다. 향후 연구에서는 설문 응답자의 편견이 배제된 연구가 실행되어야 할 것이다.

넷째, 컨조인트 분석은 소비자 관점에서의 상품속성의 선호도 측정을 통한 마케팅 활동을 위한 정보제공이 목적이다. 따라서 본 연구에서는 전체 분석 결과는 브랜드 자산 측정을 위한 자료로 이용하고, 인구통계적, 여행특성에 따른 분석 결과는 마케팅 활동을 위한 자료로 이용하였다. 본 연구는 자산측정과 세분시장별 특성을 분석하여 한 분야에 대한 깊이 있는 연구가 이루어지지 못했다. 따라서 향후 연구에서는 어느 한 분야를 선택하여 깊이 있는 연구가 수행되어야 할 것이다.

참고문헌

마케팅 커뮤니케이션 연구회, 브랜드 자산의 전략적 관리, 나남출판. 1998.

안광호 · 한상만, 전략적 브랜드 관리 이론과 응용, 학현사, 1999.

항공연감, 대한항공진흥협회. 2002.

항공서비스분야 여론조사, 한국항공진흥협회. 통권 17호. 1997.

김은주, "항공사 선택요인과 만족도 분석을 통한 국내항공사의 서비스", 계명 대 석사논문, 1998.

이동희, "항공사 이미지 분석을 통한 국적 항공사의 경쟁력 강화 방안에 관한 연구", 세종대학교대학원 호텔 관광경영학과 석사학위논문, 2000.

Aaker D. A, Managing Brand Equity, New York : Free Press, 1991.

Bovee C. L. · Arens W. F, Comtemporary Advertising. Irwin homewood, 1982.

Etherington L. D. · T. Var, Establishing a Measure of Airline Preference for Business and Non-Business Travelers. *Journal of Travel Research*, Vol. 22, 1984.

Farquhar, Peter H, Managing Brand Equity, 1989.

MacLachlan, Douglas L. · Mulhern, Michael G, Measuring Brand Equity with Conjoint Analysis. Working paper, 1990.

Keller K. L, Conceptualizing, Measuring, and Managing

Customer-Based Brand Equity. *Journal of Marketing*, Vol.57, No.1, 1993.

Park, Chan Su · V. Srinivasan, A Survey-Based Method for Measuring and Understanding Brand Equity and its *Extendability. Journal of Marketing Research*. May, 1994.

Toh, Rex S. · Michael Y. Hu, A Multiple Discriminant Approach to Identifying Frequent Fliers in Airline Travel : Some Implications for Market Segmentation, Target Marketing, and Product Differentiation. *Logistics and Transportation Review*, Vol. 26. No.2, 1990.

Wells, William L. · Burnett, John · Moriaty, Sandra, Advertising

2nd ed. Pentice Englewood Cliffs New Jersey, 1992.

Wilikie, William L, Consumer Behavior. 2nd ed. John Willey & Sons, Inc, 1992.

CHAPTER **9**

다차원척도법

목 차

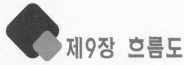

제9장 흐름도

다차원 척도법

학 습 목 표

개념 및 원리

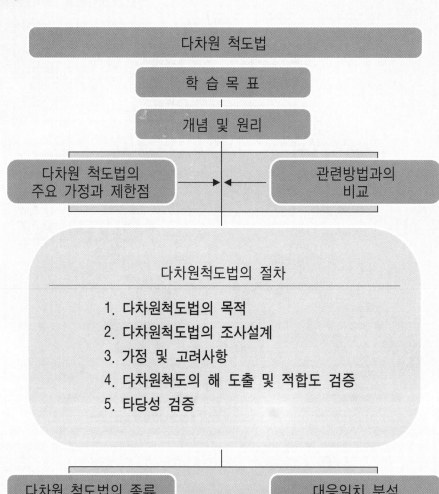

다차원 척도법의
주요 가정과 제한점

관련방법과의
비교

다차원척도법의 절차

1. 다차원척도법의 목적
2. 다차원척도법의 조사설계
3. 가정 및 고려사항
4. 다차원척도의 해 도출 및 적합도 검증
5. 타당성 검증

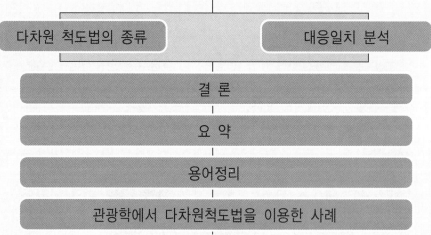

다차원 척도법의 종류

대응일치 분석

결 론

요 약

용어정리

관광학에서 다차원척도법을 이용한 사례

다차원척도법

1. 일차원의 분석자료를 토대로 평가대상에 대한 이차원 평면상의 공간적인 묘사를 통해 대상(stimuli)간의 잠재적인 관계를 평가한다.
2. 자료를 공간적으로 묘사하는데 필요한 적정 차원의 수를 결정한다.
3. 분석시 사용되는 유사성/상이성 자료와 선호도 자료를 체계적으로 이해한다.
4. 적정 차원으로 묘사된 공간적인 지각도(perceptual map)의 해석방법을 알아본다.
5. 다차원척도법과 관련된 다양한 접근방법들의 내용 및 차이를 살펴본다.

1. 다차원척도법의 개념 및 기본원리

지각도 분석으로도 알려진 다차원척도법은 응답자들이 지각하는 연구대상들(기업, 상품, 개념 및 아이디어, 또는 공통적으로 지각될 수 있는 사항들)의 관련 이미지를 2차원 평면상의 공간적인 묘사를 통하여 결정하도록 하는 방법론이다. 다차원척도법의 목적은 연구대상간 유사성/상이성 혹은 선호도에 대한 응답자들의 일차원적 자료를 2차원 공간상의 좌표로 변화시켜 나타내는 것이다. 예를 들어, 응답자가 평가대상인 A와 B를 다른 가능한 쌍(pair)들 중에서 가장 유사한 것으로 판단하면 다차원척도법은 평가대상 A와 B의 위치를 2차원 공간상에서 다른 어떤 대상들보다도 가깝게 위치시킨다. 이와 같은 과정을 되풀이하여 최종적으로 원래의 응답자료에서 제시하는 평가대상간 유사성에 최대한도로 가깝게 반영하는 2차원 공간상의 지각도를 도출하게 된다.

다차원척도법은 기본적으로 평가대상들을 공간상에서 상호 비교하는 방법론이다. 일반적으로 우리가 어느 대상(기업, 상품 및 서비스, 속성, 선호점 등)을 지각할 때는 나름대로의 객관적인 차원(objective dimensions)을 비교기준으로 가지게 되며, 이를 토대로 상호 비교하는 과정을 거치게 된다. 다차원척도법은 평가대상들 간의 유사성 혹은 심리적으로 느끼는 거리를 알고 있을 때 평가대상에 대한 공간상에서의 위치를 찾아내는 방법이라고도 볼 수 있다. 예를 들어, 우리나라 지도에서 서울, 부산, 대전, 목포, 강릉의 위치를 안다면 두 도시간의 거리를 쉽게 알 수 있다. 만약 우리가 도시의 위치를 모르고 두 도시간의 거리만을 알고 있을 때 각 도시들의 지도상에서의 위치를 알 수 있을까? 이에 대한 해답이 다차원척도법의 기본원리이다. 즉 다차원척도법의 기본 원리는 두 점들 간의 거리를 알고 있을 때 각각의 점들의 2차원 공간상에서의 좌표를 찾아내는 것이라고 볼 수 있다.

대다수의 고객들은 그들이 상품이나 서비스를 구매하기 위하여 대상들을 비교하는 기준을 알 수도 있고 혹은 사전에 이를 모를 수도 있다. 즉 고객들은 어떤 여행상품을 구매할 때, 이를 비싸다고 판단하거나 혹은 독특하다고 지각할 수 있는데 이를 지각된 차원이라고 한다. 두 상품/서비스들이 물질적 특성(객관적 차원)은 같다고 해도 많은 고객들에 의해서 품질(지각된 차원)면에서 다르게 인식되어지는 것도 실제로 고객들이 대상을 비교할 때 고려하는 기준이 다양하고 그들 나름대로 지각되어지기 때문이다. 그러므로 객관적인 차원과 지각된 차원의 차이점을 이해하는 것은 매우 중요하다.

고객에 의해 지각된 차원은 실제로 기업의 실무자들이 생각하는 제품이나 서비스 상품의 객관적인 차원과 일치하지 않는 경우도 많으며, 경우에 따라 객관적인 차원을 포함하지 않을 수도 있다. 또한 고객들이 지각하는 차원과 객관적 차원이 같게 보인다고 할지라도 실제로는 이것이 상호 일치하지 않을 수도 있다. 예를 들면, 어떤 청량음료가 비교대상이 되는 다른 청량음료와 당분 함유량이 실제로는 같다고 해도 과일향기가 더 많이 포함되어 다른 청량음료보다 더 단 것으로 고객들에게 인식될 수 있다.

이러한 개념을 토대로 다차원척도법의 기본적인 과정을 이해하기 위해서 간단한 사례를 통하여 응답자들의 평가대상들에 대한 유사성 자료를 사용하여 이를 2차원의 공간적인 위치(spacial configuration)로 전환하는 과정을 제시하고자 한다. 응답자들은 현재 6가지의 여행상품에 대하여 이들이 갖는 유사성을 나름대로의 판단기준에 의하여 제시한다고 가정한다. 유사성 자료는 일반적으로 응답자들에게 가장 유사한 여행상품의 쌍에 1을 표시하고 가장 유사하지 않은 쌍에 15를 표시하는 방식으로 15개의 여행상품 쌍(pair)에 순서대로 각각 유사성 등급을 매기도록 하는 방법을 통해 수집될 수 있다.

이렇게 구한 15개 여행상품의 쌍에 대한 유사성 자료는 사실상 일차원의 수라고 할 수 있으며, 이 자료를 다차원척도법의 입력자료로 사용하여 이차원 평면상에서 고객들이 지각하는 각 여행상품들의 위치를 구할 수 있다. 이때 나타나는 각 여행상품들 간의 거리는 실제 입력자료로 사용한 각 여행상품간의 유사성 정도와 상호 일치하여야 하며, 이는 가장 유사하다고 응답된 여행상품들이 실제 지각도(perceptual map)상에서 가장 가깝게 나타나야 한다는 것을 의미한다.

이러한 지각도를 판단할 때, 우리는 응답자들이 여행상품을 평가하는 기준으로 최소한 2가지 이상의 특성을 고려했을 것이라는 것을 가정할 수 있다. 이를 토대로 응답자들로부터 구한 일차원의 응답을 사용하여 최소한 두 가지 특성(차원)에 근거한 응답자들이 지각도상에서 고려하는 평가대상들의 상호관계를 도출해 내는 것이 다차원척도법의 주요 과정이다.

2. 다차원척도법의 주요 가정과 제한점

(1) 다차원척도법의 가정

① 대부분의 사람들은 지각능력이 제한되어 있기 때문에 제한된 수의 특성이나 차원에 따라 대상들을 지각하게 되며, 모든 응답자들이 동일한 차원 상에서 대상들을 지각하지는 않는다.

② 모든 응답자들이 동일한 차원상에서 대상들을 지각한다 해도 개인에 따라 각 차원에 부여하는 중요도가 다를 수 있다.

③ 다차원척도법은 응답자들의 특정한 시점에서의 지각만을 다루므로 시간이 지나면 응답자들의 반응이 달라질 수도 있다.

④ 군집분석을 실시할 경우에는 모든 응답자들은 동일한 차원상에서 이상점을 정의하며, 각 차원에 부여하는 중요도도 동일하다.

(2) 다차원척도법의 제한점

① 다차원척도법의 자료수집방법과 지각도 추정방법이 다양하게 개발되어 있어 구체적인 방법의 선택에 따라 결과가 다르게 나타날 수 있다.

② 유사성 지각 및 선호에 관한 개인별 자료를 통합하여 다차원척도법을 적용하거나 도출된 이상점들을 평균하는 것은 개별적인 응답자에게 독특한 의미를 갖지 못하므로 통합은 세분시장별로 수행되는 것이 바람직하며, 이 경우 결과 해석에 유의해야 한다.

③ 다차원척도법에서 평가대상의 수가 지나치게 적으면 신뢰도가 떨어지는 반면에 대상이 너무 많으면 해석 시 응답자의 판단이 어려울 수 있다.

④ 다차원척도법은 자료를 공간상에 묘사할 뿐이며, 유의성을 기준으로 특정 가설을 검증하지는 않는다.

3. 관련 방법과의 비교

다차원척도법은 평가대상 간의 상호 관련구조를 공간상에 정의하는 방식으로 다른 독립적인 기법(요인분석, 군집분석)과 비교될 수 있다. 요인분석은 응답자들로부터 구한 자료를 토대로 변수들이 가진 본래의 상관구조를 통하여 개별 변수들의 내재적인 차원을 규명하고 이를 기준으로 각 차원(요인)에 상관이 높은 변수들을 함께 묶는 방식으로 변수 간의 관계를 밝히는 과정이다. 군집분석은 평가대상이 되는 응답자들의 프로파일 자료를 기준으로 상호 가깝게 근접해 있는 응답자들을 묶어 군을 도출하게 된다. 이를 통하여 군 상호간에는 관련이 적고 군에 포함된 관찰치들 간에는 밀접한 관련이 있도록 군을 도출하게 된다. 이와 같은 두 가지 방법은 분석시 사용되는 변수들이 대개 2개 이상이어서 다변량 분석에 속하며, 다차원척도법과는 다음과 같은 측면에서 다르다.

① 다차원척도법에서는 개별 응답자에 대하여 해당 응답자의 답을 토대로 응답자 개개인의 지각도(perceptual map)를 도출할 수 있다. 이를 통하여 개별 응답자가 지각하는 평가대상들 간의 관계를 2차원의 공간상에서 해석할 수 있게 된다. 군집분석이나 요인분석의 경우에는 평가대상이 되는 응답자들의 답을 모두 모아 이를 입력자료로 하여 답을 도출하게 되므로, 다차원척도법과 같은 개별적인 해결책을 얻기는 힘들다. 따라서 다차원척도법에서 중요한 것은 응답자 개인이 평가대상을 어떻게 지각하고 있느냐에 있으며, 기본적 구조는 개념적으로 설명력이 높은 차원을 구하고 이를 통하여 평가대상들 간의 관계를 공간적 묘사를 통하여 비교 분석하는 것이다.

② 다른 다변량기법과는 다르게 변량(variate)을 사용하지 않는다. 대신 응답자들의 평가대상에 대한 전체적인 유사성 자료를 토대로 개별 변수를 추정하는 과정을 밟는다고 할 수 있다. 이를 다시 표현하면 종속변수(평가대상들간의 유사성)를 토대로 독립변수(지각적 차원)를 도출하는 과정을 밟는 것으로 이해할 수 있다. 이것은 평가대상들을 비교하는데 사용되는 변수들이 명확하지 않아도 되기 때문에 분석시 연구자의 주관적 판단이 개입되지 않도록 해주며, 이것이 군집분석과는 다른 점이다. 참고로, 다차원척도법에서는 연구자가 어떤 변수들이 응답자가 평가대상들을 비교하는데 사용되는지를 확신할 수는 없다.

4. 다차원척도법의 절차

지각도추정은 다차원척도법을 포함하는 포괄적인 방법으로 다음의 〈그림 9-1〉과 같이 6단계를 통하여 이해될 수 있다.

〈그림 9-1〉 다차원 척도분석(Multi-dimensional Scaling Analysis)의 체계

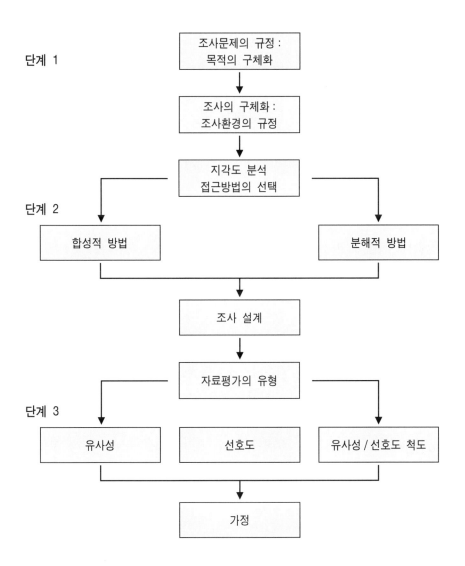

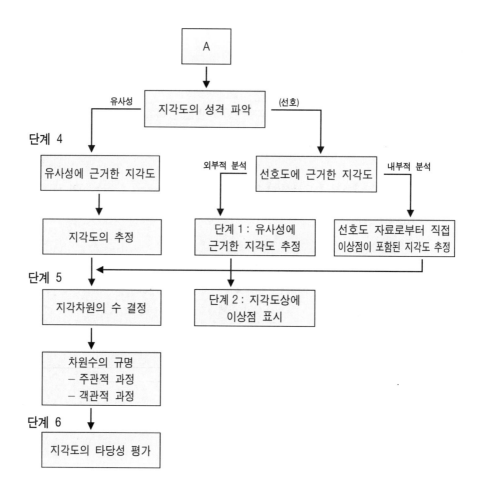

(1) 다차원척도법의 목적

지각도를 도출하는 다차원척도법은 다음의 2가지 목적을 성취하는데 가장 적절한 방법이다.

- 고객들의 행동에 영향을 주는 내재적이고 주관적인 차원을 명확히 규명하기 위한 탐색적 기법
- 고객들이 평가대상들을 비교하는 명확한 자료가 알려져 있지 않거나 정의될 수 없을 때, 평가대상을 비교하기 위한 평가기준을 얻기 위해 사용하는 기법

이를 구체적으로 설명하면, 응답자들이 전반적인 유사성 지각이나 선호를 형성하는데 사용한 차원들을 밝히고, 평가차원 상에서 평가대상들을 좌표와 윤곽으로 나타낸다. 응답자가 제공한 일차원적 자료에 대한 다차원적 모형의 적합성을 측정하는데, 이것은 스트레스라는 지수로 측정할 수 있으며, 이는 다차원척도법을 적용하여 도출한 모형의 유용성을 결정해 준다. 마지막으로 도

출된 평가 차원들의 의미를 결정함으로써 각 대상에 대한 응답자 간의 지각차이를 해석할 수 있다.

　다차원척도법에서는 응답자들에게 평가대상들을 비교하는 속성을 명확하게 요구할 필요가 없으며, 필요한 것은 평가대상을 명확히 하고, 응답자들이 평가대상들을 비교하는데 사용되는 공통된 근거가 있다고 확신하는 것이다. 이러한 점으로 인하여 다차원척도법이 특히 평가대상들을 평가하는 차원이 너무 포괄적이거나 무형의 감정적 요소이기 때문에 보편적인 비교기준으로 사용되기 힘든 분야의 연구나 포지셔닝 연구에 적합한 방법으로 알려져 있다. 일부 다차원척도법에서는 평가대상과 평가자(응답자, subject)를 하나의 지각도(single overall map)상에 나타냄으로써 고객들을 보다 정확하고 효율적으로 세분화할 수 있도록 해준다.

　개별 응답자의 공통된 특징은 평가대상들을 비교하는 평가기준을 정의하는데 일관성과 정확성이 부족하다는 것이다. 지각도 분석의 장점은 평가대상들을 규명하기 위한 속성을 별도로 정의할 필요 없이 평가차원을 추론할 수 있다는 것이다. 이와 같은 다차원척도법의 추론상 특성은 연구자나 응답자들의 주관적인 견해를 개입시키지 않고 평가대상에 대한 정확한 비교 분석을 하는데 큰 역할을 한다. 다차원척도법에서 개념적으로나 실질적으로 평가대상을 고려해보는 것은 최상의 결과를 얻기 위해서 반드시 필요하다.

　다차원척도법을 성공적으로 수행하기 위해서는 다음 세 가지 사항을 올바로 결정하여야 한다. 첫째, 평가분석의 대상(object)을 선택하고, 둘째, 응답자로부터 얻을 자료가 유사성(similarity) 자료인지 아니면 선호도(preference) 자료인지를 결정하고, 셋째로, 분석을 개인수준에서 수행할 것인지 아니면 개인들이 모인 집단 또는 그룹에 대한 분석을 할 것인지를 선택하여야 한다.

1) 평가대상의 구체화

　지각도 분석에서 가장 기본적이고 중요한 문제는 지각도상에 묘사될 평가대상을 정하는 것이다. 지각도 분석은 평가대상을 지각도상의 상대적인 위치로 포지셔닝(위치화)하는 기법이기 때문에 연구자는 연구의 대상이 되는 모든 관련 기업이나 상품, 서비스 또는 관련 평가대상들이 모두 포함된다는 확신하에 분석을 하여야 한다. 어떠한 방법을 통해 얻어진 지각도가 부적절한 평가대상을 포함하고 있거나, 중요한 평가대상을 제외하고 분석을 하였다면 이것은 부적절하거나 제외된 평가대상만의 문제가 아니라 지각도상에 묘사되는 전 평가대상의 상대적 위치에 영향을 미치므로 완전히 다른 결과를 가져오게 된다.

　만약 관련이 없는 평가대상이나 비교할 수 없는 평가대상이 포함되어 있을 경우, 연구자는 적용하고자 하는 다차원척도법이 비교 대상들을 적절히 구별할 수 있는 지각적 차원을 추정할 수 있고, 비교 불가능한 평가대상들 간의 차이도 나타낼 수 있다는 근거를 반드시 제시해 줄 수 있어야 한다. 그러나 이러한 상황은 일반적으로 다차원척도법의 수용범위를 벗어난 것이기 때문에 연구자의 문제해결에 어려움이 있을 수 있다.

2) 유사성 자료와 선호도 자료

연구자는 평가대상을 선택한 후, 평가를 위한 기초자료(유사성 자료와 선호도 자료)를 구하여야 한다. 다차원척도법에서 자주 사용되는 유사성 자료는 응답자가 평가대상을 비교할 때 좋고-나쁨(good-bad)을 평가하는 것이 아니라, 비슷하고-비슷하지 않음(similar-dissimilar)을 평가하게 된다. 전자는 선호도 자료에 속하며, 지각된 속성의 조합이 다른 조합들보다 응답자의 기준으로 볼 때 더 선호할 가치가 있을 수 있다는 가정을 하게 된다. 유사성 자료와 선호도 자료는 모두 지각도를 도출하는데 사용될 수 있지만 결과적으로 지각도는 다르게 해석될 수도 있다. 유사성 자료에 기초한 지각도는 지각적 차원을 기준으로 평가대상 간의 상대적인 위치를 비교한 것이지만 평가에 영향을 미치는 결정적인 속성요인이나 선호도 등을 결정하는데 있어서는 정확한 통찰력을 제시해 주지 못한다.

반면 선호도 자료에 기초한 지각도는 응답자들의 선호도를 반영할 수는 있지만 유사성 자료를 근거로 도출한 평가대상 간의 상대적인 위치와 같은 정보를 가져다주는 데 있어서는 부적절하다. 왜냐하면 응답자들은 대개 선호도를 결정할 때 유사성과는 전적으로 다른 차원을 근거로 하여 선택할 수도 있고, 그들 나름대로의 비교기준을 통해서 선택할 수도 있기 때문이다. 자료를 선택하는데 있어서 최선책은 없으나 다차원척도법을 적용하기 위하여 유사성 자료와 선호도 자료 중 어떤 것을 입력자료로 결정할 것인가 하는 것은 연구의 문제를 해결하기 위하여 매우 중요한 문제이다. 왜냐하면 앞서도 언급하였듯이 이들로부터 구한 결과는 기본적으로 다르게 나타나고 해석될 수 있기 때문이다.

3) 집단(aggregate) 분석과 개별(disaggregate) 분석

유사성 자료나 선호도 자료를 고려하여 다차원척도법을 시도할 때 응답자들의 평가대상 또는 자극(stimulus)에 대한 응답을 토대로 t-차원의 공간(차원 t의 수는 자극의 수보다는 적다)에 각 자극간 근접성과 상대적 위치를 구하게 된다. 이때 연구자는 개별 응답자마다(subject-by-subject) 다차원척도법을 적용한 결과를 산출할 수 있으며, 이와 같은 것을 개별 분석이라 한다. 다차원척도법의 특징 중 하나는 응답자들의 각 응답에 대한 해답을 나누어 추정할 수 있다는 것이다. 이러한 방법의 장점은 각 응답자들의 지각을 독특한 요소로 나타내는 개별 지각도를 구할 수 있다는 것이며, 단점으로는 연구자가 결과적으로 나온 개별 응답자마다의 특징적인 지각 요소들을 구체화시키고 이를 토대로 공통의 시사점을 도출해 내야 한다는 것이다.

이와는 달리 다차원척도법은 응답자들을 결합시킬 수 있고, 결합된 자료를 토대로 집단 분석 과정을 통해 보다 적은 수의 의미있는 지각도를 도출해 낼 수 있다. 집단분석의 가장 단순한 접근방법은 연구자가 모든 응답자들에 대한 평가치의 평균을 구해 응답자 전체에 대한 하나의 입력자료를 구한 후 이를 토대로 분석을 해나가는 것이다. 이와 같이 전체 응답자들을 하나로 묶는 것이 부적절하다고 판단될 경우에는 유사한 응답자 그룹을 구별하기 위해 평가자들의 응답을 군집분석을 통하여 군집화한 후 응답자 군별로 다차원척도법을 실시할 수 있다. 이외에도 응답자별로 개별적인 지각도를 구한 후 이들 지각도상에 나타난 좌표를 토대로 비슷한 지각도군을 군집분석을 통하여 묶어낼 수 있으나, 이보다는 초기 응답자들의 개별 평가치를 바탕으로 평균 평가치를 구한 후 이를 토대로 다차원척도법을 사용하는 것이 바람직하다.

개별 분석을 하는 대표적인 방법으로는 INDSCAL(INdividual Difference SCALing)방법이 널리 사용되고 있다. 이 방법은 개별분석과 집단분석을 모두 수행할 수 있는 특징을 가지고 있다. 여기서는 연구자가 정의하는 자료군에 대해서 각 군이 개별 응답자들의 자료든지, 아니면 각 세분집단에 대한 자료든지 간에 입력자료로 주어지는 자료군에 해당하는 지각도를 각각 산출해 주며, 이에 따라 기업들이 세분된 고객시장별로 지각도를 산출할 때 유용하게 사용하는 방법이다. INDSCAL은 각 개인별 또는 세분시장별 지각도를 도출하는데 적합한 입력자료의 구조를 가지고 있으며, 경우에 따라 한 개인이나 전체 집단의 지각도를 구하기 위하여 사용되기도 한다. 여기서 사용되는 입력자료로는 유사성 자료가 사용되며, 이를 토대로 평가대상 또는 자극간의 상호 관련성을 지각도를 통하여 분석하게 된다.

결론적으로 집단분석과 개별분석의 선택은 연구자의 연구목적에 따라 달라진다. 연구의 초점이 평가대상이나 평가차원에 대한 응답자들의 전체적인 지각구조를 이해하기 위한 것이라면 집단 분석이 적합하며, 이와는 달리 연구의 목적이 응답자 또는 세분시장에 있어서의 개별적인 지각구조를 이해하고자 하는 경우라면 개별 분석을 사용하는 것이 적절할 수 있다.

(2) 다차원척도법의 조사설계

다차원척도법을 적용하기 위해서는 일반적으로 해당 목적을 위하여 개발된 컴퓨터 소프트웨어를 사용하여야 한다. 이 경우 다른 다변량 분석방법과 마찬가지로 분석을 정확하게 하기 위해서는 먼저 연구의 조사설계(연구의 목적, 체제, 자료수집방법, 표본추출 등)와 다차원척도법의 특정한 방법론(계량적/비계량적, 유사성자료 분석/선호자료 분석) 등을 사전에 결정하고 이에 적합한 다차원척도법을 컴퓨터 소프트웨어를 사용하여 해결하는 것이 바람직하다.

1) 분해적(decompositional) 또는 합성적(compositional) 접근방법

지각도는 평가대상에 대해서 응답자로부터 얻어지는 반응을 토대로 평가대상을 공간상에 표시해 놓은 것을 말한다. 이를 위해서는 분해적 방법과 합성적 방법의 두 가지가 사용될 수 있다. 분해적 방법은 전통적으로 다차원척도법에서 사용되어 온 방법으로 응답자들로부터 평가대상에 대한 반응을 조사하는데 있어서 순수하게 평가대상만을 가지고 이들의 유사성/상이성 자료를 구하여 사용하게 된다. 여기서는 평가대상을 조사하는데 평가대상이 가지고 있는 주요 속성들을 별도로 지정하여 이에 대한 평가대상들의 속성 반영도 등을 조사하는 것이 아니라, 오직 평가대상만을 응답자들에게 제시하고 이에 대한 응답자들의 판단을 근거로 지각도를 구하는 방법이다. 따라서 이 방법에 의해서 구한 지각도에는 일반적으로 평가대상이 표시되게 되며, 지각도상의 축은 평가대상들의 위치를 토대로 사후적으로 판단할 수 있다.

이에 반하여 합성적 방법은 지각도를 구하기 위하여 요인분석이나 판별분석, 대응일치분석 등 기존의 다변량 분석법을 적용하는 대안적 방법이라고 볼 수 있다. 여기서는 대개 평가대상을 비교 분석하기 위하여 평가대상들을 규정짓는 주요 속성들을 먼저 구하고 이를 토대로 평가대상들을 공간적인 구도로 비교 분석함으로써 해당 속성과의 관계를 분석하는 방식으로 평가대상의 구도를 속성과 함께 알아보는 것이다.

가. 분해적 방법

분해적 방법은 전통적으로 알려진 다차원척도법과 연관되어 있는데, 그것은 응답자들의 평가대상들에 대한 유사성 평가자료를 측정한 후, 각 평가대상들의 공간적 위치를 지각도상에 나타내게 된다. 이러한 접근방법은 다음과 같은 장점이 있다. 첫째, 평가대상에 대한 정보만을 응답자들에게 제공하면 되고, 사전에 평가대상들을 조사하기 위한 평가대상들의 속성을 정의하지 않아도 된다. 둘째, 응답자들로부터 평가를 내리게 된 이유를 추가적으로 조사하지 않아도 된다. 셋째, 개별 응답자들의 반응을 토대로 개별 지각도를 구하고, 필요에 따라 응답자 그룹에 대한 지각도를 구해서 전체 응답 표본에 대한 공통된 지각구조를 해석할 수도 있다.

분해적 방법의 단점으로는 첫째, 응답자가 평가대상에 대하여 반응하는 기본적 차원을 나타내는 객관적인 자료를 연구자가 입증할 수 없기 때문에 경우에 따라 객관적이지 못한 결과 해석이 될 수도 있다. 둘째, 많은 경우에 있어서 이와 같은 접근법은 고객들의 특정한 행동에 대한 이유를 거의 설명하지 못하고, 기업의 활동적(지각 차원) 상황과 해당 기업상품/서비스의 시장 포지션 간의 직접적인 연결고리를 고안해 내기가 어렵다. 셋째, 연구자는 문제 해결을 위해 연구자 자신의 사전적 믿음이나 일반적으로 공인된 척도성을 제시하는데 있어서 제한을 받을 수 있다.

이러한 접근법을 따르는 다차원척도 프로그램으로는 KYST, MDSCAL, PREFMAP, MDPREF, INDSCAL, ALSCAL, MINISSA, POLYCON, MULTISCALE 등을 들 수 있다.

나. 합성적 방법

합성적 방법은 다차원척도법만의 목적을 위하여 고안된 방법론이라기보다는 더 전통적인 다변량 분석(예를 들어, 판별분석이나 요인분석 등)을 응답자들의 평가대상에 대한 지각 특성을 분석하기 위하여 사용하는 것을 의미하며, 여기에는 속성과 평가대상간 명목자료를 주로 활용하는 대응일치분석도 포함된다. 이러한 접근법의 일반적인 원리는 평가대상들 간의 관련성을 표현하는

데 있어서 평가대상을 규정짓는 속성들의 집합이 중요한 기준이 된다는 것이다.

이 접근법의 장점으로는 첫째, 사전에 제시된 속성요인을 중심으로 규정된 명확한 지각공간에 평가대상들을 나타냄으로써 측정척도와 결과 해석에 있어서 명확한 논리를 제공할 수 있다. 둘째, 단일 지각도상에서 속성과 평가대상을 함께 나타내는 직접적이고 논리적인 방법론을 제공한다. 이러한 정보는 경쟁적 시장상황에서 기업들이 실제로 제품이나 서비스를 어떤 방향으로 가지고 가야 하는지에 대한 매우 유용한 경영정보로써 활용될 수 있다.

이 접근법의 단점으로는 첫째, 응답자가 사전에 제시된 속성에 의하여 평가대상간의 유사성이나 관련 반응을 해야 하기 때문에 연구자의 입장에서는 개별 응답자들에게 모두 적용될 수 있는 공통의 중요한 속성을 제시하여야 한다는 부담을 안고 있다. 둘째, 만약 사전에 제시되는 속성 중 아주 중요한 속성이 제거된다면 응답자가 평가대상들을 구체화하기가 매우 어려워진다. 셋째, 연구자는 개별 응답자가 아닌 전체 집단의 지각도를 도출하기 위하여 전체 집단에 적용될 수 있는 공통의 속성을 제시하여야 한다. 이러한 방법은 개별 응답자의 의견을 나타낼 수도 있고 제대로 반영하지 못할 수도 있다. 이러한 형태의 분석기법은 다음의 세 가지 방식에 의하여 분석될 수 있다.

- 도해적 또는 사후적 분석(graphical or post - hoc approaches) : 사전에 중요 요인을 속성으로 가정하고 이를 기준으로 평가대상들을 좌표로 표시하는 방법
- 전통적 다변량 분석방법(conventional multi - variate statistical techniques) : 판별분석이나 요인분석 등을 사용하여 중요 요인들을 구하고, 이를 토대로 속성들에 대한 개별 평가대상들의 점수를 공간상에 표시하는 방법
- 다차원척도의 특수 형태(specialized perceptual mapping methods) : 질적 또는 명목 척도의 데이터를 주로 사용하여 속성과 평가대상들의 관계를 표시하는 지각도를 도출하는 대응일치분석이 대표적인 방법

다. 분해적 방법과 합성적 방법의 결정

지각도는 분해적 방법과 합성적 방법 모두에 의하여 수행될 수 있다. 각각의 기법은 나름대로의 장·단점이 있는데, 이러한 장·단점은 주로 연구자의 연구 목적에 따라 달라질 수 있다. 만약 지각도가 다차원척도법의 기본 목표인 대상간의 비교만을 통하여 공간상에서의 지각도를 도출하는 것이라면 분해적 방법이 유용하다고 볼 수 있으며, 연구의 목적이 이미 알려진 속성 집단선상에서 대상간에 기술, 묘사가 필요한 것이라면 합성적 방법이 더 선호되어질 수 있다.

연구자의 연구 목적은 항상 변할 수 있으므로 연구자는 각 방법의 장·단점을 고려하여 적절한 대안으로 생각하고 있어야 한다.

라. 평가대상의 선정

다차원척도법을 사용하여 지각도를 구하기 전에 연구자는 먼저 평가할 대상에 대한 정확한 규정을 하여야 한다. 첫째로, 연구자는 연구의 목적에 부합하는 중요한 평가대상이 모두 포함되었는가를 신중히 고려하여야 한다. 불필요한 대상의 포함여부를 확인하여 될 수 있는 대로 최소의 필요한 연구대상을 포함시키는 것이 바람직하다.

또한 연구자들은 응답자들에게 비교할 수 없는 쌍을 평가대상으로 제시해서는 곤란하며, 만약에 강요된 상황 하에서 얻어진 응답을 사용한다면 이 또한 문제가 있을 수 있다.

두 번째 문제는 평가대상의 수와 관련된 문제이다. 얼마나 많은 평가대상들을 연구에 포함시켜야 하느냐 하는 것을 결정하는데 있어서 연구자는 두 가지 문제를 잘 조화시켜야 한다. 응답자가 반응하기 쉽게 적은 수의 평가대상을 포함시키는 것이 좋으나 안정적인 다차원척도법의 결과를 얻기 위해서는 요구되어지는 대상의 수가 많을수록 좋기 때문에 평가대상의 수는 상호 배반적인 이 두 가지 문제를 잘 조화시켜 적절한 수의 대상을 결정하여야 한다.

다차원척도법에서는 일반적으로 공간을 결정하는 평가 차원의 수보다 4배 정도 평가대상이 많은 것이 바람직하다고 알려져 있다. 이러한 논리에 의하면 하나의 평가 차원을 고려할 경우에는 적어도 5개 이상의 평가대상이 요구되어지며, 2개의 평가차원을 갖는 지각도를 도출하기 위해서는 9개의 대상이 필요하다는 것을 알 수 있다. 이런 식으로 산출된 평가대상을 가지고 대상의 쌍에 대한 유사성을 비교한다면 9개의 평가대상을 가지고 조사를 하는 경우에는 응답자는 적어도 36개의 평가대상 쌍에 대하여 비교를 해야 한다. 이것은 응답자들에게는 상당한 양의 비교 과정을 거칠 것을 요구하는 것이며, 이러한 논리에 의하면 3차원 척도를 갖는 지각도를 구하기 위해서는 적어도 13개의 대상이 평가되어야 하고, 이 경우 78개 평가대상의 쌍을 응답자들이 비교해야 한다는 논리가 된다. 이는 응답자의 입장에서는 거의 불가능한 상황일 수 있으며, 연구자의 입장에서도 신뢰성 있는 응답을 유도하기 위해서 약간의 조정이 필요할 수 있다. 이 경우 많이 사용되는 비교조사 방법으로는 항목순위법(ordered category sorting)을 들 수 있는데, 이 방법에서는 여러 개의 비교 쌍들을 몇 개의 유사 집단으로 먼저 나누고 그 다음에 각 집단에서 다시 유사 쌍들을 평가하는 과정을 거치게 된다.

평가대상의 수는 다차원척도법의 유의성에 밀접한 영향을 미친다. 많은 경우에 있어서 평가대상의 수가 주어진 차원에 해당하는 대상의 최소수보다 적은 경우 결과적으로 도출된 지각도의 적합도가 과장되어 평가되는 주요 원인이 되고 있다. 이는 한 차원당 적어도 4개의 평가대상이 포함되어야 한다는 원칙보다 평가대상이 적게 사용된 경우, 입력 데이터가 최적의 결과를 도출하기에는 측정치가 부족하다는 것을 의미하는 것이다. 결과적으로 효과적인 지각도 분석을 위해서는 평가대상의 수를 적절히 조절할 필요가 있다.

마. 비계량적 또는 계량적 방법

다차원척도법에 사용되는 유사성 또는 선호도 자료는 서열척도나 등간척도, 또는 비율척도로 측정될 수 있으며, 이 때 서열척도로 측정된 자료를 입력자료로 사용하는 것은 비계량적 방법이라고 하고, 등간척도나 비율척도로 된 자료를 사용하는 경우 이를 계량적 방법이라고 한다.

① 비계량적 다차원척도법

비계량적 다차원척도법은 서열척도로 측정한 자료를 투입자료로 사용하여 대상들 사이의 거리를 등간척도 이상으로 전환시키고, 각 대상을 계량적 공간상에 나타내 준다. 지각도 공간상에서 각 대상의 위치를 결정하기 위한 기준은 지각도의 대상들 사이에서 비율척도로 추정된 거리의 서열순위가 본래 유사성의 서열순위를 가장 잘 반영하도록 하는 것이다.

② 계량적 다차원척도법

계량적 다차원척도법은 자료를 등간척도 이상으로 측정하여 투입자료로 사용하며, 결과는 비계량적 기법에서와 마찬가지로 대상들을 계량적 공간상에 나타내는 일이다. 단지 계량적 다차원척도법은 두 서열순위 집합 내의 일관된 서열순위 관계만을 추구하기 보다는 투입자료의 계량성을 그대로 유지하면서 이를 결과에도 반영한다. 그러나 투입자료의 형태만 다를 뿐, 기본적인 원리와 절차는 비계량적 다차원척도법과 동일하며, 오히려 비계량적 기법이 투입자료를 수집하기가 용이할 뿐만 아니라 계량적 기법이 산출하는 것과 유사한 결과를 보여주므로 비계량적 기법이 보다 널리 이용되고 있다.

참고로 경우에 따라서는 개별 응답자 차원에서 비계량적 자료로 측정이 되었다 해도, 개별 응답자 수준의 분석이 아닌 전체 응답자 군에 대한 분석을 시도하기 위하여 개별 응답자들의 측정치를 종합하는 과정에서 평균이나 합산을 하게 되면 이는 계량적 자료에 해당되는 경우가 발생하기도 한다. 이 경우 연구자는 분석을 위하여 최종적으로 입력된 자료의 특성이 계량적 척도인가 아니면 비계량적 척도인가를 잘 구별할 수 있어야 할 것이다.

2) 유사성 자료 또는 선호도 자료의 수집

이처럼 다차원척도법에서 사용되는 방법론들의 가장 근본적인 차이는 첫째, 유사성 자료나 선호도 자료를 측정하기 위하여 이용되는 척도의 종류(계량 혹은 비계량)이다. 둘째로는, 측정 대상의 유사성을 평가하느냐 아니면 선호도의 판단과 관련된 문제를 바탕으로 대상들을 평가하느냐를 구분하는 것이다. 여기서 후자의 경우를 구체적으로 논하면 다음과 같다.

다차원척도법은 사용하는 자료의 성격에 따라 크게 유사성 모형(similarity model)과 선호 모형(preference model)로 나누어질 수 있다. 유사성 모형은 응답자들이 평가대상을 어떻게 인식하고 있는지를 평가하는 것이다. 기본적으로 유사성 모형은 대상들 간의 유사성 평가치를 이용하여 각 평가대상들이 지각도(perceptual map)에 어떻게 위치하는지를 찾아내게 된다. 유사한 대상들은 지각도상에서 가까운 거리에 위치하며, 상이한 대상들은 지각도에서 서로 멀리 떨어져 위치하게 된다.

선호 모형은 응답자들이 평가대상들을 어떻게 인식하고 이에 근거하여 얼마만큼 이를 선호하는지를 알려주는 모형이다. 선호 모형은 대상들에 대한 선호도 평가치를 이용하여 각 평가대상들이 지각도에 어떻게 위치하는지와 각 응답자들이 이 대상들을 얼마만큼 선호하는지를 찾아내게 된다. 따라서 응답자로부터 비슷한 선호를 받는 대상들은 지각도에서 가까운 거리에 위치하며 서로 다른 선호를 받게 되는 대상들은 멀리 떨어지게 된다. 또한 각 응답자들의 최상 선호 대상의 위치(이상점)가 지각도에 나타나게 되며, 각 대상들의 선호도는 이상점과 그 대상과의 거리가 가까울수록 높게 된다.

가. 유사성 자료

유사성 자료의 수집시 연구자는 어떤 평가대상의 쌍이 다른 쌍보다 가장 유사한지를 결정하고자 한다. 이와 같은 유사성 측정은 평가대상의 모든 쌍이 상호 비교 가능하다는 것에 기초하고 있다. 예를 들어, 만약 A, B, C 의 세 가지 평가대상을 두 개씩 묶는다면 AB, AC, BC 등으로 나타낼 수 있고, 이 묶음들을 상호 비교하여 유사성을 제시할 수 있다. 쌍을 순위로 측정하여 AB=1, AC=2, BC=3 이라고 하고 여기서 1은 가장 유사한 쌍을 지칭한다고 가정할 수 있다는 것이다.

일반적으로 평가대상의 유사성 평가방법에는 쌍대비교(comparison of paired objects), 임의비교(confusion data), 유도측정(derived measures) 등이 있다.

- 쌍대비교 : 대상간 유사성을 측정하기 위하여 가장 흔히 사용되는 방법이 쌍대비교법이다. 응답자들에게 대상을 각각 쌍으로 만들어 유사한 것부터 순위를 부여하도록 설문 항목을 작성한다. 만약 A, B, C, D, E 라는 제품을 가지고 있다면 AB, AC, AD, AE, BC, BD, BE, CD, CE, DE의 쌍을 대상으로 가장 유사한 것부터 가장 유사하지 않은 쌍까지 순위를 매길 수 있다. 예를 들어, 만약 AB쌍에 1을 부여한다면 응답자들은 A와 B의 두 제품이 가장 유사하다고 생각한다는 것을 보여주는 것이며, 다른 쌍들도 각각 유사성을 기준으로 대조할 수 있다. 이러한 쌍대비교는 대개 서열척도로 측정하는 것이 일반적이나 경우에 따라서는 등간척도나 비율척도에 의하여 측정되기도 한다.

- 임의비교 : 대상 I와 대상 J의 쌍을 반드시 두 개로 정하지 않고 응답자들에게 전체 대상 중에 유사성이 있는 것들을 임의대로 뽑도록 하는 것이다. 이 방법은 주관적 군집(subjective clustering)이라고도 알려져 있는데, 일반적으로 자료를 수집하기 위하여 여러 개의 평가대상들(예를 들면, 10개의 여행상품)을 나열해두고 유사한 것을 자유롭게 구분하도록 하는 방법이다. 이 방법은 응답자들에게 유사한 평가대상끼리 묶도록 하거나 어떤 경우에는 응답자들에게 일정

한 수의 묶음으로 분류하도록 요구한다. 응답자들은 비슷하다고 생각하는 것들을 계속 묶어 나가기 때문에 같은 대상이 여러 번 다른 대상들과 다른 묶음으로 분류될 수 있으며, 최종적으로 제시된 묶음들을 종합하여 가장 유사하다고 언급된 쌍들을 순서대로 골라내게 된다.

• 유도측정 : 유도측정은 일반적으로 응답자들이 대상을 속성을 기준으로 평가한 점수에 근거 하여 대상간 유사성을 도출하는 방식이다. 예를 들어, 체리 음료, 딸기 음료, 레몬 - 라임 음 료 등 3가지 음료 제품에 관한 평가를 다음의 2가지 어의차이척도(semantic differential scale)를 사용하여 물어보고 답이 가장 비슷한 대상에 대하여 유사성 점수를 부여하게 된다.

달콤한 맛 ——————————— 시큼한 맛
약한 맛 ——————————— 강한 맛

즉, 2(속성) ×3(대상) 응답 행렬에 대한 각 응답자들의 평기를 토대로 유사성 측정치를 구하는 것이다. 이것은 다음의 두 가지 중요한 가정을 내포하고 있다.

• 연구자는 평가대상들의 유사성과 상이성을 잘 구별해 낼 수 있는 속성을 어의차이척도로 구 성해야 한다.
• 개별 응답자들의 측정치를 응답자군으로 묶는 경우 각 속성에 대한 가중치는 응답자들이 같 이 평가한다고 가정한다.

이 방법은 유사성 자료를 얻기 위하여 속성을 사용해야 한다는 점에서 다른 방법들에 비하여 가장 바람직하지 않은 방법으로 알려져 있다.

나. 선호도 자료

선호도는 기본적으로 응답자들이 대상들에 대하여 갖는 선호 관계, 즉 대상들에 대한 선호적 순서와 같은 의미를 내포하고 있다. 예를 들어, 대상 A는 대상 C보다 선호되어지고, 대상 C는 대 상 B보다 선호되어진다는 식으로 측정을 하는 것이다. 선호도 자료를 구하기 위한 가장 일반적 인 방법으로는 직접순위(direct ranking)법과 쌍대비교(paired comparison)법이 있다.

• 직접순위 : 각 응답자들은 평가대상들을 가장 선호하는 것부터 가장 적게 선호하는 순서로 답을 하며 다음과 같이 나타낼 수 있다.

가장 높은 선호도는 (1)로 가장 낮은 선호도는 (5)로 순위를 매긴다.

—————— 대상 A
—————— 대상 B
—————— 대상 C
—————— 대상 D
—————— 대상 E

• 쌍대비교 : 평가대상을 가능한 모든 쌍으로 나타내고, 각 응답자들에게 어떤 쌍을 선호하는지
질문하는 방식으로 다음과 같이 표현될 수 있다.

다음의 쌍들에 대하여 각각 둘 중에서 더 선호하는 것에 표시를 해주시오.

A(　) B(　)

A(　) C(　)

A(　) D(　)

A(　) E(　)

B(　) C(　)

B(　) D(　)

B(　) E(　)

C(　) D(　)

C(　) E(　)

D(　) E(　)

선호도 자료는 다차원척도법에서 연구자들로 하여금 지각도(perceptual map)상에 나타난 평
가대상들의 윤곽을 응답자들의 선호점과 함께 해석할 수 있도록 하는데 매우 유용하게 사용될
수 있다. 사실상 다차원척도법을 적용하는 많은 연구자들의 관심이 공간상에 대상들을 표시하여
대상간 관계를 살펴보는 것 이외에 응답자들이 각 대상들을 선호하는 것이 지각도상에서 어떻게
나타날 수 있는지를 알아보는 것을 포함하고 있는 경우가 대부분이다. 이러한 경우 선호도 자료
는 다차원척도법에서 매우 유용하게 사용될 수 있다. 이러한 방법이 유용한 이유는 특히 특정 대
상들이 상호 유사하다고 판정된다 하여도 이들에 대한 응답자들의 선호도는 다르게 나타날 수
있다는 점에 근거한다.

결론적으로 자료를 수집하는데 있어 유사성 자료와 선호도 자료는 모두 응답자의 판단을 1차
원의(unidimensional) 응답으로 얻는 과정을 통하여 구성되며, 다차원척도법은 이와 같은 1차원의
측정치를 적어도 2차원 이상의 척도로 나타내게 된다.

(3) 다차원척도법의 가정 및 고려사항

다차원척도법은 방법론상으로 볼 때 자료의 종류나 측정 대상의 선택에 있어서 엄격한 가정을
적용하고 있지는 않으나 보다 정확한 적용과 해석을 위해 다음과 같은 가정이 있다는 것을 이해
하는 것은 중요하다.

• 응답자들마다 대상을 판단하는 차원의 종류와 수는 다를 수 있다. 예를 들면, 자동차를 평

가함에 있어 어떤 사람들은 속력과 외양을 중심으로 평가를 하는 반면, 어떤 사람들은 그러한 요인들보다 가격, 내부공간의 안락함 등을 우선적으로 여기기도 한다.

- 응답자들이 같은 차원을 기준으로 평가대상을 판단한다 해도 각 차원에 대해 생각하는 상대적 중요성은 다를 수 있다.
- 대상을 판단하는데 사용되는 차원 혹은 그의 중요도는 응답자들이 오랜 기간이 지나도 계속 같은 판단을 한다고 보기는 어렵다. 즉 시간이 감에 따라 응답자들이 대상을 평가하기 위하여 갖는 차원과 그 상대적 중요도는 변할 수 있다는 가정을 포함한다.

다차원척도법은 이러한 가정을 토대로 공간상에 응답자들의 대상에 대한 지각구도를 표현하는 것으로서 다차원척도법의 중요한 목적은 응답자마다의 각기 다른 개인적인 특성을 이해하려는 것만이 아니라 표본으로 뽑힌 응답자들의 공통되는 지각과 평가를 파악하는 것을 포함한다.

(4) 다차원척도의 해 도출 및 적합도 검증

최근 들어 다차원척도법의 방법론과 이를 해결하기 위한 컴퓨터 프로그램이 발전을 거듭하고 있으며, 이에 따라 매우 다양한 방법들이 제시되고 있다. 이는 대개 입력자료의 유형 및 표현되는 공간의 성격, 그리고 해석상의 차이 등에 따라 여러 종류의 프로그램으로 나타나고 있는데, 그 기본적인 목적은 응답자들의 대상에 대한 판단을 기초로 그들이 지각하는 대상들의 관계를 공간상에 묘사하는 것이라고 볼 수 있다.

1) 지각도(perceptual map)상에서 평가대상의 위치

평가대상의 지각도상에서의 위치를 결정하기 위해서는 먼저 대상들로 구성된 쌍들을 응답자들에 의해 제공하고 이들로부터 유사성을 평가하도록 하여 이를 입력자료로 사용하여야 한다. 기본적으로 다차원척도법의 프로그램은 다음의 과정을 거쳐 최종 해를 구하게 된다.

- 먼저 초기 해로써 차원(t)과 이를 통하여 나타나는 대상(S_k)을 정한다. 초기 해를 구성하는데 있어서 여러 가지 방법들이 있을 수 있으나 가장 많이 알려진 방법은 연구자들이 기존 연구나 선행자료에 근거해 알려진 해를 적용하거나 다변량 정규분포로부터 무작위추출에 의하여 난수(random number)를 구하고 이를 사용할 수 있다.
- 대상들 간의 유사성 자료를 근거로 대상간 거리를 공간상에서 구하고 이를 토대로 일단 대상들이 묘사된 공간상 구조(configuration)를 찾으면 각 대상들 간의 거리(d_{ij})와 입력자료로 사용된 유사성 자료(S_{ij})를 비교하여 지각도가 원래의 유사성 자료를 제대로 반영하는지에 대한 적합도 평가를 해야 한다. 이와 같은 적합도는 일반적으로 스트레스(stress=1- fitness)로 표현될 수도 있는데, 대체적으로 적합도가 1에 가까울수록 원래의 유사성 자료를 잘 반영하는 지각도를 도출했음을 의미하게 된다.

- 최종 해를 찾기까지는 프로그램상에서 미리 정한 범위(stopping value)에 해당하는 수준까지 적합도가 커지거나 스트레스가 작아지게 되는지 비교하는 과정을 밟게 되며, 이에 해당하는 수준까지 스트레스가 작아지게 되면 계산과정을 멈추고 최종 해를 구하게 된다.

- 이 과정에서 설명 축(차원)이 최종적으로 하나가 될 때까지 각 차원에 있어서 적절한 스트레스(satisfactory stress)값에 해당하는 해를 제시하게 되며, 연구자는 일반적으로 두 개의 차원을 가지고 해석할 수 있는지의 여부를 판단하여 이것이 힘들 경우 차원을 하나씩 늘려가며 적절한 해를 구하게 된다. 이는 차원이 많아질수록 이들 차원을 사용하여 얻을 수 있는 이차원 평면상의 지각도가 많아질 수 있기 때문에 될 수 있는 대로 두 개 차원을 사용한 지각도를 우선적으로 고려한다는 의미를 담고 있다.

이와 같은 과정을 컴퓨터 프로그램으로 계산하지 않고 수작업으로 계산한다고 가정하면, 대상의 수와 지각도를 구성하는 차원이 증가하게 되면 작업이 매우 어려워진다. 예를 들어, 10개의 대상(제품 또는 서비스)을 평가한다고 가정하자. 각 응답자들은 대상의 가능한 쌍인 45개 쌍을 전부 고려하여 가장 유사성이 높은 쌍을 (1)로, 가장 낮은 유사성을 갖는 쌍은 (45)로 서열 순위를 매겨야 한다. 만약 임의의 10개의 점(10개 대상을 대표해서)을 그래프 종이에 그리고 모든 점의 쌍(45개)간의 거리를 측정하자. 이 거리와 실제 유사성 자료를 비교하여 차이를 구할 수 있으며, 이와 같은 스트레스값이 크다면 이를 작게 하는 방향으로 다시 지각도를 구성하여야 하고, 이러한 작업을 계속하여 스트레스값이 적정한 수준에 이르기까지 작업을 계속한다는 것은 사실상 수작업으로는 불가능한 일일 것이다. 컴퓨터는 수작업으로 할 때 생기는 방대한 양의 계산을 대신하고 좀더 정확하고 세부적인 것까지 해결해 준다.

참고로 여기서 스트레스값(stress measure)이란 원래 유사성 자료와 다차원척도법을 적용한 결과 나온 지각도상의 대상들 사이의 거리 비교를 통해 지각도가 원래 대상간 유사성을 얼마나 잘 반영하는지를 나타내는 척도이다. 다시 말해서 지각도상의 대상간 거리와 응답자들이 응답한 대상간 상이성(유사성의 반대 개념)이 얼마나 일치하는지를 설명하는 것이다. 조사자가 대상들의 비교를 정확하고 신뢰성 있게 측정하지 못할 경우, 이 자료를 사용하여 다차원척도법을 적용하면 원래의 자료가 부정확함으로 인해 나타나는 '부정확 해'(degenerate solution)가 도출될 소지가 크므로 조사자는 항상 자료수집에 있어서 신뢰성과 타당성이 있는 자료를 얻을 수 있도록 세심한 주의를 기울일 필요가 있다.

2) 지각도의 차원 수

다차원척도법을 올바르게 적용하기 위해서는 지각도를 구성하는 차원의 수를 결정하여야 한다. 이러한 차원의 수는 사실상 지각도가 그려지는 공간의 형태를 선정하는 것과 같은 개념이라고 볼 수 있다. 원래 유사성 자료를 적절히 반영하여 설명력이 큰 지각도를 형성하는 축(차원)의

수를 결정하는 것은 일반적으로 주관적 평가, 스트레스값의 스크리도표(scree plot), 전반적인 적합도 지수 등 세 가지 방법을 통해서 해결할 수 있다.

다차원척도를 적용하여 결론적으로 해석을 위해 도출되는 지각도의 수는 사실상 축(차원)의 수에 따라 결정이 된다. 하나의 지각도는 두 개의 차원으로 구성되며, 만약 세 개의 차원(x, y, z)이 필요하다면 지각도는 (x, y), (y, z), (x, z) 등 세 가지로 그려지게 된다. 이와 같이 축이 많아져 해석해야 할 지각도의 수가 많아진다면 이는 연구자에게 큰 부담이 될 수도 있기 때문에 연구자의 입장에서는 될 수 있는 대로 차원의 수를 2개 정도로 줄이고자 하는 경향이 있다. 이 때 연구자는 경우에 따라 개인의 주관적 판단에 의하여 가장 적절한 지각도를 구성하는 두 개의 축을 선정할 수 있다. 이와 같이 분석을 하는 사람이 지각도를 구성하는 축의 선정에 대해 주관적 평가를 내리고, 지각도의 형태가 합리적으로 보이는지의 여부를 결정하는 것은 비록 객관적인 방법은 되지 못한다 해도 어느 정도는 고려되어야 하는데, 그 주된 이유는 결국 결론적으로 제시되는 지각도의 해석을 올바르게 하기 위해서는 연구자 개인의 판단이 어느 정도 개입될 수밖에 없기 때문이다.

두 번째 방법은 스트레스값을 사용하는 것이다. 스트레스값은 다차원척도법에 의하여 도출된 지각도가 원래의 입력자료를 제대로 반영하지 않는 비율을 의미한다. 이 값은 적용하는 프로그램의 유형과 분석시 사용된 자료의 형태에 따라 달라질 수 있다. Kruskal의 스트레스 값은 다차원척도 모형의 적합도를 검증하는데 가장 일반적으로 사용되어지는 방법인데, 다음과 같은 식으로 정의될 수 있다.

$$\sqrt{\frac{(d_{ij} - \hat{d}_{ij})^2}{(d_{ij} - \overline{d}_{ij})^2}}$$

여기서 $\overline{d}$는 지각도상의 대상간 평균거리($\sum d_{ij}/n$)이다. 스트레스값은 지각도상에서 추정된 $\hat{d}_{ij}$가 원래의 유사성 자료에 근거한 d_{ij}에 가까워질수록 작아지게 되고, 지각도상의 대상간 거리가 원래 유사성 자료에 근거한 거리와 가장 잘 부합할 때 최소화된다. 스트레스를 사용하는데 있어서 주의하여야 할 점은 항상 차원이 많아질수록 이 값은 향상된다는 측면에서 다중회귀분석의 R^2와 유사한 경향이 있다. 따라서 보다 정확한 해석을 위해서는 스트레스값(=1-적합도)과 차원의 수를 적절히 고려하여 해석을 하여야 한다. 참고로 분석에 사용될 최적의 차원 수를 결정하기 위해 차원의 수(X축)와 스트레스값(Y축) 사이의 행적을 그려 스트레스값이 급격히 줄어드는 점에서의 차원의 수를 결정하여 이를 최적의 차원 수로 정의할 수 있다. 스트레스값은 다음과 같이 해석될 수 있다.

스트레스값	의 미
0.2이상	아주 나쁨
0.2	나쁨
0.1	보통
0.05	좋은 편
0.025	아주 좋음
0.00	완벽함

마지막으로 적합도 지수는 다차원척도법의 절차에 의해 계산되어진 지각도상의 대상간 거리와 원래 유사성을 근거로 한 거리와의 제곱상관지수(squared correlation index)에 의하여 정의될 수 있는데, 이는 회귀분석에서의 R^2와 비슷한 성격을 갖는다. 일반적으로 이 적합도 지수는 적어도 0.6 이상이 되어야 적절한 수준에 이르는 것으로 받아들여지고 있다.

3) 다차원척도법에서의 선호도 자료 결합

지각도는 원래 유사성 자료를 사용하여 평가대상들의 공간상 위치를 제시하는 목적으로 사용되기 시작하였으나, 선호도 자료를 사용하여 응답자들의 선호점을 영역으로 지각도상에 표시하는 방법이 제시됨에 따라 이러한 방법이 다차원척도법의 새로운 대안으로써 사용되고 있다. 선호도 자료를 유사성 자료와 병행하여 사용하면 지각도상에 대상들의 위치와 아울러 응답자들의 선호점과 이를 중심으로 한 선호영역이 표시되기 때문에 기업의 실무자들은 자사의 제품/서비스가 고객들에게 어떻게 인식되고 선호되는지를 하나의 지각도상에서 해석할 수 있기 때문에 매우 유용한 정보로 활용할 수 있게 된다.

가. 이상점(ideal point)

이상점이란 의미는 때때로 잘못 이해되거나 설명되어지기도 하지만 다차원척도법에서는 지각도 위에 나타난 대상들의 위치에서 응답자들로부터 가장 선호되는 점을 나타내는 이상적인 대상의 위치로 정의할 수 있다. 추론된 지각도 위에 나타난 이상점의 위치를 중심으로 이로부터 먼 대상보다는 가까운 대상들이 더 선호되는 원리에 의하여 지각도를 해석하는 것이 일반적이나 반드시 이와 같은 방식으로만 해석이 될 수 있는 것은 아니다. 경우에 따라서는 선호 영역이 원이 아닌 타원형의 선호 영역을 그릴 수 있으며, 이상점을 중심으로 더 멀어질수록 더 선호되는 점으로 해석되는 경우가 있으므로 해당 방법에서 제시하는 선호 영역의 의미를 잘 이해하고 이를 따라 해석하는 것이 바람직하다.

지각도상에서 이상점을 정의하는 데에는 외부적(explicit)인 방법과 내재적(implicit)인 방법의 두 가지가 사용될 수 있다. 전자는 응답자들에게 평가대상들에 대한 선호도를 직접 묻고 이를 통하여 수집된 선호도 자료를 입력자료로 하여 선호점을 구하는 방식을 따르고 있는데 반하여, 후자의 경우에는 대개 직접 평가대상들에 대한 선호도를 질문하지 않고, 주요 속성별로 평가대상들이 응답자들에게 어떻게 선호되고 있는지를 간접적으로 조사한 다음 이를 통하여 속성벡터를 추정한 다음 선호영역을 해석하는 방식을 취한다.

나. 선호도 자료의 내재적(implicit) 분석과 외부적(explicit) 분석

선호도 자료로부터 지각도상에서 이상점의 위치를 설정하는 것은 내재적 분석이나 외부적 분석에 의해 이루어질 수 있다. 내재적 분석은 주어진 자료만을 이용하여 다차원공간에 위치를 표시하는 방법이며, KYST, MDPREF 등이 이에 해당한다. 반면 PROFIT이나 PREFMAP 등은 주어진 자료 외에 다른 자료(KYST, INDSCAL 등에서 얻어진 좌표자료)도 이용하게 되는데, 두 개의 자료를 결합시킨다는 점에서 외부적 방법(external analysis)이라고 한다.

내재적 분석에서는 지각도상에 평가대상들의 위치가 나타나고, 속성이 벡터의 형태로 표시되기도 한다. 선호도 자료를 활용한 외부적 분석은 이와는 달리 유사성 자료와 선호도 자료를 모두 활용하여 분석을 시도한다. 유사성 자료로부터 구한 평가대상들의 지각도상에서의 위치를 좌표의 형태로 나타내고, 이를 선호도 자료와 함께 다시 입력자료로 하여 평가대상들과 이상점이 같이 나타난 지각도를 최종적으로 구하게 된다.

PREFMAP이 외부적 분석에 속하는 대표적 방법인데, 여기서는 유사성 자료와 선호도 자료를 함께 사용하여 평가대상의 위치와 선호점을 지각도에 함께 표시를 하게 된다. PREFMAP에서는 먼저 유사성 자료를 사용하여 평가대상들의 지각도상에서의 위치를 구하게 되며, 이를 위해서는 KYST나 INDSCAL 등 평가대상들의 지각도 위치를 구하는 방법을 사용하게 된다. 이를 통하여 도출된 평가대상들의 지각도상에서의 위치를 좌표로 하여 이를 응답자들로부터 구한 선호도 자료와 함께 입력자료로 다시 구성하여 분석을 함으로써 최종 지각도를 구하게 된다. 이 최종 지각도에는 평가대상들의 위치와 이상점의 위치가 표시되게 되며, 해석을 할 때는 평가대상들은 그대로 지각도상에서의 위치로 해석을 하면 되고, 이상점은 경우에 따라 벡터(vector)나 점(point)으로 해석이 가능하다.

다. 벡터(vector)와 점(point)의 해석

선호도 자료를 활용하여 이상점을 지각도에 그리고 이를 해석하는 것에 대해서는 이미 어느 정도 설명을 하였으나, 이를 다시 한 번 정리하면 다음과 같다.

먼저 벡터를 해석하는 경우에는 이 벡터가 속성을 나타내든 아니면 선호를 나타내는 선이든 간에 반드시 지각도상에 주어진 점을 원점과 연결하는 벡터선을 그리고 이 벡터선의 방향을 원점에서부터 초기 주어진 점으로 연결하는 방향으로 정하여야 한다. 이것은 선호되는 순서를 정하는데 매우 중요하며, 일단 벡터선의 방향이 정해지면 그 다음에는 지각도상에 표시된 평가대상들을 벡터선에 직각으로 투영(projection)하여 이 선과 벡터선이 만나는 점을 기준으로 해당 점이 벡터의 방향으로 더 나아간 순으로 선호되는 것으로 해석을 하면 된다. 이와 같은 해석을 적용하는 전형적인 방법으로는 MDPREF를 들 수 있다.

이와는 달리, 점으로 해석을 하는 경우에는 선호 영역을 정하는 것이 중요하며, 대개의 선호도 분석은 이와 같이 선호점을 중심으로 해석을 하게 된다. 선호점 또는 이상점(ideal point)의 경우에는 대개 이 점으로부터 멀리 떨어질수록 더 덜 선호되는 것으로 해석이 되나, 경우에 따라 선호 영역이 극도의 타원형을 이루거나 가중치의 값에 따라 반대로 해석이 되는 경우가 있으므로 해석을 할 때 이를 유의할 필요가 있고, 해당 방법론에서 제시하는 원칙을 잘 따라서 신중한 해석을 하여야 한다. PREFMAP의 경우에는 이와 같은 해석을 주로 적용한다.

(5) 타당성 검증

다차원척도법을 적용하는데 있어서 결과의 타당성을 평가하는 일은 다른 다변량 분석에 있어서와 마찬가지로 매우 중요하다. 하지만 다차원척도법에서는 결과적으로 산출되는 지각도의 특성상 타당성을 평가하기에 어려운 점이 있는 것이 사실이다. 왜냐하면, 타당성을 검증하기 위하여 분석에 사용된 표본 이외의 표본을 사용하여 지각도를 구한 다음 원래의 결과와 이 결과를 상호 비교하여 대상들의 위치가 상당히 다르게 나타났다고 할 때, 이것이 대상들의 위치가 정말로 다르게 지각되어서 다르게 나타난 것인지, 아니면 대상을 나타내는 축이 달라서 대상의 위치가 다르게 나타난 것인지를 명확히 구분할 수 없기 때문이다.

따라서 연구자는 다차원척도법에 의하여 산출된 결과의 타당성을 검증할 때 상당히 신중을 기하여야 하며, 이러한 어려움 때문에 경우에 따라서는 같은 자료를 가지고 분해적 방법 (decompositional method)과 합성적 방법(compositional method)을 함께 적용하여 결과를 상호 비교하는 방법도 쓰이고 있다. 하지만 이것은 진정한 의미에서의 타당성 검증이라고는 보기 힘든 측면이 있으며, 결국 연구자는 분석에 사용된 표본 이외의 표본을 가지고 결과를 비교 분석하는 절차를 밟는 것이 바람직할 것이다.

(6) 다차원척도법의 실행절차 -요약-

지금까지의 논의를 요약하면 다음의 〈표 9-1〉과 같다. 연구자가 다차원척도법을 실행하기 위해서는 자료를 적합한 형태로 취합해야 하며, 적절한 분석을 하기 위해서는 우선 다차원척도법의 절차를 이해해야 한다. 다차원척도법에서 연구자가 해결해야 할 중요한 문제는 좌표평면 상에서 차원 수를 몇 개로 결정하느냐의 문제이다. 또한 차원의 이름을 결정하고, 도출된 결과의 올바른 해석 및 지각도 모형의 타당성 평가도 중요하다.

〈표 9-1〉 다차원척도법의 실행절차 요약

단계	내용		
1단계	연구문제의 정의 : 구체적인 목적, 지각되지 않은 평가차원을 구체화		
	연구의 구체화 : 연구배경을 정의하고, 모든 관련 평가대상을 구체화 　　　　유사성 또는 선호도 평가치를 선택 　　　　집단 분석인지 개별 분석인지를 선택		
	지각도 추정에 대한 접근방법 선택 연구자에 의해 구체화된 평가속성을 사용할 것인지 결정		
2단계	합성적 접근방법		분해적 접근방법
	도식/post-hoc 방법 다속성기법(다변량기법) 대응일치법		다차원척도법
	조사설계의 문제 평가대상의 수 계량(metric) / 비계량(nonmetric) 자료		
	평가방법의 형태 응답자가 대상들 간의 유사성을 묘사하는가, 선호도를 묘사하는가?		
	유사성 쌍대비교 임의비교 유도측정	선호도 선호도의 정확한 순위 쌍대비교	유사성과 선호도의 측정 유사성과 선호도의 결합
3단계	가정 : 대상 평가의 차원이 응답자마다 달라질 수 있다.		
4단계	지각도에 대한 기본적인 선택 지각도가 유사성/선호도 자료 중 어떤 것에 근거하는가?		
	유사성 지각도 : 관련 평가대상은 지각된 차원상에서 유사성을 나타낸다.	선호도 지각도 : 선호도는 이상점에 대한 평가대상의 상대적 위치에 의해서 나타난다.	
	지각도의 추정 집단 / 개별 분석 자료의 입력	내부적 분석 step 1 유사성 지각도 추정	외부적 분석 MDPREF나 MDSCAL을 이용한 선호도 자료로 부터 속성에 근거한 선호 영역 도출
	KYST / INDSCAL / POLYCON　　ALSCAL / MINISSA / MULTISCALE	step 2 PREFMAP을 통해 지각도에서 이상점의 위치 파악	
	지각도의 차원 선택 : 　Visual Inspection 　Stress 측정 　적합도 (Index of Fitness)		
5단계	차원의 정의		
6단계	지각도의 타당성 검정		

1) 문제의 정의

문제의 정의를 위해서 연구자는 다차원척도법의 결과가 어디에 쓰일 것인지에 대하여 정확하게 파악하고 있어야 한다.

2) 입력자료 획득

다차원척도에서의 입력자료는 유사성 또는 선호도 자료가 이용된다. 유사성이나 선호도 자료는 계량적 형태와 비계량적 형태로 대별될 수 있는데, 계량적 형태의 자료는 유사성이나 선호도가 등간척도나 비율척도로 측정되어 얻어진 자료이며, 비계량적 자료는 서열척도에 의하여 얻어진 자료를 말한다.

3) 다차원척도법의 방법 선택

다차원척도법은 주로 응답자들의 심리상에 위치해 있는 평가대상들의 상대적인 위치를 공간에 도표화하여 나타내는 기법이며, 자료의 형태와 연구목적에 맞는 적절한 방법을 선택하여 이용하여야 한다.

4) 차원수 결정

다차원척도법은 입력자료를 이용하여 공간상에서 관찰대상들 간의 상대적인 거리를 가능한 정확히 위치시킴으로써 다차원 평가공간을 형성한다. 관찰대상들의 상대적인 거리의 정확도를 높이기 위해서는 다차원 공간에의 적합도(fitness)는 더 이상 개선이 되지 않을 때까지 반복되게 된다. 이 적합도는 스트레스값으로도 표현할 수 있으며, 이 스트레스값은 불일치의 정도를 나타낸다. 일반적으로 스트레스값의 크기에 따라 차원수의 결정이 적절한지 여부를 판단할 수 있다.

5) 차원 및 지각도의 해석

차원의 수가 결정되고 나면 연구자는 차원의 이름을 결정하여야 한다. 요인분석에서 요인의 이름을 결정하는 것과 같은 원리로 다차원척도법에서도 연구자 자신이 각 차원의 이름을 결정해야 한다. 차원의 이름을 결정하는 방법은 관찰 대상들에 대해서 잘 알고 있는 전문가에 의한 방법, 회귀분석을 통한 방법, 점수간의 상관계수가 높은 속성을 차원이름으로 이용하는 방법 등이 있다. 각 차원의 이름을 부여하고 나면, 보다 구체적인 지각도를 얻을 수 있으며, 연구자의 판단을 반영하여 지각도에 대한 해석을 하게 된다.

6) 신뢰성과 타당성 검정

다차원척도법의 결과에 대해 신뢰성과 타당성을 알아보기 위해서는 모형의 적합도 지수(index of fitness)를 알아보아야 한다. 모형의 적합도 지수는 회귀분석에서의 R^2와 유사한 것이다. 적합도 지수의 범위는 0과 1사이에 있으며, 0.6 이상이면 설명력이 높다고 할 수 있으나 경우에 따라서는 0.9 이상의 적합도 지수를 요구할 수도 있으므로 이에 대한 신중한 평가가 요구된다.

5. 다차원척도법의 종류

다차원척도법의 주요 방법과 그 내용은 다음의 〈표 9-2〉와 같다.

〈표 9-2〉 다차원척도법의 종류

종 류	지각도상에서의 위치 해석	필 요 자 료
KYST	평가대상의 위치만을 표시	쌍대비교에 의한 유사성 자료
INDSCAL	평가대상의 위치 이외에 개인적인 지각도의 차이를 파악	유사성 자료 (자료는 2인 이상)
MDPREF	평가자(평가속성) 및 평가대상을 동시에 표현	평가대상들에 대한 속성을 기준으로 한 선호도 자료
PROFIT	평가대상과 속성파악	KYST에 의한 위치 자료와 속성평가 자료
PREFMAP	평가대상, 평가자, 이상점의 위치 파악	KYST에 의한 위치 자료와 선호평가 자료

(1) KYST

KYST는 다차원척도법 가운데에서 가장 많이 알려져 있고 융통성 있는 기법이다. KYST는 평가대상(objects, stimuli)들 간의 근접성(proximities)을 기준으로 하여 2차원상의 공간에 대상들의 위치를 표시할 수 있게 해준다. 여기서 근접성이라 함은 주로 평가대상들 간의 유사성(similarity) 혹은 상이성(dissimilarity)의 정도를 의미한다. 이러한 유사성 또는 상이성을 이용한 근접성 데이터를 입력하게 되면 KYST에서는 지각도상에 각 평가대상의 위치를 점으로 찍어주는데, 이 점이 바로 각 평가대상들이 응답자들에게 지각되고 있는 위치이다.

다차원척도법에서 지도를 그리기 위해서 사용되는 계산방법은 복잡하기 때문에 대상간의 거리를 계산하게 된다. 일반적으로 거리계산은 입력자료에 따라 계량자료(metric data)와 비계량(non-metric data) 자료로 구분된다. 전자는 유사성 행렬이 유클리디안 거리로 구성되었다는 가정에서 전개되는 것이며, 후자는 유사성 행렬의 각 요소에 대한 유사성 크기보다는 크기의 순서에만 의존하는 기법이다.

유사성 자료로 지각도를 그리는데 가장 기본적인 전제조건이 공간에서의 평가대상 간의 거리가 평가대상 간의 유사성의 정도와 일치하여야 한다는 것이다. 이것은 스트레스(stress)라는 개념으로 알 수 있으며, 스트레스는 유사성과 대상간 거리의 차이를 나타내며 유사성 척도에 의해 지도상에 위치표시가 얼마나 잘 표시되었는가를 나타낸다.

KYST에서 만들어진 지각도는 단지 응답자들에게 유사성만을 질문하여 만들어진 지도이기 때문에 대개 지도에서 나타내고 있는 차원이 어떠한 속성을 의미하고 있는가를 해석하는데 어려움이 따른다. 일반적으로 해석의 객관성을 유지하기가 어려워지기 때문에 종종 회귀분석이 이용된다. 즉 지도에 나타난 평가대상을 종속변수로 평가대상의 좌표를 독립변수로 하여 회귀분석을 실시한다.

KYST에 의하여 도출된 결과는 각 대상간의 거리계산에 의하여 하나의 공간구도만을 만들어 줄 뿐 그 형상의 절대적 위치나 방향은 결정해 주지 않는다. 그러므로 도출된 결과를 좌표축을 중심으로 어느 방향으로 회전을 해도 상관이 없다.

(2) INDSCAL

INDSCAL은 Caroll & Chang(1970)에 의해 개발된 다차원척도 프로그램으로 응답자들의 지각(preception)의 개인차이를 고려한 3차원(three-way) MDS라고 볼 수 있다. 둘 이상의 평가자(subject) 간의 개인적 차이를 분석하기 위하여 만들어진 프로그램으로 하나의 평가자에 대한 데이터만을 분석하지는 않는다. INDSCAL은 각 평가자 개개의 데이터 행렬을 입력자료로 요구한다.

KYST와 같은 다른 MDS 분석들은 행렬 속에 있는 각 셀(cell)들의 값으로 한 응답자의 유사성 행렬이나 평가자 집단의 응답을 종합한 값을 사용하는데 반하여, INDSCAL에서는 각 평가자의 응답값들을 각각의 행렬로 사용한다. 그러므로 평가자가 5명인 경우에는 5개의 유사성 자료 행렬이 제시되게 된다.

INDSCAL은 평가대상의 판단을 위해 응답자들에 의해 보편적으로 이용되고 있는 판단의 주요 차원들을 발견해 주며, 각 평가차원의 상대적 중요도도 제시해 준다. 또한 평가대상을 평가하는데 있어서 개개인에 의해 사용되는 차원의 중요성의 가중치도 산출해 주며, 각 지각도상에서 평가대상이 차지하는 위치를 점으로 보여준다.

(3) MDPREF

MDPREF는 평가대상들과 응답자의 속성별 선호도 벡터를 하나의 공간 위에 나타내 주는 방법으로 복수의 응답자의 선호도를 종합된 하나의 형태로 결합하여 지각도상에 속성별로 평가대상들이 응답자들에게 선호되는 구도를 공간 위에 그림으로 보여주는 프로그램으로 일반적으로 응답자들의 선호 평가에서 얻어진 평균 선호도 평가자료를 가지고 분석한다.

MDPREF는 벡터모형으로 알려져 있는데 그것은 이 분석의 목적이 평가대상과 속성벡터를 중심으로 표현하고 있는 지각도를 만드는데 있기 때문이다.

MDPREF는 주성분분석에 근거한 모형으로서 i개의 평가자(subject) 또는 제품 속성과 j개의 평가대상들로 이루어지며, 두 개의 차원으로 이루어지는 자료행렬이 입력자료로 사용된다.

```
5 2 8 1 3 7 6 4 · · · · ·
2 1 3 6 4 7 8 5 · · · · ·
4 7 1 8 6 2 3 5 · · · · ·
2 5 4 8 3 6 7 1 · · · · ·
7 4 5 1 6 3 8 2 · · · · ·
· · · · · · · · · · · · ·
· · · · · · · · · · · · ·
```

i 개의 평가자 ➡ / 또는 속성

↑ / j 개의 평가대상

MDPREF는 선호자료를 나타내는 평가자(subject) × 평가대상들(stimuli)로 이루어지는 행렬을 분석하게 된다. 이때 평가자는 반드시 사람을 의미하는 것은 아니며, 종종 일련의 속성들에 근거하여 대상들을 평가하는 평균선호도 행렬을 분석하게 되는데, 이 경우 평가자에 해당하는 것은 사람이 아니라 속성이 된다.

(4) PROFIT(PROperty FITting analysis)

PROFIT은 이미 만들어진 평가대상의 위치에 평가대상의 속성을 투사시키는 다차원척도법이다. 즉 KYST나 INDSCAL에 의하여 얻어진 평가대상들의 좌표(위치)에 평가대상들의 중요한 속성들을 결합시키는 외부적 분석이다. 좌표들과 속성평가 결과를 결합시키는 이유는 KYST나 INDSCAL에 의하여 얻어진 지각도에서 축의 의미를 찾아내는 것은 매우 주관적이기 때문에 축이 가지고 있는 의미가 대개의 경우 연구자의 직관에 의하여 해석이 되므로 논란의 소지가 많기 때문이다.

이러한 단점을 극복하기 위하여 평가대상들이 위치하는 지도 위에 속성을 결합시키고자 하는 것이다. 이 방법이 적용되기 위해서는 먼저 평가대상들의 좌표가 있어야 하고, 평가자들이 평가대상들을 평가할 때 중요하게 생각하는 속성에 대하여 평가대상별로 속성들을 평가한 자료가 있어야 한다. 이 때문에 PROFIT은 평가대상들의 좌표를 속성평가 벡터와 결합시키는 벡터모형이며, 두 개의 자료를 단계적으로 결합시킨다는 점에서 외부적 분석기법이라고 할 수 있다.

(5) PREFMAP

PREFMAP은 선호자료를 평가대상의 공간에 결합시키는 것이다. 여기서 평가대상 공간은 KYST나 INDSCAL 같은 MDS 프로그램들에 의해 제공될 수 있으며, 이 프로그램에서는 일련의 벡터들과 이상점 모형들이 계산된다.

PREFMAP은 특정 차원에서 평가대상의 형상을 묘사해 주는 종합적인 입력자료를 가지고 분석을 시작한다. 여기서 입력자료로 각 평가자가 평가대상에 대하여 순위를 매긴 선호순위들이 사용된다. PREFMAP과 MDPREF는 두 가지 모두 선호도 자료를 분석한다는 점에서 공통점이 있지만 분석방법과 모형의 형태가 서로 대조된다. MDPREF는 이상점이 무한한 곳에 존재하는 벡터모형이며, 하나의 자료 집합을 이용하는 내재적 분석방법이고 계량적 다차원척도법이다.

이에 반해 PREFMAP은 이상점 모형(ideal point model)이며, 유사성 자료로부터 얻어진 평가대상의 좌표와 개인 또는 집단별 선호자료의 두 개의 자료 집합이 필요한 외부적 분석방법 (external analysis)이다. PREFMAP은 계량 또는 비계량 자료를 모두 사용할 수 있다.

PREFMAP은 각 평가자들에 대하여 평가대상 공간에 위치한 세 가지 모형들의 각각에 대한 이상점을 발견해 주며, 네 번째 모형인 벡터모형은 이상점이 무한하다고 가정한다. 각 평가자의 자료를 네 가지 모형(단계(=phase)라고도 불림) 중의 어느 하나를 사용하여 분석하는데, 하나의 모형이 선택되면 평가자의 이상점과 평가대상과의 거리를 추정할 수 있고, 벡터모형인 경우에는 PREFMAP의 경우도 MDPREF에서와 같이 벡터의 해석 방식을 따르게 된다.

6. 대응일치분석

지금까지 언급한 다차원척도법 중 전형적인 합성적(compositional or attribute－based) 방법의 대표적인 것으로 대응일치분석(correspondence analysis)을 들 수 있다. 이 방법은 과거의 합성적 접근이 주로 판별분석이나 요인분석 등과 같은 전통적인 다변량 분석기법에 의존해 온 것과는 달리 최근 대상과 속성이 함께 표현된 지각도를 도출하기 위한 유력한 대안의 하나로 대두되었다. 여기서는 대안과 속성이 함께 표현된 교차분석표에 나타난 빈도(명목척도) 자료를 사용하여 열과 행의 카테고리에 해당하는 대안과 속성들을 지각도상에 나타내게 된다.

대응일치분석은 명목자료와 변수간 비선형관계를 모두 수용할 수 있다는 측면에서 이제까지 제시한 전통적인 다차원척도와는 다르나, 기본적으로 대상이나 속성을 지각도상에 표시한다는 결과적 측면에서는 상당한 유사점을 가지고 있고, 실제 자료를 수집하는 측면에서도 응답자들에게 많은 부담을 주지 않으면서 지각도 분석에 필요한 자료를 수집할 수 있다는 측면에서 매우 유용한 기법으로 알려져 있다. 또한 대응일치분석의 입력자료는 속성이나 대상만 관련되는 것은 아니며, 특정한 현상이나 변수의 범주(low, medium, high 등)의 지각도상에서의 위치를 결정하기 위하여 분석되어질 수도 있다. 예로는 특정한 상표를 선호하는 응답자들의 인구통계적 특성을 기준으로 어떤 사람들이 어떤 상표를 선호하는지를 교차분석표로 만들고 이를 토대로 상표 선호도와 인구통계적 특성간의 관계를 지각도 공간상에 표시하는 것을 들 수 있다.

7. 결론

결론적으로, 다차원척도법은 유사성과 선호도를 나타내는 자료를 토대로 응답자들이 지각하고 있는 판단을 공간상에 표시함으로써 대상간 관계를 파악하는 방법론이다. 이 방법은 주로 (1) 유사성 판단에 근거하여 평가대상들이 어떻게 고객들에게 지각되고 있는지를 분석하기 위하여, (2) 선호도 판단에 근거한 시장의 선호도를 설명하기 위해, (3) 다른 경쟁 제품과 비교하여 어떤 상품이 더 경쟁력이 있는지를 결정하기 위해, (4) 상품이나 기업의 이미지, 포지셔닝, CI, 광고 등 마케팅 전략을 수행할 때 매우 성공적으로 적용되어 왔다. 이와 같은 광범위한 응용 분야를 갖고 있는 다차원척도법은 최근 컴퓨터 소프트웨어 기술의 발달과 다양한 방법론의 개발로 사용자 편의를 추구하는 많은 프로그램들이 개발됨에 따라 앞으로 그 응용이 더 활발히 진행될 것으로 전망된다.

– 각 방법별 입력자료 및 결과 –

KYST

```
   5   1   1
(5F5.3)
9.3   0.57  6.1   2.0   1.5
1.0   8.5   5.5   3.3   4.0
2.1   5.3   7.3   3.9   1.1
5.0   6.2   1.6   8.9   2.8
1.3   4.1   1.0   2.5   8.8
```

K Y S T MULTIDIMENSIONAL SCALING
WRITTEN BY JOSEPH B. KRUSKAL, FOREST W. YOUNG, WITH JUDITH SEERY
PC-MDS VERSION

THE FINAL CONFIGURATION HAS BEEN ROTATED TO PRINCIPAL COMPONENTS.

THE FINAL CONFIGURATION OF 5 POINTS IN 2 DIMENSIONS HAS STRESS OF .003
FORMULA 1 WAS USED. THE FINAL CONFIGURATION APPEARS :

```
       1        2
1    .723    -.501
2   -1.218    .476
3    .712     .130
4   -.593    -.917
5    .376     .812
```

KYST
DIST AND DHAT VERSES DATA FOR   2 DIMENSION(S)
STRESS =   .0032

CONFIGURATION PLOT DIMENSION   2 (Y-AXIS) VS. DIMENSION 1 (X-AXIS)
KYST

```
               *.....*.....*.....*.....*.....*.....*.....*.....*.....*.....*.....*
   3.000**                                                              ** 3.000
   2.769**                                                              ** 2.769
   2.538**                                                              ** 2.538
   2.308**                                                              ** 2.308
   2.077**                                                              ** 2.077
   1.846**                                                              ** 1.846
   1.615**                                                              ** 1.615
   1.385**                                                              ** 1.385
   1.154**                                                              ** 1.154
    .923**                                5                             **  .923
    .692**                                                              **  .692
    .462**                      2                                       **  .462
    .231**                                         3                    **  .231
    .000** -----------------------------0--------------------------- **  .000
   -.231**                                                              ** -.231
   -.462**                                         1                    ** -.462
   -.692**                                                              ** -.692
   -.923**                        4                                     ** -.923
  -1.154**                                                              **-1.154
  -1.385**                                                              **-1.385
  -1.615**                                                              **-1.615
  -1.846**                                                              **-1.846
  -2.077**                                                              **-2.077
  -2.308**                                                              **-2.308
  -2.538**                                                              **-2.538
  -2.769**                                                              **-2.769
  -3.000**                                                              **-3.000
               *.....*.....*.....*.....*.....*.....*.....*.....*.....*.....*
          -3.3333.  -2.0000.  -.6667.   .6667.  2.0000.  3.3333.
       -4.0000   -2.6667   -1.3333    .0000   1.3333   2.6667   4.0000
```

INDSCAL

3 3 2 2 25 1 0 1 0 0 '12345677' 0 0 1 0 .001
10 10 10
(2X,9F2.0)
0116
018147
01563271
0187684471
016035219834
01849498579999
0150877973199245
019925539852179984
01169290837944241898
0209
029070
02876506
0287778383
023379258939
02868699229040
0281305788693997
027420947805819288
02232672940276812005
0349
039696
03979294
0368129093
037744889026
03979394259349
0354769294202493
034748929435189423
03214790926867875515
0423
049951
04992378
0490162249
047455509913
04148877755070
0425954899997999
046036692421539999
04008972817771745171
0562
057716

05981455
0576224047
058416168107
05178036936090
0576938680943619
057420163805180671
05107278929286160299
0685
068215
06972856
0651313643
067927078207
06138438877682
0682997368804020
066924302716122880
06158078907266170595
0710
075375
07999999
0787276599
076066729999
07969990109075
0798999198883499
077315909909569575
07546284999553859149
0814
086147
08799677
0872211273
086612288113
08666475417182
0851673293496686
080720677115567669
08195106882581500883
0911
099069
09722690
0993176924
093934369880
09268277855399
0980747599938713
097308913517179991
09246290768564772465

```
1069
106358
10768579
1052145181
106139358336
10809093067885
1028878394644490
108020929851238033
10782840993671826213
```

Diet Pepsi

Pesi Cola

Yukon

Dr. Pepper

Shasta

Coca-Cola

Diet Pepper

Tab

RC

Diet Rite

I N D S C A L
INDIVIDUAL DIFFERENCES SCALING
BY DR. J. D. CARROLL AND JIH JIE CHANG
PC-MDS VERSION

HISTORY OF COMPUTATION

ITERATION	CORRELATIONS BETWEEN		
	Y(DATA) AND YHAT	(R**2)	(1-R**2)
0	-.049669	.002467	.997533
1	.454765	.206811	.793189
2	.568041	.322671	.677329
3	.596882	.356268	.643732
4	.646604	.418097	.581903
5	.731775	.535495	.464505
6	.775493	.601389	.398611
7	.787444	.620068	.379932
8	.791152	.625921	.374079
9	.792406	.627908	.372092
10	.792987	.628828	.371172
11	.793351	.629405	.370595
12	.793609	.629815	.370185
13	.793797	.630114	.369886
14	.793933	.630330	.369670

15	.794032	.630486	.369514
16	.794102	.630598	.369402
17	.794152	.630678	.369322

EQUATE MATRIX 2 AND MATRIX 3, ITERATE AGAIN
INITIAL A MATRICES
MATRIX 1

1	−.0664	−.1137	−.0796	−.1329	.0729
	−.0829	−.1045	−.1228	−.1263	.0706
2	.0816	.1411	.1785	.0592	.0164
	.0192	.1566	.1335	.0483	.1652
3	−.1752	−.0518	−.0564	−.1774	−.2176
	−.2144	−.0534	−.1159	−.1657	−.0566

MATRIX 2

1	.4911	.5188	−.8744	.5474	.0105
	−.6039	.1831	−.7128	.4543	−.0141
2	.2175	.2887	−.1341	−.7295	.1839
	.1180	−.6643	.1534	.3295	.2370
3	−.5473	.4163	.3463	.2937	.4616
	.3534	−.4958	−.5589	.4388	−.7081

MATRIX 3

1	.4911	.5188	−.8744	.5474	.0105
	−.6039	.1831	−.7128	.4543	−.0141
2	.2175	.2887	−.1341	−.7295	.1839
	.1180	−.6643	.1534	.3295	.2370
3	−.5473	.4163	.3463	.2937	.4616
	.3534	−.4958	−.5589	.4388	−.7081

THIS IS PLOT OF DIMENSION 1 VS.DIMENSION 2 FOR TABLE NO. 3

```
      .+ .....+ .....+ .....+ .....+ .....+ .....+ .....+ .....+ .....+ .....+ .....+
1.20+                                  |                                    +
      .                                |                                    .
      .                                |                                    .
 .92+                                  |                                    +
      .                                |                                    .
      .                                |                                    .
 .65+                                  |                                    +
      .                                |                                    .
      .                                |                                    .
 .37+                                  |                                    +
      .                                |            #                       .
      .              A       1         |            5                       .
 .09+                          8       |     6                              +
      . ---------------------------------- 0 ---------------------------------
      .                                |     3                              .
-.18+                                  |                                    +
      .                                |                                    .
      .                                |                                    .
-.46+                                  |                                    +
      .                      7         |                                    .
      .                                |     4                              .
-.74+                                  |                                    +
      .                                |                                    .
      .                                |                                    .
-1.02+                                 |                                    +
      .                                |                                    .
      .                                |                                    .
      .+ .....+ .....+ .....+ .....+ .....+ .....+ .....+ .....+ .....+ .....+ .....+
     -1.2  -1.0  -.8  -.6   -.4  -.2   .0   .2    .4   .6   .8  1.0  1.2
```

PROFIT

	3	20	4	4	0	0	2	0.0

(2X,4F7.3)

1	.309	-.476	1.126	.75
2	.588	-.294	-2.251	.25
3	.809	.476	2.694	-.85
4	.951	.294	-1.864	-.45
5	1.000	-.294	2.118	.85
6	.951	-.476	-.352	-.15
7	.809	.294	.699	-.25
8	.588	-.476	-2.135	-.95
9	.309	.000	1.597	.65
10	.000	-.294	-2.006	.45
11	-.309	.476	-1.131	-.65
12	-.588	-.294	-.638	.55
13	-.809	.000	3.330	.95
14	-.951	-.476	-1.342	.15
15	-1.000	.000	-.036	.35
16	-.951	.476	.313	.05
17	-.809	.000	-.896	-.75
18	-.588	.294	-1.707	-.55
19	-.309	.294	-1.534	-.35
20	.000	.476	4.033	-.05

(20F3.1)

SIN FUNCTION

.1 .2 .3 .4 .5 .6 .7 .8 .91.01.11.21.31.41.51.61.71.81.92.0

SIN,COS

1.8 .6 .2 .4 .91.71.1 .72. 1.61.21.9 .5 .81.01.31.5 .11.4 .3

EXPONENTIAL

1.5 .11.8 .41.71.11.4 .21.6 .3 .81.01.9 .71.21.3 .9 .5 .62.0

LINEAR

1.81.3 .2 .61.9 .9 .8 .11.71.5 .41.62.01.21.41.1 .3 .5 .71.0

PROFIT
PROPERTY FITTING ANALYSIS
PROGRAM WRITTEN BY DR. J. D. CARROLL AND JIH JIE CHANG
PC-MDS VERSION

LINEAR REGRESSION
NORMALIZED CONFIGURATION

1	.3090	.5880	.8090	.9510	1.0000
	.9510	.8090	.5880	.3090	.0000
	-.3090	-.5880	-.8090	-.9510	-1.0000
	-.9510	-.8090	-.5880	-.3090	.0000
2	-.4760	-.2940	.4760	.2940	-.2940
	-.4760	.2940	-.4760	.0000	-.2940
	.4760	-.2940	.0000	-.4760	.0000
	.4760	.0000	.2940	.2940	.4760
3	1.1251	-2.2519	2.6931	-1.8649	2.1171
	-.3529	.6981	-2.1359	1.5961	-2.0069
	-1.1319	-.6389	3.3291	-1.3429	-.0369
	.3121	-.8969	-1.7079	-1.5349	4.0321
4	.7500	.2500	-.8500	-.4500	.8500
	-.1500	-.2500	-.9500	.6500	.4500
	-.6500	.5500	.9500	.1500	.3500
	.0500	-.7500	-.5500	-.3500	-.0500

CORRELATION BETWEEN ORIGINAL AND FITTED VECTORS FOR PROPERTY 4 IS :

R = 1.000 , RSQ = 1.000

TABLE 1. THE MAXIMUM CORRELATION BETWEEN THE PROPERTY
　　　　 AND THE PROJECTIONS ON FITTED VECTOR

	RHO	PROPERTY
1	.8360	SIN FUNCTION
2	.4740	SIN.COS
3	.9715	EXPONENTIAL
4	1.0000	LINEAR

PLOT FOR FIRST TWO DIMENSIONS OF STIMULUS POINTS AND DIRECTION
COSINES OFFITTED PROPERTY VECTORS

```
        .+.............+.............+.............+.............+.............+.............+.............+
                                          |                                    +
 1.000+                                   |                                    +
        .                                 |                                    .
        .                                 |                                    .
 .778+                                    |                                    +
        .                                 |                                    .
        .                                 |                                    .
 .556+                                    |                                    +
        .           G       B    K        |        3                           .
        .                                 |                                    .
 .333+                        L           |                                    +
        .                  I   J          |            7   4                    .
        .                                 |                                    .
 .111+                                    |                                    +
        .                               O                                      .
        . ------------------------F---#-------------N-0--------9----------------------------------
 -.111+                                   |                                    +
        .                                 |                                    .
        .                    C       A        2       5                        .
 -.333+                                   |                                    +
        .                                 |                                    .
        .                    E       |    1   8       6                        .
 -.556+                                   |                                    +
        .                             M|                                       .
        .                                 |                                    .
 -.778+                                   |                                    +
        .                                 |                                    .
        .                                 |                                    .
 -1.000+                                  |                                    +
        .+.............+.............+.............+.............+.............+.............+.............+
          -2.00  -1.67  -1.33  -1.00  -.67   -.33   .00    .33   .67   1.00   1.33  1.67   2.00
```

MDPREF

```
    6   8   3   2   1   0
(5X,  8F2.0)
011   5 2 8 1 3 7 6 4
012   2 1 3 6 4 7 8 5
021   4 7 1 8 6 2 3 5
022   2 5 4 8 3 6 1 7
031   7 4 5 1 6 3 8 2
032 8   3 6 5 1 7 2 4
```

M D P R E F
MULTIDIMENSIONAL ANALYSIS OF PREFERENCE DATA
PROGRAM WRITTEN BY DR. J. D. CARROLL AND JIH JIE CHANG
PC - MDS VERSION

POPULATION MATRIX (VECTORS)
FACTOR

1	.8999	.4317	.0623
2	.1107	.2738	.9554
3	-.8999	-.4317	-.0623
4	-.7935	.6052	.0641
5	.7935	-.6052	-.0641
6	.2341	.8112	-.5358

NORMALIZED STIMULUS MATRIX (POINTS)
FACTOR

1	.2871	-.0542	-.5943
2	-.3198	-.3227	-.3777
3	.3864	.2794	-.2440
4	-.6180	.1804	.1595
5	-.0600	-.5262	.1243
6	.1556	.5826	.2164
7	.4322	-.3493	.5823
8	-.2635	.2099	.1334

STIMULUS MATRIX (STRETCHED BY SQ. ROOT OF THE EIGENVALUES)
FACTOR

1	3.1387	-.4595	-4.0725
2	-3.4954	-2.7335	-2.5879
3	4.2238	2.3666	-1.6720
4	-6.7561	1.5286	1.0928
5	-.6562	-4.4574	.8521
6	1.7008	4.9358	1.4831
7	4.7244	-2.9589	3.9902
8	-2.8801	1.7782	.9141

IN JOINT SPACE PLOTS, THE FIRST 8 POINTS ARE STIMULI AND THE NEXT 6
ARE VECTOR (SUBJECT) END POINTS.

PLOT OF SUBJECT VECTORS IN DIMENSIONS 1 AND 2

```
        .+.....+.....+.....+.....+.....+.....+.....+.....+.....+.....+.....+.....+
  1.80+                              |                                     +
     .                              |                                     .
     .                              |                                     .
  1.38+                              |                                     +
     .                              |                                     .
     .                              |                                     .
   .97+                              |                                     +
     .                              | 6                                   .
     .                              |                                     .
   .55+              4              |                                     +
     .                              |                      1              .
     .                              | 2                                   .
   .14+                              |                                     +
     . ------------------------------ 0 ------------------------------------ .
     .                              |                                     .
  -.28+                              |                                     +
     .              3              |                                     .
     .                              |              5                      .
  -.69+                              |                                     +
     .                              |                                     .
     .                              |                                     .
 -1.11+                              |                                     +
     .                              |                                     .
     .                              |                                     .
 -1.52+                              |                                     +
     .                              |                                     .
     .                              |                                     .
        .+.....+.....+.....+.....+.....+.....+.....+.....+.....+.....+.....+.....+
       -2.0  -1.7  -1.3  -1.0  -.7   -.3   .0    .3    .7   1.0   1.3   1.7   2.0
```

PLOT OF STIMULUS POINTS IN DIMENSIONS 1 AND 2

```
       .+.....+.....+.....+.....+.....+.....+.....+.....+.....+.....+.....+
                                        |                              +
  1.80+                                 |
     .                                  |
     .                                  |
  1.38+                                 |                              +
     .                                  |
     .                                  |
   .97+                                 |                              +
     .                                  |
     .                                  |
   .55+                                 |   6                          +
     .                                  |
     .                        8         |     3                        .
   .14+                   4             |                              +
     .  ------------------------------0---1------------------------------
     .                                  |                              .
  -.28+                       2         |                              +
     .                                  |     7                        .
     .                              5   |                              .
  -.69+                                 |                              +
     .                                  |
     .                                  |
 -1.11+                                 |                              +
     .                                  |
     .                                  |
 -1.52+                                 |                              +
     .                                  |
     .                                  |
       .+.....+.....+.....+.....+.....+.....+.....+.....+.....+.....+.....+
      -2.0  -1.7  -1.3  -1.0  -.7  -.3  .0   .3   .7  1.0  1.3  1.7  2.0
```

PLOT OF POINTS AND VECTORS IN DIMENSIONS 1 AND 2

```
      .+.....+.....+.....+.....+.....+.....+.....+.....+.....+.....+.....+.....+
                                      .    |                                   
 1.80+                                      |                                  +
   .                                        |                                  .
   .                                        |                                  .
 1.38+                                      |                                  +
   .                                        |                                  .
   .                                        |                                  .
  .97+                                      |                                  +
   .                                        |   E                              .
   .                                        |                                  .
  .55+                    C                 | 6                                +
   .                                        |                   9              .
   .                               8        | A    3                           .
  .14+                        4             |                                  +
   .  ------------------------------------0---1----------------------------------
   .                                        |                                  .
 -.28+                               2      |                                  +
   .              B                         |       7                          .
   .                                      5 |            D                      .
 -.69+                                      |                                  +
   .                                        |                                  .
   .                                        |                                  .
-1.11+                                      |                                  +
   .                                        |                                  .
   .                                        |                                  .
-1.52+                                      |                                  +
   .                                        |                                  .
   .                                        |                                  .
      .+.....+.....+.....+.....+.....+.....+.....+.....+.....+.....+.....+.....+
     -2.0  -1.7  -1.3  -1.0  -.7   -.3    .0    .3    .7   1.0   1.3   1.7   2.0
```

PREFMAP

```
11   2   5   0   1   0   2   4   0   1   1   15   0   0   1
(2X,10F7.3)
   1   -.504   -.054      MUSTANG
   2    .332   -.156      CADILLAC  SEVILLE
   3    .174   -.018      LINCOLN  CONTINENTAL
   4  -1.429    .083      FORD  ESCORT
   5    .323    .506      CORVETTE
   6  -1.402   -.512      CHEV.  CHEVETTE
   7    .493   -.565      NISSAN  300  ZX
   8  -1.142    .498      RENAULT  ALLIANCE
   9    .712    .381      PORSCHE  944
  10   1.154   -.367      JAGUAR  XJ6
  11   1.290    .205      MERCEDES  500  SEL
(5X,11F2.0)
001     0210071103120408010506
002     0103040502070911100809
003     0609081007110405030201
004     0301020805100611040709
005     0805070904110210060301
```

P R E F M A P

MDSCALING VIA A GENERALIZATION OF COOMBS UNFOLDING MODEL
BY DR. J. D. CARROLL AND JIH JIE CHANG
PC - MDS VERSION

PHASE 3
X MATRIX, (INPUT CONFIGURATION AFTER NORMALIZATION)

```
   1   -.1782    .1174    .0615    .5052    .1142   -.4957
        .1743   -.4038    .2517    .4080    .4561
   2   -.0403   -.1165   -.0134    .0620    .3778   -.3823
       -.4219    .3718    .2845   -.2740    .1531
```

PHASE 3
SUBJECT 1
S (VECTOR OF SCALE VALUES, E.G. PREFERENCES)

```
     -.20230   -.00337   -.10730    .57895   -.20230    .64115
     -.14639   -.00337   -.34045   -.10730   -.10730
```

BEGIN ITERATION ON MONOTONE FIT
END OF ITERATION, REACHED CRITERION

BETA VALUES (IN THE MOST GENERAL CASE THERE ARE (2K + K(K-1)/2 + 1)
TERMS –
QUADRATIC, LINEAR, THEN A CONSTANT TERM)
$\qquad$ -.15368 $\qquad$ -.59209 $\qquad$ -.34717 $\qquad$ .84614

(CORRELATION)= .89734
SIGNED DSQ, (SIGNED DISTANCE SQUARED FROM STIMULI TO IDEAL)
$\qquad$ .28694 $\qquad$ .13327 $\qquad$ .11079 $\qquad$ .63606 $\qquad$ .07222 $\qquad$ .89697
$\qquad$ .35875 $\qquad$ .50410 $\qquad$ .01348 $\qquad$ .19715 $\qquad$ .01184

STIMULI COORDINATES

DIMENSION	1	2
STIMULI		
1	-.17819	-.04032
2	.11738	-.11648
3	.06152	-.01344
	-.50524	.06197
5	.11420	.37782
6	-.49569	-.38230
7	.17430	-.42187
8	-.40376	.37185
9	.25173	.28448
10	.40801	-.27403
11	.45609	.15307

COORDINATES OF IDEAL POINTS

DIMENSION	1	2
SUBJECTS		
1	.34988	.20515
2	-.08728	.00457
3	-.49957	-.01849
4	-.00849	-.04644
5	1.31268	-.21980
6	.17709	.00147

STIMULI AND IDEAL POINTS : prefmap

```
         *  .....  .....  .....  .....  .....  .....  .....  .....  .....  .....  *
1.50**                                    |                                        **
1.38**                                    |                                        **
1.27**                                    |                                        **
1.15**                                    |                                        **
1.04**                                    |                                        **
 .92**                                    |                                        **
 .81**                                    |                                        **
 .69**                                    |                                        **
 .58**                                    |                                        **
 .46**                                    |                                        **
 .35**                          8         | 5                                      **
 .23**                                    |   9C                                   **
 .12**                      4             |        B                               **
 .00** ------------------------------E---1-DF3-H----------------------------------- **
-.12**                                    | 2                                       **
-.23**                                    |        A                        G       **
-.35**                      6             |                                         **
-.46**                                    |     7                                   **
-.58**                                    |                                         **
-.69**                                    |                                         **
-.81**                                    |                                         **
-.92**                                    |                                         **
-1.04**                                   |                                         **
-1.15**                                   |                                         **
-1.27**                                   |                                         **
-1.38**                                   |                                         **
-1.50**                                   |                                         **
         *  .....  .....  .....  .....  .....  .....  .....  .....  .....  .....  *
          . -1.6667.   -1.0000.   -.3333.   .3333.   1.0000.   1.6667.
          -2.0000   -1.3333   -.6667   .0000   .6667   1.3333   2.0000
```

요약

우리는 주위의 여러 대상들과 관계를 맺으면서 살고 있으며, 이들을 끊임없이 관찰하고 비교하는 가운데 관찰 대상들을 좋아하는 것과 싫어하는 것 또는 서로 비슷한 것과 다른 것으로 분류하게 된다. 이렇듯 대상을 인지하고 평가할 때 사용하는 기준은 사람에 따라 다를 수 있으며, 인간이 가지고 있는 인지 능력의 한계 때문에 대상물이 갖고 있는 모든 속성을 평가기준으로 삼기보다는 자신에게 편리하고 중요하다고 생각되는 몇 가지 속성만을 선택적으로 사용하는 경향이 높다. 예컨대, 냉장고를 선택하는 기준으로 가격, 디자인, 광고, 실용성 등을 고려한다고 할 때 사람에 따라 선택기준이 다르고 이에 대한 가중치 역시 다를 수 있기 때문에 각기 다른 냉장고를 고르게 된다.

다차원척도법(multidimensional scaling method)은 지각도 분석(Perceptual Mapping)이라고도 하는데, 대상들(기업, 제품, 서비스 등) 간의 관련 이미지의 복잡한 관계를 적은 수의 차원(2차원 혹은 3차원)을 갖는 공간에서 단순한 구도를 시각화하여 주는 통계분석기법이다. 다시 말해 다차원척도법은 연구자의 연구목적에 대해서 응답자가 제시한 응답을 토대로 평가대상간의 공간적인 묘사(spacial configuration)를 통하여 응답자의 지각 속에 잠재해 있는 평가대상간의 관계성 및 이와 같은 공간에 있어서 응답자의 선호영역 등을 평가할 수 있도록 하는 기법이다.

다차원척도법은 처음 심리학에서 사용되었지만 그 이용 범위는 매우 넓다. 최근 들어 다차원척도법은 기업자체나 제품/서비스 상품 등을 대상으로 소비자들의 잠재적인 평가를 지각도상의 공간적인 묘사를 통하여 분석하고, 이를 토대로 중요한 마케팅상의 시사점을 도출하는데 자주 사용되고 있다. 특히 마케팅 부문에 있어서의 활용이 두드러지고 있는데, 이는 마케팅에서 중요시되고 있는 포지셔닝(positioning)의 주기법으로 활용될 수 있기 때문이며, 기업이나 제품의 이미지 분석을 위해서도 매우 유용하게 사용될 수 있다. 이외에도 기업이나 제품/서비스의 유형적/무형적 속성(예를 들면, 기업의 이미지, 음식의 가격이나 맛, 향기 등)을 기준으로 평가대상을 비교·평가하거나 정치적인 목적으로 유권자들의 의견이나 중점적으로 제기되는 이슈를 지각하기 위하여 또는 이질적인 집단 간의 문화적인 차이를 평가하는 데에도 사용되는 등 그 적용범위가 한층 넓어지고 있다.

결론적으로 다차원척도법은 연구자의 연구 목적에 따라 응답자로부터 조사된 자료의 유사성/상이성과 선호도 결과를 근거로 연구대상 간의 관계 및 속성, 선호도와의 관계 등을 공간상의 묘사를 통하여 제시하는 방법론이라고 할 수 있다.

용/어/정/리

- **aggregate analysis** (집단 분석) : 응답자 개개인의 분석이 아닌 응답자 집단 전체 또는 응답자 세분시장에 대한 분석을 의미하며, 다차원척도법에서는 평균과 같은 대표값을 통하여 개개인의 유사성 또는 선호도 자료를 합성한 후 이 값을 통하여 집단분석을 실시하게 된다.

- **compositional method** (합성적 방법) : 판별분석이나 요인분석과 같은 전통적인 다변량 분석을 통하여 사용될 수 있는 방법으로 유사성 척도를 사용하는 다차원척도법과는 달리 사전에 속성요인을 규정하고, 이를 통하여 응답자들의 평가대상에 대한 지각특성을 분석하는 방법이다.

- **confusion data** (임의비교 자료) : 대상의 쌍을 두 개로 정하지 않고 응답자들에게 전체 대상 중에 유사성이 있는 것들을 임의대로 뽑도록 하는 방법으로 응답자들에게 주관적 군집화 (subjective clustering)의 의하여 유사한 평가대상끼리 묶도록 하거나, 응답자들에게 일정한 수의 묶음으로 분류하도록 요구함으로써 자료를 수집하게 된다.

- **contingency table** (상황표) : 두 개의 비계량 또는 명목척도를 사용한 교차분석표를 의미하며, 표의 각 셀에는 빈도수가 들어가게 된다. 만약 세 개의 상표를 네 가지 속성으로 평가하는 상황표가 있다면, 이 표의 각 셀에는 해당 상표가 특정 속성을 가지고 있는지를 언급한 응답자들의 횟수가 들어 갈 수 있다.

- **correspondence analysis** (대응일치분석) : 다차원척도의 합성적 접근의 한 가지 방법으로써 상황표에 나타난 열과 행의 각 카테고리들 간의 관계를 지각도상에 나타내기 위하여 사용된다. 대개의 경우, 열과 행은 대상들과 속성들로 나타낼 수 있으며, 각 셀에는 해당 상표가 특정 속성을 반영하고 있는지를 나타내는 빈도 자료가 들어가게 된다.

- **crosstabulation table** (교차분석표) : 상황표 참조

- **decompositional method** (분해적 방법) : 전통적으로 다차원척도법에서 사용되어 온 방법으로 오직 평가대상만을 응답자들에게 제시하고 이에 대한 응답자들의 판단을 근거로 지각도를 구하는 방법이다. 이 방법에 의해서 구한 지각도에는 일반적으로 평가대상이 표시되며, 지각도상의 축은 평가대상들의 위치를 토대로 사후적으로 판단할 수 있다.

- **degenerate solution** (부정확 해) : 다차원척도법에 의한 결과는 조사자료의 부정확성과 최종해가 가지는 축의 수에 비하여 너무 적은 수의 대상이 사용될 경우 나타나게 되며, 조사자는 컴퓨터에 의하여 해가 도출되었다고 해도 이와 같은 부정확한 해가 나타날 수 있는 가능성

을 항상 염두에 두어야 할 것이다.

- **derived measure (유도 측정)** : 일반적으로 응답자들이 대상에 대해서 속성을 기준으로 평가한 점수에 근거하여 대상간 유사성을 도출하는 방식이며, 어의차이척도(semantic differential scale)가 흔히 사용된다.

- **dimension (차원)** : 대상을 지각도상에서 평가하는 기준이 된다. 이와 같은 차원에는 주관적 차원과 객관적 차원이 사용될 수 있다.

- **disaggregate analysis (개별 분석)** : 개별 응답자마다(subject-by-subject) 다차원척도법을 적용하는 것을 의미하며, 이는 다차원척도법의 특징 중 하나이다. 각 응답자들의 지각을 독특한 요소로 나타내는 개별 지각도를 구할 수 있으며, 단점으로는 연구자가 결과적으로 나온 개별 응답자마다의 특징적인 지각 요소들을 구체화시키고 이를 토대로 공통의 시사점을 도출해 내야 한다는 것을 들 수 있다.

- **disparities (불일치)** : 응답자가 원래 제시한 대상들의 유사성 값과 이를 토대로 컴퓨터에 의하여 도출된 대상간 거리를 근거로 구한 유사성과의 차이를 의미한다.

- **ideal point (이상점)** : 응답자들에 의하여 지각도상에 나타난 속성들을 토대로 가장 선호하는 것으로 표시된 점을 의미하며, 이 점을 기준으로 대상들이 얼마나 떨어져 있는가를 토대로 각 대상들이 응답자들에게 얼마나 선호되는가를 결정하게 된다.

- **importance/performance grid (중요도/성과 그리드)** : 두 개의 축을 이용하여 대상들을 이차원 평면상에 나타내는 방법 중 하나로 속성이 갖는 중요도와 특정 제품/서비스가 이 속성을 얼마나 가지고 있는지(성과)를 구하여 이를 토대로 이차원 평면상에 각 제품/서비스들을 나타내는데 사용된다.

- **index of fitness (적합도)** : 제곱상관지수(R^2)로써 다차원척도의 결과가 최적의 척도로 측정된 자료의 불일치로 인한 분산을 설명하는 정도를 나타내며, 이는 결국 다차원척도의 결과가 실제 조사자료를 얼마나 잘 반영하는지를 나타내는 척도가 된다. 이 수치는 스트레스값과 역의 관계를 갖는 것으로 해석될 수 있으며, 대개 최소 0.6 이상이 되는 것이 바람직하다.

- **initial dimensionality (초기 차원)** : 처음 다차원척도법을 수행하기 전 조사자는 얼마나 많은 수의 차원을 가지고 해를 구해 나갈 지를 결정해야 하며, 이는 이후의 분석을 위한 초기 해로 사용되게 된다.

- **multiple correspondence analysis (다중대응일치분석)** : 세 개 또는 그 이상의 명목(카테고리) 척도 변수를 사용하여 각 변수의 카테고리를 지각도상에 나타내는 대응일치분석을 의미한다.

- **object (대상)** : 응답자들에 의하여 비교되고 평가될 수 있는 지각도상에 나타날 수 있는 대상을 모두 의미하며, 여기에는 유형의 대상(제품 또는 실제 대상), 행동(서비스), 감각적 지각(냄새, 맛, 경관), 심지어 사고(아이디어, 슬로건) 등이 포함될 수 있다.

- objective dimensions (객관적 차원) : 객관적 기준으로 비교될 수 있는, 대상들의 실체적 또는 유형적 특성을 의미하며, 예로는 제품의 크기, 형태, 색상, 무게 등을 들 수 있다.

- perceived dimensions (지각된 차원) : 대상들은 무형의 특징을 갖는 속성들에 의하여도 비교될 수 있는데, 여기에는 품질, 비싼 정도, 좋아 보이는 정도 등이 포함된다. 이는 각 응답자마다 주관적 차원(subjective dimension)에 의하여 독특하게 규정될 수 있으며, 응답자마다 달라질 수 있다.

- perceptual map (지각도) : 응답자의 대상들에 대한 지각을 이차원 이상의 공간상에 시각적으로 묘사하는 지도를 의미하며, 대개는 지각도상에 나타나는 대상들은 서로 상반되는 X, Y 축을 기준으로 표시되게 된다. 각 대상들은 이 지각도상에서 위치를 가지게 되며, 이는 좌표의 형태로 표시될 수 있다.

- preference data (선호 자료) : 대상들이 응답자들에 의하여 선호되는 순위에 따라 평가된 자료를 나타내며, 직접순위, 쌍대비교, 선호척도 등의 방법들에 의하여 측정될 수 있다.

- projections (투영) : 지각도상에 나타난 대상의 위치로부터 속성이나 선호를 나타내는 벡터선상에 수직으로 선을 내렸을 때 이 벡터선과 만나는 점을 의미하며, 이는 해당 벡터의 성격에 따라 속성이나 선호의 정도를 각 대상들이 어느 정도 반영하고 있는가를 나타낼 때 사용된다.

- similarities data (유사성 자료) : 각 대상들이 얼마나 서로 비슷한지를 측정한 자료로써 대개 대상들의 가능한 모든 쌍(pair)에 대하여 가장 유사한 쌍으로부터 가장 유사하지 않은 쌍까지를 순위 값으로 나타내게 된다.

- similarity scale (유사성 척도) : 대상들의 유사성을 평가하기 위하여 사용되는 척도로써 예를 들어 −5에서부터 5까지의 정수 중에서 유사성의 정도에 따라 가장 유사한 대상들의 쌍을 5로 표시하는 방식에 의하여 측정하는 것을 의미한다.

- spatial map (공간도) : 지각도(perceptual map) 참조

- stress measure (스트레스 척도) : 다차원척도의 결과가 최적의 척도로 측정된 자료의 불일치(disparities)로 인한 분산을 설명하지 못하는 정도를 나타내며, 이는 결국 다차원척도의 결과가 실제 조사자료를 제대로 반영하지 못하고 있는 정도를 나타내는 척도가 된다. 이 값은 실제 다차원척도를 통하여 적정 차원의 수를 결정할 때 사용된다.

- subjective clustering (주관적 군집화) : 임의비교 자료(confusion data) 참조

- subjective dimension (주관적 차원) : 지각된 차원(perceived dimension) 참조

- subjective evaluation (주관적 평가) : 다차원척도법을 적용하여 적정 차원의 수를 결정하고 이를 통하여 지각도를 도출할 때, 조사자의 주관적 판단에 의하여 지각도상에 나타난 대상들의 의미를 파악하고 의미 있는 차원의 수와 지각도를 결정하는 방식을 의미한다.

■ unfolding (전개) : 응답자 집단으로부터 도출된 공통의 지각차원에 개별 응답자의 대상들에 대한 선호도 자료를 근거로 해당 응답자의 선호 정도를 묘사하는 것을 의미하며, 전체 응답자들의 지각도를 최적으로 나타낼 수 있도록 표시되게 된다.

■ vector (벡터) : 다차원척도를 통하여 지각도상에서 대상들을 이상점이나 속성과 비교해서 나타내기 위하여 사용되며, 해당 대상의 선호 정도나 속성의 반영 정도를 평가하기 위하여 투영(projection) 방법을 사용하게 된다.

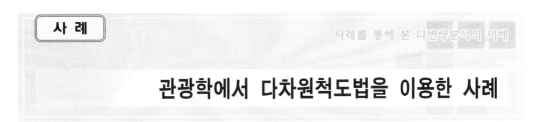

사 례

관광학에서 다차원척도법을 이용한 사례

Source : 박시사·이성은(2006), 제주항공의 저가 항공사 포지셔닝 전략에 관한 연구, 『관광연구저널』, 20(1) : 35~48.

제주항공의 저가항공사 포지셔닝 전략에 관한 연구
A Study on Positioning Strategy of Low-cost carrier, Jeju Air

박 시 사†* · 이 성 은**

Park, Si-Sa · Lee, Sung-Eun

Abstract

As a new Low-Cost Carrier(LCC) entered the air transport market that remained oligopoly system by 2005, Korea's airline market will experience more tough competition. Also another LCC, Jeju Air headquartered in Jeju will launch in Jun. 2006. The positioning emerged one of the most important elements of marketing strategy. So, this study aims to analysis market position of Jeju Air and review its strategic points.

And through literature reviews about positioning and LCC, 15 attributes about airline choice were extracted and verified the reliability and validity using Cronbach's alpha method and factor analysis. Then, four airlines that will compete this year were analyzed each relative position with multi-dimensional scaling. The analysis results revealed the relative position in reponse's perception of Jeju Air with other competing airlines including two major companies and one LCC. In conclusion, some implemental points for Jeju Air such as more diversified price strategy based relative positioning maps or security management and advertisement, were suggested.

key words : Low-Cost Carrier(LCC), choice attribute of airline, positioning analysis

* 교신저자. 제주대학교 경상대학 관광경영학과 교수. e-mail : smiletour@cheju.ac.kr
** 제주대학교 경상대학 관광경영학과 강사. e-mail : selee3427@hanmail.net

I. 서 론

항공시장 자유화와 규제완화의 흐름에 힘입어 소규모 항공사들은 저가항공 및 지역항공의 형태로 발전하고 있다. 지역항공이라는 개념은 1980년대 이후부터 정립되었는데 부정기운송사업이 활성화된 미국이나 유럽과 같이 지역에서는 중소도시를 연결하는 단거리 항공운송사업을 의미하나 한국처럼 아직 과점항공시장 구조를 갖는 상황에서는 저가항공사 개념을 결합한 형태의 항공운송 개념(제주도 · 한국능률협회컨설팅, 2003)으로 이해하는 것이 합당하다.

제주항공은 2001년 국내 양대 항공사의 항공료 인상으로 인해 제주지역 실정에 맞는 저가항공사의 필요성과 국제자유도시 프로젝트 추진으로 항공운송의 중요성이 심화되면서 본격적인 설립 준비를 시작해 2006년 6월 운항을 개시할 계획이다. 항공선진국이라 할 수 있는 미국의 저가항공사(Low-Cost Carrier, LCC)의 시장규모는 전체 여객시장의 25%, 호주는 40%, 유럽은 10%, 아시아의 시장규모는 약 5% 정도로 아직도 유아기에 있다(오태영, 2005). 그러나 동남아 인구 중 5억 명 이상이 아직도 항공여행을 한 경험이 없고, 여기에 23억 명이 되는 중국과 인도를 포함하게 되면 앞으로 잠재력은 더 커질 것으로 전망되고 있다.

그리고 최근 대한항공과 아시아나항공에 의해 독점돼온 국내 항공 시장에 제주와 청주를 잇는 한성항공을 필두로 제주항공 등 소형 항공회사들이 국내 항공 시장에 진입할 예정이다(서울경제, 2006. 4. 5). 이와 같이 기존 국내 항공시장 경쟁구도가 재편되는 상황에서 저가항공사를 선택하는 소비자들의 항공사 선택에 대한 조사를 바탕으로 기존 업체들과의 경쟁을 최소화하는 포지셔닝 전략을 수립하는 것은 제주항공과 같은 신규 항공업체들에게 있어서 중요한 과제이다.

하지만, 가격경쟁력만 저가항공사의 성공을 보장해 주지 않는다는 연구(Lawton, 1999; Mason, 2001; Gillen & Lall, 2004)에 비추어 볼 때, 제주항공도 장기적으로 성공하기 위해서는 단순한 저운임 가격경쟁력 중심전략에서 벗어나 다른 항공사와 차별화적 전략을 수행해야 한다. 저가 항공사로 잘 알려진 Southwest는 고객만족도가 제일 높은 항공사, 불만이 가장 적은 항공사, 30년 동안 사고가 한 번도 없었던 항공사, 시간을 잘 지키는 항공사 등 가격 이외의 차별적 장점을 부각시키고 있는 것을 보면 그 필요성이 더욱 절실하다.

그래서 포지셔닝 작업은 신상품 개발이나 신규 사업 개시 단계에 마케터의 입장에서 자사 혹은 상품의 위치가 유리하게 정립되도록 하는데 유용한 정보를 제공해 주고 있기 때문에(유필화 외, 2005), 제주항공을 비롯하여 앞으로 저가항공 사업을 시작하는 지역항공사들에게 유용한 시사점을 제시해 줄 수 있다.

이런 맥락에서 본 연구는 제주를 기점으로 출범하는 저가항공사인 제주항공이 기존 대형 항공사들과 상대적인 포지션이 항공사 선택속성별로 어떻게 형성되어 있는지에 대한 비교를 저가항공사인 제주항공의 잠재 소비자를 대상으로 분석하였다. 그리고 저가 항공사 잠재 소비자의 항공사 선택속성를 반영한 기존 항공사들과의 경쟁구조를 분석함으로 써 저가항공사의 경쟁력을 담보할 수 있는 방안을 제시할 것이다. 이를 위하여 SPSS 12.0 통계프로그램을 이용한 다차원 척도법(multi-dimensional scaling)을 통해 기존 항공사와의 유사성 인지도 분석(ALSCAL), 선호

항공사와 그 선택속성분석(MDPREF) 등을 실시하였다.

II. 선행연구 고찰

1. 포지셔닝 관련 선행연구

포지션이란 용어는 Alderson에 의해 마케팅 전략 차원으로 1957년 처음 사용되었고, 그 개념의 실천과정인 포지셔닝(positioning)은 1980년대 이후 사용되고 있으며(Reich, 1997), 현대 마케팅 학자들은 포지셔닝을 시장세분화와 표적 마케팅이 후속 과정으로 설명하고 있다(Kotler, 1991). 그래서 포지셔닝은 희망하는 포지션(전략적 포지션)과 실제 표적시장의 전반적 의견이 반영된 포지션(객관적 포지션) 사이에 존재하는 간극을 파악하는 것이 중요하며(Reich, 1999), 대부분의 성공한 기업과 관광지들은 그들의 전략적 포지션과 객관적 포지션을 일치시키려는 전략을 통해 지속가능한 경쟁우위(Porter, 1991)를 확보하고 있다. 또한, 현재의 포지션에 변화가 생기면, 시장의 변화를 수용하여 기업을 리포지션(reposition)할 필요가 있다(Hurley, 1990).

이런 맥락에서 항공사 포지셔닝을 정의하면, 현재의 항공사 포지션에 활력을 가하는 모든 활동을 의미하며, 경쟁 항공사에 비해 항공 소비자의 마음속에 가장 적절한 장소에 위치시키게 하는 체계적인 분석과정이자 항공사 선택의 속성과 하나 이상의 세분시장의 수요를 양립시키는 치밀한 계획과정으로 이해될 수 있다.

전략적인 포지셔닝 전략개발과 실행은 관광지 마케팅 분야에서 비교적 활발하게 연구되어 왔다. 관광지 마케팅에서 포지셔닝은 시장경쟁력 확보에 필수적인 것으로서(Chen & Uysal, 2002), 표적시장에 의해 평가되고 선택되는 주요 속성을 규명함으로서 성취될 수 있다. 또한 Crompton et al.(1992)은 Aaker & Shansby(1982)의 포지셔닝 전략 절차에 근거해 경쟁관광지, 잠재 관광객 지각, 관광지의 장점 · 약점 규명, 표적시장의 추구편익, 경쟁관광지의 강점 · 약점에 대한 잠재관광객의 지각 및 경쟁 관광지와의 인지 규명, 최적 포지셔닝 선택과 같이 6단계의 포지셔닝 절차를 설명하고 있다.

포지셔닝 분석방법은 관광객 지각에 의한 분석으로써 요인분석, 판별분석, 컨조인트 분석, 다속성 구조모형, 다차원 척도법 등 여러 방법이 활용되고 있다. 이 중 다차원 척도법(multidimensional scaling, MDS)을 이용한 포지셔닝 분석이 주관적인 가정 없이 잠재적인 속성을 규명할 수 있는 방법으로 선호되고 있다(Boyd & Walker, 1990). 다차원 척도법은 소비자 행동의 기본이 되는 지각과 선호를 측정하기 위하여 개발된 기법으로, 일정한 기간 동안에 적용된 특정한 마케팅 믹스가 실제로 그 상품의 포지셔닝에 어떠한 영향을 미치는가를 분석 · 평가하는 방법이며(Smith & Lusch, 1976), 대상간의 유사성(proximity) 형태자료를 이용해 소비자가 지각하는 대상간의 복잡한 관계를 몇 개 차원에서의 위치로 시각화하는 수단이다(Luhmann, 1989). 현재 다차원척도법을 이용한 관광지 포지셔닝 분석 연구는 많고, 최근의 연구는 고전적 다차원척도법과 개인차 척도법(individual difference scaling) 두 가지 절차를 이용하며 분석하고 있다(Cai, 2002).

2. 저가항공사 관련 선행연구

관광학 관련분야에서의 항공사는 서비스와 관련 연구가 주를 이루면서, 서비스 품질, 만족, 충성도, 불평 등을 중심으로 연구되어 왔다. 그리고 최근 국내 관광학 분야에서 항공사 관련 연구는 항공사 전략적 제휴, 항공사 브랜드 자산 및 선택속성, 항공사 e-비지니스 관련 선행연구, 항공수

<표 1> 항공사 선택속성 관련 선행연구 정리

연구자	선택 요인	조사 및 속성 내용	조사 대상
조문수·고영선 (2004)	기내 서비스 및 정시 안전운항, 예약정보 및 수하물 인도, 추천 및 국적 항공사, 운항 스케줄, 운항기종 및 부대서비스, 항공요금, 추천 및 탑승경험	항공이용객의 항송사 선택	제주공항 출발대기 중인 내국인 280명
김대선·이태희 (2000)	스케줄, 노선망, 예약/발권 서비스, 탑승수속 서비스, 정보제공 서비스, 기내 서비스, 기내식, 기내 오락, 안전성, 기내판매, 상용고객 우대제도, 항공권 가격, 항공사 이미지, 항공사 국적, 의사소통, 부대서비스, 정시성, 항공기 기종	항공사 상품 선택요인	김포공항 국제선 탑승수속 중인 내국인 300명
정익준·장태선 (1999)	기대 분위기 및 시설, 예약발권 서비스 및 탑승수속, 주변 추천과 항공운임, 기내승무원의 친절성 및 식음료 서비스, 관광정보 및 부대서비스, 운항노선과 운항횟수, 공항부대 서비스, 항공사 이미지와 촉진 프로그램, 운항일정 및 관련 서비스, 과거 이용경험과 안전성, 항공사의 국적 (11개 요인)	항공사 선택 고려 속성을 서비스 차원에서 연구된 38개 변수에서 요인분석으로 11개 요인 추출	김포공항 입국 국제선 항공승객과 여행사로 해외여행하는 여행자 240명
김홍범·김경숙 (1997)	신속하고 친절한 예약 및 기내서비스, 부대서비스 다양성, 기내소모품 및 식음료 서비스, 항공사 명성 및 이미지, 항공편 연결 편리성 및 정시성, 항공권 및 수하물 가격, 자국 승무원 및 안전요원의 탑승 서비스, 상용고객 우대제도	여행목적별 항공승객의 항공사 선택행동	김포공항 입국 국제선 내국인 승객 451명
Barrett (2004)	낮은 공항료, 빠른 turnaround, 단순한 터미널, 빠른 체크인, 우수한 음식/쇼핑 시설, 우수한 지상교통 시설, 접근성	저가항공사의 공항선택 요인	민간항공위원회 자료를 정리한 Barrett(2000)의 2차 자료
Gursoy et. al. (2005)	정시성, 수하물 처리, 초과 판매로 인한 탑승취소 여부, 고객의 불만(항공기 문제, 초과 좌석 판매로 이난 좌석확보성, 예약-발권-탑승, 요금, 환불, 수하물, 고객 서비스, 장애자 대우, 과대광고, 관광 관련 문제, 동물처리, 기타)	항공사 포지셔닝 속성	미국 운송국 Air Travel Consumer Report 수록 2차 자료

Mason (2001)	정시성, 빈도, 가격, 티켓 유동성, 기내 서비스, 빈번한 항공기 변경, 비즈니스 좌석	저가 항공상품 속성	단거리 비즈니스 여행객
Fourie & Lubbe (2006)	좌석의 편안함, 항공기의 정시성, 운임, 사전 좌석 선택성, 취소 수수료, 공항 라운지 시설, FFP, 비즈니스석 선택, 기내식, 지불방법, 기내 오락	LCC 선택속성과 풀서비스 항공사 선택속성 비교	LCC 이용객, FSC 항공사 이용객 각 50명, 총 100명

자료 : 선행연구를 참고하여 연구자 재작성

요 결정요인 추정, 예약시스템, 항공사 수익관리 등과 같은 주제에 접근이 시도되고 있다.

국외에서 항공사 관련 연구는 항공 서비스 관련 연구, 마케팅 서비스 관련 연구(Kang et.al., 2005), 전략적 제휴 관련연구(Evans, 2001) 등의 분야에서 주로 이뤄졌다. 항공사 포지셔닝 관련 연구는 Gursoy et al(2005)의 연구가 있는데, 성공적인 서비스 기업은 재정적 성과보다 서비스 수행과 같은 성과를 소비자에게 강하게 인식시키는 것이 필요하다는 선행연구(Sirakaya, et al. 1996)를 바탕으로, 10개 미국 항공사를 대상으로 15개 항공 서비스 속성에 따라 상대적 인 포지셔닝을 대응일치 분석을 통해 제시하였다.

본 연구의 주제인 저가항공사(low-cost carrier)는 항공사를 경제적 관점 또는 마케팅접근별 유형화에서 제시되는 항공사 유형이다(박시사, 2003). 국내에서 저가항공사와 관련한 선행연구 는 최윤정(2005)이 항공산업의 와해성 기술과 혁신이란 주제를 easyJet을 사례로 수익관리 측 면에서 연구한 바 있지만 아직 저가항공사는 연구자들의 관심을 끌지 못하고 있다. 국외에서 저가 항공사와 관련된 연구는 Journal of Air Transport Management와 같은 항공사 경영관련 학 술저널에서 비교적 활발하게 진행되고 있다.

저비용 항공사의 출현은 1970년대에 미국에서 시작된 항공운송 분야 탈규제화의 부산물로서 시작되었다. 최근 저가항공사 모형은 미국을 넘어 유럽에서 Ryanair, easyJet, Buzz 등과 같은 사업체로 확장되고 있다(Evangelho et. al. 2005). Gillen & Lall(2004)은 저가항공사의 경 쟁적 장점을 공항에서의 이뤄지는 측면을 중심으로 살펴보았다. 경쟁적 장점으로 서비스의 단순성 에 따르는 조직의 단순화, 팀별 조직과 정보의 단순화, 공항접근성 등을 제시하였다.

저가항공사(Low Cost Carrier, LCC) 모형의 영향은 여러 가지로 볼 수 있는데, 운송하는 승 객 차원뿐만 아니라, 전통적인 풀서비스 항공사의 차원으로도 고려할 수 있다. Windle & Dresner (1999)는 저가항공사가 운행을 시작하는 노선 가격의 감소를 주목하였지만, Vowles(2001)는 소위 'Southwest Effect'라 하는 효과에 주목하여 Southwest가 운행하기 시 작한 노선에 근접한 공항에서의 평균 티켓 비용의 감소와 항공 교통량의 빠른 증가를 연구하였다.

저가 항공사와 관련한 연구 중에는 공항과 항공사 간의 상호관계에 대해서 고찰한 연구가 어느 정도 이뤄졌다. 공항은 항공사와 부분적으로 법적인 협정을 맺고 있고, 항공사는 착륙비나 처리 화물 톤수 또는 승객 당 수수료와 같은 측면으로 인해 항공사를 주요한 고객으로 고려하고 있다 (Francis et. al. 2003). 저가 항공사 모형은 no-frill, 직접 인터넷 판매, 단일 기종 등과 같은 많은 하위 사업방식을 만들어 내어 공항과 항공사의 관계의 근간을 변화시키고 있다(Williams,

2001).

국외에서 저가항공사와 관련한 선행연구를 살펴보면, Francis et.al(2004)가 저가항공사의 성장에 따라 항공사와 공항과의 관계가 어떻게 리모형링되어야 하는지와 저가항공사와 협정을 맺을 때 공항관리 측면에서 중요하게 고려해야 할 사항들에 대해 유럽지역을 사례로 고찰하였다. Guild(1995)는 저가항공사의 저운임에 의한 운영은 항공업자들에게 매력적이지만, 유럽에서 Southwest의 모형을 실행하는 것은 고용시장의 비유연성이나 높은 ATC 요금, 이착륙 비용 등으로 인해 어려움이 있다고 제시하였다.

Fourie et.al.(2006)은 풀서비스 항공사와 저가항공사의 선택요인이 남아프리카 비즈니스 관광객의 인식차이가 있는지 분석하여 영국과 브라질 노선 탑승객의 선택요인은 차이가 있음을 제시하였다. Fourie & Lubbe(2006)은 11개 선택속성에 대해 저가항공사와 풀서비스 항공사를 비교하여, 두 항공사 탑승객 모두 가장 중요하게 여기는 3가지 속성은 좌석의 편안함, 정시성, 운임인 것으로 나타났고, 가장 낮은 속성은 기내 위락인 것으로 나타났다. 이 결과는 Evangelho et al.(2005)과 산업조사(CIC Research, 2003, IATA, 2004)의 결과와 유사하게 나타났다. 저가항공사의 포지셔닝 분석을 위해 필요한 항공사 선택 속성과 관련된 연구는 〈표 1〉과 같다.

III. 연구 설계

1. 저가항공사 포지셔닝 측정 속성 설계

저가항공사 포지셔닝은 항공사 선택속성과 관련한 변수를 토대로 측정할 수 있는데, 항공사 선택속성 관련된 변수는 여러 학자들에 의해 연구되고 있지만 다음 〈표 2〉에서 보는 바와 같이 중복되거나 유사한 의미를 나타내고 있다. 그래서 본 연구는 기존 항공사 선택 관련 선행연구 중 3번 이상 중복된 변수(기내식, 발권서비스, 기내오락 제외)와 저가항공사 관련 국외연구 중 2회 이상 중복 사용된 변수(공항부대 서비스, 좌석 안락성 제외)를 저가항공사의 포지셔닝 분석에 적합한 변수로 15개 변수로 도출하였다.

<표 2> 저가항공사 포지셔닝 관련 변수 선행연구

변 수	①	②	③	④	⑤	⑥	⑦	⑧	본연구
기내 서비스	○	○		○		○	○	○	◎
안전성	○	○	○	○			○	○	◎
정시성	○	○		○	○	○			◎
예약정보	○	○							
수하물 처리	○					○			
타인 추천	○		○						
국적 (지역)	○	○	○						◎
운항 스케줄	○	○	○				○		◎
운항기종	○	○				○			◎
항공요금	○	○	○	○	○	○		○	◎
탑승경험	○		○						
기내식	○	○	○	○	○				×
기내 오락		○		○	○				×
기내 판매		○							
노선망		○	○	○				○	◎
FFP		○		○	○		○		◎
항공사 이미지		○		○					◎
의사소통		○							
탑승수속		○	○	○		○			◎
예약수속		○	○	○		○		○	◎
발권서비스		○	○			○		○	×
승무원 서비스		○	○			○	○		◎
운항횟수		○					○	○	
부대서비스		○			○				×
항공사 명성				○					
수하물 가격				○					
좌석 확보성					○	○	○		◎
환불 서비스					○	○			◎
장애인 서비스						○			
동물처리						○			
관광정보 제공						○			
좌석 안락성					○			○	×
지불방법					○				

1 : 조문수・고영선(2004), 2 : 김대선・이태희(2000), 3 : 정익준・장태석(1999), 4 : 김홍범・김경숙(1997), 5 : Fourie & Lubbe(2006), 6 : Gursoy et.al.(2005), 7 : Mason(2001) 8 : 제주도・한국능률협회컨설팅(2003)

2. 비교대상 항공사의 선정

국내에서 저가항공사는 C항공이 최초로서 2005년 6월 27일 처음으로 청주－제주간 노선을 운항하였으나 2006년 2월 16일 운항을 재개하였다. 그리고 본 연구에서 분석의 대상으로 삼고자 하는 저가항공사인 D항공은 2006년 6월 국내 세 번째의 정기항공운송사업자, 두 번째 저가항공사로써 취항예정에 있다. 한국능률협회컨설팅 보고자료(2003)에 따르면 D항공의 표적시장을 크게 도외 잠재고객(서울 및 수도권과 지방권)과 제주도민과 같이 두 집단으로 구분하고, 설립에 대한 타당성평가에서 두 집단 모두 80% 이상의 높은 호감도를 나타내어, 제주항공의 설립이 기존 설립 항공사들과의 경쟁관계를 형성할 것임 보여주고 있다. 그래서 국내 항공시장 소비자들이 국내 정기항공운송 항공사인 A항공과 B항공과, 최초 저가항공사인 C항공과 제주항공을 서로 어떻게 유사하게 또는 상이하게 인식하고 있는지에 대해 분석하고자 이들 4개 항공사를 비교대상 항공사로 선정하였다.

3. 조사설계 및 분석방법

표본은 사전질문을 통하여 조사대상 항공사로 선정된 A, B항공사를 이용할 의사가 있는 잠재소비자들을 대상으로 하였다. 관광분야 포지셔닝 연구에 있어서 표본의 선정은 주로 호텔 이용객(이태균, 2005)이나 관광지 방문 경험자(이애주, 1998; 송재호·허향진, 2003)를 대상으로 실시되지만, 이준혁·권봉헌(1999)의 연구와 같이 서울지역 유명 5개 레스토랑을 잠재 소비자 363명을 대상으로 포지셔닝 분석을 실시하는 경우도 있다. 본 연구는 아직 연구대상인 제주항공이 설립이 되지 않은 상황에서 기존 항공사와 비교를 위해 제주항공을 이용할 의향이 있는 잠재소비자를 대상으로 조사를 실시하였다.

그리고 설문 조사는 2006년 2월 6일부터 20일까지 2주간에 걸쳐서 실시하였고, 제주도민 200명과 관광객 200명을 대상으로 편의표본추출법을 통해 자료를 수집하였다. 관광객은 제주국제공항 3층 출발 대기실에서 대기하고 있는 관광객을 대상으로 하였다. 설문조사에는 모두 사전에 교육받은 3명의 설문조사원이 설문지를 배포하고 제주항공에 대한 사전 인지정도를 묻고 설립 사실을 알고 있는 경우에 한하여 자기기입식 방식으로 응답을 요청하고 회수하였다. 수집된 자료는 통계분석 프로그램 SPSS 12.0 version을 이용하였고, 빈도분석(frequency analysis), 신뢰성 분석, 다차원척도법 중 ALSCAL, MDPREF 등의 통계기법을 사용하였다.

IV. 분석결과

1. 응답자의 일반적 특성

총 400명을 대상으로 하여 설문지를 배포하여, 382부가 회수되었으나 불성실한 응답을 제외한 357부를 유효표본으로 사용하였다. 응답자들의 인구통계적 특성은 〈표 3〉과 같다.

〈표 3〉 응답자의 인구통계적 특성

구 분		빈도(비율)	구 분			빈도(비율)
성별	남	189(52.9%)	월평균 가계 소득	100만원 미만		40(11.3%)
	여	167(46.8%)		100 – 200만원		95(26.8%)
연령	20대	128(35.9%)		200 – 300만원		83(23.4%)
	30대	109(30.5%)		300 – 400만원		56(15.8%)
	40대	75(21.1%)		400 – 500만원		36(10.1%)
	50대 이상	45(12.6%)		500만 원 이상		45(12.7%)
직업	공무원	13(3.6%)	거주지	제주 외	서울	42(12.8%)
	사무직	76(21.3%)			부산	15(4.2%)
	생산직	11(3.1%)			대구/울산	17(4.7%)
	자영업	38(10.6%)			광주/전라	34(9.5%)
	전문직	55(15.4%)			인천/경기	37(10.3%)
	주부	35(9.8%)			대전/충청	10(2.8%)
	학생	82(23%)			경상	25(7.0%)
	기타	47(13.2%)		제주		177(49.6%)

주) 결측값 제외

성별은 남성이 52.9%(189명)로 여성보다 많았고, 연령은 20대(35.9%), 30대(30.5%), 40대(21.1%), 50대 이상(12.6%)이 비교적 고르게 분포하고 있었다. 월평균 가계소득은 100만원 –200만원 26.8%(95명), 200–300만원 23.4%(83명), 300–400만원 15.8%(56명)로 비교적 고른 분포를 나타냈다. 거주지는 제주이외 거주자가 51.4% (180명), 제주지역 거주자가 49.6%(177명)이었다.
그리고 주 탑승 항공사에 대한 만족을 리커트 5점 척도로 질문한 결과, 평균은 3.45(S.D＝0.661)로 나타났다. 그리고 15개 항공사 선택속성을 중요하게 생각하는 정도를 〈그림 1〉과 같

사례를 통해 본
다변량분석의 이해

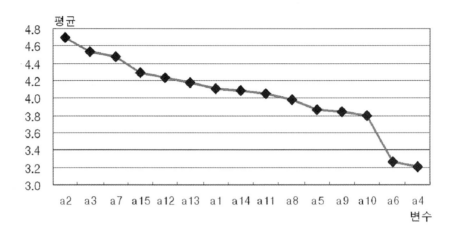

〈그림 1〉 항공사 선택속성에 대한 응답자들의 중요도 인식

주) a1 : 기내서비스, a2 : 안전, a3 : 정시성, a4 : 국적(지역), a5 : 운항스케줄, a6 : 항공기종, a7 : 요금, a8 : 노선망, a9 : FFP, a10 : 이미지, a11 : 수속서비스, a12 : 예약신속, a13 : 승무원서비스, a14 : 좌석확보, a15 : 환불

〈표 4〉 지역주민과 관광객의 항공기 선택속성 인식순위(1위~5위)

순위	지역주민		관광객	
	변수	평균	변수	평균
1위	a2	4.81	a2	4.6
2위	a7	4.67	a3	4.54
3위	a3	4.53	a15	4.29
4위	a15	4.27	a12	4.26
5위	a12	4.20	a13	4.25
6위	a1	4.14	a7	4.25
7위	a13	4.11	a14	4.14
8위	a14	4.02	a11	4.12
9위	a11	3.96	a5	4.07
10위	a8	3.88	a1	4.06
11위	a9	3.77	a8	3.95
12위	a10	3.64	a10	3.91
13위	a5	3.59	a9	3.84
14위	a4	2.98	a6	3.42
15위	a6	2.96	a4	3.28

전체 변수평균 = 지역주민(3.97), 관광객(4.06)

이 순위별로 정리한 결과 안전성을 가장 중요하게 인식하고 있고, 정시성, 항공요금, 환불서비스, 예약신속성, 승무원서비스 순으로 중요하다는 인식을 하였으며, 지역항공 여부에 대해서는 가장 낮은 인식을 나타냈고, 항공기종, 항공사 이미지, 고객우대제도(FFP)와 같은 변수는 낮은 중요도 인식을 나타냈다.

　　그리고 〈표 4〉와 같이 357명의 유효포본 중에서 지역주민인 경우 안전(a2)을 가장 중요한 요인으로 고려하고 있고, 그 다음이 요금(a7)으로 나타났으나, 관광객인 경우 안전(a2)과 정시성(a3)을 중요하게 고려하고 있는 것으로 나타났다.

2. 변수의 타당성 및 신뢰성 검증

　　항공사 선택 변수로 설정한 15개 변수에 대한 타당성·신뢰성분석을 실시한 결과는 〈표 5〉와 같다. 전체 신뢰성 계수는 0.823이고, 항목제거시 알파값이 전체신뢰성보다 높게 나타나 신뢰성이 떨어지는 변수는 없는 것으로 나타났다. 항공사 선택속성에 대한 항목의 타당성 검증을 위해 배리맥스 회전을 통한 요인분석을 실시한 결과, 5개의 요인으로 추출되었다.

〈표 5〉 변수의 타당성 및 신뢰성 검증

변 수	요인					공통성	alpha	alpha
	1	2	3	4	5			
a11. 수속서비스	.780	.204	.054	.085	.162	.706		
a12. 예약신속성	.754	.036	.164	.152	.293	.687	.712	
a14. 좌석확보	.618	.298	.090	.040	−.033	.482		
a7. 항공요금	.186	.634	.071	.035	−.103	.453		
a2. 안전	−.063	.631	.025	.424	.116	.596		
a8. 노선망	.345	.530	.143	−.254	.337	.598	.643	
a15. 환불	.433	.493	.085	.126	.093	.462		.823
a3. 정시성	.230	.479	.087	.311	.291	.471		
a6. 항공기종	.190	.023	.806	−.011	.103	.698		
a4. 국적(지역)	−.109	.032	.777	.184	.148	.672	.634	
a5. 운항스케줄	.307	.314	.585	−.012	.010	.535		
a1. 기내서비스	.098	.195	.114	.850	−.033	.783		
a13. 승무원 서비스	.550	.020	.051	.634	.107	.719	.665	
a9. FFP	.077	.217	.030	−.021	.809	.708		
a10. 항공사 이미지	.259	−.153	.294	.106	.692	.667	.532	
eigen−value	2.485	1.893	1.777	1.559	1.522			
누적 설명력(%)	16.567	29.185	41.034	51.430	61.578		—	

표준형성 적질성의 Kaiser−Meyer−Olkin 측도=0.817
Bartlett의 구형성 검정, 근사 카이제곱 = 1194.835 (p=.00

추출된 제1요인은 '예약수속 요인', 제2요인은 '요금 요인', 제3요인은 '기종요인', 제4요인은 '서비스 요인', 제5요인은 '이미지 요인'으로 명명하였다(누적분산 61.573%). 이처럼 본 연구에서 설계된 변수의 신뢰성과 타당성은 신뢰할 수 있고 타당하다고 판단할 수 있다. 타당성 분석 결과 압축된 형태로 추출된 요인은 이후 포지셔닝 분석에 비교분석 변수로 사용하였다.

3. 항공사 선택속성 비교(ALSCAL)

SPSS 패키지에서는 큰 숫자가 비유사성을 의미하므로(박광배, 2000), 본 설문지는 유사성 측정을 위해 1점을 '전혀 비슷하지 않다', 7점을 '매우 비슷하다'로 측정하였기 때문에 비유사성자료로 전환하였다. 그리하여 응답자가 지각하고 있는 항공사별 선택속성 간 비유사성 자료를 Lower −Half Matrix로 하여 ALSCAL을 이용한 결과 〈표 6〉과 같은 결과로 분석되었다. 4개 항공사의 비유사성 분석을 위한 다차원분석결과, 스트레스값이 0.0019로 높은 수준의 적합도를 보였으며 결정계수(RSQ) 또한 0.998로 나타나 적합도가 높게 산출되었다.

〈표 6〉 항공사 간 평균 유사성 행렬 / 2차원 좌표 포지셔닝

구분	A항공사	B항공사	C항공사	D항공사		차 원	
						1	2
A항공사	.00				A항공사	1.3963	-.1761
B항공사	3.07	.00			B항공사	1.3415	.1550
C항공사	4.57	4.58	.00		C항공사	-1.4405	-.4571
D항공사	4.53	4.47	3.52	.00	D항공사	-1.2973	.4782

〈그림 2〉에 나타난 2개 차원의 해석은 〈표 7〉과 같이 상관계수가 높은 속성을 차원명으로 선택하는 방법을 이용하였다. 횡축(dimension 1)에서는 '가격' 속성에서 가장 강한 상관관계(r= −.991, p=.009)가 나타나 '가격'축이라 명명하였고, 종축(dimension 2)에서는 5개 항공시선택요인과 유의한 상관관계가 나타나지 않아 축의 특징을 설명하지 않았다.

〈표 7〉 좌표값과 선택속성의 상관관계

항공기 선택 속성 \ 차원	Dimension 1	Dimension 2
서비스	.960(.040)**	.254(.746)
기종	.978(.022)**	.205(.795)
요금	−.991(.009)**	.070(.930)
이미지	.955(.045)**	.250(.750)
예약수속	.973(.027)**	.174(.826)

* p 〈0.1, ** p 〈0.05

〈그림 2〉의 유사성에 대한 지각도에서 나타난 결과를 살펴보면, 대체로 A항공사와 B항공사는 '가격'차원에서 서로 비슷하게 인식되고 있는었고, C항공사나 D항공사는 비가격 즉, '저렴한 가격'으로 서로 유사하게 인식되고 있었다.

이처럼 C, D 항공사는 가격 측면에서 '저가인 항공사'에 포지션에 위치해 있어, A, B와 같은 경쟁 항공사와 차별적 포지션에 위치해 있다.

〈그림 2〉 유사성 지각도

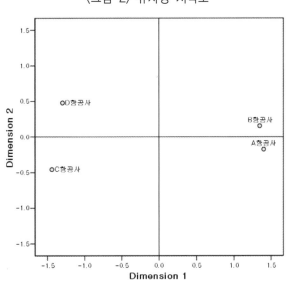

4. 5개 항공사 선택속성 분석

'예약수속, 요금/안전, 기종/국적, 서비스, 우대/이미지'와 같은 항공기 선택속성 분석을 위해서는 평정자료를 이용하여 자극과 속성 등의 다중차원을 한 공간에 배열하는 MDREF 다차원 펴기(unfolding)가 필요하다. 이를 위해 5개 속성의 평가점수를 직사각형 행렬행태로 투입했다. 그 결과 5회 반복계산 되어 크루스칼 스트레스값은 0.005로 매우 좋은 신뢰성을 나타냈고, RSQ는 0.999로 매우 높은 합치도를 보여주었다.

〈그림 3〉과 〈표 8〉의 자극 속성 벡터공간들을 보면 자극(5개 항공사)의 선호벡터의 길이가 모두 다른 것을 알 수 있다. 속성을 많이 포함하고 있는 항공사에 큰 숫자를 할당한 것이므로 속성 벡터는 역 속성 반영 방향을 나타내는 벡터이다. 즉, 가까울수록 해당 항공사 선택 속성을 많이 반영하는 것으로 해석될 수 있다.

요금의 적절성을 가장 많이 반영하고 있는 항공사는 C항공사로 나타났고, A항공사와 B항공사는 요금 속성과 서로 비슷한 벡터로 나타났다. 예약 및 수속 서비스를 가장 잘 반영하고 있는 항공사는 B항공사로 분석되었다. 또한 B항공사는 비행기 기종의 현대성 측면도 다른 항공사 보다 잘 반영하고 있는 것으로 나타났다.

〈그림 3〉항공사 자극과 속성

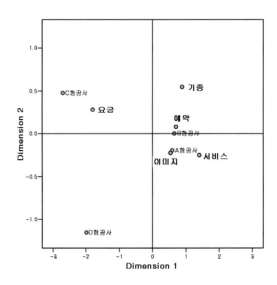

〈표 8〉항공사 자극에 따른 속성의 위치

Stimulus Number Column	Stimulus Name	Stimulus Coordinates Dimension	
		1	2
1	A항공	.5868	− .1942
2	B항공	.6474	.0018
3	C항공	− 2.7064	.4770
4	D항공	− 1.9825	− 1.1528
Row			
1	서비스	.6983	.0795
2	기종	.8807	.5465
3	요금	− 1.7856	.2811
4	이미지	1.4003	− .2497
5	예약수속	.5338	− .2243

A항공사는 이미지와 서비스가 전반적으로 좋은 것으로 인식되고 있는 것으로 볼 수 있다. 그리고 D항공사인 경우, 다른 항공사와 항공기 선택속성을 비교할 때 요금 측면이나 이미지 측면 등 모든 항공사 선택 속성을 우수하게 반영하고 있는 포지션이 없었다. 이는 아직 D항공사가 사업을

시작하기 전이고, 잠재 소비자들에게 확실한 포지션으로 자리 잡고 있지 못하고 있는 것으로 해석할 수 있다.

V. 결 론

어떤 상품이나 회사의 포지셔닝 전략의 기본은 소비자의 지각에 기초하여 자신들의 위치를 관리해 나가는 것이다(Brooksbank, 1994; Gursoy et al. 2005). 그래서 본 연구는 제주항공이 저가 항공사로서 국내 항공시장에 진입하게 됨에 따라 기존 업체들과의 경쟁을 최소화하기 위한 '소비자들의 마음속'의 위치는 어디인지를 조사·분석하였다. 실제 항공사 경영이 서비스뿐만 아니라 제휴·전략·수익관리 등 다양한 분야를 포함해야 하기에 제주항공과 같은 저가항공사는 가격이라는 본연의 무기 이외에 다른 경쟁업체들과 차별화할 수 있는 자신만의 무기를 개발해야 한다.

본 연구에서 다차원분석법을 통해 산출된 포지셔닝 맵은 이런 차원에서 몇 가지 시사점을 제시해 주고 있다. 첫째, 제주항공은 가격경쟁력 측면에서 기존 양대 항공사와 차별적으로 인식되고 있으나 장기적으로 볼 때 이미 설립된 한성항공을 비롯한 이후 국내에서 출범하는 지역을 기반으로 한 저가항공사와의 가격경쟁을 피할 수 없기 때문에 이에 대한 대비를 해야 한다. 또한 현재 양대 항공사도 저가항공사의 시장진입과 맞물려 이른바 'Southwest Effect'라는 가격할인 차원에서 카드사와의 연계를 통한 요금할인, 요일 및 시간별 할인, 제주도민 특별할인 등 점차 가격차별화 정책을 다각적으로 시도하고 있기에 그 필요성을 더욱 커진다. 따라서 제주항공의 가격경쟁력을 지속적으로 유지하기 위해서는 가격정책을 휴양관광객과 비즈니스관광객의 시장세분화전략과 결합시켜 활용해야 하며(Masion, 2001), EasyJet의 사례처럼 처음에 초저가로 시장에 진입하여 정착한 이후 운임을 다각적인 방법을 통해 상향조정하는 침투가격전략도 검토해볼 필요가 있다.

둘째, 비교대상 항공사와 항공사 선택속성에 기반한 포지셔닝 맵을 통해서 보는 것과 같이 제주항공은 연구시점인 현재 '비행기 기종'이라는 측면에서 다른 항공사들 보다 가장 그 속성을 반영하는 정도가 적은 것으로 분석된 것에서 볼 때, '안전성' 확보를 위한 다각적 품질관리 전략을 시도해야 한다. '안전성, 정시성, 고객서비스'라는 항공운송상품의 품질요소 중 안전성은 가장 중요한 속성으로 기본적으로 무결점(zero defect)를 목표로 품질관리를 해야 한다. 그리고 운항계획과 운항을 위한 절차와 규정준수, 정기기획과 안정정비 등의 품질관리의 성과를 소비자들에게 강하게 인식시킬 수 있는 '안전을 강조한 광고문구' 개발이 반드시 필요하다.

그 밖에 제주항공에게 필요한 포지셔닝 전략으로는 저가 항공사라는 측면 이외에 '지역 항공사'라는 측면으로 제주도민과 제주출신 타 지역 거주자의 마음속에 자리 잡아야 하는 점으로, 도민 및 고향방문객을 대상으로 한 이벤트 개최도 검토해 볼만 하다.

본 연구는 아직까지 저가항공사 관련 연구가 국내에서 미흡하고, 신규사업시 기존 업체들과의 경쟁관계를 파악할 수 있는 포지셔닝 전략을 주제로 삼긴 하였지만, 제주항공이 아직 공식운항을 시작하지 않은 상황에서 제주항공의 잠재 소비자를 대상으로 설문조사를 실시했다는 점에서 한계를 가질 수 있다. 포지셔닝이란 기업이 목표를 설정하고 그것을 달성하는 과정으로도 이해될 수 있기 때문에 향후 제주항공은 지속적인 소비자 조사를 통해 자사가 어떻게 소비자들의 마음속에 인식되고 있는지에 대한 정확한 자료에 근거하여 전략을 수립하고 수행해 나가야 할 것이다.

참고문헌

김대선·이태희(2000). 관여 수준별 항공사 선택요인 중요도 차이 연구, 관광학연구 24(2) : 213~233.

김홍범·김경숙(1997). 항공승객의 여행목적별 항공사 선택속성 차이에 관한 연구, 관광학연구, 21(1) : 66~84.

박광배(2000). 『다차원척도법』. 서울 : 교육과학사.

박시사(2003). 『항공관광론』, 서울 : 백산출판사.

서울경제, 2006년. 4월. 5일자.

송재호·허향진(2003). 제주도 관광지의 리포지셔닝 : 국내 경쟁관광지와의 비교, 관광학연구 27(3) : 9~25.

오태영(2005). "싱가포르 저가항공시장 폭발적 증가세", KOTRA 동향분석.

유필화·김용준·한상만(2005). 『현대 마케팅론』, 서울 : 박영사.

이애주(1988). 관광지 선택행동에 관한 연구 : 관광객의 지각 및 선호도를 중심으로. 세종대 대학원 박사학위논문.

이준혁·권봉현(1999). 패밀리 레스토랑의 내부 포지셔닝에 관한 연구 : 소비자의 지각을 중심으로, 호텔경영학연구 18(1) : 113~131.

이태균(2005). 경주지역 관광호텔의 상품 포지셔닝 전략에 관한 연구, 관광연구 20(2) : 125~146.

정익준·장태선(1999). 항공여행 특성별 항공사 선택속성에 관한 연구, 관광·레저연구 11(1) : 69~91.

제주도·한국능률협회컨설팅(2003). 『제주 지역항공사 설립을 위한 경영컨설팅 최종보고서』.

조문수·고영선(2004). 항공사 Mileage 제도와 선택요인과의 관계, Tourism Research 19 : 1~12

최윤정(2005). 항공 산업에서의 와해성 기술과 혁신 : easyJet 사례를 중심으로, 이화여자대학교 경영대학원 석사학위논문.

Aaker, D. A., & Shansby, J. G.(1982). *Positioning Your Product*, Business Horizons.

Barrett, S.D.(2004). How do the demands for airport services differ between full~service carriers and low~cost carriers?, *Journal of Air Transport Management*, 10(1): 33~39.

Boyd, H. W., Jr., & Walker, O.C., Jr.(1990). *Marketing management: A strategic approach*, Homewood, IL: Irwin.

Brooksbank, R.(1994). The anatomy of marketing positioning strategy. Marketing Intelligence and Planning, 12(4): 10~15.

Cai, L.A.(2002). Cooperative Branding for Rural Destination, *Annals of Tourism Research* 29(3): 720~742.

Chen, J. S. & Uysal, M.(2002), "Marketing Positioning Analysis~A Hybird Approach",

Annals of Tourism Research, 29(4). 987~1003.

CIC Research, Inc.(2003). SIAT US to Overseas Tables. http://cicresearch.com

Crompton, J. L., Fakeye P.C., & Chi−Chuan L.(1992). Positioning: The Example of the Lower Rio Grande Valley in the Winter Long Stay Destination Market, *Journal of Travel Research*, Fall: 21.

Evangelho, F., Huse, C. & Linhares, A.(2005). Market entry of a low cost airline and impacts on the Brazilian business traveler, *Journal of Air Transport Management*, 11(2): 99~105.

Evans, N.(2001), Collaborative strategy : an analysis of the changing world of international airline alliances, Tourism Management, 22(3): 229~243.

Fourie, C., & Lubbe, B.(2006). Determinants of selection of full−service airlines and low −cost carriers : A note on business travellers in South Africa, *Journal of Air Transport Management*, Available online 4 January 2006.

Francis, G., Fidato, A., & Humphreys, I.(2003). Airport−airline interaction: the impact of low−cost carriers on two European airports, *Journal of Air Transport Management*, 9(4): 267~273.

Francis, G., Humphreys, I. & Ison, S.(2004), Airports' perspectives on the growth of low− cost airlines and the remodeling of the airport−airline relationship, *Tourism Management*, 25(4): 507~ 514.

Gillen, D., & Lall, A.(2004). Competitive advantage of low−cost carriers: some implications for airports, *Journal of Air Transport Management* 10(1): 41~50.

Guild, S.(1995). Not so easy. *Airline Business*, June: 68~73.

Gursoy, D., Chen, M., & Kim, H.J.(2005). The US airlines relative positioning based on attributes of service quality, *Tourism Management*, 26(1): 57~67.

Hurley, J. A.(1990). Highway hotel: Anatomy of a turnaround. *The Cornell Hotel and Restaurant Administration Quarterly*, 31(2): 36~44.

IATA(International Air Transport Association, 2004). IATA International Cargo and Passenger Forecast 2004−2008. http://www. ata.rg/pressroom/industrystats

Kang, I., Jeon, S., Lee S., & Lee C.(2005). Investigating structural relations affecting the effectiveness of service management, *Tourism Management*, 26(3): 301~310.

Kotler, P..(1991). Marketing management: Analysis, planning, implementation, & control(7th ed.). Upper Saddle River, NJ: Prentice−Hall.

Lawton, T.C.(1999). The limits of Price Leadership: Needs−based positioning strategy and the long−term competitiveness of Europe's low far airlines. *Long Range Planning*, 32(6): 573~586.

Luhmann, D. R.(1989). *Market research and analysis*(3rd ed.). Boston: IRWIN.

Mason, K.J.(2001). Marketing low−cost airline services to business travellers, *Journal of Air Transport Management*, 7(2): 103~109.

Porter, M. E.(1991). Towards a dynamic theory of strategy. *Strategic Management Journal*, 12: 95~12.

Reich, A. Z.(1997). *Marketing management for the hospitality industry:* A strategic approach. New York: John Wiley & Sons.

Reich, A. Z.(1999). *Positioning Tourism Destination,* Champaign, Illinois. Sagamore Publishing.

Sirakaya, E., Mclellean, R., Uysal, M.(1996). Modeling vacation destination decisions: A behavioral approach. *Journal of Travel Tourism Marketing,* 5(1/2): 57~75.

Smith, R. E. & Lusch, R.(1976). F. How Advertising Can Position a Brand. *Journal of Advertising Research,* 9(May): 193~199.

Vowles, T.M.(2001). The 'Southwest Effect' in multi-airport regions. *Journal of Air Transport Management,* 3: 251~258.

Westwood, S., Pritchard, A., & Morgan, N.J(2000). Gender-blind marketing: businesswomen's perceptions of airline services, *Tourism Management,* 21(4): 353~362.

Williams, G.(2001). Will Europe's charter carriers be replaced by "no frills" scheduled airlines? *Journal of Air Transport Management,* 7(5): 277~286.

Windle, R., & Dresner, M.(1999). Competitive responses to low cost carrier entry. *Transportation Research-Part* E, 35: 59~75.

2006년 4월 10일 원고접수
2006년 4월 23일 최종 수정본 접수
3인 익명심사 畢

CHAPTER 10

구조방정식모형

목 차

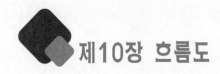 제10장 흐름도

구조방정식모형

학 습 목 표

개 념

기본원리

구조방정식모형의 절차

1. 이론에 토대를 둔 모형의 개발
2. 인과관계의 경로도형 구축
3. 경로도형을 구조 및 측정모형 집합으로의 전환
4. 입력 행렬 유형의 선택과 제안된 모형의 추정
5. 구조모형의 식별 평가
6. 적합도 기준의 평가
7. 모형의 해석 및 수정

요 약

용어정리

관광학에서 구조방정식모형을 이용한 사례

1. 통계적 분석에서 인과관계의 역할에 대하여 학습한다.
2. 인과관계를 경로도형으로 표현하는 방법을 알아본다.
3. 경로도형 추정을 위한 구조방정식모형으로의 표현에 대해 살펴본다.
4. 구조방정식모형의 결과에 영향을 미치는 변수의 역할에 대해 평가한다.
5. 확인요인분석, 경로분석과 같은 구조방정식모형 기법의 결과에 대해 살펴본다.
6. 제안된 관계의 지원과 구조방정식모형의 결과를 개선하기 위한 구조방정식모형 분석의 결과에 대해 학습한다.

1. 구조방정식모형의 개념 및 기본원리

(1) 구조방정식모형의 개념

구조방정식모형(Structural equation modeling : SEM)은 공분산구조분석(covariance structural analysis), 잠재변수 분석(latent variable analysis), 확인요인분석(confirmatory factor analysis), 그리고 LISREL(LInear Structural RELationship) analysis(최근에 많이 사용되는 소프트웨어 패키지)로 알려진 분석들을 모두 포함하고 있다. 일반적으로 심리학 및 사회학으로부터 측정된 원리와 경제계량분석(econometrics)에서 개발되었던 다중회귀모형의 혁신적인 부산물인 구조방정식모형은 조작가능하고 학문적인 연구 모두에 통합적으로 사용된다. 구조방정식모형은 회귀분석, 주성분분석, 정준상관분석, 다변량분산분석(MANOVA)이 포함된 다른 다변량 모형을 추정하는 수단으로써 사용될 수 있다.

구조방정식모형으로 불려지기도 하는 공변량구조 모형은 인과구조의 분석을 위해 회귀분석과 요인분석을 개선적으로 결합한 형태로서 인과관계가 문제가 되는 연구문제에 매우 중요한 역할을 하고 있다. 특히 이 방법은 직접적으로 관찰이 어려운 이론개념을 많이 사용하는 사회과학부분의 이론개발에 유용하다.

응용에 있어서 광범위하고 많은 변량을 가진 기법을 지닌 분석으로서 많은 연구자들은 구조방정식모형이 어떻게 구성되는지 확신을 가지고 있지 않다. 아직까지 모든 구조방정식모형 기법 (SEM)은 첫째, 다중 그리고 상호관련된 종속관계의 추정, 둘째, 추정단계에서 측정오차를 설명할 수 있는 능력과 이러한 관계에서 관측되지 않은 개념(unobserved concepts)을 대표할 수 있는 능력과 같은 크게 두 가지 특징으로 구분된다. 이 장에서 다루고자 하는 LISREL은 공변량구조모형을 처리하는 대표적인 통계적 소프트웨어 패키지로서 현재 많이 사용되고 있다.

(2) 구조방정식모형의 기본원리

1) 다중으로 상호관련된 종속(의존)관계의 설명

구조방정식모형과 다른 다변량기법 사이의 가장 분명한 차이는 종속변수 집합에 대한 분리 관계의 사용이다. 구조방정식모형은 통계적 프로그램에 의해 사용된 구조모형을 명시함으로써 분리된 상호의존하는 다중회귀식을 추정한다. 첫째, 연구자는 이론, 선행연구 그리고 연구목표를 토대로 하여 어떠한 독립변수들이 개별 종속변수를 예측하는데 사용될 수 있는지를 알아내야 한다. 같은 변수의 상당수가 개별 종속변수에 영향을 주나 그 영향의 정도는 다르다. 한 개의 종속변수는 다른 관계에 있어 독립변수가 될 때 구조방정식모형은 독립변수와 종속변수 사이의 관계를 표현한다. 제안된 관계는 개별 종속변수에 대한 일련의 구조방정식모형으로 전환된다.

2) 직접적으로 측정하지 못하는 변수의 통합

다중으로 상호관련된 종속관계의 추정은 단지 구조방정식모형만이 가지는 유일한 요소는 아니다. 구조방정식모형은 분석에 잠재변수(latent variables)를 통합하는 능력을 가지고 있다. 한 개의 잠재변수는 하나의 가설이며 관측되거나 측정되어 조사치에 가깝게 갈 수 있을 뿐 실제로 정확하게 측정하는 것이 어려운 개념이다. 변수 데이터 수집방법(예를 들어 설문조사, 실험, 관찰)을 통하여 응답자들로부터 수집된 변수는 지표변수(manifest variables)이다.

그러면 설문자들이 제공하는 정확한 데이터를 활용한 지표변수 대신에 실제로 측정하기 어려운 잠재변수를 왜 우리는 사용하려는 것인가? 비록 무의미하거나 황당한 접근으로 생각될 수 있지만 잠재변수는 통계적 추정을 개선하는 실제적이고 이론적인 타당성을 가지고 있으며 이론적 개념을 대표하고, 측정오차를 잘 설명할 수 있다.

가. 통계적 추정의 개선(Improving Statistical Estimation)

회귀계수는 실제로 종속변수와 독립변수 사이의 구조계수 그리고 예측변수의 신뢰성(reliability)이라는 두 가지 요소로 구성되는 통계적 이론이다. 이러한 면에서 모든 다변량 기법은 변수에 오차가 없다는 것을 가정한다. 그러나 연구자는 개념을 완벽하게 측정할 수 없고 측정오차(measurement error)를 항상 가지고 있다는 사실을 실증적 및 이론적으로 알고 있다. 예를 들어, 사람들에게 가족의 소득에 관하여 직접 질문할 때 연구자는 몇몇 사람들은 정확하지 않은 대답이거나 과대측정 또는 정확한 소득을 알지 못하고 있다는 것을 알고 있다. 이러한 대답은 몇 가지 측정오차를 가져다 주며 그리고 실질(true) 구조계수의 측정에 영향을 준다.

측정오차의 영향은 아래와 같은 회귀계수로·표현할 수 있다. 측정오차가 커지면 신뢰도는 떨어지게 된다.

$$\beta_{y'x} = \beta_s \times \rho_x$$

$\beta_{y'x}$: 관측된 회귀계수(observed regression coefficient)
β_s : 실질 구조계수(true structural coefficient)
ρ_x : 예측변수의 신뢰도(reliability of the predictor variable)

만약 신뢰도가 100%가 아니라면 관측된 상관관계는 항상 실제의 관계를 100% 반영할 수는 없을 것이다. 모든 종속관계가 변수 사이의 관측된 상관관계(회귀계수)를 바탕으로 하기 때문에 연구자는 종속모형에 사용되는 상관관계를 더욱 강화시키며 구조계수의 좀더 정확한 추정을 가능하게 할 것이다.

나. 이론적 개념의 대표화(Representing Theoretical Concepts)

측정오차는 부정확한 응답때문에만 기인되는 것은 아니고 연구자가 제품에 대한 속성 또는 행동에 대한 동기와 같은 추상적이고 이론적인 개념을 사용할 때 발생할 수 있다. 따라서 연구자는 개념을 측정하기 위한 최상의 설문을 설계해야 한다. 응답자는 어떻게 응답해야 하는지 확신을 갖지 못할 수 있으며 연구자가 의도하는 것과 다른 방향으로 다르게 해석하게 될지 모른다. 이런 상황은 측정오차를 가져올 수 있다. 그러나 만약 연구자가 문제의 심각성의 정도를 알고 있다면, 연구자는 통계적 추정을 할 때 신뢰성을 조정할 수 있으며 종속모형을 개선할 수 있다.

다. 측정오차의 설정(Specifying Measurement Error)

연구자는 어떻게 측정오차를 설명할 것인가? 구조방정식모형은 지표변수와 잠재변수 사이에 대응되는 규칙을 설정하는 측정모형(measurement model)을 제공한다. 측정모형에서는 잠재변수 간의 인과관계를 규명하기 이전에 잠재변수의 신뢰도를 측정하는데 그 목적이 있다.

2. 구조방정식모형의 절차

본 장에서는 구조방정식모형의 연구사례로 S여행사에 대한 고객의 인지와 여행상품의 사용수준과 만족에 대한 두 가지 인과관계를 설명하고자 한다. 구조방정식모형은 구매를 결정하는 S여행사의 다양한 인지에 대한 상대적인 중요성뿐만 아니라 고객만족의 원천을 이해하는 데 사용될 수 있다. 전체 136명의 고객을 통해 여행상품의 구매결정요소에 관한 질문에 S여행사가 얼마나 잘 대응하고 있는지에 대한 속성을 0에서 10까지의 척도(0=very poor, 10=excellent)를 사용하여 응답하게 하였다. 〈그림 10-1〉은 구조방정식모형 모형의 7단계를 잘 보여주고 있다.

(1) 이론에 토대를 둔 모형의 개발

이 연구의 목적은 S여행사의 고객에 대한 인지가 고객의 행동과 태도에 영향을 미치는지를 이해하는 데 있다. 136명의 표본은 S여행사를 평가하고 상호영향을 주는 13개 속성(attributes)을 평가하게 된다. 속성은 두 단계에 의해 추출되었다.

첫째, S여행사를 평가하기 위한 속성을 논의하기 위해 여행관련 전문가들이 표적집단(focus groups)으로 참가하였다. 이러한 논의를 거쳐 27개 속성을 평가항목으로 확인하게 되었다. 27개 문항은 고객의 구매결정과 만족에 영향을 미치는 개별 문항을 평가하기 위해 각 지점 담당자에게 전달되었다. 그리고 27개 문항을 동일산업내 다른 여행사의 고객에게 체크하게 한 후, 3개 요인 13개 항목으로 결정되었다. 이러한 과정을 통해 최종적으로 결정된 13개의 속성은 〈표 10-1〉에 나타나 있다.

〈표 10-1〉 S여행사 설문조사를 위한 차원과 속성의 평가

평가차원(Evaluative Dimension)	속성(Attribute)
회사와 상품 요인 (Firm and product factors)	X_1 상품의 질 X_2 영수증의 정확성 X_3 고객에 대한 관심 X_4 신상품의 소개 X_5 여행목적지의 만족감 X_6 고객에 대한 서비스
가격 요인 (Price-based factors)	X_7 상품 가치 X_8 낮은 상품 가격 X_9 여행목적지의 물가
구매관계 요인 (Buying relationship factors)	X_{10} 교통 편의성 X_{11} 성실성 및 정직성 X_{12} 융통성 X_{13} 불만해결 능력

〈그림 10-1〉구조방정식모형의 7단계

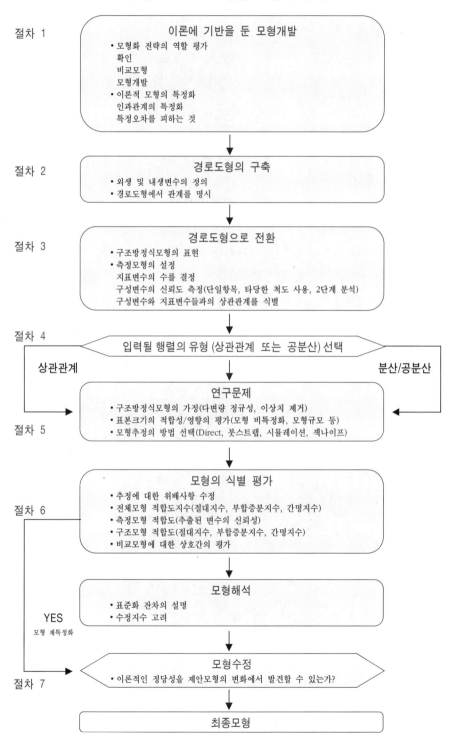

절차 1

이론에 기반을 둔 모형개발
• 모형화 전략의 역할 평가
  확인
  비교모형
  모형개발
• 이론적 모형의 특정화
  인과관계의 특정화
  특정오차를 피하는 것

절차 2

경로도형의 구축
• 외생 및 내생변수의 정의
• 경로도형에서 관계를 명시

절차 3

경로도형으로 전환
• 구조방정식모형의 표현
• 측정모형의 설정
  지표변수의 수를 결정
  구성변수의 신뢰도 측정(단일항목, 타당한 척도 사용, 2단계 분석)
  구성변수와 지표변수들과의 상관관계를 식별

절차 4

입력될 행렬의 유형 (상관관계 또는 공분산) 선택

상관관계   분산/공분산

연구문제
• 구조방정식모형의 가정(다변량 정규성, 이상치 제거)
• 표본크기의 적합성/영향의 평가(모형 비특정화, 모형규모 등)
• 모형추정의 방법 선택(Direct, 붓스트랩, 시뮬레이션, 잭나이프)

절차 5

절차 6

모형의 식별 평가
• 추정에 대한 위배사항 수정
• 전체모형 적합도지수(절대지수, 부합증분지수, 간명지수)
• 측정모형 적합도(추출된 변수의 신뢰성)
• 구조모형 적합도(절대지수, 부합증분지수, 간명지수)
• 비교모형에 대한 상호간의 평가

모형해석
• 표준화 잔차의 설명
• 수정지수 고려

YES

모형 재특정화

모형수정
• 이론적인 정당성을 제안모형의 변화에서 발견할 수 있는가?

절차 7

최종모형

이 연구분석에서 독립변수로서 사용될 평가의 차원이 성립되면 마지막 단계는 구매결정과 만족과의 관계를 결정하는 것이다. 왜냐하면 만족은 S여행사에 대한 과거경험을 통한 고객의 평가를 바탕으로 하기 때문에 최근의 만족수준은 S여행사로부터 구매한 수준에 의해 예측될 수 있는 것이라는 인과관계가 성립될 수 있다. 실제로 만족 정도가 다시 미래의 구매행위에 영향을 미칠 수 있는 인과적 관계를 규명하고자 할 경우 상당한 기간 동안 통제된 자료수집이 요구될 것이다.

어쨌든 연구자는 만족의 타당적 예측변수가 될 수 있는 구매수준이 과거구매행동을 반영한다는 것을 알 수 있다. 연구자는 결과가 개념적으로 타당하다는 확신을 위해 이론적인 배경으로부터 적절한 관계를 설명해야 한다.

이번 사례에서 구매 후 만족이라는 연결은 쉽게 만족 후 구매라는 연결로 뒤바뀔 수 있으며 그리고 두 가지 관계의 추정이 가능한데, 왜냐하면 상관관계는 두 가지 관계에 모두 동등하게 작용하기 때문이다. 그러나 결과는 만족 후 구매라는 역의 관계에 대해서는 이론적 뒷받침이 부족하기 때문에 기존의 자료로 추정한다면 회귀분석의 결과는 신뢰할 수 없는 결과가 될 것이다.

이론모형은 크게 이론변수와 잔여분변수로 구성되어져 있는데, 이론변수는 다시 외생변수와 내생변수로 구분할 수 있다. 〈표 10-2〉에 변수를 표기하는데 사용되는 그리스문자를 제시하였다.

〈표 10-2〉 그리스 문자

A	α	alpha(알파)	N	ν	nu(누)
B	β	beta(베타)	$\varXi$	ξ	ksi(크사이)
$\varGamma$	γ	gammer(감마)	O	o	omicron(오미클론)
$\varDelta$	δ	delta(델타)	$\varPi$	π	pi(파이)
E	ε	epsilon(엡실론)	P	ρ	rho(로우)
Z	ζ	zeta(제타)	$\varSigma$	σ	sigma(시그마)
H	η	eta(에타)	T	τ	tau(타우)
θ	θ	theta(쎄타)	$\varUpsilon$	υ	upsilon(웁실론)
I	ι	iota(이오타)	$\varPhi$	ϕ	phi(화이)
K	κ	kappa(카파)	X	χ	chi(타이)
$\varLambda$	λ	lambda(람다)	$\varPsi$	ψ	psi(사이)
M	μ	mu(무)	$\varOmega$	ω	omega(오메가)

1) 외생변수(exogenous variable)

외생변수는 모형내의 어떤 이론변수로부터도 영향을 받지 않고 다른 변수에 영향을 미치는 변수로서 독립변수로 불리기도 한다. 이는 LISREL모형에서 ξ(ksi : 크사이)로 표기한다.

2) 내생변수(endogenous variable)

내생변수는 모형내의 어느 한 이론변수로부터 영향을 받는 변수로서 종속변수로 불리기도 한다. 이는 LISREL모형에서 η(eta : 에타)로 표기한다.

3) 잔여분변수 또는 잔차(residual)

내생변수들은 모형내의 어떤 이론변수들에 의해 설명된다. 그러나 모형에서 표기되지 않거나 모형에 나타나지 않은 이외의 변수들로부터도 영향을 받기 마련이다. 이때 이론모형내의 지정된 변수에 의해 설명되지 않은 부분을 잔여분변수(residual) 혹은 방정식의 오차항(equation error)이라 한다. 이러한 잔여분변수는 LISREL에서 ζ(zata : 제타)로 표기한다.

4) 모수(parameter)

모수는 변수간의 관계를 특정화시켜주는 값을 말한다. 연구자는 LISREL로부터의 값을 추정하여 변수간의 통계적 인과관계를 밝히게 된다. 그래서 이를 미지수라 부르기도 한다. 이론모형에서의 모수는 이론변수 간의 관계를 나타내는 경로계수(모형에서의 $\gamma11$, $\beta21$, $\beta31$으로서 이 경로계수는 연구가설에 의해 정의됨), 외생변수의 분산공분산 또는 상관계수(모형에서 ϕ: phi, 화이), 잔여분변수의 분산공분산 또는 상관계수(모형에서 $\psi12$, $\psi13$, $\psi31$)이 있다. 따라서 $\phi12$는 $\zeta1$과 $\zeta2$의 상관관계를 나타낸다.

(2) 인과관계의 경로도형 구축

일련의 인과관계를 개발한 다음, 연구자는 아래의 〈그림 10−2〉와 같은 경로도형에서 관계를 그릴 수 있다.

〈그림 10−2〉 구조방정식모형의 경로도형

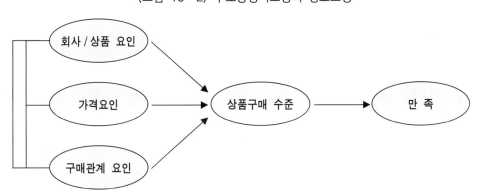

위의 〈그림 10-2〉에서 보는 바와 같이 세 가지 평가차원(회사의 상품요인, 가격요인, 구매관계요인)은 외생변수로서 작용하며, 내생변수(endogenous variables)인 상품구매(사용) 수준에 영향을 미친다. 또 다른 내생변수는 만족이라는 변수가 있으며, 상품사용이 유일하게 만족이라는 예측변수와 연결되어 있다. 평가차원은 만족의 원천이 될 수 있으며, 어쨌든 이러한 인과관계는 처음부터 제안된 것은 아니나 선택적 모형 설정 테스트를 통해 탐색된다. 경로도형(path diagram)은 세 개의 외생변수가 상호 관련되어 있다는 것을 제안하고 있다.

(3) 경로도형을 구조 및 측정모형 집합으로의 전환

경로도형은 외생변수 사이 그리고 구조방정식모형 사이의 상관관계와 구조방정식모형의 특정화를 위한 기반을 제공한다. 연구자는 경로도형으로부터 구조모형을 구성하기 위한 일련의 구조방정식모형(개별 내생변수에 대한 방정식)을 구축할 수 있다.

1) 측정모형의 설정

측정모형은 연구자가 테스트하고자 하는 추상적인 개념변수를 실제로 측정가능한 지표변수가 얼마나 잘 대표할 수 있는지를 보여준다. 다시 말하면 관찰가능한 측정변수가 구성변수를 얼마나 잘 나타내고 있는 정도를 측정모형이 보여준다. 한편 구조모형은 구성변수간의 인과관계를 보여준다.

비록 측정오차의 추정값이 실제로 발생할지라도 설명을 위해 측정오차는 0(zero)(두 개 변수의 완벽한 측정을 나타내는)으로 놓을 수 있다. S여행사 사례의 경우 3개의 구성(잠재) 변수는 13개의 지표변수에 의해 측정된다.

2) 구성개념과 지표변수 사이의 상관관계

구조방정식모형에서 상관(correlations)관계는 반드시 외생구성변수 사이의 집합뿐만 아니라 다른 구조방정식모형에서도 명시되어야 한다. 예를 들어, 개별 외생구성변수(회사 및 상품 요인, 가격요인, 그리고 구매관계요인 중 하나)는 다른 두 개의 외생구성변수와 상관되어 있을 것이다.

(4) 입력 행렬 유형의 선택과 제안된 모형의 추정

모형을 완전히 명확하게 하기 위한 다음 단계는 자료가 구조방정식모형의 기본 가정들을 만족시키는지를 테스트하고, 입력행렬(공분산 또는 상관관계)의 유형을 선택한 후 구조와 측정모형을 추정하는 작업이다.

1) 데이터의 입력

제일 먼저 15개 변수(13개의 속성과 2개의 성과 측정)의 분포특성(정규성 및 첨도)이 평가되어야 한다. 일련의 인과관계를 테스트할 때 공분산(covariance)은 선호되는 입력행렬유형(input matrix type)이다. 하지만 여기서는 상관관계는 실제적이고 이론적인 이유 때문에 사용된다. 실질적인 측면에서 상관관계는 좀더 쉽게 해석할 수 있고 결과의 진단(diagnosis)이 좀더 직접적이란 장점이 있다. 이론적 추정으로부터, 분석의 기본적 목적은 외생구성변수와 내생구성변수간의 관계의 유형(pattern)을 설명하는 일이다. 이러한 목적을 위해 상관행렬은 수용될만한 입력행렬이다. 게다가 대부분의 모형은 모형으로부터 중요한 변수를 누락함으로써 발생하는 설정의 오류(specification error)의 문제를 야기시킬 수 있다. 이론과 실험은 S여행사에 대한 고객만족을 설명할 수 있는 부가적 예측변수를 제안할 수 있다. 그러므로 연구자는 구성개념의 예측력보다는 관계의 유형에 대하여 결론을 추출해야만 한다. 이러한 목적을 설명하기 위해 사용된 예제는 아래의 〈그림 10-3〉과 같은 상관행렬을 적용할 수 있다. 136명의 표본크기는 구조방정식모형을 사용하는데 큰 무리가 따르지 않고 받아들여질 만한 최소 표본수(limits)에 해당된다.

〈그림 10-3〉 구조방정식모형을 위한 상관행렬

변수	Y_1	Y_2	X_1	X_2	X_3	X_4	X_5	X_6	X_7	X_8	X_9	X_{10}	X_{11}	X_{12}	X_{13}
Y_1 구매수준	1.000														
Y_2 만족	0.411	1.000													
X_1 상품의 질	0.288	0.168	1.000												
X_2 영수증의 정확성	0.359	0.159	0.785	1.000											
X_3 고객에 대한 관심	0.268	0.141	0.676	0.637	1.000										
X_4 신상품의 소개	0.212	0.081	0.581	0.622	0.627	1.000									
X_5 여행목적지의 만족감	0.250	0.060	0.632	0.644	0.538	0.699	1.000								
X_6 고객에 대한 서비스	0.305	0.127	0.690	0.667	0.551	0.625	0.692	1.000							
X_7 상품가치	0.328	0.113	0.293	0.263	0.336	0.290	0.207	0.174	1.000						
X_8 저가격 공급	0.268	0.046	0.184	0.124	0.230	0.260	0.110	0.254	0.301	1.000					
X_9 여행목적지의 물가	0.142	0.104	0.289	0.249	0.299	0.219	0.155	0.299	0.307	0.676	1.000				
X_{10} 교통 편의성	0.329	0.063	0.327	0.292	0.112	0.292	0.326	0.253	0.179	0.114	0.173	1.000			
X_{11} 성실성 및 정직성	0.519	0.077	0.413	0.385	0.265	0.346	0.259	0.262	0.347	0.225	0.205	0.411	1.000		
X_{12} 융통성	0.510	0.090	0.330	0.272	0.192	0.151	0.210	0.225	0.348	0.259	0.162	0.555	0.532	1.000	
X_{13} 불만해결능력	0.341	0.173	0.154	0.173	0.182	0.153	0.107	0.102	0.272	0.052	0.093	0.202	0.411	0.42	1.000

2) 모형추정

구조방정식모형은 LISREL프로그램으로 추정할 수 있다. 1.0의 고정된 적재값(fixed loadings)을 갖는 변수는 X_1, X_7, 그리고 X_{10}이다.

(5) 구조모형의 식별 평가

연구자는 결과를 설명하기 전에 모형이 식별되었다는 것을 확인해야만 한다. LISREL 프로그램은 모형의 식별(identification)을 평가하고 그리고 거의 모든 문제들을 표현한다. 이러한 모형에서 식별문제가 없다는 것이 잘 나타나 있다. 하지만 S여행사의 예에서처럼 사용수준과 만족 사이의 쌍방향의 호혜적 상호관계(reciprocal)를 특정화하는 것은 대부분 구조방정식모형의 최소한 한 가지 식별문제를 야기시킨다. 비록 상호관계가 구성되었더라도 이들 관계는 구조방정식모형의 다른 면에서 모형의 제약(constraints)을 요구한다.

(6) 적합도 기준의 평가

모형이 올바르게 특정화되었고 평가절차가 식별문제(identification problems)에 의해 제약이 없다는 것을 확인한 후에 연구자는 제안된 모형의 특정결과를 평가하는 절차를 수행해야 한다. 만약 구조방정식모형이 요구하는 기본가정을 만족시킨다면 추정계수는 전반적 모형 적합도(overall model fit)와 함께 평가되어진다.

1) 추정치 위배

구조방정식모형의 가정이 만족되었을 때 분석결과는 처음에는 무의미하거나 이론적으로 일치하지 않는 추정치를 보여주고 있는지 먼저 조사해야 한다. 위배 추정치란 구조모형이나 측정모형에서 수용한계를 벗어난 추정계수를 의미한다. 세 가지 가장 일반적인 추정치 위배는 표준화 계수가 1.0에 근접하거나 초과하는 경우 또는 매우 큰 표준오차를 가지는 경우로서 음의 오차분산(negative error variances)을 나타내는 경우이다. 다음의 〈표 10-3〉이나 〈표 10-4〉는 이러한 문제의 예시이다.

〈표 10-3〉 구조방정식모형의 결과 : 구조방정식모형의 표준화된 모수(parameter)

(구조방정식모형 계수)

내생구성변수	내생구성변수 (Endogenous Constructs)		외생구성변수 (Exogenous Constructs)			
	상품구매 수준	만족	회사 및 상품 요인	가격 요인	구매 관계요인	구조방정식모형 적합도(R^2)
상품구매수준	.000	.000	.056(621)	.038(.428)	.615	.433
만족	.411(5.421)[a]	.000	.000	.000	.000	.169

주) ( )[a] : t value

(외생구성변수 사이의 상관계수)

외생구성변수 (Exogenous Constructs)	외생구성변수(Exogenous Constructs)		
	회사 및 상품요인	가격요인	구매관계 요인
회사 및 상품 요인	1.000		
가격 요인	.355(2.724)[a]	1.000	
구매 관계 요인	.465(3.746)	.353(2.489)	1.000

주) ( )[a] : t value

〈표10-4〉 구조방정식모형의 결과 : 측정모형의 표준화된 모수 추정치

구성변수 적재량(Construct loadings)

지표변수(indicators)	외생구성변수(Exogenous Constructs)		
	회사 및 상품 요인	가격요인	구매관계 요인
X_1 상품의 질	.863(.000)[a]	.000	.000
X_2 영수증의 정확성	.857(12.855)	.000	.000
X_3 고객에 대한 서비스	.747(10.597)	.000	.000
X_4 신상품의 소개	.759(10.550)	.000	.000
X_5 여행목적지의 만족감	.781(11.020)	.000	.000
X_6 교통 편의성	.803(11.524)	.000	.000
X_7 상품가치	.000	.404(.000)	.000
X_8 저가격 공급	.000	.811(4.181)	.000
X_9 여행목적지의 물가	.000	.821(4.169)	.000
X_{10} 고객에 대한 관심	.000	.000	.603(.000)
X_{11} 성실성 및 정직성	.000	.000	.729(6.216)
X_{12} 융통성	.000	.000	.786(6.447)
X_{13} 불만해결능력	.000	.000	.506(4.786)

주) ( )[a]값은 적재량이 고정구성변수에 1.0으로 적재되기 때문에 계산되지 않았음.

2) 전체모형 적합도

구조모형 또는 측정모형의 세부적인 지표들을 평가하기 전에 연구자는 반드시 인과관계의 전체 셋의 적절한 대표성(representation)을 입증하기 위한 모형의 전체 적합도(overall fit)를 평가해야만 한다. 일반적으로 널리 사용되는 적합도 측정의 세 가지 유형이 아래에 잘 정리되어 있다.

가. 절대적합지수(Absolute Fit Measures)

모형의 적합도를 절대지수로 나타내는 것에는 우도비－카이제곱(likelihood‐ratio chi‐square), 적합도지수(goodness‐of‐fit index), 평균 제곱잔차 제곱근지수(root mean square residual) 등이 가장 기본적인 지수로 사용되며, 〈표 10－5〉에 나타나 있다.

자유도 85인 178.714의 카이제곱값(χ^2)은 유의수준 .000에서(p값)로 통계적으로 유의적이다. 측정된 χ^2의 값이 '모형이 잘 맞는다'는 가정에서 확률치(p값)를 나타내는데, 그 확률치가 상당히 작을 경우(보통 0.05 이하) 측정모형이 구성(개념) 모형에 부합하지 못한다고 평가할 수 있다. 표본의 크기가 136개로 아주 크지 않기 때문에 연구자는 모형이 적합하지 않다는 결론이 표본의 크기에 의해 민감한 반응을 했을 것이라고 결론을 내리기는 어렵다. 어쨌든 연구자는 카이제곱 테스트가 지표변수의 수가 커질수록 좀 더 민감하게 나타난다는 것을 인지해야 한다. 따라서 LISREL에는 χ^2검정의 p값이 0.05이하라고 해서 모형 전체의 적합도가 낮아진다고 확정적인 결론을 내리기보다는 다른 지수를 고려해서 결론을 내리는 것이 일반적이다.

적합도지수(GFI)는 이론모형을 표본자료가 설명해 주는 상대적인 분산, 공분산의 크기로서 회귀분석에서의 R^2와 유사하다. 따라서 GFI는 0과 1사이에 있으며 .9이상이면 좋은 모형으로 평가된다. 여기서 다른 지수에 대해 알아보자.

사례분석 결과, 평균 제곱잔차 제곱근지수(RMSR)값이 .076과 GFI값이 .865로 나타났는데, 이 결과는 우수한 결과는 아니지만 수용할 수 있는 최소한의 수준 안에는 들어간다고 판단할 수 있다. RMSR은 반드시 입력상관행렬(input correlation matrix)보다 낮은 수치가 되어야만 하며, 위 사례에서 잔차값(residual value)은 상대적으로 높다. 즉 RMSR은 표본자료에 의해 이론 변수를 설명할 수 없는 분산, 공분산의 크기로서 작을수록 좋다. 대체로 투입된 자료가 상관관계 자료인 경우에 한해서 0.05이하이면 좋은 모형으로 평가된다.

이러한 기본적 지수를 완성한 후에, 연구자는 다른 절대 적합도 지수(absolute fit measures)를 설명할 수 있다. 근사오차의 제곱근 평균제곱오차(Root mean square error of approximation : RMSEA)는 수용수준(acceptable range) .08이하 보다 높은 .090의 값으로 나타났으나 상위 분계점(upper threshold) .10보다는 작다. 세 가지 다른 지수 즉 비중심지수(Noncentrality index), 단위가 통일된 비중심지수(Scaled noncentrality index) 그리고 기대 교차타당성지수(Expected cross‐validation index)는 선택적 모형 사이의 비교로 사용된다. 이러한 지수는 수용될만한 기준을 제시할 수 없다. 이것은 경쟁모형이 분석되어질 때, 그 후에 설명되어진다.

〈표 10-5〉 LISREL에 의한 구조방정식모형의 적합도지수(Goodness-of-fit Measures)

절대적합지수(Absolute Fit Measures)

추정모형(estimated model)의 카이제곱(χ^2) = 178.714[a]
자유도(Degrees of freedom) = 85
유의수준(Significance level) = .000[a]
비중심 모수(Noncentrality parameter : NCP) = 93.714
적합도지수(Goodness-of-fit index : GFI) = .865a
평균제곱잔차제곱근지수(Root mean square residual : RMSR) = .076a
근사오차의 제곱평균제곱오차(Root mean square error of approximation : RMSEA) = .090
P-Value of close fit(RMSEA 〈.05)
기대 교차타당성지수(Expected cross-validation index : ECVI) = 1.842
추정모형(estimated model)의 ECVI = 1.842
포화모형(saturated model)의 ECVI = 1.778
독립모형(independence model)의 ECVI = 7.927

부합증분적합지수(Incremental Fit Measures)

기초 또는 독립모형(null or independence model)의 카이제곱(χ 2) = 1040.194
자유도(Degrees of freedom) = 105
수정된 적합지수(Adjusted Goodness-of-fit index : AGFI) = .810a
터커-루씨스 지수(Tucker-Lexis index : TLI) 또는 비표준적합도지수(Non-normed fit index : NNFI) = .876
표준적합지수(Normed fit index : NFI) = .828

간명적합지수(Parsimonious Fit Measures)

간명표준적합지수(Parsimonious normed fit index : PNFI) = .670
간명적합도지수(Parsimonious goodness-of-fit index) = .613
Akaike정보기준(Akaike information criterion : AIC)
추정모형(estimated model)의 AIC = 248.714
포화모형(saturated model)의 AIC = 240.000
독립모형(independence model)의 AIC = 1070.194
비교적합지수(Comparative fit index : CFI) = .900
증분적합지수(Incremental fit index : IFI) = .902
상대적합지수(Relative fit index : RFI) = .788
Critical N(CN) = 90.318
표본크기 : 136 응답자

전체모양적합도(Overall Model Goodness of Fit)

표준카이제곱(normed chi-square) $\frac{178.714}{85}$ =2.103

주) a : 모든 LISREL 버전에 의해 직접적으로 산출된 지수. 다른 지수는 LISREL 8.0버전에 의해 산출되었으며, 이전 버전에 대해서는 별도로 계산되어져야만 한다.

모든 절대 적합도 지수는 모형이 최상에서 최소한의 수용수준을 나타낸다. 만약 전체모형적합도가 너무 낮아 구조 및 측정모형의 타당성이 전혀 없다는 결론이 도출되지 않는다면 이것은 결과의 추가적인 검토를 중지해서는 안 된다. 게다가 다른 모든 적합도 지수는 모형적합도의 수용성(acceptability)에 다른 시각을 제공한다.

나. 부합증분 적합지수(Incremental Fit Measures)

전체 적합도 지수에 더하여, 하나의 모형은 기준선(baseline) 또는 기초모형과 비교하여 평가할 수 있다. 즉, 기초모형(null model)과 제안모형(proposed model)을 비교하여 적합도가 어느 정도 개선되었는가를 나타낸다.

기초 모형은 독립모형(independence model)이라고도 불리며, 측정변수들 간에 전혀 공분산이 존재하지 않는 상호독립모형을 말한다. 따라서 기초모형은 최악의 모형 적합도를 나타내 주는 상태로 최악의 모형이다.

위 사례에서 기초모형은 자유도가 105이며 카이제곱은 1,040.194의 값을 갖는다. 비록 모형에서 추정계수 때문에 카이제곱 값이 약간 감소했더라도 부합증분 적합지수는 최소한의 기준을 제공하고 있다. 표준 적합지수(NFI)는 항상 0과 1 사이에 있으며, 바람직한 분계점은 .90보다 크면 적합한 모형이라고 할 수 있는데, 위 사례에서는 약간 떨어지는 수치를 보이고 있다. 비록 분계점 .90이라는 수치는 통계적으로 기반을 가지고 있지 않지만 실제적인 과거경험과 과거연구는 수용수준(acceptable)과 비수용수준(unacceptable) 간의 구별을 하는데 유용한 기준임을 보여주고 있다. 하지만 이러한 지수가 0.8이라도 경우에 따라 현실적으로 수용하는 경우도 흔히 발견된다.

비표준 적합지수(NNFI)는 보통 0과 1사이에 있으나 간혹 1보다 큰 경우도 있으며, 0.9 이상이면 적합한 모형이다. NNFI는 나쁜 모형을 잘 기각하며, 표본크기에 영향을 잘 받지 않는 적합지수 중의 하나로 알려져 있다. 어쨌든 모든 부합증분 적합지수는 이상적인 0.9 이상이 되지 못하고, 0.8을 넘는 수준이며, 실제의 테스트는 선택모형(alternative model) 또는 비교모형(competing model)과 제안모형을 비교하는 데 있다.

다. 간명 적합지수(Parsimonious Fit Measures)

적합도 지수의 마지막 유형인 간명 적합지수는 복잡성(complexity)과 목적(objectives)이 다른 모형간의 비교를 위해 하나의 기준을 제공한다. 간명성(parsimony)이란 모형이 각 추정계수에 필요한 적합도에 최대로 도달하려는 정도를 말한다. 단일모형을 평가하는 한 가지 수용지수는 표준 카이제곱값이다. 간단하게 간명성을 조사하는 방법으로는 카이제곱을 자유도로 나눈 표준 카이제곱의 값이 1.0~2.0 또는 3.0 정도이면 모형은 채택될 만하다. 그리고 AGFI(0.9이상)이 이용되기도 한다.

앞의 〈표 10-5〉에서 계산한 결과 표준 카이제곱은 2.103의 값을 갖는데, 이것은 적합한 지수의 분계한계점(threshold limits)내에 있으나 이상적인 기준을 초과하고 있다. 다른 세 가지 간명 적합지수도 사용가능하며(PNFI, 간명 적합도 지수, AIC), 여기서 PNFI는 높을수록 좋은데, 0.6 이상이면 적절한 적합도라고 할 수 있다. 그리고 AIC는 카이제곱＋(추정모수의 수×2)로 계산되는데, AIC는 낮을수록 좋다.

3) 측정모형 적합도(Measurement Model Fit)

지금까지 전체모형 적합도에 대하여 최소한의 적합도가 식별되었지만 측정모형 적합도를 평가하는 데는 큰 무리가 없다. 첫 번째 단계는 특별히 비유의적인 적재값에 초점을 둔 적재량의 설명이다. 〈표 10−4〉에 언급했듯이 우리는 모든 제안된 구성변수(proposed constructs)에 대하여 통계적으로 유의하다는 것을 알았다. 모형이 재평가되고 삭제되어야만 하는 낮은 적재량을 가진

〈표 10−6〉 구조방정식모형에서 외생구성변수에 대한 신뢰도와 추출된 변량의 추정치

신뢰도(reliability)

구성변수 신뢰성(Construct reliability)
= (표준화 적재량의 합)^2 / {(표준화 적재량의 합)^2 + (지표변수 지수오차의 합)}

표준화 적재량의 합
  기업 및 상품 요인 = .863 + .857 + .747 + .759 + .781 + .803 = 4.81
  가격 요인 = .404 + .811 + .821 = 2.036
  구매관계 요인 = .603 + .729 + .786 + .506 = 2.624
측정오차의 합[a]
  기업 및 상품 요인 = .256 + .265 + .442 + .390 + .355 = 2.132
  가격 요인 = .837 + .342 + .327 = 1.506
  구매관계 요인 = .636 + .469 + .382 + .744 = 2.231
신뢰도 계산
  기업 및 상품 요인 = $(4.81)^2$ / {$(4.81)^2$ + 2.132} = .916
  가격 요인 = $(2.036)^2$ / {$(2.036)^2$ + 1.506} = 734
  구매관계 요인 = $(2.624)^2$ / {$(2.624)^2$ + 2.232} = .755

추출된 분산(Variance Extracted)

추출된 분산 = 표준화 적재량 제곱의 합/(표준화 적재량 제곱의 합 + 지표변수 지수의 오차)

표준화 적재량 제곱의 합
  기업 및 상품 요인 = $.863^2$ + $.857^2$ + $.747^2$ + $.759^2$ + $.781^2$ + $.803^2$ = 3.868
  가격 요인 = $.404^2$ + $.811^2$ + $.821^2$ = 1.495
  구매관계 요인 = $.603^2$ + $.729^2$ + $.786^2$ + $.502^2$ = 1.769
추출된 분산의 계산
  기업 및 상품 요인 = 3.868 / (3.868 + 2.132) = .645
  가격 요인 = 1.495 / (1.495 + 1.506) = .498
  구매관계 요인 = 1.769 / (1.769 + 2.231) = .442

주) a : 지표변수의 지수오차는 1−(표준화 적재량)^2 또는 LISREL 투입에서 지수오차 상관행렬(theta−delta martix)의 대각.

지표변수가 없기 때문에, 신뢰도와 추출된 변량의 지수를 계산하는 것이 필요하다. 앞의 〈표 10 −6〉은 신뢰도(reliability)와 추출된 분산의 지수(variance‑extracted measures) 모두를 계산한 내용이다.

신뢰도를 측정하는데 있어서 세 가지 외생변수는 추천되는 적절한 수준인 .70을 초과하며, .73 에서 .91사이의 값을 보이고 있다. 추출된 분산의 경우 회사 및 상품 변수만 분계값인 .50를 초 과하고 있다. 가격 변수는 기준선인 .50에 비해 조금 낮은 수치를 보이고 있으며, 구매관계 변수 는 .442로 0.5보다 다소 낮은 수치를 보이고 있다. 그러므로 세 가지 구성변수에 대해 지표변수는 측정모형이 현재 특정화(specified)되는 조건에 충분하다고 볼 수 있다.

4) 구조모형적합도(Structural Model Fit)

전체모형과 측정모형 모두를 평가한 후에 연구자는 실용적이고 이론적인 시사점을 도출하기 위하여 추정계수를 설명해야 한다. 〈표 10−3〉의 구조방정식모형은 통계적으로 유의적인 계수 의 내용을 담고 있다. 사용수준과 인과관계가 있을 것으로 가정되었던 3개의 요인(회사 및 상품, 가격, 그리고 구매관계) 중에서 한 가지 차원 즉 구매관계만이 사용수준에 영향을 미치는 것으로 나타났다. 그러므로 구매관계요인을 대표하는 상호간의 관심, 문제해결능력, 성실성, 융통성과 같 은 속성은 상품사용수준을 증가시키는데 영향력을 행사한다.

그러므로 S여행사는 비즈니스 상의 다른 면을 무시하지 않으면서도 기존의 구매관계를 지속시 키고 새로운 관계로 발전시키는데 많은 노력을 기울여야 한다. 게다가 이들 세 가지 외생구성변 수의 조합된 효과는 사용수준의 분산의 43%를 설명한다(〈표 10−3〉참조). 만족을 예측하는 구 조방정식모형에서 다른 내생변수인 사용수준은 통계적으로 유의하다. 사용수준과 만족 사이의 단순한 상관관계상에 바탕을 두고 있기 때문에 낮은 R^2값인 .169로 나타났다(〈표 10−3〉참 조). 여기서 주의 깊게 관찰해야 할 것은 평가차원(외생구성변수) 사이의 상관관계이다. 이러한 상관관계는 구매관계가 사용수준을 증가시키는데 기반이 되기는 하지만 3가지 외생변수가 복합 적으로 사용수준에 영향을 끼치는 것이므로 기업은 반드시 한 가지 단일차원상에 배타적으로 초 점을 맞춰서는 안 된다. 결과를 설명하는 마지막 수단으로 추정구성변수(내생변수) 사이에서 상 관관계는 검토되어야 하며 상관관계가 너무 높지 않도록 경계해야 한다. 이번 연구사례의 구성내 생변수에 대해 추정값의 상관관계는 〈표 10−3〉에서 .411로서 우려할 만큼 높은 수치는 아니 므로 충분히 수용할 수 있는 수준으로 볼 수 있다.

5) 비교모형(Competing Model)

모형 평가의 마지막 접근방법은 선택적으로 설명될 수 있는 일련의 경쟁모형(Competing Model)과 제안모형(Proposed Model)을 비교하는 것이다. 예를 들어, 선택적 모형은 다음의 〈그 림 10−4〉에서 경로도형으로 제안되어 있다.

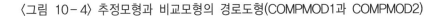

〈그림 10-4〉 추정모형과 비교모형의 경로도형(COMPMOD1과 COMPMOD2)

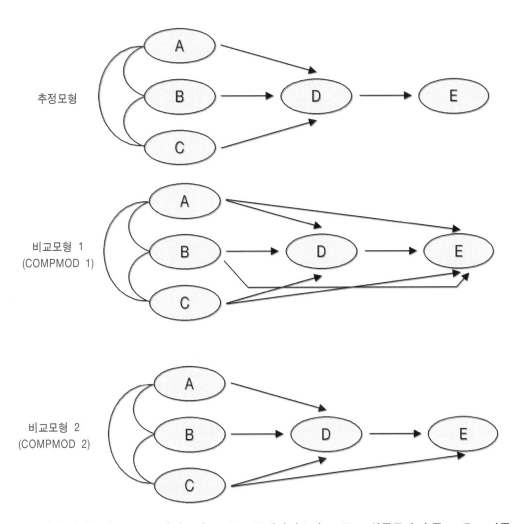

• A = 회사/상품요인　• B = 가격요인　• C = 구매관계요인　• D = 상품구매 수준　• E = 만족

　첫 번째 모형(COMPMOD 1)은 만족의 예측변수로서 세 가지 외생변수를 부가하고 있다. 사용수준이라는 기존의 변수 이외에 회사/상품요인 및 구매관계요인이 만족에 직접적인 영향을 미칠 것으로 제안되어 있다. 두 번째 모형(COMPMOD 2)은 사용수준이라는 유의적 예측변수가 이미 있기 때문에 만족의 예측변수로서 구매관계를 추가하고 있다. 비교의 수단으로서 적합도 지수의 측정치는 개별 모형에 대해 계산되어지고 그리고 세 가지 중에서 가장 간명성 (parsimonious) 있는 모형의 결정을 위해 비교되어진다.

　또한 다음의 〈표 10-7〉은 세 가지 유형의 적합도 지수상에서 세 가지 모형을 비교한 것이다.

<표 10-7> 추정모형과 비교모형에 대한 적합도 지수의 비교

적합도 지수 (Goodness-of-Fit Measure)	추정모형 (Estimated Model)	비교모형 (Competing Model)	
		COMPMOD 1	COMPMOD 2
절대적합지수(Absolute Fit Measures)			
Likelihood-ratio chi-square(χ^2)	178.814	174.450	175.397
Degrees of freedom	85	82	84
Noncentrality parameter(NCP)	93.714	92.450	91.397
Scaled noncentrality parameter(SNCP)	.689	.680	.672
Goodness-of-fit index(GFI)	.865	.867	.866
Root mean square residual(RMSR)	.076	.074	.075
Root mean square error of approximation(RMSEA)	.090	.091	.090
Expected cross-validation index(ECVI)	1.842	1.855	1.833
부합증분적합지수(Incremental Fit Measures)			
Adjusted goodness-of-fit indexs(AGFI)	.810	.805	.809
Tucker-Lewis index(TLI) or (NNFI)	.876	.873	.878
Normed fit index(NFI)	.828	.832	.831
간명적합지수(Parsimonious Fit Measures)			
Parsimonious normed fit index(PNFI)	.670	.650	.665
Parsimonious goodness-of-fit index(PGFI)	.613	.592	.606
Normed chi-square	2.103	2.127	2.088
Akaike ingormation criterion(AIC)	248.714	250.450	247.397

절대 적합지수에서 COMPMOD 1은 가장 낮은 카이제곱값을 가지고 있으나 이 모형은 추정 모수가 두 번째로 크고, 낮은 자유도를 갖고 있다. COMPMOD 1은 역시 RMSR값이 가장 낮다. 위의 COMPMOD 2는 <표 10-7>에 나타나 있듯이 NCP, SNCP 그리고 ECVI 모두 가장 낮은 값을 갖는다.

추정모형은 비록 이들 지수에 최적의 적합도를 갖지는 않으나 다른 두 가지 비교 모형과 더불어 수용성에서 대부분의 지수에서 선택가능한 대안으로 평가된다.

부합증분 적합지수 중에서 COMPMOD 1이 NFI지수상에 최상의 값을 갖고 있는 반면, COMPMOD 2의 경우 AGFI 및 NNFI는 비교적 최상의 값을 갖는 것으로 나타났다. 추정모형은 근소한 차이로 실질적인 차이는 없다.

간명 적합지수에서 추정모형은 PNFI 및 PGFI는 최적의 적합도를 갖는다. 그리고

COMPMOD 2는 표준 카이제곱과 AIC에서 추정모형을 초과하고 있다.

　세 가지 유형의 측정지수의 결과는 혼합되어 있고, 때때로 추정모형 또는 비교모형 중 한가지를 선호하게 된다. 만약 비교기준이 간명 적합도 지수에만 한정된다면, 결과는 여전히 제안모형과 두 번째 비교모형(COMPMOD 2)이 우수모형으로 선택된다. 그러므로 비록 제안모형의 적합도가 많은 경우에 권장할만한 지침(guidelines)을 만족시키지 않아도 우리는 부가적 변수가 추가할 수 있고, 지수를 다시 개선하거나 인과관계(causal relationships)가 현저하게 향상되는 결과를 확인하기 전까지는 조건적으로 제안모형이 승인된다. 비교모형중에서 한 가지 모형의 선택은 추정모형에 바탕이 되었던 근원이론모형을 형성하는데 역할을 했듯이, 이론적이고 실증적인 검증이 뒷받침되어야 한다.

　우리의 연구사례는 제안모형 또는 개선모형이 사용가능한 최상의 모형임을 연구자에게 확신시키기 위해 모든 구조방정식모형의 비교모형을 테스트한 값에 대한 예이다.

(7) 모형의 해석 및 수정

　마지막 단계는 실증조건과 실제조건의 결과를 해석하는 것 뿐만 아니라 잠재적 모형수정의 결과를 설명하는 일이다. 비록 해석이 이론모형을 바탕으로 할지라도 모형 재특정화 절차는 추정모형이 모형적합도를 최대화하기 위한 좀 더 적절한 실증적 제약을 갖는다는 것을 확인하기 위해서 필요하다.

　확정된 모형을 수정하는 방법에는 세 가지가 있다. 첫째, 자유모수(미지수)를 추가한다. 이 경우 간명도를 희생하고 적합도를 높이는 것이 된다. 이를 위해 고정모수(fixed parameter)를 자유모수로 하거나 제한모수(constrainted parameter)를 자유화한다. 둘째, 자유모수를 고정시킨다. 이것은 모형의 적합도가 충분히 클 때, 적합도를 손상시키지 않는 범위 내에서 모형을 간명하게 만드는 경우이다. 예를 들어, t값이 매우 작은 경로계수를 0으로 고정시킨다. 셋째, 잠재요인을 추가하거나 제거한다. 이론적으로 충분히 타당할 때 잠재요인의 수를 조정할 수 있다. 그런데 모형을 수정할 때에는 이론적인 타당적 근거가 있어야 하며, 한 번에 하나씩만 실시한다.

1) 해석(Interpretation)

　측정모형은 연구자에게 본 예에서 세 가지 외생변수에 의미를 부여하는 수단을 제공하는 데, 왜냐하면 두 개의 내생변수는 하나의 지표만을 가지고 있는 변수이기 때문이다.

　〈표 10－4〉에 나타나 있듯이 세 가지 구성변수에 대하여, 측정변수들 중에서 상품가치 (X_7)를 제외하고는 모든 지표변수들이 3개의 구성변수들과 높은 적재량을 보여주고 있다. 모든 적재량은 통계적으로 유의한데, 이는 개별 구성변수에 지표변수의 할당에 대한 이론적인 바탕을 지원한다.

구조모형모수에 대한 유의적인 테스트는 외생변수와 내생변수 사이의 제안된 관계를 기각하거나 채택하기 위한 바탕이 된다. 첫 번째 기본적 관계에서 세 가지 외생변수(회사/상품요인, 가격요인, 구매관계요인)는 사용수준과의 관계가 있는 것으로 기대되었지만, 추정모형은 사용수준에 영향을 주는 3가지 요인 중 단지 구매관계의 역할만이 사용수준에 영향을 미치는 것을 지원해 준다. 다른 구성변수들은 매우 낮은 모수추정치를 가지고 있으며 통계적으로 유의하지 않았다. 세 가지 외생변수의 상관관계는 유의적이고 모두 양의 값을 가지고 있다. 또한 사용(구매)수준이 만족에 직접적인 영향을 미치는 유일한 변수로 판명되었다. 〈표 10-3〉에서 유의적이면서 양의 값을 보이는 모수 .411 값을 통해서 사용수준이 만족도에 미치는 인과관계를 확인시켜준다. 이전에 논의되었던 비교모형은 만족에 영향을 줄 수 있는 몇 가지 부가적 효과를 식별하고 있으나 이들은 반드시 사후의 연구를 통해 테스트해야만 한다.

2) 모형의 재설정(Model Respecification)

마지막으로 우리는 유의적인 모형수정(model modification)을 나타내는 몇 가지 진단적 요소(잔차와 수정지수)를 설명하고자 한다. 설명하기에 앞서 모든 모형수정은 이전에 수행된 이론적 가정을 만족시킬 경우에 가능하다.

가. 표준화 잔차분석(Normalized Residual Analysis)

〈표 10-8〉은 LISREL에 의하여 추정될 때, 제안모형의 표준화 잔차에 대한 내용이다. 다음의 표에는 ±2.58의 분계값을 초과하는 잠재적으로 유의적인 11개의 잔차들이 존재한다. 이 수치는 표준화잔차의 5% 또는 120의 5%인 6개의 기준치를 초과하는 수치이다. 변수 X_7은 2.58을 초과하는 대부분의 잔차와 관계되어진다. 이러한 관찰치는 아마도 단일 지표변수의 제거가 적합도를 개선하는데 도움이 된다는 것을 나타내고 있다. 만약 이러한 수정이 이루어진다면, 카이제곱 값은 자유도 71을 갖는 146.94로 감소한다.

간명 적합도 지수를 사용한다면, 연구자는 최초 제안모형보다 더 크지 않은 지표모형을 계산한 값인 .557로 감소할 것이다. 그러므로 비록 모형 적합도가 개선될지라도, 모형 간명성은 개선되지 않을 것이다. 만약 연구자가 X_7을 배제시킨다면 표준화잔차는 겨우 기준을 만족시킬 수 있는 것이다. X_7변수의 배제에 관한 연구자의 결정은 이론적인 배경에 바탕을 두어야 한다.

<표 10-8> 구조방정식모형의 표준화잔차

변수	Y_1	Y_2	X_1	X_2	X_3	X_4	X_5	X_6	X_7	X_8	X_9	X_{10}	X_{11}	X_{12}	X_{13}
Y_1 사용수준	.000														
Y_2 만족	.000	.000													
X_1 상품의 질	−.542	.546	.000												
X_2 영수증의 정확성	1.526	.436	3.138	.000											
X_3 고객에 대한 관심	.052	.409	1.430	−.154	.000										
X_4 신상품의 소개	−1.196	−.384	−3.423	−1.292	1.839	.000									
X_5 여행목적지의 만족감	−.600	−.693	−2.039	−1.233	−1.495	3.569	.000								
X_6 고객에 대한 서비스	.437	.124	−.120	−1.117	−1.724	.559	2.499	.000							
X_7 상품가치	2.972	1.040	2.293	1.887	2.985	2.363	1.243	.780	.000						
X_8 저가격 공급	1.402	−.593	−1.454	−2.736	.255	.757	−2.176	.438	−1.103	.000					
X_9 여행목적지의 물가	−2.788	.147	.870	−.013	1.469	−.034	−1.383	1.287	−1.058	3.810	.000				
X_{10} 교통 편의성	−1.582	−1.347	1.396	.851	−1.468	1.199	1.641	.427	1.174	−.941	−.305	.000			
X_{11} 성실성 및 정직성	1.385	−1.704	2.357	1.830	.188	1.492	−.096	−.181	3.186	.308	−.128	−.847	.000		
X_{12} 융통성	−.189	−1.794	.310	−.900	−1.450	−2.287	−1.146	−1.323	3.150	.735	−1.478	2.956	−2.310	.000	
X_{13} 불만해결능력	.214	.485	−.742	−.436	.085	−.370	−1.105	−1.271	2.467	−1.343	−.775	−1.977	1.063	.836	.000

주) 밑줄친 값은 제안된 기준선인 ±2.58을 초과하는 잔차임.

나. 수정지수(Modification Indices)

모형의 재특정화의 다른 방법은 수정지수이다. 다음의 <표 10−9>는 제안모형을 추정하는 동안 얻어진 수정지수에 관한 내용이다.

<표 10-9> 구조방정식모형의 수정지수

〈측정모형 : 외생구성지표변수〉

변수	외생구성변수(Exogenous Constructs)		
	기업 및 상품요인	가격요인	구매관계 요인
X_1 상품의 질	.000	.040	2.224
X_2 영수증의 정확성	.000	1.574	.690
X_3 고객에 대한 관심	.000	2.009	.872
X_4 신상품의 소개	.000	.543	.276
X_5 여행목적지의 만족감	.000	3.565	.570
X_6 고객에 대한 서비스	.000	1.294	.589
X_7 상품 가치	6.242	.000	15.289
X_8 낮은 공급 가격	3.907	.000	.000

X_9 여행목적지의 물가	.489	.000	3.916
X_{10} 교통 편의성	1.094	.107	.000
X_{11} 성실성 및 정직성	2.959	.574	.000
X_{12} 융통성	3.484	.003	.000
X_{13} 불만해결 능력	.778	.766	.000

〈구조모형 : 구조방정식모형〉

내생변수	내생변수		외생변수		
	상품구매수준	만족	기업 및 상품 요인	가격요인	구매관계 요인
상품구매수준	.000	2.729	.000	.000	.000
만족	.000	.000	.016	.026	3.249

〈외생구성변수간의 상관관계〉

외생구성변수	외생구성변수		
	기업 및 상품요인	가격요인	구매관계 요인
기업 및 상품요인	.000		
가격요인	.000	.000	
구매관계 요인	.000	.000	.000

〈내생구성변수(구조방정식모형)간의 상관관계〉

	상품구매수준	만족
상품구매수준	.000	
만족	2.729	.000

〈표 10-9〉에서 **3.84**를 초과하는 값을 보면 측정모형에서만 수정이 제안되었음을 알 수 있다. 여기서 잔차분석 결과, 삭제할 것으로 추천되어 변수 X_7은 기업 및 상품요인과 구매관계요인이라는 두 개의 요인과 매우 높은 수정지수를 보여주고 있다. X_7을 제외하고는, 비록 카이제곱에서 예측된 감소량이 최소이고 모형 재특정화에 적절하지 않더라도, 높은 적재량을 보이는 변수는 X_8과 X_9가 좋은 대상이 될 수 있다.

요약

구조방정식모형은 연구자가 설정한 인과관계를 검증하기에 가장 적합한 통계기법이다. 즉, 회귀분석, 경로분석에서는 가능하지 않지만 구조모형내에서 측정오차를 고려해 줄 수 있고 모든 이론변수와 측정변수와의 인과관계를 동시에 측정 평가할 수 있다.

구조방정식모형의 7단계를 토대로 상호관련된 종속(내생)변수를 갖는 일련의 인과관계를 실증적으로 조사하였다. 적절한 적합도 수준을 달성하지 못한 추정모형일지라도 이후의 연구가 구성변수의 측정 또는 이론적 관계에서 개선을 찾을 때까지 최상의 수용가능한 모형을 대표하게 된다. 비록 몇 가지의 모형수정이 모형 적합도를 달성했더라도 이것은 모형 간명성을 증가시키지 못하게 되고 이론의 재설정에 대해 어떠한 이론적 지원도 받을 수 없는 경우가 있다. 이러한 상황에서 연구자는 모형 재설정의 유형과 정도를 결정할 때에 매우 주의하여야 한다.

용/어/정/리

- Absolute fit measure (절대 적합지수) : 구조모형과 측정모형에 대한 전체적인 적합도 지수. 지수의 유형은 특정화된 기초모형(부분중합 적합지수)과 비교하기 위한 것이 아니며 추정모형(간명 적합지수)에서 모수의 수에 적합시키는 지수임.

- Biserial correlation (이항 상관관계) : 계량적으로 측정된 변수가 비계량적 이항(0, 1)척도와 상관되어질 때, 적률 상관관계를 대신하여 사용하는 상관관계.

- Bootstrapping (붓스트랩 또는 자육(自育)) : 모형추정을 대체하기 위해 반복적으로 수집된 최초 데이터를 재샘플링한 형태. 모수 추정치와 표준오차는 통계적 가정을 가지고 계산되지는 않으나, 실증적 관찰치를 기반으로 한다.

- Causal relationship (인과관계) : 연구자가 한 개 또는 그 이상의 변수가 적어도 다른 변수에 의해 대표되는 결과에 영향을 주거나(cause), 생성하게(create) 하여, 특정화하는(specifies) 두 개 또는 그 이상의 변수와의 종속관계(dependence relationship).

- Competing models strategy (비교모형전략) : 더 이상 적절한 모형이 없는 상태에서 상호 선택적인 제안모형을 비교하는 시도로서의 전략.

- Confirmatory analysis (확인분석) : 예비 특정관계를 테스트하기 위한 다변량 기법. 예를 들어, 두 개의 변수가 한 개의 종속변수의 예측변수이어야 한다는 가정을 할 수 있다. 만약 연구자가 이들 두 개의 예측변수의 유의도와 다른 변수들의 비유의도를 실증적으로 테스트한다면, 이 테스트는 확인분석이다. 이것은 탐색적분석(exploratory analysis)과 대조된다.

- Confirmatory modeling strategy (확인 모형화 전략) : 관찰된 데이터에 적합하기 위한 단일 모형을 통계적으로 평가하는 전략. 이 접근은 제안모형보다 더 적합도가 적거나 동등한 선택모형으로 간주하지 않기 때문에 실제적으로 비교모형 전략보다 덜 엄격한 방법이다.

- Construct (구성개념) : 잠재변수(latent variable) 혹은 이론변수. 특정연구나 이론을 위하여 의도적으로 고안된 개념이다. 연구자는 개념적 조작적으로 정의할 수 있으나 직접적으로 측정할 수 없거나 오차 없이 측정할 수 있는 개념. 따라서 기존문헌을 충분히 조사하여야 구성개념을 잘 만들 수 있으며, 구성개념이 연구자의 관심내용을 잘 설명할 수 있어야 가치가 있게 된다.

- Cronbach's alpha (크론바하 알파) : 일반적으로 두 개 또는 그 이상의 구성개념 지표변수(indicators)의 집합에 대한 신뢰도 지수(measure of reliability)로 사용됨. 크론바하 알파의

값은 0~1 사이에 있으며, 높은 값일수록 지표변수 사이에서 신뢰도가 더 높게 평가된다.

■ Direct estimation (직접적 추정) : 한 개의 모형이 선택된 추정절차와 표본오차를 바탕으로 한 개별 모수 추정치의 신뢰구간을 직접적으로 추정하는 절차.

■ Endogenous variable (내생변수) : 적어도 한 개의 인과관계에서 종속변수 또는 결과변수인 구성개념(construct) 또는 변수(variable).

■ Exogenous variable (외생변수) : 모형에서 다른 구성개념 또는 변수에 대해 예측변수로 작용하거나 영향을 주는 구성개념 또는 변수. 경로도형에서 외생변수는 변수의 결과에 영향을 주거나 다른 구성개념에 의해 예측되지 않는 변수임.

■ Exploratory analysis (탐색적 분석) : 가장 일반적인 형태에서 가능한 관계를 정의하고 관계를 추정하기 위한 다변량 기법을 사용하는 분석. 반대로 확인분석(confirmatory analysis)에서 연구자는 분석에 앞서 특정화된 관계를 확인하는데 초점을 두지는 않는 대신에, 방법이나 데이터는 관계의 본질을 정의할 수 있도록 함.

■ Goodness‐of‐fit (적합도) : 실제(actual) 또는 관찰된 입력행렬(observed input matrix)은 추정된 모형에 의해 예측되는 정도(degree). 적합지수(goodness‐of‐fit measures)는 외생변수와 내생변수 또는 지표변수 사이를 구별하지 않는 전체 입력행렬을 계산함.

■ Identification (식별) : 모형식별이란 표본 공분산 행렬에서 모형을 적합시켰을 때, 모형의 모든 자유모수가 각각 고유한 해를 가질 수 있는지를 의미한다. 추정될 알려지지 않은 각 계수(coefficients)를 해결하는데 가능한 충분한 방정식의 수의 정도. 모형은 과소식별(under‐identified)될 수도 있고, 적정식별(just-identified)될 수도 있으며 또는 과대식별(overidentified)할 수도 있다. 정보의 수가 모수 중 미지수의 수보다 많으면 모형은 과대식별된다. 두 개의 숫자가 같으면 적정식별되며 정보의 수가 미지수의 수보다 적으면 과소식별된다고 한다. 과소식별의 경우 해가 존재하지 않으므로 어떤 모수를 고정하거나 제약하지 않으면 추정할 수 없다. 연구자는 제안모형의 가장 엄격한 테스트를 위한 과대식별 모형(overidentified model)을 도출하는 것이 바람직함.

■ Incremental fit measure (부분증분 적합지수) : 기초모형(null model)을 개선하려는 정도(degree of improvement)를 결정하기 위한 특정화된 기초모형과 현재의 모형을 비교하는 적합지수. 적합도의 두 가지 다른 유형인 절대 적합지수와 간명 적합지수의 보충수단.

■ indicator (지표변수) : 개념의 지수로서 사용되는 관찰치 또는 직접적으로 관찰되지 않는 잠재변수(latent construct). 연구자는 지표변수가 개별 잠재변수와 조합을 반드시 특정화해야 한다.

■ Influential observation (영향적 관측 또는 주영향 관측) : 추정된 모수에 불균형적 영향을 갖는 관측.

- Jackknife (잭나이프) : 개별 표본을 생성할 때 관측의 생략을 바탕으로 한 샘플을 추출하기 위한 반복적 절차. 모수적 추정보다 모수의 신뢰수준의 실증적 추정을 허용함.

- just-identified model(적정식별모형), saturated model (포화모형) : 상관행렬을 이용하여 경로계수의 값을 구할 경우 미지수의 수와 방정식의 수가 정확하게 일치하는 모형. 통계적으로 자유도가 0을 갖는 구조모형이므로 통계적 검증이 불가능하다. 포화모형의 전반적 지수는 거의 완벽하게 나오므로 간명도가 전혀 없으므로 이론개발에 있어 특별한 경우가 아니고는 연구자가 추구하는 대상이 될 수 없음.

- latent construct or variable (잠재 구성개념(변수) : 이론변수, 구조방정식모형 모델링 과정에서 구성개념의 조작화(operationalization). 잠재변수는 직접적으로 측정할 수 없으나 한 개 또는 그 이상의 변수에 의해 측정되거나 대표된다. 예를 들어, 상품에 대한 개인의 태도는 완벽하게 측정할 수 없으나 다양한 질문서는 개인의 잠재구성개념(태도)에 대한 양상을 평가할 수 있다.

- Manifest variable(지표변수) : 잠재변수의 지표변수(indicators)로 사용되는 변수. 질문서를 통해 응답자로부터 얻어진 구체적인 관찰치.

- Maximum likelihood estimation : MLE (최대우도비추정) : LISREL 또는 EQS를 포함한 구조방정식모형에서 제공하는 추정방법. 다중회귀에서 사용되는 보통 최소자승(ordinary least squares)에 선택적인 MLE는 특정화 적합기능을 최소화하기 위한 모수추정을 개선하는 절차임.

- Measurement error (측정오차) : 연구자가 측정할 수 있는 변수는 잠재구성개념을 표현하는데 완벽하지 않은 정도. 측정오차의 원천은 지표(manifest)변수의 집합에 의해 정의되는 완벽하지 않은 구성개념의 정의(각기 다른 사람들의 충성도나 애호도와 같은 추상적 개념)에 데이터의 입력오차의 범위 내에 있다. 측정오차는 측정모형의 이론변수를 측정하는 측정변수의 오차이며, 잔여분변수는 이론모형에서 제시한 이론변수가 특정이론변수를 완전히 설명하지 못함으로써 생기는 오차를 말함.

- Measurement model (측정모형) : 구조방정식모형에서 개별 구성개념에 대한 지표변수를 특정화하고 인과관계를 추정하기 위한 개별 구성개념의 신뢰성을 평가하는 하위모형. 측정모형은 요인분석 형태와 유사한데, 중요한 차이는 연구자에게 제공되는 통계의 정도에 있다. 연구자는 요인분석에서 요인의 수를 특정화할 수 있으며, 모든 변수가 개별 요인에 대해 적재량(loadings)을 갖는다. 측정모형에서, 연구자는 변수가 특정화된 구성개념에 비해 적재량을 갖지 않는 개별 구성개념의 지표변수를 특정화하게 된다.

- Model (모형) : 이론(theory)의 조작화(operationalization)를 실증적으로 테스트할 수 있는 종속관계를 특정화한 집합. 하나의 모형의 목적은 설명가능한 관계의 비교될만한 대표성을 제

공하는 데 있다. 모형은 경로도형 또는 구조방정식모형의 집합에서 형식화될 수 있음.

- **Model development strategy (모형 개발전략)**: 임시적으로 특정화한 모형을 개선하기 위한 이론적인 방법으로써 모형 재특정화에 도움이 되는 구조모형화 전략. 이것은 이론에 의해 지원되는 선택적 모형 형식의 탐색이다. 모형 재특정화가 비논리적으로 만들어진 탐색적 접근과 상반됨.

- **Model respecification (모형설정)**: 추정 절차에 직면하는 비적합한 모수를 수정하기 위한 추정모수를 동반하는 존재하는 모형(existing model)의 수정(modification).

- **Modification indices (수정지수)**: 하나의 특정화된 모형에서 추정되지 않은 관계의 가능성을 계산한 값. 수정지수는 전체모형 적합도의 개선을 나타내는 특정한 비추정적인 관계에 대한 값.

- **Nested models (내포(둥지)모형)**: 같은 구성개념을 갖고 있으나 인과관계의 수나 유형의 조건이 다른 모형. 내포모형의 가장 일반적 형태는 한 개의 단일관계(single relationship)가 추가되거나 또는 다른 모형으로부터 제거될 때 발생함.

- **Null model (기초모형)**: 부분증분 적합지수(incremental fit indices)에 사용되는 기준선 또는 비교기준. 기초모형은 이론적으로 정당화될 수 있는 가장 간단한 모형이 될 것이라는 점을 가정하고 있다.

- **Order condition (순서(수) 조건)**: 모형의 자유도(df)가 0이나 0보다 커야만 한다는 식별(identification)에 대한 요구조건.

- **Overidentified model (과대식별모형)**: 일반화(generalizability)의 몇 가지 수용수준을 나타내는 자유도의 양의 수(positive number)를 갖는 구조모형으로 간명모형이라고도 부른다. 즉, 미지수의 수보다 방정식의 수(정보의 수)가 많은 경우이다. 이 모형은 가장 큰 자유도를 갖는 최대모형적합도를 성취하기 위한 모형임.

- **Parsimonious fit measure (간명적합지수)**: 추정된 계수별 모형적합도의 수준을 대표하는 전반적 적합도(overall goodness-of-fit)의 지수. 이 지수는 모형의 과대적합(overfitting)을 수정하려는 시도이며 적합도에 비교되는 모형의 간명성(parsimony)을 평가하기 위한 지수임.

- **Parsimony (간명성)**: 모형이 각 추정계수에 필요한 적합도에 최대로 도달하는 정도. 이는 계수의 수를 최소화하는 것이 아니며 적합도를 최대화하고 추정된 계수별 적합도의 양을 최대화하고 과대적합(overfitting)을 피하려는 것.

- **Path analysis (경로분석)**: 구조방정식모형의 시스템에서 관계를 추정하기 위한 이변량 상관관계(bivariate correlations)를 사용하는 방법. 이 방법은 동시적으로 각 방정식에 영향을 주는 상관계수의 양을 결정함으로써 추정될 수 있는 회귀식과 같은 일련의 방정식(경로도형에서 그래프로 표현됨)에서 관계를 특정화를 바탕으로 한 분석. 잠재구성개념(latent constructs)

과 하나의 측정모형(measurement model) 사이의 다중 관계를 사용할 때, 이것은 구조방정식모형 모형링을 조건으로 한다.

- Path diagram (경로도형) : 모형의 구성개념 사이에서 완벽한 관계의 집합을 그래프로 표현된 그림. 인과관계는 예측변수(predictor variable)와 종속 구성개념(dependent constructs) 또는 변수(variable)에 화살촉 포인트(arrowhead pointing)로부터 퍼져 나와 직선화살표(straight arrows)로 묘사된다. 곡선화살표(curved arrows)는 구성개념(constructs) 또는 지표변수(indicators) 사이의 상관관계를 대표하나 인과관계(causation)의 암시는 없음.

- Rank condition (계수조건) : 각 추정될 모수가 수학적으로 정의되는 식별(identification)에 대한 요구조건. 식별의 수 조건(order condition) 또는 실증적 추정(empirical estimation)보다 좀 더 까다로운 조건이 많음.

- Reliablity (신뢰도) : 측정에서 모순이 없는 잠재적인 구성개념 지표변수(latent construct indicators) 집합의 수준. 좀 더 형식적인 조건에서, 신뢰도는 두 개 또는 그 이상의 지표변수 집합이 하나의 구성개념의 측정에서 공유하는 범위 내에 있다. 높은 신뢰도를 갖는 지표변수는 같은 잠재구성 개념의 측정을 나타내는 상호관련성이 높다.

- Simulation (시뮬레이션) : 입력데이터의 분포에서 변량을 반영하는 특정화된 모수를 바탕으로 한 다중 데이터입력 행렬의 생성.

- Specification error (설정(화)오차) : 제안모형으로부터 적절한 변수의 누락을 가져오는 모형적합도의 결여(lack). 설정오차의 테스트는 매우 복잡하고 수많은 대체모형을 테스트해야 하는 시도를 포함하고 있다. 연구자는 제안모형을 구성하는 이론적 배경을 사용함으로써 높은 수준의 설정오차를 피할 수 있다. 이러한 방법으로, 연구자는 모형에 대한 적절한 구성개념을 관찰할 수 있다.

- Starting value (초기값(최초값)) : LISREL과 같이 증가적이거나 반복적인 추정절차를 사용하는 최소모수 추정치.

- Structural equation modeling : SEM (구조방정식모형) : 다중회귀(종속관계를 설명하는)와 동시적으로 상호관련된 일련의 종속관계를 추정하기 위한 요인분석의 양면을 조합한 다변량 기법.

- Structural model (구조모형) : 가정화된(hypotheized) 모형의 구성개념과 관련 있는 한 개 또는 그 이상의 종속관계의 집합. 구조모형은 종속관계 사이의 상호간에 관련 있는 변수를 대표하는 데 유용하다.

- Theory (이론) : 하나의 현상에 대해 논리적이고 비교할만한 설명을 제공하는 인과관계의 시스템적인 집합. 실제적으로, 하나의 이론은 특별한 결과의 셋을 설명하는 전체적인 종속관계의 집합을 특정화하기 위한 연구자의 시도이다. 이론은 아래와 같은 일반적인 세 가지 요소의

아이디어를 바탕으로 한다. (1) 선행 연구, (2) 과거의 경험과 실제적인 행동, 태도 또는 다른 현상의 관찰, (3) 분석을 위해 지침을 제공하는 다른 이론들. 그러므로 이론 수립은 학문적인 연구자의 포괄적인 분야가 되지 못하며, 실무자에게 역시 명백한 역할을 한다. 다른 연구자에 대해 이론은 큰 지침으로 작용하는 수단과 일련의 관계에서 다양한 개념의 상대적인 중요성의 평가를 제공한다.

■ Underidentified model (과소식별모형) : 자유도의 수가 음(negative)을 갖는 구조모형. 즉, 미지수의 수보다(또는 정보) 방정식의 수가 적은 경우이다. 이 경우 해가 존재하지 않으므로 추정할 수가 없다.

■ Validity (타당성) : 가족소득 또는 교육수준과 같은 연구개념을 정확하게 측정하기 위한 구성개념의 지표변수의 능력. 타당성은 왜냐하면 구성개념의 근원 정의는 연구자에 의해 결정되고 선택한 지표변수 또는 지수와 일치해야만 하기 때문이다. 타당성은 신뢰도와는 다르다. 측정치는 정확할(타당하고)지는 모르나, 일치하지(신뢰할 만한) 않을 수 있다.

사 례

사례를 통해 본 다변량분석의 이해

관광학에서 구조방정식모형을 이용한 사례

Source : 김근우(2006). 호텔종사원의 공정성지각과 조직유효성간의 연구, 『관광학연구』, 30(1) : 171~191.

호텔종사원의 공정성지각과 조직유효성간의 연구

Justice Perception and Organization Effectiveness of Hotel Employees

김 근 우*

Kim, Geun-Woo

Abstract

This study analyses the effect of distributive and procedural justice upon the job satisfaction as well as the effect of work satisfaction perceived by hotel employees on the service quality and turnover intention. Empirical data were gathered from the survey of employees in luxurious hotels of Daegu and Kyungbook region. Analyses prove most of the hypotheses that state direct and indirect effect between justice satisfaction, organization effectiveness and turnover intentions. That is, distributive, procedural condition were found affecting on work satisfaction while work satisfaction were affecting on turnover intention of the employees. However, relation between work satisfaction and service quality were found not significant statistically.

핵심용어 : 분배공정성, 절차공정성, 직무만족, 서비스품질, 이직의도

* 구미1대학 호텔관광과 초빙교수. e-mail : kgw7000@hanmail.net

I. 서 론

호텔기업에서 제공하는 각종 서비스에 대한 고객만족과의 관계는 기업의 생존과 이윤추구에 밀접한 관련성을 가지며 기업에서 제공하는 서비스에 대한 고객의 고차원적인 욕구는 더욱 더 다양화되고 증가하여 고객의 기대에 얼마나 부응하는 서비스를 제공하느냐에 따라 경영의 성패가 좌우될 것이다.

호텔산업은 대표적인 대인산업(people industry)으로서 인적서비스가 매우 중요하며 종사원의 인적 서비스 자체가 호텔 상품의 부가가치를 높이는 중요한 요체가 된다. 왜냐하면 고객과 접촉하여 서비스를 제공하는 호텔 종사원들의 행위나 태도가 호텔의 서비스품질에 결정적 역할을 하기 때문이다(서철현, 김상범, 2005). 호텔에서 인적자원이 갖는 중요성은 이들이 고객들과 현장에서 접촉하는 가장 중요한 본질적인 요소이고 고객만족 역시 이러한 호텔종사원들이 제공하는 서비스와 행동 그리고 태도에 의해 좌우되는 경우가 대부분이다.

그러나 호텔산업은 종사원의 타 호텔로 인력누수 현상이 심각하며 계속적인 신규 호텔의 등장으로 대규모 이직현상이 발생하고 있다. 이러한 현상을 극복하기 위해서는 이직의 원인과 이직과정을 분석하여 효과적인 인적 자원관리가 이루어지도록 해야 한다(김일채, 1998). 기업 경영자가 종업원의 이직의도에 영향을 미치는 요인에 대한 변화를 도모할 수 있게 함으로써 종업원들이 그들이 처한 상황에 평가를 다시 하여 잔류하도록 결심하게끔 할 수 있을 것이다. 더욱이 종업원이 일단 이직해 버리면 조직으로서는 다른 종업원을 고용하고 훈련시키는 비용을 지불하는 길 외에는 다른 방도가 없기 때문에 이직 자체보다는 이직의도에 직접적인 관심을 가지는 예방차원이 필요하다.

따라서 호텔기업에서는 고객과 종사원간의 만남이 자주 이루어지는 특징을 지니므로 인사평가의 공정성 문제가 고객을 대하는 종사원의 태도에 영향을 주어 경쟁력과 직접적인 연계가 된다. 나아가 종사원의 일반적 사항에 따라 공정성 요인에 대한 인식의 차이를 파악할 필요가 있다(조민호, 김영란, 2001).

조직공정성에서 절차공정성과 분배공정성의 상호작용효과는 조직수준의 결과변수에 대하여서만 나타나고 있으며(McFarlin & Sweeney, 1992), 개인수준의 결과변수에서는 분배공정성이 절차공정성보다 더 큰 영향을 미치며 조직수준의 결과변수에 대해서는 절차공정성이 분배공정성보다 더 큰 영향을 미치는 것으로 나타났다. 그러나 이들의 연구에서는 개인수준의 변수로 직무만족, 임금수준/인상에 대한 만족만을 사용하였고 조직수준의 결과변수로는 조직몰입과 상사에 대한 부하의 평가, 혹은 상사에 대한 신뢰와 같은 일부 변수만을 사용하였기 때문에 다양한 변수들에서 이들의 주장이 확인될 필요가 있다(이광희 · 황규대, 2002).

특히, 호텔산업에서 경쟁우위를 확보하고 서비스의 질을 제고하기 위해서는 효율적인 인적관리와 공정성 확보가 필요하다. 이상과 같은 관점에서 지각된 서비스품질 및 이직의도가 고객의 행동의도와 조직유효성에 미치는 영향을 실증적으로 규명하는 것은 호텔기업에서 고객만족과 수익성은 불가분의 관계를 가지고 있기 때문이다.

이러한 특징을 갖는 호텔기업에서 본 연구자가 분배공정성, 절차공정성이 직무만족에 미치는 영향과 종사원들이 지각하는 직무만족에 따라 조직유효성인 서비스품질, 이직의도에 어떠한 영향을 미치는지를 분석하여 호텔기업의 인적자원관리의 효율성과 경쟁력 향상 방안을 규명하고 서비스를 생명으로 하는 호텔기업에서 조직구성원들인 종사원들에게 동기부여하여 시장에서 경쟁우위와 전략적으로 대처할 수 있는 방안을 모색하는데 있다.

II. 이론적 배경

1. 조직공정성의 개념

Homans(1961)의 연구 이후 Blau(1964)는 그의 교환이론에서 정의와 역할을 논의하였고 이어서 Adams(1965)가 정의를 공정성(equity)이란 용어를 사용하여 불형평(공정성)의 이론을 체계화 하였다.

Adams(1965)의 초기 공정성 이론의 핵심은 자신의 투입과 산출의 비율이 비교대상이 되는 타인의 투입과 산출의 비율이 다를 때 불형평을 초래한다는 것이다. 공정성이론은 인간행위에 관한 기본적인 가정으로서 개인들이 자신의 사회적 관계를 평가하며 이러한 평가는 진공 속에서 이루어지는 것이 아니라 타인들과의 비교 속에서 이루어진다는 전제를 지니고 출발한다.

공정성은 의사결정의 타당성과 관련된 세 가지 측면에서 연구되고 있으며 그것은 의사결정의 결과와 관련된 분배공정성, 의사결정의 과정과 관계된 절차공정성, 그리고 절차와 결과에서 대인관계를 다루는 대인관계 공정성이다(김수경, 2004). 이러한 세 가지 차원은 Austin(1979)의 공정성 연구에서도 밝혀지고 있는데 그의 연구에서는 결과와 분배의 공정성과 그것이 어떤 과정과 방법을 통해 이루어지는가에 초점을 맞추었다. 분배 공정성은 종사원이 조직으로부터 받는 보상의 크기에 대한 공정성을 인식하는 정도를 의미하며, 절차 공정성은 그러한 보상의 크기를 결정하기 위해 사용하는 수단에 대한 공정성을 인식하는 정도를 의미한다(Folger & Konovsky, 1989).

Rutte, Messick(1995)는 분배공정성이란 의사결정과정을 거쳐 최종적으로 지급되는 임금, 승진, 조직 내에서의 인정 등의 결과물에 대한 분배와 관련하여 조직구성원들이 느끼는 공정성의 지각 정도를 의미한다. 절차공정성은 논쟁이나 협상의 결과에 도달하는 과정에서 의사결정자의 정책, 절차 그리고 기준에 대한 인식된 공정함이다(Lind & Tyler, 1988).

2. 조직공정성에 대한 선행연구

Greenberg(1990)는 공정성에 대한 기존 연구를 통해 향후 연구방향을 제시하였다. 만약 종업원들 자신이 공정하게 처우되고 있다고 믿는다면, 작업 결과나 감독자에 대하여 긍정적인 태도를 보일 것이라고 하였으며, 공정성에 대한 연구가 다양한 조직행동에 대한 결과변수들을 설명할 수 있을 것이라고 주장하였다. 또한, 절차공정성 지각은 조직의 시스템 측면과 분배 공정성은 결과(output)측면과 관련이 있음을 입증하였다.

Folger, Konovsky(1989)의 연구에서는 절차공정성이 분배공정성보다 조직에 대한 종업원의 태도에 더 큰 영향을 미치는 반면, 분배공정성은 절차공정성보다 임금만족에 보다 강한 가설을 검증하였는데, 그 연구결과는 종업원의 조직에 대한 태도에 영향을 미치는 변수로서, 절차공정성이 분배공정성보다 오히려 강력하다는 연구결과가 나왔다. Alexander, Ruderman(1987)은 공정성 지각과 직무만족을 포함한 6가지 결과변수와의 관련성을 조사하였다. 그 중 직무만족, 감독자 평가 등의 5가지는 절차공정성에 의해 영향을 받고 있으나, 이직의사는 분배공정성에 의해 강한 영향을 받는 것으로 나타났다.

McFarlin, Sweeney(1992)는 은행원들을 대상으로 한 연구에서 분배공정성이 절차공정성보다 임금만족이나 직무만족과 같은 개인적 결과를 더 잘 설명해 주고, 절차공정성은 조직몰입이나 상사에 대한 신뢰와 같은 조직수준의 결과수준에 더 큰 관련성이 있음을 발견하였다.

Lerner(1997)는 형평원칙만이 유일한 분배의 법칙은 아니라고 하면서 형평(equity), 균등(equality), 필요(need)라는 세 가지의 분배원칙으로 공정성 동기모형(justice motive model)을 제시하였다. 그는 여러 상황에 모두 알맞은 단 하나의 분배원칙은 존재하지 않으며, 조직 구성원들이 서로를 어떤 관계로 지각하느냐에 따라 분배원칙이 각기 다르게 작용한다고 주장하였다.

3. 직무만족의 개념

직무만족(job satisfaction)은 종사원이 직무와 직무경험으로부터 갖게 되는 긍정적 정서상태로 정의한다. 이러한 정의는 직무만족을 태도의 일종으로 보는 것으로 인지적(cognitive)요인과 감정적(affective)요인을 모두 포함한다. 직무만족의 인지적 요인은 주로 직무와 직무경험에 대한 평가를 의미하는 것으로서 그 결과와 조건들이 사회적 비교 과정이나 과거경험 혹은 암묵적 약속에 의해 정의되는 바람직한 상태에 접근하는 정도로 나타난다. 반면에 만족의 감정적 요인은 인지적 평가 결과와 개인의 성향이 결합되어 직무와 그 경험에 따라 형성되는 내적 기분상태를 의미한다(김봉규, 1999).

Beaty, Schnier(1981)는 직무만족은 종사원의 직무가치를 달성하고 촉진시키는 것으로서 개일별로 직무평가에서 얻은 명쾌한 감정적 상태라고 정의하고 있다. 다음으로는 직무만족의 다섯 가지 차원에 대해서 살펴보면 다음과 같다. 보수, 직무, 승진, 감독, 동료 등 직무만족의 다섯 가지 차원은 직무기술지표(JDI : job descriptive index)라고 하는 표준화된 설문지를 통해서 측정할 수 있다.

이상과 같이 조직행동 측면에서 본 직무만족은 개인의 태도와 가치, 신념 및 욕구 등의 수준이나 차원에 따라 직무자체를 비롯한 직무환경에 대한 평가에서 얻어지는 유쾌한 감정적, 정서적인 만족상태를 말하게 되는데 이는 직무수행에 영향을 미친다. 다시 말하면 종사원이 자신의 직무와 관련된 직무자체, 임금, 승진기회, 감독, 동료, 작업조건 등과 같은 제 근로조건에 대하여 얼마나 만족하느냐를 나타내는 감정적 표현이며, 개인의 욕구충족과 밀접한 관련이 있다. 욕구충족의 정도는 동기부여의 정도를 말하고 이는 근무의욕에 많은 영향을 미친다(배정일, 2001).

Davis, Wasmuth(1983)는 직무만족을 이직과 연관시키면서 급여, 상사,

안정성, 승진, 근무환경, 전직의 기회 등을 이직의 영향요인으로 지적하였으며, 특히 식음료 부서에서는 감독자의 능력에 대한 불만이 직무불만족의 중요한 요인이라는 것이다.

4. 이직의도의 개념

이직의도는 종업원이 직장의 구성원이기를 포기하고 현 직장을 떠나려고 의도하는 정도로 정의한다. 이직에 관한 종래의 연구는 이직과정의 개념적 모형을 개발하고 이를 실증하는데 주안이 주어졌다. 이러한 이직과정의 개념적 모형에서 이직행위의 직전 선행변수로 널리 받아들여지고 있는 것이 이직의도이다.

이직에 관한 정의는 학자에 따라 다양하지만 Price(1977) 등이 제시한 광의의 이직은 사회시스템의 구성원 자격의 경계를 넘나드는 개인의 이동정도라고 할 수 있으며 조직내의 모든 이동인 입직(accession), 일탈(withdrawal), 배치전환(transfer), 승진(promotion)등이 포함된다.

Jackofsky(1984)의 모형에서는 직무성과가 이직용이성에 직접적으로 영향을 미치는 것으로 가정한다. 직무성과가 높은 종사원은 이직이 용이하다고 지각한다. 또한 노동력 시장의 상황이나 근무년수 등의 요인이 이직용이성에 영향을 미친다고 보고 있다. 그리고 직무만족과 이직용이성이 이직의도에 영향을 주게 된다.

Pizam, Thronburg(2000)은 호텔종사원을 대상으로 한 이직과 결근에 관한 연구에서 이직과 유의미한 관계를 갖는 변수로 임금, 직무만족, 동료와의 관계, 작업기대치, 내부동기, 계약상태라는 결과를 보여주고 있다. 특히 직무만족이 이직의도를 줄이는데 중요한 역할을 한다는 연구결과를 제시하고 있다(조의영, 2004; 이은용, 이수범, 2003).

5. 서비스 품질의 개념

서비스품질은 절대적인 개념이 아니라 상대적인 개념이며, 고객의 가치가 반영된다는 점과 다

양성이 있다는 점에서도 연구자마다 서비스품질에 대한 해석에는 차이가 있다. 그러나 연구자들은 공통적으로 서비스품질은 고객에 의해서 행해지는 주관적인 판단이며, 그 평가가 결과 되어지는 것이 아니라 서비스를 제공받는 전과정에서 연속적으로 작용한다고 판단하고 있다(변태수, 2001).

서비스품질의 향상이 기업의 경쟁우위를 결정짓는 요인으로 중요성이 증대되어 감에 따라 서비스품질의 구성차원에 대한 연구가 다수 등장한다. 문헌에 의하면 서비스품질은 실제적인 서비스품질과 지각된 서비스품질로 구분되는데, 주요 관심사는 객관적으로 측정할 수 있는 고객의 요구사항에 대한 일치도에 관한 실제 서비스품질보다는 고객의 품질에 대한 평가 및 판단인 지각된 서비스품질에 초점을 두고 있다(Arora & Stone, 1996).

Parasuraman, Zeithaml, Berry(1988)은 수선 및 영선, 은행, 장거리 전화, 증권, 중개업, 신용카드회사 등 서로 다른 5개의 서비스 기업을 대상으로 설문에 의한 실증분석을 실시하였으며, 이 실증분석에서 이들이 기존의 탐색적 연구에서 제기한 서비스의 열 가지 차원 중 의사소통, 안정성, 능력, 예의를 보증성 차원으로, 고객에 대한 이해, 접근성을 감정이입차원으로 통합하여 모두 다섯가지 차원(유형성, 신뢰성, 반응성, 보증성, 감정이입)으로 축소하였다. 호텔을 이용하는 고객의 품질평가 역시 이와 같은 차원으로 접근하는데 무리가 없는 것으로 나타나고 있다(조선배, 1996).

Juwaheer & Ross(2003)는 Mauritius의 호텔산업에서 서비스품질을 측정하기 위해 39개 속성들에 대해 표준 SERVQUAL 절차를 사용하였다. 요인분석, t-검증(test), 그리고 ANOVA 등을 이용하여 9개 차원을 확인하였고, 확신성과 신뢰성이 서비스품질의 주요 결정요인으로 나타났다.

강종헌(2003)은 호텔 식음료부서에 근무하는 서비스 종사원들을 대상으로 실증분석에서 직무만족이 클수록 서비스품질이 높아진다는 것을 연구하여 서비스 종사원들에 대한 관리의 중요성을 강조하였다.

특히, 서비스품질의 구성요인의 상대적 중요도는 호텔기업의 서비스품질의 관리를 위한 전략수립에 도움이 될 수 있으므로 구성요인의 파악이 필요하다고 판단된다. 따라서 본 연구에서는 이들이 제시한 5개 요인을 서비스 품질의 구성요소로 이용하였다.

Ⅲ. 연구의 설계

1. 연구모형의 설계

이론적 배경을 토대로 실증분석을 위한 연구모형을 〈그림 1〉과 같이 설계하였다. 독립변수인 분배공정성, 절차공정성으로 구분하고 매개변수인 직무만족을 통하여 조직유효성인 서비스품질,

이직의도 등에 어떠한 영향을 미치는지를 분석하는 것이다. 또한, 이들의 관계를 구조적으로 연결하여 연구하고자 한다.

<그림 1> 연구의 모형

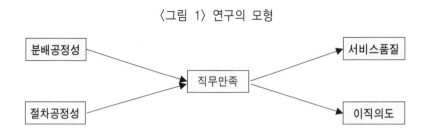

2. 가설의 설정

본 연구에서는 연구의 목적, 이론적 배경 및 연구모형을 근거로 하여 다음과 같이 4개의 가설을 설정하였다.

1) 조직공정성과 직무만족간의 관계

Porter, Steers(1973)는 직무만족을 매개변수로 보고 연구를 하였는데 공정성 비교가 만족의 정도나 불만족의 정도를 결정짓는데 기여하는 것으로 보았다. 이에 따라 조직에 남을 것인지 아니면 새로운 자리를 찾을 것인지에 대해 결정하게 한다고 하였다. Alexander & Ruderman(1987)의 연구에서는 절차공정성과 분배공정성이 직무만족에 대하여 모두 유의한 영향을 미치기는 하지만 절차공정성이 분배공정성에 대하여 직무만족에 영향이 큰 것으로 나타났다.

가설 1: 호텔종사원들이 지각하는 분배공정성이 직무만족에 정(+)의 영향을 미칠 것이다.
가설 2: 호텔종사원들이 지각하는 절차공정성이 직무만족에 정(+)의 영향을 미칠 것이다.

2) 직무만족과 조직유효성의 관계

Richard, Ghiselli(2001)은 호텔종사원의 이직의도는 직무만족과 생활만족에 영향을 받는다는 연구결과를 제시하였다. Coulton(1985)은 인적의존도가 높은 호텔기업에서 종사원의 직무만족은 서비스품질에 영향을 미치고, 결국 고객 서비스의 효율성에 영향을 주게 된다고 하였다. 따라서 호텔종사원의 직무만족이 이직률을 감소시키고 호텔에 대한 전반적인 만족도가 향상되어 호텔조직의 성과가 높아지게 된다.

가설 3: 호텔종사원들이 지각하는 직무만족이 서비스품질에 정(+)의 영향을 미칠 것이다.
가설 4: 호텔종사원들이 지각하는 직무만족이 이직의도에 부(−)의 영향을 미칠 것이다.

3. 변수의 조작적 정의

1) 공정성 변수의 조작적 정의

한 개인이 다른 사람들에 비해 얼마나 공정하게 대우를 받느냐 하는 느낌을 중시하는 이론으로 분배공정성은 Price, Mueller(1986)가 개발한 5개 항목을 사용하였으며 "성과에 관련되었다고 지각하는 투입에 대해 종업원이 보상받는 정도"를 측정하기 위해 개발된 척도이다. 절차공정성은 "보상분배를 결정하는 과정 내지 정형화된 절차 등에 대한 공정성을 의미하며 정형화된 절차는 조직 내에서 사용되는 공정한 절차의 정도를 측정"하기 위해 개발되었으며 이들 항목은 Leventhal, Karuza, Fry(1980)등이 개발한 절차공정성 등의 5개 문항을 가지고 리커트 5점 척도로 측정한다.

2) 직무만족 변수의 조작적 정의

직무만족은 직무로부터 느끼는 만족의 정도로 정의할 수 있으며 직무만족의 다섯 가지 차원인 보수, 직무, 승진, 감독, 동료 등의 요인을 가지고 Churchill, Ford & Walker(1976)가 개발하여 사용한 척도 "내가 맡은 업무와 관련하여 만족한다" 등의 5개 문항을 가지고 리커트 5점 척도로 측정한다.

3) 서비스품질 변수의 조작적 정의

서비스품질은 특정 서비스의 우수성과 관련되어 갖는 개인의 전반적인 판단 혹은 태도로 정의할 수 있으며 구성요인에 대하여는 Parasuraman 등(1985)이 제시한 5개 구성요소로서 유형성, 신뢰성, 반응성, 확신성, 정감성 등의 5개 문항을 가지고 리커트 5점 척도로 측정한다.

4) 이직의도 변수의 조작적 정의

이직의도는 종업원이 직장의 구성원이기를 포기하고 현 직장을 떠나려고 의도하는 정도로 정의할 수 있다. 변수의 측정은 Price, Mueller(1980)의 측정항목을 사용하여 "나는 가끔 다른 직장으로 이직을 생각" 등의 4개 문항을 가지고 리커트 5점 척도로 측정한다.

4. 자료수집 및 통계분석 방법

본 연구는 연구의 목적을 달성하기 위하여 호텔기업에서 종사원들의 공정성 지각에 따라 직무만족을 거쳐서 서비스품질과 이직의도에 미치는 영향을 측정하기 위하여 대구·경북에 위치한 특1, 2등급 관광호텔에 근무하는 종업원들을 연구의 모집단으로 설정하였다.

조사에 실시한 표본의 크기는 500부를 배포하여 420부가 회수되어 84%의 회수율을 보였다.

분석에 사용할 수 없는 설문지를 제외하고 최종적으로 유효한 표본의 수는 358부로 71.6%의 유효 표본율을 보였다. 설문지의 배포는 2004년 5월 1일부터 15일 동안 호텔을 연구자가 직접 방문하여 호텔종사원들에게 설문지를 배포하여 회수하였다.

본 연구는 SPSS/PC+ win 10.0과 LISRER 8.3을 이용하여 자료를 분석하고 통계기법에 있어서는 첫째, 설문지 응답자들의 인구통계학적인 특성을 알아보기 위해 빈도분석을 실시하였다

둘째, 연구모형에 설정된 가설들을 검증하기 위하여 응답한 설문지의 일관성을 검증하며, 측정변수의 신뢰성 분석을 위해서 리커트 5점 척도를 이용하여 측정한 변수들에 대해서는 내부일치도에 의한 신뢰도 검증을 위하여 신뢰도 분석을 실시하였다. 셋째, 조직공정성, 직무만족, 서비스품질, 이직의도의 단일 차원성 검증을 위하여 확인요인분석, 신뢰도분석, 요인분석을 실시하였다. 넷째, 분배공정성, 절차공정성과 직무만족, 직무만족과 서비스품질 그리고 이직의도 간에 경로관계를 분석하기 위하여 경로분석을 실시하였다.

IV. 실증분석

1. 표본의 일반적 특성

조사대상 표본의 일반적 특성 중 인구통계적 특성을 파악하기 위한 성별, 연령, 학력, 재직기간, 직위에 대해 빈도분석(frequency analysis)을 실시한 결과로, 본 연구 분석에 이용된 응답자들은 총 358명으로 구체적인 조사대상자의 일반적인 속성에 대하여 전체표본을 중심으로 일반적 특성을 살펴보면 다음과 같다. 첫째, 성별에서는 총 응답자 358명 중에서 남성이 204명으로 57%이며, 여성이 154명으로 43%를 나타내는 것으로 조사되었다.

둘째, 연령에 있어서는 20세 미만이 7명으로 2%를 보였고, 20대가 216명으로 60%이며, 30대가 114명으로 32%를 차지하였고 40대가 21명으로 6%를 차지하는 것으로 조사되었다.

셋째, 학력에 있어서는 중졸이 3명으로 1%를 차지하였고, 고졸이 20명으로 6%를 보였으며 전문대졸이 234명으로 가장 많은 65%를 차지하였으며 대졸이 91명으로 25%를 보였고 대학원 이상이 10명으로 3%를 차지하는 것으로 조사되었다.

넷째, 재직기간은 1년 미만이 54명으로 15%를 차지하였고, 1~5년 이하가 196명으로 가장 많은 55%를 차지하였으며 6~10년 이하가 79명으로 22%를 보였고 11~15년 이하가 26명으로 7%와 16년 이상이 3명으로 1%를 차지하는 것으로 조사되었다.

다섯째, 직위는 임시직이 83명으로 23%를 차지하였고, 웨이터/웨이트리스가 162명으로 가장 많은 45%의 분포를 보였으며 캡틴/안내원들이 94명으로 26%를 차지하였으며 과장급이 16명으로 5%와 차장급이 3명으로 1%를 차지하는 것으로 조사되었다.

2. 자료의 분석 방법

1) 공정성(분배공정성, 절차공정성)

공정성 문항에 대해 탐색적 요인분석과 신뢰성 분석을 실시한 결과는 〈표 1〉과 같이 나타났다.

〈표 1〉에서 나타난 바와 같이 공정성은 분배공정성, 절차공정성으로 나누어지는 것을 알 수 있으며, 각 요인들의 신뢰성 계수는 .89, .88로 나타나 만족스러운 결과를 도출하고 있다.

〈표 1〉 공정성의 탐색적 요인분석 결과

변수명 요인명칭	요인 1 분배공정성	요인 2 절차공정성
V1 우리호텔은 임금에 있어 일관성과 공정한 원칙이 적용 된다	.779	
V2 우리호텔은 정확하고 유용한 정보를 바탕으로 보상을 결정한다	.772	
V3 우리호텔은 내가 맡은 업무에서 받은 스트레스나 긴장에 비추어 볼 때 공정한 보상을 해준다	.770	
V4 우리호텔은 학력, 근무년수가 같은 동료와 비교하여 임금수준이 비슷하다고 생각한다	.774	
V5 우리호텔의 임금은 내가 노력한 만큼 정당하다고 생각한다	.676	
V6 우리호텔의 의사결정 사항은 누구에게나 동일하게 적용된다		.775
V7 우리호텔은 중대한 결정을 내릴 때는 여러 가지 관련 자료을 수집하고 있다		.766
V8 우리호텔은 중대한 결정에 대하여 이의를 제기하는 것이 허용된다		.719
V9 우리호텔은 의사결정 과정에 참여하는 사람들이 자신의 의견을 항시 제시할 수 있다		.672
V10 우리호텔은 결정에 의해 영향을 받는 모든 사람들의 의견이 반영된다		.493
Eigen-value	8.396	.838
분산설명(%)	55.976	5.590
신뢰성 계수	.89	.88

2) 직무만족, 서비스품질, 이직의도

세 개 변수들의 문항에 대해 탐색적 요인분석과 신뢰성 분석을 실시한 결과 〈표 2〉와 같이 나타났다.

〈표 2〉에서 나타난 바와 같이 직무만족, 서비스품질, 이직의도 등으로 나누어지는 것을 알 수 있으며, 각 요인들의 신뢰성 계수는 각각 .83, .89, .89 로 나타나 만족스러운 결과를 도출하고 있다.

〈표 2〉세 개 변수들의 탐색적 요인분석 결과

변수명 요인명칭	요인 1 직무만족	요인 2 서비스품질	요인 3 이직의도
V14 나는 우리호텔의 복리후생에 만족한다	.791		
V13 나는 나의 업무와 관련하여 임금에 만족한다	.784		
V12 나는 우리호텔에서 승진기회에 대하여 만족한다	.761		
V15 나는 우리호텔 상사에 대하여 만족한다	.737		
V11 나는 내가 맡은 업무와 관련하여 전반적으로 만족한다	.655		
V19 나는 고객의 만족을 위해서라면 어떠한 노력도 마다하지 않는다		.823	
V18 나는 고객이 곤란한 서비스의 요청시 최선을 다한다		.798	
V17 나는 고객들의 서비스 요청시 언제 가능한가를 알려주고 약속한 서비스는 철저하게 지킨다		.787	
V20 나는 고객에게 이익이 되도록 진심으로 행동하며 고객이 불평불만이 없도록 노력한다		.750	
V16 나는 평소 옷차림과 용모를 단정히 하여 고객에게 서비스정신에 입각하여 행동하도록 노력한다		.738	
V21 나는 가끔 다른 직장으로 이직을 생각한다			.864
V24 나는 기회가 허락된다면 다른 직장으로 옮길 가능성이 많다			.845
V23 나는 자기 계발과 장래를 위하여 다른 직장으로 옮겨보고 싶은 생각을 가지고 있다			.838
V22 나는 현재의 업무와 관련하여 불만이 있어 이직을 생각한 적이 있다			.809
Eigen-value	4.329	5.447	1.597
분산설명(%)	22.785	28.671	8.406
신뢰성 계수	.83	.89	.89

3. 확인요인분석

확인요인분석은 본 연구의 연구대상 변수인 4개 이상의 측정항목으로 구성된 분배공정성, 절차공정성, 직무만족, 서비스품질, 이직의도 변수 모두에게 실시되었다. 분석과정에서 단일차원성을 저해시키는 항복들은 제거되었다. 각 단계별로 항목구성의 최적상태를 도출하기 위한 적합도를 평가하기 위하여 GFI (goodness-of-fitindex: ≥ .90이 바람직), AGFI(adujusted goodness-of-fit index: ≥ .90이 바람직), RMR(root mean square residual: .05보다 작을수록 바람직), RMSEA(root mean square error of approximation : .05−.08이 바람직), NFI(normed fit index : ≥ .90 이 바람직), X2 (작을수록 바람직), X2 에 대한 P값(≥ .05가 바람직) 등을 이용하였다. 각 변수들의 확인요인분석 결과는 〈표 3〉에 나타나 있다.

<표 3> 확인요인 분석결과

측정척도	항목의수	x^2	df	P값	GFI	AGFI	RMR	RMSEA	NFI	CFI
분배 공정성	4	1.100	2	.577	.998	.992	.006	.0	.998	1.000
절차 공정성	5	8.546	5	.129	.991	.972	.013	.045	.991	.996
직무만족	4	3.610	2	.165	.995	.975	.015	.048	.991	.996
서비스품질	4	3.655	2	.161	.995	.975	.009	.048	.995	.998
이직의도	4	12.370	2	.002	.983	.915	.020	.121	.985	.987

<표 3>에서 나타난 바와 같이 각 변수들의 GFI, AGFI, RMR, RMSEA, NFI 및 CFI 수치가 대체적으로 기준치 이상으로 나타나 전반적으로 적합한 것으로 나타났다.

4. 측정척도의 신뢰성과 타당성 분석

측정척도의 신뢰성과 타당성 분석 결과는 <표 4>와 같이 나타났다.

<표 4> 측정척도의 신뢰성과 타당성 분석 결과

척도	분배공정성	절차공정성	직무만족	서비스품질	이직의도
Cronbach α	.88	.86	.82	.76	.74
구성개념 신뢰성	.99	.98	.97	.97	.97
AVEb	.93	.94	.94	.93	.92

모형적합도 X^2=449.902, df=263, P=.00 GFI=.912, AGFI=.882, RMR=.035,RMR=.035, RMSEA=.045, NFI=.918, CFI=.964

** P <.01
* P <.05
a. 상관계수의 표준오차 추정구간(two standard-error interval estimate)이 1을 포함하지 않음
b. AVE(Average Variance Extracted)

탐색적요인분석과 확인요인분석을 통해 확정된 측정척도의 측정모형을 분석한 결과, <표 4>에서와 같이 적합도 지수는 x2=449.902, df=263, p=.00, GFI=.912, AGFI=.882, RMR=.035, RMSEA=.045, NFI=.918, CFI=.964의 값을 갖는 것으로 나타나 구조모형을 분석하는데 큰 무리가 없는 것으로 나타났다.

그리고 측정모형에 이용된 구성개념들의 Cronbach α는 일반적으로 요구되어지는 수준인 .60이상보다 높은 .74−.88의 값을 갖는 것으로 나타났다. 또한 측정모형에 이용된 9개의 구성개념 신뢰

도(construct reliability)는 .97−.99의 값을 갖는 것으로 나타났다. 그리고 척도분산 중 특성에 설명되는 비율을 뜻하는 평균분산추출 값(average variance extracted: AVE)도 .92−.94의 값을 갖는 것으로 나타났다. 이와 같은 결과는 구성개념 신뢰도의 .7과 AVE의 .5의 기준 값보다 높은 것이다. 따라서 이 항목들은 해당 구성개념들에 대한 대표성을 가지고 있으며, 이 항목들을 이용하여 구성개념들 간의 관련성을 분석하는 것이 적절한 것으로 보인다.

　　한편 척도의 판별타당성 확보 여부는 AVE값이 구성개념간의 상관계수의 제곱값을 상회하는 여부를 검토하여 결정하였다. 즉, 두 구성개념들에 대한 변수들 간의 AVE 값이 그 구성개념간의 상관계수 자승값 보다 크면 판별타당성이 있는 것이다. 검토결과, 〈표 4〉에서와 같이 구성개념들의 AVE값은 .92−.94인 반면에 상관계수 자승값은 .00−.57로 나타나 본 연구모형에 이용된 구성개념들의 척도들은 판별타당성을 확보하고 있는 것을 알 수 있다.

5. 가설의 검증

한편, 각 가설별 구성개념들 간의 관계분석 결과는 〈표 5〉에 나타나 있다.

〈표 5〉 각 가설별 구성개념들 간의 관계분석 결과

가설　　　　　　경로	직접효과		간접효과	
	경로계수	t값	경로계수	t값
H1 분배공정성 → 직무만족	.304	4.260		
H2 절차공정성 → 직무만족	.209	2.269		
H3 직무만족 → 서비스품질	.109	1.800		
H4 직무만족 → 이직의도	−.551	−7.687		
분배공정성 → 서비스품질			.033	1.670
분배공정성 → 이직의도			−.168	−3.866
절차공정성 → 서비스품질			.023	1.417
절차공정성 → 이직의도			−.115	−2.203

1) 직접효과분석

(1) 공정성(분배공정성, 절차공정성, 상호작용 공정성)과 직무만족 간의 관계

　분배공정성에 대한 지각이 높을수록 직무만족에 대한 지각이 높을 것이라는 연구가설 H1을 검증한 결과, 경로계수 값은 0.304, t값은 4.260으로 P=0.001 수준에서 유의적인 영향을 미치는 것으로 나타났다. 따라서 H1은 지지되었다.

　절차공정성에 대한 지각이 높을수록 직무만족에 대한 지각이 높을 것이라는 연구가설 H2을 검증한 결과, 경로계수 값은 0.209, t값은 2.269로 P=0.05수준에서 유의적인 영향을 미치는 것으로 나타났다. 따라서 H2은 지지되었다.

(2) 직무만족과 서비스 품질 지향성/이직의도간의 관계

직무만족에 대한 지각이 높을수록 서비스품질에 대한 지각이 높을 것이라는 연구가설 H3을 검증한 결과, 경로계수 값은 0.109, t값은 1.800으로 P=0.05 수준에서 유의적인 영향을 미치지 않은 것으로 나타났다. 따라서 H3은 기각되었다.

직무만족에 대한 지각이 높을수록 이직의도에 대한 지각이 낮을 것이라는 연구가설 H4를 검증한 결과, 경로계수 값은 −0.551, t값은 −7.687로 P=0.001 수준에서 유의적인 영향을 미치는 것으로 나타났다. 따라서 H4는 지지되었다.

2) 간접효과 분석

지금까지 본 연구에서는 분배공정성 / 절차공정성과 직무만족간의 관계 그리고 직무만족과 서비스품질 / 이직의도 간의 관계를 분석하였다. 이들 간에 간접적인 영향이 있을 수 있으므로 다음과 같다.

우선 유의적인 관계가 있는 경우에는 P 〈0.001 수준에서는 분배공정성이 → 이직의도 이고, P 〈0.05 수준에서는 절차공정성 → 이직의도로 나타났다. 유의적인 관계가 없는 경우는 분배공정성 → 서비스품질, 절차공정성 → 서비스품질로 나타났다.

V. 결 론

호텔기업은 날로 치열해지고 있는 경영환경 속에서 고객만족을 통한 경쟁력 확보와 신규고객을 유치하기 위한 많은 투자와 노력에 비해 기존고객을 유지하는 게 경제적 효율성이 높기 때문에 호텔경영자는 고객에게 감동을 줄 수 있는 서비스를 제공하기 위하여 종사원들에게 동기부여 할 수 있도록 본 연구에서는 분배공정성, 절차공정성 각각이 직무만족에 미치는 영향과 직무만족을 통하여 조직유효성인 서비스품질과 이직의도에 어떠한 영향을 미치는지를 연구하고자 하였다.

이러한 연구목적을 달성하기 위해 첫째, 이론적 고찰을 통해 관련 문헌으로부터 분배공정성, 절차공정성이 무엇인가를 정의하고 이를 바탕으로 실증조사를 실시하였으며, 이론적 고찰을 바탕으로 이에 관련된 변수들 간의 관계를 도출하였다. 둘째, 이러한 관계를 바탕으로 연구모형을 설계하고 이 모형을 근거로 하여 주요 가설을 설정하였다. 셋째, 가설의 검증을 위하여 대구 · 경북 지역에 위치한 특1급 특2급 호텔기업을 선정하고 이 호텔에 근무하는 종사원들을 대상으로 358부의 자료를 수집 분석하여 가설을 검증하였다. 분석결과를 살펴보면 다음과 같다.

첫째, 분배공정성을 통하여 직무만족에 영향을 주고, 이 직무만족을 거쳐서 이직의도에 영향을 미치는 것으로 나타났다. 즉, 성과에 관련되었다고 지각하는 투입에 대해 종사원이 보상받는 정도로 측정할 수 있는 분배공정성을 종사원들이 지각할수록 절차공정성보다 분배공정성이 직무만족에 미치는 영향을 더 큰 것으로 나타났다. 또한 분배공정성을 더 높게 지각할수록 종사원의 직무만족이 증가하며 이 직무만족이 증가할수록 이직의도는 감소하는 것으로 나타났다.

둘째, 절차공정성을 통하여 직무만족에 영향을 주고, 이 직무만족을 거쳐서 이직의도에 영향을 미치는 것으로 나타났다. 즉, 호텔 종사원들이 소속 호텔이 의사결정을 하는 과정 내지는 절차에 종사원들이 상사로부터 공정한 대우를 인지하는 변수인 절차공정성을 더 높게 지각할수록 종사원의 직무만족이 증가하며 이직의도는 감소하는 것을 알 수 있다.

셋째, 선행연구에서 분배공정성이 절차공정성보다 직무만족에 강한 영향을 미친다는 결과가 도출되었으나 본 연구에서도 일치하는 것으로 나타났다. 이직의도 역시 직접적인 영향을 미친다는 연구결과와 일치하는 것을 알 수 있다.

넷째, 인적의존도가 높은 호텔기업에서 종사원의 직무만족은 서비스품질에 영향을 미친다는 선행연구 결과가 있으나, 본 연구에서는 직무만족간의 관계에서 유의하지 않은 것으로 나타났다. 이와 같은 결과는 호텔의 전문성과 고객만족을 위한 지속적인 훈련 및 조직구성원들의 업무능력 향상으로 이러한 결과가 도출되지 않았나 생각된다.

본 연구의 시사점으로 분배공정성, 절차공정성을 호텔조직과 인사관리시스템에 적용문제는 경영자의 능력과 자질에 있기 때문에 끊임없는 경영능력의 향상과 공정성에 입각한 합리적 의사결정으로 조직구성원들이 공감할 수 있고 소속감을 가질 수 있도록 체계적인 경영기법을 개발하고 조직의 목표달성과 기업문화 정착에 기여할 수 있도록 노력해야 할 것이다.

또한, 본 연구의 핵심은 호텔 종사원들이 지각하는 직무만족에 달려있다고 하겠다. 이 직무만족에 문제가 발생하면 고객만족에 영향은 줄 수 있는 서비스품질의 저하(본 연구에서는 비록 직무만족간의 관계에서 비유의적으로 나타났으나, t값으로 볼 때 P<.1에서 유의적 관계가 성립됨) 및 이직의도의 증가를 가져올 것으로 생각되기 때문이다.

따라서 직무만족에 따라 호텔기업의 서비스수준 향상과 고객만족에 영향을 미칠 수 있기 때문에 서비스품질 향상의 필요성과 이직의도는 그 자체 및 결과적인 행동인 이직이 차원 높은 서비스를 필요로 하는 호텔기업에서 고객만족에 아주 나쁜 영향을 줄 수 있다. 호텔기업에서는 조직 공정성을 도입하여 정책의 투명성, 객관성, 일관성으로 신뢰를 확보하는 것이 매우 중요한 요소라고 본다.

연구의 한계점은 설문조사를 통해 자료를 수집함으로써 전적으로 응답자들의 주관적인 자기기입식 설문자료로서 주관적인 평가치가 그들의 실제적인 지각수준을 정확히 반영하고 있다는 보장이 없다. 따라서 질적인 연구방법의 병행이 요구된다. 또한, 표본에 관한 문제로서 본 연구에서는 대구·경북 지역의 호텔을 대상으로 하였기 때문에 호텔 전체에 대해 일반화하기에는 무리가 있다. 따라서 일반화 가능성을 제공하기 위해서는 전국 지역의 호텔을 추가 대상으로 선정하여 설문조사할 필요가 있다.

참고문헌

김일채(1998). 호텔종사원의 직무성과가 이직의도에 미치는 영향.『관광학 연구』, 21(2): 142~156.

김수경(2004). 고객 불평처리 공정성과 고객만족과의 관계: 호텔산업을 중심으로.『관광연구』, 19(2): 147~161.

김봉규(1999). 호텔종사원의 직무만족과 고객지향간의 관계에 있어서 자발적 행동과 직무역할행동의 역할에 관한 연구.『관광학 연구』, 22(3): 31~53.

강종원(2003). 호텔 식음료부서에서 조직지원, 조직몰입, 직무만족과 서비스품질의 인과 관계 평가.『한국조리과학학회지』, 19(2): 158~163.

배정일(2001). 관광호텔 종사원의 임금에 대한 공정성지각이 직무만족에 미치는 영향에 관한 연구: 대구·경북지역 관광호텔식음료 부서 종사원을 중심으로. 계명대학교 석사학위논문.

변태수(2001). 조직공정성 지각이 조직유효성에 미치는 효과에 관한 연구: 서울시내 관광호텔을 중심으로. 상지대학교 박사학위논문.

서철현, 김상범(2005). 호텔종사원들이 지각하는 임금만족이 조직몰입과 조직후원인식에 미치는 영향.『관광연구』, 19(3): 27~43.

이광희, 황규대(2002). 고과결과에 대한 지각, 결과변수, 그리고 공정성 지각의 관계에 대한 연구.『인사·조직』, 10(1): 27~53.

이은용, 이수범(2003). 관광호텔 조리직 종사원의 이직의도에 영향을 미치는 요인에 관한 연구.『관광·레저연구』, 15(2): 49~65.

조민호(2001). 호텔산업 인사평가의 절차공정성에 대한 종사원 지각에 관한 연구.『관광학연구』25(1): 309~327.

조의영(2004), 호텔종사원의 직무특성과 이직의도에 관한 연구.『관광경영학연구』, 8(3): 353~376.

조선배(1996). 서비스환경과 가격이 지각된 서비스품질에 미치는 영향.『경영학연구』43(2): 51~73.

Adams, J. S. (1965). Inequity in social exchange. In leonard Berkawitz (Eds.), *Advance in experimental social psychology* (Vol. 2: 267~299). New York: Academic Press.

Alexander, S., & Ruderman, M. (1987). The role of procedural and distributive justice in organizational behavior. *Social Justice Research*, 1: 177~198.

Arora, R., & Stone, C. (1996). The effect of perceived service quality and name familiarity on the service selection decision. *The Journal of Service Marketing*, 10(1): 22~34.

Austin, W. G.(1979). *Justice freedom and seft-interest in intergroup relations*. Belmont, CA: Books/ Core.

Betty, R. W. & Schnier, C. E.(1981). *Personner administration: an Experimental skill building approach*, 2nd ed, New York, Addison-Wesly Publishing Company.

Blau, O. M (1964). *Exchange and power in social life*, New York: John wiley & sons.

Churchil, G. A. Jr., Ford, N, M. & Walker, O. C. Jr.(1976). Organizational climate and job satisfaction in the salesforce. *Journal of Marketing Research*, 13(November): 323~332.

Coulton, A. (1985, February). Your secret weapon: Housekeeping employee- maintaining high levels of morale on the frontline increase service standards and reduces employee turnover. *Lodging Hospitality*, 11: 67~68.

Davis , S. W. & W. J. Wasmuth.(1983). "Managing Employees Leave," *Cornell H.R.A. Quarterly* : 15~33.

Folger, R., & Knovsky, M. A. (1989). Effects of procedural and distibutive justice on reactions to pay raise decisions. *Academy of Management Journal*, 32: 115~130.

Greenberg, J. (1990). Organizational justice: Yesterday, today, and tomorrow. *Journal of Management*, 16(2): 399~432.

Homans, G. (1961). *Social behavior: its elementary forms*, New York: Harcourt Brace Jovanovich.

Jackofsky, E. F.(1984). Turnover and Job Performance: an integrated process model. *Academyof Management Journal*, 9(1): 74~83.

Juwaheer T. D. & Ross, D, L.(2003). A study of hotel guest perceptions in Mauritius. *International Journal of Contemporary Hospitality Management*, Vol. 15: 105~115.

Leventhal, G. S., Karuza, J., & Fry, W. R. (1980). Beyond fairness: A theory of allocation preferences. In G. Mikula (Ed.), *Justice and social interaction* (167~218). New York: Springer−Verlag.

Lerner, M. J. (1997). The justice motives: Some hypotheses as to Its origins and forms. *Journal of personality*, 45: 1~52.

Lind, E. A. & Tyler, T. R.(1988). *The social psychology of procedural justice*. New York: Plenum Press

McFarlin, D. B., & Sweeney, P. D. (1992). Distributive and procedural justice as predictors of satisfaction with personal and organizational outcomes. *Academy of Management Journal*, 35(3): 626~637.

Mobley, W. H. (1982). *Employee turnover: Causes, consequences and control, reading.* MA: Addison−Wesley Publishing Co.

Parasuraman, A., Zeithaml, V. A., & Berry, L. L. (1985, Spring). A conceptual model of service quality and its implications for future research. *Journal of Marketing*, 49: 33~46.

Parasuraman, A., Zeithaml, V. A., & Berry, L. L. (1988). SERVQUAL: A multiple−item scale for measuring consumer perceptions of service quality. *Journal of Retailing*, 64: 12~40.

Price, J. L. (1977). *The study of turnover. Ames*, IA: Iowa State University Press.

Porter, L. W., & Steers, R. M. (1973). Organization, work and person factor in Emp turnover and absenteeism. *Psychololgical Bulletin*, 59: 603~609.

Price, J. L., & Mueller, C. W. (1980). *Professional Turnover: The Case of Nurses*. New York: SP Medical and Scientific Books.

Price, J. L., & Mueller, C. W. (1986). *Handbook of organizational measurement.* International Journal of Manpowe, 18: 303~558.

Richard, F & R. F. Ghiselli, La Lopa, J. M.(2001). job satisfaction, life satisfaction and turnover intention. *Cornell Hotel and Restaurant Administration Quarterly.* 42(2): 28~37.

Rutte, C. & Messick, D. (1995). An integrated model of pereived unfairness in organization. *Social Justice Research.* 8: 628~631.

2005년 5월 2일 접수
2005년 11월 7일 최종 수정본 접수
3인 익명 심사 畢

참고문헌

강병서(1999). 인과분석을 위한 연구방법론, 서울: 무역경영사.

김기영·전명서(1997). 다변량 통계자료분석, 서울: 자유아카데미.

김범종(1998). SPSS/PC+사용법과 통계분석 기법 해설, 서울: 학현사.

김수영(2006). "다변량 판별분석을 사용한 호텔도산예측에 관한 실용적 연구",『호텔경영학연구』, 15(1): 103~120.

김홍범·허창(1998). "고객의 외식동기에 따른 레스토랑 선택속성의 차이 : 외국 체인레스토랑을 중심으로",『관광학연구』21(2): 205~221.

노형진(1999).『한글 SPSSWIN에 의한 조사방법 및 통계분석』, 서울: 형설출판사.

안광호·임병훈(1998).『마케팅조사원론』, 서울: 법문사.

양병화(1999),『다변량 자료분석의 이해와 활용』, 서울: 학지사.

이화인(1999), "외래관광객의 국내 관광행동이 재방문 의사결정에 미치는 영향",『관광학연구』, 22(3): 262~276.

임종원(1997). 마케팅조사 이렇게, 서울 : 법문사.

정석중·김용상·이봉석·심인보·이주형·이미혜·김창수(1997).『관광조사론』, 서울: 대왕사.

조광익·한범수(1998). "카지노 방문결정요인: 서울 시민의 도박성향을 중심으로,"『관광학연구』, 21(2): 9~25.

채서일(1998). 사회과학 조사방법론, 2판, 서울: 학현사.

_____(1997).『마케팅조사론』, 3판, 서울: 학현사.

_____(1999). 사회과학 조사방법론, 서울: 학현사.

채서일·김범종(1988).『SPSS/PC+를 이용한 통계분석』, 서울 : 법문사.

채서일·김범종·이성근(1992). SPSS/PC+를 이용한 통계분석(2판), 서울: 학현사.

최낙환·배기철(1999). "여행사 이미지와 고객애호도의 관계에 관한 연구,"『관광학연구』, 22(3): 179~201.

Acito, F.(1978). "Consumer Preferences For Health Care Services : An Exploratory Investigation," Unpublished doctoral dissertation. State University of New York at Buffalo.

Acton, J.(1975). "Non-monetary Factors in the Demand for Medical Services:Some Empirical Evidence," *The Journal of Political Economy*, 83(June), 595~614.

Adelman, S.(1962). "Orthogonal Main-Effect Plans for Assymetrical Factorial Experiments," *Technometric*, 4(February), 21~46.

Akaah, I. & Becherer, R.(1983). "Integrating a Consumer Orientation into the Planning of HMO Programs: An Application of Conjoint Segmentation", *Journal of Health Care Marketing*, 3(Spring), 9~18.

Arabie, P., Carroll, J.D., Desarbo, W.S. & Wind, Y.(1981). Overlapping clustering : a new method for product positioning. *Journal of Marketing Research*, 18(3), 310~317.

Ashcraft, M., Penchansky, R., Berki, S., Fortus, R. & Gray, J.(1978). "Expectations and Experience Of HMO Enrollees After One Year:An Analysis of Satisfaction. Utilization, and Costs." *Medical Care*, January, 14~32.

Carroll, J. D., & Green, P. E.(1987). A new approach to the multiple correspondence analysis of categorical data. Working Paper, Wharton School, University of Pennsylvania.

Carroll, J. D., Green, P. E. & Schaffer, C.M.(1986). Interpoint distance comparisons in correspondence analysis. *Journal of Marketing Research*, 23(August), 271~280.

_____.(1987). Comparing Interpoint distances in correspondence analysis : a clarification. *Journal of Marketing Research*, 24(4), 445~450.

Cha, S., Uysal, M., & McCleary, K.(1995). "Travel motivations of Japanese overseas travelers:A factor-cluster segmentation approach", *Journal of Travel Research*, 34(1), 33~39.

Christensen, J. E.(1983), An Exposition of Canonical Correlation in Leisure Research, *Journal of Leisure Research*, 4th Quarter, 311~322.

Dawes, R. & Corrigan, B.(1974). "Linear Models in Decision Making," *Psychological Bulletin*, 81(February), 95~106.

Desarbo, W. S. & Hoffman, D. L.(1987). Constructing MDS joint spaces from binary choice data : a multidimensional unfolding threshold model for marketing research. *Journal of Marketing Research*, 24(1), 40~54.

Dickinson, J. R.(1986). *The bibliography of marketing research methods*. Lexington, MA : Lexington Books, 580~597.

Durenburg, D.(1983). Address to National conference on Hospital－Medical Public Policy Issues, Washington, DC, April 16.

Ellwood, P. & McClure, W.(1976) *Health Delivery Reform, Excelsior*, MN:Interstudy.

Enthoven, A.(1980). Health Plan, Reading, MA: Addison－Wesley Publishing Company.

Galblum, T. & Trieger, S.(1982). "Demonstrations of Alternative Delivery Systems Under Medicare and Medicaid," *Health Care Financing Review*, 3(March), 1~11.

Gifi, A. I. (1981). *Non－linear multivariate analysis*. Leiden, The Netherlands:Department of Data Theory, University of Leiden.

Green, P. E., & Rao, V. R.(1972). *Applied multidimensional scaling*. New York: Holt, Rinehart and Wonston, 37~39.

Green, P. E., Wind, Y. & Jain, A. K.(1973). Analyzing freeresponse data in marketing research. *Journal of Marketing Research*, 10(1), 45~52.

Green, P. & DeVita, M.(1975). "The Robustness of Linear Models Under Correlated Attribute Conditions," Proceedings of the 1975 Educators' Conference, Chicago: American Marketing Association, 108.

Green, P. & Srinivasan, V.(1978), Conjoint Analysis in Consumer Research:Issues and Outlook, *Journal of Consumer Research*, 5(September), 103~123.

_____(1978). "Conjoint Analysis in Consumer Research:Issues and Outlook," *Journal of Consumer Research*, 5(September), 103~123.

Greenacre, M. J.(1984). *Theory and application of correspondence analysis*. London: Academic Press, Inc.

_____.(1986). Clustering the rows and columns of a contingency table. Report 86/3. 4August, Department of Statistics, University of South America.

_____.(1986). Correspondence analysis:program for the IBM PC and compatibles. Version 1.1, June, University of South Africa.

Hair Jr., J.F., Anderson, R.E., Tatham, R.L., & Black, W.C.(1998). *Multivariate Data Analysis with Readings*, 4th eds., New Jersey : Prentice-Hall, Inc.

Heiser, W. J.(1981). *Unfolding analysis of proximity data*. Leiden, The Netherlands: Department of Data Theory. University of Leiden.

Hoffman, D. L. & Franke, G. R.(1986). Correspondence analysis:graphical representation of categorical data in marketing research. *Journal of Consumer Research*, 9(June), 99~105.

Jobson, J. D.(1992). Applied Multivariate Data Analysis, Volume II:Categorical and Multivariate Methods. Springer-Verlag New York, Inc.

Johnson, S. C.(1967). Hierarchical clustering schemes. *Psychometrika*, 32(September), 241~254.

Juba, D., Lave, J. & Shaddy, J.(1980), An Analysis of the Choice of Health Benefits Plans, *Inquiry*, 17(Spring), 62~71.

Kotler, P.(1982). *Marketing Management*, Englewood, NJ: Prentice-Hall, Inc.

Lancaster, K.(1966). "A New Approach to Consumer Theory," *Journal of Political Economics*, 74(April), 132~157.

Lebart, L. & Morineau, A.(1982). SPAD: a system of FORTRAN programs for correspondence analysis. *Journal of Marketing Research*, 19(4), 608~609.

Lebart, L., Morineau, A. & Warwick, K. M.(1984). *Multivariate descriptive statistical analysis:correspondence analysis and related techniques for large matrices*. New York: John Wiley & Sons, Inc.

Levine, J. H.(1979). Joint-space analysis of "pick-any" data analysis of choices from an unconstrained set of alternatives. *Psychometrika*, 44(March), 85~92.

Lingoes, J. C.(1977). A general survey of the Guttman-Lingoes non-metric program series. *In Geometric representations of relational data*, J. C. Lingoes, E. E. Roskam & J. Borg(Eds.).

Luft, H.(1982). Health Maintenance Organizations and the Rationing of Care, *Health and*

Society, 60(Spring), 268~306.

Malhotra, N. & Jain, A.(1982). A Conjoint Analysis Approach to Health Care Marketing and Planning, *Journal of Health Care Marketing*, 2(Spring), 35~44.

Market Action, Inc.(1987). *STRATMAP Manual.* PeoriaⅢ:Bradley University, Lovelace Technology Center.

Mason C. H., & Perreault, W. D. Jr.(1991), Collinearity, Power, and Interpretation of Multiple Regression Analysis. *Journal of Marketing Research*, 28(August), 268~280.

McClain, J. & Rao, V.(1974). "Trade−offs and Conflicts in Evaluation of Health System Alternatives Methodology for Analysis," *Health Services Research*, 9 (Spring), 35~52.

McClure, W.(1981), "Structure and Incentive Problems in Economic Regulation of Medical Care," *Milbank Memorial Fund Quarterl*, 59(Spring), 107~144.

Meulman, J.(1982). Homogeneity analysis of incomplete data. Leiden, The Netherlands: DSWO Press.

Neter, J., Wasserman W., & Kutner, M.H.(1990). *Applied Linear Statistical Models*, 3th eds., Richard D. Irwin, Inc.

Nishisato, S. & Nishisato, Ⅰ.(1983). *An introduction to dual scaling.* Islington, Ontario : MicroStats.

Nishisato, S.(1980). *Analysis of categorical data:dual scaling and its applications.* Toronto : University of Toronto Press.

Norusis, M.J.(1990). SPSS Advanced Statistics Student Guide, SPSS Inc. 210~268.

Norusis, Marija J.(1994). SPSS Professional Statistics 6.1, SPSS Inc.

Oh, H.C.(1998), "An Empirical Study of the Relationship between Restaurant Images and Patronage toward Alternative Chains," Asia Pacific Journal of Tourism Research, 2(2), 15~28.

Oh, H.C., Uysal,M. & Weaver, P.(1995). "Product Bundles and Market Segments Based on Travel Motivations:A Canonical Correlation Approach," *International Journal of Hospitality Management*, 14(2), 123~137.

Olshavsky, R. & Acito R.(1980). An Information Processing Probe Into Conjoint Analysis, *Decision Sciences*, 11(July), 451~470.

Parker, B. & Srinivansan, V.(1976). "A Consumer Preference Approach to the Planning of Rural Primary Health Care Facilities, *Operations Research*, 24(September/October), 991~1025.

Punj, G. & Stewart, D. W.(1983). Cluster analysis in marketing research: review and suggestions for applications. *Journal of Marketing*, 20(May), 134~148.

Romesburg, H. C.(1984). *Cluster analysis for researcher.* Belmont, CA : Lifetime Learning Publications, 158~159.

Rosko, M.(1984a). The Impact of Prospective Payment : A Multi−Dimensional Analysis of New Jersey's SHARE Program, *Journal of Health Politics, Policy, and Law*, 9(Spring), 81~101.

Rosko, M & McKenna, W.(1983). Modeling Consumer Choices of Health Plans : A Comparison of Two Techniques, *Social Science and Medicine*, 17(July), 421~429.

Rosko, M.(1984b). Correlates of HMO Benefits Sought by the Elderly, Working paper, Widener University, Chester, PA.

Smith, S.(1986). PC programs for MDS and clustering : programs and user's manual. School of Business, Brigham young university.

Smith, S.L.J.(1989). *Tourism Analysis : A Handbook*, Essex : Longman Scientific & Technical.

Smith, S.L.J.(1989). *Tourism Analysis : A Handbook*, Longman Scientific & Technical.

Sneath, P. H. A. & Sokal, R. R.(1973). Numerical taxonomy. San Francisco : W. H. Freeman, 150~152.

SPSSX User's Guide, 2nd ed(1986). McGraw-Hill Book Company, 737~742.

Srivastava, R. K, Leone, R. P. & Shocker, A. D. (1981). Market structure analysis : hierarchical clustering of products based on substitution-in-use. *Journal of Marketing*, 45(Summer), 38~48.

Takane, Y. (1983). Choice model analysis of the "pick any/n" type of binary data. European psychometric and classification meetings, July, Jouy-en-Josas, France.

Tessler, R. & Mechanic, D(1975). Factors Affecting the Choice Between Prepaid Group Practice and Alternative Insurance Programs, *Milbank Memorial Fund Quarterly*, 53(Spring), 149~171.

Titus, S. (1982). Barriers to the Health Maintenance Organization for the Over 65's *Social Science and Medicine*, 16(October), 1767~1774.

Uysal, M. & O'Leary, J. T.(1986). "A Canonical Analysis of International Tourism Demand," *Annals of Tourism Research*, 651~655.

Weaver P. & Oh, H.C.(1993). Do American Business Travellers Have Different Hotel Service Requirements? *International Journal of Contemporary Hospitality Management*, 5(3), 16~21.

찾아보기

ㅌ

ㅍ

ㅎ

저자소개

▌차석빈

고려대학교 영어영문학과(학사)

경희대학교 관광경영학과(석사)

버지니아 텍(Virginia Polytechnic Institute & State University: Virginia Tech) 호텔·관광경영학과(박사)

전_ Rotary Scholar(국제로타리재단 장학생)

한국관광학회 호텔·외식경영분과학회 회장

Marquis Who's Who in the World, in Asia, & in America 등재

현_ 순천향대학교 관광경영학과 교수

▌김홍범

연세대학교 상경대학 응용통계학과(학사)

한국과학기술원(KAIST) 경영과학과(석사/박사)

University of Texas at Austin, Dept. of Marketing(Post Doc.: Fulbright Research Fellow)

Asian Institute of Technology(AIT), Visiting Professor

전_ 세종대학교 관광산업연구소장, 호텔관광대학장, 관광대학원장

현_ 세종대학교 호텔·관광대학 교수

▌오흥철

부산대학교 경제학과(학사)

부산대학교 일반대학원 경제학과(석사)

버지니아 텍(Virginia Polytechnic Institute & State University: Virginia Tech) 호텔·관광경영학과(박사)

전_ 한국관광·레저학회 학술심포지엄위원장

부산광역시 동부산권 관광단지개발 자문위원

현_ 한국관광·레저학회 편집위원장

경성대학교 호텔관광경영학부 교수

❙ 윤지환

　　고려대학교 사회학과(학사)

　　미국 펜실베니아 주립대학교 호텔·관광경영학과(석사)

　　미국 펜실베니아 주립대학교 호텔·관광경영학과(박사)

　　전_ 한국관광연구원 책임연구원

　　　　경원대학교 관광경영학과 교수

　　현_ 한국관광학회 호텔·외식경영분과학회 회장

　　　　경희대학교 호텔·관광대학 교수

❙ 김우곤

　　서울대학교 엉어학과(학사)

　　University of Massachusetts 호텔경영학과(석사)

　　Purdue University 호텔관광경영학과(박사)

　　전_ 세종대학교 호텔관광대학 교수

　　　　Oklahoma State University, School of Hotel and Restaurant Administration 교수

　　현_ Florida State University, College of Business, Dedman School of Hospitality 교수

사례를 통해 본 다변량분석의 이해

2008년 9월 20일 초판 1쇄 발행

2012년 7월 15일 초판 2쇄 발생

저 자　차석빈 김홍범
　　　　오흥철 윤지환
　　　　김우곤

발행인　(寅製) 진 욱 상

발행처　📙백산출판사

서울시 성북구 정릉3동 653-40

등 록 : 1974. 1. 9. 제1-72호

전 화 : 914-1621, 917-6240

FAX : 912-4438

http://www.ibaeksan.kr

editbsp@naver.com

값 30,000원

ISBN 978-89-6183-073-7